STATISTIQUE

DE

LA FRANCE.

INDUSTRIE.

TOME II.

STATISTIQUE

DE

LA FRANCE.

PUBLIÉE

PAR LE MINISTRE DE L'AGRICULTURE

ET DU COMMERCE.

PARIS.

IMPRIMERIE NATIONALE.

M DCCC XLVIII.

TABLE

PAR ORDRE DE MATIÈRES.

a

II.

TABLEAUX RÉCAPITULATIFS,

SECTION II. — PRODUITS VÉGÉTAUX.

SECTION III. — PRODUITS ANIMAUX.

FRANCE ORIENTALE.

SECTION Ire. — PRODUITS MINÉRAUX.

SECTION II. — PRODUITS VÉGÉTAUX.

b.

SECTION III. — PRODUITS ANIMAUX.

SOMMAIRE GÉNÉRAL.

SUPPLÉMENT A LA STATISTIQUE DE L'INDUSTRIE DE LA RÉGION DU NORD ORIENTAL.

ARTICLES OMIS DANS LE TOME Iʳ.

DIVISION GÉNÉRALE

DE LA

STATISTIQUE DE LA FRANCE.

1° TERRITOIRE.	9° COLONIES.
2° POPULATION.	10° ADMINISTRATION PUBLIQUE.
3° AGRICULTURE.	11° FINANCES.
4° INDUSTRIE MANUFACTURIÈRE.	12° FORCES MILITAIRES.
5° ARTS ET MÉTIERS.	13° MARINE.
6° COMMERCE INTÉRIEUR.	14° JUSTICE.
7° ——— EXTÉRIEUR.	15° CULTES.
8° NAVIGATION.	16° INSTRUCTION PUBLIQUE.

VOLUMES PUBLIÉS.

EN COURS D'EXÉCUTION.

INDUSTRIE MANUFACTURIÈRE ET EXPLOITATIONS. France occidentale. Régions du Nord et du Midi occidental, avec les récapitulations générales par départements et par nature de produits industriels.
Arts et métiers, par professions et par localités, par sexes et par âges, avec l'indication des salaires.

POPULATION. Recensements généraux et Mouvements de la population de la France, de 1836 à 1847. Tableau quinquennal des décès, par âges, etc.

ADMINISTRATION PUBLIQUE. Suite de la Statistique des Établissements de bienfaisance et de répression

IV PARTIE.

INDUSTRIE.

INDUSTRIE.

I.

STATISTIQUE DES MANUFACTURES ET EXPLOITATIONS.

II.

STATISTIQUE DES ARTS ET MÉTIERS.

STATISTIQUE

DES

MANUFACTURES ET EXPLOITATIONS,

PAR DÉPARTEMENTS ET PAR NATURE DE PRODUITS.

STATISTIQUE

DES

MANUFACTURES ET EXPLOITATIONS

PAR DÉPARTEMENTS.

FRANCE ORIENTALE.

1° Région du Nord oriental.
2° Région du Midi oriental.

2° RÉGION DU MIDI ORIENTAL.

STATISTIQUE DE L'INDUSTRIE MANUFACTURIÈRE
ET DES EXPLOITATIONS.

1° DÉPARTEMENTS FRONTIÈRES.

1° Ain.

2° Isère.

3° Hautes-Alpes.

4° Basses-Alpes.

2° DÉPARTEMENTS MARITIMES.

5° Var.

6° Bouches-du-Rhône.

7° Gard.

8° Hérault.

9° Aude.

10° Pyrénées-Orientales.

3° DÉPARTEMENTS INTÉRIEURS.

11° Allier.

12° Saône-et-Loire.

13° Rhône.

14° Puy-de-Dôme.

15° Loire.

16° Cantal.

17° Haute-Loire.

18° Ardèche.

19° Drôme.

20° Aveyron.

21° Lozère.

22° Vaucluse.

STATISTIQUE PAR ÉTABLISSEMENTS INDUSTRIELS.

Nᵒ 1.

1ᵉ DÉPARTEMENT

Nombre total des patentés 13.775.

1ᵉ PRODUCTION.

NUMÉROS d'ordre	NATURE DES ÉTABLISSEMENTS.	COMMUNES où ILS SONT SITUÉS.	NOMS DES FABRICANTS ou manufacturiers.	VALEURS LOCATIVES.	MONTANT des PATENTES.	VALEUR ANNUELLE des matières premières	VALEUR DES PRODUITS fabriqués annuellement.

1ᵉ ARRONDISSEMENT

1	Carrières de pierres. Exploitation	Drum	La commune	»	»	»	6.889ᶠ
2	——— Exploitation	Ceyzériat	Idem	»	»	»	6.160
3	——— Exploitation	Treffort	Idem	»	»	»	12.300
4	——— Exploitation	Neuville-sur-Ain	Idem	»	»	»	12.075
5	——— Exploitation	Villeb.de	Idem	»	»	»	150.000
6	Terre argileuse. Tuilerie	Bourg	D.-J. Calland	1.200ᶠ	92ᶠ	2.960ᶠ	12.834
7	——— Tuilerie	Idem	Philibert Merle	1.000	85	1.800	7.325
8	——— Tuilerie	Idem	Jean Bouvard	1.000	85	1.800	7.325
9	——— Tuilerie	Priay	Genod neveu	800	46	3.470	17.210
10	——— Tuilerie	Peronnas	François Chambaud	1.500	125	1.600	8.000
11	——— Tuilerie	Saint-Étienne	Claude Terrier	300	33	2.800	14.400
12	——— Poterie	Bourg	Bosonnet-Jallet	250	40	4.000	18.000
13	——— Faïence	Idem	Antoine Charnin	500	49	5.000	19.400
14	Céréales (Moulin à)	Idem	François Convert	2.400	177	114.250	130.000
15	——— (Moulin à)	Idem	Jean Convert	1.950	147	37.524	45.000
16	——— (Moulin à)	Idem	Hospice de la Charité	2.400	177	102.080	125.000
17	——— (Moulin à)	St-Jullien-sur-Reyssouse	Bereisiat	2.850	139	112.500	126.000
18	——— (Moulin à)	Gorrevod	Bourcet	5.500	200	173.250	205.000
19	——— (Moulin à)	Gribges	Antoine Bourdon	6.000	280	180.000	220.000
20	——— (Moulin à)	Pont-d'Ain	Convert père et fils	3.200	150	233.760	280.000
21	——— (Moulin à)	Pont-de-Vaux	Rolland	8.000	308	252.000	295.000
22	Orge. Bière	Bourg	Jean-Pierre Grell	1.400	138	14.700	30.000
23	——— Bière	Idem	Jean Glass	1.400	127	12.435	24.800
24	Graines oléagineuses. Huilerie	Idem	Goly	300	35	38.080	65.180
25	Papeterie. Carton	Verjon	Bambard	1.200	33	19.000	27.300
26	Imprimerie. Journaux	Bourg	Frédéric Dufour	900	89	12.000	30.000
27	——— Journaux	Idem	Milliet-Bottier	300	73	8.000	24.000
28	Lithographie. Dessins. Musique	Idem	Bressand père et fils	380	43	5.000	12.000
29	——— Dessins. Musique	Idem	Charles Ceyzérias	300	29	3.000	8.000
30	Produits chimiques. Acide gallique	Verjon	Chambert	500	32	1.400	10.000

2ᵉ ARRONDISSEMENT

31	Asphalte. Mastic	Chanay	Coignet et compagnie	2.000	134	22.450	90.000
32	Fer. Acier. Fauls	Saint-Rambert	Dombre et compagnie	3.000	396	38.500	75.000
33	Céréales (Moulin à)	Vaux	Joseph Meice	1.200	71	27.500	33.120
34	——— (Moulin à)	Idem	Jacques Flatteux	600	39	23.000	27.000
35	——— (Moulin à)	Ambérieux	Antoine Ténand	800	40	20.115	24.025
36	——— (Moulin à)	Idem	Joseph Chatillon	800	40	26.820	31.584
37	——— (Moulin à)	Proulieu	Jean Denis	1.400	81	232.590	279.108

DE L'AIN.

2° FORCE.

Montant total des patentes.—162,523 francs.

DE BOURG.

OUVRIERS							MOTEURS						FEUX			MACHINES	
NOMBRE				SALAIRES			MOULINS			MACHINES à vapeur	CHEVAUX et mulets	BŒUFS	FOURNEAUX	FORGES	FOURS	MÉTIERS	AUTRES
Hommes.	Femmes.	Enfants.	TOTAL.	Hommes.	Femmes.	Enfants.	à eau.	à vent.	à manège.								
27	.	.	27	1f 50c	.	.	.	.	.	.	.	.	.	.	.	.	.
6	.	.	6	2.00	.	.	.	.	.	.	.	.	.	.	.	.	.
11	.	.	11	2.50	.	.	.	.	.	.	.	.	.	.	.	.	.
34	.	.	34	2.00	.	.	.	.	.	.	.	.	.	.	.	.	.
141	.	.	141	2.00	.	.	.	.	.	.	.	.	.	.	.	.	.
6	2	.	8	2.00	0f 75c	.	.	.	.	.	.	.	.	.	.	2	.
4	2	.	6	1.50	0.75	.	.	.	.	.	.	.	.	.	.	1	.
4	2	.	6	1.50	0.75	.	.	.	.	.	.	.	.	.	.	1	.
6	4	.	10	2.00	1.00	.	.	.	.	.	.	.	.	.	.	1	.
4	2	.	6	2.00	0.75	.	.	.	.	.	.	.	.	.	.	1	.
5	3	.	8	2.00	0.75	.	.	.	.	.	.	.	.	.	.	1	.
6	3	.	9	2.50	1.00	.	.	.	.	.	.	.	.	.	.	1	2
7	5	.	12	2.50	1.00	.	.	.	.	.	.	.	.	.	.	1	5
4	2	.	6	1.50	1.00	.	1	.	.	.	.	.	.	.	.	.	.
4	1	.	5	1.50	1.00	.	1	.	.	.	.	.	.	.	.	.	.
2	1	.	3	1.50	1.00	.	1	.	.	.	.	.	.	.	.	.	.
4	1	1	6	2.00	1.00	0f 20c	1	.	.	.	.	.	.	.	.	.	.
6	1	3	10	2.00	1.20	0.20	1	.	.	.	.	.	.	.	.	.	.
7	.	.	7	1.50	.	.	1	.	.	.	.	.	.	.	.	.	.
8	2	.	10	1.75	1.00	.	1	.	.	.	.	.	.	.	.	.	.
7	1	1	9	1.50	1.00	0.25	1	.	.	1	.	.	.	.	.	.	.
4	.	1	5	2.50	.	1.00	.	.	.	1	.	.	1	.	.	.	.
3	.	.	3	2.25	.	.	.	.	.	1	.	.	1	.	.	.	.
3	.	.	3	1.50	.	.	.	.	.	1	.	.	1	.	.	.	2
3	.	1	4	1.25	.	0.50	1	.	.	.	.	.	.	.	.	.	.
13	.	1	14	2.75	.	0.75	.	.	.	.	.	.	.	.	.	.	4
10	.	.	10	2.50	.	.	.	.	.	.	.	.	.	.	.	.	3
3	.	.	3	3.00	.	.	.	.	.	.	.	.	.	.	.	.	2
2	.	.	2	3.00	.	.	.	.	.	.	.	.	.	.	.	.	1
3	.	1	4	2.00	.	0.75	1	.	.	.	.	.	2	.	.	.	1

DE BELLEY.

OUVRIERS							MOTEURS						FEUX			MACHINES	
NOMBRE				SALAIRES			MOULINS			MACHINES à vapeur	CHEVAUX et mulets	BŒUFS	FOURNEAUX	FORGES	FOURS	MÉTIERS	AUTRES
Hommes.	Femmes.	Enfants.	TOTAL.	Hommes.	Femmes.	Enfants.	à eau.	à vent.	à manège.								
18	.	.	18	2.00	.	.	.	1	.	.	.	3	2	.	.	.	1
20	.	.	20	3.00	.	.	3	.	.	.	.	3	5	3	.	.	.
2	.	.	2	1.50	.	.	1	.	.	.	.	.	.	.	.	.	.
2	.	.	2	1.50	.	.	1	.	.	.	4	.	.	.	.	.	.
1	.	.	1	1.75	.	.	1	.	.	.	.	.	.	.	.	.	.
2	.	.	2	1.75	.	.	1	.	.	.	.	.	.	.	.	.	.
3	.	.	3	1.50	.	.	1	.	.	.	.	.	.	.	.	.	.

NUMÉRO D'ORDRE	NATURE DES ÉTABLISSEMENTS.	COMMUNES où ILS SONT SITUÉS.	NOMS DES FABRICANTS ou manufacturiers.	VALEURS LOCATIVES.	MONTANT des PATENTES.	VALEUR ANNUELLE des matières premières.	VALEUR DES PRODUITS fabriqués annuellement.	
			2° ARRONDISSEMENT DE					
38	Céréales (Moulin à)	Lagnieu	François Anthelme	720f	37f	21,850f	26,220f	»
39	— (Moulin à)	Idem	Jean-Louis Garcon	1,200	50	32,575	39,090	1
40	— (Moulin à)	Chazey-Bons	Élie Bailly	1,200	95	158,400	190,080	3
41	— (Moulin à)	Idem	Sébastien Cortet	1,500	101	220,000	264,000	3
42	— (Moulin à)	Torcieu	Claude Chevret	1,000	56	33,000	39,500	2
43	— (Moulin à)	Serrières	Joseph Bernard	800	52	22,000	26,400	1
44	— (Moulin à)	Saint-Maurice-de-Rem.	Jean Tarpein	1,500	70	189,000	226,800	2
45	— (Moulin à)	Idem	Benoît Amoret	1,100	53	105,000	126,000	2
46	— (Moulin à)	Ambronay	François Thénard	1,100	52	35,680	44,816	1
47	— (Moulin à)	Chazey-sur-Ain	Chevillard et Coindre	700	36	22,300	26,760	1
48	— (Moulin à)	Hauteville	Mathieu Brochet	1,400	108	176,000	211,200	2
49	Brasserie Bière	Belley	Christian Bahom	600	43	11,359	21,000	3
50	Bière	Idem	Sébastien Vagnier	850	66	6,840	12,000	2
51	Imprimerie Catéchismes, etc.	Idem	Jean-Baptiste Verpillon	300	27	6,000	14,000	4
52	Lin. Tissage, Linge damassé et autre	Saint-Rambert	Brun Collot	500	129	90,000	500,000	20
53	Laine pregnée. Filature, Thibet	Tenay	Dobler, père et fils	2,000	350	800,000	896,000	30
54	— Tissage, Draps, Couverture	Ambérieux	Aynard	12,000	762	623,000	947,000	87
55	— Thibet. Filature	Saint-Rambert	Forrer, Verguier et comp.	4,500	680	1,000,000	1,198,000	71
56	— Soie. Filature	Tenay	Auguste Sourd	600	530	310,000	416,000	45
57	— Bourre de soie. Filature	Idem	Martelin et Franck	2,500	390	300,000	360,000	50
			3° ARRONDISSEMENT DE					
58	Céréales (Moulin à)	Samognat	César Champion	750	60	28,000	35,000	2
59	— (Moulin à)	Izernore	De Mornay	500	46	22,000	28,000	3
60	— (Moulin à)	Poncin	Joseph Bruno	500	40	80,300	92,000	4
61	— (Moulin à)	Idem	Jean Toubillon	500	40	66,000	75,000	2
62	— (Moulin à)	Idem	Jean-Marie Nicoud	540	43	66,000	75,000	3
63	— (Moulin à)	Saint-Martin-du-Frene	De Meyria	1,110	53	99,000	115,000	2
64	— (Moulin à)	Cerdon	Joachim Bourbon	600	29	42,000	50,000	2
65	— (Moulin à)	Saint-Jean-le-Vieux	Jean-Baptiste Jannet	700	48	20,395	25,000	1
66	— (Moulin à)	Idem	V° Sibuet	700	48	22,550	29,000	2
67	— (Moulin à)	Poncin	François Trocon	600	37	55,000	64,000	2
68	Brasserie Bière	Nantua	Philippi	1,000	90	13,215	25,600	4
69	Imprimerie Journaux, Almanachs	Idem	Auguste Arboe	400	53	6,000	13,000	3
70	Coton. Filature. Tissage. Calicots	Dortan	Pons-Reydellex	2,000	171	35,000	125,800	17
71	Laine. Tissage, Couvertures	Condamine-la-Doye	Reuiller et compagnie	700	128	81,550	117,000	22
72	Laine. Soie. Filature. Thibet	Nantua	Cristophe-Vacon	8,000	272	312,000	400,000	17
73	Soie. Filature Moulinage. Tissus. Satin	Injurieux	Bonnet et compagnie	10,000	739	1,060,000	1,188,000	10
			4° ARRONDISSEMENT DE					
74	Terre argileuse Tuilerie	Farges	Claude Ribiollet	600	62	2,700	10,000	4
75	— Tuilerie	Challes	David Vait	340	46	1,600	7,380	3
76	— Tuilerie	Divonne	Philippe Zwalen	1,000	72	4,000	14,000	6

| | OUVRIERS | | | | | | MOTEURS | | | | | | FEUX | | | MACHINES | |
| | NOMBRE | | | | SALAIRES | | MOULINS | | | MACHINES à vapeur | CHEVAUX et mulets | BŒUFS | FOUR- NEAUX | FORGES | FOURS | MÉTIERS | AUTRES |
Hommes	Femmes	Enfants	TOTAUX	Hommes	Femmes	Enfants	à eau	à vent	à manège								

DE BELLEY. (Suite.)

Hommes	Femmes	Enfants	TOTAUX	Hommes	Femmes	Enfants	à eau	à vent	à manège	à vapeur	chevaux	bœufs	fourn.	forges	fours	métiers	autres
"	"	1	1	"	"	0f 35c	1										
1	"	"	1	1f 25c	"	"	1										
3	"	"	3	1. 50	"	"	1										
3	"	"	3	1. 50	"	"	1										
2	"	"	2	1. 50	"	"	1										
1	"	"	1	1. 00	"	"	1										
2	"	"	2	1. 00	"	"	1										
2	"	"	2	1. 00	"	"	2										
1	"	"	1	1. 00	"	"	1										
1	"	"	1	1. 25	"	"	1										
2	1	"	3	1. 30	0f 75c	"	1										
3	"	"	3	2. 75	"	"	"			1			1				
2	"	"	2	2. 50	"	"	"			1			1				
4	"	"	4	2. 25	"	"	"			"						"	2
20	15	"	35	2. 25	0. 90	"	"			"						20	
30	100	50	180	2. 25	1. 00	0. 55	2			"			"			34	40
87	45	45	177	2. 00	0. 85	0. 50	3				36	"	13	2	1	65	64
71	95	49	215	2. 50	1. 00	1. 00	1				"		2	1		34	50
45	49	18	112	2. 70	2. 20	0. 60	"				2	2	"	2	1	22	32
50	65	20	135	2. 00	1. 00	0. 70	1				"					16	24

DE NANTUA.

Hommes	Femmes	Enfants	TOTAUX	Hommes	Femmes	Enfants	à eau	à vent	à manège	à vapeur	chevaux	bœufs	fourn.	forges	fours	métiers	autres
2	"	"	2	1. 25	"	"	"										
3	"	"	3	1. 25	"	"	1										
4	"	"	4	1. 50	"	"	1										3
2	"	"	2	1. 50	"	"	1										
3	"	"	3	1. 50	"	"	1										
2	1	"	3	1. 00	"	0. 35	1										
2	1	"	3	1. 00	0. 60	"	1										
1	"	1	2	1. 25	"	0. 30	1										
2	"	"	2	1. 25	"	"	1										
2	"	"	2	1. 50	"	"	1										
4	"	"	4	1. 75	"	"	"			1			1				1
3	"	"	3	1. 75	"	"	"										
17	47	31	95	1. 90	0. 80	0. 50	4			"			"			40	"
22	19	24	65	2. 25	1. 20	0. 75	2		1	"			3	1	1	20	1
17	25	18	60	2. 00	1. 00	0. 60	1			"			1	1		16	24
10	110	110	230	4. 00	1. 75	1. 75	"				"		2	1	4	70	56

DE GEX.

Hommes	Femmes	Enfants	TOTAUX	Hommes	Femmes	Enfants	à eau	à vent	à manège	à vapeur	chevaux	bœufs	fourn.	forges	fours	métiers	autres
4	2	"	6	2. 00	0. 50	"	"									1	"
3	"	"	3	1. 50	"	"	"									1	"
6	4	"	10	2. 00	1. 00	"	"								1	"	"

NUMÉROS	NATURE DES ÉTABLISSEMENTS.	COMMUNES ou ILS SONT SITUÉS	NOMS DES FABRICANTS ou manufacturiers	VALEURS LOCATIVES.	MONTANT des patentes.	VALEUR annuelle des matières premières.	VALEUR des produits fabriqués annuellement.	

4° ARRONDISSEMENT DE G...

77	Terre argileuse. Tuilerie	Ferney	Jean Grubet	2,000ᶠ	158ᶠ	4,000ᶠ	10,000ᶠ	7
78	—— Tuilerie	Peigny	Roland Perrial	300	48	1,200	5,000	2
79	—— Poterie	Ferney	Henri Knecht	450	46	3,766	14,400	8
80	—— Poterie	Idem	Schupisser	1,000	96	4,000	16,000	8
81	—— Poterie	Idem	Paul Fusier	310	34	2,000	9,000	5
82	—— Poterie	Idem	J.-C. Claus	330	55	2,534	9,500	5
83	Céréales (Moulin à)	Pouilly	Auguste Tissot	1,200	35	148,140	177,768	3
84	—— (Moulin à)	Gex	François Marchand	700	58	69,000	82,800	3
85	—— (Moulin à)	Divonne	Jean Girod	1,200	25	69,000	82,800	2
86	—— (Moulin à)	Sauverny	Joseph Balleidier	800	35	35,500	42,600	1
87	—— (Moulin à)	Vesancy	Gaspard Tavernier	600	34	35,500	42,600	1
88	Orge. Bière	Gex	Gonin	400	56	9,930	18,360	4
89	Portraits. Papiers divers	Divonne	Henri-Audibert Vaucher	500	129	22,000	50,820	10

5° ARRONDISSEMENT DE T...

90	Céréales (Moulin à)	Trévoux	De Belligny	3,000	139	400,000	480,000	5
91	—— (Moulin à)	Idem	De Belligny	800	44	216,820	260,384	3
92	—— (Moulin à)	Vonnas	Andras de Béost	2,800	147	60,000	72,000	3
93	—— (Moulin à)	Idem	Benoît Ronjon	900	50	100,000	120,000	3
94	—— (Moulin à)	Neyron	Claude Soldat	900	47	82,450	98,940	2
95	—— (Moulin à)	Idem	François Escoffier	900	47	55,450	66,540	2
96	—— (Moulin à)	Perouges	Joseph Rivet	1,500	79	80,200	96,240	1
97	—— (Moulin à)	Loyes	Pierre Gadet	1,200	57	55,000	67,200	2
98	—— (Moulin à)	Thoissey	Le comte Devaleins	1,000	49	68,120	81,744	2
99	—— (Moulin à)	Mézériat	Louis Nivet	8,400	122	300,000	360,000	5
100	—— (Moulin à)	Idem	Étienne Rabuel	900	50	95,000	114,000	4
101	—— (Moulin à)	Idem	Jean-Louis Pelletier	1,800	64	78,000	89,600	4
102	—— (Moulin à)	Idem	Joseph Sibellas	1,800	64	84,000	100,800	2
103	—— (Moulin à)	Miribel	Théodore Chapney	900	50	92,500	111,000	2
104	—— (Moulin à)	Montceaux	Philippe Chapuis	1,300	57	50,000	60,000	3
105	—— (Moulin à)	Montluel	François Aynard	1,500	71	191,525	229,830	2
106	—— (Moulin à)	Idem	Jean Girard	1,000	49	122,540	147,168	2
107	—— (Moulin à)	Idem	Benoît Durand	1,200	51	153,090	183,708	2
108	—— (Moulin à)	Neuville-les-Dames	Joseph Cizaire	750	45	33,450	40,140	2
109	—— (Moulin à)	Idem	Garno de la Bevière	1,000	58	44,600	53,520	2
110	—— (Moulin à)	Loyes	Louis Maudrut	1,200	57	50,140	60,168	1
111	—— (Moulin à)	Biziat	Jean-Claude Villier	1,800	84	96,360	115,432	2
112	Imprimerie. Impressions diverses	Trévoux	Damptin fils	500	52	5,000	10,000	2
113	Laine. Impressions de châles	Montluel	Joseph Hammer	500	129	5,250	30,000	12
114	—— Impressions de châles	Idem	Zantz	500	129	5,250	30,000	8
115	Laine. Tissage. Draps	Idem	Aynard frères	1,500	190	700,000	1,300,000	45
116	—— Coton. Tissage. Couvertures	Idem	Louis Accary	500	130	59,200	80,000	25

OUVRIERS.							MOTEURS.						FEUX.			MACHINES.	
NOMBRE.				SALAIRES.			MOULINS.			MACHINES à vapeur.	CHEVAUX et mulets.	BOEUFS.	FOURNEAUX.	FORGES.	FOURS.	MÉTIERS.	AUTRES.
Hommes.	Femmes.	Enfants.	TOTAUX.	Hommes.	Femmes.	Enfants.	à eau.	à vent.	à manège.								

DE GEX. (Suite.)

7	3	»	10	2'00"	0'75"	»	»	»	»	»	»	»	»	»	1	»	»
2	1	»	3	1.50	0.75	»	»	»	»	»	»	»	»	»	1	»	»
8	»	»	8	2.50	»	»	»	»	»	»	»	»	»	»	1	»	»
8	1	»	9	3.00	0.75	»	»	»	»	»	»	»	»	»	1	»	»
5	»	»	5	2.00	»	»	»	»	»	»	»	»	»	»	1	»	»
5	»	»	5	2.00	»	»	»	»	»	»	»	»	»	»	1	»	»
3	1	»	4	1.75	1.00	»	1	»	»	»	»	»	»	»	»	»	»
2	»	»	2	1.50	»	»	1	»	»	»	»	»	»	»	»	»	»
1	»	»	1	1.50	»	»	1	»	»	»	»	»	»	»	»	»	»
1	»	»	1	1.25	»	»	1	»	»	»	»	»	»	»	»	»	»
1	»	»	1	1.00	»	»	1	»	»	»	»	»	»	»	»	»	»
4	»	»	4	2.25	»	»	»	»	»	»	»	»	1	»	»	»	»
10	12	2	24	2.00	1.00	0'75"	»	»	»	»	»	»	3	1	»	»	»

DE TRÉVOUX.

5	»	»	5	2.00	»	»	1	»	»	»	»	»	»	»	»	»	»
3	»	»	3	2.00	»	»	1	»	»	»	»	»	»	»	»	»	»
3	»	»	3	1.00	»	»	1	»	»	»	»	»	»	»	»	»	»
3	»	»	3	1.00	»	»	1	»	»	»	»	»	»	»	»	»	»
2	»	»	2	1.50	»	»	1	»	»	»	»	»	»	»	»	»	»
2	»	»	2	1.50	»	»	1	»	»	»	»	»	»	»	»	»	»
1	»	»	1	2.00	»	»	1	»	»	»	»	»	»	»	»	»	»
2	»	»	2	1.50	»	»	1	»	»	»	»	»	»	»	»	»	»
2	»	»	2	1.50	»	»	1	»	»	»	»	»	»	»	»	»	»
5	»	»	5	1.25	»	»	1	»	»	»	»	»	»	»	»	»	»
4	»	»	4	1.33	»	»	1	»	»	»	»	»	»	»	»	»	»
4	»	»	4	1.00	»	»	1	»	»	»	»	»	»	»	»	»	»
2	»	2	4	1.25	»	0.75	1	»	»	»	»	»	»	»	»	»	»
2	»	»	2	1.00	»	»	1	»	»	»	»	»	»	»	»	»	»
3	»	»	3	1.00	»	»	1	»	»	»	»	»	»	»	»	»	»
2	»	»	2	1.50	»	»	1	»	»	»	»	»	»	»	»	»	»
2	»	»	2	1.50	»	»	1	»	»	»	»	»	»	»	»	»	»
2	»	1	3	1.25	»	0.60	1	»	»	»	»	»	»	»	»	»	»
2	»	»	2	1.00	»	»	1	»	»	»	»	»	»	»	»	»	»
2	»	»	2	1.00	»	»	1	»	»	»	»	»	»	»	»	»	»
1	»	1	2	1.00	»	0.50	1	»	»	»	»	»	»	»	»	»	»
2	»	»	2	1.00	»	»	1	»	»	»	»	»	»	»	»	»	»
2	»	»	2	2.00	»	»	»	»	»	»	»	»	»	»	»	»	2
12	3	10	25	2.50	2.00	0.30	»	»	»	»	»	»	»	»	»	25	2.000
8	4	5	17	2.50	2.00	0.30	»	»	»	»	»	»	»	»	»	16	1.200
145	108	9	262	1.90	1.25	0.80	1	»	»	»	3	»	12	1	»	101	89
25	20	15	60	2.00	0.75	0.50	1	»	»	»	»	»	»	»	»	20	18

RÉCAPITULATION PA[R]

NATURE DES PRODUITS.	NOMBRE D'ÉTABLISSEMENTS.	NOMBRE DE COMMUNES où ils sont situés.	VALEURS LOCATIVES.	MONTANT des PATENTES.	VALEUR ANNUELLE des matières premières.	VALEUR des PRODUITS fabriqués annuellement.
ARRONDISSEMENTS DE BOURG............	15	30	44.930ᶠ	2.720ᶠ	1.333.418ᶠ	1.951.19?
BELLEY............	14	27	45.930	4.508	4.551.979	6.199.46?
NANTUA............	16	16	28.600	1.917	2.008.610	2.466.40?
GEX............	9	16	11.730	989	414.860	598.30?
TRÉVOUX..........	12	27	39.750	2.1?1	3.285.045	4.458.31?
TOTAUX............	116	80	170.960	12.251	11.613.912	15.673.62?

RÉCAPITULATION PAR NATURE

NATURE DES PRODUITS.	NOMBRE D'ÉTABLISSEMENTS.	NOMBRE DE COMMUNES où ils sont situés.	VALEURS LOCATIVES.	MONTANT des PATENTES.	VALEUR ANNUELLE des matières premières.	VALEUR des PRODUITS fabriqués annuellement.
PRODUITS MINÉRAUX. Carrières de pierres.................	5	1	"	"	"	187.42?
Asphalte. Mastic.............	1	1	2.000ᶠ	134ᶠ	22.450ᶠ	90.000
Terre argileuse. Tuiles. Poterie. Faïence............	17	9	12.300	1.174	49.220	205.874
Fer. Acier. Fonte............	1	1	3.000	396	36.500	75.000
PRODUITS VÉGÉTAUX. Céréales (Moulins à)............	61	40	96.770	4.663	5.930.935	7.009.285
Orge. Bière............	6	4	5.710	520	68.379	131.760
Graines oléagineuses. Huilerie............	1	1	300	35	38.080	63.180
Papeterie. Carton. Papiers divers............	2	2	1.700	102	41.000	77.300
Imprimerie. Journaux. Catéchismes. Almanachs............	5	4	2.200	314	37.000	91.000
Lithographie. Dessins. Musique............	2	1	680	72	5.000	20.000
Produits chimiques. Acide gallique............	1	1	500	32	1.400	10.000
Lin. Tissage. Linge damassé............	1	1	500	129	90.000	568.000
Coton. Filature. Tissage. Calicot............	1	1	2.000	171	35.000	128.800
Laine filante. Filature. Thibet............	2	2	10.000	1.112	1.423.000	1.843.000
Thibet. Filature. Tissage. Châles..........	1	1	4.500	680	1.000.000	1.195.000
Impressions de châles.................	2	1	1.000	258	10.500	60.000
Tissage. Draps............	1	1	1.500	190	700.000	1.308.000
Tissage. Couvertures............	1	1	700	128	51.250	117.000
PRODUITS ANIMAUX. Laine et Coton. Tissage. Couvertures............	1	1	500	130	59.200	80.000
Laine filante. Bourre de soie. Filature............	1	1	2.500	390	300.000	360.000
Laine et Soie. Filature. Thibet............	2	2	8.600	802	622.000	610.000
Soie. Filature. Moulinage. Tissus. Satin............	1	1	10.000	759	1.000.000	1.188.000
TOTAUX............	116	78	170.960	12.251	11.613.912	15.573.62?

ARRONDISSEMENTS.

	OUVRIERS.							MOTEURS.						FEUX.			MACHINES.	
	NOMBRE.				SALAIRES.			MOULINS.			MACHINES à vapeur.	CHEVAUX et mulets.	BŒUFS.	FOUR-NEAUX.	FORGES.	FOURS.	MÉTIERS.	AUTRES.
	Hommes.	Femmes.	Enfants.	TOTAUX.	Hommes.	Femmes.	Enfants.	à eau.	à vent.	à manège.								
1,198	347	32	9	388	2' 00"	0' 93"	0' 52"	10	»	3	1	»	»	5	.	9	.	20
9,402	378	367	186	931	1. 80	1. 10	0. 65	27	»	2	»	41	2	24	8	2	191	213
6,404	90	203	184	483	1. 00	1. 07	0. 85	17	»	2	1	»	»	7	3	5	152	85
8,504	70	24	2	96	1. 86	0. 82	0. 75	5	»	»	.	.	.	6	1	9	.	»
8,311	248	135	43	426	1. 48	1. 25	0. 54	24	»	»	»	3	.	12	1	.	162	3,301
73,025	1,139	761	424	2,324	1. 76	1. 03	0. 66	83	»	7	2	44	2	54	13	25	505	3,619

DE PRODUITS INDUSTRIELS.

87,420	219	»	»	219	2. 00	»	»	»	»	»	»	»	»	»	»	»	»	1
90,000	18	»	»	18	2. 00	»	»	1	»	»	»	3	»	2	»	»	»	1
105,874	90	34	»	124	2. 00	0. 81	»	»	»	»	»	»	»	»	»	18	.	7
75,000	20	»	»	20	3. 00	»	»	3	»	»	»	»	»	5	3	»	»	»
109,285	137	13	11	181	1. 38	0. 95	0. 40	61	»	»	1	»	»	6	»	»	»	3
131,760	20	.	1	21	2. 26	»	1. 00	»	»	5	»	»	»	1	»	»	»	1
65,180	3	»	»	3	1. 50	»	»	»	»	1	»	»	»	1	»	»	»	2
77,306	13	12	3	28	1. 63	1. 00	6. 63	1	»	»	»	»	»	5	1	»	»	»
91,000	32	»	1	33	2. 25	»	0. 75	»	»	»	»	»	»	»	»	»	»	11
20,000	5	»	.	5	3. 00	»	»	»	»	»	»	»	»	»	»	»	»	3
10,000	3	»	1	4	2. 00	»	0. 75	1	»	»	»	»	»	2	»	»	.	1
560,000	20	15	»	35	2. 25	0. 90	»	»	»	»	»	»	»	»	»	»	20	»
138,800	17	47	31	95	1. 90	0. 80	0. 50	4	»	»	»	»	»	»	»	»	46	»
843,000	117	142	98	337	2. 12	0. 93	0. 53	5	»	»	»	36	.	13	2	1	99	104
198,000	71	95	49	215	2. 50	1. 00	1. 00	1	»	»	»	»	»	2	1	»	34	50
60,000	20	7	15	42	2. 50	1. 50	0. 30	»	»	»	»	»	»	»	.	»	41	3,200
1,300,000	145	108	9	262	1. 90	1. 25	0. 80	1	»	»	»	3	»	12	1	»	101	89
117,000	22	19	24	65	2. 25	1. 20	0. 75	2	»	1	»	»	»	3	1	1	20	1
88,000	25	20	15	60	2. 00	0. 75	0. 50	1	»	»	»	»	»	»	»	»	20	10
360,000	50	65	20	135	2. 00	1. 00	0. 70	1	»	»	»	»	»	»	»	»	16	24
816,000	62	74	36	172	2. 35	1. 60	0. 70	1	»	»	»	»	»	2	2	1	36	56
1,188,000	10	110	110	230	4. 00	1. 75	1. 75	»	»	»	1	»	.	2	1	4	70	56
15,673,633	1,139	761	424	2,324	1. 76	1. 03	0. 66	83	»	7	2	44	2	54	13	25	505	3,619

3

2º DÉPARTEMENT

Nº 2.

Nombre total des patentés - 22.651

1º PRODUCTION.

1º ARRONDISSEMENT

NUMÉROS D'ORDRE	NATURE DES ÉTABLISSEMENTS.	COMMUNES où ils sont situés.	NOMS DES FABRICANTS ou manufacturiers.	VALEURS LOCATIVES.	MONTANT des PATENTES.	VALEUR ANNUELLE des matières premières.	VALEUR DES PRODUITS fabriqués annuellement.
1	Carrières. Gypse, Marbres, Ardoises.	52 communes	124 exploitants. (Bull. collect.)	16,860ᶠ	5,600ᶠ	"	808,506ᶠ
2	Marbre indigène. Marbrerie.	La Mure	Société des mines de Bas-Rupts	1,800	220	10,000ᶠ	72,000
3	Terre argileuse. Tuilerie.	Eybens	Delmenique	800	100	40,000	80,000
4	— Tuilerie.	27 communes	53 établissem. (Bull. collect.)	9,830	1,564	59,250	221,534
5	— Poterie.	6 idem.	9 établissem. (Bull. collect.)	1,100	87	18,300	48,665
6	Anthracite. Extraction.	9 idem.	13 exploitants.(Bull. collect.).	8,750	"	"	280,065
7	Fer. Minerai. Exploitation.	5 idem.	12 exploitants. (Bull. collect.).	10,626	"	"	139,728
8	— Minerai. Fonte.	St-Vincent-de-Mercuse.	Le marquis de Marcieu	3,000	483	556,234	679,070
9	— Fonte.	Idem.	Le marquis de Mercieu	3,050	90	81,000	98,800
10	— Fonte.	Livet et Gavet.	Donat, dir. de la Cie de Rioupéroux.	6,000	345	134,990	218,646
11	— Fonte. Fers.	Allevard et Pinsot.	Charvière et compagnie.	7,900	300	16,500	512,000
12	— Acier.	Domène.	Alph. de Charlary.	800	57	80,300	109,000
13	Os et Argent. Bijouterie	Grenoble.	2 établissem. (Bull. collect.).	1,220	171	52,000	76,500
14	Bois de soyer. Sabots.	Idem.	Deurcken	300	50	2,000	16,000
15	Orge. Bière.	Idem.	5 établissem. (Bull. collect.).	"	"	85,400	197,124
16	Graines oléagineuses. Huilerie.	Idem.	3 établissem. (Bull. collect.).	2,550	501	185,000	205,000
17	Sucre. Dragées. Fabrication.	Saint-Martin-d'Hère.	Gamel.	800	55	33,650	74,000
18	Papeterie. Papiers divers.	Vizille.	Marquiss frères.	3,000	120	75,630	115,500
19	— Papiers divers.	Clais.	Breton frères.	1,200	345	76,000	180,000
20	— Papiers divers.	Domène.	Molard.	400	43	3,750	6,912
21	— Papiers divers.	Voiron.	Frachon-Dugas.	3,000	280	196,000	500,000
22	— Papiers divers.	Grenoble.	Bronzac.	1,000	36	11,250	35,000
23	Imprimerie. Objets variés.	Idem.	5 établissem. (Bull. collect.)	6,300	728	20,000	100,490
24	Lithographie. Impressions diverses.	Idem.	4 établissem. (Bull. collect.).	1,500	68	1,100	14,900
25	Chanvre. Lin. Tissage.	Voiron.	Jacquemet oncle et neveu.	500	141	112,500	200,000
26	— Tissage. Linge de table.	Idem.	Meunier, Bourdat fils.	80	22	10,000	15,000
27	— Tissage. Toiles.	Idem.	Mattet et compagnie.	1,500	90	135,000	180,000
28	Coton. Filature.	Vizille.	Lagef et Dupuy.	1,100	200	163,800	297,160
29	Impression d'étoffes diverses.	Idem.	Revilliod et compagnie.	1,100	200	40,000	150,000
30	Soie. Filature	Crolles.	Arnaud et Cournier.	2,220	371	111,300	144,000
31	— Filature.	Barraux.	François Chovin.	300	76	40,500	48,000
32	— Filature.	Saint-Egrève.	Me Meffre.	300	112	32,500	89,400
33	— Tissage. Crêpes.	Vizille.	Durand frères.	1,100	200	105,000	230,000
34	— Tissage. Satin. Gaze.	Voiron.	Flandrin.	1,100	335	520,000	705,000
35	— Tissage. Satin. Gaze.	Idem.	Joseph Guinet.	1,000	350	460,000	770,000
36	Peaux d'agneau. Ganterie.	Grenoble.	Reynier.	400	80	120,000	200,000
37	— Ganterie.	Idem.	Jouvin et compagnie.	1,400	126	760,000	1,132,000
38	— Ganterie.	Idem.	Auguste Mation.	400	80	112,500	106,125
39	Débris d'animaux. Colle. Noir animal.	Idem.	Victor Grandini.	300	68	13,950	21,500

DE L'ISÈRE.

2° FORCE.

Montant total des patentes.—454,317 francs

OUVRIERS.							MOTEURS.						FEUX.			MACHINES.	
NOMBRE.				SALAIRES.			MOULINS			MACHINES à vapeur.	CHEVAUX et mulets.	DIVERS.	FOUR-NEAUX.	FORGES.	FOURS.	MÉTIERS.	AUTRES.
Hommes.	Femmes.	Enfants.	TOTAUX.	Hommes.	Femmes.	Enfants.	à eau.	à vent.	à manège.								

DE GRENOBLE.

Hommes.	Femmes.	Enfants.	TOTAUX.	Hommes.	Femmes.	Enfants.	à eau.	à vent.	à manège.	Mach. vap.	Chev. mul.	Div.	Four.	Forg.	Fours	Mét.	Autr.
1,017	"	62	1,079	3f 00c	"	0f 75c	"	"	"	"	"	"	"	"	"	"	12
26	20	"	46	2. 00	1f 25c	"	3	"	"	"	"	"	4	"	"	"	2
30	10	10	50	1f 50c à 3f	90c à 1f 25c	0. 60	1	"	"	"	"	"	45	"	"	"	"
214	36	99	349	1f 90c	0f 75c	0. 50	"	"	"	"	"	"	9	"	"	"	"
35	"	"	35	1. 90	"	"	"	"	"	"	"	"	"	"	"	"	"
217	25	18	260	2. 00	1. 10	0. 75	"	"	"	"	"	"	"	"	"	"	"
175	"	10	185	2. 00	"	0. 75	"	"	"	"	"	"	"	"	"	"	"
8	"	"	8	2. 25	"	"	1	"	"	2	"	"	1	"	"	"	"
9	"	"	9	2. 50	"	"	"	"	"	2	"	"	1	"	"	"	"
9	"	"	9	2. 00	"	"	1	4	"	"	"	"	1	1	"	"	"
250	"	"	250	1. 80	"	"	1	"	"	"	150	"	1	2	"	"	3
9	"	"	9	2. 10	"	"	1	"	"	"	"	"	"	2	4	"	"
10	"	"	10	3. 50	"	"	"	"	"	"	"	"	"	"	"	"	"
6	"	"	6	3. 00	"	"	"	"	"	"	"	"	"	"	"	"	"
15	"	"	15	2. 50	"	"	"	"	"	"	"	"	"	"	"	"	"
8	2	2	12	1. 60	1. 10	0. 60	"	"	"	"	"	"	"	"	"	"	"
10	30	6	46	2f à 3f	1f à 2f	75c à 1f	"	"	"	"	"	"	6	"	"	"	"
14	34	1	49	1f 25c à 2f 25c	75c à 1f 50c	0f 60c	4	"	"	"	"	"	1	"	"	"	11
25	42	16	83	1f 25c à 2f 50c	80c à 1f 25c	40 à 60c	6	"	"	"	"	"	3	"	"	"	2
2	1	"	3	1f 60c	0f 75c	"	1	"	"	"	"	"	"	"	"	"	8
26	60	14	100	1. 75	0. 75	0f 60c	4	"	"	"	"	"	1	"	"	"	4
5	"	"	5	2. 00	"	0. 60	"	"	"	"	"	"	"	"	"	"	"
47	"	8	55	3. 00	"	0. 75	"	"	"	"	"	"	"	"	"	"	"
6	"	2	8	2. 00	"	0. 75	"	"	"	"	"	"	"	"	"	33	"
25	45	6	76	1. 50	1f 00c	0. 60	2	"	"	"	"	"	"	"	"	5	"
5	"	"	5	1. 50	"	"	"	"	"	"	"	"	"	"	"	34	"
35	40	6	81	2. 50	1. 25	0. 70	2	"	"	"	"	"	1	1	"	39	7
43	88	85	216	1f 25c à 2f 75c	60c à 1f 75c	30 à 60c	1	"	"	"	"	"	10	1	"	39	100
90	40	90	220	1f à 4f	1f à 1f 60c	25 à 60c	3	"	"	2	"	"	1	"	"	"	10
3	90	"	93	2f 25c	1f 20c	"	1	"	"	1	"	"	1	"	"	"	"
3	19	8	30	2. 50	1. 50	1f 00c	1	"	"	1	"	"	"	"	"	"	10
1	16	"	17	4. 00	90c à 1f	"	1	"	"	"	"	"	"	"	"	"	"
"	120	10	130	"	1f à 2f	50c à 1f	1	"	"	"	"	"	"	"	"	120	5
10	130	"	140	3f 00c	1f 00c	"	1	"	"	"	"	"	"	1	"	97	10
10	100	"	110	3. 00	1. 00	"	1	"	"	"	"	"	"	"	"	100	10
24	180	"	204	2. 25	0. 85	"	"	"	"	"	"	"	"	"	"	"	1
85	1,000	"	1,085	2. 25	0. 85	"	"	"	"	"	"	"	"	"	"	"	"
14	200	40	254	2. 75	1. 10	0. 40	"	"	"	"	"	"	3	"	"	"	"
3	2	"	5	1. 75	1. 00	"	1	"	"	1	1	"	1	"	"	"	"

3.

NUMÉROS d'ordre	NATURE DES ÉTABLISSEMENTS.	COMMUNES où ILS SONT SITUÉS.	NOMS DES FABRICANTS ou manufacturiers.	VALEURS LOCATIVES.	MONTANT des PATENTES.	VALEUR annuelle des matières premières.	VALEUR des produits fabriqués annuellement.

2° ARRONDISSEMENT DE LA

40	Pierres de taille. Exploitation	Trept	Chapis, Delphin et compagnie.	236	»	»	75,440
41	———— Exploitation	13 communes	45 établissements. (Bull. coll.).	7,200	1,917	»	350,456
42	Marbres. Exploitation	Le Tour-du-Pin	10 exploitants. (Bull. coll.)..	»	»	»	767,133
43	Ardoises. Exploitation	Idem	3 exploitants. (Bull. coll.)..	»	»	»	20,671
44	Sables réfractaires. Exploitation	Vorreppe	1 établissement	»	»	»	8,800
45	Anthracite. Exploitation	La Tour-du-Pin	10 exploitants. (Bull. coll.)..	»	»	»	238,875
46	Lignite, Tourbière. Exploitation	Idem	10 exploitants. (Bull. coll.)..	»	»	»	279,720
47	Terre argileuse. Tuilerie	18 communes	29 établissements. (Bull. coll.)	7,200	1,085	19,774	125,400
48	———— Poterie	Fitilieu	1 établissement	100	14	700	5,300
49	Fer. Minerai. Exploitation	Le Tour-du-Pin	5 exploitants. (Bull. coll.)..	»	»	»	99,138
50	— Acier. Ressorts de voitures	Apprieu	Alphonse Gourja	2,000	110	105,500	180,000
51	Céréales [Moulin à]	Bourgoin	Louis Sanon	3,500	45	285,000	334,035
52	———— (Moulin à)	Idem	Roche père et fils	3,000	90	247,000	289,520
53	———— (Moulin à)	Idem	Michel Roche	2,000	66	190,000	222,690
54	———— (Moulin à)	Idem	Antoine Grange	2,000	49	190,000	222,690
55	———— (Moulin à)	Idem	J.-B. Rivet	2,400	39	171,000	204,221
56	———— (Moulin à)	Idem	Charles Faria	1,500	38	171,000	204,221
57	———— (Moulin à)	Idem	Jacques Blevoz	1,000	24	66,300	76,940
58	———— (Moulin à)	Idem	Ennemond Patriot	500	21	22,500	34,028
59	Orge. Bière	Le Tour-du-Pin	3 établissements. (Bull. coll.)	»	»	41,446	97,140
60	Soude indigène. (Fabrique de)	Serézin	Borer	500	130	10,600	21,500
61	———— (Fabrique de)	Lemps	Milland fils et compagnie	25,000	»	453,200	510,000
62	———— (Fabrique de)	Saint-Clair-de-la-Lone	Perier	500	109	17,550	36,000
63	———— (Fabrique de)	Bourgoin	Gui. et Girand	500	»	20,000	80,000
64	Papeterie. Cartons	Jallieu	Claude Voisin	600	79	78,750	102,988
65	——— Cartons	Idem	Voisin frères	1,000	132	121,500	158,648
66	——— Papier gris	Saint-Victor-de-Cessieu	Bonnard	2,500	33	12,750	17,400
67	——— Papier gris	Idem	Costas et compagnie	400	56	21,600	32,400
68	——— Papier gris	Éparres	Charbollet	3,500	35	36,400	38,400
69	——— Papier gris	Tignieu	Quélin	1,000	135	23,650	35,150
70	Imprimerie. Objets variés	Bourgoin	1 établissement	350	56	800	4,200
71	Lithographie. Impressions diverses	Idem	1 établissement	200	6	200	2,200
72	Coton. Filature, Tissage, Calicots	Idem	Samuel Debat	5,000	450	250,000	500,000
73	——— Tissage. Calicots	Jallieu	Coffarel	2,500	200	120,000	162,000
74	Soie. Filature	Véronneras	Trouillet frères	400	51	48,000	54,000
75	— Filature	La Tour-du-Pin	Baud	300	40	30,000	36,000
76	Laine. Noir. Impression de tissus	Bourgoin	Perregaux	300	42	180,000	280,000

3° ARRONDISSEMENT D

77	Carrières de pierres. Exploitation	15 communes	46 exploitants	8,060	2,327	»	390,620
78	Terre argileuse. Tuilerie	14 idem	19 établissements	3,680	850	17,456	100,000
79	———— Poterie	Brion	3 établissements	300	30	2,200	12,490
80	Fer. Fonte. Bouches à feu	Saint-Gervais	Fillieux	»	»	387,897	488,512
81	— Fer. Acier	Rives	Gourju	1,000	150	85,700	154,800

OUVRIERS							MOTEURS						FEUX			MACHINES	
NOMBRE				SALAIRES			MOULINS			MACHINES à vapeur	CHEVAUX et mulets	BŒUFS	FOURNEAUX	FORGES	FOURS	MÉTIERS	AUTRES
Hommes	Femmes	Enfants	TOTAUX	Hommes	Femmes	Enfants	à eau	à vent	à manège								
LA TOUR-DU-PIN.																	
85	»	»	85	2f 00c	»	»	»	»	»	»	»	»	»	»	»	»	»
352	»	20	372	2.00	»	0f 75c	»	»	»	»	»	»	»	»	»	»	»
778	»	»	778	1f 50c à 2f 50c	»	»	»	»	»	»	»	»	»	»	»	»	»
214	»	»	214	1f 00c	»	»	»	»	»	»	»	»	»	»	»	»	»
6	»	»	6	2.00	»	»	»	»	»	»	»	»	»	»	»	»	»
213	»	»	213	2f 25c à 2f 50c	»	»	»	»	»	»	»	»	»	»	»	»	»
202	»	»	202	1f 50c à 1f 60c	»	»	»	»	»	»	»	»	»	»	»	»	»
185	7	16	208	1f 90c	0f 75c	0.50	»	»	»	»	»	»	31	»	»	»	»
3	»	»	3	1.90	»	»	»	»	»	»	»	»	1	»	»	»	»
154	»	»	154	2.00	»	»	»	»	»	»	»	»	»	»	»	»	»
20	»	»	20	1f 30c à 6f	»	»	»	»	»	»	»	»	»	2	2	»	»
4	»	»	4	1f 75c	»	»	3	»	»	»	»	»	»	»	»	»	»
4	»	»	4	1.75	»	»	3	»	»	»	»	»	»	»	»	»	»
4	»	»	4	1.75	»	»	2	»	»	»	»	»	»	»	»	»	»
3	»	»	3	1.75	»	»	2	»	»	»	»	»	»	»	»	»	»
3	»	»	3	1.75	»	»	2	»	»	»	»	»	»	»	»	»	»
3	»	»	3	1.75	»	»	2	»	»	»	»	»	»	»	»	»	»
2	»	»	2	1.75	»	»	2	»	»	»	»	»	»	»	»	»	»
2	»	»	2	1.75	»	»	1	»	»	»	»	»	»	»	»	»	»
6	»	»	6	2.50	»	»	»	»	»	»	»	»	»	»	»	»	»
62	2	»	64	1.25	0.90	»	3	»	»	»	»	»	2	»	»	»	»
62	2	2	66	1.25	0.90	0.80	1	»	»	»	»	»	1	»	1	»	1
60	2	2	64	1.25	0.90	0.80	2	»	»	»	»	»	4	1	1	»	1
70	»	»	70	1.50	»	»	»	»	»	1	»	»	3	»	»	»	2
40	28	»	68	1.30	0.60	»	2	»	»	»	»	»	»	»	»	»	4
60	42	»	102	1.30	0.60	»	3	»	»	»	»	»	»	»	»	»	5
6	10	»	16	1.30	0.60	»	3	»	»	»	»	»	»	1	»	»	»
11	11	»	22	1.60	0.80	»	3	»	»	»	»	»	1	1	»	»	6
13	12	»	25	1.55	0.65	»	2	»	»	»	»	»	»	»	»	»	5
11	10	»	21	1.50	0.60	»	2	»	»	»	»	»	»	»	»	»	5
1	»	»	1	2.50	»	»	»	»	»	»	»	»	»	»	»	»	»
1	»	»	1	2.00	»	»	»	»	»	»	»	»	»	»	»	»	»
150	150	100	400	1f à 3f 50c	1f à 2f 80c	40c à 80c	2	»	»	1	»	»	3	2	»	240	39
12	30	48	90	2f 50c	1f 10c	60c à 80c	2	»	»	»	»	»	2	»	»	100	»
2	34	5	41	3.00	»	0f 50c	»	»	»	1	»	»	1	»	»	30	»
3	17	3	23	1.00	1.40	0.80	»	»	»	1	»	»	1	»	1	15	»
30	60	60	170	1f 50c à 2f 50c	1f à 1f 50c	20c à 30c	3	»	»	»	»	»	»	»	»	»	»
DE SAINT-MARCELLIN.																	
388	»	22	410	2f 00c	»	0f 75c	»	»	»	»	»	»	»	»	»	»	»
75	9	5	89	1.90	0f 75c	0.50	»	»	»	»	»	»	22	»	»	»	»
6	»	1	7	1.90	»	0.50	»	»	»	»	»	»	3	»	»	»	»
45	»	10	55	2.00	»	0.70	6	»	»	»	»	»	1	1	4	9	3
17	»	»	17	3.00	»	»	»	»	»	»	»	»	»	2	8	»	»

NUMÉROS D'ORDRE	NATURE DES ÉTABLISSEMENTS.	COMMUNES où ils sont situés.	NOMS DES FABRICANTS ou manufacturiers.	VALEURS LOCATIVES.	MONTANT des PATENTES.	VALEUR ANNUELLE des matières premières.	VALEUR DES PRODUITS fabriqués annuellement.

3° ARRONDISSEMENT

82	Fer. Fers Acier	Tullins	Blanchet frères	1,000	324	133,000	216,000
83	— Fers. Acier	Renage	Vial	1,100	130	75,000	162,000
84	— Fers. Acier	Idem	Tournier	630	95	65,000	129,800
85	— Acier	Rives	Gérin frères	1,000	128	114,000	223,500
86	Acier	Tullins	Marquis-Jayeur	200	104	18,600	38,500
87	Acier	Renage	Veuve Charvet	630	95	38,900	115,200
88	Acier	Idem	Réveillet	300	85	31,000	60,480
89	Cuivre laminé	Idem	Basset et Chavanne	200	90	112,500	133,000
90	Orge. Bière	Saint-Marcellin	1 établissement	#	#	10,035	23,520
91	Graines oléagineuses. Huilerie	3 communes	4 établissements. (Bull. coll.)	2,110	302	150,000	165,000
92	Papeterie. Papiers divers	Tullins	Tamisier	300	91	10,200	21,900
93	— Papiers divers	Rives	Blanchet Kléber	1,500	935	237,868	623,985
94	— Papiers divers	Renage	Court et compagnie	350	130	90,300	210,000
95	Imprimerie. Objets variés	Saint-Marcellin	1 établissement	510	22	500	3,800
96	Soie ouvrée	Cognin	Debrieux	450	167	136,000	144,000
97	ouvrée	Saint-Antoine	Cachet	400	168	150,000	200,000
98	ouvrée	Chatte	David	800	220	96,000	110,500
99	ouvrée	Idem	Ferrieux	700	166	70,000	84,500
100	ouvrée	La Sône	Favre	400	133	70,560	84,000
101	ouvrée	Idem	Magnat	500	115	45,000	57,300
102	ouvrée	Têche	Denisot frères	1,200	172	80,000	97,500
103	ouvrée	La Sône	Morsin	1,000	175	96,000	110,500
104	ouvrée	Vinay	Revol	700	150	100,000	120,250
105	ouvrée. Nacre. Fabrique de boutons	Idem	Régis Revol	500	120	154,400	183,850
106	ouvrée en crêpes	Chatte	Giraudet	600	169	60,000	80,500
107	Tissus pour parapluies	Rives	Michel frères	400	53	130,000	175,000
108	Tissage. Foulards. Crêpes	Renage	Pillion et compagnie	3,000	300	1,015,000	2,150,000
109	Tissage. Florence. Velours	Saint-Antoine	Delong	1,300	295	130,000	180,000

4° ARRONDISSEMENT

110	Carrière de pierre. Exploitation	6 communes	15 exploitants. (Bull. coll.)	2,900	333	#	148,745
111	Terre argileuse. Tuilerie	33 idem	66 établissements. (Bull. coll.)	6,985	1,211	28,777	122,517
112	— Poterie	2 idem	7 établissements. (Bull. coll.)	640	58	4,900	32,600
113	Verrerie. Bouteilles	Vienne	Johannot et compagnie	1,400	237	54,223	105,000
114	Fer. Minerai	2 communes	2 établissements. (Bull. coll.)	1,200	#	#	15,222
115	Minerai. Fonte	Vienne	Bonnet, Merle et compagnie	10,000	1,022	273,000	475,000
116	Fonte. Machines	Vienne	Genissieu-Prenat	1,200	74	75,048	144,000
117	Fonte. Cuivre. Machines	Idem	Joachim Giron	200	63	2,600	5,500
118	Fonte. Cuivre. Machines	Idem	Joseph Dormet	300	76	17,050	54,000
119	Fonte. Cuivre. Machines	Idem	Michel Charetton	500	87	27,000	40,000
120	Fonte. Cuivre. Machines	Idem	J.-B. Ledaru	500	81	15,000	50,000
121	Fonte. Cuivre. Machines	Idem	Jouffray aîné	600	112	30,000	100,000
122	Fonte. Cuivre. Machines	Idem	Lhuillier-Jouffray	400	68	14,900	40,000
123	Fonte. Cuivre. Machines hydrauliques et à vapeur	Idem	Jouffray cadet	1,000	162	23,000	68,000

	OUVRIERS.						MOTEURS.						FEUX.			MACHINES	
	NOMBRE.				SALAIRES.		MOULINS.			MACHINES à vapeur.	CHEVAUX et mulets.	SCIEPS.	FOUR- NEAUX.	FORGES.	FOURS.	MÉTIERS.	AUTRES.
Hommes.	Femmes.	Enfants.	TOTAUX.	Hommes.	Femmes.	Enfants.	à eau.	à vent.	à manège.								

DE SAINT-MARCELLIN. (Suite.)

Hommes	Femmes	Enfants	TOTAUX	Salaires H.	Salaires F.	Salaires E.	Moulins à eau	à vent	à manège	Mach. vapeur	Chevaux	Scieps	Fourneaux	Forges	Fours	Métiers	Autres
20			20	2'25'			1							1			2
8			8	4'à5'			2						2	2			2
8			8	4.45			2						2	2			2
25			25	4'25'										2	4		
5			5	4.50			2							1			1
8			8	4.05			2						2	2			1
4			4	4.05			1						1	1			1
8			8	3.00			3						1	1	1		1
2			2	2.50													
8	1	1	10	1.50	1'00'	0'50'	1										3
4	4		8	3.00	1.50		1										3
90	150	60	300	2.25	1.00	0.75	1			3			3				12
40	56	14	110	2.25	1.00	0.75	3										
1			1	2.50													
3	14		17	3.00	1.00		1			1							52
3	30	5	38	1.25	0.80	0.60	1			1							50
2	8	7	17	1.50	0.70	0.60	1			1			1				50
3	10	6	18	1.50	0.70	0.60	1			1			1				30
	16	2	18		0.75	0.70	1										
1	6	2	9	1.50	0.75	0.70	1			1			1				18
1	12	5	18	2.50	0.80	0.60	1			1			1				50
1	20	2	23	1.50	1.75	0.70	1										
2	16		18	3.00	0.80		1										
8	32	5	45	2.50	1.20	0.70	2						1			10	
1	10	6	17	1.50	0.70	0.60	1			1			1				30
30	50		80	1.25	1.00											80	
10	290		300	3'à5'	1.10		1										
1	58		50	1'25'	1.00											58	1

DE VIENNE.

Hommes	Femmes	Enfants	TOTAUX	Salaires H.	Salaires F.	Salaires E.	Moulins à eau	à vent	à manège	Mach. vapeur	Chevaux	Scieps	Fourneaux	Forges	Fours	Métiers	Autres
95		2	97	2'60'		0'70'											
55	14	16	85	1.90	0'75'	0.50							79				
18			18	1.90									7				
50	4	12	66	2.00	1.00	1.10			1		2		1	1	1		
15			15	2.00													
110		25	135	3.50		1'25'+1'70'			2			5	1				
22			22	3'à4'						1			2				
2			2	3'50'													
10			10	3'à4'					1	1			1				2
6			6	3'80'						1			2				
12			12	3'à4'						1			2				
20			20	3.15						1			2				
10			10	3.14						1			2				
18			18	3.15						1			2				

4° ARRONDISSEMENT DE

N°	NATURE DES ÉTABLISSEMENTS.	COMMUNES où ILS SONT SITUÉS.	NOMS DES FABRICANTS ou manufacturiers.	VALEURS LOCATIVES.	MONTANT des PATENTES.	VALEUR ANNUELLE des matières premières.	VALEUR DES PRODUITS fabriqués annuellement.	
124	Fer. Cuivre. Fers marchands. Tôle.	Estrablin.	Jean Victor frères.	6,000f	1,800f	2,549,600f	3,022,600f	20
125	— Tréfilerie. Chaines. Machines.	Septème.	Liorat.	1,000	140	22,100	44,200	15
126	— Fil de fer. Clous.	Chatonnay.	Lucien Jocteur-Montrozier.	700	114	63,490	71,903	8
127	— Fil de fer. Cuirs. Fabrique de cardes.	Vienne.	Louis Chamourin.	300	70	18,200	25,000	3
128	Plomb Cuivre argentif. Or. Arg. Ox de plomb. Sulf. de cuivre.	Idem.	Blumenstein et Miremont.	3,400	704	330,000	600,000	27
129	Cuivre. Argent. Tréfilerie en fens.	Chavanoz.	Pangens Du neveny et comp.	2,000	300	143,930	518,000	1
130	Huile. Potasse. Savons.	Vienne.	Mussy et Favard.	700	180	88,000	90,000	12
131	Gaze. Bière.	Idem.	2 établissements. (Bull. coll.).	»	»	62,802	147,180	27
132	Sucre indigène. Raffinerie.	Grenay.	Camichel et compagnie.	2,700	144	550,000	676,350	8
133	Graines oléagineuses. Huilerie	3 communes.	5 établissements. (Bull. coll.).	2,660	383	169,900	180,500	16
134	Papeterie. Cartons lustrés.	Vienne.	Philippe Gentil.	1,000	187	26,000	35,000	14
135	— Papiers peints.	Estrablin.	Denis Guillermet.	6,000	300	45,000	105,000	13
136	Imprimerie. Objets variés.	Vienne.	2 établissements. (Bull. coll.).	1,050	162	8,500	29,400	2
137	Chanvre. Cordages.	Idem.	François Montagnon.	160	31	5,200	8,000	2
138	—— Cordages.	Idem.	Melchior Guerrier.	160	31	9,700	14,000	3
139	—— Cordages.	Idem.	Pierre Vacalod.	100	10	6,400	11,000	4
140	—— Cordages.	Idem.	Beuvier frères.	200	46	59,200	88,800	3
141	—— Cordages.	Idem.	François Drey.	100	10	4,600	10,500	3
142	Laine. Teinturerie.	Idem.	Charvet frères.	1,200	383	96,420	126,000	14
143	—— Teinturerie.	Idem.	Sauriguère cadet.	300	99	24,105	31,500	4
144	—— Teinturerie.	Idem.	Déchaux.	800	93	24,105	31,500	4
145	—— Teinturerie.	Idem.	Ferlat.	300	99	24,105	31,500	7
146	—— Teinturerie.	Idem.	Auguste Richard.	250	93	48,212	63,000	25
147	—— Tissage. Couvertures.	Serezin.	Giraud.	1,500	80	35,000	59,500	40
148	—— Tissage. Étoffes croisées.	Vienne.	Frandon.	800	79	95,000	205,000	9
149	—— Tissage. Étoffes croisées.	Idem.	Charretton frères.	500	87	23,000	47,000	28
150	—— Tissage. Étoffes croisées.	Idem.	Duceur père, etc.	600	324	100,000	210,000	14
151	—— Tissage. Étoffes croisées.	Idem.	Allagnat.	300	59	50,000	100,000	20
152	—— Tissage. Étoffes croisées.	Idem.	Désiré Bajard.	400	62	50,000	105,000	32
153	—— Tissage. Étoffes croisées.	Idem.	Cleret fils, Buis et comp.	1,000	168	112,000	230,000	40
154	—— Tissage. Étoffes croisées.	Idem.	Joseph Rigat.	500	75	100,000	210,000	25
155	—— Tissage. Étoffes croisées.	Idem.	Guirand neveu.	500	89	120,000	150,000	28
156	—— Tissage. Étoffes croisées.	Idem.	Reymon et Bayard-Baron.	950	165	150,000	180,000	25
157	—— Tissage. Étoffes croisées.	Idem.	Pierre Thomas fils.	600	93	140,000	200,000	18
158	—— Tissage. Étoffes croisées.	Idem.	Cros fils.	200	37	25,000	90,000	14
159	—— Tissage. Étoffes croisées.	Idem.	Romand fils.	300	49	45,000	90,000	15
160	—— Tissage. Étoffes croisées.	Idem.	Thodier ainé.	300	49	55,000	120,000	25
161	—— Tissage. Étoffes croisées.	Idem.	Berthaud et Pertus.	800	134	110,000	220,000	32
162	—— Tissage. Étoffes croisées.	Idem.	Laurent fils cadet.	3,000	117	105,000	205,000	20
163	—— Tissage. Étoffes croisées.	Idem.	Auguste Guirand.	1,500	209	80,000	120,000	30
164	—— Tissage. Étoffes croisées.	Idem.	Pierre Fleury-Vincent.	3,000	397	110,500	250,000	26
165	—— Tissage. Draps. Étoffes croisées.	Idem.	Poizzoste et Dervieux.	2,700	134	100,000	200,000	31
166	—— Tissage. Draps. Étoffes croisées.	Idem.	Delaigue et Thevenin.	2,000	189	115,000	245,000	28
167	—— Tissage. Draps. Étoffes croisées.	Idem.	Richard et Severin.	2,900	259	110,500	230,000	72
168	—— Tissage. Draps. Étoffes croisées.	Idem.	Bedin, Lambert et compagnie.	3,000	490	230,000	500,000	30
169	—— Tissage. Draps. Étoffes croisées.	Idem.	Gabert frères.	1,100	177	120,000	250,000	

OUVRIERS							MOTEURS						FEUX			MACHINES	
NOMBRE.				SALAIRES.			MOULINS			MACHINES à vapeur.	CHEVAUX et mulets.	BŒUFS.	FOUR-NEAUX.	FORGES.	FOYERS.	MÉTIERS.	AUTRES.
Hommes.	Femmes.	Enfants.	TOTAUX.	Hommes.	Femmes.	Enfants.	à eau.	à vent.	à manège.								

DE VIENNE. (Suite.)

Hommes	Femmes	Enfants	Totaux	Hommes	Femmes	Enfants	à eau	à vent	à manège	Mach. vapeur	Chevaux	Bœufs	Fourn.	Forges	Foyers	Métiers	Autres
210	»	15	225	3f 00c	1f 00c	1f 50c	1	»	»	1	50	»	2	4	23		23
15	5	1	21	2f à 5f	1.00	0.75	1	»	»	»	»	»	»	2			30
8	1	»	9	2f 10c	0.75	»	1	»	»	»	»	»	»	»		16	3
3	»	3	6	2 à 3f	»	40 à 75c	3	»	»	»	»	»	»	»		»	10
17	»	»	17	2 à 3f	»	»	9	»	»	8	»	»	»	»	»	31	20
37	16	21	74	1f 75c	1.00	0f 60c	2	»	»	»	»	»	12	»	»		
1	»	»	1	2.00	»	»	»	»	»	»	»	»	5	2	»		
12	»	»	12	2.50	»	»	»	»	»	»	»	»	2	»	»		
47	»	2	49	1f50 à 1f75	»	1f à 1f25	»	»	»	1	»	»	»	»	»		
8	2	3	13	1f 50c	»	0f 50c	»	»	»	»	»	»	2	»	»		
16	2	»	18	1.85	0.90	»	1	»	»	»	»	»	»	»	»		
14	24	8	46	2.00	1.00	0.75	4	»	»	»	»	»	»	»	»		31
13	»	3	16	3.00	»	0.60	»	»	»	»	»	»	»	»	»		
2	»	1	3	2.50	»	0.60	»	»	»	»	»	»	»	»	»		1
2	»	2	4	2.50	»	0.60	»	»	»	»	»	»	»	»	»		2
3	»	2	5	2.50	»	0.60	»	»	»	»	»	»	»	»	»		2
4	»	6	10	2.50	»	0.70	»	»	»	»	»	»	»	»	»		2
3	»	3	6	2.50	»	0.60	»	»	»	»	»	»	»	»	»		6
14	»	»	14	2.25	»	»	»	»	»	»	»	»	»	»	»		4
4	»	»	4	2.25	»	»	»	»	»	2	2	»	11	»	»		
4	»	»	4	2.25	»	»	»	»	»	1	1	»	4	»	»		
4	»	»	4	2.25	»	»	»	»	»	1	1	»	3	»	»		
7	»	»	7	2.25	»	»	»	»	»	1	1	»	4	»	»	»	
25	10	10	45	2.25	1.25	0.60	1	»	»	»	1	»	5	»	»	»	
40	22	10	72	2.00	1.00	0.60	1	»	»	»	»	»	»	»	10	10	
9	4	4	17	2.00	1.00	0.60	1	»	»	»	»	»	»	»	26	10	
28	22	16	66	2.00	1.00	0.60	1	»	»	»	»	»	»	»	5	2	
14	10	10	34	2.00	1.00	0.60	1	»	»	»	»	»	»	»	25	10	
20	9	10	39	2.00	1.00	0.60	1	»	»	»	»	»	»	»	8	4	
32	20	10	62	2.00	1.00	0.60	1	»	»	»	»	»	»	»	13	5	
40	18	15	73	2.00	1.00	0.60	1	»	»	»	»	»	»	»	17	9	
25	20	12	57	2.00	1.00	0.60	1	»	»	»	»	»	»	»	25	11	
28	23	16	67	2.00	1.00	0.60	1	»	»	»	»	»	»	»	18	12	
25	20	15	60	2.00	1.00	0.60	1	»	»	»	»	»	»	»	35		
18	8	10	36	2.00	1.00	0.60	1	»	»	»	»	»	»	»	24	12	
14	8	10	32	2.00	1.00	0.60	1	»	»	»	»	»	»	»	10	4	
15	8	8	31	2.00	1.00	0.60	1	»	»	»	»	»	»	»	7	5	
25	25	12	62	2.00	1.00	0.60	1	»	»	»	»	»	»	»	8	5	
32	18	14	64	2.00	1.00	0.60	1	»	»	»	»	»	»	»	16	9	
20	15	10	45	2.00	1.00	0.60	1	»	»	»	»	»	»	»	14	8	
30	23	14	67	2.00	1.00	0.60	1	»	»	»	»	»	»	»	15	10	
26	18	14	58	2.00	1.00	0.60	1	»	»	»	»	»	»	»	18	11	
31	22	12	65	2.00	1.00	0.60	1	»	»	»	»	»	»	»	13	8	
28	20	14	62	2.00	1.00	0.60	1	»	»	»	»	»	»	»	15	13	
72	52	24	148	2.00	1.00	0.60	1	»	»	»	»	»	»	»	15	12	
30	25	10	65	3.00	1.00	0.60	1	»	»	1	»	»	»	»	32	32	
																19	8

NUMÉROS D'ORDRE	NATURE DES ÉTABLISSEMENTS	COMMUNES où ILS SONT SITUÉS	NOMS DES FABRICANTS ou manufacturiers.	VALEURS LOCATIVES.	MONTANT des PATENTES.	VALEUR ANNUELLE des matières premières.	VALEUR DES PRODUITS fabriqués annuellement.

4° ARRONDISSEMENT

170	Laine Tissage Draps Étoffes croisées	Vienne	Pouchon fils ainé	2,500'	360'	112,500'	245,000'
171	Tissage Draps Étoffes croisées	Idem	Lardière ainé	3,900	594	180,000	380,000
172	Tissage Draps Étoffes croisées	Idem	Grenier père et fils	3,000	274	80,000	146,000
173	Poils de chèvre. Tissage Draps divers	Idem	Patouliard	2,000	360	60,000	135,000
174	Poils de chèvre Tissage Draps divers	Idem	Claude Patouliard	200	38	53,400	90,500
175	Soie Filature. Moulinage	Saint-Symphorien	Vignal père	800	120	108,000	198,000
176	ancié	Idem	Granger ainé	300	137	94,000	117,940
177	Coton. Tissage Étoffes diverses	Charvieux	Giraud et compagnie	1,200	174	82,500	105,000
178	Suif. Cire. Bougies	Villeurbanne	Baif et Bollart	800	124	830,000	1,500,000
179	Peaux Tannerie	Vienne	J.-B. Latour fils	500	124	12,500	13,500
180	Tannerie	Idem	Francisque Reymond	300	99	79,400	98,000
181	Tannerie	Idem	François Angéniol	600	137	79,400	99,000
182	Tannerie	Idem	Pierre Gauthier	250	95	29,775	33,750
183	Tannerie	Idem	Nicolas Paulin	300	101	79,400	90,000
184	Tannerie	Idem	Henri Challiat	300	99	35,500	45,000

RÉCAPITULATION PAR

ARRONDISSEMENTS.	NOMBRE D'ÉTABLISSE-MENTS.	NOMBRE DE COMMUNES où ils sont situés.	VALEURS LOCATIVES.	MONTANT des PATENTES.	VALEUR ANNUELLE des matières premières.	VALEUR DES PRODUITS fabriqués annuellement.
GRENOBLE	241	114	103,416'	13,674'	4,748,584'	9,028,926'
LA TOUR-DU-PIN	144	45	77,276	5,132	2,934,620	5,911,306
SAINT-MARCELLIN	101	44	34,006	8,311	4,588,116	7,055,207
VIENNE	167	56	104,005	14,789	9,068,842	15,626,110
TOTAUX	653	259	318,697	41,906	21,300,162	37,613,549

DE VIENNE. (Suite.)

OUVRIERS.				SALAIRES.			MOTEURS.					FEUX.			MACHINES.	
	NOMBRE.						MOULINS			MACHINES à vapeur.	CHEVAUX et mulets.	BŒUFS.				
Hommes.	Femmes.	Enfants.	TOTAUX.	Hommes.	Femmes.	Enfants.	à eau.	à vent.	à manège.				FOUR- NEAUX.	FORGES.	FOURS.	MÉTIERS.	AUTRES
31	22	12	65	2' 00"	1' 00"	0' 60"	1	.	.				.			18	10
72	49	24	145	2. 00	1. 00	0. 60	3	.	.	.	.	.	.	.	.	36	30
59	40	52	151	2. 00	1. 00	0. 60	2	.	.	.	.	.	.	.	1	29	56
20	9	11	40	2. 50	1. 00	40" à 50"	1	.	.	.	.	.	.	.	.	20	8
20	9	10	39	2. 25	1. 00	0' 60"	1	.	.	.	.	.	.	.	.	15	2
2	20	4	26	2. 00	1. 00	75' à 80"	1	.	.	.	.	.	.	.	.	.	.
4	16	4	24	2. 00	1. 00	0' 80"	1	.	.	.	.	.	.	.	.	.	.
3	30	20	53	2' 50" à 3'	1' à 1' 50"	1' à 1' 25"	1	.	.	.	.	.	.	.	.	90	10
30	45	15	90	2' 50"	1' 25"	0' 75"	.	.	.	.	.	.	.	.	.	.	.
1	.	.	1	2. 50	.	.	.	.	.	.	.	.	.	.	.	.	.
8	.	.	8	2. 50	.	.	1	.	.	.	.	.	.	.	.	.	.
8	.	.	8	2. 50	.	.	1	.	.	.	.	.	.	.	.	.	.
3	.	.	3	2. 50	.	.	1	.	.	.	.	.	.	.	.	.	.
8	.	.	8	2. 50	.	.	1	.	.	.	.	.	.	.	.	.	.
4	.	.	4	2. 60	.	.	.	.	.	.	.	.	.	.	.	.	.

ARRONDISSEMENTS.

OUVRIERS.				SALAIRES.			MOTEURS.					FEUX.			MACHINES.	
	NOMBRE.						MOULINS			MACHINES à vapeur.	CHEVAUX et mulets.	BŒUFS.				
Hommes.	Femmes.	Enfants.	TOTAUX.	Hommes.	Femmes.	Enfants.	à eau.	à vent.	à manège.				FOUR- NEAUX.	FORGES.	FOURS.	MÉTIERS.	AUTRES
2,524	2,330	493	5,347	2' 28'	1' 05"	0' 63"	42	4		9	151		90	8	3	478	185
2,857	417	256	3,530	1. 96	1. 05	0. 69	45	.	.	4			50	7	5	385	64
827	792	153	1,772	2. 52	0. 94	0. 64	36	.	.	10	.	.	44	15	17	157	209
1,791	728	557	3,076	2. 47	1. 00	0. 74	60	.	1	26	60	.	144	22	24	613	150
7,999	4,267	1,459	13,725	2. 31	1. 00	0. 68	183	4	1	49	211	.	328	52	50	1,583	1,030

(1) Sembla longue.

1.

RÉCAPITULATION PAR NATURE DE

NATURE DES PRODUITS.	NOMBRE D'ÉTABLISSE-MENTS.	NOMBRE DE COMMUNES où ils sont situés.	VALEURS LOCATIVES.	MONTANT des PATENTES.	VALEUR annuelle des matières premières.	VALEUR des produits fabriqués annuellement.
Carrières. Gypse. Marbre. Ardoises. Pierres de taille...........	251	87	35.340ᶠ	10.177ᶠ	»	1.777.767ᶠ
Minières. Exploitation	11	3	1.800	230	10.000ᶠ	839.135
Argilières. Exploitation	3	»	»	»	»	26.671
Sables réfractaires. Exploitation...................	1	1	»	»	»	8.800
Anthracites. Exploitation.........................	23	10	8.730	»	»	518.941
Lignite. Tourbières. Exploitation	10	1	»	»	»	279.720
Terre à briques. Tuileries........................	148	95	27.595	4.810	165.337	649.451
— ——— Poteries..................	20	10	2.140	189	26.100	99.635
Verreries. Bouteilles............................	1	1	1.400	237	54.223	105.000
Fer. Minerai. Exploitation........................	19	9	11.826	»	»	254.091
Fonte. Bouches à feu. Machines...................	6	5	23.200	2.614	1.508.169	2.104.028
— Fonte et Fer................................	1	1	7.000	300	199.500	512.000
— Tréfilerie. Chaînes. Machines. Clous...........	3	3	2.000	324	103.790	141.103
— Fonte. Cuivre. Machines......................	7	1	3.500	649	127.850	357.500
— Cuivre. Fers marchands. Tôle..................	1	1	6.000	1.000	2.549.500	3.922.600
— Fers. Acier..................................	10	5	8.640	1.278	767.200	1.389.380
Cuivre laminé...................................	4	1	200	90	112.500	132.000
— Argent. Tréfilerie en faux.....................	1	1	2.000	300	143.930	318.000
Or et Argent. Bijouterie..........................	2	1	1.220	171	32.000	76.800
Plomb. Cuivre argentifère. Or. Argent. Oxyde de plomb. Sulfate de cuivre...	1	1	3.400	704	350.000	600.000
Bois de noyer. Sabots............................	1	1	300	50	2.000	10.000
Céréales (Moulins à).............................	8	1	15.900	392	1.349.000	1.588.345
Orge. Bière	11	4	»	»	199.685	404.964
Sucre indigène (Fabrique de). Dragées.............	6	6	30.000	496	1.085.200	1.397.850
Graines oléagineuses. Huileries...................	14	7	7.320	1.185	504.900	550.500
Huile. Potasse. Savon...........................	1	1	700	180	88.000	90.000
Papeterie. Papiers divers.........................	16	14	26.950	2.917	1.076.648	2.017.283
Imprimerie. Impressions diverses..................	9	4	8.210	968	27.800	137.890
Lithographie. Objets variés.......................	5	2	1.500	74	1.300	17.100
Chanvre. Cordages..............................	5	1	720	138	85.100	131.900
——— Lin. Tissage. Toiles.................	3	1	2.080	253	257.500	404.000
Coton. Filature.................................	1	1	1.100	206	163.800	297.160
——— Tissage. Calicots...................	2	2	7.500	650	370.000	665.000
Impression d'étoffes diverses.....................	1	1	1.100	300	40.000	150.000
Laine. Teinturerie...............................	5	1	2.850	627	216.947	283.500
——— Tissage. Draps. Étoffes croisées.......	26	2	37.550	4.559	2.583.500	5.047.500
——— Poils de chèvre. Tissage. Draps divers...	2	1	2.200	398	113.400	225.500
Soie. Filature..................................	6	6	4.320	770	370.300	589.400
— — moirée..................................	12	7	7.550	1.912	1.139.960	1.390.740
— — Tissage. Satin. Gaze. Étoffes diverses.....	6	5	7.900	1.533	3.050.000	4.270.000
— — Coton. Tissage. Étoffes diverses..........	1	1	1.200	174	82.500	105.000
— — Laine. Impression de tissus..............	1	1	300	42	180.000	286.000
Peaux d'agneaux. Ganterie.......................	3	1	2.200	288	992.500	1.516.125
Peaux. Tanneries...............................	6	1	2.250	655	316.275	362.050
Suif. Cire. Bougie..............................	1	1	800	124	830.000	1.500.000
Débris d'animaux. Colle. Noir animal.............	1	1	300	68	13.950	21.500
TOTAUX	**653**	**309**	**318.097**	**41.906**	**21.300.162**	**37.613.549**

DE PRODUITS INDUSTRIELS.

| | OUVRIERS. | | | | | | MOTEURS. | | | | | | FEUX. | | | MACHINES. | |
| | NOMBRE. | | | | SALAIRES. | | MOULINS. | | | MACHINES à vapeur. | CHEVAUX et mulets. | BŒUFS. | FOUR-NEAUX. | FORGES. | FOURS. | MÉTIERS. | AUTRES. |
Hommes.	Femmes.	Enfants.	TOTAUX.	Hommes.	Femmes.	Enfants.	à eau.	à vent.	à manége.								
937	.	106	2,043	2 00	.	0 75	.	.	.	.	.	.	.	.	.	.	.
804	20	.	824	2. 33	1 25	.	8	.	.	.	.	.	.	.	.	.	12
214	.	.	214	1. 00	.	.	.	.	.	.	.	.	.	.	.	.	.
6	.	.	6	2. 00	.	.	.	.	.	.	.	.	.	.	.	.	.
430	25	18	473	2. 25	1. 10	0. 75	.	.	.	.	.	.	.	.	.	.	.
202	.	.	202	1. 48	.	.	.	.	.	.	.	.	.	.	.	.	.
559	76	146	781	1. 90	0. 75	0. 50	1	.	.	.	.	.	181	.	.	.	2
62	.	1	63	1. 90	.	0. 50	.	.	.	.	.	.	20	.	.	.	.
50	4	12	66	2. 00	1. 00	1. 10	.	.	1	.	2	.	1	1	1	.	.
344	.	10	354	2. 00	.	0. 75	.	.	.	.	.	.	.	.	.	.	3
203	.	35	238	2. 79	.	1. 22	8	4	.	7	.	.	11	3	4	9	3
250	.	.	250	1. 80	.	.	1	.	.	.	150	.	1	2	.	.	.
20	6	4	36	2. 82	0. 87	0. 63	5	.	.	.	.	.	.	2	.	16	43
78	.	.	78	3. 69	.	1. 47	.	6	.	1	.	.	.	11	.	.	2
210	.	15	225	3. 00	.	1. 50	1	.	.	1	50	.	2	3	23	.	23
124	.	.	124	3. 40	.	.	11	.	.	.	.	.	7	17	18	.	12
8	.	.	8	3. 00	.	.	3	.	.	.	.	.	1	1	1	.	1
37	16	21	74	1. 75	1. 00	0. 60	2	.	.	.	.	.	5	2	.	51	20
10	.	.	10	3. 50	.	.	.	.	.	.	.	.	.	.	.	.	.
17	.	.	17	2. 50	.	.	9	.	.	8	.	.	12	.	.	.	.
6	.	.	6	3. 00	.	.	.	.	.	.	.	.	.	.	.	.	.
23	.	.	23	1. 75	.	.	17	.	.	.	.	.	.	.	.	.	.
35	.	.	35	2. 50	.	.	.	.	.	.	.	.	.	.	.	.	.
311	36	12	359	1. 38	0. 84	0. 79	6	.	.	2	.	.	18	1	2	.	3
24	5	6	35	1. 53	1. 03	0. 53	.	.	.	.	.	.	.	.	.	.	.
1	.	.	1	2. 00	.	.	.	.	.	.	.	.	2	.	.	.	.
377	486	113	976	1. 87	0. 88	0 63	40	.	.	3	.	.	10	2	.	.	105
62	.	11	73	2. 75	.	0. 88	.	.	.	.	.	.	.	.	.	.	.
7	.	2	9	2. 00	.	0. 75	.	.	.	.	.	.	.	.	.	.	.
14	.	14	28	2. 50	.	0. 62	.	.	.	.	.	.	.	.	.	.	15
65	85	12	162	2. 00	1. 12	0. 65	4	.	.	.	.	.	1	1	.	72	7
45	88	85	216	2. 00	1. 05	0. 47	1	.	.	.	.	.	10	1	.	39	100
162	180	148	490	2. 33	1. 63	0. 65	4	.	.	1	.	.	5	2	.	340	30
90	40	90	220	2. 50	1. 25	0. 43	3	.	.	3	.	.	27	.	.	.	.
33	.	.	33	2. 25	.	.	.	.	.	6	6	.	27	.	.	.	.
780	531	308	1,688	2. 00	1. 00	0. 60	29	.	.	1	1	.	.	1	.	471	306
40	18	21	79	2. 38	1. 00	0. 50	2	.	.	.	.	.	.	.	.	35	10
14	196	20	230	2. 56	1. 21	0. 77	3	.	.	4	.	.	4	.	1	45	10
28	190	44	262	1. 90	0. 80	0. 64	12	.	.	7	.	.	7	.	.	10	280
61	748	10	819	2. 33	0. 98	0. 60	4	.	.	.	.	.	.	1	.	455	26
3	30	20	53	2 75	1. 25	1. 12	1	.	.	.	.	.	.	.	.	40	10
50	60	60	170	2. 50	1. 25	0. 25	3	.	.	.	.	.	.	.	.	.	.
123	1,380	40	1,543	2. 38	0. 90	0. 40	.	.	.	.	.	.	.	.	.	.	1
32	.	.	32	2. 50	.	.	4	.	.	.	.	.	.	.	.	.	.
30	45	15	90	2. 50	1. 25	0. 75	.	.	.	.	.	.	.	.	.	.	.
3	2	.	5	1. 75	1. 00	.	1	.	.	1	1	.	3	.	.	.	.
999	4,267	1,459	13,725	2. 31	1. 00	0. 66	183	4	1	49	211	.	328	52	50	1,583	1,030

STATISTIQUE PAR ÉTABLISSEMENTS INDUSTRIELS.

3° DÉPARTEMENT DE

N° 3.

1° PRODUCTION.

Nombre total des patentes : 4,420

N° d'ordre	NATURE DES ÉTABLISSEMENTS.	COMMUNES où ils sont situés.	NOMS DES FABRICANTS ou manufacturiers.	VALEURS LOCATIVES.	MONTANT des PATENTES.	VALEUR annuelle des matières premières.	VALEUR des produits fabriqués annuellement.	
			1° ARRONDISSEMENT DE					
1	Tissu ... Tuileries	Gap	3 établissements	850	93	3,040	7,340	
2	Fer. Taillanderie Instruments aratoires	Idem	J.-Joseph Arnoux	730	40	8,800	12,000	
3	Taillanderie Instruments aratoires	Idem	Philippe Pou...	500	35	11,600	24,000	
4	Bois indigènes. Sciage Céréales (Moulin à)	Idem	Ricardet-Maurel	900	60	80,950	91,620	
5	Céréales. Moulin à)	Serres	Antoine Tourninier	70	13	24,000	30,020	
6	(Moulin à)	Idem	Alexandre Itier	500	52	312,000	300,260	
7	(Moulin à)	Saint-Bonnet	Jean Motte	120	11	2,430	3,712	
8	(Moulin à)	Idem	J.-M. Pannel	1,000	66	25,300	20,200	
9	(Moulin à)	Gap	Ferrary	3,000	114	100,500	104,580	
10	(Moulins à)	Idem	10 établissements	6,090	396	300,000	403,000	
11	Ocre. Bière.	Idem	2 établissements	.	.	11,602	18,300	
12	Imprimerie Impressions administratives	Idem	Alfred Allier	1,000	95	5,000	15,000	
13	Laine Cardeur.	Idem	Boisserenc, Val fils	500	36	7,500	8,640	
14	Cardeur	Idem	Michel Jarraud	750	57	9,000	10,400	
15	Peigneur	Idem	Callandre	1,400	152	170,000	240,000	
16	Peaux. Tannerie Laine Lavage	Idem	Étienne Eyraud	1,000	134	115,300	136,550	
17	Tannerie	Idem	Pierre Lecultier	300	44	24,000	31,000	
18	Peaux de mouton Mégisserie	Idem	Laurent Ollivier	900	125	300,700	338,050	
19	Mégisserie	Idem	Iberle, J.-L. Arnoux	700	76	68,100	93,400	
20	Mégisserie	Idem	Arnaudon, Aimé	450	44	5,880	10,560	
21	Peau chèvre. Mégisserie	Saint-Bonnet	Eyraud, frères et fils	100	64	8,910	14,550	
22	Cire Suif. Blanchisserie. Cierges. Bougies	Gap	P.-T. Vallou	410	56	23,875	30,750	
23	Blanchisserie. Cierges. Bougies	Idem	J.-J. Pascal	550	64	38,875	43,850	
24	Blanchisserie. Cierges. Bougies	Idem	J.-E.-F. Barneoud	450	60	31,250	38,000	
			2° ARRONDISSEMENT DE					
25	Anthracite. Extraction	9 communes	9 établissements	.	.	.	16,399	
26	Plombagine. Extraction	Chardonnet	Gamet et compagnie	.	.	.	430	
27	Céréales. (Moulins à)	Briançon	5 établissements	1,760	120	12,711	15,069	

DES HAUTES-ALPES.

2° FORCE.

Montant total des patentes. — 73,782 fran.

	OUVRIERS.								MOTEURS.						FEUX.			MACHINES	
	NOMBRE.				SALAIRES.			MOULINS.			MACHINES à vapeur.	CHEVAUX et mulets.	BŒUFS.	FOUR-NEAUX.	FORGES.	FOURS.		MÉTIERS.	AUTRES.
Hommes.	Femmes.	Enfants.	TOTAUX.	Hommes.	Femmes.	Enfants.	à eau.	à vent.	à manège.	vapeur.	mulets.							

DE GAP.

5	»	»	5	1f 75c	»	»	»	»	»	»	»	»	»	»	3	»	»	4
2	»	»	2	2.00	»	»	»	»	»	»	»	1	1	»	»	»	»	»
4	»	»	4	2.00	»	»	»	»	»	»	»	»	4	»	»	»	»	1
6	»	»	6	2.66	»	»	2	»	»	»	»	»	»	»	»	»	»	6
1	»	»	1	1.75	»	»	1	»	»	»	»	»	»	»	»	»	»	»
2	1	»	3	1.75	1f 00c	»	1	»	»	»	»	»	»	»	»	»	»	1
2	»	»	2	2.00	»	»	1	»	»	»	»	»	»	»	»	»	»	»
4	»	»	4	2.00	»	»	1	»	»	»	»	»	»	»	»	»	»	»
6	»	»	6	1.75	»	»	2	»	»	»	»	1	»	»	»	»	»	5
23	10	»	33	1.75	1.00	»	31	»	»	»	12	»	»	»	»	»	»	16
6	»	»	6	1.50	»	»	»	»	»	»	»	»	»	»	»	»	»	»
5	»	»	5	1f 25c à 5f	»	»	»	»	»	»	»	»	»	»	»	»	»	2
1	»	»	1	1f 50c	»	»	1	»	»	»	»	»	»	»	»	»	»	1
1	»	»	1	1.50	»	»	1	»	»	»	»	»	»	»	»	»	»	1
40	18	»	58	2.00	0.80	»	»	»	»	»	»	»	8	»	»	»	»	1
10	»	»	10	1.60	»	»	»	»	»	»	»	»	»	»	»	»	»	»
4	»	»	4	2.00	»	»	»	»	»	»	»	»	»	»	»	»	»	»
15	»	»	15	1.50	»	»	»	»	»	»	»	»	»	»	»	»	»	»
12	»	»	12	1.50	»	»	1	»	»	»	»	»	»	»	»	»	»	»
3	»	»	3	1.50	»	»	»	»	»	»	»	»	»	»	»	»	»	»
4	»	»	4	2.00	»	»	»	»	»	»	»	»	»	»	»	»	»	»
2	»	»	2	2.40	»	»	»	»	»	»	»	»	2	»	»	»	»	2
2	»	»	2	1.75	»	»	»	»	»	»	»	»	4	»	»	»	»	2
2	»	»	2	2.50	»	»	»	»	»	»	»	»	2	»	»	»	»	1

DE BRIANÇON.

84	»	»	84	2.00	»	»	»	»	»	»	»	»	»	»	»	»	»	»
3	»	»	3	2.00	»	»	»	»	»	»	»	»	»	»	»	»	»	»
16	»	»	16	2.00	»	»	5	»	»	»	»	»	»	»	»	»	»	»

NUMÉROS d'ordre.	NATURE DES ÉTABLISSEMENTS.	COMMUNES où ils sont situés.	NOMS DES FABRICANTS ou manufacturiers.	VALEURS LOCATIVES.	MONTANT des patentes.	VALEUR annuelle des matières premières.	VALEUR des produits fabriqués annuellement.
			2° ARRONDISSEMENT DE				
28	Ocre terre	Briançon	1 établissement	"	"	1,577'	2,400'
29	Laine Tissage Bonneterie	De la Salle	Salle	60'	23'	4,800	5,730
30	— Tissage Bonneterie	Idem	Prat	60	23	14,130	18,240
31	— Tissage Bonneterie	Idem	Viel fils	120	13	4,800	5,535
32	— Tissage Bonneterie	Saint Chaffrey	Laurent-Fidèle Roy	120	34	10,800	15,377
33	— Tissage Bonneterie	Idem	Guillaume Giraud	20	12	3,000	3,438
34	Tissage Bonneterie	De la Salle	Guibert	90	22	5,100	8,122
35	— Tissage Bonneterie	Idem	Viel	360	31	11,900	16,517
36	— Tissage Bonneterie	Idem	Crépot frères	100	19	5,100	8,142
37	— Tissage Bonneterie	Idem	Roux	120	25	11,900	19,300
38	Tissage Bonneterie	Du Monestier	Gaillard	50	11	6,000	6,578
39	— Tissage Bonneterie	De la Salle	Raby et Joubert	250	48	34,000	55,312
40	— Tissage Bonneterie	Saint-Chaffrey	Laurent-Fidèle Roy	50	16	7,200	8,598
41	— Tissage Bonneterie	De la Salle	Jacques Martin	120	22	17,000	25,936
42	— Tissage Bonneterie	Du Monestier	Gaillard	150	29	5,100	8,058
43	— Tissage Bonneterie	Saint-Chaffrey	Guillaume Giraud	120	25	5,100	7,788
44	— Tissage Bonneterie	De la Salle	Prat	300	52	34,000	53,275
45	— Tissage Bonneterie	Idem	Salle	150	56	10,200	16,405
46	— Tissage Bonneterie	Idem	Raby et Joubert	60	23	12,000	16,440
47	Bonnet de soie, Tissage, Fantaisie	Briançon	Mathieu et compagnie	150	35	7,500	68,000
48	— Tissage, Fantaisie	Saint-Véran	Blanc fils	150	39	12,500	34,000
49	— Tissage Fantaisie	Idem	Missimily	50	26	6,250	11,050
50	Peaux de mouton, Mégisserie	Val-des-Prés	J. S. Mondet	380	25	1,812	2,430
51	— Mégisserie	Idem	J.-J. Mondet	280	25	1,008	1,620
52	— Mégisserie	Villar-Saint-Pancrace	Laurent Borel	260	8	560	900
			3° ARRONDISSEMENT D'				
53	Terre argileuse, Poterie	Embrun	Laville	250	28	160	2,400
54	Céréales (Moulin à)	Chorges	Mathieu Lussignol	500	44	44,000	67,460
55	— (Moulin à)	Saint-Clément	Jouvent-Marcellin	470	34	8,000	10,080
56	Orge. Bière	Embrun	1 établissement	"	"	1,168	1,800

OUVRIERS.							MOTEURS.						FEUX.			MACHINES	
NOMBRE.				SALAIRES.			MOULINS			MACHINES à vapeur.	CHEVAUX et mulets.	BŒUFS.	FOUR-NEAUX.	FORGES.	FOURS	MÉTIERS	AUTRES.
Hommes.	Femmes.	Enfans.	TOTAUX.	Hommes.	Femmes.	Enfants.	À eau.	À vent.	À manège.								

DE BRIANÇON. (Suite.)

2	,	,	2	1' 50°	,	,	,	,								4	,
4	,	2	6	1. 00	,	0' 25'	,	,	,	,	,		,			4	,
7	4	12	23	1. 00	0' 50"	0. 25	,	,	,	,			,			5	2
3	1	2	6	1. 00	0. 50	0. 25	,	,	,	,			,			4	
8	4	3	15	1. 50	0. 75	0 50	,	,	,	,			,			15	
2	2	4	8	1. 00	0. 50	0. 25	,	,	,	,			,	,		2	
3	2	1	6	1. 50	0. 75	0. 50	,	,	,	,			,			6	
10	5	5	20	1. 50	0. 75	0. 50	,	,		,			,	,		20	
3	2	1	6	1. 50	0. 75	0. 50	,	,		,			,		,	6	
10	5	5	20	1. 50	0. 75	0. 50	,	,	,	,			,	,		20	
4	4	4	12	1. 00	0. 50	0. 25	,	,	,	,			,	,	,	4	
12	6	7	25	1. 50	0. 75	0. 50	,	,	,	,			,	,	,	25	5
5	6	4	15	1. 00	0. 50	0. 25	,	,	,	,		,	,	,	,	5	
4	2	1	7	1. 50	0. 75	0. 50	,	,	,	,		,	,	,	,	7	
3	2	1	6	1. 50	0. 75	0. 50	,	,	,	,		,	,	,	,	6	
3	2	1	6	1. 50	0. 75	0. 50	,	,	,	,		,	,	,	,	6	
12	6	7	25	1. 50	0. 75	0. 50	,	,		,		,	,	,	,	25	5
8	4	3	15	1. 50	0. 75	0. 50	,	,		,		,	,	,	,	15	
6	4	12	22	1. 00	0. 50	0. 25	,	,	,	,		,	,	,	,	5	2
35	10	10	55	1. 50	1. 00	0. 75	,	,	,	,		,	,	,	,	55	
15	15	10	40	1. 25	0. 75	0. 50	,	,	,	,		,	,	,	,	40	
7	5	5	17	1. 25	0. 75	0. 50	,	,	,	,		,	,	,	,	20	
3	,	,	3	2. 00	,	,	,	,	,	,		,	,	,	,		
2	,	,	2	2. 00	,	,	,	,	,	,		,	,	,	,		
1	,	,	1	2. 00	,	,	,	,	,	,		,	,	,	,		

D'EMBRUN.

2	1	,	3	1. 50	0. 75	,	,	,	,	,	,	,	1	,	,		
3	,	,	3	1. 75	,	,	1	,	,	,	,	,	,	,	,	,	
1	,	,	1	1. 75	,	,	1	,	,	,	,	,	,	,	,	,	
2	,	,	2	1. 50	,	,	,	,	,	,	,	,	,	,	,	,	

5

RÉCAPITULATION PAR A|

NATURE DES PRODUITS.		NOMBRE D'ÉTABLISSE-MENTS.	NOMBRE DE COMMUNES où ils sont situés.	VALEURS LOCATIVES.	MONTANT du PAVENTES.	VALEUR ANNUELLE des matières premières.	VALEUR DES PRODUITS fabriqués annuellement.
ARRONDISSEMENTS DE	GAP.........	42	3	22,350ᶠ	1,887ᶜ	1,705,502ᶠ	2,126,582ᶠ
	BRIANÇON.........	40	18	5,330	851	256,138	450,087
	EMBRUN.........	4	3	1,220	106	54,388	81,749
TOTAUX......		86	24	28,900	2,844	2,015,728	2,658,418

RÉCAPITULATION PAR NATURE D|

PRODUITS MINÉRAUX.	Anthracite. Extraction..	9	9	"	"	"	16,399
	Plombagine. Extraction..	1	1	"	"	"	430
	Terre argileuse. Tuilerie	3	1	850	93	3,040	7,540
	——— Poterie.	1	1	250	24	160	2,400
	Fer. Taillanderie.....	2	1	1,250	75	20,400	30,600
PRODUITS VÉGÉTAUX.	Bois indigène. Scierie..	1	1	200	60	80,950	91,620
	Céréales (Moulins à)..	28	6	13,510	956	889,901	1,052,390
	Orge. Bière.	4	3	"	"	14,427	22,500
	Imprimerie. Impressions administratives.....	1	1	1,000	95	5,000	15,000
	Laine. Carderie. Peignerie.	3	1	2,710	245	142,500	250,040
PRODUITS ANIMAUX.	——— Bonneterie.	18	4	2,300	487	212,220	297,780
	Bourre de soie. Tissage. Fantaisie.	3	2	350	100	20,250	113,050
	Peaux. Tannerie...	2	1	1,300	178	139,900	170,550
	Peaux de mouton. Mégisseries...	7	4	3,070	367	386,470	460,510
	Cire. Suif. Blanchisserie, Cierges. Bougies...	3	1	1,410	180	94,000	112,600
TOTAUX.....		86	37	28,900	2,844	2,015,728	2,658,418

ARRONDISSEMENTS.

	OUVRIERS.							MOTEURS.						FEUX.			MACHINES.	
	NOMBRE.				SALAIRES.			MOULINS			MACHINES à vapeur.	CHEVAUX et mulets.	BREFS.	FOUR-NEAUX.	FORGES.	FOURS	MÉTIERS.	METIERS.
Hommes.	Femmes.	Enfants.	TOTAUX.	Hommes.	Femmes.	Enfants.	à eau.	à vent.	à manège.								
172	29	"	201	2' 00"	0' 93"	"	44	"	"	"	12		18	5	.3		12
275	91	100	466	1. 53	0. 73	0' 39"	5	"	"	"	"	"	"	"		295	14
3	1	"	9	1. 62	0. 75	"	2	"	"	"	"		1	"			
455	121	100	676	1. 71	0. 80	0. 49	51	"	"	"	12	"	19	5	.3	295	56

E DE PRODUITS INDUSTRIELS.

84	"	"	84	2. 00	"	"	"	"	"	"	"	"	"	"	"		
3	"	"	3	2. 00	"	"	"	"	"	"	"	"	"	"		
5	"	"	5	1. 75	"	"	"	"	"	"	"	"		"	3		3
2	1	"	3	1 50	0. 75	"	"	"	"	"	"	"	1	"		
6	"	"	6	4. 00	"	"	"	"	"	"	"	"	1	5	"		1
6	"	"	6	2. 66	"	"	2	"	"	"	"	"	"	"		4
68	11	"	79	1. 90	1. 00	"	40	"	"	"	12	"	1	"		32
10	"	"	10	1. 50	"	"	"	"	"	"	"	"	"	"		
5	"	"	5	3. 25	"	"	"	"	"	"	"	"	"	"		2
42	18	"	60	1. 66	0. 80	"	2	"	"	"	"	"	8	"		3
107	61	75	243	1. 30	0. 66	0. 40	"	"	"	"	"	"	"	"	180	13
57	30	25	112	1. 33	0. 82	0. 58	"	"	"	"	"	"	"	"	115	
14	"	"	14	1. 80	"	"	"	"	"	"	"	"	"	"		
40	"	"	40	1. 71	"	"	1	"	"	"	"	"	"	"		
6	"	"	6	2. 28	"	"	"	"	"	"	"	"	8	"		5
455	121	100	670	1. 71	0. 80	0. 49	51	"	"	"	12	"	19	5	3	295	56

5.

4ᵉ DÉPARTEMENT D

N° 4.

Nombre total des patentés. – 6,403.

1° PRODUCTION.

NUMÉROS D'ORDRE	NATURE DES ÉTABLISSEMENTS	COMMUNES où ILS SONT SITUÉS.	NOMS DES FABRICANTS ou manufacturiers.	VALEURS LOCATIVES.	MONTANT du PATENTES.	VALEUR ANNUELLE des matières premières	VALEUR DES PRODUITS fabriqués annuellement

1° ARRONDISSEMENT D

1	1. Extraction	Digne et Courbon	5 carrières	»	»	»	14,560ᶠ
2	TERR. .NLEUSE. Faïence blanche	Moustiers	Jean Fouque fils aîné	250ᶠ	93ᶠ	10,080ᶠ	24,530
3	— — blanche et à émail opaque	Idem	Toussaint Féraud	140	50	5,040	12,090
4	— — blanche et à émail opaque	Idem	Fouque fils aîné	250	93	10,122	40,000
5	PAPETERIE. Papiers divers	Idem	Honoré Courbon	25	7	4,860	8,000
6	— Papiers divers	Idem	Beus	300	39	18,900	34,850
7	— Papiers divers	Idem	Honoré Courbon	200	32	9,500	11,500
8	— Papiers divers	Idem	Joseph Jacony	150	32	4,860	8,000
9	— Papiers divers	Idem	Antoine Maruiesse	200	32	9,500	11,500
10	IMPRIMERIE. Objets variés	Bulletin collectif	3 établissements	»	»	12,300	21,000
11	LAINE. Tissage. Draps	Digne	Beaun	250	50	13,650	27,508
12	— Tissage. Draps	Moustiers	Léon Berbegier	120	15	12,900	20,000
13	— Tissage. Draps	Digne	Juglard	90	17	9,750	14,040
14	— Tissage. Draps	Barrême	Antoine Ravel	64	37	14,750	18,000
15	PEAUX. Tannerie	Moustiers	Pierre Ailloud cadet	250	32	18,000	24,000
16	— Tannerie	Idem	Pierre Ailloud cadet	200	32	7,200	11,987

2° ARRONDISSEMENT D

17	LAINE. Tissage. Draps	Faucon	La Trémoille, Manuel et cⁱᵉ	400	70	12,000	36,885
18	— Tissage. Draps	Barcelonnette	Maurin et compagnie	500	78	24,000	73,375
19	SOIE. Tissage. Étoffes unies	Idem	Arnaud, Brès et cⁱᵉ de Lyon	250	33	60,000	80,000
20	— Tissage. Satin et autres	Jausiers	Forteul et Aubert	2,000	270	410,000	720,000

3° ARRONDISSEMENT D

21	HOUILLE. Extraction	La Rochette	Bas et Bonnet	»	»	1,000	1,500
22	TERRE ARGILEUSE. Poterie	Castellane	3 établissements	»	»	»	4,300
23	LAINE. Tissage. Draps	Sᵗ-André-de-Méouilles	Sigoaret	1,000	88	22,200	36,400
24	— Tissage. Draps	Thorame-Basse	Bonnet et compagnie	200	53	5,336	8,288
25	— Tissage. Draps	Annot	Moulard	100	53	7,410	11,329
26	— Tissage. Draps	Beauvezer	Roux	100	31	6,778	10,888
27	— Tissage. Draps	Idem	Engelfred de Blieux	600	103	68,400	87,000
28	— Tissage. Draps	Villars-Colmars	Roux	600	50	7,519	13,155
29	— Tissage. Draps	Beauvezer	Trotabas	150	48	18,875	29,250
30	— Tissage. Draps	Castellane	François Barneoud	500	78	22,300	30,000
31	— Tissage. Draps	Beauvezer	Roux	100	42	18,625	27,000

DES BASSES-ALPES.

2° FORCE.

Montant total des patentes = 55,097 francs.

OUVRIERS							MOTEURS						FEUX			MACHINES	
NOMBRE.				SALAIRES.			MOULINS.			MACHINES à vapeur.	CHEVAUX et mulets.	BŒUFS.	FOUR-NEAUX.	FORGES.	FOURS.	MÉTIERS.	AUTRES.
Hommes.	Femmes.	Enfants.	TOTAUX.	Hommes.	Femmes.	Enfants.	à eau.	à vent.	à manège.								

DE DIGNE.

19	"	"	19	"	"		"										
16	2	6	24	1' 20"	0' 60"	0' 60"	2								2		
8	1	3	12	1. 20	0. 60	0. 60	1								1	4	
20	4	6	30	1' 20" à 3'	0. 60	0. 60	3								3		
3	2	1	6	1' 50"	0. 60	0. 60	1										
4	12		16	2. 00	0. 75	"	2										1
3	2	1	6	1. 50	0. 60	0. 60	1										
3	2	1	6	1. 50	0. 60	0. 60	1										
3	2	1	6	1. 50	0. 60	0. 60	1										
9		"	9	2. 00	"	"	1										
8	8	9	25	3. 00	0. 75	0. 30	"									4	11
6	3	6	15	2. 50	0. 75	0. 30	1									4	3
5	4	5	14	1. 50	0. 60	0. 30	1									3	5
3	5	5	13	1. 50	0. 75	0. 30	1									3	7
3	"	2	5	2. 00	"	0. 60	1										
3	"	2	5	2. 00	"	0. 60	1										

DE BARCELONNETTE.

8	9	7	24	1'50 à 2'25"	75" à 1'	35" à 70"	1									11	6
15	16	15	46	1.50 à 2.25	75 à 1	35 à 70	1							1	1	22	6
"	50	"	50	"	90 à 1	"										50	
12	180	10	202	1' 50"	90 à 1	0' 80"	2						3	1	3	100	32

DE CASTELLANE.

1	"	"	1	"	"	"											
3	"	"	3	"	"	"											
12	9	12	33	1' 75"	0' 50"	0. 35	1									6	5
2	2	3	7	1. 10	0. 45	0. 2.	1									2	2
4	3	3	10	1. 50	0. 50	0. 35	1									3	2
2	3	4	9	1. 10	0. 40	0. 25	1									2	2
20	20	10	50	2. 00	0. 60	0. 40	1						2		"	8	12
4	3	3	10	1. 40	0. 45	0. 25	1									2	7
10	8	10	28	1. 50	0. 00	0. 40	1									5	1
7	7	7	21	1. 40	0. 00	0. 35	1									8	1
5	10	6	21	1. 50	0. 50	0. 35	1									9	1

NUMÉROS D'ORDRE	NATURE DES ÉTABLISSEMENTS.	COMMUNES où ILS SONT SITUÉS.	NOMS DES FABRICANTS ou manufacturiers.	VALEURS LOCATIVES.	MONTANT des PATENTES.	VALEUR ANNUELLE des matières premières.	VALEUR des PRODUITS fabriqués annuellement.	

3° ARRONDISSEMENT DE CAS...

32	Laine. Tissage. Draps communs .	Thorame-Haute	Dartier et compagnie	300	52	13,555	21,775	6
33	— Tissage. Draps communs	Vergons	Jean Honnorat	200	50	6,777	10,588	5
34	— Tissage. Draps communs . .	Beauvezer	Roux	100	42	15,085	26,000	8
35	— Tissage. Draps communs . .	Méouen	Laugier	400	74	13,075	19,500	6
36	Tissage. Draps communs . .	St-André-de-Méouilles . . .	Honnorat	1,000	140	59,500	96,400	30
37	— Tissage. Draps communs .	Beauvezer	Dominique Giraud	80	30	7,550	10,835	3
38	Tissage. Draps communs .	Castellane	Bernaud	500	78	14,900	21,000	5
39	Tissage. Draps communs .	Mure	Pascal	800	130	47,580	60,120	21
40	— Tissage. Draps communs .	Beauvezer	Trotabas	150	48	18,025	27,000	5
41	— Tissage. Draps communs .	Thorame-Basse	Arnaud	80	33	6,407	10,790	2
42	— Tissage. Draps communs . .	Thorame-Haute	J. Joseph Arnaud	200	46	14,389	20,400	6

4° ARRONDISSEMENT DE...

43	Carrières. Pierres de taille	Mane	8 carrières	″	″	″	21,905	25
44	Houille et Lignite. Extraction	Bulletin collectif	9 exploitations	″	″	″	34,300	43
45	Terre argileuse. Tuilerie	Manosque	Bouquet	100	31	2,500	8,750	5
46	— Tuilerie	Idem	Cavalin	100	31	750	10,300	6
47	Faïenceries. Objets divers	Forcalquier	Masson	″	″	1,200	2,500	1
48	Soie. Filature	Manosque	Bec	100	31	12,800	15,600	2
49	— Filature	Mane	Pascal	120	31	12,800	15,600	2
50	— Filature	Cereste	Casimir Antiq	150	31	1,525	2,353	″
51	— Filature	Manosque	Mille	250	56	32,000	38,400	″
52	— Filature	Forcalquier	Veuve Médier	100	31	10,220	25,560	1
53	— Filature	Manosque	Arnaud	150	50	72,000	86,400	1
54	— Filature	Idem	Juglar. Buisson. Robert	250	83	160,000	192,000	3
55	— Filature	Forcalquier	Devcome aîné	200	58	55,000	60,688	1
56	Chapeaux de feutre	Manosque	Reson cadet	80	22	1,040	6,300	2
57	— de feutre et de peluche . . .	Forcalquier	Sicard	85	25	3,300	17,600	4
58	— de feutre	Manosque	Besson aîné	120	25	3,050	10,100	4
59	Peaux. Tannerie	Idem	Rome et Amalric	200	87	37,500	60,000	10
60	— Tannerie	Idem	Chais et Arbaud	80	25	15,000	24,000	10
61	— Tannerie	Idem	Moul	500	162	50,000	80,000	6
62	— Tannerie	Idem	Aubert	100	31	33,500	52,000	3
63	— Tannerie	Idem	Louis Reymond	80	24	12,500	20,000	3
64	— Tannerie	Idem	Peloutier	150	31	35,000	56,000	7

5° ARRONDISSEMENT DE...

65	Marbre (Carrière de). Extraction	Saint-Geniez	Eugène et Louis Chauvin . . .	″	″	″	800	5
66	Terre argileuse. Poteries	Bulletin collectif	8 établissements	″	″	7,700	21,500	21
67	Papeterie. Papiers divers	Sisteron	Jean Counts	500	137	4,758	45,935	6

OUVRIERS							MOTEURS						FEUX			MACHINES	
NOMBRE				SALAIRES.			MOULINS			MACHINES à vapeur.	CHEVAUX et mulets.	BŒUFS.	FOUR-NEAUX.	FORGES.	FOURS.	MÉTIERS.	AUTRES.
Hommes.	Femmes.	Enfants.	TOTAUX.	Hommes.	Femmes.	Enfants.	à eau.	à vent.	à manège.								

CASTELLANE. (Suite.)

Hommes	Femmes	Enfants	Totaux	Hommes	Femmes	Enfants	à eau	à vent	à manège	vapeur	chevaux	bœufs	fourn.	forges	fours	métiers	autres
6	6	6	18	1' 40"	0' 50"	0' 30"	1									3	3
2	3	3	8	1.50	0.50	0.30	1									2	2
6	12	6	26	1.65	0.65	0.35	1									6	4
6	4	7	17	1.50	0.50	0.30	?									8	5
30	20	20	70	1.60	0.60	0.35	2									23	6
3	3	4	10	1.50	0.60	0.35	1									3	3
5	4	7	16	1.25	0.50	0.40	1									8	4
21	16	21	58	1.50	0.50	0.35	3									23	8
5	10	6	21	1.50	0.50	0.35	1									4	3
2	2	3	7	1.50	0.50	0.30	1									2	2
6	4	6	16	1.50	0.50	0.30	1									3	3

DE FORCALQUIER.

Hommes	Femmes	Enfants	Totaux	Hommes	Femmes	Enfants	à eau	à vent	à manège	vapeur	chevaux	bœufs	fourn.	forges	fours	métiers	autres
25			25														
43			43														
5		3	8	2.00		0.80				1		1		1			
6		4	10	2.00		0.80						2		2			
1			1														
	5	5	10		1.00	0.60								7			
2	16		18	2.50	0.75									8			
1	4	4	9	1.50	1.00	0.60								4			
	15	15	30		1.00	0.60								14			
	6	6	12		1.00	0.50								6			
1	20		21	3.00	1.00			1	1	1		1				20	
3	80		83	3.00	1.00						1		2			60	
1	22	2	25	1.75	1.00	0.60		1		1		1					
3	1		4	2.50	0.75							1					
2	2		4	3.00	0.90							1				1	
4	3		7	2.50	0.75							1					
10		3	13	2.00		0.60				1		1					
4		1	5	2.00		0.60				1		1					
10		3	13	2.00		0.60				2		1					
6		2	8	2.00		0.60				1							
3		1	4	2.00		0.60				1		1					
7		2	9	2.00		0.60				1		1					

DE SISTERON.

Hommes	Femmes	Enfants	Totaux	Hommes	Femmes	Enfants	à eau	à vent	à manège	vapeur	chevaux	bœufs	fourn.	forges	fours	métiers	autres
2			2														
21			21														
6	8	3	17	1.75	0.75	0.75	1										

RÉCAPITULATION PAR

NATURE DES PRODUITS.		NOMBRE D'ÉTABLISSEMENTS.	NOMBRE DE COMMUNES où ils sont situés.	VALEURS LOCATIVES.	MONTANT des PATENTES.	VALEUR ANNUELLE des matières premières.	VALEUR DES PRODUITS fabriqués annuellement.
ARRONDISSEMENTS DE	DIGNE............	22	3	2,489ᶠ	361ᶠ	160,713ᶠ	301,565ᶠ
	BARCELONNETTE....	4	3	3,150	451	506,000	910,260
	CASTELLANE........	25	10	7,250	1,269	396,955	582,738
	FORCALQUIER......	37	10	2,715	874	557,885	830,356
	SISTERON.........	11	5	500	127	12,458	68,255
	Totaux....	99	31	16,104	3,282	1,634,010	2,693,174

RÉCAPITULATION PAR NATURE DE

NATURE DES PRODUITS.		NOMBRE D'ÉTABLISSEMENTS.	NOMBRE DE COMMUNES où ils sont situés.	VALEURS LOCATIVES.	MONTANT des PATENTES.	VALEUR ANNUELLE des matières premières.	VALEUR DES PRODUITS fabriqués annuellement.
PRODUITS MINÉRAUX.	Carrières. Pierres de taille. Extraction....	8	1	»	»	»	21,905ᶠ
	Marbre. Exploitation.	2	1	»	»	»	800
	Plâtre. Extraction.	5	2	»	»	»	14,560
	Houille et Lignite. Extraction.	11	8	»	»	»	25,800
	Terre argileuse. Tuileries.	2	1	300ᶠ	62ᶠ	3,250ᶠ	19,050
	—— Poteries.	11	5	»	»	9,800	23,800
	—— Faïence.	3	1	640	236	25,242	76,620
PRODUITS VÉGÉTAUX.	Papeterie. Papiers divers.	6	2	1,375	269	52,378	119,505
	Imprimerie. Impressions diverses.	4	2	»	»	13,100	33,500
PRODUITS ANIMAUX..	Chapeaux de feutre.	3	2	285	72	8,290	34,000
	Laine. Tissage. Draps.	26	15	8,674	1,536	481,505	766,746
	Soie. Filature.	8	4	1,320	380	362,645	438,601
	—— Tissage.	2	2	2,250	303	470,000	800,000
	Peaux. Tanneries.	8	2	1,360	424	207,700	327,987
	Totaux.	99	48	16,104	3,282	1,634,010	2,693,174

RRONDISSEMENTS.

| | OUVRIERS. | | | | | | | MOTEURS. | | | | | | FEUX. | | | MACHINES. | |
| | NOMBRE. | | | | SALAIRES. | | | NOCLISS | | | MACHINES à vapeur. | CHEVAUX et mulets. | D'EXTRA. | FOURNEAUX. | FORGES. | FOURS. | MÉTIERS. | AUTRES. |
Hommes.	Femmes.	Enfants.	Totaux.	Hommes.	Femmes.	Enfants.	à eau.	à vent.	à manège.								
116	47	48	211	1f 83c	0f 65c	0f 54c	16	.	.	.	.	.	.	.	6	18	27
35	255	32	322	1.80	0.91	0.58	4	.	.	.	.	.	3	3	4	163	44
163	148	147	460	1.48	0.52	0.33	23	.	.	.	.	.	2	.	.	135	83
137	177	54	368	2.25	0.92	0.62	.	.	9	2	12	.	49	.	.	81	.
29	8	3	40	1.75	0.75	0.75	1	.	.	.	.	.	.	.	.	.	.
483	635	284	1,401	1.92	0.76	0.62	44	.	9	2	12	.	54	3	10	417	155

DE PRODUITS INDUSTRIELS.

| | OUVRIERS. | | | | | | | MOTEURS. | | | | | | FEUX. | | | MACHINES. | |
| | NOMBRE. | | | | SALAIRES. | | | NOCLISS | | | MACHINES à vapeur. | CHEVAUX et mulets. | D'EXTRA. | FOURNEAUX. | FORGES. | FOURS. | MÉTIERS. | AUTRES. |
Hommes.	Femmes.	Enfants.	Totaux.	Hommes.	Femmes.	Enfants.	à eau.	à vent.	à manège.								
25	.	.	25	2f 00c	.	.	.	.	.	.	.	.	.	.	.	.	.
2	.	.	2	2.00	.	.	.	.	.	.	.	.	.	.	.	.	.
19	.	.	19	2.00	.	.	.	.	.	.	.	.	.	.	.	.	.
44	.	.	44	2.00	.	.	.	.	.	.	.	.	.	.	.	.	.
11	.	7	18	2.00	.	0.80	.	.	1	.	3	.	3	.	.	.	.
24	.	.	24	2.00	.	.	.	.	.	.	.	.	.	.	.	.	.
44	7	15	66	1.37	0f 60c	0.60	6	.	.	.	.	.	.	.	6	4	.
22	28	7	57	1.62	0.65	0.63	7	.	.	.	.	.	.	.	.	.	1
10	.	.	10	2.00	.	.	.	.	.	.	.	.	.	.	.	.	.
9	6	.	15	2.66	0.80	.	.	.	.	.	.	.	3	.	.	1	.
206	193	194	593	1.63	0.60	0.37	27	.	.	.	.	.	2	2	1	182	122
8	171	35	214	2.35	0.97	0.58	.	.	2	2	3	.	43	.	.	80	.
12	230	10	252	1.50	0.95	0.80	2	.	.	.	.	.	3	1	3	150	32
46	.	16	62	2.00	.	0.00	2	.	6	.	6	.	.	.	.	.	.
482	635	284	1,401	1.92	0.76	0.62	44	.	9	2	12	.	54	3	10	417	155

5° DÉPARTEMENT

N° 5.

Nombre total des patentés = 17,057.

1° PRODUCTION.

NUMÉROS D'ORDRE	NATURE DES ÉTABLISSEMENTS	COMMUNES où ILS SONT SITUÉS	NOMS DES FABRICANTS ou manufacturiers	VALEURS LOCATIVES	MONTANT des PATENTES	VALEUR annuelle des matières premières	VALEUR des produits fabriqués annuellement
			1° ARRONDISSEMENT				
1	Carrières de pierre. Exploitation	Draguignan	6 exploitants	560	170	»	15,000
2	— de plâtre. Exploitation	Idem	6 exploitants	6,080	894	»	19,040
3	Terre anglaise. Tuileries	Idem	5 exploitants	1,264	177	3,700	13,350
4	Verrerie. Bouteilles	Saint-Paul	Queilard et compagnie	2,000	91	20,400	40,700
5	— Bouteilles et autres	Le Cannet-du-Luc	Barthélemy	500	164	39,750	55,750
6	Liège. Bouchons	La Garde-Freinet	Joseph Sigalas	150	67	17,000	20,400
7	— Bouchons	Idem	Joseph Dubois	180	71	15,000	18,000
8	— Bouchons	Idem	Frédéric Colle	40	16	26,000	31,200
9	— Bouchons	Idem	Silvestre Béal	200	68	16,000	19,200
10	— Bouchons	Idem	J.-B. Clabert	150	24	23,000	27,600
11	— Bouchons	Idem	César Dubois	160	68	47,000	56,400
12	— Bouchons	Idem	Ambroise Guillabert	60	13	20,000	24,000
13	— Bouchons	Idem	César Dubois	160	30	43,200	57,600
14	— Bouchons	Idem	César Colle	180	39	34,200	43,200
15	— Bouchons	Idem	César Colle	180	71	44,000	52,800
16	Orge. Bière	Draguignan	2 établissements	»	»	3,700	4,000
17	Distillerie. Alcool	Idem	4 établissements	1,520	302	56,880	71,100
18	Huile. Sorin. Savons	Idem	3 établissements	7,920	1,333	610,000	700,000
19	Chanvre. Cordages	Idem	3 établissements	720	96	20,000	30,000
20	Soie. Cocons. Filature. Soie grège	Idem	4 établissements	2,360	173	200,000	300,000
21	Peaux. Tanneries	Idem	8 établissements	3,240	423	104,500	186,000
22	Suif. Chandelles	Idem	2 établissements	300	17	24,000	30,000
23	Viandes de porcs. Salaisons	Idem	7 établissements	1,410	293	20,000	25,000
			2° ARRONDISSEMENT				
24	Plâtre. (Fours à)	Brignoles	20 établissements	2,800	660	20,000	30,270
25	Terre anglaise. Tuileries. Briques	Idem	42 établissements	6,300	1,200	11,768	37,800
26	— Faïence	Varages	J.J. Niel	40	117	16,500	32,000
27	— Faïence	Idem	P.-E. Niel	40	117	15,500	29,000
28	— Faïence	Idem	J.-E. Niel	40	117	14,300	27,000
29	— Faïence à émail opaque	Brue	Fouque Gaspard	1,000	238	49,800	90,000
30	Papeterie mécanique	Barjols	Mathieu père et fils	7,000	50	52,000	102,375
31	— Papiers divers	Mécounes	Rederier et compagnie	2,500	100	45,100	115,500
32	Imprimerie. Objets variés	Brignoles	1 établissement	500	70	5,000	15,000
33	Orge. Bière	Idem	1 établissement	»	»	1,070	1,800
34	Distillerie. Alcool	Idem	52 établissements	10,200	2,550	77,930	122,400
35	Soie. Cocons. Filature. Soie grège	Idem	Plusieurs	2,800	700	252,000	265,000
36	Peaux. Tanneries	Idem	Plusieurs	31,500	2,320	1,732,500	2,110,800

DU VAR.

2° FORCE.

Montant total des patentes. — 532.003 francs

| | OUVRIERS. | | | | | | | MOTEURS. | | | | | | FEUX. | | | MACHINES | |
| | NOMBRE. | | | | SALAIRES. | | | MOULINS | | | MACHINES à vapeur. | CHEVAUX et mulets. | BŒUFS. | FOURNEAUX. | FORGES. | FOURS | MÉTIERS. | AUTRES. |
Hommes.	Femmes.	Enfants.	TOTAUX.	Hommes.	Femmes.	Enfants.	à eau.	à vent.	à manège.								

DE DRAGUIGNAN.

12	"	"	12	2' 75'	"									8	"	"	"	"
15	5	"	20	1. 75	0' 60"	"	5	"	"	"	"	"	"	5	"	"	"	"
15	5	"	20	1. 75	0. 60	"	"	"	"	"	"	"	"	5	"	"	7	"
24	8	4	36	3. 00	0. 55	1' 00"	"	"	"	1	"	"	"	12	"	"	1	"
42	4	10	56	2. 10	1. 00	1. 25	"	"	"	1	"	"	"	12	"	8	"	1
14	3	"	17	1. 50	1. 50	"	1	2	"	"	"	"	"	"	"	4	1	2
8	7	1	16	1. 50	1. 50	1. 00	1	2	"	"	"	"	"	"	"	"	5	3
13	12	1	26	1. 50	1. 50	1. 00	1	2	"	"	"	"	"	"	"	"	5	3
8	6	2	16	1. 50	1. 50	1. 00	1	2	"	"	"	"	"	"	"	"	5	3
14	5	4	23	1. 50	1. 50	1. 00	1	2	"	"	"	"	"	"	"	"	5	3
28	15	2	45	1. 50	1. 50	1. 00	1	2	"	"	"	"	"	"	"	"	5	3
13	7	"	20	1. 50	1. 50	"	1	2	"	"	"	"	"	"	"	"	5	3
19	12	2	33	1. 50	1. 50	1. 50	1	2	"	"	"	"	"	"	"	"	5	3
25	8	"	33	1. 50	1. 50	"	1	2	"	"	"	"	"	"	"	"	5	3
29	15	"	44	1. 50	1. 50	"	1	2	"	"	"	"	"	"	"	"	5	3
4	"	"	4	2. 00	"	"	"	"	"	"	"	"	"	"	"	"	"	"
8	4	"	12	2. 00	0. 75	"	"	"	"	"	"	"	"	4	"	"	"	4
15	"	3	18	2. 50	"	0. 75	"	"	"	"	"	"	"	"	"	"	"	"
5	"	5	10	2. 25	"	0. 75	"	"	"	"	"	"	"	3	"	"	"	"
10	106	100	216	1. 50	1. 00	0. 50	"	"	"	"	"	"	"	4	"	"	"	"
32	13	"	45	2. 25	0. 75	"	"	"	"	"	"	"	"	"	"	"	"	"
4	2	"	6	2. 00	1. 00	"	"	"	"	"	"	"	"	"	"	"	"	"
8	8	"	16	2. 00	0. 75	"	"	"	"	"	"	"	"	2	"	"	"	"

T. DE BRIGNOLES.

42	11	"	53	2. 00	0. 70	"	"	"	"	"	"	"	"	"	"	20	"	"
72	18	"	90	1. 90	0. 75	"	"	"	"	"	"	"	"	"	"	42	"	"
18	3	"	21	2. 00	0. 60	"	"	"	"	"	"	"	"	"	"	1	"	"
13	6	1	20	2. 00	0. 60	0. 33	1	"	"	"	2	"	"	"	"	1	"	"
13	7	"	20	2. 00	0. 60	"	1	"	"	"	2	"	"	"	"	1	"	"
26	10	20	56	2. 25	0. 90	0. 50	1	"	"	"	1	"	"	"	"	2	"	"
11	33	12	56	2. 25	0. 75	0. 50	1	"	"	"	"	"	"	"	"	"	"	6
20	50	12	82	1'50"à 3'	75"à 1'	30"à 50"	3	"	"	"	"	"	"	1	1	"	"	8
10	2	"	12	3' 00"	1' 00"	"	"	"	"	"	"	"	"	"	"	"	"	6
2	"	"	2	2. 50	"	"	"	"	"	"	"	"	"	"	"	"	"	"
97	"	"	97	2. 00	"	"	"	"	"	"	"	"	"	"	"	"	"	"
18	280	"	298	2. 25	1. 00	"	"	"	"	"	"	"	"	52	"	"	"	52
440	"	"	440	2. 50	"	"	"	"	"	10	"	"	"	40	"	"	"	"

6.

NUMÉROS d'ordre	NATURE DES ÉTABLISSEMENTS.	COMMUNES où ILS SONT SITUÉS	NOMS DES FABRICANTS ou manufacturiers	VALEURS LOCATIVES	MONTANT des PATENTES	VALEUR ANNUELLE des matières premières.	VALEUR DES PRODUITS fabriqués annuellement.	

3° ARRONDISSEMENT D.

37	Carrières de plâtre. Exploitation	Grasse	27 exploitans	"	"	"	50,000	
38	Terre argileuse. Tuileries, Briques, Poteries	Idem	96 établissements	"	15	7,833	13,600	
39	Bois fer, Construction de navires	Cannes	Alexandre Ariac	"	16	85,948	107,000	
40	— Construction de navires	Antibes	7 constructeurs	340	65	4,000	10,000	
41	Imprimerie, Objets variés	Grasse	J.-B. Dufort	200	28	3,000	9,000	
42	Lithographie, Impressions diverses	Idem	Henry Dufort	2,000	"	156,000	165,000	
43	Soie. Cocons, Filature, Soie grège	Idem	5 établissements	2,000	"	58,000	110,000	
44	Peaux, Tanneries	2 communes	7 établissements					

4° ARRONDISSEMENT D

45	Marais salans, Sel marin	Hyères	Aiguillon et Gérard	"	"	"	40,000	
46	— Sel marin	Idem	Eynard et compagnie	"	"	"	166,000	
47	Carrières, Pierres de taille, Extraction	Ollioules	Hugues fils	330	56	"	8,000	
48	— Pierres de taille, Extraction	La Seyne	Laurent Prat	180	48	"	2,100	
49	— Pierres de taille, Extraction	La Cadière	3 exploitans	2,000	207	25,000	43,750	
50	Pierres de grès, Pavés	Toulon	Cadière	700	77	"	6,875	
51	Carrières de plâtre	Cuers	Guest	900	85	"	7,425	
52	— de plâtre	Idem	Aprille	1,100	98	4,000	7,134	
53	Plâtre. (Fours à)	Ollioules	Poupon	640	73	3,000	6,410	
54	— (Fours à)	Idem	Pason	"	"	690	4,300	
55	— (Fours à)	Hyères	Secondo Anfosso	600	337	"	36,500	
56	Houille. Extraction	La Cadière	Comte de Castellane	100	"	"	50,714	
57	— Extraction	Collobrières	Julien fils et Deboeuche	"	140	"	28,800	
58	Terre argileuse, Briques	Toulon	Clais de Maurice	2,000	505	30,000	67,100	
59	— Tuileries, Briques	La Seyne	Plusieurs établissements	250	34	4,000	17,999	
60	— Tuileries, Briques	La Cadière	4 établissements	200	25	800	2,400	
61	— Tuileries, Briques	Collobrières	4 établissements	300	40	2,000	7,500	
62	— Tuilerie, Briques	Cuers	Fonrou	150	15	800	3,000	
63	— Tuilerie, Briques	Idem	Nègre	"	"	645	3,610	
64	— Tuilerie, Briques	Hyères	Cazaretty	"	"	450	1,325	
65	— Tuilerie, Briques	Idem	Jean Revest	"	"	533	1,480	
66	— Tuilerie, Briques	Idem	Long	"	"	750	4,120	
67	— Tuilerie, Briques	Idem	Joseph Lion	"	"	480	2,700	
68	— Tuilerie, Briques	Ollioules	Dalmas	350	39	50	781	
69	— Tuilerie, Briques	Solliès-Pont	Joseph Toulouan	340	40			
70	— Tuileries, Briques	La Seyne	27 établissements	27,200	1,422	82,000	671,000	
71	Fer, Fonte, Construction de machines à vapeur	Toulon	MM. Peyrac cousins	2,000	300	176,000	425,000	
72	— Construction de machines à vapeur	Idem	Benet et Peyrac cousins	11,500	1,044	464,900	507,740	
73	Bois, Fer, Construction de navires	La Seyne	J.-Louis Baudoin	500	64	20,750	75,000	
74	— Construction de navires	Idem	Charles Argentery	600	71	20,750	100,000	
75	— Construction de navires	Idem	Grégoire Jougler	500	64	20,750	75,000	
76	Imprimerie, Impressions diverses	Idem	Veuve Baume	600	136	2,925	6,500	
77	Lithographie, Impressions diverses	Idem	Louis-Pascal Gabert	300	26	1,900	10,000	
78	— Lithographie pour le commerce	Idem	Amand Imbert	900	53	6,000	20,000	
79	Produits chimiques	Hyères	Rigaux, Crémieux et compe	3,000	365	350,550	1,446,000	

	OUVRIERS.							MOTEURS.					FEUX.			MACHINES.	
	NOMBRE.				SALAIRES.			MOULINS			MACHINES à vapeur.	CHEVAUX et mulets.	NEUFS.	FOUR- NEAUX.	FORGES.	FOURS.	MÉTIERS.	AUTRES
	Hommes.	Femmes.	Enfants.	TOTAUX.	Hommes.	Femmes.	Enfants.	à eau.	à vent.	à manége.								

T DE GRASSE.

	67	17	»	84	2ʳ 00ᶜ	0ʳ 90ᶜ	»	»	»	»	»	»	»	»	»	»	»	»
	239	138	»	377	2. 00	1. 00	»	»	»	»	»	»	»	»	»	»	»	»
	5	»	»	5	4. 00	»	»	»	»	»	»	»	»	»	»	»	»	»
	50	»	2	52	3. 00	»	1ʳ 00ᶜ	»	»	»	»	»	»	»	»	»	»	»
	2	»	1	3	2. 00	»	0. 75	»	»	»	»	»	»	»	»	»	»	»
	1	1	1	3	2. 50	0. 75	0. 75	»	»	»	»	»	»	»	»	»	»	»
	6	170	»	176	2. 00	1. 20	»	»	»	»	»	»	»	»	»	»	»	»
	31	»	»	31	2. 50	»	»	»	»	»	»	»	»	»	»	»	»	»

T DE TOULON.

	16	7	2	25	2. 50	1. 25	0. 60	»	»	2	1	5	»	»	»	»	»	»
	75	50	12	137	2. 50	1. 25	0. 60	»	»	4	»	19	»	»	»	»	»	»
	4	»	»	4	3. 00	»	»	»	»	»	»	»	»	»	»	»	»	»
	4	»	»	4	2. 25	»	»	»	»	»	»	»	»	»	»	»	»	»
	3	»	»	3	2. 50	»	»	»	»	»	»	»	»	»	»	»	»	»
	10	»	2	12	2. 00	»	1. 00	»	»	»	»	»	»	»	»	»	»	»
	4	»	»	4	2. 00	»	»	»	1	»	»	2	»	»	»	2	»	»
	3	1	»	4	1. 80	0. 75	»	1	»	»	»	»	»	»	»	2	»	»
	4	»	1	5	2. 50	»	1. 00	»	»	1	»	2	»	»	»	2	»	»
	4	»	1	5	2. 50	»	1. 25	»	»	1	»	3	»	»	»	2	»	»
	2	2	2	6	2. 00	1. 00	0. 75	»	»	1	»	»	»	»	»	1	»	»
	8	»	5	13	3. 00	»	1. 00	»	»	1	»	1	»	»	»	»	»	»
	12	2	4	18	3. 00	1. 00	1. 50	»	»	2	1	»	»	»	»	2	»	»
	40	10	10	60	2. 00	1. 00	0. 60	»	»	2	»	6	»	»	»	34	»	»
	97	30	21	148	2. 00	1. 00	0. 60	»	»	»	»	»	»	»	»	4	»	»
	7	»	4	11	3. 00	»	1. 00	»	»	»	»	»	»	»	»	4	»	»
	8	»	2	10	1. 50	»	0. 75	»	»	»	»	»	»	»	»	1	»	»
	2	1	1	4	2. 00	1. 00	1. 00	»	»	1	»	»	»	»	»	1	»	»
	2	»	»	2	1. 50	»	»	»	»	»	»	»	»	»	»	2	»	»
	2	»	1	3	2. 00	»	0. 75	»	»	»	»	»	»	»	»	2	»	»
	2	»	»	2	2. 00	»	»	»	»	»	»	»	»	»	»	1	»	»
	2	»	»	2	2. 00	»	»	»	»	»	»	»	»	»	»	2	»	»
	3	»	»	3	2. 00	»	»	»	»	»	»	»	»	»	»	1	»	»
	2	»	»	2	2. 25	»	»	»	»	»	»	»	»	»	»	1	»	»
	2	»	»	2	1. 75	»	»	»	»	»	»	»	»	»	»	35	»	»
	110	33	21	164	2. 00	1. 00	0. 60	»	»	»	»	»	»	»	»	1	»	»
	104	»	10	114	3ʳ à 5ʳ	»	50ᶜ à 1ʳ	»	»	»	»	»	»	1	12	»	»	»
	250	»	5	255	4. 00	»	1ʳ 00ᶜ	»	»	»	1	2	»	3	40	2	»	41
	22	»	4	26	3. 00	»	1. 00	»	»	»	»	»	»	»	»	»	»	»
	28	»	7	35	3. 00	»	1. 00	»	»	»	»	»	»	»	»	»	»	»
	21	»	3	24	3. 00	»	1. 00	»	»	»	»	»	»	»	»	»	»	»
	2	»	»	2	3. 00	»	»	»	»	»	»	»	»	»	»	»	»	2
	3	»	1	4	2. 00	»	1. 00	»	»	»	»	»	»	»	»	»	»	4
	8	»	1	9	3. 50	»	1. 00	»	»	»	»	»	»	12	»	»	»	1
	45	4	10	59	2. 25	1. 00	0. 75	»	»	»	»	»	»	»	»	»	»	»

NUMÉROS	NATURE DES ÉTABLISSEMENTS.	COMMUNES où ils sont situés.	NOMS DES FABRICANTS ou manufacturiers.	VALEURS LOCATIVES.	MONTANT des PATENTES.	VALEUR ANNUELLE des matières premières.	VALEUR DES PRODUITS fabriqués annuellement.	Hommes

4° ARRONDISSEMENT DE

NUMÉROS	NATURE DES ÉTABLISSEMENTS.	COMMUNES	NOMS	VALEURS LOCATIVES	MONTANT PATENTES	VALEUR matières	VALEUR PRODUITS	
80	Orat. Dévé...	Toulon	5 établissements			22,000′	32,000′	25
81	Distillerie. Alcool	Cuers	Chantard	300′	55′	800	1,000	6
82	— Alcool	Idem	Surle	400	54	397	477	4
83	— Alcool	Hyères	Arnaud			5,000	10,000	5
84	— Alcool	Solliès-Pont	Joseph-François Arbaud	300	20	3,000	3,000	8
85	— Alcool. Eau-de-vie	Toulon	Lavène	1,950	56	175,000	206,000	4
86	Sers. Cocons. Filature. Soie grége	Solliès-Pont	Joseph Albert	1,100	41	15,000	23,160	
87	Peaux. Tannerie	Toulon	Jean Seloze	5,000	550	198,500	234,500	25
88	— Tannerie	Cadière	François Giraud	700	63	18,000	30,000	4
89	— Tannerie	Toulon	Beneck, Amie et compagnie	4,000	700	69,000	120,000	25
90	— Tannerie	Solliès-Pont	Arine dit Le Turc	480	52	24,800	40,000	5
91	— de mouton. Tannerie	Idem	Jean-Baptiste André	720	48	40,000	51,000	4
92	— de bœuf et de mouton. Tannerie	Idem	Joseph Boyer	1,200	73	125,500	151,465	12
93	— de mouton. Tannerie	Idem	Aillaud	280	20	27,500	38,000	3

RÉCAPITULATION PAR AR[RONDISSEMENTS]

ARRONDISSEMENTS.	NOMBRE D'ÉTABLISSEMENTS.	NOMBRE DE COMMUNES où ils sont situés.	VALEURS LOCATIVES.	MONTANT des PATENTES.	VALEUR ANNUELLE des matières premières.	VALEUR DES PRODUITS fabriqués annuellement.	Hommes
DRAGUIGNAN	64	4	31,234′	4,256′	1,392,330′	1,539,540′	365
BRIGNOLES	124	5	64,720	8,499	2,293,458	2,994,845	762
GRASSE	146	5	5,160	127	459,581	714,000	401
TOULON	87	8	73,730	7,230	1,947,350	4,771,385	844
Totaux	421	22	174,844	20,112	6,092,719	10,330,370	1,392

	OUVRIERS.							MOTEURS.						FEUX.			MACHINES.	
	NOMBRE.				SALAIRES.			MOULINS			MACHINES à vapeur.	CHEVAUX et mulets.	BŒUFS.	FOUR- NEAUX.	FORGES.	FOURS.	MÉTIERS.	AUTRES.
	Hommes.	Femmes.	Enfants.	TOTAUX.	Hommes.	Femmes.	Enfants.	à eau.	à vent.	à manége.								

T DE TOULON. (Suite.)

25	»	»	25	2ᶠ 50ᶜ	»	»	»	»	»	»	»	»	»	»	»		»
6	»	»	6	2. 00	»	»	»	»	»	»	»	»	2	»	»		2
4	»	»	4	2. 00	»	»	»	»	»	»	»	»	2	»	»	»	2
5	»	»	5	4. 00	»	»	»	»	»	»	»	»	»	»	»		2
8	»	»	8	2. 00	»	»	»	»	»	»	»	»	2	»	»		
4	2	»	6	2. 25	1ᶠ 37ᶜ	»	»	»	»	»	»	»	1	»	»	»	5
»	10	10	20	»	1. 50	0ᶠ 75ᶜ	»	»	»	»	»	»	1	»	»	»	10
25	»	»	25	2ᶠ à 2ᶠ 50ᶜ	»	»	»	»	»	»	»	»	»	»	»	»	1
4	»	1	5	2ᶠ 50ᶜ	»	1. 00	»	»	»	1	»	»	»	»	»	»	1
25	»	»	25	2. 75	»	»	»	»	»	»	»	»	»	»	»	»	
5	»	»	5	2. 00	»	»	»	»	»	1	»	1	»	»	»	»	
4	»	»	4	1. 25	»	»	»	»	»	»	»	»	»	»	»	»	
12	»	1	13	1. 32	»	1. 00	»	»	»	1	»	1	»	»	»	»	
3	»	»	3	1. 30	»	»	»	»	»	»	»	»	»	»	»	»	

R ARRONDISSEMENTS.

	OUVRIERS.							MOTEURS.						FEUX.			MACHINES.	
	NOMBRE.				SALAIRES.			MOULINS			MACHINES à vapeur.	CHEVAUX et mulets.	BŒUFS.	FOUR- NEAUX.	FORGES.	FOURS.	MÉTIERS.	AUTRES.
	Hommes.	Femmes.	Enfants.	TOTAUX.	Hommes.	Femmes.	Enfants.	à eau.	à vent.	à manége.								
»	365	245	134	744	1ᶠ 80ᶜ	1ᶠ 16ᶜ	0ᶠ 99ᶜ	15	20	2	»	40	»	21	51	45		»
»	762	430	45	1,247	2. 23	0. 79	0. 43	8	»	»	10	7	»	94	1	67	»	72
»	401	326	4	731	2. 50	0. 96	0. 83	»	»	»	»	»	»	»	»	»		
»	1,044	152	142	1,338	2. 39	1. 09	0. 80	1	1	16	4	48	»	24	52	102	»	78
»	2,592	1,143	325	4,060	2. 25	1. 00	0. 78	24	21	18	14	95	»	139	104	214	»	154

RECAPITULATION PAR NATURE D...

NATURE DES PRODUITS.	NOMBRE D'ÉTABLISSEMENTS.	NOMBRE DES COMMERCES où ils sont situés.	VALEURS LOCATIVES.	MONTANT des PATENTES.	VALEUR ANNUELLE des matières premières.	VALEUR DES PRODUITS fabriqués annuellement.
PRODUITS MINÉRAUX. Marais salants. Sel marin	2	1	"	"	"	208,000'
Carrières de pierres. Exploitation......................	11	4	1,070'	274'	"	27,100
Pierres de grès pour pavés	1	1	2,000	207	23,000'	43,750
Carrières de plâtre. Exploitation...............	35	3	7,680	656	"	83,340
Plâtre. (Fours à)	23	3	4,540	631	27,500	57,014
Houille. Extraction....	2	2	700	337	"	57,214
Terre argileuse. Tuileries. Poteries. Briques.............	185	11	38,414	3,997	282,196	1,112,785
——————— Faience....	4	2	1,120	589	96,100	178,900
Verrerie. Bouteilles....................	2	2	2,500	255	66,150	95,750
Fer. Fonte. Machines à vapeur....	2	1	13,500	1,344	649,900	932,740
Produits chimiques....	1	1	3,000	365	359,850	1,446,000
PRODUITS VÉGÉTAUX. Bois. Fer. Construction de navires	11	5	1,600	230	133,531	370,600
Liège. Bouchons....................	10	1	1,460	463	285,400	350,400
Orge. Bière.............	8	3	"	"	26,370	37,800
Distillerie. Alcool....	61	6	14,670	3,121	317,997	413,977
Huile. Soude. Savons....	3	1	7,920	1,333	610,000	700,000
Papeterie. Papiers divers....................	2	2	9,300	150	97,100	217,875
Imprimerie. Impressions diverses...........	3	3	1,460	274	11,925	31,300
Lithographie. Objets variés....................	3	2	1,800	107	10,000	39,000
Chanvre. Cordages..	5	1	720	96	20,000	30,000
PRODUITS ANIMAUX. Soie. Cocons. Filature. Soie grège.	12	4	8,760	914	623,000	753,160
Peaux. Tanneries....................	23	7	51,120	4,259	2,393,300	3,078,665
Suif. Chandelles...........	2	1	300	17	24,000	30,000
Viandes de porc. Salaisons..................	7	1	1,410	293	20,000	25,000
Totaux....................	421	68	174,844	20,112	6,092,719	10,320,370

	OUVRIERS.							MOTEURS.						FEUX.			MACHINES.	
	NOMBRE.				SALAIRES.			MOULINS.			MACHINES à vapeur.	CHEVAUX et mulets.	DIVERS.	FOUR- NEAUX.	FORGES.	FOURS.	MÉTIERS.	AUTRES.
	Hommes.	Femmes.	Enfants.	TOTAL.	Hommes.	Femmes.	Enfants.	à eau.	à vent.	à manég.								

DE PRODUITS INDUSTRIELS.

91	57	14	162	2'50"	1'25"	0'60"	.	.	6	1	23	.	.	.			
23	.	.	23	2.62	.	.	.	.	.	.	8	.	.				
10	.	2	12	3.00	.	1.00	.	.	.	.	.	.	.				
89	23	.	112	1.89	0.75	.	6	1	.	.	7	.	.	.	11		
52	13	4	69	2.25	0.85	1.00	.	.	3	.	5	.	.	.	25		
20	2	9	31	3.00	1.00	1.25	.	.	1	1	1	.	.	.			
605	235	60	900	1.98	0.91	0.76	.	.	3	.	11	.	.	.	137		
70	26	21	117	2.06	0.67	0.42	4	.	.	.	7	.	.	.	5		
66	12	14	92	2.55	0.77	1.12	.	.	2	.	24	.	12	1	3		
354	.	15	369	3.67	.	0.83	.	.	.	2	2	.	4	52	3		41
45	4	10	59	2.25	1.00	0.75	.	.	.	.	.	.	1	.	.		3
126	.	16	142	3.20	.	1.00	.	.	.	.	.	.	.				
171	90	12	273	1.50	1.50	1.08	10	20	.	.	.	.	.	50	30		
31	.	.	31	2.33	.	.	.	.	.	.	.	.	.				
132	6	.	138	2.32	1.66	.	.	.	.	.	4	.	50	.	.		62
15	.	3	18	2.50	.	0.75	.	.	.	.	.	.	3	.	.		
31	83	24	138	2.25	0.83	0.83	6	.	.	.	.	.	2	1	.		14
14	2	1	17	2.67	1.00	0.75	.	.	.	.	.	.	.	.	.		8
12	1	3	16	2.67	0.75	0.87	.	.	.	.	.	.	.	.	.		9
5	.	5	10	2.25	.	0.75	.	.	.	.	.	.	.				
34	566	110	710	1.92	1.17	0.67	.	.	.	10	.	.	45	.	.	.	10
584	13	2	599	2.08	0.75	1.00	.	.	3	.	3	.	.	.	.		2
4	2	.	6	2.00	1.00	.	.	.	.	.	.	.	2	.	.		
8	8	.	16	2.00	0.75	.	.	.	.	.	.	.	.				
2,593	1,143	325	4,060	2.25	1.00	0.78	24	21	18	14	95	.	139	104	214	.	154

7

N° 6.

6° DÉPARTEMENT DES BO

Nombre total des patentés. — 19,409.

1° PRODUCTION.

numéros	NATURE DES ÉTABLISSEMENTS.	COMMUNES où ILS SONT SITUÉS.	NOMS DES FABRICANTS ou manufacturiers.	VALEURS LOCATIVES.	MONTANT des PATENTES.	VALEUR ANNUELLE des matières premières.	VALEUR DES PRODUITS fabriqués annuellement.

1° ARRONDISSEMENT DE

1	Carrières. Pierres froides de Cassis	Cassis	16 carrières	»	»	12,000f	63,400f
2	Lignite. Exploitation	Belcodène	Michel Armand et compagnie	»	»	»	250,344
3	—— Exploitation	Auriol	Hauser frères et Javal	»	»	»	6,087
4	—— Exploitation	Gréasque	De Castellane	»	»	»	399,957
5	—— Exploitation	Peïpin	Géria-Ricard	»	»	»	60,240
6	Houille. Gaz d'éclairage	Marseille	Baron et compagnie	4,400f	938f	48,500	58,000
7	—— Gaz d'éclairage	Idem	Jean Beegough	2,500	1,001	200,000	342,500
8	Marbre. Marbrerie	Idem	Cantini et compagnie	1,000	51	30,000	70,000
9	—— Marbrerie	Idem	Galinier père et fils	2,000	235	44,775	115,300
10	Plâtre. (Four à). Pulvérisation	Allauch	Imbert et Delestrade	7,500	51	2,220	7,800
11	—— (Four à). Pulvérisation	Idem	B.-Étienne Blanc	8,000	62	2,358	10,500
12	—— (Four à). Pulvérisation	Idem	Isoiry frères	20,000	91	5,117	21,000
13	—— (Four à). Pulvérisation	Idem	Jean-Ch. Jouve	15,000	16	4,800	19,500
14	Terre argileuse. Tuilerie	Auriol	Joseph-Baptiste Ferrand	260	68	900	15,000
15	—— Tuilerie	Marseille	Marius Caillot	800	75	1,500	10,000
16	—— Tuilerie	Idem	J.-Baptiste Rouhaud	1,200	100	2,250	15,000
17	—— Tuilerie	Idem	J.-A. Guichard	1,200	238	2,250	15,000
18	—— Tuilerie	Idem	Étienne Arnaud	900	166	1,875	12,500
19	—— Tuilerie	Idem	Joseph Mouraille	1,200	260	3,000	20,000
20	—— Tuilerie	Idem	Veuve Fenouilh	700	75	1,500	10,000
21	—— Tuilerie	Idem	Urbain Saccoman	800	99	1,874	12,500
22	—— Tuilerie	5 communes	43 établissements. (Bull. coll.)	10,605	3,251	39,746	216,985
23	—— Tuilerie	Marseille	Joseph Roux	»	»	390	6,400
24	—— Tuilerie	Idem	Joseph Roux	500	198	468	7,350
25	—— Tuilerie	Idem	Couipicier	700	144	487	8,000
26	—— Tuilerie	Idem	Jacques Couipicier	600	121	390	6,400
27	—— Tuilerie	Idem	Joseph Fenouilh	500	204	390	7,500
28	—— Tuilerie	Idem	Honoré Fenouilh	500	200	487	8,000
29	—— Tuilerie	Gemenos	De Nevaille	800	30	1,700	13,000
30	—— Tuilerie	Marseille	Jacques Tamisier	600	205	487	8,000
31	—— Tuilerie	Idem	André-Jean Guichard	500	191	487	8,000
32	—— Poterie	Aubagne	Richelme	800	78	1,200	12,000
33	—— Poterie	Idem	Pichon	400	43	800	9,750
34	—— Poterie	Idem	Rey	680	51	800	8,000
35	—— Poterie	Idem	Fellen	700	95	968	12,000
36	—— Poterie	Marseille	Jean Martin	1,000	240	3,440	9,500
37	—— Poterie	Idem	Martin, Guillaume Auger	1,400	450	4,050	17,000
38	—— Poterie	3 communes	6 établissements. (Bull. coll.)	5,225	504	11,710	77,800
39	Verrerie. Bouteilles	Marseille	Duquaylard et Bouillane	2,000	634	52,120	80,000
40	—— Bouteilles	Idem	Massol-d'André	2,600	1,000	134,975	300,000
41	—— Bouteilles	Idem	Rosan père et fils	3,000	450	61,025	108,000
42	Fer. Fers galvanisés	Idem	Granier et Dessard	3,000	870	124,500	275,000

BOUCHES-DU-RHÔNE.

2° FORCE.

Montant total des patentes. = 1,351,545 francs.

DE MARSEILLE.

OUVRIERS							MOTEURS						FEUX			MACHINES	
NOMBRE				SALAIRES			MOULINS			MACHINES à vapeur	CHEVAUX et mulets	BŒUFS	FOUR-NEAUX	FORGES	FOURS	MÉTIERS	AUTRES
Hommes	Femmes	Enfants	TOTAL	Hommes	Femmes	Enfants	À eau	À vent	À manège								
87	»	10	103	2f 50c	»	1f 85c	»	»	»	»	»	»	»	»	»	»	»
150	»	55	205	4.00	»	2.00	»	»	»	»	»	»	»	»	»	»	»
9	»	10	19	3.50	»	1.50	»	»	»	»	»	»	»	»	»	»	»
456	»	197	653	3.50	»	2.00	»	»	»	»	»	»	»	»	»	»	»
78	»	31	109	3.50	»	1.50	»	»	»	»	»	»	»	»	»	»	»
20	»	»	20	4.00	»	»	»	»	»	»	»	»	9	»	»	»	36
45	»	»	45	2.75	»	»	»	»	»	»	2	»	30	»	»	»	»
16	»	»	16	3.00	»	»	»	»	»	»	»	»	»	»	»	1	»
10	»	»	10	2.25	»	»	1	»	»	»	»	»	»	»	»	8	»
8	1	»	9	2.25	1f 25c	»	1	»	»	2	»	3	»	»	3	»	»
12	»	1	13	2.25	»	1.25	»	»	»	2	»	4	»	»	2	»	»
18	»	2	20	2.25	»	1.25	»	»	»	4	»	8	»	»	4	»	»
15	1	1	17	2.25	1.50	1.25	»	»	»	4	»	8	»	»	4	»	»
6	3	3	12	2.50	1.00	1.00	»	»	»	»	»	»	»	»	3	»	»
4	2	3	9	3.00	1.50	1.00	»	»	»	»	»	»	»	»	1	»	»
5	2	3	10	3.00	1.50	1.00	»	»	»	»	»	»	»	»	2	»	»
8	4	8	20	3.00	1.50	1.00	»	»	»	»	»	»	»	»	4	»	»
5	2	3	10	3.00	1.50	1.00	»	»	»	»	»	»	»	»	3	»	»
6	3	4	13	3.00	1.50	1.00	»	»	»	»	»	»	»	»	4	»	»
5	6	2	13	3.00	1.50	1.00	»	»	»	»	»	»	»	»	2	»	»
7	2	4	13	3.00	1.50	1.00	»	»	»	»	»	»	»	»	3	»	»
127	33	62	222	3.00	1.50	1.15	»	»	»	»	»	»	»	»	55	»	»
3	1	2	6	3.00	1.25	1.00	»	»	»	»	»	»	»	»	»	»	»
2	1	2	5	3.00	1.50	1.00	»	»	»	»	»	»	1	»	»	»	»
4	»	2	7	3.00	1.50	1.00	»	»	»	»	»	»	»	»	»	»	»
3	1	2	6	3.00	1.25	1.00	»	»	»	»	»	»	»	»	»	»	»
6	»	4	10	2.00	»	1.00	»	»	»	»	»	»	2	»	»	»	»
2	1	2	5	3.00	1.50	1.00	»	»	»	»	»	»	1	»	»	»	»
5	»	3	8	2.00	»	1.00	»	»	»	»	»	»	»	»	2	»	»
2	1	3	6	3.00	1.50	1.00	»	»	»	»	»	»	1	»	»	»	»
2	1	3	6	3.00	1.50	1.00	»	»	»	»	»	»	1	»	»	»	»
4	»	3	7	3.00	»	0.75	»	»	»	»	»	»	»	»	2	»	»
3	»	3	6	3.00	»	0.75	»	»	»	»	»	»	»	»	1	»	»
3	»	3	6	3.00	»	0.75	»	»	»	»	»	»	»	»	1	»	»
4	»	4	8	3.00	»	0.75	»	»	»	»	»	»	»	»	2	»	»
4	»	2	6	2.50	»	0.75	»	»	»	»	1	»	»	»	1	»	5
7	1	2	10	2.50	1.00	0.75	»	»	»	»	1	»	»	»	1	»	5
31	»	20	51	3.00	»	0.75	»	»	»	»	1	»	»	»	12	»	»
33	4	8	45	3.00	1.25	0.90	»	»	»	»	»	»	1	»	4	»	»
70	6	8	84	3.00	1.00	0.75	»	»	»	1	1	»	3	1	2	»	2
50	»	10	60	3.00	»	0.75	»	1	»	1	1	3	3	»	1	1	»
60	»	»	60	2.50	»	»	»	»	»	1	1	»	1	2	1	»	»

1° ARRONDISSEMENT - DE

NUMÉRO d'ordre	NATURE DES ÉTABLISSEMENTS.	COMMUNES où ILS SONT SITUÉS	NOMS DES FABRICANTS ou manufacturiers.	VALEURS LOCATIVES	MONTANT des PATENTES	VALEUR ANNUELLE des matières premières	VALEUR DES PRODUITS fabriqués annuellement	Hom
43	Fer, Fonte. Pièces pour machines à vapeur	Marseille	Bonet fils et compagnie	4,800	998	162,000	350,000	6
44	— Pièces pour machines Ornements. Rails	Idem	Ridings et Jeffery	800	185	120,000	256,000	4
45	— Machines à vapeur	Le Ciotat	Louis Benet et compagnie	40,000	1,673	490,000	3,000,000	45
46	— Pièces pour machines	Marseille	Puy frères	1,700	405	41,000	75,000	1
47	— Machines à vapeur	Idem	Philipp Taylor	9,800	1,079	737,000	1,450,000	37
48	— Cuivre. Machines à vapeur	Idem	Bonet et Pyrne	4,000	1,520	287,000	399,000	20
49	Horlogerie. Horloges de clochers et de maisons	Auriol	Bouq frères	»	»	272	1,580	
50	Ciu. Argent. Bijouterie. Orfévrerie	Marseille	4 établissements	3,000	373	128,452	203,214	1
51	— Bijouterie. Orfévrerie	Le Cours	2 établissements	700	203	25,335	46,000	
52	Soufre. Raffinerie	Marseille	Bernard Glaizal et compagnie	484	77	210,000	288,000	10
53	— Raffinerie	Idem	Mouren fils aîné	1,200	150	133,000	200,000	
54	— Raffinerie	Idem	Payen et compagnie	1,500	192	280,000	400,000	10
55	Produits chimiques. Alun	Idem	François Rolland	3,300	287	45,720	85,000	9
56	— Acide sulfurique	Idem	Quéviel	1,800	83	50,000	120,000	6
57	— Acide sulfurique	Idem	Bruno Guirand	850	380	9,720	32,400	4
58	— Acide sulfurique	Idem	Casimir Castinel	3,400	1,087	290,205	935,728	45
59	— Acide sulfurique, Soude	Idem	Hyacinthe Daniel	12,000	1,804	316,080	365,500	120
60	— Acide sulfurique, Soude	Idem	Ilancy, Gayet et Gourjon	7,000	1,437	513,300	690,000	60
61	— Soude	Idem	Antoine Rinals et fils	4,700	1,166	567,000	1,015,000	120
62	— Sulfate de fer	Idem	Quéviel	1,075	150	13,000	19,800	2
63	— Acide tartrique et citrique	Idem	Casimir Legré	500	64	136,030	152,000	8
64	— Acide tartrique et citrique	Idem	Legré aîné	800	467	102,000	123,500	7
65	— Crème de tartre	Idem	Casimir Burel	1,000	319	42,000	56,000	3
66	— Crème de tartre	Idem	Séris	800	294	50,000	67,500	3
67	— Crème de tartre	Idem	Legré Teatoris	3,000	600	50,000	60,000	6
68	— Blanc de plomb	Idem	Pichaud	1,200	77	47,940	54,120	7
69	Cendres (Moulin à)	Idem	Bazin	8,000	887	2,000,000	2,200,000	35
70	— (Moulin à)	Idem	Jules Barré	6,100	488	1,483,300	1,638,900	40
71	Épices. Vermicelle	Idem	Jacques Gide	1,800	280	30,720	44,340	1
72	— Vermicelle	Idem	Gide jeune	3,800	300	504,305	542,705	20
73	— Semoule	Idem	Brunet	700	140	153,250	193,750	8
74	Orge, mère	Idem	9 établissements. (Bullet. col.)	»	»	35,833	80,288	10
75	Sucre. Raffinerie	Idem	Roux et Beruabe	3,000	1,200	3,864,480	4,100,000	150
76	— Raffinerie	Idem	Tiers et Caltamand	12,000	1,600	3,930,000	5,110,000	145
77	— Raffinerie	Idem	Vergne de Gutrini et A. Gibert	7,500	1,200	2,118,500	2,027,310	50
78	— Raffinerie	Idem	Pierre Reynard	3,000	576	900,000	903,600	24
79	— Raffinerie	Idem	Grandval et Girard	60,000	4,500	9,860,000	11,090,900	270
80	— Raffinerie	Idem	De Forbin-Jasson	10,000	1,646	4,330,800	4,651,200	150
81	— Raffinerie	Idem	Massot et Gillibert	3,000	300	3,544,000	3,793,800	80
82	— Alcool, Sirops, Liqueurs	Idem	Rivoire	2,000	835	15,253	43,450	3
83	— Alcool, Sirops, Liqueurs	Idem	Gautier	1,800	200	26,425	33,300	
84	Distilleries. Alcool	Allauch et Auriol	5 établissements. (Bullet. col.)	4,050	682	24,077	35,973	6
85	— Liqueurs	Marseille	Gautier	600	196	17,790	26,611	2
86	— Liqueurs	Idem	Picard et Cazeaux	1,000	100	48,650	68,750	2
87	— Liqueurs	Idem	Rivoire	2,300	954	54,320	81,550	3
88	— Liqueurs	Idem	Noilly fils et compagnie	2,000	La patente se paye à Lyon	100,000	150,000	8
89	— Liqueurs	Idem	Joseph Bernard	85	32	1,300	1,200	1

	OUVRIERS.							MOTEURS.						FEUX.			MACHINES.	
	NOMBRE.				SALAIRES.			MOULINS.			MACHINES à vapeur.	CHEVAUX et mulets.	BŒUFS.	FOUR-NEAUX.	FORGES.	FOURS.	MÉTIERS.	AUTRES.
	Hommes.	Femmes.	Enfants.	TOTAUX.	Hommes.	Femmes.	Enfants.	à eau.	à vent.	à manège.								

T.. DE MARSEILLE. (Suite.)

	Hommes	Femmes	Enfants	TOTAUX	Hommes	Femmes	Enfants	à eau	à vent	à manège	à vapeur	chevaux	bœufs	fourn.	forges	fours	métiers	autres
00'	68	"	"	68	2'à 11'	"	1'10"	"	"	"	1	"	"	2	1	5	"	"
00	40	"	4	44	3'25"à 11'	"	1.20	"	"	"	1	"	"	3	1	2	"	"
00	450	"	50	500	3'50"	"	1.00	"	"	"	3	"	"	2	25	"	30	"
00	19	"	8	27	3.00	"	0.75	"	"	"	3	"	"	2	25	"	30	"
00	375	"	8	383	3'à 10'	"	0.75	1	"	"	1	3	"	3	1	"	"	"
00	200	"	"	200	3'60"	"	"	"	"	"	1	2	"	2	28	3	"	"
50	2	"	"	2	4.00	"	"	"	"	"	"	"	"	2	20	1	"	5
14	15	3	2	20	3'à 3'50"	60"à 1'75"	1.00	"	"	"	"	"	"	"	1	"	"	"
00	7	2	3	12	3'00"	1'50"	1.00	"	"	"	"	"	"	4	3	"	"	3
00	10	10	"	20	3.00	1.25	"	"	"	"	"	"	"	2	2	"	"	"
00	5	4	"	9	3.00	1.00	"	"	"	"	"	"	"	10	"	"	"	"
00	10	15	5	30	3.50	1.25	1.50	"	"	"	"	1	"	5	"	"	"	"
00	9	"	"	9	2.25	"	"	"	"	"	1	"	"	13	"	"	"	"
00	6	"	"	6	3.00	"	"	"	"	"	"	1	"	4	"	"	"	"
00	4	"	"	4	2.75	"	"	"	"	"	"	"	"	3	"	"	"	"
18	45	6	6	57	2.00	1.00	1.00	"	"	1	"	5	"	1	1	"	"	1
00	120	"	"	120	2.25	"	"	"	"	3	"	29	"	4	1	7	"	"
0	60	"	"	60	2.35	"	"	"	"	3	"	25	"	10	1	1	"	"
0	120	"	10	130	2.75	"	1.25	"	"	2	"	10	"	3	1	15	"	"
0	2	"	"	2	3.00	"	"	"	"	"	"	"	"	3	"	8	"	"
0	8	"	"	8	2.50	"	"	"	"	1	"	"	"	15	"	"	"	"
0	7	"	"	7	2.50	"	"	"	"	1	"	"	"	12	"	"	"	"
0	3	2	1	6	2.50	1.00	1.25	"	"	"	"	"	"	7	"	"	"	"
0	3	"	"	3	2.50	"	"	"	"	"	"	"	"	8	"	"	"	"
0	6	"	"	6	2.50	"	"	"	"	"	"	"	"	6	"	"	"	"
0	7	"	1	8	2.30	"	1.50	"	"	"	"	"	"	7	"	"	"	"
0	55	"	4	59	2.50	"	75"à 1'	"	"	5	"	2	"	7	"	"	"	"
0	40	"	6	46	2.50	"	1'25"	1	"	1	"	"	"	3	"	"	"	"
0	1	"	7	8	3.50	"	0.75	"	"	4	"	3	"	1	"	"	"	"
0	20	"	10	30	3.00	"	1.00	"	"	"	"	4	7	1	"	"	4	4
0	8	"	"	8	2.50	"	"	"	"	"	"	"	"	"	"	"	4	3
0	16	"	"	16	2.50	"	"	"	"	"	"	"	"	"	"	"	"	"
0	150	2	5	157	2.50	1.00	1.25	"	"	"	4	"	"	4	"	"	"	"
0	145	2	5	152	2.50	1.00	1.25	"	"	"	2	"	"	5	"	"	"	2
0	50	"	"	50	2'à 3'50"	"	"	"	"	"	1	"	"	3	"	"	"	"
0	24	"	2	26	3.à 3.50	"	1'50"à 2'	"	"	1	"	"	"	3	"	"	"	"
0	270	"	5	275	2'50"	"	1'25"	"	"	3	"	12	"	6	"	"	"	3
0	150	"	"	150	2'à 3'50"	"	"	"	"	3	"	1	"	6	"	"	"	"
0	80	1	3	84	2'30"à 4'	1.25	"	"	1	2	4	6	"	15	1	2	"	"
0	3	1	"	4	2'50"	1.25	"	"	"	"	"	"	"	2	"	"	"	"
0	6	6	1	13	2.50	1.00	0.75	"	"	"	"	"	"	3	"	"	"	"
0	6	"	"	6	2.30	"	"	"	"	"	"	"	"	7	"	"	"	"
0	2	"	"	2	1.75	"	"	"	"	"	"	"	"	3	"	"	"	"
0	2	"	"	2	2.25	"	"	"	"	"	"	"	"	1	"	"	"	"
0	3	2	"	5	3.00	1.25	"	"	"	"	"	"	"	1	"	"	"	1
0	8	2	"	10	3.00	1.25	"	"	"	"	"	1	"	2	"	"	"	"
0	1	"	"	1	2.00	"	"	"	"	"	"	1	"	1	"	"	"	"

NUMÉROS d'ordre	NATURE DES ÉTABLISSEMENTS.	COMMUNES où ils sont situés.	NOMS des fabricants ou manufacturiers.	VALEURS LOCATIVES.	MONTANT des patentes.	VALEUR annuelle des matières premières.	VALEUR des produits fabriqués annuellement.	Hom
			1° ARRONDISSEMENT DE					
90	Fécule, Confitures, Conserves.	Marseille	Contant	1,800ᶠ	230ᶠ	69,000ᶠ	74,000ᶠ	
91	— Confitures	Idem	Rondeau et Vialla	2,000	100	36,100	53,250	
92	Olives, Cornichons, Câpres, Salaisons	Idem	Bruno Simian	600	75	12,000	15,900	
93	Salaisons	Idem	Meynier	560	140	18,675	23,850	
94	Salaisons	Idem	Bruneche	800	200	13,050	14,075	
95	Salaisons	Idem	Roux	1,300	410	16,000	16,950	
96	Olives, Huilerie	Allauch	Jean-François Rampal	3,800	19	5,500	8,750	
97	— Huilerie	Idem	Rouband	3,000	18	5,250	8,125	
98	— Huilerie	Idem	Michel	3,000	»	4,500	6,250	
99	— Huilerie	Idem	Gabriel	4,000	19	6,000	10,000	
100	— Huilerie	Idem	Joseph Fouque	4,000	22	6,000	10,000	
101	— Huilerie	Idem	Bourrely	4,000	19	6,000	10,000	
102	— Huilerie	Idem	Daluy	4,500	22	6,500	11,250	
103	Graines oléagineuses. Huilerie	Marseille	Alex. Frémond	»	»	500,000	560,000	14
104	— Huilerie	Idem	Deloreau	»	»	570,000	630,000	14
105	— Huilerie	Idem	Bérard et compagnie	4,500	»	250,000	299,740	12
106	— Huilerie	Idem	Castinel et compagnie	2,400	575	1,375,000	2,050,000	50
107	Huilerie	Idem	Guérin	»	590,500	544,318	15
108	Huilerie	Idem	Alex. Frémond	3,800	681	1,500,000	1,806,700	40
109	— Huilerie	Idem	Négrel, Moïse fils et comp.	1,200	406	209,900	226,500	20
110	Huilerie	Idem	Maurin fils	4,000	198	504,000	603,840	25
111	Huilerie	Idem	Marini et Delpuget	4,000	1,077	850,000	912,500	33
112	Huilerie	Idem	Berrail et Rocoffort	2,000	300	576,000	620,000	16
113	Huilerie	Idem	Joseph Ranque	6,000	»	1,540,000	1,720,000	22
114	Huilerie	Idem	Hippolyte Fabre	700	396	650,000	756,000	24
115	Huilerie	Idem	Magnan frères	3,000	800	500,000	600,000	20
116	Huilerie	Idem	Gabriel Baume	1,300	355	360,000	439,200	20
117	Huilerie	Idem	Guende	6,000	748	920,700	1,128,000	50
118	— Huilerie	Idem	Julien et Lemaistre	2,000	635	1,190,000	1,300,000	50
119	— Huilerie	Idem	Blanc et Broquette	3,000	700	700,000	780,000	20
120	— Huilerie	Idem	Moïse fils	1,800	300	1,440,000	1,512,000	40
121	Huilerie	Idem	Martin fils et Restan	5,800	647	540,000	600,000	16
122	Huilerie	Idem	Gout et compagnie	»	»	1,000,000	1,200,000	22
123	Huile, Soude, Savon	Idem	Parangue	11,000	1,204	2,130,462	2,001,000	35
124	— Soude, Savon	Idem	Court et compagnie	6,600	1,216	2,100,000	2,050,000	40
125	— Soude, Savon	Idem	J.-L. Bonnefoy	5,200	1,030	2,342,100	2,888,340	35
126	— Soude, Savon	Idem	Clément Gauthier	1,500	400	143,520	200,000	10
127	— Soude, Savon	Idem	Duboue	1,200	282	221,970	236,104	4
128	— Soude, Savon	Idem	Cournes aîné et compagnie	4,000	400	380,000	450,000	8
129	— Soude, Savon	Idem	Henry frères	3,000	396	701,000	860,000	12
130	— Soude, Savon	Idem	Urbain Laugier	3,500	500	323,000	350,000	4
131	— Soude, Savon	Idem	Ang. Bonnefoy	11,000	380	1,785,654	1,895,406	24
132	— Soude, Savon	Idem	Édouard Canaple	4,000	896	737,812	752,000	10
133	— Soude, Savon	Idem	Jacques Maurel	2,000	448	381,280	396,000	8
134	— Soude, Savon	Idem	Guérin et compagnie	5,000	1,024	1,019,228	1,050,000	17
135	— Soude, Savon	Idem	Jourdan	3,500	784	648,850	680,000	9
136	— Soude, Savon	Idem	Blanc et compagnie	3,500	703	778,800	825,000	8

NT. DE MARSEILLE. (Suite.)

	OUVRIERS.							MOTEURS.						FEUX.			MACHINES.	
EUR DROITS	NOMBRE.				SALAIRES.			MOULINS.			MACHINES à vapeur.	CHEVAUX et mulets.	BŒUFS.	FOUR-NEAUX.	FORGES.	FOURS.	MÉTIERS.	AUTRES.
	Hommes.	Femmes.	Enfants.	TOTAUX.	Hommes.	Femmes.	Enfants.	à eau.	à vent.	à manège.								
,000	3	1	"	4	3' 00"	1' 00"	"	"	"	"	"	"	"	7	"	"	"	"
,250	4	2	"	6	4. 00	1. 25	"	"	"	"	"	"	"	2	"	"	"	"
,900	1	2	"	3	3. 50	1. 00	"	"	"	"	"	"	"	"	"	"	"	"
,850	1	2	"	3	3. 00	1. 25	"	"	"	"	"	"	"	"	"	"	"	"
,075	1	"	"	1	3. 00	"	"	"	"	"	"	"	"	3	"	"	"	"
,950	2	1	"	3	3. 00	1. 00	"	"	"	"	"	"	"	3	"	"	"	"
,750	7	"	"	7	2. 00	"	"	"	"	"	1	"	3	1	"	"	"	"
,125	7	"	"	7	2. 00	"	"	"	"	"	1	"	3	1	"	"	"	"
,250	5	"	"	5	2. 00	"	"	"	"	"	1	"	1	1	"	"	"	"
,000	6	"	"	6	2. 00	"	"	"	"	"	1	"	3	1	"	"	"	"
,000	6	"	"	6	2. 00	"	"	"	"	"	1	"	3	1	"	"	"	"
,000	6	"	"	6	2. 00	"	"	"	"	"	1	"	3	1	"	"	"	"
,250	10	"	"	10	2. 00	"	"	"	"	"	1	"	4	2	"	"	"	"
,000	14	2	2	18	2. 00	1. 25	1' 00"	"	"	"	"	1	"	2	1	"	"	"
,000	14	1	"	15	2' à 3' 25"	1. 25	"	"	"	"	"	1	"	4	1	"	"	"
,740	12	2	"	14	2' 50"	1. 00	"	1	"	"	"	1	"	3	1	"	"	"
,000	54	2	2	58	1. 25	1. 25	1. 00	"	"	"	"	1	"	2	1	5	"	8
,318	15	1	1	17	1. 50	1. 50	1. 50	"	"	"	"	1	"	2	1	"	"	"
,700	40	4	"	44	2. 00	1. 00	"	"	"	"	"	1	"	2	"	"	"	"
,500	20	3	"	23	2. 25	1. 00	"	"	"	"	"	1	"	1	"	1	"	3
,840	25	2	"	27	2. 25	1. 25	"	"	"	"	"	1	"	2	1	"	"	8
,500	32	4	"	36	2' 25" à 3'	1. 25	"	"	"	3	1	"	"	1	1	2	"	"
,000	10	1	"	11	3' 25"	1. 25	"	1	"	"	"	1	"	1	1	"	"	4
,000	25	5	2	32	2 à 3'	1. 00	1. 50	"	"	"	2	"	"	1	"	"	"	"
,000	24	3	"	27	2' 00"	1. 00	"	"	"	"	1	"	"	1	"	"	"	"
,600	20	2	"	22	2. 00	1. 00	"	"	"	"	1	"	"	1	"	"	"	9
,200	20	4	2	26	2. 50	1. 25	1. 00	"	"	"	1	"	"	3	1	1	"	9
,600	55	4	2	61	2. 00	1. 00	1. 25	"	"	"	3	"	"	4	1	"	"	28
,000	50	5	"	55	2' à 3' 50"	1. 25	"	"	"	"	1	"	"	1	"	"	"	14
,000	26	5	"	31	2' 00"	1. 00	"	"	"	"	1	"	"	1	"	"	"	"
,000	40	2	"	42	2. 00	1. 00	"	"	"	"	1	"	"	1	"	"	"	"
,000	14	2	"	16	2. 15	1. 25	"	"	"	"	1	"	"	2	"	"	"	6
,000	22	3	"	25	2. 50	1. 25	"	"	"	"	1	"	"	2	1	"	"	"
,000	35	"	2	37	2. 00	"	0. 75	"	"	"	"	"	"	12	"	"	"	"
,000	40	"	3	43	3' à 3' 50"	"	1. 00	"	"	"	"	"	"	19	"	"	"	"
,340	35	"	"	35	2' 50"	"	"	"	"	"	"	"	"	9	"	"	"	"
,000	10	"	"	10	3. 00	"	"	"	"	"	"	"	"	3	"	"	"	"
,104	4	"	"	4	1'00"à4'50"	"	"	"	"	"	"	"	"	2	"	"	"	"
,000	8	"	"	8	3' 00"	"	"	"	"	"	"	"	"	4	"	"	"	"
,000	15	"	1	16	2'50"à 3'	"	"	"	"	"	"	"	"	2	"	"	"	"
,000	4	"	"	4	3' 25"	"	"	"	"	"	"	"	"	4	"	"	"	"
,106	24	"	2	26	3. 00	"	1. 00	"	"	"	"	"	"	8	"	"	"	"
,000	10	"	"	10	3. 50	"	"	"	"	"	"	"	"	3	"	"	"	"
,000	5	"	"	5	3. 00	"	"	"	"	"	"	"	"	3	"	"	"	"
,000	17	"	1	18	3. 00	"	1. 00	"	"	"	"	"	"	5	"	"	"	"
,000	9	"	"	9	3. 50	"	"	"	"	"	"	"	"	3	"	"	"	"
,000	8	"	"	"	3. 00	"	"	"	"	"	"	"	"	4	"	"	"	"

NUMÉROS d'ordre	NATURE DES ÉTABLISSEMENTS.	COMMUNES où ils sont situés.	NOMS DES FABRICANTS ou manufacturiers.	VALEURS LOCATIVES.	MONTANT des PATENTES.	VALEUR ANNUELLE des matières premières.	VALEUR DES PRODUITS fabriqués annuellement.
							1° ARRONDISSEMENT
137	Huile Soude Savon	Marseille.	Richard père et fils et comp..	3,500f	700f	935,500f	1,034,400f
138	---- Soude, Savon	Idem.	Delay et Sabry......	7,000	1,200	940,325	961,000
139	Soude Savon .	Idem.	Milloud fils et compagnie..	4,000	876	2,107,935	2,155,000
140	- Soude, Savon	Idem.	Alléon, Esprit et Doumas..	12,000	1,200	2,107,935	2,160,000
141	Soude, Savon..	Idem.	Rampal......	9,700	1,612	1,488,480	1,564,628
142	Soude, Savon	Idem.	Antoine Olivieri.........	5,000	601	425,000	440,000
143	— Soude, Savon.	Idem.	Estrangin-Roberty...	5,000	1,350	937,500	1,110,000
144	---- Soude, Savon.	Idem.	Honoré Arnavon.	14,400	2,110	2,472,978	2,745,469
145	---- Soude, Savon.	Idem.	Joseph Richard.	2,500	550	419,400	470,400
146	---- Soude, Savon.	Idem.	Loss et Michel.	4,000	706	717,800	759,500
147	---- Soude, Savon .	Idem.	Dupont fils.	11,200	900	1,325,059	1,426,893
148	— Soude, Savon. .	Idem.	Millau jeune.	5,000	896	519,500	622,600
149	---- Soude, Savon .	Idem.	Thérie, Gauthier et comp..	3,500	832	3,457,825	3,549,300
150	- Soude, Savon..	Idem.	Signoret et Legré.	3,500	660	623,200	680,000
151	Soude, Savon .	Idem.	Xavier Richard.	4,500	1,344	1,241,00.	1,300,000
152	Imprimerie, Livres.	Idem.	Bellande et compagnie...	360	60	4,710	9,500
153	------ Livres et autres publications...	Idem.	Gorillot.	600	100	4,000	14,000
154	------- Journaux, Brochures.	Idem.	Jules Barille.	1,300	250	25,800	100,000
155	------ Journaux, Brochures .	Idem.	André Senès.	1,800	200	7,200	60,000
156	------ Revues et Imprimés divers.	Idem.	Marius Olive.	2,500	323	33,400	120,000
157	Lithographie, Lithographies diverses, Dessins..	Idem.	Aug. Marin.	500	110	6,000	17,500
158	------ Lithographies diverses, Dessins .	Idem.	Metheron.	400	50	2,853	13,033
159	--- Adresses, Factures, Billets de visites...	Idem.	Salomon Lopez...	800	65	1,500	4,500
160	--- Étiquettes, Factures...	Idem.	Tournaire-Tirant.	600	65	2,338	6,300
161	--- Étiquettes, Estampes, Factures...	Idem.	Mamadier...	800	70	1,705	6,750
162	--- Factures, Traites.	Idem.	Paloume.	300	70	1,630	7,250
163	--- Impressions diverses...	Idem.	Raybau....	1,600	90	3,330	20,000
164	--- Factures, Adresses, Étiquettes.	Idem.	Casquain et Seren.	1,800	30	8,170	37,500
165	Impressions pour la douane..	Idem.	Fleury.	200	20	775	2,400
166	Avant, etc. Fabrique de pianos...	Idem.	Boisselot.	2,800	136	120,000	300,000
167	Coton, Filature, Tissage, Toiles à voiles.	Aubagne.	Ém Masse et A. Georges....	3,500	300	93,000	147,000
168	---- Tissage, Toiles à voiles.	Idem.	Masse et George.	4,000	195	58,000	96,000
169	---- Filé, Tissage, Toiles .	Idem.	Landes fils.	800	39	8,000	11,500
170	Laine, Lavage.	Marseille.	Pascal aîné et compagnie...	1,100	200	410,000	450,000
171	---- Lavage.	Idem.	Siot jeune et compagnie..	1,200	634	1,050,000	1,225,000
172	--- Lavage..	Idem.	Vagne frères.	1,800	505	93,000	130,000
173	- Lavage..	Idem.	Allamelles et Vassal.	800	387	225,000	260,000
174	---- Lavage.	Idem.	Louis Pascal.	2,000	482	210,000	315,000
175	---- Lavage.	Idem.	Xavier Émery.	1,800	332	140,000	178,000
176	---- Lavage.	Idem.	Veuve Tazil et fils.	1,000	319	192,000	255,000
177	---- Lavage.	Idem.	Domergue.	1,500	414	1,500,000	1,735,500
178	---- Lavage.	Idem.	Raynaud frères.	1,000	415	245,000	272,000
179	Suif, Cuirs, Chapellerie .	Idem.	Baptiste Sarin.	300	102	5,358	8,000
180	-------- Chapellerie.	Idem.	Rey et Durbec.	400	150	61,500	143,500
181	Poils de lapin, Chapellerie.	Idem.	Martin Pierre.	100	130	1,600	3,800
182	Peaux, Tannerie.	Idem.	Baptiste Bérard.	500	191	6,900	10,000
183	---- Tannerie.	Idem.	Bby-Camoin.	500	222	13,900	19,775

...T DE MARSEILLE. (Suite.)

	OUVRIERS							MOTEURS						FEUX			MACHINES	
	NOMBRE				SALAIRE			MOULINS			MACHINES à vapeur	CHEVAUX et mulets	DRI PX.	FOUR- NEAUX.	FORGES.	FOURS.	MÉTIERS	AUTRES
	Hommes.	Femmes.	Enfants.	TOTAL.	Hommes.	Femmes.	Enfants.	à eau.	à vent.	à manége.								
	10	»	»	10	2f 80c à 3f	»	»	»	»	»	»	»	»	4	·	·	·	3
	14	»	»	14	3f 75c	»	»	»	»	»	»	»	»	4	·	·	·	·
	21	»	1	22	3. 50	»	1f 50c	»	»	»	»	»	·	8	·	·	·	»
	21	»	1	22	3. 50	»	1. 50	»	»	»	»	»	·	3	·	·	·	·
	20	»	1	21	3. 00	»	1. 50	»	»	»	»	»	·	8	·	·	·	·
	7	»	»	7	3f 50c à 4f	»	»	»	»	»	»	»	·	3	·	·	·	»
	14	»	1	15	3 à 4f	»	1. 80	»	»	»	»	»	·	4	·	·	·	·
	40	»	1	41	2f 50c	»	1. 50	»	»	»	»	»	·	13	·	·	·	6
	6	»	»	6	3 à 4f	»	»	»	»	»	»	»	·	3	·	·	·	·
	10	»	1	11	3 à 4f	»	1. 25	»	»	»	»	»	·	4	·	·	·	·
	15	»	1	16	3f 25c	»	1. 25	»	»	»	»	»	·	4	·	·	»	·
	9	»	1	10	3 à 4f	»	1. 50	»	»	»	»	»	·	3	·	»	»	·
	45	»	3	48	3f 50c	»	1. 50	»	»	»	»	»	»	13	·	·	·	·
	12	»	»	12	3f à 3f 50c	»	»	»	»	»	»	»	»	4	·	·	·	·
	18	»	»	18	3f 25c	»	»	»	»	»	»	»	»	6	·	·	·	1
	6	»	2	8	3. 00	»	1. 00	»	»	»	»	·	·	·	·	·	·	2
	4	»	1	5	3. 00	»	0. 50	»	»	»	»	·	·	·	·	»	·	2
	16	1	2	19	4. 00	1f 25c	0. 75	»	»	»	»	·	·	·	·	»	·	2
	15	2	3	20	5. 00	1. 50	1. 00	»	»	»	»	·	·	·	»	»	·	4
	40	5	1	46	4. 00	1. 25	1. 00	»	»	»	»	·	·	·	»	»	·	·
	6	»	2	8	3 à 4f	»	0. 75	»	»	»	»	·	·	·	»	»	·	4
	6	»	1	7	2f 50c à 3f 50c	»	0. 75	»	»	»	»	·	·	·	»	»	·	5
	1	»	2	3	2f 00c	»	0. 50	»	»	»	»	·	·	·	»	»	·	3
	1	»	»	1	3. 50	»	»	»	»	»	»	·	·	·	»	»	·	3
	4	»	2	6	3. 50	»	1. 00	»	»	»	»	·	·	·	»	»	·	4
	2	»	2	4	3. 00	»	1. 00	»	»	»	»	·	·	·	»	»	·	3
	11	1	2	14	3. 00	2. 00	1. 00	»	»	»	»	·	·	·	»	»	·	6
	12	1	2	15	4. 00	1. 00	0. 50	»	»	»	»	·	·	·	»	»	·	7
	1	»	2	3	3. 50	»	0. 50	»	»	»	»	·	·	·	»	»	·	3
	78	»	»	78	4. 75	»	»	»	»	»	»	·	·	·	»	»	·	·
	10	42	20	72	2f 50c à 3f 50c	90c à 1f 50c	65 à 80c	1	»	»	»	·	·	·	»	»	»	·
	12	20	26	58	2f 50c	1f 00c	0f 75c	»	1	»	1	·	·	·	1	·	12	·
	»	7	»	7	»	0. 90	»	»	»	»	»	·	·	·	2	·	2	·
	10	20	»	30	3. 00	1. 00	»	»	»	»	»	·	·	·	1	·	·	·
	100	50	3	153	3. 00	1. 00	0. 75	»	»	»	»	·	·	·	2	·	·	·
	4	6	»	10	3. 15	1. 00	»	»	»	»	»	·	·	·	1	·	·	·
	50	12	»	62	2f 50c à 3f	0. 90	»	»	»	»	»	·	·	·	2	·	·	»
	7	8	»	15	3f 50c	1. 00	»	»	»	»	»	·	·	·	»	»	·	·
	2	6	»	8	3. 00	1. 00	»	»	»	»	»	·	·	·	»	»	·	·
	10	18	»	28	3. 20	1. 00	»	»	»	»	»	·	·	·	1	·	·	·
	4	16	»	20	3. 50	1. 00	»	»	»	»	»	·	·	·	1	·	·	·
	2	15	»	17	3. 00	1. 00	»	»	»	»	»	·	·	·	1	·	·	·
	1	1	»	2	2. 75	1. 00	»	»	»	»	»	·	·	·	»	·	·	·
	10	6	3	19	3. 50	1. 50	0. 75	»	»	»	»	·	·	·	1	·	»	·
	3	1	»	4	2. 50	1. 25	»	»	»	»	»	·	·	·	»	»	·	·
	3	»	»	3	3. 25	»	»	»	»	»	»	·	·	·	»	»	·	·
	3	»	1	4	3. 25	»	2. 00	»	»	»	»	·	·	·	»	»	·	·

8

N°	NATURE DES ÉTABLISSEMENTS.	COMMUNES où ils sont situés.	NOMS des fabricants ou manufacturiers.	VALEURS LOCATIVES.	MONTANT des PATENTES.	VALEUR ANNUELLE des matières premières.	VALEUR DES PRODUITS fabriqués annuellement.
			1° ARRONDISSEMENT				
184	Peaux. Tannerie	Marseille	Antoine Fisa	1,000	277	57,130	76,100
185	— Tannerie	Idem	Honoré Bérenger	1,200	375	208,000	248,000
186	— Tannerie	Aubagne	Imbs	2,300	497	65,000	110,000
187	— Tannerie	Marseille	Tourette	500	313	16,500	40,000
188	— Tannerie	Idem	Nicolas de Castelnaud	600	150	34,920	46,500
189	— Tannerie	Idem	Astruc	500	204	9,085	12,500
190	— Tannerie	Idem	Joseph Gueit	1,000	395	40,200	53,000
191	— Tannerie	Idem	Philippe Gavoty	4,600	963	36,000	120,000
192	— Tannerie	Idem	Benet	300	127	7,300	10,400
193	— Tannerie	Idem	Mille	600	403	9,190	13,500
194	— Tannerie	Idem	Casimir Giraud	1,000	350	56,738	78,000
195	— Tannerie	Idem	André Raynaud	500	192	43,310	54,000
196	— Tannerie	Idem	Menatory et Crabrasse	650	228	38,740	48,000
197	— Tannerie	Idem	Laurent Roumieu	1,500	338	119,100	150,000
198	— Tannerie	Idem	Paul frères	1,000	320	34,950	50,000
199	— Tannerie	Idem	Roumieu frères	1,600	450	143,250	200,000
200	— Tannerie	Aubagne	Xavier Imbs	2,300	145	71,000	119,000
201	— Maroquinerie	Marseille	Sollier aîné	1,200	306	59,537	89,003
202	— Maroquinerie	Idem	Manche	800	298	44,400	56,000
203	— Maroquinerie	Idem	Barthelemy Allard	600	110	22,250	33,300
204	Peaux (Déchets de). Colle forte	Idem	Édouard Signoret	15,000	614	140,000	260,000
205	— Colle forte	Idem	Melchior Boffe aîné	1,000	230	32,000	49,500
206	— Colle forte	Idem	Augustin Signoret	800	247	71,300	77,000
207	Suif. Chandelles	Idem	Gustave Devoux	400	294	31,660	37,500
208	— Chandelles	Idem	Jules Heyraud	400	220	91,300	98,025
209	— Chandelles	Idem	Veuve Theoon	500	280	40,800	50,000
210	— Chandelles	Idem	Baracoud	1,500	76	8,558	12,360
211	— Bougies de l'Étoile	Idem	Frédéric Fournier	1,500	447	384,100	472,500
212	— Bougies de l'Étoile	Idem	Agnoen	9,000	350	309,500	477,220
213	Pêcherie. Poissons de mer divers	La Ciotat	89 patrons de bateaux	"	"	"	90,667
214	— (Madragues). Thon et autres poissons	Cassis	Martins frères	45	"	"	14,500
215	— Thon et autres	Marseille	Martins frères	1,500	"	"	60,000
216	— Thon et autres	Idem	Martin et Barenguier	3,000	"	"	110,000
217	Poissons de mer. Salaisons	Idem	Navelle	100	204	67,640	87,165
218	— Salaisons	Idem	Meynier	350	166	5,020	6,600
219	Morues. Sécheries	Idem	Rayolle et Bellone	1,500	761	200,000	280,000
220	Sardines. Anchois. Salaisons	La Ciotat	5 ateliers	"	"	"	40,704
221	Corail. (Pêche de) sur la côte de Cassis	Cassis	15 bateaux	"	"	"	19,200
222	— taillé, coupé, arrondi, percé	Idem	Plusieurs bateaux	"	"	38,000	100,000
			2° ARRONDISSE				
223	Marais salants. Sel marin	Istres	Coppeau	"	"	"	40,500
224	— Sel marin	Fos	Seguin frères, Michel fils, etc.	"	"	"	360,000
225	— Sel marin	Idem	Agard et compagnie	"	"	"	1,000,000
226	— Sel marin	Berre	Agard et compagnie	"	"	"	180,000

	OUVRIERS.							MOTEURS.						FEUX.			MACHINES.	
	ROUGES.				SALAIRES.			MOULINS			MACHINES à vapeur.	CREVAUX et mulets.	MOULIN.	FOUR- NEAUX.	FORGES.	FOURS.	METIERS.	AUTRES.
	Hommes.	Femmes.	Enfants.	TOTAUX.	Hommes.	Femmes.	Enfants.	à eau.	à vent.	à manège.								

DE MARSEILLE. (Suite.)

14	»	1	15	3' 23" à 3'	»	1' 00"	»	»	»	»	»	»	»	»	»	»	»
16	4	»	20	4' 60"	1' 50"	»	»	1	»	2	»	»	»	»	»	»	»
22	»	»	22	2. 25	»	»	1	»	1	1	»	»	»	»	»	»	10
5	»	»	5	3. 25	»	»	»	»	»	»	»	»	»	»	»	»	»
3	1	»	4	3. 25	1. 50	»	»	»	»	»	»	»	»	»	»	»	»
4	»	»	4	3. 25	»	»	»	»	»	»	»	»	»	»	»	»	»
15	»	»	15	3' 25" à 3' 50"	»	1. 00	»	»	»	»	1	»	»	»	»	»	»
17	»	3	20	3' 25"	»	1. 30	»	2	»	4	»	»	»	»	»	»	»
4	»	»	4	3. 25	»	»	»	»	»	»	»	»	»	»	»	»	»
4	»	»	4	3. 25	»	»	»	»	»	»	»	»	»	»	»	»	»
10	»	2	12	3' 45" à 3' 25"	»	1. 75	»	»	»	»	»	»	»	»	»	»	»
7	»	1	8	3' 25"	»	1. 25	»	»	»	»	»	»	»	»	»	»	»
10	»	»	10	3. 25	»	»	»	»	»	»	»	»	»	»	»	»	»
15	4	1	20	3. 25	1. 50	2. 00	»	»	»	»	»	»	»	»	»	»	»
6	»	»	6	3. 25	»	»	»	»	»	»	»	»	»	»	»	»	»
25	»	1	26	3' 50" à 3' 25"	»	2. 00	»	»	»	»	»	»	»	»	»	»	6
20	»	»	20	2' 25"	»	»	1	»	»	2	»	»	»	»	»	»	»
18	»	1	19	3 à 5'	»	1' à 1' 50"	»	1	»	1	»	»	»	»	»	»	»
6	»	4	10	3 à 5'	»	1' à 2' 50"	»	»	»	»	»	»	3	»	»	»	»
15	»	3	18	3' 00"	»	0' 75"	»	»	»	»	»	»	12	»	1	»	»
25	40	3	68	2. 50	1. 25	1. 25	»	»	»	1	»	»	»	»	»	»	4
5	7	»	12	2. 50	1. 25	»	»	»	»	4	»	»	3	»	»	»	7
8	12	»	20	2' 25" à 2' 50"	1' à 1' 50"	»	»	»	»	»	»	»	3	»	»	»	»
4	»	1	5	2' 50"	»	1. 00	»	»	»	»	»	»	2	»	»	»	»
4	»	»	4	2. 50	»	»	»	»	»	»	»	»	3	»	»	»	»
2	2	»	4	3. 00	1' 00"	»	»	»	»	»	»	»	3	»	1	»	»
1	»	»	1	2. 50	»	»	»	»	»	1	»	»	2	»	1	»	»
12	30	»	42	2. 50	1. 10	»	»	»	»	»	»	»	2	1	»	1	»
22	24	2	48	2 à 4'	1' à 1' 25"	0. 75	»	»	»	»	»	»	2	»	»	»	»
277	»	»	277	»	»	»	»	»	»	»	»	»	»	»	»	»	3
16	»	2	18	1' 50"	»	1. 50	»	»	»	»	»	»	»	»	»	»	5
15	»	1	16	3. 00	»	1. 50	»	»	»	»	»	»	»	»	»	»	5
15	»	1	16	3. 00	»	1. 50	»	»	»	»	»	»	»	»	»	»	»
2	2	»	4	2. 50	1' 00"	»	»	»	»	»	»	»	»	»	»	»	»
2	2	»	4	3. 00	1. 50	»	»	»	»	»	»	»	»	»	»	»	»
10	25	15	50	2' à 3' 50"	1' 25" à 1' 50"	75" à 1'	»	»	»	»	»	»	»	»	»	»	»
»	»	»	»	»	»	»	»	»	»	»	»	»	»	»	»	»	»
75	»	»	75	»	»	»	»	»	»	»	»	»	»	»	»	»	»
5	150	20	175	2' 00"	1' 00"	0' 75"	»	»	»	»	»	»	»	»	»	»	»

MENT D'AIX.

36	20	9	65	3 à 4'	(a) 1' 25" à 3'	1' 50"	»	»	»	4	»	14	»	»	»	»	»
50	15	»	65	2' 50"	1' 50"	»	»	»	»	6	1	7	»	2	»	»	»
130	8	6	144	2. 25	1. 00	1. 00	»	»	»	3	1	6	»	2	1	»	4
(a) 25	5	3	33	2. 50	1. 25	1. 00	»	1	»	1	3	»	2	1	»	»	»

(a) Pendant un mois, 100 h. à 4'; 90 h. à 3'. — (b) 6 à 3'; 25 à 4'. — (3) 5 à 1' 25"; 12 à 3'.

2° ARRONDISSEMENT

N°	NATURE DES ÉTABLISSEMENTS	COMMUNES où ils sont situés	NOMS DES FABRICANTS ou manufacturiers	VALEURS LOCATIVES	MONTANT des PATENTES	VALEUR ANNUELLE des matières premières	VALEUR DES PRODUITS fabriqués annuellement
227	Marais salants. Sel marin	Berre					151,300
228	— Sel marin	Istres	Divers				141,118
229	— Sel marin	Idem	Prat et compagnie				170,970
230	— Sel marin	Saint-Mitre	De Mazin, gérant				54,680
231	— Sel marin	Fos	Mare				90,025
232	— Sel marin	Marignane	Agard et compagnie				43,641
233	— Sel marin	Martigues et Fos	Divers				222,210
234	Lignite. Exploitation	Trets	Les hoirs Rouquier				44,697
235	— Exploitation	Ventabren	Chinon				4,200
236	— Exploitation	Gardane	De Castellane				443
237	Houille. Gaz d'éclairage	Aix	Soudry	600	275	25,300	51,960
238	Terre argileuse. Tuileries. Brique	12 communes	17 établissements (Ball. col.)	3,640	432	40,985	104,198
239	— Poteries	2 communes	2 établissements (Ball. col.)	700	43	3,178	11,950
240	Fer. Fonte	Martigues	Bore	400	227	61,500	110,000
241	Produits chimiques. Soude. Sel de soude	Istres	Prat et compagnie	6,200	1,166	3,977	15,420
242	— Acide sulfurique. Soude	Martigues	Boyer	1,000	410	193,986	312,000
243	— Acide sulfurique. Soude	Septèmes	Blaise Rougier et compagnie	3,800	856	123,100	695,000
244	— Acide sulfurique. Soude	Martigues	Joseph Magnan	5,800	1,115	286,737	601,148
245	— Acide sulfurique. Soude	Berre	Michel et compagnie	4,800	831	449,350	1,181,000
246	— Acide sulfurique. Soude	Idem	Michel et compagnie	8,880	1,200	330,000	1,200,000
247	— Acide sulfurique. Soude	Fos	Marre aîné	11,050	1,598	488,500	2,020,840
248	— Acide sulfurique. Soude	Septèmes	Crémieu, Rigaud et compag'	2,500	989	133,260	379,000
249	— Acide sulfurique. Soude	Idem	Benjamin Grimes	3,800	897	133,100	810,000
250	— Acide sulfurique. Soude	Idem	Vincent Cusin	2,500	602	72,400	555,000
251	— Acide sulfurique. Soude	Idem	Rougier	3,800	897	211,345	593,000
252	— Acide sulfurique. Soude	Idem	Jean-Baptiste Briquelet	3,000	791	84,900	374,000
253	— Acide sulfurique. Soude	Fuveau	Menute	3,800	1,152	204,850	627,000
254	— Acide sulfurique. Phosphore	Septème	Charles Perragallo	1,500	450	32,180	100,000
255	Salpêtre. Soufre. Poudrerie royale	Saint-Chamas	Direct. des poudres et salpêtres			438,000	1,140,000
256	Bois. Fers. Constructions de navires	Aix	André, Vidal et Parpan frères			413,700	612,000
257	Céréales (Moulin à)	Idem	François Faure	500	102	410,000	434,000
258	— (Moulin à)	Idem	Paul Augier	450	211	624,000	651,000
259	— (Moulin à)	Saint-Chamas	François Maiffredy	8,000	345	1,620,000	1,756,000
260	— (Moulin à)	Berre	Abram	2,000	250	(1) 60,000	70,800
261	— (Moulin à)	Aix	Melchior Honorat	300	77	312,000	325,500
262	— (Moulin à)	Idem	Pierre Moutet	3,500	164	1,215,000	1,258,750
263	— (Moulin à)	Trets	Jean-Baptiste Porte	500	67	112,875	116,971
264	— (Moulin à)	Idem	André Benjamin	500	43	112,875	116,971
265	Produit. Suisse. Vermicelle	Aix	Paul Augier	450	211	85,300	115,200
266	Orge. Bière	Idem	2 établissements			7,905	14,354
267	Olives. Huilerie	Idem	François Gérard	400	203	24,000	27,600
268	— Huilerie	Idem	Leroud	600	230	10,800	20,160
269	— Huilerie	Saint-Chamas	Michel et Blanc	7,000	315	252,000	313,000
270	— Huilerie	Idem	Gallon, Tolomeito, Ribaud, etc	5,000	183	192,000	208,900
271	— Huilerie	6 communes	23 établissements (Ball. col.)	7,270	1,102	441,280	407,787
272	Distillerie. Alcool	Aix	Gros aîné	250	224	2,400	4,750
273	— Alcool	9 communes	13 établissements (Ball. col.)	2,800	780	35,155	49,191

(1) Blount.

NT D'AIX. (Suite.)

	OUVRIERS.							MOTEURS.						FEUX.			MACHINES.	
R	ROUSSE.				SALAIRES.			MOULINS			MACHINES à vapeur.	CHEVAUX et mulets.	BŒUFS.	FOUR-NEAUX.	FORGES.	FOURS.	MÉTIERS.	AUTRES.
ment.	Hommes.	Femmes.	Enfants.	TOTAUX.	Hommes.	Femmes.	Enfants.	à eau.	à vent.	à manège.								
90'	95	»	»	95	2f 25c	»	»	»	»	»	1	»	»	»	»	»	»	»
18	101	»	»	101	2. 25	»	»	»	»	»	1	»	»	»	»	»	»	»
70	125	»	»	125	2. 25	»	»	»	»	»	»	»	»	»	»	»	»	»
80	39	»	»	30	2. 25	»	»	»	»	»	2	»	»	»	»	»	»	»
28	60	»	»	60	2. 25	»	»	»	»	»	»	»	»	»	»	»	»	»
41	27	»	»	27	2. 25	»	»	»	»	»	»	»	»	»	»	»	»	»
10	99	»	»	99	2. 25	»	»	»	»	»	»	»	»	»	»	»	»	»
97	20	»	6	28	3. 50	»	1f 75c	»	»	»	»	»	»	»	»	»	»	»
00	2	»	1	3	3. 00	»	1. 50	»	»	»	»	»	»	»	»	»	»	»
45	4	»	2	6	3. 50	»	1. 75	»	»	»	»	»	1	»	»	»	»	»
60	6	»	»	6	2. 50	»	»	»	»	»	»	»	»	3	»	»	»	»
98	66	18	20	104	2. 65	1f 10c	1. 30	»	»	»	2	»	2	»	»	»	26	1
50	4	»	»	4	2. 75	»	»	»	»	»	»	»	1	»	»	»	2	»
00	15	»	2	17	3. 00	»	1. 00	»	»	»	1	»	3	2	1	1	»	»
20	100	20	10	130	2. 50	1. 00	1. 00	»	»	»	2	2	20	31	3	»	»	»
00	24	»	»	24	2f à 3f	»	»	»	»	»	2	»	18	9	1	»	»	»
00	60	»	10	70	2f à 3f	»	1f à 1f 25c	»	»	»	»	»	»	6	1	»	»	»
48	44	8	5	57	2f à 2f 50c	1. 00	1f 00c	»	»	»	1	8	8	11	1	1	»	2
00	50	8	3	61	2f 25c	1. 00	0. 75	»	»	»	1	»	4	7	15	2	»	3
00	70	4	»	74	2. 25	1. 00	»	»	»	»	1	»	4	7	2	15	»	»
40	196	35	7	238	2f à 2f 50c	1. 00	50 à 1f 50c	»	1	»	2	»	11	22	1	1	»	»
00	30	»	6	36	2f à 2f 50c	»	1f 00c	»	»	»	»	»	»	4	1	»	»	»
00	70	»	12	82	2f à 3f	»	1f à 1f 25c	»	»	»	»	»	»	4	1	»	»	»
00	50	»	10	60	2f à 3f	»	1f à 1f 25c	»	»	»	3	»	20	9	1	2	»	»
00	54	»	»	54	2f à 3f	»	»	»	»	»	»	»	»	4	1	»	»	1
00	30	»	6	36	2f à 3f	»	1f à 1f 25c	»	»	»	»	»	15	5	1	2	»	»
00	50	»	»	50	2f 25c à 2f 50c	»	»	»	»	»	2	»	»	14	2	»	»	»
00	10	»	»	10	2f à 2f 50c	»	»	»	»	»	»	»	»	»	»	»	»	»
00	54	12	6	72	2f 70c	1. 09	1f 25c	1	»	»	»	»	»	»	»	»	»	»
00	60	»	30	90	3. 00	»	1. 50	»	»	»	»	»	»	»	»	»	»	»
00	10	»	»	10	2. 50	»	»	»	»	»	1	»	2	»	»	»	»	»
00	20	»	»	70	2. 50	»	»	»	»	»	1	»	2	»	»	»	»	»
00	40	10	4	54	2. 07	0. 75	1. 30	»	1	»	»	»	»	»	»	»	»	3
00	2	»	»	2	2. 00	»	»	»	»	»	1	1	»	»	»	»	»	»
00	8	»	»	8	2. 50	»	»	»	»	»	»	»	2	1	»	»	»	1
50	5	»	»	5	2. 25	»	»	1	»	»	»	»	2	»	»	»	»	»
71	1	»	»	1	2. 00	»	»	1	1	»	1	»	»	»	»	»	»	»
71	1	»	»	1	2. 00	»	»	1	1	»	1	»	»	»	»	»	»	3
00	12	»	»	12	2. 50	»	»	»	»	»	1	3	»	»	»	»	»	»
54	5	»	»	5	2. 25	»	»	»	»	»	1	»	2	1	»	»	»	»
00	12	»	»	12	3. 00	»	»	»	»	»	2	»	2	»	»	»	»	6
50	8	»	»	8	2. 50	»	»	»	»	»	2	»	2	4	»	»	»	»
00	30	2	4	36	2. 50	1. 00	1. 50	2	»	»	»	»	»	»	»	»	»	»
00	16	2	2	20	2. 50	1. 00	1. 25	1	»	»	»	»	»	»	»	»	»	»
87	238	»	1	230	2. 75	»	1. 00	5	»	23	»	46	29	»	»	»	»	14
50	4	»	»	4	2. 50	»	»	»	»	»	1	»	»	1	»	»	»	4
91	10	4	»	23	2. 65	1. 00	»	»	»	»	1	1	»	12	»	»	»	4

(a) Extraordinairement, 100 h. à 4f 50c ; 30 femmes à 2f 50c

2° ARRONDISSEMENT

NUMÉROS d'ordre	NATURE DES ÉTABLISSEMENTS.	COMMUNES où ils sont situés.	NOMS DES FABRICANTS ou manufacturiers.	VALEURS LOCATIVES.	MONTANT des PATENTES.	VALEUR ANNUELLE des matières premières.	VALEUR DES PRODUITS fabriqués annuellement.
274	Imprimerie. Objets varies	Aix	6 exploitants	1,860f	471f	17,125f	50,500f
275	Chanvre. Tissage, Toile d'emballage	Idem	Michael Benjamin	300	50	16,500	36,000
276	Coton. Filature	Idem	Pastré frères	2,060	461	130,200	204,000
277	— Impression de tissus. Châles, Toile peinte	Idem	Victor Ferrand	60	77	67,000	75,000
278	— Impression de tissus. Châles, Toile peinte	Idem	Holive et Senat	1,000	223	82,000	140,000
279	— Impression de tissus. Châles, Toile peinte	Idem	Silvy et compagnie	900	186	180,000	275,000
280	Laine. Lavage	Idem	Valabrègue et Bedarredes	400	263	75,000	88,000
281	— Lavage	Idem	Ambroise Roure	600	290	420,000	481,250
282	— Lavage	Idem	Crémieu, Milhaud et Laroque	1,700	594	450,000	480,000
283	— Lavage	Idem	Lyon	380	260	75,000	80,000
284	— Lavage	Idem	Chauvet fils	450	256	320,000	360,000
285	— Lavage	Idem	Aimé Augustin	300	100	160,000	176,800
286	— Lavage	Idem	Déther fils aîné	250	242	75,000	80,000
287	— Lavage	Miramas	Augustin Amé	600	93	29,684	31,500
288	— Peignerie	Aix	Artaud fils et Louis Germond	550	242	603,313	600,000
289	Poils. Soies. Chapellerie	Idem	Coupin et Martin	300	110	75,000	150,000
290	Pêcherie. Poissons de mer divers	Idem	250 patrons pêcheurs	»	»	»	801,500

3° ARRONDISSEMENT

NUMÉROS d'ordre	NATURE DES ÉTABLISSEMENTS.	COMMUNES où ils sont situés.	NOMS DES FABRICANTS ou manufacturiers.	VALEURS LOCATIVES.	MONTANT des PATENTES.	VALEUR ANNUELLE des matières premières.	VALEUR DES PRODUITS fabriqués annuellement.
291	Marais salants. Sel marin	Arles	Rigal et compagnie	15,000	»	»	87,500
292	— Sel marin	Idem	H. Daniel et compagnie	»	»	»	46,845
293	Terre argileuse. Tuileries, Briques	10 communes	19 établissem. (Bull. collec.)	3,920	517	19,546	27,379
294	Or. Argent. Bijouterie	Tarascon	Barne	180	30	9,000	15,000
295	— Bijouterie	Idem	Servel	150	30	9,000	15,000
296	— Bijouterie	Idem	Dupuy	130	30	9,000	15,000
297	Bois. Fer. Construction de navires	Arles	Mant	»	»	17,068	53,000
298	— Construction de navires	Idem	Nicolas Calment oncle	»	»	11,804	42,000
299	— Construction de navires	Idem	Calment neveu	»	»	11,804	42,000
300	— Construction de navires	Idem	Bayol fils	»	»	12,204	42,000
301	— Construction de navires	Idem	Gasquet frères	»	»	11,804	42,000
302	Céréales (Moulin à)	Idem	F Dinard et Cornillon	4,000	417	3,000,000	3,350,000
303	— (Moulin à)	Graveson	Auguste de Boudard	200	160	29,560	32,600
304	— (Moulin à)	Idem	Jean Cour	3,350	157	59,130	65,900
305	— (Moulin à)	Aureille	Louis Olivier	300	21	10,080	11,000
306	Orge. Bière	Idem	1 établissement	»	»	7,422	12,739
307	Olives. Huilerie	Paradou	Florent Manson	520	44	13,856	17,082
308	— Huilerie	Idem	Cornille	»	44	9,210	12,786
309	— Huilerie	Idem	De Roux	550	55	10,194	12,110
310	— Huilerie	Maussane	Mistral	600	32	3,000	4,500
311	— Huilerie	Idem	Barthélemy Ripert	400	21	5,009	6,000
312	— Huilerie	Idem	Jean-Louis Mistral	400	21	5,009	6,000
313	— Huilerie	Idem	Daublen de Lisle	400	32	10,137	12,000
314	— Huilerie	Idem	Marquis de Lespine	400	32	10,137	12,000
315	— Huilerie	Idem	Mʳ Mandot	500	48	15,206	18,900
316	— Huilerie	Idem	Vicomte de Grille	300	24	5,009	6,000

VALEUR PRODUITS fabriqué annuellement	OUVRIERS — NOMBRE				OUVRIERS — SALAIRES			MOTEURS — MOULINS			MACHINES à vapeur	CHEVAUX et mulets	RECEPT.	FEUX — FOURNEAUX	FORGES	FOURS	MACHINES — MÉTIERS	ACTIFS
	Hommes	Femmes	Enfants	TOTAL	Hommes	Femmes	Enfants	à eau	à vent	à manège								

ENT D'AIX. (Suite.)

50,300	25	,	,	25	3'00"	,	,	,	,	,	,	,	,	,	,	,	,	10
36,000	3	60	,	63	2.25	0'90"	,	,	,	,	,	,	,	,	,	,	7	51
104,000	15	100	30	145	2.50	1.25	0'60"	,	,	,	1	,	,	1	,	,	22	,
75,000	12	10	30	52	2.50	1.25	0.50	,	,	,	1	,	1	6	,	,	,	1
40,000	20	10	40	70	2.50	1.25	0.40	,	,	,	1	,	1	10	,	,	,	2
175,000	45	,	50	95	2.75	,	10"à50"	,	,	,	1	,	2	10	,	,	,	1
88,000	4	10	,	14	3.00	1.00	,	,	,	,	,	,	,	,	1	,	,	2
181,250	3	18	1	22	3.00	1.00	0.75	,	,	,	,	,	,	,	1	,	,	3
158,000	6	50	,	56	3.00	1.00	,	,	,	,	,	,	,	,	1	,	,	6
80,000	3	10	,	13	3.00	1.00	,	,	,	,	,	,	,	,	1	,	,	3
560,000	5	20	,	25	3.00	1.00	,	,	,	,	,	,	,	,	1	,	,	3
176,000	3	25	,	28	2.50	1.00	,	1	,	,	,	,	3	,	1	,	,	,
80,000	3	8	,	11	3.00	1.00	,	,	,	,	,	,	,	1	1	,	,	3
31,500	1	12	,	13	2.50	1.00	,	,	,	,	,	,	,	1	,	,	,	,
562,000	45	25	,	70	2.25	1.00	,	,	,	,	2	,	2	12	,	,	,	40
150,000	40	30	10	80	3.75	1.50	1.00	,	,	,	,	,	,	1	,	,	,	3
562,500	800	,	120	920	,	,	,	,	,	,	,	,	,	,	,	,	,	,

ENT D'ARLES.

87,500	150	12	,	162	3'75"à4'	1'50"	,	,	,	,	3	,	12	,	,	,	,	,
46,845	45	,	,	45	,	,	,	,	,	,	4	,	15	,	,	,	,	,
57,379	39	5	9	53	2'65"	1.12	0'95"	,	,	,	,	,	5	2	,	22	,	,
15,000	2	,	,	2	3.00	,	,	,	,	,	,	,	,	2	1	,	1	,
15,000	2	,	,	2	3.00	,	,	,	,	,	,	,	,	2	1	,	1	,
15,000	2	,	,	2	3.00	,	,	,	,	,	,	,	,	2	1	,	1	,
33,000	5	,	2	7	4.00	,	,	,	,	,	,	,	,	,	,	,	,	,
42,000	5	,	2	7	4.00	,	,	,	,	,	,	,	,	,	,	,	,	,
42,000	5	,	2	7	4.00	,	,	,	,	,	,	,	,	,	,	,	,	,
42,000	5	,	2	7	4.00	,	,	,	,	,	,	,	,	,	,	,	,	,
42,000	5	,	2	7	4.00	,	,	,	,	,	,	,	,	,	,	,	,	,
350,000	72	11	5	88	3.41	1.00	1.50	3	,	,	,	,	,	1	1	1	,	19
32,600	1	,	,	1	2.00	,	,	1	,	,	,	,	,	,	,	,	,	,
65,900	3	,	,	3	2.00	,	,	1	,	,	,	,	,	,	,	,	,	,
11,000	1	,	,	1	2.50	,	,	,	1	,	,	,	,	,	,	,	,	,
12,739	2	,	,	2	2.25	,	,	,	,	,	,	,	,	,	,	,	,	,
17,082	11	,	,	11	2.50	,	,	,	,	,	1	,	3	2	,	,	,	,
12,786	15	,	,	15	2.25	,	,	,	,	,	2	,	6	2	,	,	,	,
12,110	15	,	,	15	2.25	,	,	2	,	,	,	,	,	2	,	,	,	,
4,500	5	,	,	5	2.50	,	,	1	,	,	,	,	3	1	,	,	,	2
0,000	10	,	,	10	2.25	,	,	1	,	,	,	,	3	1	,	,	,	,
0,000	10	,	,	10	2.25	,	,	1	,	,	,	,	3	1	,	,	,	,
12,000	15	,	,	15	2.25	,	,	1	,	,	,	,	,	1	,	,	,	2
12,000	15	,	,	15	2.25	,	,	1	,	,	,	,	,	1	,	,	,	2
18,000	21	,	,	21	2.25	,	,	,	,	,	,	,	,	2	,	,	,	2
6,000	10	,	,	10	2.25	,	,	1	,	,	,	,	,	1	,	,	,	,

NUMÉRO	NATURE DES ÉTABLISSEMENTS	COMMUNES où ils sont situés	NOMS des fabricants ou manufacturiers	VALEURS LOCATIVES	MONTANT des patentes	VALEUR annuelle des matières premières	VALEUR des produits fabriqués annuellement
					3° ARRONDISSEMENT		
317	Olives. Huilerie	Maussane	Chrysostôme Chabrand	400f	32f	10,137f	12,000f
318	—— Huilerie, Huile de table	Tarascon	Pélissier	500	35	24,300	27,000
319	—— Huilerie, Huile de table	Idem	Bret	400	50	16,200	18,000
320	—— Huilerie, Huile de table	Idem	Fermier de Violet	500	35	20,250	22,500
321	—— Huilerie, Huile de table	Idem	Chausse	500	55	14,850	16,500
322	—— Huilerie, Huile de table	Idem	Jean Martin	200	40	12,000	14,985
323	—— Huilerie, Huile de table	Arles	Dourgeon, veuve Quenin	800	»	56,000	68,000
324	—— Huilerie, Huile de table	Idem	Chais	300	»	49,000	59,500
325	—— Huilerie, Huile de table	Idem	Symphorien Vachier	300	»	49,000	59,500
326	—— Huilerie, Huile de table	Idem	Jacques Ameyer	300	»	49,000	59,500
327	—— Huilerie, Huile de table	Idem	Jean Boulet	300	»	49,000	59,500
328	—— Huilerie, Huile de table	Idem	Thuillier, époux Gayan	300	»	49,000	59,500
329	—— Huilerie, Huile de table	Idem	Sauver, époux Michel	300	»	49,000	59,500
330	Graines oléagineuses. Huilerie .	Eyguières	Monier frères	2,000	369	160,000	176,400
331	Distillerie. Alcool	Tarascon	Masse	300	10	5,000	5,830
332	—— Alcool	Idem	Bourdin jeune	300	10	5,000	5,830
333	Garance en poudre	Orgon	King, William	1,850	188	720,000	826,000
334	Imprimerie. Journaux, etc. . . .	Arles	Cerf	400	»	10,000	15,000
335	—— Actes administratifs	Idem	Dominique Garcin	500	»	6,200	20,000

RÉCAPITULATION

ARRONDISSEMENTS	NOMBRE D'ÉTABLISSEMENTS	NOMBRE DE COMMUNES où ils sont situés	VALEURS LOCATIVES	MONTANT des patentes	VALEUR annuelle des matières premières	VALEUR des produits fabriqués annuellement
MARSEILLE	400	20	692,490f	94,593f	95,958,532f	116,382,135
AIX	373	44	120,000	22,474	11,935,512	24,186,339
ARLES	63	24	41,550	2,587	4,000,826	5,020,826
TOTAUX	842	88	854,049	119,654	112,374,870	146,189,300

VALEUR produite fabriqué allement	OUVRIERS.							MOTEURS.						FEUX.			MACHINES.	
	NOMBRE.				SALAIRES.			MOULINS			MACHINES à vapeur.	CHEVAUX et mulets.	SCHEPS.	FOUR- NEAUX.	FORGES.	FOURS.	MÉTIERS.	AUTRES.
	Hommes.	Femmes.	Enfants.	TOTAUX.	Hommes.	Femmes.	Enfants.	à eau.	à vent.	à manége.								

EN D'ARLES. (Suite.)

2,000	15	"	"	15	3' 25'	"	"	1	"	"	"	"	"	1	"	"	"	"
17,000	19	"	"	19	3. 00	"	"	"	"	"	"	9	"	1	"	"	"	"
8,000	15	"	"	15	3. 00	"	"	"	"	"	"	"	"	1	"	"	"	2
2,500	8	"	1	9	3. 00	"	"	"	"	"	"	"	"	1	"	"	"	1
8,500	18	"	"	18	3. 00	"	"	"	"	"	"	6	"	1	"	"	"	"
4,985	8	"	"	8	2. 00	"	"	"	"	1	"	"	"	1	"	"	"	"
18,000	15	"	"	15	2. 50	"	"	"	"	"	"	2	6	1	"	"	"	"
19,500	15	"	"	15	2. 50	"	"	"	"	1	"	4	"	1	"	"	"	"
19,500	15	"	"	15	2. 50	"	"	"	"	1	"	4	"	1	"	"	"	"
19,500	15	"	"	15	2. 50	"	"	"	"	1	"	4	"	1	"	"	"	"
19,500	15	"	"	15	2. 50	"	"	"	"	1	"	4	"	1	"	"	"	"
19,500	15	"	"	15	2. 30	"	"	"	"	1	"	4	"	1	"	"	"	"
19,500	15	"	"	15	2. 50	"	"	"	"	1	"	4	"	1	"	"	"	"
16,400	12	2	"	14	2. 50	1' 00'	"	1	"	"	"	"	"	1	"	"	"	"
5,850	6	"	"	6	4. 25	"	"	"	"	"	"	1	"	2	"	"	"	"
5,850	6	"	"	6	4. 25	"	"	"	"	"	"	1	"	2	"	"	"	"
10,000	22	2	"	24	2. 50	0. 75	"	1	"	"	"	"	"	4	"	"	"	"
15,000	6	"	"	6	3. 00	"	"	"	"	"	"	"	"	"	"	"	"	2
20,000	4	1	1	6	3. 00	1. 50	0' 75'	"	"	"	"	"	"	"	"	"	"	3

ION PAR ARRONDISSEMENTS.

VALEUR PRODUITE riquée allement	OUVRIERS.							MOTEURS.						FEUX.			MACHINES.	
	NOMBRE.				SALAIRES.			MOULINS			MACHINES à vapeur.	CHEVAUX et mulets.	SCHEPS.	FOUR- NEAUX.	FORGES.	FOURS.	MÉTIERS.	AUTRES.
	Hommes.	Femmes.	Enfants.	TOTAUX.	Hommes.	Femmes.	Enfants.	à eau.	à vent.	à manége.								
382,135	6,383	741	507	7,831	3' 65'	1' 22'	1' 12'	9	3	59	51	179	7	538	103	173	61	255
186,339	3,380	559	448	4,327	2. 52	1. 13	1. 09	13	5	59	29	226	"	240	40	53	29	171
020,826	715	33	26	774	2. 90	1. 28	1. 07	15	1	17	"	93	6	44	4	23	3	35
589,300	10,318	1,333	1,281	12,932	2. 82	1. 21	1. 09	37	9	135	80	498	13	822	147	249	93	461

RÉCAPITULATION PAR NATURE

NATURE DES PRODUITS.	NOMBRE D'ÉTABLISSEMENTS.	NOMBRE DE COMMUNES où ils sont situés.	VALEURS LOCATIVES.	MONTANT des PATENTES.	VALEUR ANNUELLE des matières premières.	VALEUR DES PRODUITS fabriqués annuellement.
PRODUITS MINÉRAUX. Marais salants. Sel marin.	13	7	15,000	.	.	2,588,852
Carrières de pierres. Exploitation.	16	1	.	.	12,000	63,408
Lignite. Exploitation.	7	7	.	.	.	765,970
Houille. Gaz d'éclairage.	3	2	7,500	2,214	273,500	482,460
Marbre. Marbrerie.	2	1	3,000	506	74,775	185,500
Plâtre. (Fours à). Pulvérisation.	4	1	50,500	220	14,695	58,400
Terre argileuse. Tuiles, Briques.	95	21	35,925	5,447	120,712	501,712
— Poteries.	16	7	11,925	1,594	27,038	138,000
Verrerie. Bouteilles.	3	1	7,600	2,084	246,120	488,090
Fer. Fers galvanisé.	1	1	3,000	870	124,500	275,000
— Fonte. Cuivre, Machines à vapeur. Pièces pour machines.	7	4	61,500	6,587	1,888,500	5,640,000
Horlogerie. Horloges de clochers et de maisons.	1	1	.	.	272	1,580
Or. Argent. Bijouterie. Horlogerie.	9	3	3,160	666	183,787	294,214
Produits chimiques.	28	7	103,735	21,579	4,906,440	13,268,956
Soufre (Raffineries de).	3	1	3,164	419	634,000	865,000
Salpêtre. Soufre. Poudrerie royale.	1	1	.	.	438,000	1,180,000
Bois. Fer. Construction de navires.	6	2	.	.	478,384	833,000
PRODUITS VÉGÉTAUX. Céréales. (Moulins à).	14	8	37,800	3,409	11,054,640	12,026,692
Froment. Vermicelle. Semoule.	4	2	5,920	931	773,475	895,995
Orge. Bière.	12	3	.	.	40,620	107,361
Sucre. Raffineries.	7	1	97,500	11,024	28,556,980	32,368,870
Distillerie. Alcool. Liqueurs.	27	14	17,445	4,023	335,270	506,375
Fruits. Confitures. Conserves.	2	1	3,800	330	105,100	127,250
Olives. Cornichons. Câpres. Salaisons.	4	1	3,160	825	60,325	70,775
— Huileries.	57	13	55,540	2,810	1,500,514	1,744,345
Graines oléagineuses. Huileries.	21	2	53,700	6,187	16,046,200	18,568,395
Huile. Soude. Savon.	29	2	150,600	25,058	34,054,762	37,045,040
Garance en poudre.	1	1	1,850	186	720,000	826,000
Imprimerie.	13	3	9,330	1,404	111,035	389,000
Lithographie.	9	1	6,866	570	28,391	135,253
Acajou, etc. Fabrique de pianos.	1	1	2,800	156	120,000	300,000
Chanvre. Tissage. Toiles d'emballage.	1	1	500	50	16,500	36,000
Coton. Filature.	1	1	2,090	461	130,200	204,000
— Filature. Tissage. Toiles.	3	1	8,300	334	159,000	254,500
— Impression de tissus.	3	1	1,960	486	320,000	490,000
Laine. Lavage.	17	3	16,880	5,867	5,668,684	6,393,350
— Peignerie.	1	1	550	242	603,315	560,000
Soie. Coton. Chapellerie.	1	1	700	252	66,958	151,000
Poils et soie. Chapellerie.	2	2	400	200	76,600	153,000
PRODUITS ANIMAUX. Peaux. Tanneries.	19	2	22,250	6,220	1,013,213	1,458,775
— Maroquineries.	3	1	2,600	714	139,187	178,303
— Déchets. Colle forte.	3	1	16,800	1,001	343,300	380,500
Suif. Chandelles.	4	1	2,800	870	172,318	198,485
— Bougie de l'étoile.	2	1	10,500	797	693,600	949,720
Pêcherie. Poissons de mer.	342	4	4,545	.	.	1,137,667
Poissons de mer. Salaisons.	8	2	2,150	1,131	272,050	414,472
Corail. (Pêche de).	15	1	.	.	.	19,200
— travaillé.	.	1	.	.	38,000	100,000
TOTAUX.	842	146	854,049	119,054	112,574,870	146,189,300

DE PRODUITS INDUSTRIELS.

	OUVRIERS.							MOTEURS.						FEUX.			MACHINES	
	NOMBRE.				SALAIRES.			MOULINS			MACHINES à vapeur.	CHEVAUX et mulets.	BŒUFS.	FOUR-NEAUX.	FORGES.	FOURS.	MÉTIERS.	AUTRES.
	Hommes.	Femmes.	Enfants.	Totaux.	Hommes.	Femmes.	Enfants.	à eau.	à vent.	à manège.								
1,583	982	60	18	1,060	2f 70c	1f 58	1f 19	»	1	20	7	57	»	4	1	·	»	2
1,400	87	»	16	103	2.50	»	1.85	»	»	»	»	»	»	»	»	·	»	·
1,970	719	»	304	1,023	3.50	»	1.71	»	»	»	»	»	»	»	»	»	»	·
1,460	71	»	»	71	3.08	»	»	»	»	»	»	3	»	42	»	»	·	36
1,500	26	»	»	26	2.63	»	»	1	»	»	»	»	»	»	»	»	9	·
1,400	53	2	4	59	2.50	1.37	1.25	1	»	12	»	23	·	»	»	13	·	·
1,713	307	87	144	538	2.64	1.40	1.02	»	»	2	»	7	»	8	·	127	·	1
3,000	60	1	37	98	2.34	1.00	0.75	»	»	3	»	3	»	»	·	22	·	8
3,000	153	10	26	189	3.00	1.12	0.80	»	1	2	2	4	»	4	2	7	·	2
3,000	60	»	»	60	2.50	»	»	»	»	1	»	1	»	1	2	1	·	»
3,000	1,167	»	72	1,239	4.21	»	0.93	1	»	3	6	8	»	16	77	12	30	5
1,580	2	»	»	2	4.00	»	»	»	»	»	»	»	»	2	1	·	·	5
1,214	28	5	5	38	3.68	1.25	1.00	»	»	»	»	»	»	12	8	·	3	3
3,936	1,238	83	87	1,408	2.47	1.00	1.07	»	1	26	13	172	»	339	35	55	·	7
3,000	25	29	5	59	3.17	1.17	1.50	»	»	»	·	1	»	28	»	»	·	»
3,000	54	12	6	72	2.70	1.00	1.25	1	»	»	»	»	»	»	»	»	·	»
3,000	85	»	40	125	3.85	»	1.50	»	»	»	»	»	»	»	»	»	·	·
3,092	259	21	19	299	2.38	0.87	1.20	9	4	»	6	18	»	6	1	1	·	32
3,905	41	»	17	58	2.87	»	0.87	»	»	5	3	8	7	2	·	»	4	10
7,381	23	»	»	23	2.44	»	»	»	»	»	»	»	»	»	·	·	·	»
3,870	869	5	20	894	2.86	1.08	1.43	»	1	5	12	18	»	39	1	2	·	5
3,375	66	15	1	82	2.35	1.15	0.75	»	»	»	2	3	»	37	»	·	·	5
7,350	7	3	»	10	3.50	1.12	»	»	»	»	»	»	»	9	»	»	·	»
3,775	5	5	»	10	3.12	1.68	»	»	»	»	»	»	»	6	»	»	·	»
4,345	666	4	8	678	2.46	1.00	1.58	10	»	43	»	150	6	64	»	»	·	31
8,398	544	59	11	614	2.42	1.09	1.20	3	»	3	21	»	»	37	11	9	·	82
3,040	486	»	20	506	3.29	»	1.31	»	»	»	»	»	»	171	»	»	·	9
8,000	22	2	»	24	2.50	0.75	»	1	»	»	»	»	»	4	»	»	·	»
9,000	116	9	10	135	3.50	1.37	0.83	»	»	»	»	»	»	»	»	»	·	25
5,233	44	2	15	61	3.23	1.50	0.75	»	»	»	»	»	»	»	»	»	·	38
0,000	78	»	»	78	4.75	»	»	»	»	»	»	»	»	»	»	»	·	»
6,000	3	60	»	63	2.25	0.90	»	»	»	»	»	»	»	»	»	»	7	51
4,000	15	100	30	145	2.50	1.25	0.60	»	»	»	1	»	»	1	»	»	22	»
4,500	22	69	46	137	2.77	1.13	0.73	1	1	»	1	»	»	2	1	»	14	»
0,000	77	20	120	217	2.58	1.25	0.45	»	»	3	»	4	»	26	»	»	·	4
3,350	217	304	4	525	2.99	1.00	0.75	1	»	»	»	3	»	11	6	»	·	20
0,000	45	25	»	70	2.35	1.00	»	»	»	2	»	2	»	12	»	»	·	40
1,000	11	7	3	21	3.12	1.37	0.75	»	»	»	»	»	»	2	»	»	·	»
3,000	43	31	10	84	3.12	1.37	1.00	»	»	»	»	»	»	2	»	»	·	3
8,775	203	9	10	222	3.22	1.50	1.56	2	»	4	»	12	»	»	»	»	·	16
8,363	39	»	8	47	3.80	»	1.35	»	»	»	1	»	»	3	»	»	·	»
6,500	38	59	3	100	2.44	1.25	1.25	»	»	»	»	5	»	15	»	»	1	11
8,455	11	2	1	14	2.62	1.00	1.00	»	»	»	»	»	»	10	»	»	1	»
0,730	34	54	2	90	2.83	1.12	0.75	»	»	»	1	·	»	4	1	»	2	»
7,067	1,123	»	124	1,247	2.50	»	1.50	»	»	»	»	»	»	»	»	»	·	13
4,472	14	29	15	58	2.50	1.31	0.87	»	»	»	»	»	»	»	»	»	·	»
9,300	75	»	»	75	»	»	»	»	»	»	»	»	»	»	»	»	·	»
0,000	5	150	20	175	2.00	1.00	0.75	»	»	»	»	»	»	»	»	»	·	·
9,300	10,318	1,333	1,281	12,932	2.83	1.21	1.09	37	9	135	80	498	13	822	147	249	93	461

7° DÉPARTEMENT , D

N° 7.

1° PRODUCTION.

Nombre total des patentés. = 18,000.

1° ARRONDISSEMENT ⸱ DI

NUMÉROS d'ordre	NATURE DES ÉTABLISSEMENTS.	COMMUNES où ILS SONT SITUÉS.	NOMS DES FABRICANTS ou manufacturiers.	VALEURS LOCATIVES.	MONTANT des PATENTES.	VALEUR ANNUELLE des matières premières.	VALEUR DES PRODUITS fabriqués annuellement.	Hom
1	MARAIS SALANTS. Sel marin..	Aiguemortes. Le Grausou...	Rigal et compagnie........	»	»	»	120,000	0
2	——— Sel marin..	Idem. L'Abbé...	Idem..........	»	»	»	100,000	2
3	Sel marin..	Idem. La Fangouse....	Idem..........	»	»	»	100,000	3
4	——— Sel marin..	Idem. Les Estagues....	Idem..........	»	»	»	58,000	3
5	——— Sel marin..	Idem. 5 salines........	5 établissements. (Bull. col.).	»	»	»	189,860	3
6	——— Sel marin..	Idem..........	Comp. des salines de Picaire.	»	»	»	152,077	2
7	Sel marin..	Idem..........	Idem..........	»	»	»	236,702	3
8	——— Sel marin..	Idem..........	Idem..........	»	»	»	226,662	3
9	——— Sel marin..	Idem..........	Idem..........	»	»	»	35,740	1
10	Sel marin..	Idem..........	Idem..........	»	»	»	67,932	1
11	——— Sel marin..	Idem..........	Idem..........	»	»	»	68,440	14
12	——— Sel marin..	Idem..........	Idem..........	»	»	»	19,377	
13	——— Sel marin..	Idem..........		»	»	»	19,377	
14	HOUILLE. Gaz d'éclairage...	Nîmes..........	Compagnie du Midi....	1,200	145	67,500	104,375	
15	TERRE ARGILEUSE. Faïence commune ..	Idem..........	Plantier Boncoiran......	800	155	80,500	300,000	
16	FER. Fonte 2° fusion..	Idem..........	Bouchet...........	13,500	601	330,720	518,320	
17	···· Fonte 2° fusion ..	Idem..........	Maignon et Dolet........	1,500	240	45,770	86,400	
18	CÉRÉALES. (Moulin à)..	Idem..........	Carcassonne frères.......	1,800	190	50,000	55,000	
19	——— (Moulin à)..	Idem..........	Antoine Peyre..........	1,500	90	48,000	52,800	
20	ORGE. Bière..	Idem..........	2 établissements. (Bull. col.).	»	»	36,983	60,794	
21	DISTILLERIE. Alcool..	Vauvert..........	Maurin jeune........	500	118	28,800	40,000	
22	——— Alcool..	Idem..........	Louis Plane	500	109	36,000	50,000	
23	——— Alcool..	Générac..........	Chassaret......	510	168	34,200	47,500	
24	——— Alcool..	Idem..........	Carious......	510	168	31,500	43,750	
25	——— Alcool..	Le Cayla..........	Marojer......	500	95	35,100	48,750	
26	——— Alcool..	Aimargues..........	Picheral......	400	97	63,000	87,500	
27	——— Alcool..	Idem..........	Simon , Méjanelle	400	92	63,000	87,500	
28	——— Alcool..	Saint-Laurent-d'Aigouse.	Marojer frères........	250	14	36,000	50,000	
29	··· ——— Alcool..	Idem..........	Liron cadet........	250	14	36,000	50,000	
30	——— Alcool..	Sommières..........	Puech......	300	83	121,000	133,000	
31	——— Alcool..	Idem..........	Quissac......	300	83	84,700	93,000	
32	——— Alcool..	Junas..........	Valentin	250	83	84,700	93,000	
33	——— Alcool..	Congeniès..........	Delord........	250	93	72,600	79,800	
34	——— Alcool..	Aujargues..........	Soucal......	200	86	78,150	86,450	
35	——— Alcool..	Idem..........	Boissier......	250	83	72,600	79,800	
36	——— Alcool..	Fontanès..........	Durt	150	86	72,600	79,800	
37	——— Alcool..	Combas..........	Mathieu	200	80	108,900	119,700	
38	——— Alcool..	Montpezat..........	Imbert......	200	97	48,400	53,200	
39	——— Alcool..	Saint-Bauzely..........	Moutet......	200	82	42,250	46,550	
40	——— Alcool..	Clarensac..........	Auquier......	300	106	133,100	146,300	
41	——— Alcool..	Idem..........	Foula......	300	106	133,100	146,300	
42	——— Alcool..	Saint-Cosmes..........	Peyre......	300	107	72,600	79,800	6

T , DU GARD.

2° FORCE.

Montant total des patentes. = 480,602 francs.

T . DE NÎMES.

		OUVRIERS.								MOTEURS.						FEUX.			MACHINES.	
		NOMBRE.				SALAIRES.			MOULINS.			MACHINES à vapeur.	CHEVAUX et mulets.	BŒUFS.	FOUR-NEAUX.	FORGES.	FOURS.	MÉTIERS.	AUTRES.	
		Hommes.	Femmes.	Enfants.	TOTAUX.	Hommes.	Femmes.	Enfants.	à eau.	à vent.	à manège.									
	() 550			550	2' 25'														
	500			500	2. 25														
	550			550	2. 25														
	300			300	2. 25														
	380			380	2. 25														
	300			300	2. 50														10
	300			300	2. 50														8
	350			350	2. 00														6
	320			320	2. 40						1								10
	123			123	2. 50														9
	160			160	2. 60														6
	150			150	2. 60						1								10
	50			50	3. 00														10
	13		2	15	2. 00		1' 00'											4	
	90	6	24	120	3. 00	1' 75'	0. 75	1	1	1		6		7					
	101			101	3. 50					1									
	17			17	1'25'à 2'50'							1	2						
	15			15	3' 00'							1	2						
	15			15	3. 00														
	6			6	3. 00			2									2		
	3			3	2. 50			1									1		
	3			3	2. 50			1									1		
	2			2	2. 50			1									1		
	2			2	2. 50			3									3		
	3			3	2. 50			2									2		
	3			3	2. 50			2									2		
	3			3	2. 50			2									2		
	3			3	2. 50			2									1		
	2			2	2. 50			1									1		
	2			2	2. 50			1									1		
	2			2	2. 50			1									1		
	2			2	2. 50			1									1		
	2			2	2. 50			1									1		
	2			2	2. 50			1									1		
	2			2	2. 50			1									1		
	2			2	2. 50			1									1		
	2			2	2. 50			1									1		
	2			2	2. 50			1									1		
	2			2	2. 50			1											

(*) Pendant 40 jours seulement.

1° ARRONDISSEMENT — D[

NUMÉROS d'ordre	NATURE DES ÉTABLISSEMENTS	COMMUNES où ILS SONT SITUÉS	NOMS DES FABRICANTS ou manufacturiers	VALEURS LOCATIVES	MONTANT des PATENTES	VALEUR ANNUELLE des matières premières	VALEUR DES PRODUITS fabriqués annuellement	Hom
43	DISTILLERIE. Alcool........	Saint-Cosmes........	Reynaud............	300	107	72,600	79,800	6
44	——— Alcool........	Idem..	Mauméjan..........	300	107	72,600	79,800	
45	——— Alcool........	Calvisson........	Margarot..........	250	96	50,820	55,860	
46	——— Alcool........	Nagrs..	Farinière..........	300	106	72,600	79,800	
47	——— Alcool........	Idem..	Gourdon..........	300	111	84,700	93,100	
48	——— Alcool........	Calvisson........	Gilly-Delpuech....	300	106	133,100	146,300	
49	——— Alcool........	Idem..	Verdier..........	300	102	84,700	93,100	
50	——— Alcool........	Idem..	Th. Hébrard......	300	95	72,600	79,100	
51	——— Alcool........	Idem..	Tuisser..........	300	93	60,500	60,500	
52	——— Alcool........	Idem..	Ant. Hébrard......	250	90	72,600	79,800	
53	——— Alcool........	Aigues-Vives........	Guérin..........	250	91	96,100	106,400	
54	——— Alcool........	Idem..	Jacques Hébrard....	200	91	96,100	106,400	
55	——— Alcool........	Idem..	Vidier..........	250	91	72,600	79,800	
56	——— Alcool........	Idem..	Ant. Pattus........	250	90	72,600	79,800	
57	——— Alcool........	Idem..	P. Hébrard..........	250	94	96,800	100,400	
58	——— Alcool........	Aubais..	Sorguet..........	250	87	84,700	93,100	
59	——— Alcool........	Idem..	Abr. Pattus........	300	93	121,000	133,000	
60	——— Alcool........	Idem..	Estève..........	200	83	54,450	59,850	
61	——— Alcool........	Gallargues........	Carrier..........	350	98	60,500	60,500	
62	——— Alcool........	Idem..	Grivoulet..........	600	131	145,200	159,600	
63	——— Alcool........	Idem..	Cabanis..........	300	95	84,700	93,100	
64	——— Alcool........	Idem..	Espion-Fourche....	300	101	108,900	119,700	
65	——— Alcool........	Idem..	Gourgas..........	300	105	169,400	186,200	
66	——— Alcool........	Idem..	Salles..........	300	105	133,100	140,300	
67	——— Alcool........	Idem..	Vézian..........	150	96	84,700	93,100	
68	——— Alcool........	Idem..	Devèze..........	200	94	60,500	66,500	
69	——— Alcool........	Mus..	Ninas Pichoral....	350	105	121,000	133,000	
70	——— Alcool........	Verjèse..	Auquier..........	250	90	72,600	79,800	
71	——— Alcool........	Idem..	Betrines..........	400	102	145,200	159,600	
72	——— Alcool........	Idem..	Henri Pichoral....	400	105	193,600	212,800	
73	——— Alcool........	Idem..	Fontagne..........	600	115	84,700	93,100	
74	—— Alcool........	Boissières..	Gilly..........	200	80	96,800	106,400	
75	——— Alcool........	Codognan..	Fontagne..........	250	87	72,600	79,800	
76	——— Alcool........	42 communes..	89 établissements. (Bull. coll.)	30,780	7,669	1,530,508	1,898,764	16
77	HUILE. Soude. Savon........	Salinelles..	A.-F. Rouel........	100	54	800	2,000	
78	—— Soude. Savon........	Idem..	A.-G. Rouel........	100	54	800	2,000	
79	LITHOGRAPHIE. Objets divers....	Nimes..	Fabre fils........	500	29	2,500	20,000	
80	——— Objets divers....	Idem..	Jacques Roulle....	340	22	937	7,500	
81	——— Objets divers....	Idem..	Donnadin..........	530	41	1,875	15,000	
82	——— Objets divers....	Idem..	Émile Dombre......	600	65	1,500	12,000	
83	——— Impressions diverses....	Idem..	Bouretier..........	720	36	2,250	18,000	
84	IMPRIMERIE. Objets variés....	Idem..	Durand-Belle......	1,300	144	4,500	25,000	1
85	——— Objets variés....	Idem..	Théophile Triquet....	560	105	3,600	20,000	1
86	——— Objets variés....	Idem..	V° Guibert........	850	123	3,600	20,000	1
87	——— Objets variés....	Idem..	V° Goude..........	600	102	5,000	20,000	1
88	——— Objets variés....	Idem..	Ballivet et Fabre....	1,000	132	7,200	40,000	2
89	COTON. Tissage. Bretelles....	Idem..	Guiraudbec........	250	82	27,000	42,000	6

	OUVRIERS.							MOTEURS.						FEUX.			MACHINES.	
EUR NOSTE pids ment.	NOMBRE.				SALAIRES.			MOULINS			MACHINES à vapeur.	CHEVAUX et mulets.	BŒUFS.	FOUR- NEAUX.	FORGES.	FOURS.	MÉTIERS.	AUTRES.
	Hommes.	Femmes.	Enfants.	TOTAL.	Hommes.	Femmes.	Enfants.	à eau.	à vent.	à manége.								

NT_DE NÎMES. (Suite.)

	Hommes	Femmes	Enfants	TOTAL	Hommes	Femmes	Enfants	à eau	à vent	à manége	vapeur	chevaux	bœufs	fourneaux	forges	fours	métiers	autres
,800	2	"	"	2	2' 50"	"	"	1	"	"	"	"	"	"	"	1	"	"
,800	2	"	"	2	2. 50	"	"	1	"	"	"	"	"	"	"	1	"	"
,860	2	"	"	2	2. 50	"	"	1	"	"	"	"	"	"	"	1	"	"
,800	2	"	"	2	2. 50	"	"	1	"	"	"	"	"	"	"	1	"	"
,100	2	"	"	2	2. 50	"	"	1	"	"	"	"	"	"	"	1	"	"
,300	3	"	"	3	2. 50	"	"	1	"	"	"	"	"	"	"	1	"	"
,100	2	"	"	2	2. 50	"	"	1	"	"	"	"	"	"	"	1	"	"
,100	2	"	"	2	2. 50	"	"	1	"	"	"	"	"	"	"	1	"	"
,500	2	"	"	2	2. 50	"	"	1	"	"	"	"	"	"	"	1	"	"
,800	3	"	"	3	2. 50	"	"	1	"	"	"	"	"	"	"	1	"	"
,400	2	"	"	2	2. 50	"	"	1	"	"	"	"	"	"	"	1	"	"
,400	2	"	"	2	2. 50	"	"	1	"	"	"	"	"	"	"	1	"	"
,800	2	"	"	2	2. 50	"	"	1	"	"	"	"	"	"	"	1	"	"
,800	2	"	"	2	2. 50	"	"	1	"	"	"	"	"	"	"	1	"	"
,400	2	"	"	2	2. 50	"	"	1	"	"	"	"	"	"	"	1	"	"
,100	2	"	"	2	2. 50	"	"	1	"	"	"	"	"	"	"	1	"	"
,000	2	"	"	2	2. 50	"	"	1	"	"	"	"	"	"	"	1	"	"
,850	2	"	"	2	2. 50	"	"	1	"	"	"	"	"	"	"	1	"	"
,500	2	"	"	2	2. 50	"	"	1	"	"	"	"	"	"	"	1	"	"
,600	3	"	"	3	2. 50	"	"	2	"	"	"	"	"	"	"	2	"	"
,100	2	"	"	2	2. 50	"	"	1	"	"	"	"	"	"	"	1	"	"
,700	2	"	"	2	2. 50	"	"	1	"	"	"	"	"	"	"	1	"	"
,200	4	"	"	4	2. 50	"	"	2	"	"	"	"	"	"	"	2	"	"
,300	2	"	"	2	2. 50	"	"	1	"	"	"	"	"	"	"	1	"	"
,100	2	"	"	2	2. 50	"	"	1	"	"	"	"	"	"	"	1	"	"
,500	2	"	"	2	2. 50	"	"	1	"	"	"	"	"	"	"	1	"	"
,000	2	"	"	2	2. 50	"	"	1	"	"	"	"	"	"	"	1	"	"
,800	2	"	"	2	2. 50	"	"	1	"	"	"	"	"	"	"	1	"	"
,600	2	"	"	2	2. 50	"	"	1	"	"	"	"	"	"	"	1	"	"
,800	2	"	"	2	2. 50	"	"	1	"	"	"	"	"	"	"	1	"	"
,100	2	"	"	2	2. 50	"	"	1	"	"	"	"	"	"	"	1	"	"
,400	2	"	"	2	2. 50	"	"	1	"	"	"	"	"	"	"	1	"	"
,800	2	"	"	2	2. 50	"	"	1	"	"	"	"	"	"	"	1	"	"
,764	195	"	"	195	2. 50	"	"	"	"	"	"	"	"	"	"	97	"	97
,000	1	"	"	1	2. 00	"	"	"	"	"	"	"	"	"	"	"	"	"
,000	1	"	"	1	2. 00	"	"	"	"	"	"	"	"	"	"	"	"	"
,000	5	"	"	5	3. 50	"	"	"	"	"	"	"	"	"	"	"	"	3
,500	1	"	"	1	3. 50	"	"	"	"	"	"	"	"	"	"	"	"	1
,000	4	"	1	5	3. 50	"	"	"	"	"	"	"	"	"	"	"	"	3
,000	3	"	"	3	2. 50	"	"	"	"	"	"	"	"	"	"	"	"	3
,000	5	"	"	5	3. 50	"	"	"	"	"	"	"	"	"	"	"	"	3
,000	12	"	"	12	3. 50	"	"	"	"	"	"	"	"	"	"	"	"	1
,000	10	"	"	10	3. 50	"	"	"	"	"	"	"	"	"	"	"	"	1
,000	10	"	"	10	3. 50	"	"	"	"	"	"	"	"	"	"	"	"	1
,000	15	"	"	15	3. 50	"	"	"	"	"	"	"	"	"	"	"	"	1
,000	20	"	3	23	3. 50	"	"	"	"	"	"	"	"	"	"	"	"	4
,000	60	10	"	70	2. 00	0' 75'	"	"	"	"	"	"	"	"	"	"	40	"

1° ARRONDISSEMENT

NUMÉROS d'ordre	NATURE DES ÉTABLISSEMENTS.	COMMUNES où ILS SONT SITUÉS.	NOMS DES FABRICANTS ou manufacturiers.	VALEURS LOCATIVES.	MONTANT des PATENTES.	VALEUR ANNUELLE des matières premières.	VALEUR DES PRODUITS fabriqués annuellement.
90	Coton, Tissage, Bretelles	Nimes	Colomb	380f	240f	54,000f	84,000f
91	— Tissage, Bretelles	Idem	Calançon	200	77	27,000	42,000
92	— Tissage, Bretelles	Idem	Bertrand et compagnie	430	156	40,500	63,000
93	— Filoselle, Tissage, Bourrette	Idem	Prosper Ducros et compagnie	400	183	30,200	56,000
94	— Filoselle, Tissage	Idem	Jalaguier frères	1,300	337	69,000	200,000
95	— Filoselle, Tissage	Idem	Jean Lavie	280	136	84,000	324,000
96	— Filoselle, Tissage, Bourrette	Idem	Béridot et compagnie	420	112	70,500	216,000
97	— Filoselle, Tissage, Bourrette	Idem	Peyre père et fils	1,200	308	51,000	160,000
98	— et déchets de soie, Tissage, Bourrette, etc	Idem	Lacombe père et fils	450	107	110,000	292,500
99	— Soie, Tissage, Lacets	Idem	Baud-Deville	400	100	76,000	120,000
100	— Tissage, Lacets	Idem	Guérin et Pallier	400	183	146,000	200,000
101	— Tissage, Gants	Idem	Segnier-Toulon	300	171	50,000	98,000
102	— Mouchoirs imprimés	Idem	Michel d'Hombres	850	297	131,000	200,000
103	— Châles imprimés	Idem	Levat frères	390	242	77,200	140,000
104	— Mouchoirs	Idem	Frédéric Bousquet	400	183	31,300	60,000
105	— Mouchoirs	Idem	Duschet-Roche	1,500	417	120,400	207,000
106	— Soie, Laine, Châles brochés	Idem	Dumas fils	200	76	18,000	40,000
107	— Châles brochés	Idem	Gervason	300	160	75,000	150,000
108	— Châles brochés	Idem	Hugon	170	73	35,000	70,000
109	— Châles brochés	Idem	Prade-Foule	500	240	100,000	240,000
110	— Châles brochés	Idem	Galland	450	177	18,000	40,000
111	— Châles brochés	Idem	Devèze fils et compagnie	1,000	306	125,000	300,000
112	— Châles brochés	Idem	Malhian aîné	250	120	50,000	96,000
113	— Châles brochés	Idem	Colondre et Gévaudan	500	210	48,000	120,000
114	— Châles brochés	Idem	Constant	700	264	75,000	180,000
115	— Châles brochés	Idem	Jacques Bouet	340	164	50,000	120,000
116	— Châles brochés	Idem	Audemard et Brès fils	250	106	12,000	25,000
117	— Châles brochés	Idem	Avinen	110	42	12,000	25,000
118	— Châles brochés	Idem	Quiblier	400	138	70,000	120,000
119	— Châles brochés	Idem	Blisson et Chay	350	109	45,000	100,000
120	— Châles brochés	Idem	Bernouis	600	252	60,000	120,000
121	— Châles brochés	Idem	Bonjoly	200	53	12,000	28,000
122	— Châles brochés	Idem	Boucoiran et Roussel	200	38	35,000	80,000
123	— Châles brochés	Idem	Béridot et Théron	200	38	36,000	80,000
124	— Châles brochés	Idem	Jaurel père et fils	300	126	18,000	35,000
125	— Châles brochés	Idem	Ponge fils	250	82	50,000	100,000
126	— Châles brochés	Idem	Mirabaud	400	171	120,000	203,000
127	— Châles brochés	Idem	Reynaud et Sevenier	700	264	75,000	180,000
128	— Châles brochés	Idem	J. Roman	510	197	18,000	33,000
129	— Châles brochés	Idem	Ponge beaux-frères	350	109	35,000	70,000
130	— Châles brochés	Idem	Ribot jeune et Ribot	360	134	35,000	80,000
131	— Châles brochés	Idem	Pourcherel cousins	200	57	25,000	50,000
132	— Châles brochés	Idem	Serres	300	126	100,000	252,000
133	— Burstin	Idem	Vve Arnaud-Gaidan	100	41	30,000	55,000
134	— Châles brochés, imprimés	Idem	Fabre et Bigot	500	240	120,000	202,000
135	— Châles imprimés	Idem	Coumert et compagnie	800	276	148,016	378,400
136	— Tissage, Tapis	Idem	Rédarès frères	500	90	114,800	230,000

DE NÎMES. (Suite.)

	OUVRIERS.							MOTEURS.						FEUX.			MACHINES.	
	Nombre.				Salaires.			Moulins.			Machines à vapeur.	Chevaux et mulets.	Bœufs.					
	Hommes.	Femmes.	Enfants.	Totaux.	Hommes.	Femmes.	Enfants.	à eau.	à vent.	à manége.				Four- neaux.	Forges.	Fours.	Métiers.	Autres.
)00'	100	20	"	120	2' 00'	0' 75'	"	"	"	"	"	"	"	"	"	"	80	"
000	60	10	"	70	2.00	0.75	"	"	"	"	"	"	"	"	"	"	40	"
000	80	15	"	95	2.00	0.75	"	"	"	"	"	"	"	"	"	"	60	"
000	10	50	"	60	2.00	0.75	"	"	"	"	"	"	"	"	"	"	60	"
000	"	100	"	100	"	0.75	"	"	"	"	"	"	"	"	"	"	80	"
000	20	150	"	170	2.00	0.75	"	"	"	"	"	"	"	"	"	"	200	"
000	20	300	"	320	2.00	75' à 1'	"	"	"	"	"	"	"	"	"	"	130	"
000	25	60	"	85	2.00	0' 75'	"	"	"	"	"	"	"	"	"	"	120	"
500	40	300	"	340	2.00	75' à 1'	"	"	"	"	"	"	"	"	"	"	140	"
000	2	25	"	27	2.00	0' 75'	"	"	"	"	"	1	"	"	1	"	60	"
000	3	40	"	43	2.00	0.75	"	"	"	"	"	1	"	"	1	"	100	"
000	20	50	"	70	2.00	1.00	"	"	"	"	"	"	"	"	"	"	20	"
000	60	60	40	160	2.00	1.00	0' 40'	"	"	"	"	"	2	"	6	"	40	30
000	30	10	"	40	2.00	0.75	"	"	"	"	"	"	"	"	"	"	30	"
000	20	"	"	20	2.00	"	"	"	"	"	"	"	"	"	"	"	20	"
000	70	70	100	240	2.00	1.00	0.40	"	"	"	1	1	2	6	"	"	70	30
000	25	15	25	65	2.00	0.75	0.50	"	"	"	"	"	"	"	"	"	25	"
000	60	40	60	100	2' à 3'	75' à 1'	0.60	"	"	"	"	"	"	"	"	"	60	"
000	40	25	40	105	2' 00'	0' 75'	0.50	"	"	"	"	"	"	"	"	"	40	"
000	110	40	100	250	2.00	0.75	0.50	"	"	"	"	"	"	"	"	"	85	"
000	40	20	40	100	2.00	0.75	0.50	"	"	"	"	"	"	"	"	"	40	"
000	125	50	125	300	2.00	0.75	0.50	"	"	"	"	"	"	"	"	"	100	A
000	60	25	70	155	2.00	0.75	0.50	"	"	"	"	"	"	"	"	"	50	"
000	45	30	45	120	2.00	0.75	0.50	"	"	"	"	"	"	"	"	"	45	"
2,000	80	40	80	200	2' à 3'	75' à 1'	0.00	"	"	"	"	"	"	"	"	"	60	"
3,000	55	30	55	140	2' 00'	0' 75'	0.50	"	"	"	"	"	"	"	"	"	50	"
5,000	25	15	25	65	2.00	0.75	0.50	"	"	"	"	"	"	"	"	"	25	"
5,000	25	15	20	60	2.00	0.75	0.50	"	"	"	"	"	"	"	"	"	25	"
0,000	60	40	60	160	2' à 3'	0.75	0.50	"	"	"	"	"	"	"	"	"	50	"
0,000	45	25	45	115	2' 00'	0.75	0.50	"	"	"	"	"	"	"	"	"	45	"
0,000	40	30	40	110	2' à 3'	75' à 1'	0.50	"	"	"	"	"	"	"	"	"	40	"
8,000	20	8	15	43	3' 00'	0' 75'	0.50	"	"	"	"	"	"	"	"	"	20	"
0,000	40	25	40	105	3.00	0.75	0.50	"	"	"	"	"	"	"	"	"	40	"
0,000	40	25	40	105	2.00	0.75	0.50	"	"	"	"	"	"	"	"	"	40	"
5,000	40	25	40	105	2.00	0.75	0.50	"	"	"	"	"	"	"	"	"	40	"
0,000	55	30	60	145	2' à 3'	0.75	0.50	"	"	"	"	"	"	"	"	"	50	"
3,000	70	50	70	190	2' 00'	1.00	0.00	"	"	"	"	"	"	"	"	"	70	7
30,000	80	40	80	200	2' à 3'	75' à 1'	0.00	"	"	"	"	"	"	"	"	"	60	"
32,000	25	15	25	65	2' à 3'	0' 75'	0.50	"	"	"	"	"	"	"	"	"	25	"
70,000	40	20	40	100	2' 00'	0.75	0.50	"	"	"	"	"	"	"	"	"	40	"
38,000	40	20	40	100	2.00	0.75	0.50	"	"	"	"	"	"	"	"	"	40	"
50,000	30	8	30	68	2.00	0.75	0.50	"	"	"	"	"	"	"	"	"	30	"
52,000	110	40	100	250	2.00	0.75	0.50	"	"	"	"	"	"	"	"	"	85	"
55,000	"	25	"	25	"	1.00	"	"	"	"	"	"	"	"	"	"	25	"
02,000	90	50	80	220	2' à 3'	1.00	0.50	"	"	"	"	"	"	"	"	"	80	"
78,400	135	10	55	200	2' à 4'	1.25	0.50	"	"	"	"	"	"	"	"	"	80	3
30,000	36	20	"	56	3' 00'	1.00	"	"	"	"	"	"	"	"	"	"	30	"

10

STATISTIQUE PAR ÉTABLISSEMENTS INDUSTRIELS.

1° ARRONDISSEMENT

NUMÉROS	NATURE DES ÉTABLISSEMENTS.	COMMUNES où ILS SONT SITUÉS.	NOMS DES FABRICANTS ou manufacturiers.	VALEURS LOCATIVES.	MONTANT des PATENTES.	VALEUR ANNUELLE des matières premières.	VALEUR DES PRODUITS fabriqués annuellement.
137	Coton. Souz. Lavge. Tissge. Tapis	Nîmes	Lecon et compagnie	500ᶠ	90ᶠ	114,500ᶠ	230,000ᶠ
138	— Tissge. Tapis	Marguerite	Soulas aîné	600	85	174,000	315,000
139	— Tissge. Tapis et compagnie	Nîmes	Plaisier frères	2,100	458	291,000	600,000
140	— Châles brochés et autres	Idem	Cornier et compagnie	1,400	410	360,500	600,000
141	Laine. Lavage	Idem	Victor Sattet	600	180	891,000	1,035,000
142	— Lavage	Idem	Arnaud père et fils	600	180	657,000	825,000
143	— Lavage. Peignerie	Sommières	Aubaud-Delpont	600	265	1,077,488	1,320,014
144	— Tissge. Couvertures	Idem	Griolet aîné	1,800	307	402,000	760,000
145	— Tissge. Couvertures	Idem	Isidore Griolet	600	197	340,000	750,000
146	Soie. Cocons. Filature. Soie grége	Nîmes	Moline et compagnie	600	429	67,500	84,000
147	— Filature. Soie grége	Idem	Roussel et Brunel	500	298	50,000	56,000
148	— Filature. Soie grége	Idem	Servières	150	45	30,000	33,000
149	— Filature. Soie grége	Idem	Vincent Gilly-Cruvellié	800	291	50,000	56,000
150	— Filature. Soie grége	Idem	Soyen	230	54	45,000	50,000
151	— Filature. Soie grége	Idem	Roque	150	30	20,000	24,500
152	— teinte, à coudre	Idem	Rouvières frères	300	107	185,000	237,000
153	— teinte, à coudre	Idem	Toumon-Roussy	400	286	334,000	448,000
154	— teinte, à coudre	Idem	Bruquière et Boucoiran	770	172	180,000	200,000
155	— teinte, à coudre	Idem	Bourdet frères	550	173	185,000	237,000
156	— teinte, à coudre	Idem	Vᵉ Pujol	620	138	160,000	200,000
157	— Tissge. Florence	Idem	Puget	700	279	30,000	50,000
158	— Tissge. Foulards imprimés	Idem	Chabaud fils et Vermes	800	291	180,000	283,000
159	— Tissge. Foulards imprimés	Idem	Jourdan fils et compagnie	1,200	398	318,000	450,000
160	— Tissge. Foulards imprimés	Idem	Gaidan frères	670	275	306,000	425,000
161	— Tissge. Foulards imprimés	Idem	Dayre-Daudet	300	171	150,000	204,000
162	— Tissge. Foulards imprimés	Idem	Roman et compagnie	510	196	130,000	195,000
163	— Tissge. Foulards imprimés	Idem	Blachier, Masseran	300	140	129,000	204,000
164	— Tissge. Foulards imprimés	Idem	Daudet, Quirety et comp.	600	207	151,000	305,000
165	— Tissge. Foulards imprimés	Idem	Daudet Jⁿ et Ardouin Daudet	1,600	446	180,000	283,000
166	— Tissge. Foulards imprimés	Idem	Daudet aîné	1,600	446	181,000	283,000
167	— Bonneterie. Gants	Idem	Bruquière et Platon	300	139	78,400	155,000
168	— Bonneterie. Gants	Idem	Petitjean	180	97	30,000	48,000
169	— Bonneterie. Gants	Idem	Rouvière-Cabane	550	246	57,750	80,000
170	— Bonneterie. Gants	Idem	Émile Soyeux	200	76	50,000	84,000
171	— Bonneterie. Gants	Idem	Alessandre Henry	300	138	21,000	36,000
172	— Bonneterie. Gants	Idem	Polge	250	132	56,700	143,000
173	— Bonneterie. Gants	Idem	Lombard jeune	600	222	102,500	140,000
174	— Bonneterie. Gants, Bonnets	Idem	Ploutier	200	128	73,600	108,000
175	— Bonneterie. Gants, Bonnets	Idem	Gilly père et fils	200	100	56,700	130,000
176	— Bonneterie. Gants, Bas	Idem	Valentin	250	70	33,500	57,000
177	— Bonneterie. Gants	Idem	Chabellier jeune	500	112	37,500	54,000
178	— Bonneterie. Gants	Idem	Pagès fils et Germain	350	297	109,500	314,000
179	— Bonneterie. Gants	Idem	Meynard cadet	600	253	56,250	90,000
180	— Bonneterie. Gants	Idem	Aurivel	550	66	54,000	70,000
181	— Filoselle. Bonneterie. Gants. Bas	Idem	Troupel et compagnie	1,500	300	276,000	378,000
182	— Filoselle. Bonneterie. Gants. Bas	Idem	Joyeux fils aîné	400	183	98,000	171,000
183	— Filoselle. Bonneterie. Gants	Idem	Massabiau et Granier	400	150	72,000	144,200

NT DE NÎMES. (Suite.)

	OUVRIERS.							MOTEURS.						FEUX.			MACHINES.	
	NOMBRE.				SALAIRES.			MOULINS.			MACHINES à vapeur.	CHEVAUX et mulets.	BŒUFS.	FOURNEAUX.	FORGES.	FOURS.	MÉTIERS.	AUTRES.
	Hommes.	Femmes.	Enfants.	Totaux.	Hommes.	Femmes.	Enfants.	à eau.	à vent.	à manège.								
00	36	20	»	56	3f 00c	1f 00c	»	»	»	»	»	»	»	»	»	»	30	»
00	55	30	40	125	3. 00	0. 75	0f 60c	»	»	»	»	»	»	3	»	»	40	60
00	84	44	60	188	2f 50c à 3f	75c à 1f	50c à 60c	»	»	»	»	»	»	10	»	»	64	80
00	225	100	180	505	2f à 4f	1f à 1f 50c	75c à 1f	»	»	»	»	»	»	»	»	»	180	»
00	150	100	»	250	3f 00c	0f 90c	»	»	»	2	1	2	»	1	»	»	»	»
00	36	15	»	51	3. 00	0. 90	»	»	»	2	»	3	»	1	»	»	»	»
14	300	115	85	500	1. 65	0. 65	1f 00c	»	»	»	»	4	»	48	»	»	»	»
00	70	150	50	270	1. 75	0. 60	0. 35	1	1	»	2	»	»	5	1	»	25	77
00	200	60	20	280	1. 75	0. 60	0. 60	»	1	»	»	»	»	2	»	»	10	18
00	3	40	»	43	2. 00	1. 50	»	»	»	»	1	»	»	»	»	»	40	»
00	2	40	»	42	2. 00	1. 50	»	»	»	»	1	»	»	»	»	»	40	»
00	2	25	»	27	2. 00	1. 50	»	»	»	»	»	»	»	»	»	»	25	»
00	3	40	»	43	2. 00	1. 50	»	»	»	»	1	»	»	»	»	»	40	»
00	2	24	»	26	2. 50	1. 50	»	»	»	1	»	1	»	»	»	»	40	»
00	2	20	»	22	2. 00	1. 50	»	»	»	1	»	1	»	»	»	»	20	»
00	10	120	»	130	2. 00	1. 00	»	»	»	»	1	»	»	»	»	»	»	13
00	15	200	»	215	2. 00	1. 00	»	»	»	»	1	»	»	»	»	»	»	21
00	5	80	»	85	2. 00	1. 00	»	»	»	»	»	»	»	3	»	»	»	»
00	10	120	»	130	2. 00	1. 00	»	»	»	»	1	»	»	»	»	»	»	13
00	2	80	»	82	3. 00	1. 00	»	»	»	»	»	»	»	»	»	»	»	»
00	40	»	»	40	1. 00	»	»	»	»	»	»	»	»	»	»	»	40	»
00	40	100	30	170	2. 00	1. 00	0. 60	»	»	»	»	»	»	»	»	»	120	30
00	80	100	50	230	2f à 3f	75c à 1f	0. 75	»	»	»	»	»	»	»	»	»	130	40
00	80	90	40	210	2f à 3f	75c à 1f	0. 75	»	»	»	»	»	»	»	»	»	160	50
00	30	80	25	135	2f 00c	1f 00c	0. 60	»	»	»	»	»	»	»	»	»	80	25
00	30	80	25	135	2. 00	1. 00	0. 60	»	»	»	»	»	»	»	»	»	80	25
00	60	20	20	100	2. 00	0. 75	0. 50	»	»	»	»	»	»	»	»	»	60	20
00	50	90	20	160	2. 00	1. 00	0. 60	»	»	»	»	»	»	»	»	»	130	20
00	40	100	30	170	2. 00	1. 00	0. 60	»	»	»	»	»	»	»	»	»	120	30
00	40	100	30	170	2. 00	1. 00	0. 60	»	»	»	»	»	»	»	»	»	120	30
00	50	60	»	110	2. 50	75c à 1f	»	»	»	»	»	»	»	»	»	»	40	»
00	15	20	»	35	2. 50	0f 75c	»	»	»	»	»	»	»	»	»	»	15	»
00	20	50	15	85	2. 00	0. 75	0. 50	»	»	»	»	»	»	»	»	»	15	12
00	25	40	»	65	2. 50	0. 75	»	»	»	»	»	»	»	»	»	»	15	»
00	10	30	»	40	2. 50	0. 75	»	»	»	»	»	»	»	»	»	»	10	»
00	30	60	»	90	2. 50	75c à 1f	»	»	»	»	»	»	»	»	»	»	40	»
00	30	80	20	130	3. 00	1f 00c	0. 60	»	»	»	»	»	»	»	»	»	30	20
00	60	80	»	140	2. 00	0. 75	»	»	»	»	»	»	»	»	»	»	40	»
00	30	20	»	50	2. 50	75c à 1f	»	»	»	»	»	»	»	»	»	»	40	»
00	25	40	»	65	2. 50	75c à 1f	»	»	»	»	»	»	»	»	»	»	20	»
00	10	30	10	50	2. 00	0f 75c	0. 60	»	»	»	»	»	»	»	»	»	10	4
00	50	80	»	130	2. 50	1. 00	»	»	»	»	»	»	»	»	»	»	60	»
00	20	50	15	85	3. 00	1. 00	0. 60	»	»	»	»	»	»	»	»	»	10	10
00	30	40	»	70	2. 00	0. 75	»	»	»	»	»	»	»	»	»	»	20	»
00	100	80	»	180	2. 50	75c à 1f	»	»	»	»	1	»	»	»	»	»	80	»
00	100	80	»	180	2. 50	75c à 1f	»	»	»	»	»	»	»	»	»	»	80	»
00	50	30	»	80	2. 00	0f 75c	»	»	»	»	»	»	»	»	»	»	40	»

STATISTIQUE PAR ÉTABLISSEMENTS INDUSTRIELS.

NUMÉROS d'ordre	NATURE DES ÉTABLISSEMENTS.	COMMUNES où ILS SONT SITUÉS.	NOMS DES FABRICANTS ou manufacturiers.	VALEURS LOCATIVES.	MONTANT des PATENTES.	VALEUR ANNUELLE des matières premières.	VALEUR DES PRODUITS fabriqués annuellement.	Hom
			1° ARRONDISSEMENT DE					
184	Soie. Déchets de soie. Filoselle carder non filer	Nîmes	Lafont et Aboazit	1,700	613	350,000	780,000	6
185	— Déchets de soie. Filoselle. Tissage	Idem	Troupel et compagnie	1,500	434	24,000	40,000	
186	Impression sur étoffes. Châles	Idem	Louis Rigot	2,020	479	20,100	38,750	
			2° ARRONDISSEMENT D'					
187	Houille. Extraction	Les Salles du Gardon et Laval	C° des mines. Talabot, prop™	»	8,995	»	1,026,500	
188	— Extraction	Idem	Idem	»	505	»	333,308	
189	— Extraction	Blannaves et S™-Cécile	Idem	»	6,252	»	316,398	
190	— Extraction	Portes	Idem	»	120	»	8,350	
191	— Extraction	S¹-Jean-de-Valericle	Idem	»	239	»	21,644	
192	— Extraction	Portes et Sainte-Cécile	Dumas et Dautun	»	120	»	2,713	
193	— Extraction	Robiac	Silhol, Devaus et Lassague	»	5,614	»	328,932	
194	— Extraction	Castillon et Bordezac	Chabert aîné et Dalverny	»	2,191	»	31,732	
195	— Extraction	Portes	Nadal	»	41	»	37,877	
196	— Extraction	Portes et Robiac	Compagnie des forges d'Alais	»	201	»	2,067	
197	— Extraction	Alais et Saint-Martin	Idem	»	375	»	239,168	3
198	Lignite. Extraction	Barjac	Montferri et Guez	»	65	»	1,540	
199	Verrerie. Bouteilles	Les Salles-du-Gardon	Bertrand, Nadal et comp™	500	121	15,439	130,500	
200	— Bouteilles	Alais	Cazet et compagnie	1,500	331	19,750	101,500	
201	Fer minéral. Extraction	Saint-Julien-de-Valgague	C° des fond™ et forges d'Alais	»	696	»	61,285	
202	— Extraction	Bordezac	Silhol, Devaus et Lassague	»	17	»	7,945	
203	— Extraction	Castillon	Idem	»	1,720	»	42,661	
204	— Extraction	Robiac	Idem	»	218	»	1,290	
205	— Extraction	Castillon et Courty	Compagnie Pierre Wilmar	»	200	»	13,827	
206	— Extraction	Portes et Peyremalle	Comp™ des fonderies d'Alais	»	201	»	73,547	
207	Fer. Fonte moulée	Robiac	Leclair de Pranghe et comp™	4,000	125	107,100	340,200	
208	— Fonte. Fers	S¹-Martin-de-Valgague et d'Alais	Drouillard, Benoît et comp™	10,000	1,092	1,001,000	1,800,000	
209	— Construction de machines	Alais	Rousseau, ingénieur civil	200	44	53,580	100,000	
210	Imprimerie. Impressions diverses	Idem	Veirun	800	90	4,500	18,000	
211	— Impressions diverses	Idem	Jacques Martin	700	83	6,500	24,000	
212	— Impressions diverses	Idem	Louis Brusset	380	63	1,200	8,000	
213	Lithographie. Impressions diverses	Idem	Cazalet	350	10	1,500	8,000	
214	Distillerie. Alcool	Idem	4 établissements. (Bull. coll.)	600	50	10,350	11,550	
215	Brasserie. Bière	Idem	3 établissements. (Bull. coll.)	»	»	40,001	80,550	
216	Soie. Cocons. Filature. Soie grége	Anduze	Gaspard Mazade	370	158	62,000	77,250	
217	— Filature. Soie grége	Saint-Jean-du-Gard	Louis Soubeyran	1,200	513	148,750	178,500	
218	— Filature. Soie grége	Alais	Louis Fuech	200	192	70,500	96,000	
219	— Filature. Soie grége	Idem	Francezon et Hyp	450	160	48,000	53,000	
220	— Filature. Soie grége	Anduze	J.-P. Gervais	350	148	60,000	71,000	
221	— Filature. Soie grége	Saint-Jean-du-Gard	Dumas de Lac	340	144	41,830	48,750	
222	— Filature. Soie grége	Anduze	Beaux Bastide	250	107	44,000	51,375	
223	— Filature. Soie grége	Saint-Jean-du-Gard	Jean Baret	220	97	37,625	44,200	
224	— Filature. Soie grége	Idem	Pellet fils	291	123	33,700	45,500	
225	— Filature. Soie grége	Anduze	Daniel Corbeau	580	246	96,000	120,000	
226	— Filature. Soie grége	Saint-Jean-Du-Gard	Louis Cavalier	500	211	38,987	78,000	

	OUVRIERS.							MOTEURS						FEUX.			MACHINES.	
	NOMBRE.				SALAIRES.			MOULINS.			MACHINES à vapeur.	CHEVAUX et mulets.	BŒUFS.	FOURNEAUX.	FORGES.	FOURS.	MÉTIERS.	AUTRES.
	Hommes.	Femmes.	Enfants.	TOTAUX.	Hommes.	Femmes.	Enfants.	à eau.	à vent.	à manége.								

T DE NÎMES. (Suite.)

	600	"	"	600	75° à 80°	"	"	"	"	"	"	2	"	4	"	"	"	600
	10	20	20	50	2' 00°	1' 00°	0' 50°	"	"	"	1	1	"	"	"	"	10	"
	40	"	40	80	3' à 2' 50°	"	0. 60	"	"	"	"	"	"	6	"	"	10	"

NT D'ALAIS.

	946	"	"	946	2' 50° à 5'	"	"	"	"	"	"	43	"	"	"	"	"	13
	357	"	"	357	2' 50° à 5'	"	"	"	"	"	"	5	"	"	"	"	"	1
	184	"	"	184	2' 50° à 5'	"	"	"	"	"	"	2	"	"	"	"	"	1
	17	"	"	17	2' 50° à 5'	"	"	"	"	"	"	"	"	"	"	"	"	"
	24	"	"	24	2' 50° à 5'	"	"	"	"	"	1	4	"	"	"	"	"	"
	4	"	"	4	2' 50° à 5'	"	"	"	"	"	"	"	"	"	"	"	"	"
	234	"	"	234	2' 50° à 5'	"	"	"	"	"	"	"	"	"	"	"	"	1
	12	"	"	12	2' 50° à 5'	"	"	"	"	"	"	"	"	"	"	"	"	"
	32	"	"	32	2' 50° à 5'	"	"	"	"	"	"	"	"	"	"	"	"	"
	5	"	"	5	2' à 4'	"	"	"	"	"	"	"	"	"	"	"	"	"
	140	"	"	140	2' 50° à 5'	"	"	"	"	"	"	27	"	"	"	"	"	1
	2	"	10	2	2' à 3'	"	"	"	"	"	"	"	"	"	"	"	"	"
	35	5	10	56	1' 65°	0' 80°	75°à1'15'	"	"	"	2	11	"	"	1	1	"	"
	28	"	10	38	1. 05	"	75' à 1'	"	"	"	"	"	"	8	1	2	"	"
	80	"	"	80	2' 50° à 5'	"	"	"	"	"	"	112	"	"	"	"	"	"
	15	"	"	15	2' 50° à 5'	"	"	"	"	"	"	24	"	"	"	"	"	"
	44	"	"	44	2' 50° à 5'	"	"	"	"	"	"	18	"	"	"	"	"	"
	10	"	"	10	2' 50° à 5'	"	"	"	"	"	"	4	"	"	"	"	"	"
	18	"	"	18	2' à 4'	"	"	"	"	"	"	9	"	"	"	"	"	"
	80	"	"	80	2' 50° à 5'	"	"	"	"	"	1	1	"	"	"	"	"	"
	150	"	20	170	3' 00°	"	1' 25°	"	"	"	1	"	1	3	7	"	"	"
	640	20	45	705	1. 75	1. 00	1'à 1'75'	"	"	1	6	150	4	1	23	"	3
	45	"	5	50	2. 50	"	1' 00°	"	"	1	1	"	3	0	1	"	"
	3	"	"	3	3. 00	"	"	"	"	"	"	"	"	"	"	"	"	3
	7	"	"	7	3. 00	"	"	"	"	"	"	"	"	"	"	"	"	1
	3	"	"	3	1. 66	"	"	"	"	"	"	"	"	"	"	"	"	1
	2	"	1	3	1. 66	"	1. 50	"	"	"	"	"	"	"	"	1	"	1
	4	"	"	4	2. 50	"	"	"	"	"	"	"	"	"	"	"	1	"
	8	"	"	8	3. 00	"	"	"	"	"	"	"	1	"	"	"	"	2
	5	36	2	43	2. 00	1. 50	0. 85	"	"	"	"	"	1	"	"	"	"	"
	"	120	6	126	"	1. 50	0. 75	1	"	"	"	"	2	"	"	"	"	"
	5	60	"	65	2. 25	1. 50	"	"	"	"	1	"	2	"	"	"	"	"
	6	35	"	41	2. 00	1. 50	"	"	"	"	2	"	4	"	"	"	"	"
	5	34	2	41	2. 00	1. 50	0. 85	"	"	"	"	"	1	"	"	"	"	2
	5	30	1	36	2. 00	1. 50	0. 75	"	"	"	"	"	1	"	"	"	"	"
	1	23	21	45	2. 00	1. 50	0. 85	"	"	"	"	"	"	"	"	"	"	23
	5	30	"	36	2. 00	1. 50	0. 75	"	"	"	"	"	1	"	"	"	"	"
	4	24	1	29	2. 00	1. 50	0. 75	"	"	"	"	"	1	"	"	"	"	"
	2	54	6	62	2. 00	1. 50	0. 85	"	"	1	"	3	1	"	"	"	"	"
	9	42	3	54	2. 00	1. 50	0. 75	"	"	1	"	"	1	"	"	"	"	"

NUMÉROS	NATURE DES ÉTABLISSEMENTS.	COMMUNES où ils sont situés.	NOMS DES FABRICANTS ou manufacturiers.	VALEURS LOCATIVES.	MONTANT des patentes.	VALEUR annuelle des matières premières.	VALEUR des produits fabriqués annuellement.	
			2° ARRONDISSEMENT D'					
227	Sois. Cocons. Filature. Soie grége........	Anduze............	Pierre Galbert...........	240ᶠ	102ᶠ	48,000ᶠ	60,000ᶠ	
228	——— Filature. Soie grége.........	Idem....	Vᵉ Gautier.............	320	134	52,000	61,200	
229	——— Filature. Soie grége.........	Alais....	Louis Olivier...........	1,500	451	141,000	184,500	
230	——— Filature. Soie grége........	Anduze....	Alger Galofre............	330	138	54,000	61,920	
231	——— Filature. Soie grége........	Saint-Jean-du-Gard....	Henri Boudon.............	280	118	34,312	43,850	
232	——— Filature. Soie grége........	Idem....	Léon Moline............	850	354	102,637	130,000	
233	——— Filature. Soie grége........	Idem....	Louis-Henri Boudon.......	280	118	34,312	43,850	
234	——— Filature. Soie grége........	Idem....	Louis Carles............	340	133	38,675	43,503	
235	——— Filature. Soie grége........	Alais....	Julien Bounal..........	806	205	38,400	43,400	
236	——— Filature. Soie grége.....	Saint-Jean-du-Gard....	Pierre Pellet............	320	134	38,675	43,500	
237	——— Filature. Soie grége.....	Alais....	Barrois et compagnie....	1,200	493	40,800	48,750	
238	——— Filature. Soie grége.....	Anduze....	David Gauthier........	320	134	52,000	61,200	
239	——— Filature. Soie grége.....	Idem....	César Bernard.........	180	76	32,000	39,750	
240	——— Filature. Soie grége.....	Alais....	Joseph Cyprien Lacombe....	600	179	67,200	74,000	
241	——— Filature. Soie grége.....	Anduze....	César Morin............	220	92	36,000	43,000	
242	——— Filature. Soie grége.....	Saint-Jean-du-Gard....	François Lafont.......	220	92	26,775	33,500	
243	——— Filature. Soie grége.....	Idem....	Louis Valette fils.....	240	96	29,750	42,000	
244	——— Filature. Soie grége.....	Idem....	Hippolyte Puech........	300	126	37,525	44,200	
245	——— Filature. Soie grége.....	Idem....	J.-Pierre Lefebvre.......	470	200	49,612	65,000	
246	——— Filature. Soie grége.....	Idem....	César Blanc............	290	123	35,700	43,500	
247	——— Filature. Soie grége.....	Anduze....	Caulet Laporte........	180	76	30,000	37,500	
248	——— Filature. Soie grége.....	Idem....	Michel, Bonifas, Cabanes...	430	184	72,000	90,000	
249	——— Filature. Soie grége.....	Idem....	Michel Fraissinet......	270	113	44,000	51,375	
250	——— Filature. Soie grége.....	Idem....	Auguste Génolhac......	230	97	38,000	40,500	
251	——— Filature. Soie grége.....	Idem....	Louis Armessant.........	180	77	32,000	39,750	
252	——— Filature. Soie grége.....	Saint-Jean-du-Gard....	J.-L. Berthezhur......	290	120	25,700	43,500	
253	——— Filature. Soie grége.....	Idem....	Paul Bordarier......	120	51	14,875	19,500	
254	——— Filature. Soie grége.....	Idem....	L.-Étienne Fesich.....	460	135	52,275	60,635	
255	——— Filature. Soie grége.....	Idem....	Scipion Bonnal.........	290	123	35,700	43,500	
256	——— Filature. Soie grége.....	Anduze....	Casimir Coulombe......	220	92	36,000	45,000	
257	——— Filature. Soie grége.....	Idem....	Coulombe et sœurs.......	230	97	38,000	46,500	
258	——— Filature. Soie grége.....	Idem....	Fouquet-Durand.........	180	76	30,000	37,500	
259	——— Filature. Soie grége.....	Idem....	Claude Espagnac........	180	76	30,000	37,500	
260	——— Filature. Soie grége.....	Idem....	Caulet-Faisse.........	290	121	48,000	60,000	
261	——— Filature. Soie grége.....	Alais....	Noguier et compagnie.....	900	211	38,400	49,800	
262	——— Filature. Soie grége.....	Idem....	Fraissinet frères.....	900	293	80,000	107,800	
263	——— Filature. Soie grége.....	Idem....	Casimir Chambon........	1,500	511	160,000	215,600	
264	——— moire..................	Saint-Paul-Lacoste....	Louis Chambon......	2,000	81	280,800	313,930	
265	——— à coudre...............	Alais....	Paul Roux.............	300	70	100,000	214,200	
266	——— à coudre. Tissage. Lacets.	Idem....	Pierre Croizat et compagnie.	600	179	154,000	201,000	
267	——— à coudre. Tissage. Rubans croisés.	Idem....	Jacob Bertrand.........	500	167	104,000	135,480	
			3° ARRONDISSEMENT D'					
268	Lignite. Extraction...............	Le Pin....	Merle............	ˮ	176	ˮ	13,556	
269	——— Extraction...............	Cannaux....	Merle et compagnie........	ˮ	116	ˮ	14,224	

		OUVRIERS.							MOTEURS.						FEUX.			MACHINES.	
JR		NOMBRE.				SALAIRES.			MOULINS.			MACHINE à vapeur.	CHEVAUX et mulets.	BÊTE FR.	FOUR-NEAUX.	FORGES.	FOURS.	MÉTIERS.	AUTRES.
DUTS		Hommes.	Femmes.	Enfants.	TOTAL.	Hommes.	Femmes.	Enfants.	à eau.	à vent.	à manège.								

NT D'ALAIS. (Suite.)

		Hommes	Femmes	Enfants	Total	H	F	E							Four.	Forg.	Fours	Mét.	Autres
		5	24	2	31	2.00	1.50	0.85							1				2
		5	30	2	37	2.00	1.50	0.85							1				2
		8	160		168	2.00	1.50		1			1			2				2
		5	30	2	37	2.00	1.50	0.85							1				
		5	23	1	29	2.00	1.50	0.75							1				
		15	80	3	98	2.00	1.50	0.75							2				
		1	28	2	31	2.00	1.50	0.75				1	2		1				
		5	26	2	33	2.00	1.50	0.75							1				
		6	30	1	37	1.75	1.20	0.75				1			2				
		1	26	2	29	2.00	1.50	0.75				1	1						
		4	115	15	134	2.00	1.50	0.90				1			1				
		2	30	26	58	2.00	1.50	0.85							1				30
		3	17	1	21	2.00	1.50	0.85							1				1
		3	48		51	2.25	1.50								1				
		3	20	1	24	2.00	1.50	0.85							1				2
		5	20	1	26	2.00	1.50	0.75							1				
		1	20	1	22	2.00	1.50	0.75				1					1		
		5	30	1	36	2.00	1.50	0.75							1				
		2	40	2	44	2.00	1.50	0.75				1			1				
		5	24	1	30	2.00	1.50	0.75							1				
		3	17	1	21	2.00	1.50	0.85							1				1
		7	40	4	51	2.00	1.50	0.85							1				3
		2	25	2	29	2.00	1.50	0.85				1	2		1				
		3	21	1	25	2.00	1.50	0.85							1				2
		3	18	1	22	2.00	1.50	0.85							1				
		4	24	1	29	2.00	1.50	0.75											
		1	10	10	21	2.00	1.50	0.75							1				
		5	32	2	39	2.00	1.50	0.75							1				
		5	24	1	30	2.00	1.50	0.75							1				
		3	20	1	24	2.00	1.50	0.85							1				2
		3	21	1	25	2.00	1.50	0.85							1				2
		3	17	1	21	2.00	1.50	0.85							1				2
		3	17	1	21	2.00	1.50	0.85							1				2
		3	26	2	31	2.00	1.50	0.85							1				1
		4	40	6	50	2.00	1.50	0.90				1			1				
		10	100		110	1.50	1.25					1			2				
		12	100		172	1.50	1.25					2			3				
		2	38		40	1.30	0.70		2										
		10	25	5	60	2.00	0.85	0.65				1						12	
		6	12	5	23	2.00	1.00	0.60	1			1			2			100	
		2	8	2	12	1.70	1.00	0.50	1									7	

NT D'UZÈS.

| | | 14 | | | 14 | 1.95 | | | | | | | | | | | | | |
| | | 18 | | | 18 | 2.00 | | | | | | | | | | | | | 3 |

STATISTIQUE PAR ÉTABLISSEMENTS INDUSTRIELS.

3° ARRONDISSEMENT D

NUMÉROS D'ORDRE	NATURE DES ÉTABLISSEMENTS.	COMMUNES où ILS SONT SITUÉS.	NOMS DES FABRICANTS OU manufacturiers.	VALEURS LOCATIVES.	MONTANT des PATENTES.	VALEUR ANNUELLE des matières premières.	VALEUR DES PRODUITS fabriqués annuellement.
270	Lignite. Extraction	Laudun	Fabre-Dufour	»	60ᶠ	»	197ᶠ
271	—— Extraction	Saint-Victor-Laroste	Regnaud	»	120	»	4,879
272	—— Extraction	Goujac	Laya	»	14	»	8,202
273	—— Extraction	Montaren	Lasseaume et compagnie	»	30	»	1,419
274	—— Extraction	Argeliers	Garel et Rudenier	»	63	»	979
275	—— Extraction	Saint-Julien	Aubert et compagnie	»	1,063	»	57,317
276	Deux. Bive	1 commune	1 établissement	»	»	4,280ᶠ	7,050
277	Distillerie. Alcool	3 communes	3 établissements	700ᶠ	300	10,090	14,300
278	Stras industrie. (Fabrique de)	Mousser	Ernest Berre	1,000	90	10,000	25,000
279	Tournure, Objets variés	Bagnols	Broche-Alban	450	57	3,000	9,000
280	—— Objets variés	Pont-Saint-Esprit	Sipeyre	200	39	1,500	4,500
281	—— Objets variés	Uzès	Louis Georges	400	57	2,500	2,700
282	Soie. Cocons. Filature, Soie grége	Bagnols	Baron	800	135	74,875	85,000
283	—— Filature, Soie grége	Idem	Deburon	2,000	239	166,000	186,800
284	—— Filature, Soie grége	Idem	Dumaser	2,000	318	166,000	186,800
285	—— Filature, Soie grége	Idem	Puget	550	115	40,066	45,800
286	—— Filature, Soie grége	Uzès	Mathieu et fils	600	240	64,467	87,146
287	—— Filature, Soie grége	Idem	François Ravat	500	150	96,818	130,482
288	—— Filature, Soie grége	Idem	Veuve Pellier	450	119	32,234	43,573
289	—— Filature, Soie grége	Bagnols	Auguste Boissy	1,200	171	84,625	95,840
290	—— Filature, Soie grége	Idem	Veuve Malmazet	300	89	24,583	27,800
291	—— Filature, Soie grége	Idem	Justet	500	126	24,583	27,800
292	—— Filature, Soie grége	Idem	Roussel	2,000	183	61,875	70,840
293	—— Filature, Soie grége	Idem	Eymard	450	145	40,066	45,600
294	—— Filature, Soie grége	Idem	Puget	550	115	40,066	45,600
295	—— Filature, Soie grége	Idem	Derbous	300	72	38,333	42,800
296	—— Filature, Soie grége	Idem	Gontal	100	89	15,483	17,800
297	—— Filature, Soie grége	Uzès	Guillaume Téraube	2,000	360	241,800	320,864
298	—— Filature, Soie grége	Idem	J.-F. Vincent ainé	700	240	96,818	130,482
299	—— Filature, Soie grége	Bagnols	Merle	300	92	15,483	17,800
300	—— Filature, Soie grége	Idem	B. Gensoul	200	75	15,483	17,800
301	—— Filature, Soie grége	Uzès	Benjamin Téraube	2,000	360	289,770	391,446
302	—— Filature, Soie grége	Bagnols	Verner	660	168	84,625	95,840
303	—— Filature, Soie grége	Idem	Rouchette	200	71	15,483	17,800
304	—— Filature, Soie grége	Pont-Saint-Esprit	Sébastien-Apollon Sibour	450	182	106,350	124,000
305	—— Filature, Soie grége	Idem	Pierre Pélissier	450	139	70,687	95,000
306	—— Filature, Soie grége	Lussan	J.-B. Chastanier	800	110	54,000	61,380
307	—— Filature, Soie grége	Uzès	Veuve Mathieu	600	209	58,020	77,772
308	—— Filature, Soie grége	Idem	Massedau	300	112	32,234	43,573
309	—— ouvrée	Idem	Mathieu et fils	1,500	313	196,053	222,780
310	—— ouvrée	Idem	Chevalier	200	62	130,149	152,855
311	—— ouvrée	Idem	Albin Roussel	1,500	186	163,360	180,161
312	—— ouvrée	Idem	Guillaume Téraube	200	308	320,864	367,254
313	Bourre de soie. Tissage, Bonneterie, Gants	Idem	Aguiel, Lafout et compagnie	200	136	18,816	45,300
314	—— Bourre de soie. Tissage, Bonneterie, Gants, Bonnets	Idem	J.-Louis Saussine	200	87	15,680	37,800
315	—— Bourre de soie. Tissage, Bonneterie, Gants, Bonnets	Idem	Griolet, Seillia et Chambeyron	150	80	11,648	28,080
316	—— Bourre de soie. Tissage, Bonneterie, Gants	Idem	Rouvière et claire	200	109	17,920	43,200

...NT... D'UZÈS. (Suite.)

JR ...	OUVRIERS.							MOTEURS.						FEUX.			MACHINES.	
	NOMBRE.				SALAIRES.			MOULINS.			MACHINES à vapeur.	CHEVAUX et mulets.	FOURS.	FOUR-NEAUX.	FORGES.	FOURS.	MÉTIERS.	AUTRES.
	Hommes.	Femmes.	Enfants.	TOTAUX.	Hommes.	Femmes.	Enfants.	à eau.	à vent.	à manège.								
.97ᵗ	2	»	»	2	1ᶠ 50ᶜ	»	»	»	»	»	»	»	»	»	»	»	»	»
.79	5	»	»	5	2. 28	»	»	»	»	»	»	»	»	»	»	»	»	2
102	9	»	»	9	1. 05	»	»	»	»	»	»	»	»	»	»	»	»	2
119	4	»	»	4	2. 05	»	»	»	»	»	»	»	»	»	»	»	»	1
.79	2	»	»	2	2. 00	»	»	»	»	»	»	»	»	»	»	»	»	1
917	27	»	»	27	1. 90	»	»	»	»	»	»	»	»	»	»	»	»	4
.050	1	»	»	1	3. 00	»	»	»	»	»	»	»	»	»	»	»	»	»
300	3	»	»	3	2. 50	»	»	»	»	»	»	»	»	»	»	»	3	3
000	15	8	5	28	1. 75	1ᶠ 00ᶜ	0ᶜ 75ᶜ	»	»	»	1	»	6	»	2	1	1	»
000	3	1	1	5	3. 00	1. 50	0. 50	»	»	»	»	»	»	»	»	»	»	2
.500	1	1	1	3	3. 00	1. 50	0. 50	»	»	»	»	»	»	»	»	»	»	1
.700	1	»	»	1	2. 50	»	»	»	»	»	»	»	»	»	»	»	»	2
.000	2	40	»	42	1. 75	1. 00	»	»	»	»	»	1	»	»	»	»	»	»
.800	2	80	»	82	2. 00	1. 00	»	»	»	»	»	1	»	»	»	»	»	»
.800	2	80	»	82	2. 00	1. 00	»	»	»	»	1	»	»	»	»	»	»	»
.600	4	35	»	39	1. 75	1. 00	»	»	»	»	1	»	»	»	»	»	»	24
.146	2	48	»	50	1. 75	1. 50	»	1	»	»	»	»	»	»	»	»	»	40
.482	3	49	»	52	1. 75	1. 50	»	»	»	»	»	»	»	»	»	»	»	40
.573	1	24	»	25	1. 75	1. 50	»	»	»	»	»	»	»	»	»	»	»	20
.840	2	30	»	32	1. 75	1. 00	»	1	»	»	»	»	»	»	»	»	»	32
.800	2	16	6	24	1. 75	1. 00	0. 75	»	»	»	»	»	»	»	»	»	»	18
.800	1	26	»	27	1. 75	1. 00	»	»	»	»	1	»	»	»	»	»	»	»
.840	2	44	»	46	2. 00	1. 00	»	»	»	»	1	1	»	»	»	»	»	40
.000	2	27	7	36	1. 75	1. 00	0. 75	»	»	»	1	»	1	»	»	»	»	24
.000	4	25	»	29	1. 75	1. 00	»	»	»	»	»	»	»	»	»	»	»	»
.800	1	16	10	27	1. 75	1. 00	0. 75	»	»	»	»	»	»	»	»	»	»	»
.500	2	18	»	20	2. 00	1. 00	»	»	»	»	»	»	»	»	»	»	»	100
.864	5	110	»	115	1. 75	1. 50	»	1	»	»	»	»	»	»	»	»	»	41
.482	3	49	»	52	1. 75	1. 50	»	»	»	»	»	»	»	»	»	»	»	15
.800	2	17	15	34	1. 75	1. 00	0. 75	»	»	»	»	»	»	»	»	»	»	16
.800	2	18	»	20	2. 00	1. 00	»	»	»	»	1	»	»	»	»	»	»	130
.446	8	150	»	158	1. 75	1. 50	»	1	»	»	»	»	»	»	»	»	»	»
.840	1	35	4	40	2. 00	1. 00	0. 70	»	»	»	»	1	»	»	»	»	»	»
.800	2	18	»	20	1. 75	1. 00	»	»	»	»	1	»	»	»	»	»	»	»
.000	5	40	40	85	2. 50	1. 00	0. 60	»	»	»	»	1	»	1	»	»	»	»
.000	4	30	30	64	2. 50	1. 00	0. 60	»	»	»	»	1	»	1	»	»	»	1
.380	8	40	4	52	1. 50	1. 80	1. 00	»	»	»	»	»	»	»	»	»	30	1
.772	2	42	»	44	1. 75	1. 50	»	»	»	»	»	»	»	»	»	»	»	36
.573	1	24	»	25	1. 75	1. 50	»	»	»	»	1	»	»	»	»	»	»	20
.786	3	15	20	38	1. 75	0. 90	0. 70	1	»	»	»	»	»	»	»	»	»	»
.855	2	10	15	27	1. 75	0. 90	0. 70	1	»	»	»	»	»	»	»	»	»	»
.161	3	12	18	33	1. 75	0. 90	0. 70	1	»	»	»	»	»	»	»	»	»	»
.254	4	15	25	44	1. 75	0. 90	0. 70	1	»	»	»	»	»	»	»	»	42	»
.560	30	12	»	42	1. 25	0. 90	»	»	»	»	»	»	»	»	»	»	35	»
.800	24	11	»	35	1. 25	0. 90	»	»	»	»	»	»	»	»	»	»	25	»
.080	20	6	»	26	1. 25	0. 90	»	»	»	»	»	»	»	»	»	»	40	»
.200	28	12	»	40	1. 25	0. 90	»	»	»	»	»	»	»	»	»	»	»	»

NUMÉROS d'ordre	NATURE DES ÉTABLISSEMENTS.	COMMUNES où ILS SONT SITUÉS.	NOMS DES FABRICANTS ou manufacturiers.	VALEURS LOCATIVES.	MONTANT des PATENTES.	VALEUR ANNUELLE des matières premières.	VALEUR DES PRODUITS fabriqués annuellement.

3° ARRONDISSEMENT

317	Soie. Bourre de soie. Tissage. Bonneterie. Gants. Bonnets..	Uzès.............	Amédée Billon..........	200ᶠ	97ᶠ	13,440ᶠ	32,400ᶠ
318	— Bourre de soie. Tissage. Bonneterie. Gants. Bonnets..	Idem..............	Auguste Teissier.......	150	115	11,648	28,080
319	— Bourre de soie. Tissage. Bonneterie. Gants. Bonnets..	Idem..............	Vincent Verdier.........	150	80	11,648	28,080
320	— Bourre de soie. Tissage. Bonneterie. Gants. Bonnets..	Idem..............	Phélip et Liron..........	200	87	11,200	27,000

4° ARRONDISSE

321	Houille. Extraction	Le Vigan....	La compagnie Fabré Desbourrs.	»	372	»	127,343
322	Fer. Minerai. Extraction	Toiras....	Mirial............	»	163	»	4,737
323	Minerai. Extraction	Durfort............	Bourguet.........	»	30	»	1,080
324	Alun. Couperose.	Palières....	Mirial.............	»	»	5,137	11,020
325	Onxe. Bière	1 commune.........	1 établissement.......	»	»	2,190	3,600
326	Distillerie. Alcool....	3 communes........	4 établissements. (Bull. coll.).	430	170	20,500	29,680
327	Imprimerie. Objets variés....	Le Vigan.....	Argelliès.............	180	36	1,500	1,800
328	Coton. Filature. Bonneterie....	Idem....	Annat aîné et Coulans......	1,800	175	180,000	285,000
329	Soie moulinée....	Valleraugue....	Teissier du Cros........	800	286	170,000	184,300
330	— moulinée....	Le Vigan....	Laporte père et fils........	300	34	72,000	80,400
331	— moulinée....	Idem....	Ricard-Moulinier.......	500	105	190,000	227,200
332	— moulinée. à coudre....	Saint-Hippolyte....	Tournon et Roupy........	800	286	108,000	357,750
333	— Tissage. Fantaisie. Mi-soie....	Le Vigan....	Philippe de Teston........	300	53	36,000	48,000

RÉCAPITULATION PAR

ARRONDISSEMENTS.	NOMBRE D'ÉTABLISSEMENTS.	NOMBRE DE COMMUNES où ils sont situés.	VALEURS LOCATIVES.	MONTANT des PATENTES.	VALEUR ANNUELLE des matières premières.	VALEUR DES PRODUITS fabriqués annuellement.
NIMES..	279	71	131,230ᶠ	34,386ᶠ	18,911,017ᶠ	30,110,357ᶠ
ALAIS.	86	20	43,311	38,248	4,467,855	9,211,796
UZÈS..	55	14	28,419	8,987	3,025,658	3,899,707
LE VIGAN..	16	6	4,910	1,710	791,327	1,363,513
Totaux..............	436	111	207,870	83,371	27,195,837	44,584,373

	OUVRIERS.							MOTEURS.						FEUX.			MACHINES.	
	NOMBRE.				SALAIRES.			MOULINS			MACHINES à vapeur.	CHEVAUX et mulets.	BŒUFS.	FOUR-NEAUX.	FORGES.	FOURS.		
	Hommes.	Femmes.	Enfants.	TOTAUX.	Hommes.	Femmes.	Enfants.	à eau.	à vent.	à manég.							MÉTIERS.	AUTRES.

IT D'UZÈS. (Suite.)

Hommes.	Femmes.	Enfants.	TOTAUX.	Hommes.	Femmes.	Enfants.	à eau.	à vent.	à manég.	vapeur.	mulets.	BŒUFS.	FOURNEAUX.	FORGES.	FOURS.	MÉTIERS.	AUTRES.
20	10	»	30	1f 25c	0f 90c	»	»	»	»	»	»	»	»	»	»	»	30
18	8	»	26	1.25	0.90	»	»	»	»	»	»	»	»	»	»	»	26
18	8	»	26	1.25	0.90	»	»	»	»	»	»	»	»	»	»	»	26
18	7	»	25	1.25	0.90	»	»	»	»	»	»	»	»	»	»	»	25

SE MENT DU VIGAN.

Hommes.	Femmes.	Enfants.	TOTAUX.	Hommes.	Femmes.	Enfants.	à eau.	à vent.	à manég.	vapeur.	mulets.	BŒUFS.	FOURNEAUX.	FORGES.	FOURS.	MÉTIERS.	AUTRES.
80	»	»	80	2f 50c	»	»	»	»	»	»	3	»	»	»	»	»	»
12	»	»	12	2.00	»	»	»	»	»	»	»	»	»	»	»	»	»
3	»	»	3	2.00	»	»	»	»	»	»	»	»	»	»	»	»	»
4	»	»	4	1f 50 à 2f	»	»	»	»	»	»	»	»	»	»	»	»	»
1	»	»	1	3f 00c	»	»	»	»	»	»	»	»	»	»	»	»	»
4	»	»	4	2.50	»	»	»	»	»	»	»	»	»	»	»	»	»
3	»	»	3	2.30	»	»	»	»	»	»	»	»	»	»	»	»	»
50	50	80	180	2.00	1f 00c	0 50c	4	»	»	»	»	»	»	1	»	60	52
1	18	»	19	3.00	0.75	»	1	»	»	»	»	»	»	»	»	»	4
»	20	»	20	»	0.90	»	1	»	»	»	»	»	»	»	»	»	6
5	30	»	33	2.00	0.75	»	1	»	»	»	»	»	»	»	»	»	6
4	25	»	29	2.00	1.00	»	»	»	1	»	»	»	»	»	»	»	»
4	7	9	20	2.00	0.90	0.60	1	»	»	»	»	»	»	»	»	»	»

AR ARRONDISSEMENTS.

	OUVRIERS.							MOTEURS.						FEUX.			MACHINES.	
	NOMBRE.				SALAIRES.			MOULINS			MACHINES à vapeur.	CHEVAUX et mulets.	BŒUFS.	FOUR-NEAUX.	FORGES.	FOURS.		
	Hommes.	Femmes.	Enfants.	TOTAUX.	Hommes.	Femmes.	Enfants.	à eau.	à vent.	à manég.	vapeur.	mulets.					MÉTIERS.	AUTRES.
	10,007	5,200	2,540	17,747	2f 41c	0f 90c	0f 56c	39	29	8	21	27	2	104	1	165	4,950	1,458
	3,359	2,029	253	5,641	2.59	0.98	0.85	5	»	11	22	418	-	80	12	39	119	113
	368	1,257	201	1,826	1.85	1.15	0.73	8	»	7	7	7	-	5	1	40	251	618
	178	150	89	417	2.15	0.88	0.55	8	»	1	3	»	-	»	1	»	60	68
	13,912	8,636	3,083	25,631	2.23	0.97	0.67	60	29	27	53	452	2	(1) 189 (1) 6 hauts-fourneaux.	15	244	5,410	2,257

11.

RÉCAPITULATION PAR NATURE D...

NATURE DES PRODUITS.	NOMBRE D'ÉTABLISSEMENTS.	NOMBRE DE COMMUNES où ils sont situés.	VALEURS LOCATIVES.	MONTANT des PATENTES.	VALEUR ANNUELLE des matières premières.	VALEUR DES PRODUITS fabriqués annuellement.
Marais salants. Sel marin	17	1	"	"	"	1,483,730
Houille. Extraction	12	10	"	25,025	"	2,525,374
—— Gaz d'éclairage	1	1	1,300	143	67,500	104,375
Lignite. Extraction	9	9	"	2,335	"	102,313
Terre argileuse. Faïence commune	1	1	800	135	80,500	300,000
Verrerie. Bouteilles	2	2	2,000	442	35,189	232,000
Fer. Minerai. Extraction	5	5	"	3,345	"	205,379
—— Fonte	3	2	19,100	966	543,500	950,920
—— Fonte. Fer	1	1	10,000	1,092	1,001,000	1,800,000
—— Construction de machines	1	1	200	44	55,580	100,000
Alun. Couperose	1	1	"	5,137	"	11,020
Céréales (Moulins à)	2	1	3,300	190	98,000	107,500
Orge. Bière	7	4	"	"	92,463	131,994
Huile. Soude. Savon	2	1	200	108	1,600	4,900
Distillerie. Alcool	155	102	49,350	13,367	6,165,018	7,109,384
Sucre indigène (Fabrique de)	1	1	1,000	90	10,000	25,000
Imprimerie. Impressions diverses	12	6	7,310	1,031	44,600	193,000
Lithographie. Objets variés	6	2	2,930	205	10,201	80,500
Coton. Filature. Bonneterie	1	1	1,600	175	180,000	285,000
—— Tissage. Bretelles	4	1	1,250	255	148,500	231,000
—— Filoselle. Tissage. Bourrette	6	1	4,050	1,373	414,500	1,248,500
Coton et soie. Tissage. Châles. Mouchoirs. Gants. Lacets	7	1	4,240	1,293	631,900	1,025,000
Coton. Soie et Laine. Châles brochés	31	1	12,890	4,793	2,010,510	4,171,400
—— Tissage. Tapis	4	2	3,700	723	694,600	1,375,000
Laine. Lavage. Peigneie	3	2	1,800	625	2,625,488	3,180,014
—— Tissus. Couvertures	2	1	2,400	504	802,000	1,510,000
Soie. Cocons. Filature. Soie grége	81	9	44,120	13,633	4,819,162	5,964,783
—— teinte, moulinée, à coudre, lacets, rubans croisés	12	7	6,440	2,903	1,982,000	2,842,330
—— ouvrée	5	2	5,400	1,040	1,103,232	1,243,005
—— Tissage. Florence	1	1	700	270	30,000	50,000
—— Tissage. Foulards imprimés	9	1	7,580	2,630	1,730,000	2,638,000
—— Tissage. Fantaisie. Mi-soie	1	1	300	53	36,000	48,000
—— Bonneterie. Gants	14	1	5,030	2,126	819,400	1,538,000
—— Filoselle. Bonneterie. Gants	3	1	2,300	653	446,000	693,500
—— Bourre de soie. Tissage	8	1	1,450	781	112,000	270,000
—— Déchets de soie. Filoselle cardée non filée	1	1	1,700	613	350,000	700,000
—— Déchets de soie. Filoselle. Tissage	1	1	1,500	434	24,000	40,000
Impression d'étoffes. Châles	1	1	2,020	470	26,100	38,750
Totaux	436	191	197,870	63,371	27,195,837	44,584,372

RE DE PRODUITS INDUSTRIELS.

		OUVRIERS.							MOTEURS.						FEUX.			MACHINES.	
JR		Nombre.				Salaires.			Moulins.			Machines à vapeur.	Chevaux et mulets.	Boeufs.	Fourneaux.	Forges.	Fours.	Matières.	Autres.
		Hommes.	Femmes.	Enfants.	Total.	Hommes.	Femmes.	Enfants.	à eau.	à vent.	à manège.								
730		4,033	"	"	4,033	2 47	"	"	"	"	"	2	"	"	"	"	"	"	60
374		2,044	"	"	2,044	3. 09	"	"	"	"	1	3	81	"	"	"	"	"	16
375		13	"	2	15	2. 00	"	1 00	"	"	"	"	"	"	"	"	4	"	"
313		83	"	"	83	2. 00	"	"	"	"	"	"	"	"	"	"	"	"	14
000		90	6	24	120	3. 00	1 75	0. 75	1	1	1	"	6	"	7	"	"	"	"
000		63	5	26	94	1. 65	0. 80	0. 91	"	"	2	"	11	"	14	2	3	"	"
,379		262	"	"	262	3. 22	"	"	"	"	"	1	165	"	"	"	"	"	"
,920		268	"	20	288	2. 63	"	1. 25	"	"	"	3	"	"	1	3	7	"	"
,000		640	20	45	705	1. 75	1. 00	1. 37	"	"	1	6	150	"	4	1	23	"	3
,000		45	"	5	50	2. 50	"	1. 00	"	"	1	1	"	"	3	6	1	"	"
,020		4	"	"	4	1. 75	"	"	"	"	"	"	"	"	"	"	"	"	"
,800		30	"	"	30	3. 00	"	"	"	"	"	2	4	"	"	"	"	"	"
,994		16	"	"	16	3. 00	"	"	"	"	"	"	"	"	"	"	"	"	"
,090		2	"	"	2	2. 00	"	"	"	"	"	"	"	"	"	"	"	"	"
,58a		328	"	"	328	2. 50	"	"	37	27	"	"	"	"	"	"	106	"	104
,000		15	8	5	28	1. 75	1. 00	0. 75	"	"	1	"	6	"	2	1	1	"	"
,000		88	2	5	95	2. 93	1. 50	0. 50	"	"	"	"	"	"	"	"	"	"	20
,500		20	"	2	22	3. 03	"	1. 50	"	"	"	"	"	"	"	"	"	"	13
,000		50	50	80	180	1. 00	0. 50		4	"	"	"	"	"	"	1	"	60	52
,000		300	55	"	355	2. 00	0. 75	"	"	"	"	"	"	"	"	"	"	220	"
,500		115	900	"	1,075	2. 00	0. 81	"	"	"	"	"	"	"	"	"	"	730	"
,000		205	255	180	600	2. 00	0. 87	0. 40	"	"	1	3	3	2	14	"	"	340	60
,400		1,875	931	1,725	4,531	2. 32	0. 84	0. 54	"	"	"	"	"	"	"	"	"	1,645	14
,000		211	114	100	425	2. 90	0. 90	0. 43	"	"	"	"	"	"	13	"	"	164	140
,014		486	230	85	801	2. 55	0. 81	1. 00	"	"	4	1	9	"	50	"	"	"	"
,000		270	210	70	550	1. 75	0. 60	0. 47	1	1	"	3	"	"	7	1	"	35	95
,183		299	3,231	260	3,790	1. 86	1. 23	0. 75	6	"	13	22	11	"	59	"	37	200	678
,330		68	738	12	818	2. 08	0. 94	0. 58	4	"	2	4	"	"	5	"	"	119	63
,000		14	90	78	182	1. 67	0. 80	0. 70	6	"	"	"	"	"	"	"	"	"	"
0,000		40	"	"	40	1. 00	"	"	"	"	"	"	"	"	"	"	"	40	"
8,000		450	760	270	1,480	2. 18	0. 93	0. 62	"	"	"	"	"	"	"	"	"	1,020	270
8,600		4	7	9	20	2. 00	0. 90	0. 60	1	"	"	"	"	"	"	"	"	"	"
8,600		405	680	60	1,145	2. 43	0. 85	0. 37	"	"	"	1	"	"	"	"	"	371	46
3,200		250	190	"	440	2. 33	0. 85	"	"	"	"	1	"	"	"	"	"	160	"
0,000		176	74	"	250	1. 25	0. 90	"	"	"	"	"	"	"	"	"	"	250	"
0,000		600	"	"	600	0. 77	"	"	"	"	"	"	2	"	4	"	"	"	600
0,000		10	20	20	50	2. 00	1. 00	0. 50	"	"	"	1	1	"	"	"	"	10	"
8,750		40	"	40	80	2. 25	"	0. 60	"	"	"	"	"	"	6	"	"	40	"
4,372		13,912	8,636	3,083	25,631	2. 20	0. 96	0. 75	60	29	27	53	452	2	189	15	244	5,410	2,257

N° 8.   **8° DÉPARTEMENT D**

Nombre total des patentés. — 16.737.   **1° PRODUCTION.**

1° ARRONDISSEMENT D

NUMÉROS d'ordre	NATURE DES ÉTABLISSEMENTS.	COMMUNES où ILS SONT SITUÉS.	NOMS DES FABRICANTS ou manufacturiers.	VALEURS LOCATIVES.	MONTANT des PATENTES.	VALEUR ANNUELLE des matières premières.	VALEUR DES PRODUITS fabriqués annuellement.	Hom...
1	Marais salants. Sel marin	5 communes	5 établissements. (Bull. col.).	»	»	»	500,474'	80
2	Carrières. Pierres de taille. Exploitation	3 idem	3 établissements. (Bull. col.).	»	»	»	238,400	15
3	Marbre. Scierie et ouvrages	Montpellier	Roome Rex	3,000'	200'	43,000'	130,000	2
4	Houille. Extraction	2 communes	2 établissements. (Bull. col.).	»	»	»	27,595	3
5	— Gaz d'éclairage	Montpellier	Reuaux frères	2,500	523	46,125	156,700	2
6	Terre argileuse. Tuilerie. Briques, etc	Idem	Belus fils	800	58	6,371	13,517	
7	— Tuilerie. Briques	Idem	Pierre-Auguste Bonnafons	500	38	4,385	8,755	
8	— Tuilerie. Briques	Idem	Antoine-Pierre Reynes	2,000	135	25,529	54,600	1
9	— Tuilerie. Briques	Courmonterral	Pierre Valette	350	42	2,000	6,000	
10	— Tuilerie. Briques	Idem	Pierre Vassille	600	66	4,000	12,000	
11	— Tuilerie. Briques	Idem	Jean Bonnier	350	42	3,000	8,000	
12	— Tuilerie. Briques	Idem	Auguste Bonnefous	500	31	1,250	4,000	
13	— Tuilerie. Briques	Fabrègues	Michel	»	»	1,600	5,000	
14	Fer. Minerai	Cournion	Vien, Gourg, Pujol	»	»	»	970	
15	— Fonte moulée	Idem	Labry	450	115	13,750	27,500	
16	— Machines à vapeur	Idem	Benoît	1,000	158	37,564	47,500	
17	— Acier. Coutellerie	Idem	Bourdeaux aîné	1,000	158	3,000	25,000	
18	— Instruments de pesage	Idem	Segnier	500	97	80,800	194,000	
19	Or et Argent. Bijouterie. Orfèvrerie	Montpellier	Benjamin Bardon	1,600	211	14,750	20,000	
20	— Bijouterie. Orfèvrerie	Idem	Martin	500	105	9,000	12,250	
21	— Bijouterie. Orfèvrerie	Idem	Bertrand et Ory	450	167	9,000	12,250	
22	— Bijouterie. Orfèvrerie	Idem	François Lacquier	1,350	195	6,350	8,750	
23	— Bijouterie. Orfèvrerie	Idem	Guiraud	950	170	6,500	9,000	
24	— Bijouterie. Orfèvrerie	Idem	Eugène Beges fils	900	167	6,500	9,000	
25	— Bijouterie. Orfèvrerie	Idem	Jean Dumas	700	117	5,250	7,375	
26	— Bijouterie. Orfèvrerie	Idem	Ginoulhac aîné	600	111	3,650	6,375	
27	Produits chimiques divers	Cournion	Tonneau	500	200	40,300	48,500	
28	—	Idem	Bérard et fils	2,200	628	155,400	237,700	
29	— Crème de tartre	Idem	Pierre Vernière	450	113	67,520	79,800	
30	— Crème de tartre	Idem	Pierre-Yves Vernière	600	56	37,500	44,375	
31	— Crème de tartre	Idem	Bourgade	600	100	38,000	30,250	
32	Bois. Fer. Construction de navires	Cette	Olive aîné	220	51	12,000	27,097	
33	— Construction de navires	Idem	Philippe Olive	220	51	15,000	32,851	
34	— Construction de navires	Idem	Jean-Pierre Chanoine et fils	300	47	150,000	250,514	1
35	Céréales. (Moulin à)	Castelnau	Auguste-Firmin Gay	10,000	462	337,500	342,500	
36	— (Moulin à)	Idem	Ribes et compagnie	8,580	391	1,305,000	1,386,400	
37	— (Moulin à)	Idem	Oger	6,070	253	427,500	439,200	
38	— (Moulin à)	Lattes	Pierre Bougron fils aîné	8,000	258	608,000	733,000	
39	— (Moulin à)	Cette	Vivares et Portal	2,200	80	780,000	850,000	
40	Osier. Bière	Idem	4 établissements	»	»	111,707	165,386	

ÏT DE L'HÉRAULT.

2° FORCE.

Montant total des patentes.—522,153 francs.

ÏT DE MONTPELLIER.

	OUVRIERS.							MOTEURS.						FEUX.			MACHINES	
:UR' MOUTS jués stuent.	NOMBRE.				SALAIRES.			MOULINS			MACHINES à vapeur.	CHEVAUX et mulets.	BOEUFS.	FOUR-NEAUX.	FORGES.	FOURS.	MÉTIERS.	AUTRES.
	Hommes.	Femmes.	Enfants.	TOTAUX.	Hommes.	Femmes.	Enfants.	à eau.	à vent.	à manège.								
.474ʳ	800	460	210	1,470	3ʳ 70ᶜ	1ʳ 40ᶜ	0ʳ 80ᶜ	ʰ	ʰ	21	ʰ	95	ʰ	ʰ	ʰ	ʰ	ʰ	ʰ
,400	150	ʰ	ʰ	150	2. 75	ʰ	ʰ	ʰ	ʰ	ʰ	ʰ	ʰ	ʰ	ʰ	ʰ	ʰ	ʰ	ʰ
,000	26	ʰ	4	30	3ʳ à 3ʳ	ʰ	1. 00	2	ʰ	ʰ	ʰ	ʰ	ʰ	ʰ	ʰ	ʰ	ʰ	4
,595	34	ʰ	ʰ	34	2ʳ 75ᶜ	ʰ	ʰ	ʰ	ʰ	ʰ	ʰ	ʰ	ʰ	ʰ	ʰ	ʰ	ʰ	ʰ
,700	25	ʰ	ʰ	25	2. 50	ʰ	ʰ	ʰ	ʰ	ʰ	ʰ	1	ʰ	4	1	ʰ	ʰ	1
,517	7	ʰ	8	15	3. 10	ʰ	0. 75	ʰ	ʰ	ʰ	ʰ	ʰ	ʰ	ʰ	ʰ	ʰ	ʰ	ʰ
,755	4	2	3	9	3. 10	2. 25	0. 75	ʰ	ʰ	ʰ	ʰ	ʰ	ʰ	ʰ	ʰ	ʰ	ʰ	ʰ
,600	26	11	17	54	3. 10	1. 25	0. 75	ʰ	ʰ	ʰ	ʰ	ʰ	ʰ	ʰ	ʰ	ʰ	ʰ	ʰ
,000	6	ʰ	ʰ	6	2. 00	ʰ	ʰ	ʰ	ʰ	ʰ	ʰ	ʰ	ʰ	ʰ	ʰ	ʰ	ʰ	ʰ
,000	8	ʰ	ʰ	8	2. 00	ʰ	ʰ	ʰ	ʰ	ʰ	ʰ	ʰ	ʰ	ʰ	ʰ	ʰ	ʰ	ʰ
,000	6	ʰ	ʰ	6	2. 00	ʰ	ʰ	ʰ	ʰ	ʰ	ʰ	ʰ	ʰ	ʰ	ʰ	ʰ	ʰ	ʰ
,000	8	ʰ	ʰ	8	2. 00	ʰ	ʰ	ʰ	ʰ	ʰ	ʰ	ʰ	ʰ	ʰ	ʰ	ʰ	ʰ	ʰ
,000	5	ʰ	ʰ	5	2. 50	ʰ	ʰ	ʰ	ʰ	ʰ	ʰ	ʰ	ʰ	ʰ	ʰ	ʰ	ʰ	ʰ
970	4	ʰ	ʰ	4	2. 50	ʰ	ʰ	ʰ	ʰ	ʰ	ʰ	ʰ	ʰ	ʰ	ʰ	ʰ	ʰ	ʰ
,500	6	ʰ	ʰ	6	3. 00	ʰ	ʰ	ʰ	ʰ	ʰ	1	ʰ	2	2	ʰ	1	ʰ	ʰ
,500	25	ʰ	ʰ	25	3ʳ à 4ʳ 75ᶜ	ʰ	ʰ	ʰ	ʰ	ʰ	1	ʰ	2	2	ʰ	ʰ	ʰ	5
,000	19	ʰ	ʰ	19	3ʳ25ᶜ à3ʳ50ᶜ	ʰ	ʰ	ʰ	ʰ	ʰ	ʰ	ʰ	ʰ	ʰ	3	ʰ	ʰ	ʰ
,000	95	ʰ	ʰ	95	2ʳ 75ᶜ	ʰ	ʰ	ʰ	ʰ	ʰ	1	ʰ	2	ʰ	8	ʰ	ʰ	ʰ
,000	4	ʰ	ʰ	4	3 à 4ʳ	ʰ	ʰ	ʰ	ʰ	ʰ	ʰ	ʰ	ʰ	ʰ	1	ʰ	ʰ	ʰ
,250	1	ʰ	ʰ	1	3ʳ 00ᶜ	ʰ	ʰ	ʰ	ʰ	ʰ	ʰ	ʰ	ʰ	ʰ	1	ʰ	ʰ	ʰ
,250	1	ʰ	ʰ	1	3. 00	ʰ	ʰ	ʰ	ʰ	ʰ	ʰ	ʰ	ʰ	ʰ	1	ʰ	ʰ	ʰ
,750	3	ʰ	ʰ	3	2 à 4ʳ	ʰ	ʰ	ʰ	ʰ	ʰ	ʰ	ʰ	ʰ	ʰ	1	ʰ	ʰ	ʰ
,000	2	ʰ	ʰ	2	3ʳ 00ᶜ	ʰ	ʰ	ʰ	ʰ	ʰ	ʰ	ʰ	ʰ	ʰ	1	ʰ	ʰ	ʰ
,000	1	ʰ	ʰ	1	3. 00	ʰ	ʰ	ʰ	ʰ	ʰ	ʰ	ʰ	ʰ	ʰ	1	ʰ	ʰ	ʰ
,375	2	ʰ	ʰ	2	3. 00	ʰ	ʰ	ʰ	ʰ	ʰ	ʰ	ʰ	ʰ	ʰ	1	ʰ	ʰ	ʰ
,375	1	ʰ	ʰ	1	2. 55	ʰ	ʰ	ʰ	ʰ	ʰ	ʰ	ʰ	ʰ	ʰ	1	ʰ	ʰ	ʰ
,500	5	1	ʰ	6	2. 00	1. 00	ʰ	ʰ	ʰ	ʰ	1	1	1	9	ʰ	1	ʰ	ʰ
,700	36	ʰ	ʰ	36	2. 50	ʰ	ʰ	ʰ	ʰ	1	2	ʰ	6	30	1	1	ʰ	ʰ
,800	8	ʰ	ʰ	8	1. 75	ʰ	ʰ	ʰ	ʰ	ʰ	ʰ	ʰ	ʰ	17	ʰ	1	ʰ	ʰ
,375	2	ʰ	1	3	1. 75	ʰ	0. 75	ʰ	ʰ	ʰ	1	ʰ	1	12	ʰ	ʰ	ʰ	ʰ
,250	1	ʰ	ʰ	1	1. 75	ʰ	ʰ	ʰ	ʰ	ʰ	1	ʰ	ʰ	8	ʰ	ʰ	ʰ	ʰ
,097	45	ʰ	ʰ	45	4. 25	ʰ	ʰ	ʰ	ʰ	ʰ	ʰ	ʰ	ʰ	ʰ	ʰ	ʰ	ʰ	ʰ
,531	55	ʰ	ʰ	55	4. 25	ʰ	ʰ	ʰ	ʰ	ʰ	ʰ	ʰ	ʰ	ʰ	ʰ	ʰ	ʰ	ʰ
,514	185	ʰ	ʰ	185	4. 25	ʰ	ʰ	ʰ	ʰ	ʰ	ʰ	ʰ	ʰ	ʰ	ʰ	ʰ	ʰ	ʰ
,600	4	ʰ	ʰ	4	2. 50	ʰ	ʰ	1	ʰ	ʰ	ʰ	ʰ	ʰ	ʰ	ʰ	ʰ	ʰ	ʰ
,400	6	ʰ	ʰ	6	2. 50	ʰ	ʰ	1	ʰ	ʰ	ʰ	ʰ	ʰ	ʰ	ʰ	ʰ	ʰ	ʰ
,200	5	ʰ	ʰ	6	2. 50	ʰ	ʰ	1	ʰ	ʰ	ʰ	ʰ	ʰ	ʰ	ʰ	ʰ	ʰ	ʰ
,000	6	ʰ	ʰ	6	2. 50	ʰ	ʰ	1	ʰ	ʰ	ʰ	ʰ	ʰ	ʰ	ʰ	ʰ	ʰ	ʰ
,000	8	ʰ	ʰ	8	3. 00	ʰ	ʰ	1	ʰ	ʰ	ʰ	ʰ	ʰ	ʰ	ʰ	ʰ	ʰ	ʰ
,386	21	ʰ	ʰ	21	2. 50	ʰ	ʰ	ʰ	ʰ	ʰ	ʰ	ʰ	ʰ	ʰ	ʰ	ʰ	ʰ	ʰ

NUMÉROS D'ORDRE	NATURE DES ÉTABLISSEMENTS.	COMMUNES où ILS SONT SITUÉS.	NOMS DES FABRICANTS ou manufacturiers.	VALEURS LOCATIVES.	MONTANT des PATENTES.	VALEUR ANNUELLE des matières premières.	VALEUR DES PRODUITS fabriqués annuellement.	Hom

1° ARRONDISSEMENT DE

41	Distillerie. Alcool...........	50 communes........	119 fabricants........	51,120ᶠ	7,738ᶠ	6,009,592ᶠ	7,109,743ᶠ	
42	Papeterie. Papiers divers...........	Montpellier........	Tindel aîné........	900	169	18,180	50,000	
43	Imprimerie. Impressions diverses...........	Idem........	Jean Gasnie........	800	124	6,680	18,850	
44	——— Impressions diverses...........	Idem........	Martel aîné........	900	130	2,940	12,500	
45	——— Impressions diverses...........	Idem........	Augᵗᵉ Thˢ Boéhm........	600	111	7,000	15,000	
46	——— Impressions diverses...........	Idem........	Cristin........	200	81	3,090	14,020	
47	——— Impressions diverses...........	Idem........	Hypᵗᵉ Ricard aîné........	300	93	2,495	9,620	
48	——— Impressions diverses...........	Idem........	Pierre Grollier........	400	93	6,450	17,663	
49	——— Impressions diverses...........	Cette........	Gabriel Bonnet........	200	49	905	13,340	
50	——— Impressions diverses...........	Idem........	Isac fils........	200	49	362	10,000	
51	——— Impressions diverses...........	Idem........	Joseph-François Vexo........	»	10	422	8,000	
52	Coton. Filature...........	Aniane........	Farel et fils........	3,000	362	100,000	200,000	
53	——— Filature...........	Montpellier........	Bedos frères et compagnie........	2,000	368	102,600	160,000	
54	——— Filature...........	Idem........	Farel........	1,500	543	160,000	418,000	
55	——— Filature. Tissage. Calicot...........	Idem........	Lienhardt aîné........	3,100	697	220,000	360,000	
56	Laine. Tissage. Couvertures...........	Idem........	Jules Bertin........	1,400	148	280,000	336,000	
57	——— Tissage. Couvertures...........	Idem........	Granier fils........	4,500	869	1,580,000	2,000,000	
58	——— Tissage. Tapis. Couvertures...........	Idem........	Saguy père et fils........	3,750	599	160,000	225,900	
59	Soie. Cocons. Filature...........	Ganges........	Aiguin-Delarbre et comp........	1,500	344	530,000	630,000	
60	——— Filature...........	Idem........	Alexis Nonalhac........	600	99	36,000	43,400	
61	——— Filature...........	Idem........	Étienne Rossey........	300	84	120,000	133,000	
62	——— Filature...........	Idem........	Élie Ranière........	150	34	22,000	26,145	
63	——— Filature...........	Idem........	Antoine Louret........	300	80	32,920	61,047	
64	——— Filature...........	Idem........	Boudon Louret........	220	50	16,000	20,200	
65	——— Filature...........	Idem........	Couza-Falcrand........	200	48	34,637	42,500	
66	——— Filature...........	Idem........	Darvieu........	200	48	17,280	22,990	
67	——— Filature...........	Idem........	Paris, Troupet et Rigal........	130	39	68,000	81,005	
68	——— Filature...........	Idem........	Nougarède fils........	300	84	40,000	46,740	
69	——— Filature...........	Idem........	Thomas........	300	84	32,000	40,590	
70	——— Filature...........	Idem........	De Boisserole........	300	91	60,000	72,450	
71	——— Filature...........	Idem........	Méjan........	630	145	72,900	86,550	
72	——— Filature...........	Idem........	Thomas........	600	206	440,000	533,000	
73	——— Filature...........	Idem........	Cabane........	»	119	77,900	90,575	
74	——— Filature...........	Idem........	Bruguière........	300	83	72,800	87,500	
75	——— Filature...........	Idem........	Carrière........	600	145	140,000	155,000	
76	——— Filature...........	Idem........	De Darvieu........	300	84	72,900	86,220	
77	——— Filature...........	Idem........	François Bertrand........	300	84	40,000	46,740	
78	Peaux. Tannerie...........	Aniane........	Soullié........	»	25	65,830	79,200	
79	——— Tannerie...........	Idem........	George Michel........	»	25	65,830	79,200	
80	——— Tannerie...........	Idem........	Vᵛᵉ Privat........	150	50	65,830	79,200	
81	——— Tannerie...........	Idem........	François Nadal........	»	25	50,973	60,500	
82	——— Tannerie...........	Idem........	Benoît Nadal........	»	25	65,830	79,200	
83	——— Tannerie...........	Idem........	Giraud père et fils........	300	50	82,165	96,800	
84	——— Tannerie...........	Montpellier........	Largohre fils aîné........	700	205	106,000	123,500	
85	——— Tannerie...........	Aniane........	Étienne Vernière........	400	109	119,456	140,800	
86	——— Tannerie...........	Idem........	Braujon frères........	300	50	71,791	86,540	

T DE MONTPELLIER. (Suite.)

	OUVRIERS.							MOTEURS.						FEUX.			MACHINES.	
	NOMBRE.				SALAIRES.			MOULINS.			MACHINES à vapeur.	CHEVAUX et mulets.	BŒUFS.	FOUR-NEAUX.	FORGES.	FOURS.	MÉTIERS.	AUTRES.
	Hommes.	Femmes.	Enfants.	TOTAUX.	Hommes.	Femmes.	Enfants.	à eau.	à vent.	à manége.								
	209	″	″	209	2′00″	″	″	″	″	″	″	″	″	135	″			
	12	″	10	22	2.00	″	0′60″	″	″	″	″	″	″	2	″			
	10	″	″	10	2.50	″	″	″	″	″	″	″	″	″	″			
	6	″	″	6	2.50	″	″	″	″	″	″	″	″	″	″			
	15	″	″	15	2.50	″	″	″	″	″	″	″	″	″	″			
	7	″	″	7	2.50	″	″	″	″	″	″	″	″	″	″			
	6	″	″	6	2.50	″	″	″	″	″	″	″	″	″	″			
	10	″	″	10	2.50	″	″	″	″	″	″	″	″	″	″			
	5	″	″	5	2.50	″	″	″	″	″	″	″	″	″	″			
	2	″	″	2	2.50	″	″	″	″	″	″	″	″	″	″			
	1	″	″	1	2.50	″	″	″	″	″	″	″	″	″	″			
	12	90	20	122	2.50	0′75″	0′50″	2	″	″	″	″	″	″	″		60	
	14	30	15	59	1′75″à3′50″	80°à1′	50°à70°	″	″	″	″	″	″	1	1		12	
	10	20	25	55	2′00″	1′00″	0′75″	″	″	″	″	″	″	″	″		100	
	40	60	30	130	1′75″à3′	70°à1′50″	40°à75°	3	″	″	″	″	″	1	″		86	90
	30	25	10	65	2′à2′75″	75°à1′	0′75″	3	″	″	″	″	″	1	″			
	180	470	100	750	2′00″	1′00″	0.75	5	″	″	″	″	″	″	1		100	250
	35	80	20	135	2′à2′25″	90°à1′10″	50°à75°	1	″	″	″	″	″	″	″		50	10
	8	220	″	228	3′25″	1′50″	″	1	″	″	″	″	″	4	″			
	3	25	″	28	2.25	90°à1′50″	″	″	″	″	1	″	″	1	″			
	4	60	12	76	2.00	1′50″	0′90″	″	″	″	1	″	″	1	″			
	3	15	″	18	2.25	90°à1′50″	″	″	″	″	1	″	″	1	″			
	3	40	6	49	2.00	1′50″	0.90	″	″	″	1	2	″	1	″			″
	2	16	″	18	2.50	1.50	″	″	″	″	1	″	″	1	″			
	6	23	2	31	2.00	1.50	0.90	″	″	″	1	″	″	1	″		″	″
	4	25	″	29	2.25	1.60	″	″	″	″	1	2	″	1	″			
	4	40	″	44	2.25	1.50	″	″	″	″	1	2	″	1	″			
	3	35	″	38	2.25	1.50	″	″	″	″	1	1	″	1	″			
	4	50	″	54	2.50	90°à1′50″	″	″	″	″	1	″	″	1	″			
	4	65	″	69	2.25	90°à1′50″	″	″	″	″	1	4	″	1	″			
	4	64	″	68	2.25	90°à1′50″	″	″	″	″	1	4	″	1	″			
	20	210	20	250	2.25	90°à1′50″	0.75	″	″	″	1	″	″	1	″			
	6	68	″	74	2.25	90°à1′50″	″	″	″	″	1	″	″	1	″			
	7	40	″	47	2.25	1′50″	″	″	″	″	1	″	″	1	″			
	4	64	″	68	2.00	1.50	″	″	″	″	1	″	″	1	″			
	3	40	″	43	2.25	1.50	″	″	″	″	1	″	″	1	″			
	3	35	″	38	2.25	1.50	″	″	″	″	1	3	″	1	″			
	12	″	1	13	1.75	″	0.75	″	″	1	″	1	″	3	″			
	12	″	1	13	1.75	″	0.75	″	″	1	″	1	″	2	″			
	11	″	1	12	1.75	″	0.75	″	″	1	″	1	″	2	″			
	6	″	″	8	1.75	″	″	″	″	″	″	″	″	2	″			
	12	″	1	12	1.75	″	″	″	″	″	″	″	″	2	″			
	15	″	1	16	1.75	″	0.75	″	″	1	″	1	″	3	″			
	10	″	1	11	2.25	″	1.50	″	″	2	″	3	″	1	″			
	18	″	1	19	1.75	″	0.75	1	″	1	″	1	″	3	″			
	13	″	1	14	1.75	″	0.75	″	″	2	″	2	″	3	″			

N° d'ordre	NATURE DES ÉTABLISSEMENTS	COMMUNES où ils sont situés	NOMS des fabricants ou manufacturiers	VALEURS LOCATIVES	MONTANT des PATENTES	VALEUR ANNUELLE des matières premières	VALEUR des PRODUITS fabriqués annuellement
			1° ARRONDISSEMENT				
87	Peaux. Tannerie. ..	Aniane	Pierre Giraud	300'	97'	101,946'	121,000'
88	— Tannerie	Idem	Smillé	»	25	50,973	60,500
89	— Tannerie.	Idem	Cournut	»	25	50,973	60,500
			2° ARRONDISSEMENT				
90	Marais salants. Sel marin. Sulfate de magnésie	Agde	Rigal et compagnie. Usiglin	»	»	»	458,125
91	Pierres gypseuses. Plâtre	4 communes	4 établissements. (Bull. coll.)	»	»	»	53,050
92	Carrières. Pierres de taille. Exploitation	Idem	Idem	»	»	»	82,650
93	Houille. Extraction	Idem	Idem	»	»	»	166,567
94	Terre argileuse. Tuilerie. Briques	Béziers	Jalabert cadet	300	37	750	4,500
95	— Tuilerie. Briques	Idem	Joseph Ginette	300	37	1,125	5,560
96	— Tuilerie. Briques	Idem	Rivière fils	270	36	750	4,500
97	— Tuilerie. Briques	Idem	Jean-Alban Lacour	300	42	750	4,500
98	— Tuilerie. Briques	Pézénas	Combecure	200	38	900	5,400
99	— Tuilerie. Briques	Idem	Vedel	200	38	900	5,400
100	— Tuilerie. Briques	Idem	Riquet	200	38	900	5,400
101	— Tuilerie. Briques	Idem	Pouget	250	42	900	5,400
102	— Tuilerie. Briques	Idem	Lugagne	250	41	900	5,400
103	— Tuilerie. Briques	Agde	Pierre Beullac	300	44	750	3,500
104	— Tuilerie. Briques	Caux	Jean-François Cire	400	50	450	1,500
105	— Tuilerie. Briques	Puissergnier	Jean Carpentier	200	34	1,680	3,200
106	— Tuilerie. Briques	Idem	Étienne Trégi	200	35	2,520	4,800
107	— Tuilerie. Briques	Idem	Henry Grenier	200	34	2,520	4,800
108	— Tuilerie. Briques	Montagnac	Guillaume Larose	200	37	»	11,250
109	— Tuilerie. Briques	Idem	Alexandre Maury	200	37	1,200	9,000
110	— Tuilerie. Briques	Hérépian	Pierre Milhan	200	35	900	3,000
111	— Tuilerie. Briques	Villeraile	Pierre Bétirac	200	42	150	2,160
112	— Tuilerie. Briques	Nissan	Rémi Martin	250	34	520	2,025
113	— Tuilerie. Briques	Idem	Jean Audoui	500	50	520	2,025
114	— Tuilerie. Briques	Servian	Étienne Grenier	280	35	1,800	4,000
115	— Poterie	Béziers	Aphrodise Bourel	250	31	»	2,500
116	— Poterie	Idem	Bosch dit Cambron	300	30	»	2,500
117	— Poterie	Idem	Emmanuel Carles	150	34	»	2,500
118	— Poterie	Idem	Pierre Cabasar	300	29	»	2,000
119	— Poterie	Pézénas	Arles	»	6	75	1,500
120	— Poterie	Idem	Maury	»	6	73	1,500
121	— Poterie	Idem	Veuve Clavel	»	6	75	1,500
122	— Poterie	Idem	Grimal	»	6	158	3,000
123	— Poterie	Idem	André	»	6	150	2,800
124	Produits chimiques. Céruse	Idem	Bourbon et fils	40	50	13,700	14,800
125	— Crème de tartre	Saint-Thibéry	François Canmotte	350	105	52,405	74,195
126	— Crème de tartre	Béziers	Louis Moulières	1,400	440	40,000	54,000
127	— Crème de tartre	Idem	Joseph Boissenon	700	220	15,000	24,000
128	Bois. Fers. Construction de navires	Agde	Jean Mérie	400	66	200,430	237,600

	OUVRIERS.							MOTEURS.						FEUX.			MACHINES.	
	NOMBRE.				SALAIRES.			MOULINS.			MACHINES à vapeur.	CHEVAUX et mulets.	BŒUFS.	FOUR-NEAUX.	FORGES.	FOURS.	MÉTIERS.	AUTRES.
	Hommes.	Femmes.	Enfants.	TL.FAIL.	Hommes.	Femmes.	Enfants.	à eau.	à vent.	à manège.								

NT ᛐ DE MONTPELLIER. (Suite.)

00'	15	"	1	16	1' 75°	"	0' 75°	"	1	"	"	1	"	3	"	"	"	
00	8	"	1	9	1. 75	"	0. 75	"	"	1	"	1	"	2	"	"	"	
00	5	"	1	6	1. 75	"	0. 75	"	"	1	"	1	"	1	"	"	"	

NT | DE BÉZIERS.

25	300	300	150	750	2. 70	1' 40°	0. 80	"	"	"	"	32	"	2	"	"	1	
50	80	"	"	80	1. 50	"	"	"	"	"	"	"	"	"	"	"	"	
50	99	"	"	99	2. 10	"	"	"	"	"	"	"	"	"	"	"	"	
67	102	"	"	102	2. 50	"	"	"	"	"	"	"	"	"	"	"	"	
00	6	"	"	6	2. 50	"	"	"	"	"	"	"	"	"	"	"	1	
00	8	"	"	8	2. 50	"	"	"	"	"	"	"	"	"	"	"	1	
00	4	"	"	4	2. 50	"	"	"	"	"	"	"	"	"	"	"	1	
00	4	"	"	4	2. 50	"	"	"	"	"	"	"	"	"	"	"	1	
00	5	"	"	5	2. 50	"	"	"	"	"	"	"	"	"	"	"	1	
00	5	"	"	5	2. 50	"	"	"	"	"	"	"	"	"	"	"	1	
00	5	"	"	5	2. 50	"	"	"	"	"	"	"	"	"	"	"	1	
00	5	"	"	5	2. 50	"	"	"	"	"	"	"	"	"	"	"	1	
00	5	"	"	5	2. 50	"	"	"	"	"	"	"	"	"	"	"	1	
00	5	"	"	5	3. 00	"	"	"	"	"	"	"	"	"	"	"	1	
00	5	"	"	5	1. 50	"	"	"	"	"	"	"	"	"	"	"	1	
00	4	"	"	4	2. 50	"	"	"	"	"	"	"	"	"	"	"	1	
00	5	"	"	5	2. 00	"	"	"	"	"	"	"	"	"	"	"	1	
00	4	"	"	4	2. 00	"	"	"	"	"	"	"	"	"	"	"	1	
50	6	"	"	6	2. 50	"	"	"	"	"	"	"	"	"	"	"	1	
00	7	"	"	7	2. 50	"	"	"	"	"	"	"	"	"	"	"	1	
00	5	"	"	5	2. 50	"	"	"	"	"	"	"	"	"	"	"	1	
60	4	"	"	4	2. 00	"	"	"	"	"	"	"	"	"	"	"	1	
025	4	"	"	4	2. 50	"	"	"	"	"	"	"	"	"	"	"	1	
025	5	"	"	5	2. 50	"	"	"	"	"	"	"	"	"	"	"	1	
00	4	"	"	4	2. 50	"	"	"	"	"	"	"	"	"	"	"	1	
00	4	"	"	4	2. 50	"	"	"	"	"	"	"	"	"	"	"	"	
00	4	"	"	4	2. 50	"	"	"	"	"	"	"	"	"	"	"	"	
00	5	"	"	5	2. 50	"	"	"	"	"	"	"	"	"	"	"	"	
00	5	"	"	5	2. 50	"	"	"	"	"	"	"	"	"	"	"	"	
00	2	"	"	2	2. 50	"	"	"	"	"	"	"	"	"	"	"	"	
00	3	"	"	3	2. 50	"	"	"	"	"	"	"	"	"	"	"	"	
00	4	"	"	4	2. 50	"	"	"	"	"	"	"	"	"	"	"	"	
00	4	"	"	4	2. 50	"	"	"	"	"	"	"	"	"	"	"	"	
00	4	"	"	4	2. 50	"	"	"	"	"	"	"	"	"	"	"	"	
00	3	"	"	3	1' 50° à 2'	"	"	"	"	"	"	"	"	"	"	"	"	
195	8	2	"	10	1' 75°	0. 75	"	"	"	"	"	"	"	12	"	"	"	
000	4	3	"	7	2. 00	1. 00	"	"	"	"	1	"	"	11	"	"	"	
000	2	2	"	4	2. 00	1. 00	"	"	"	"	1	"	"	3	"	"	"	
600	20	"	"	20	2. 75	"	"	"	"	"	"	"	"	"	"	"	"	

NUMÉROS	NATURE DES ÉTABLISSEMENTS.	COMMUNES où ILS SONT SITUÉS.	NOMS DES FABRICANTS ou manufacturiers.	VALEURS LOCATIVES.	MONTANT des PATENTES.	VALEUR ANNUELLE des matières premières.	VALEUR DES PRODUITS fabriqués annuellement.	
						2° ARRONDISSEMENT	DI	
129	Bois. Fers. Construction de navires	Agde	Nicolas Méric aîné	400ᶠ	66ᶠ	205,610ᶠ	300,400ᶠ	
130	— — Construction de navires	Idem	Jean-Pierre Mouthron	400	66	200,430	215,600	
131	Candaits (Moulin à)	Béziers	Nurat frères et Ferret	430	57	396,000	488,000	c
132	— (Moulin à)	Idem	Bernard Raffet	300	49	45,900	60,000	
133	— (Moulin à)	Pezdnes	Baldy et compagnie	400	57	5,760,000	5,962,500	
134	Cire. Bière	Béziers	3 établissements	»	»	15,075	32,655	
135	Distillerie. Alcool	66 communes	189 idem	106,000	14,905	11,233,784	11,755,571	
136	Imprimerie. Journal, etc	Béziers	Théodore Furier	500	68	2,905	5,080	
137	— Journal, brochures	Idem	Mathieu Millet	300	30	1,687	5,550	
138	— Journaux, etc	Idem	François-Paul Maria	500	30	652	9,800	»
139	— Journal	Idem	Granier	400	30	2,324	3,400	
140	— Prospectus, annonces, etc	Idem	Mariage	150	30	2,070	4,000	
141	— Journaux, brochures, etc	Pezénas	Eugène Richard	100	70	1,143	6,505	
142	Lithographie. Papiers de commerce	Béziers	Cantégril	200	8	1,200	6,000	
143	— Papiers de commerce	Idem	Audouard	150	8	340	3,000	
144	Laine. Tissage. Draps	Bédarrieux	Flamann et Vidal	2,000	291	245,000	335,000	
145	— Tissage. Draps	Idem	Vernazobres frères	2,700	382	220,000	380,000	
146	— Tissage. Draps	Idem	Abelous	1,200	208	160,000	235,000	
147	— Tissage. Draps	Idem	Campagne	700	110	80,000	118,000	
148	— Tissage. Draps	Idem	Abelous fils et Massot	2,300	365	160,000	235,000	
149	— Tissage. Draps	Idem	Bonnes frères	1,400	209	80,000	115,000	
150	— Tissage. Draps	Idem	Prades et fils aîné	2,800	395	160,000	235,000	
151	— Tissage. Draps	Idem	J.-B. Puech	800	117	80,000	118,000	
152	— Tissage. Draps	Idem	Debru	500	103	160,000	235,000	
153	— Tissage. Draps	Idem	Triadou frères	600	86	80,000	118,000	
154	— Tissage. Draps	Idem	Mathieu Cruveillié	200	36	80,000	118,000	
155	— Tissage. Draps	Idem	Cruveillié neveu	400	93	90,000	159,000	
156	— Tissage. Draps	Idem	Sicard père et fils	5,300	818	420,000	845,600	
157	— Tissage. Draps	Idem	Vernazobres et fils	3,600	597	300,000	450,000	
158	— Tissage. Draps	Idem	Vernazobres et compagnie	2,400	332	180,000	300,000	
159	— Tissage. Draps	Idem	Dompayre et Aubespy	2,000	291	220,000	300,000	
160	— Tissage. Draps	Idem	Mouly et fils	900	169	100,000	165,000	tr
161	— Tissage. Draps	Idem	Fabrégue père et fils	3,000	519	335,000	450,000	
162	— Tissage. Draps	Idem	Donnadilles frères	3,300	459	308,900	450,000	
163	— Filoselle. Tissage	Idem	Briugon. Abelous et compⁱᵉ	250	41	43,030	102,000	
164	Soie. Cocons. Filature. Soie grège	Béziers	Louis Dejean	250	95	11,480	14,400	
165	— Filature. Soie grège	Idem	Boyer fils	350	73	21,000	24,000	
166	— Filature. Soie grège	Idem	Lagoua	200	60	7,175	8,160	
167	Peaux. Pelleteries. Maroquin	Bédarrieux	Plusieurs établissements	900	140	787,300	898,490	
168	— Tannerie	Béziers	Geyraud fils cadet	500	120	15,000	21,600	
169	— Tannerie	Idem	Victor Miquel	800	197	21,000	28,800	
170	— Tannerie	Idem	Alaunot Baluffe	1,000	181	33,750	48,600	
171	— Tannerie	Idem	Alexandre Fouvielle	500	181	22,500	32,400	
172	— Tannerie	Idem	Joseph-Honoré Fouvielle	500	181	22,500	45,000	
173	— Tannerie	Idem	Eugène Miquel aîné	1,700	193	33,750	43,000	
174	— Tannerie	Idem	Fouvieil fils aîné	500	121	15,000	21,600	

	OUVRIERS.							MOTEURS.						FEUX.			MACHINES.	
	NOMBRE.				SALAIRES.			MOULINS.			MACHINES à	CHEVAUX et	HAUTS.	FOUR-				
	Hommes.	Femmes.	Enfants.	TOTAL.	Hommes.	Femmes.	Enfants.	à eau.	à vent	à manège.	vapeur.	mulets.		NEAUX.	FORGES.	POIDS.	MÉTIERS.	AUTRES.

NT DE BÉZIERS. (Suite.)

400ᶠ	27	»	»	27	2ᶠ 75ᶜ													
600	20	»	»	20	2. 75													
000	4	»	»	4	3. 00			1			»	»			»			
000	3	»	»	3	3. 00			1			»	»			»			
500	6	»	»	6	3. 00			1			»	»			»			»
555	9	»	»	9	2. 50			»			»	»		232	»			
571	464	»	»	464	2. 00			»			»	»		232				1
030	4	»	»	4	2. 50			»			»	»			»			1
550	2	»	»	2	2. 50			»			»	»			»			1
800	4	1	»	5	2. 50	1ᶠ 00ᶜ		»			»	»			»			2
400	1	»	»	1	2. 50	»		»			»	»			»			2
000	1	»	»	1	2. 50	»		»			»	»			»			2
502	2	»	»	2	2. 50	»		»			»	»			»			1
000	3	»	»	3	3. 75	»		»			»	»			»		»	2
000	1	»	»	1	3. 50	»		»			»	»			»			2
000	70	78	35	183	1ᶠ 50ᶜ à 2ᶠ	60ᶜ à 75ᶜ	50ᶜ à 60ᶜ	1			»	»			»		37	20
000	100	100	60	260	1. 50 à 2	60 à 75	50 à 60	1			»	»			»		40	23
000	60	60	40	160	1. 50 à 2	60 à 75	50 à 60	1			»	»			»		25	19
000	30	30	10	70	1. 50 à 2	60 à 75	50 à 60	»			»	»			»		20	
000	60	60	40	160	1. 50 à 2	60 à 75	50 à 60	1			»	»			»		25	19
000	30	30	10	70	1. 50 à 2	60 à 75	50 à 60	1			»	»			»		20	23
000	60	60	40	160	1. 50 à 2	60 à 75	50 à 60	»			1	»			»		25	
000	30	30	10	70	1. 50 à 2	60 à 75	50 à 60	»			»	»			»		20	
000	60	60	40	160	1. 50 à 2	60 à 75	50 à 60	1			»	»			»		25	19
000	30	30	10	70	1. 50 à 2	60 à 75	50 à 60	»			»	»			»		20	23
000	30	30	10	70	1. 50 à 2	60 à 75	50 à 60	»			»	»			»		20	
000	25	25	8	58	1. 50 à 2	60 à 75	50 à 60	»			»	»			»		20	
600	130	150	67	347	1. 50 à 2	60 à 75	50 à 60	»			1	»			»		60	46
000	110	140	50	300	1. 50 à 2	60 à 75	50 à 60	»			1	»			»		35	19
000	70	70	50	190	1. 50 à 2	60 à 75	50 à 60	»			1	»			»		30	19
000	70	78	35	183	1. 50 à 2	60 à 75	50 à 60	»			1	»			»		36	20
000	30	50	15	95	1. 50 à 2	60 à 75	50 à 60	1			»	»			»		20	4
000	120	140	57	317	1. 50 à 2	60 à 75	50 à 60	1			»	»			»		50	25
000	100	100	60	260	1. 50 à 2	60 à 75	50 à 60	1			»	»			»		40	23
000	60	40	40	140	1ᶠ à 1ᶠ 50ᶜ	40 à 50	25 à 50	»			»	»			»		84	
400	1	10	1	12	2ᶠ 50ᶜ	1ᶠ 50ᶜ	1ᶠ 25ᶜ	»			»	»			»		10	1
000	1	16	2	19	2. 50	1. 50	0. 75	»			»	»			»		16	1
100	1	12	»	13	2. 50	1. 50	»	»			»	2			»		10	
400	170	»	50	220	2ᶠ 50ᶜ à 3ᶠ	»	75ᶜ à 1ᶠ	»			»	»			»		»	
600	3	»	»	3	2ᶠ 25ᶜ	»	»	»			1	»		1	»		»	
800	4	»	»	4	2. 25	»	»	»			1	»		1	»		»	
600	6	»	»	6	2. 25	»	»	»			2	»		1	»		»	
400	3	»	»	3	2. 25	»	»	»			1	»		1	»		»	
000	3	»	»	3	2. 25	»	»	»			1	»		1	»		»	
900	4	»	»	4	2. 25	»	»	»			2	»		1	»		»	
000	3	»	»	3	2. 25	»	»	»			1	»		1	»		»	

STATISTIQUE PAR ÉTABLISSEMENTS INDUSTRIELS.

NUMÉROS d'ordre	NATURE DES ÉTABLISSEMENTS.	COMMUNES où ILS SONT SITUÉS.	NOMS DES FABRICANTS ou manufacturiers.	VALEURS LOCATIVES.	MONTANT des PATENTES.	VALEUR ANNUELLE des matières premières.	VALEUR DES PRODUITS fabriqués annuellement.	
				2° ARRONDISSEMENT DI				
175	Peaux. Tannerie.	Béziers.	Joseph Cabot père	1,000ᶠ	180ᶠ	30,000ᶠ	45,000ᶠ	
176	— Tannerie.	Idem.	Victor Brocs	800	157	21,000	28,800	
177	— Tannerie.	Idem.	Miquel Soulié	1,000	180	30,000	45,000	
178	— Tannerie.	Idem.	Jean Mazière	500	120	15,000	22,500	
179	— Tannerie.	Idem.	Guillaume Gayraud.	800	157	20,000	30,000	
180	— Tannerie.	Idem.	Théron Lambert	500	120	15,000	22,500	
				3° ARRONDISSEMENT DI				
181	Carrières. Ardoises. Exploitation.	Soumont.	1 établissement.	»	»	»	6,250ᶠ	
182	Pierres gypseuses. Plâtre	2 communes	2 établissements. (Bull. coll.).	»	»	»	6,325	
183	Carrières. Pierre de taille. Exploitation	Idem.	2 établissements. (Bull. coll.).	»	»	»	3,420	
184	Houille. Extraction.	Ceylar.	J. Jaoul et compagnie	»	»	»	50,821	
185	Terre argileuse. Tuilerie, Briques.	Lodève.	Auguste-Benjamin Aubert . . .	150ᶠ	»	650ᶠ	1,750	
186	— Tuilerie, Briques.	Idem.	Veuve Mathieu.	150	27ᶠ	1,040	2,400	
187	— Tuilerie, Briques.	Idem.	François Trinquier	260	33	1,300	3,500	
188	— Tuilerie, Briques.	Idem.	Fulcran Maimard.	100	20	650	1,750	
189	— Tuilerie, Briques.	Idem.	Fulcran Trinquier.	280	34	1,040	2,400	
190	— Tuilerie, Briques.	Clermont	Antoine Laborie.	130	»	740	1,720	
191	— Tuilerie, Briques.	Idem.	François Martin.	200	»	630	2,190	
192	— Tuilerie, Briques.	Idem.	Jean Martin.	100	»	460	1,065	
193	— Tuilerie, Briques.	Idem.	César Martin	150	»	933	2,133	
194	— Tuilerie, Briques.	Idem.	Antoine Caste	200	»	1,095	2,460	
195	— Tuilerie, Briques.	Gignac.	Lapeyre.	600	57	750	5,560	
196	— Tuilerie, Briques.	Idem.	Boyer.	300	35	740	5,530	
197	— Tuilerie, Briques.	Montpeyroux	Pierre Delmas.	30	7	425	1,570	
198	— Tuilerie, Briques.	Saint-André	Jean-Pierre Pagès	200	»	210	2,400	
199	— Tuilerie, Briques	Pouget.	Baptiste Raymond et comp⁣ⁿ. . .	250	35	175	3,000	
200	— Tuilerie, Briques	Saint-Pargoire . . .	Jean-Pierre Fagès	100	»	163	1,500	
201	— Tuilerie, Briques	Aspiran	Joseph Granière.	150	28	1,067	7,400	
202	— Poterie.	Clermont.	Eugène Caste.	200	33	747	1,450	
203	— Poterie.	Idem.	Antoine Peyrotlès.	200	15	1,010	1,910	
204	— Poterie.	Saint-Jean-de-Fos. .	Louis Brès.	»	3	2,133	3,528	
205	— Poterie.	Idem.	Jouillié.	»	3	2,133	3,528	
206	— Poterie.	Idem.	Henri Brès.	»	3	2,133	3,528	
307	— Poterie.	Idem.	François Albe	»	3	2,730	4,775	
208	— Poterie.	Idem.	François-Jean Albe	60	9	1,960	3,516	
209	— Poterie.	Idem.	Frédéric Proch	»	3	2,730	4,845	
210	— Poterie.	Idem.	Barthélemy Jouillié.	»	3	2,730	4,735	
211	— Poterie.	Idem.	Jean André	»	3	2,133	4,568	
212	— Poterie.	Idem.	Jean-Étienne Cabanes	»	3	2,133	4,568	
213	— Poterie.	Idem.	Jean-Paul Lanave	»	3	2,133	3,668	
214	— Poterie.	Idem.	Barthélemy Brès	»	3	2,133	2,668	
215	Fab. Cotn. Cardes à laine, à coton. . . .	Soubès	Sabat.	1,000	130	39,375	70,220	
216	Céréales (Moulin à).	Soumont.	Brinquier.	1,000	70	200,000	400,000	

VALEUR PRODUITS		OUVRIERS.							MOTEURS.						FEUX.			MACHINES.	
		NOMBRE.				SALAIRES.			MOULINS.			Machines à vapeur.	Chevaux et mulets.	Bœufs.	Four- neaux.	Forges.	Fours.	Métiers.	Autres.
		Hommes.	Femmes.	Enfants.	TOTAUX.	Hommes.	Femmes.	Enfants.	à eau.	à vent.	à manège.								

NT DE BÉZIERS. (Suite.)

3,000		4	"	"	4	2' 25"	"	"	"	"	"	1	"	"	"	1	"	"	"
3,800		3	"	"	3	2. 25	"	"	"	"	"	1	"	"	"	1	"	"	"
3,000		4	"	"	4	2. 25	"	"	"	"	"	1	"	"	"	1	"	"	"
3,500		3	"	"	3	2. 25	"	"	"	"	"	1	"	"	"	1	"	"	"
3,000		3	"	"	3	2. 25	"	"	"	"	"	1	"	"	"	1	"	"	"
3,500		3	"	"	3	2. 25	"	"	"	"	"	1	"	"	"	1	"	"	"

NT DE LODÈVE.

,250		8	"	"	8	2. 62	"	"	"	"	"	"	"	"	"	"	"	"	"
,385		39	"	"	39	1. 45	"	"	"	"	"	"	"	"	"	"	"	"	"
,420		15	"	"	15	2. 50	"	"	"	"	"	"	"	"	"	"	"	"	"
,821		47	"	"	47	2. 50	"	"	"	"	"	"	"	"	"	"	"	"	"
,750		2	"	"	2	2. 00	"	"	"	"	"	"	"	"	"	"	"	"	"
,400		2	"	"	2	2. 00	"	"	"	"	"	1	"	"	"	1	"	"	"
,500		4	"	"	4	2. 00	"	"	"	"	"	1	"	"	"	1	"	"	"
,750		2	"	"	2	2. 00	"	"	"	"	"	1	"	"	"	1	"	"	"
,800		2	"	"	2	2. 00	"	"	"	"	"	"	"	"	"	1	"	"	"
,720		2	"	"	2	2. 00	"	"	"	"	"	"	"	"	"	1	"	"	"
,190		2	"	"	2	2. 00	"	"	"	"	"	"	"	"	"	1	"	"	"
.063		2	"	"	2	2. 00	"	"	"	"	"	"	"	"	"	1	"	"	"
.133		2	"	"	2	2. 00	"	"	"	"	"	"	"	"	"	1	"	"	"
.460		2	"	"	2	2. 00	"	"	"	"	"	"	"	"	"	1	"	"	"
.560		4	.	"	4	2. 00	"	.	"	"	"	"	"	"	"	1	"	"	"
.536		4	.	"	4	2. 00	"	.	"	"	"	"	"	"	"	1	"	"	"
.570		2	"	"	2	2. 00	"	"	"	"	"	"	"	"	"	1	"	"	"
.400		2	"	"	2	2. 00	"	"	"	"	"	"	"	"	"	1	"	"	"
.000		3	"	"	3	2. 00	"	"	"	"	"	"	"	"	"	1	"	"	"
.500		2	"	"	2	2. 00	"	"	"	"	"	"	"	"	"	1	"	"	"
.400		2	"	"	2	2. 00	"	"	"	"	"	"	"	"	"	1	"	"	"
.400		2	"	"	2	2. 50	"	"	"	"	"	"	"	"	"	1	"	"	"
.110		1	"	"	1	2. 50	"	"	"	"	"	"	"	"	"	1	"	"	"
.188		1	"	"	1	2. 50	"	"	"	"	"	"	"	"	"	1	"	"	"
.128		1	"	"	1	2. 50	"	"	"	"	"	"	"	"	"	1	"	"	"
.128		1	"	"	1	2. 50	"	"	"	"	"	"	"	"	"	1	"	"	"
.725		2	"	"	2	2. 50	"	"	"	"	"	"	"	"	"	1	"	"	"
.114		2	"	"	2	2. 50	"	"	"	"	"	"	"	"	"	1	"	"	"
.145		1	"	"	1	2. 50	"	"	"	"	"	"	"	"	"	1	"	"	"
.755		1	"	"	1	2. 50	"	"	"	"	"	"	"	"	"	1	"	"	"
.68		2	"	"	2	2. 50	"	"	"	"	"	"	"	"	"	1	"	"	"
.68		2	"	"	2	2. 50	"	"	"	"	"	"	"	"	"	1	"	"	"
.68		2	"	"	2	2. 50	"	"	"	"	"	"	"	"	"	1	"	"	"
.68		2	"	"	2	2. 50	"	"	"	"	"	"	"	"	"	1	"	"	"
.00		8	5	5	18	1. 75	0' 90"	0' 75"	1	"	"	"	"	"	"	"	1	"	30	5
.00		4	"	"	4	1. 50	"	"	2	"	"	"	"	"	"	"	"	"	"	.

3° ARRONDISSEMENT DE

N°	NATURE DES ÉTABLISSEMENTS.	COMMUNES où ILS SONT SITUÉS	NOMS DES FABRICANTS OU manufacturiers	VALEURS LOCATIVES.	MONTANT des PATENTES.	VALEUR ANNUELLE des matières premières.	VALEUR DES PRODUITS fabriqués annuellement.
217	Distillerie. Alcool	25 communes	51 établissements	22,050ᶠ	3,994ᶠ	1,730,080ᶠ	2,087,841ᶠ
218	Olives. Huilerie.	Saint-Jean-de-Fos	Jean-Louis Poujol	280	23	9,969	11,247
219	— Huilerie.	Idem	Pierre Durand	300	23	9,969	11,247
220	— Huilerie	Idem	Louis Julien	300	23	9,969	11,247
221	— Huilerie.	Idem	Jacques Italien	250	21	9,969	11,247
222	— Huilerie.	Guignac	Pons aîné	200	»	7,000	11,181
223	— Huilerie	Idem	D'Assinar	250	22	5,460	7,124
224	— Huilerie	Idem	Lapeyre	600	57	7,800	10,368
225	— Huilerie	Idem	Veuve Baumes	200	20	9,120	12,144
226	Imprimerie. Impressions diverses. . . .	Lodève . . .	Gustave Barthez	350	40	250	2,000
227	— et lithographie . . .	Idem	Louis Grillières	500	68	2,000	8,000
228	Laine. Filature.	Clermont	Balloc	900	122	94,500	105,600
229	— Filature.	Lodève	Millet frères	400	76	150,000	175,000
230	— Filature	Clermont	Bonnier-Soly	600	3e	136,000	152,500
231	— Filature	Lodève	Vallat fils	3,000	455	183,486	208,009
232	— Filature. Tissage. Limousines . . .	Clermont . . .	Gebelin, Marques	700	119	115,520	243,000
233	— Filature. Tissus divers. . . .	Idem	Roger et Crémieux frères . . .	1,100	140	251,000	380,000
234	— Tissage. Draps	Lodève . . .	Rouaud frères et Vinas . . .	5,100	840	211,300	332,000
235	— Tissage. Draps.	Clermont . . .	Fulcrand Portes	300	49	60,225	125,000
236	— Tissage. Draps.	Lodève . . .	Portefaix	600	65	134,406	229,500
237	— Tissage. Draps.	Idem	François Pumier	1,900	303	129,855	191,250
238	— Tissage. Draps.	Clermont . . .	Lugagne-Delpon	500	123	88,750	102,500
239	— Tissage. Draps.	Idem	Siau-Salas et fils aîné	1,200	236	245,300	432,000
240	— Tissage. Draps.	Idem	Louis Portes	700	141	169,550	293,625
241	— Tissage. Draps.	Idem . . .	Pierre Aninat et fils. . . .	700	131	210,875	330,600
242	— Tissage. Draps de troupe.	Lodève . . .	Martin Labranche	1,000	175	140,515	188,000
243	— Tissage. Draps de troupe	Villeneuvette	Maistre frères	4,500	800	335,175	575,000
244	— Tissage. Draps de troupe. . . .	Lodève . . .	Calvet et fils et compagnie. . .	4,000	830	197,370	303,200
245	— Tissage. Draps de troupe. . . .	Idem . . .	Fournier frères	3,350	558	422,300	587,600
246	— Tissage. Draps de troupe. . . .	Idem . . .	Foulquier et Genibeng. . . .	2,700	455	183,325	281,600
247	— Tissage. Draps de troupe. . . .	Idem . . .	Vitalis frères.	6,500	657	450,250	700,000
248	— Tissage. Draps de troupe. . . .	Idem . . .	Puech, Salaville et André . . .	3,200	415	363,394	533,500
249	— Tissage. Draps de troupe. . . .	Idem . . .	Rouquet et Marraud et comp. . .	16,000	970	316,400	513,600
250	— Tissage. Draps de troupe. . . .	Idem . . .	Brun-Fabreguettes et comp. . .	3,500	461	145,408	238,000
251	— Tissage. Draps. Tissus divers. . .	Idem . . .	Barbot et Fournier	5,000	973	291,100	422,400
252	— Tissage. Draps de troupe. . . .	Idem . . .	Menard et fils et compagnie. .	5,500	1,165	318,300	472,500
253	— Tissage. Draps de troupe. . . .	Idem . . .	Teisserenc et compagnie. . .	4,000	660	373,240	455,000
254	— Tissage. Draps de troupe. . . .	Idem . . .	Fulcran Lagare	2,400	398	141,010	212,500
255	— Tissage. Draps de troupe. . . .	Clermont . . .	Plaisque, Siau et compagnie . .	5,000	407	245,770	302,580
256	— Tissage. Draps. Couvertures . . .	Lodève . . .	Jourdan frères et compagnie. .	6,100	915	296,000	476,000
257	— Tissage. Draps. Couvertures . . .	Clermont . . .	Delpon, Bruguière et comp. . .	1,500	446	354,850	612,500
258	— Tissage. Draps. Tannerie. . . .	Idem . . .	Aninat frères	450	136	52,800	103,120
259	— Coton. Chanvre. Tapis. . . .	Idem . . .	Gaussinel.	600	119	48,600	63,600
260	Soie. Cocons. Filature. Soie grége . . .	Saint-André	Bancilhon	400	95	160,000	206,440
261	— Filature. Soie grége	Idem	Pierre-Romain Puech	300	83	100,000	129,145

NT DE LODÈVE. (Suite.)

	OUVRIERS.							MOTEURS.						FEUX.			MACHINES.	
	NOMBRE.				SALAIRES.			MOULINS.			MACHINES à vapeur.	CHEVAUX et mulets.	D'EXPL.	FOURNEAUX.	FORGES.	FOURS.	MÉTIERS.	AUTRES
	Hommes.	Femmes.	Enfants.	TOTAL.	Hommes.	Femmes.	Enfants.	à eau.	à vent.	à manège.								
41'	107	"	"	107	2' 00"	"	"	"	"	"	"	"	"	53	"	"	"	"
47	5	"	"	5	3. 00	"	"	"	"	1	"	"	"	1	"	"	"	"
47	5	"	"	5	3. 00	"	"	"	"	1	"	"	"	1	"	"	"	"
47	5	"	"	5	3. 00	"	"	"	"	1	"	"	"	1	"	"	"	"
47	5	"	"	5	3. 00	"	"	"	"	1	"	"	"	1	"	"	"	"
81	5	"	"	5	3. 00	"	"	"	"	1	"	"	"	1	"	"	"	"
24	5	"	"	5	3. 00	"	"	"	"	1	"	"	"	1	"	"	"	"
68	5	"	"	5	3. 00	"	"	"	"	1	"	"	"	1	"	"	"	"
44	5	"	"	5	3. 00	"	"	"	"	1	"	"	"	1	"	"	"	"
00	4	.	"	4	2. 50	"	"	"	"	"	"	"	"	"	"	"	"	.
00	5	"	"	5	2. 50	"	.	"	"	"	"	"	"	"	"	"	"	.
00	10	20	20	50	1. 50	0' 75'	0' 50"	2	"	"	"	"	"	"	"	"	26	10
00	4	23	16	43	2. 00	1. 00	0. 40	1	"	"	"	"	"	"	"	"	19	10
00	15	14	20	49	1. 75	1. 00	0. 50	2	"	"	"	"	"	"	"	"	26	10
02	35	45	24	104	2. 00	1. 00	0. 65	3	"	"	1	"	"	"	"	"	.	54
00	10	10	25	45	1. 50	0. 75	0. 60	1	"	"	"	"	"	"	"	"	20	20
00	80	30	80	240	1. 50	0. 75	0. 60	2	"	"	1	"	"	"	1	fours 1	34	62
00	122	160	48	330	2'25"à2'75"	1'à1'50"	60"à75"	6	"	"	"	"	"	"	"	"	148	49
00	15	20	8	43	1' 50"	0' 60"	0' 60"	"	"	"	"	"	"	"	"	"	"	"
150	66	54	15	135	2. 00	1. 00	0. 60	2	"	"	"	"	"	"	"	"	15	21
00	55	45	11	111	2. 00	1. 00	0. 60	1	"	"	"	"	"	"	"	"	25	35
00	40	35	20	95	1. 50	0. 60	0. 60	"	"	"	1	"	"	1	"	"	25	5
125	40	60	30	130	1. 50	0. 60	0. 60	"	"	"	"	"	"	1	"	"	30	7
500	35	50	40	125	1. 75	0. 75	0. 60	"	"	"	"	"	"	"	"	"	22	6
000	35	40	30	105	1. 75	0. 75	0. 60	"	"	"	"	"	"	1	"	"	25	5
000	35	80	25	140	1'75"à2'25"	75"à1'25"	50"à80"	4	"	"	"	"	"	"	"	"	85	45
000	150	200	100	450	1' 75"	0' 75"	0' 60"	8	"	"	"	"	"	"	"	"	92	134
100	96	140	50	286	2. 00	0. 75	0. 60	3	"	"	"	"	"	"	"	"	75	60
100	103	185	50	338	2. 00	0. 90	0. 65	4	"	"	"	"	"	"	"	"	42	83
500	65	102	30	257	2. 00	60"à1'	50"à75"	"	"	"	1	"	"	"	"	"	82	45
500	125	185	55	365	1'75"à2'50"	75"à1'50"	00à75	2	"	"	2	"	"	"	"	"	108	33
300	154	126	35	315	2' 00"	1' 00"	0' 60"	3	"	"	"	"	"	4	"	"	35	68
300	89	166	40	295	1. 60	0. 60	0. 50	"	"	"	3	"	"	"	"	"	155	48
300	60	70	30	160	2. 00	0. 75	0. 60	2	"	"	"	"	"	"	"	"	60	10
100	94	80	43	217	2. 00	75"à1'50"	50"à75"	4	"	"	"	"	"	7	1	"	69	106
500	80	180	60	320	1'50"à2'50"	60"à1'	40à75	6	"	"	"	"	"	9	"	"	154	99
000	90	125	35	250	2' 25"	1' 00"	0' 65"	3	"	"	"	"	"	4	"	"	40	123
500	70	80	50	200	2. 00	1. 00	0. 60	5	"	"	"	"	"	3	"	"	57	105
880	65	120	35	220	1. 50	0. 60	0. 50	"	"	"	"	"	"	"	"	"	30	44
000	80	180	70	330	2. 00	75"à1'25"	50"à75"	8	"	"	"	"	"	4	"	"	75	57
500	80	160	40	280	1. 60	0' 60"	0' 50"	"	"	"	"	"	"	"	"	"	110	36
120	15	8	3	26	1. 50	0. 60	0. 60	1	"	"	"	"	"	"	"	"	20	20
600	5	24	12	41	1. 25	1. 00	0. 40	"	"	"	"	"	"	3	"	"	24	.
440	4	65	"	69	2. 00	1. 50	"	"	"	"	1	"	"	1	"	"	50	.
145	7	50	"	57	1. 75	0. 60	"	"	"	"	"	"	"	1	"	"	40	.

13

STATISTIQUE PAR ÉTABLISSEMENTS INDUSTRIELS.

4° ARRONDISSEMENT | DI

NUMÉROS d'ordre	NATURE DES ÉTABLISSEMENTS.	COMMUNES où ils sont situés.	NOMS des fabricants ou manufacturiers.	VALEURS LOCATIVES.	MONTANT des PATENTES.	VALEUR vénelle des matières premières.	VALEUR des produits fabriqués annuellement.	
262	Carrières. Extraction. Dalles de pavage	2 communes	2 établissements. (Bull. col.).				2,700	
263	Pierres gypseuses. Plâtre	Cruzy	4 idem				8,500	
264	Carrières, Pierres de taille. Exploitation	Saint-Pons	3 idem				1,800	
265	Houille. Extraction	2 communes	2 idem				24,948	
266	Lignite. Extraction	8 communes	8 idem				54,600	
267	Terre végétale, Tuilerie, Briques	La Caunette	Jean-Félicien Pons	100	29	900	1,400	
268	Tuilerie, Briques	Idem	Veuve Joseph Pons	100	29	900	1,400	
269	Orge. Bière	1 commune	1 établissement			5,760	10,624	
270	Distillerie. Alcool	9 communes	20 établissements. (Bull.coll.)	3,580	1,184	943,035	1,034,437	
271	Imprimerie. Journal, etc	Saint-Pons	Némai	700	47	1,985	3,200	
272	Laine. Filature	Saint-Chinian	Arnaud	250	50	240,000	285,600	
273	Filature	La Salvetat	Gavoy, Thomassin et Andure.	250	53	171,800	186,250	
274	Filature	Saint-Pons	Louis Molinié	900	136	264,650	424,800	
275	Filature	Prémian	Guillard fils	600	107	65,400	73,000	
276	Filature	Saint-Pons	Andure	250	50	124,500	141,600	
277	Filature	Colombières	Falrégat	300	39	167,850	193,600	
278	Filature	Riouasse	Joseph Houard	200	44	205,375	223,500	
279	Filature	Colombières	Jean Astruc	100	32	124,500	144,200	
280	Filature	Saint-Chinian	Courrey frères	1,400	205	513,500	535,200	
281	Filature, Tissage, Draps	Riols	Pierre Lignon	300	58	65,345	120,040	
282	Filature, Tissage, Draps	Saint-Chinian	Fourcade frères	1,200	210	326,155	520,000	
283	Filature, Tissage, Draps	Saint-Pons	Cesophre et fils et Assis.	800	135	145,813	264,000	
284	Filature, Tissage, Draps	Idem	Gily	600	99	68,890	128,000	
285	Filature, Tissage, Draps	Saint-Chinian	Flottes frères	1,200	210	326,155	520,000	
286	Filature, Tissage, Draps	Saint-Pons	Armingaud, Mirgaud	800	131	274,150	432,000	
287	Tissage. Molletons	La Salvetat	Casquil	100	20	30,375	45,000	
288	Tissage. Couvertures	Saint-Pons	Jules Guiraud	300	48	15,050	22,500	
289	Tissage. Draps	Saint-Chinian	Isoard fils	300	58	68,890	128,000	
290	Tissage. Draps	Saint-Pons	Molinié et Rasimbaud	500	125	134,084	271,800	
291	Tissage. Draps	Riols	Miguel aîné et fils	250	39	100,604	180,000	
292	Tissage. Draps	Saint-Pons	Laugé père et fils	200	87	100,563	182,400	
293	Tissage. Draps	Riols	Lignon neveu	250	39	124,386	224,000	
294	Tissage. Draps	Saint-Pons	Tabourieth-Alingry	100	23	97,937	178,400	
295	Tissage. Draps	Riols	Mingaud-Lauglé	120	22	165,050	285,000	
296	Tissage. Draps	Idem	Lignon-Rambouillet et fils.	200	90	165,274	304,000	
297	Tissage. Draps	Saint-Pons	Estaumié	100	23	166,697	320,000	
298	Tissage. Draps	Idem	Cormary	300	48	67,042	121,000	
299	Tissage. Draps	Idem	Silvestre-Barthès	670	96	160,000	273,000	
300	Tissage. Draps	Saint-Chinian	Esprit Anselme	300	59	67,043	120,000	
301	Tissage. Draps	Idem	Justin Amat	300	49	130,630	240,000	
302	Tissage. Draps	Idem	Valmégère fils	500	100	165,440	304,000	
303	Peaux. Tannerie	Saint-Pons	Planès frères	1,500	81	30,200	42,000	
304	Tannerie	Idem	Laugé père et fils	200	87	40,800	60,000	

	OUVRIERS.							MOTEURS.						FEUX.			MACHINES.	
	NOMBRE.				SALAIRES.			MOULINS			MACHINES à vapeur.	CHEVAUX et mulets.	BÊTES.	FOUR- NEAUX.	FORGES.	FOURS.	MÉTIERS.	METIERS.
	Hommes.	Femmes.	Enfants.	TOTAL.	Hommes.	Femmes.	Enfants.	à eau.	à vent.	à manège.								

T. — DE SAINT-PONS.

Hommes	Femmes	Enfants	TOTAL	Hommes	Femmes	Enfants	à eau	à vent	à manège	vapeur	chevaux		fourneaux	forges	fours	métiers	
6	,	,	6	2' 50°									,				
19	,	,	19	0. 85			,	,	,	,	,		,				
11	,	,	11	2. 15			,	,	,	,	,		,				
39	,	,	39	2. 50	,	,	,	,	,	2	,		,			,	4
168	,	,	168	2. 50	,	,	,	,	,	,	,		,				
3	,	,	3	2. 00	,	,	,	,	,	,	,		,				
3	,	,	3	2. 00			,	,	,	,	,		,				
2	,	,	2	1. 50			,	,	,	,	,		,				
28	,	,	28	2. 00	,	,	,	,	,	,	,		29				
2	,	,	2	2. 00	,	,	,	,	,	,	,		,				2
45	25	40	110	1. 50	0' 60°	0' 50°	1	,	,	,	,		,			30	12
20	15	25	60	1. 25	0. 60	0. 50	1	,	,	,	,		,			28	8
60	35	40	135	1. 40	0. 80	0. 50	1	,	,	,	,		1			30	25
36	30	64	130	1. 50	1. 00	0. 50	1	,	,	2	,		,			60	20
10	8	15	33	1. 50	0. 60	0. 50	,	,	,	,	,		,			15	8
25	18	25	68	1. 50	0 60	0. 50	,	,	,	1	,		,			18	10
40	20	30	90	1. 50	0. 60	0. 50	,	,	,	,	,		,			28	15
12	10	20	42	1. 50	0 60	0. 50	,	,	,	,	,		,			15	8
50	30	35	115	1. 50	0. 80	0. 50	3	,	,	,	2		4			25	20
50	30	25	105	1. 50	0. 60	0. 50	1	,	,	,	,		,			30	15
85	80	45	210	1. 50	0. 60	0. 50	2	,	,	3	,		4			65	30
115	80	70	265	1. 50	0. 60	0. 50	1	,	,	3	,		3		,	70	40
40	25	24	89	1. 50	0. 60	0. 50	,	,	,	,	,		,		1	30	15
80	70	40	190	1. 50	0. 60	0. 50	2	,	,	3	,		4			60	25
85	80	46	220	1. 50	0. 60	0. 50	,	,	,	,	,		4			60	32
20	10	,	30	1. 50	0. 60	-	,	,	,	,	,		,			10	5
10	5	3	18	1. 50	0. 60	0. 50	,	,	,	,	,		,			4	5
30	25	25	80	1. 50	0. 60	0. 50	,	,	,	,	,		,		,	25	15
35	30	15	80	1. 50	0. 60	0. 50	1	,	1	3	,		4		,	28	13
30	25	20	75	1. 50	0. 80	0. 50	,	,	,	1	,		,		,	20	12
35	30	20	85	1. 50	0. 60	0. 50	,	,	,	,	,		,		,	24	8
35	28	20	83	1. 50	0. 80	0. 50	1	,	,	1	,		,		,	22	13
25	20	18	63	1. 50	0. 60	0. 50	,	,	,	,	,		,		,	20	6
40	30	18	88	1. 50	0. 80	0. 50	,	,	,	,	,		,		,	25	10
60	40	25	125	1. 50	0. 60	0. 50	1	,	,	3	,		3		,	40	12
40	35	18	93	1. 50	0. 60	0. 50	1	,	,	,	,		,		,	25	10
35	20	15	60	1. 50	0. 60	0. 50	1	,	,	,	,		,		,	15	6
110	100	50	260	1. 50	0. 60	0. 75	1	,	,	1	1		7		,	50	15
24	20	20	64	1. 50	0. 60	0. 73	,	,	,	1	,		,		,	15	5
30	26	15	71	1. 50	0. 60	0. 50	,	,	,	,	,		,		,	18	8
38	32	16	84	1. 50	0. 60	0. 50	,	,	,	,	,		,		,	20	10
15	,	,	15	1. 50	,	,	,	,	,	1	,	1	,		,	,	,
20	,	,	20	1. 50	,	,	,	,	,	1	,	2	,		,	,	,

13.

RÉCAPITULATION PAR AR

NATURE DES PRODUITS.		NOMBRE D'ÉTABLISSE-MENTS.	NOMBRE DE COMMUNES où ils sont situés.	VALEURS LOCATIVES.	MONTANT des PATENTES.	VALEUR ANNUELLE des matières premières.	VALEUR DES PRODUITS fabriqués annuellement.	Homm
ARRONDISSEMENTS DE	MONTPELLIER.....	219	71	145,350f	20,535f	15,885,347f	20,540,933f	2,2
	BÉZIERS	289	90	167,780	25,343	22,822,378	27,063,353	2,2
	LODÈVE	133	43	123,710	18,394	9,205,184	13,698,762	2,2
	SAINT-PONS	76	31	21,420	3,902	5,979,528	8,637,149	1,6
	TOTAUX.....	717	235	458,290	68,174	53,895,437	69,940,196	9,6

RÉCAPITULATION PAR NATURE DE

PRODUITS MINÉRAUX.	Marais salants. Sel marin.	6	6	"	"	"	958,599f	1,1
	Pierres gypseuses, Plâtre	10	7	"	"	"	67,875	1
	Carrières. Pierres de taille. Exploitation. Dalles de pavage	16	14	"	"	"	328,970	1
	——— Ardoises	1	1	"	"	"	6,250	
	Marbre. Scierie et ouvrages	1	1	3,000f	200f	43,000f	130,000	
	Houille. Extraction	9	9	"	"	"	269,031	
	——— Gaz d'éclairage	1	1	2,500	523	46,125	156,700	
	Lignite. Extraction	8	8	"	"	"	54,600	
	Terre argileuse. Tuileries. Briques	48	22	14,070	1,562	82,598	260,266	1
	——— Poteries	22	4	1,460	226	27,398	66,999	
	Fer. Minerai	1	1	"	"	"	970	
	——— Fonte moulée	1	1	450	115	13,750	27,500	
	——— Machines à vapeur	1	1	1,000	158	27,564	47,500	".
	——— Acier. Coutellerie	1	1	1,000	158	3,000	25,000	
	——— Instruments de pesage	1	1	500	97	80,800	194,000	
	——— Cuir. Cardes	1	1	1,600	130	39,375	70,200	
	Or. Argent. Bijouterie. Orfèvrerie	5	1	7,050	1,243	61,000	85,000	
PRODUITS VÉGÉTAUX.	Produits chimiques. Céruse. Crème de tartre	9	4	6,840	1,908	451,825	603,620	
	Bois. Far. Construction de navires	6	2	1,940	349	843,470	1,004,062	
	Céréales (Moulins à)	9	6	37,600	1,650	9,851,800	10,640,700	
	Orge. fibre	8	2	"	"	132,542	208,565	
	Distillerie. Alcool	379	150	184,840	27,815	19,917,397	21,985,502	
	Olives. Huileries	8	2	2,380	193	69,256	85,805	
	Papeterie. Papiers divers	1	1	900	169	18,180	50,000	
	Imprimerie. Journaux. Impressions diverses	18	6	6,000	1,153	45,566	175,933	2
	Lithographie. Factures, etc	2	1	350	16	1,540	9,000	
	Coton. Filature. Tissage. Calicots	4	2	9,000	1,970	562,600	1,138,000	
	Laine. Filature	13	9	9,050	1,387	2,550,451	2,848,450	
	——— Filature. Tissage. Draps	6	3	4,900	843	1,200,508	1,984,000	".
PRODUITS ANIMAUX.	——— Filature. Tissage. Couvertures. Tapis. Molletons . . .	7	4	11,850	1,943	2,432,045	3,251,500	
	——— Tissage. Draps	59	7	125,340	18,764	11,112,558	17,888,475	3,4
	——— Coton. Chanvre. Tapis	1	1	600	119	48,600	63,600	
	Soie. Cocons. Filature. Soie grège	21	2	7,920	2,179	2,193,327	2,641,044	
	——— Soie grège et autres	3	1	800	228	39,635	48,560	
	Peaux. Tanneries	26	4	13,950	2,027	1,265,097	1,606,440	
	——— Pelleteries. Maroquins	1	1	900	146	707,200	898,400	
	TOTAUX	717	288	458,290	68,174	53,895,437	69,940,196	9

R ARRONDISSEMENTS.

	OUVRIERS.							MOTEURS.						FEUX.			MACHINES.	
	NOMBRE.				SALAIRES.			MOULINS.			MACHINES à vapeur.	CHEVAUX et mulets.	BŒUFS.	FOUR- NEAUX.	FORGES.	FOURS.	MÉTIERS.	AUTRES.
	Hommes.	Femmes.	Enfants.	TOTAUX.	Hommes.	Femmes.	Enfants.	à eau.	à vent.	à manège.								
2'	2,558	2,384	523	5,465	2' 44'	1' 20'	0' 75'	24	2	38	19	143	.	271	25	4	408	360
3	2,863	1,707	890	5,460	2.18	0.75	1.09	12	.	17	5	34	.	273	.	22	683	320
2	2,367	3,053	1,155	6,575	1.89	0.89	0.60	75	.	8	12	3	.	100	3	30	1,839	1,44?
9	1,654	1,041	842	3,537	1.61	0.65	0.52	18	.	1	3	26	3	53	1	.	922	439
6	9,442	8,185	3,410	21,037	2.03	0.87	0.74	129	2	64	39	206	3	697	29	56	3,857	2,564

E DE PRODUITS INDUSTRIELS.

Hommes.	Femmes.	Enfants.	TOTAUX.	Hommes.	Femmes.	Enfants.	à eau.	à vent.	à manège.	vapeur.	chevaux.	bœufs.	fourneaux.	forges.	fours.	métiers.	autres.
1,100	760	360	2,220	2' 70'	1' 40'	0' 80'	.	.	21	.	130	.	2	.	1	.	.
138	.	.	138	1.23	.	.	.	.	.	.	.	.	.	.	.	.	.
281	.	.	281	2.40	.	.	.	.	.	.	.	.	.	.	.	.	.
8	.	.	8	2.62	.	.	.	.	.	.	.	.	.	.	.	.	.
26	.	4	30	2.50	.	1.00	2	.	.	.	.	.	.	.	.	.	4
282	.	.	282	1.56	.	.	.	.	.	.	2	.	.	.	.	.	3
25	.	.	25	2.50	.	.	.	.	.	.	1	.	4	1	.	.	1
168	.	.	168	2.50	.	.	.	.	.	.	.	.	.	.	.	.	.
222	13	28	263	2.18	1.25	0.75	.	.	.	.	3	.	.	.	38	.	.
55	.	.	55	2.50	.	.	.	.	.	.	.	.	.	.	13	.	.
4	.	.	4	2.50	.	.	.	.	.	.	.	.	.	.	1	.	.
6	.	.	6	3.00	.	.	.	.	1	.	2	.	2	.	1	.	.
25	.	.	25	3.37	.	.	.	.	.	1	.	.	2	.	.	.	5
19	.	.	19	2.87	.	.	.	.	.	.	.	.	.	3	.	.	.
95	.	.	95	2.75	.	.	.	.	1	.	2	.	.	8	.	.	.
8	5	5	18	1.75	0.90	0.75	1	.	.	.	.	.	.	1	.	20	5
15	.	.	15	2.95	.	.	.	.	.	.	.	.	.	8	.	.	.
69	8	1	78	1.90	0.94	0.75	1	1	6	1	9	.	102	1	3	.	.
352	.	.	352	3.50	.	.	.	.	.	.	.	.	.	.	.	.	.
47	.	.	47	2.61	.	.	9	.	.	.	.	.	.	.	.	.	.
32	.	.	32	2.37	.	.	.	.	.	.	.	.	.	.	.	.	.
868	.	.	868	2.00	.	.	.	.	.	.	.	.	440	.	.	.	.
40	.	.	40	3.00	.	.	.	.	8	.	.	.	8	.	.	.	.
12	.	10	22	2.00	.	0.60	.	.	.	.	.	.	2	.	.	.	4
87	1	.	88	2.47	1.00	.	.	.	.	.	.	.	.	.	.	.	14
4	.	.	4	3.62	.	.	.	.	.	.	.	.	.	.	.	.	4
76	200	90	366	2.21	0.82	0.53	5	.	.	.	.	.	1	2	.	258	90
362	293	374	1,029	1.57	0.77	0.51	15	.	.	1	5	.	4	1	.	320	210
455	374	250	1,079	1.50	0.60	0.50	6	.	.	.	9	.	15	.	.	315	155
365	680	238	1,283	1.89	0.83	0.64	12	.	.	1	.	.	.	3	.	235	352
3,689	4,539	1,935	10,163	1.75	0.74	0.57	76	.	1	15	10	.	48	1	.	2,549	1,719
5	24	12	41	1.25	1.00	0.40	.	.	.	.	.	.	3	.	.	24	.
106	1,250	40	1,396	2.19	1.32	0.91	1	.	.	18	18	.	34	.	.	90	.
3	38	3	44	2.50	1.50	1.00	.	.	.	.	2	.	.	.	.	36	2
223	.	10	233	2.07	.	0.83	1	1	20	2	13	3	40	.	.	.	.
170	.	50	220	2.75	.	0.87	.	.	.	.	.	.	.	.	.	.	.
6	9,442	8,185	3,410	21,037	2.03	0.87	0.74	129	2	64	39	206	3	697	29	56	3,857	2,564

STATISTIQUE PAR ETABLISSEMENTS INDUSTRIELS.

N° 9.

Nombre total des patentés 12,731.

1° PRODUCTION.

9° DÉPARTEMENT

NUMÉROS d'ordre	NATURE DES ETABLISSEMENTS	COMMUNES où ils sont situés	NOMS DES FABRICANTS ou manufacturiers	VALEURS LOCATIVES	MONTANT des PATENTES	VALEUR annuelle des matières premières	VALEUR DES PRODUITS fabriqués annuellement
			1° ARRONDISSEMENT				
1	Terre argileuse. Tuilerie. Briques	Trèbes	Jacques Guiraud	700	82	8,000	14,000
2	— Tuilerie. Briques	Idem	Charles Guiraud	350	51	6,000	7,000
3	— Tuilerie. Briques	Idem	Arnaud Laffin	250	37	2,000	3,000
4	— Tuilerie. Briques	Idem	Germain Guiraud	400	55	5,250	7,020
5	— Tuilerie. Briques	Idem	Arrial	700	82	9,000	17,270
6	— Tuilerie. Briques	Idem	J.-P. Revel	300	50	6,500	12,000
7	Bois. Fer. Construction de navires	Idem	Russel frères	300	46	30,000	73,000
8	Céréales (Moulin à)	Idem	Marty oncle et neveu	4,400	279	625,000	760,000
9	— (Moulin à)	Idem	Laporte	2,000	113	140,000	170,000
10	— (Moulin à)	Idem	Gayde père et fils	2,000	110	320,000	368,000
11	— (Moulin à)	Carcassonne	Jacques Rout	10,770	650	1,100,000	1,250,000
12	— (Moulin à)	Idem	Laporte	6,000	384	1,000,000	1,025,000
13	— (Moulin à)	Idem	Antoine Vié	14,700	858	1,000,000	1,025,000
14	Huile. Bière	Idem	2 établissements. (Bull. col.)			44,531	78,072
15	Distillerie. Alcool	Trèbes	Pierre Russel	300	89	24,000	33,000
16	— Alcool	Idem	André	175	11	44,800	66,000
17	— Alcool	Azille	Jeanne-Béraud	19	33	24,400	27,000
18	— Alcool	Peyriac-Minervois	Chiffre	400	88	75,000	82,500
19	Olives. Huilerie	Idem	Sabatier et Fabre			4,000	6,000
20	— Huilerie	Azille	Auguste Tallavigne			4,000	5,880
21	— Huilerie	Idem	Antoine Jouy			4,000	5,880
22	Laine. Filature	Carcassonne	Besancerle et compagnie	3,000	415	109,019	150,000
23	— Filature	Idem	Actionnaires de l'Isle	9,000	1,003	104,700	180,000
24	— Filature	Idem	Actionnaires de la Trivalle	10,000	1,306	120,000	240,000
25	— Tissage. Draps	Idem	Urbain Fagre	400	63	48,125	100,000
26	— Tissage. Draps	Idem	Guillaume Fonels	1,050	218	310,750	552,000
27	— Tissage. Draps	Idem	Bonnefoy Sicre fils	1,100	172	235,870	390,090
28	— Tissage. Draps	Idem	Bernard Darles	1,900	164	45,512	110,400
29	— Tissage. Draps	Idem	Roustic frères	1,860	322	356,130	715,000
30	— Tissage. Draps	Idem	J.-Ant. Abrial	490	89	55,130	99,437
31	— Tissage. Draps	Idem	Jean Bousquet	600	89	99,890	180,000
32	— Tissage. Draps	Idem	Roustic fils aîné	3,000	164	295,780	632,000
33	— Tissage. Draps	Idem	Combes-Vidal	400	63	40,762	92,460
34	— Tissage. Draps	Idem	Pascal Ligabres	1,560	183	150,580	220,000
35	— Tissage. Draps	Idem	Sabatier-Gamel	1,200	165	122,400	154,000
36	— Tissage. Draps	Idem	Auguste Gineste	800	125	75,580	120,000
37	Soie. Cocons. Filature. Soie grège. Mesures linéaires	Trèbes	J.-B. Granet	290	19	24,850	37,000
			2° ARRONDISSEMENT				
38	Terre argileuse. Tuilerie. Briques	Verseille	Jacques Castel	200	34	400	1,100
39	— Tuilerie. Briques	Saint-Just-de-Bellengard	Gabriel Donat	40	15	300	720
40	— Tuilerie. Briques	Fenouilles	Émile Avignon			1,100	3,000

DE L'AUDE.

2ᵉ FORCE.

Montant total des patentes = 284,526 francs

	OUVRIERS.				SALAIRES.			MOTEURS.						FEUX.			MACHINES.	
	NOMBRE.							MOULINS			MACHINES à	CHEVAUX et		FOUR-				
	Hommes.	Femmes.	Enfants.	TOTAUX.	Hommes.	Femmes.	Enfants.	à eau.	à vent.	à manége.	vapeur.	mulets.	MEUF³.	NEAUX.	FORGES.	FOURS.	MÉTIERS.	AUTRES.

DE CARCASSONNE.

	5	5	4	15	1' 25"	0' 60"	0' 30"					3						
	2	2	2	6	1. 25	0. 60	0. 20											
	2	3	.	5	1. 25	0. 60	.					2						
	2	2	2	6	1. 25	0. 65	0. 45					1						
	4	6	.	10	1. 50	0. 60	.					4						
	3	8	.	11	1. 50	0. 75	.					.						
	35	.	.	35	2. 00	.	.					.						
	10	4	1	15	2. 00	0. 60	0. 60	1				6						
	4	.	.	4	1. 50	.	.					1						
	5	2	.	7	1. 50	0. 60	.	1				6						
	23	.	5	28	1 50	.	0. 60	1				.						
	30	.	.	30	1. 75	.	.	1				.						
	30	.	.	30	1. 75	.	.	1				.						
	8	.	.	8	2. 50	.	.					.						
	2	.	.	2	1. 75	.	.					2						
	2	.	.	2	1. 75	.	.					2		2				
	3	.	.	3	1. 75	.	.					2		.				
	2	.	.	2	1. 00	.	.					2		.				
	6	.	.	6	2. 00	.	.				2	2		.				
	6	.	.	6	2. 00	.	.				1	2		.				
	6	.	.	6	2. 00	.	.				1	2		.				6
	32	17	30	79	1. 75	0. 90	0. 50					.		.			.	20
	43	90	65	198	1. 25	0. 90	0. 50					.		.			.	22
	52	107	82	241	1. 25	0. 90	0. 50					.		.			15	9
	10	39	.	49	1. 30	0. 60	.					.		.			35	
	8	32	.	40	1. 50	0. 75	.					.		.			40	12
	15	79	25	119	1. 50	0. 60	0. 60					.		.			10	.
	4	22	2	28	1. 50	0. 60	0. 50					.		.			60	21
	29	60	17	106	1. 25	0. 75	0. 60				.	.		.			10	.
	9	25	6	40	1. 75	0. 70	0. 50					.		.			12	.
	15	26	3	44	1. 25	0. 60	0. 50					.		.			24	.
	30	50	10	90	1. 25	0. 60	0. 50					.		.			8	4
	5	25	.	30	1. 25	0. 60	.					.		.			20	12
	24	30	20	74	1. 50	0. 70	0. 50					.		.			16	1
	6	12	4	22	1. 60	0. 80	0. 60					.		.			10	6
	11	30	10	51	1. 50	0. 70	0. 50				.	.		.			.	.
	4	35	10	49	2. 00	0. 50	0. 40		2		1	.		.			.	.

DE LIMOUX.

	2	1	.	3	1. 00	0 30	.					.		.		1	.	.
	3	1	.	4	1. 00	0. 50	.					.		.		1	.	.
	2	.	.	2	1. 75	.	.					.		.		2	.	.

2° ARRONDISSEMENT

NUMÉROS	NATURE DES ÉTABLISSEMENTS	COMMUNES où ils sont situés	NOMS des fabricants ou manufacturiers	VALEURS LOCATIVES	MONTANT des patentes	VALEUR annuelle des matières premières	VALEUR des produits fabriqués annuellement
41	Plâtre (Four à)	Cenontan	Pons-Bousquet	120	35	200	425
42	Fer. Fers en barres	Roquefort	Florentin Debosque	1,500	375	38,950	51,045
43	— Fers en barres	Montfort	C.te de Larochefoucault	1,260	348	29,250	39,105
44	— Fers en barres	Brasllc	Joseph Moulins	700	99	18,700	22,427
45	— Fers en barres	Quillan	Maréchal C.te Clausel	5,170	898	52,500	67,300
46	— Fers en barres	Sainte-Colombe	C.te de Larochefoucauld	1,880	251	51,250	66,420
47	— Fers en barres	Gincla	Germain Poulharits	3,070	546	71,750	92,988
48	— Fers en barres	S.te-Colombe-sur-l'Hers	Avignon aîné	700	151	47,400	61,200
49	— Cercles. Fers ronds et carrés	Belviane	Germain Poulharits	3,900	503	221,500	294,500
50	— Fer brut. Acier de diverses qualités	Axat	Société anonyme	5,000	859	68,047	316,238
51	Liers. Ircine. Peignes	S.te-Colombe-sur-l'Hers	André Argeliès	200	35	35,200	45,000
52	Oues. Bière	1 commune	1 établissement	»	»	1,040	1,620
53	Oues. Huilerie	Saint-Hilaire	François Montarret	1,700	72	1,600	2,560
54	Laine. Filature	S.te-Colombe-sur-l'Hers	Alexandre Thalamac	150	38	45,000	65,000
55	— Filature	Idem	Aedore et Valdet fils	1,090	192	45,000	65,000
56	— Filature	Limoux	Pierre Lafon aîné	400	72	56,100	81,500
57	— Filature	S.te-Colombe-sur-l'Hers	Virès-Foureil	500	93	90,000	130,000
58	— Filature	Idem	Joseph Acher	250	50	54,000	78,000
59	— Filature	Limoux	Frédéric Labetat	300	59	37,400	61,000
60	— Filature	Idem	Auguste de Castéras	250	52	37,400	61,000
61	— Tissage. Draps	Pomas	Gabarron et fils	1,000	36	450,000	512,000
62	— Tissage. Draps	Limoux	Jean-Roch Ronquette	300	59	39,800	76,000
63	— Tissage. Draps	S.te-Colombe-sur-l'Hers	Emmanuel Visiès	1,800	287	117,320	220,100
64	— Tissage. Draps	Limoux	Rioutort-Lasserre	150	30	49,300	90,950
65	— Tissage. Draps	Idem	Bousgravier aîné	570	94	79,000	152,000
66	— Tissage. Draps	Idem	Alexis Gabarron et ses fils	690	110	198,000	360,000
67	— Tissage. Draps	Idem	François Sailes	380	69	39,800	76,000
68	— Tissage. Draps	Chalabre	Anduse frères	1,200	174	60,000	102,560
69	— Tissage. Draps	Limoux	Germain Joly	900	148	79,600	152,000
70	— Tissage. Draps	Chalabre	Vincent Ghaubet jeune	660	103	16,470	34,200
71	— Tissage. Draps	Idem	Antoine Teullière	760	114	16,470	34,200
72	— Tissage. Draps	Limoux	Rivals cadet	160	31	39,800	76,000
73	— Tissage. Draps	Idem	Hyacinthe Vésian	280	47	39,800	76,000
74	— Tissage. Draps	Chalabre	Anduse, Acher	460	64	38,500	69,120
75	— Tissage. Draps	Limoux	Poularibe fils aîné	200	59	31,440	60,800
76	— Tissage. Draps	Idem	Narcisse Dodin	150	30	39,800	76,000
77	— Tissage. Draps	Idem	Bela, Sicard	900	148	99,074	198,144
78	— Tissage. Draps	Quillan	Thimothée Pinet	1,100	164	16,500	50,000
79	— Tissage. Draps	Limoux	J.-F. Mouisse	2,070	422	255,300	720,000
80	— Tissage. Draps. Nouveautés	Idem	Léopold Poulharies	1,300	208	464,350	800,000
81	— Tissage. Draps. Nouveautés	Chalabre	Jules Vivès	450	63	25,115	50,800
82	— Tissage. Draps. Nouveautés	Idem	Auguste Cazalens	450	63	79,500	125,400
83	— Tissage. Draps. Nouveautés	Idem	Jean Cazalens fils	3,000	448	89,400	220,000
84	— Tissage. Draps. Nouveautés	Idem	Cazalens fils et compagnie	2,000	274	72,730	230,000
85	— Tissage. Draps. Nouveautés	Idem	Pierre Clerc	450	63	27,630	54,000

NT DE LIMOUX. (Suite.)

	OUVRIERS							MOTEURS						FEUX			MACHINES	
	NOMBRE				SALAIRES			MOULINS			MACHINES à vapeur	CHEVAUX et mulets	BŒUFS	FOUR-NEAUX	FORGES	FOURS	MÉTIERS	AUTRES
	Hommes	Femmes	Enfants	TOTAL	Hommes	Femmes	Enfants	à eau	à vent	à manège								
25'	4			4	0' 80''										1			2
45	45			45	1'75'à4'50''			1							1			2
05	45			45	1'75'à4'50''										1			1
27	45			45	2'75'à4'50''			2							1			1
00	60			60	3'à5'25''			1							2	1		6
30	45			45	1'75'à4'50''			1							1			2
188	62			62	1'50'à4'50''			1							2			3
100	9			9	4' 00			1						1	1			
00	22	2		24	2.00	0'60''		1						2	1			
138	84	2	5	91	3.50	0.50	0'75''	1						7	1	7		6
00	8	1	5	14	1.50	0.75	0.60	1									8	4
520	1			1	1.50													
560	5			5	1.00													
000	6	15	5	26	0.90	0.60	0.40										13	
000	6	14	8	28	0.90	0.60	0.40	1									25	
500	15	3	12	30	1.25	0.60	0.40	1									12	3
600	8	20	12	40	0.90	0.60	0.40	1									25	
000	6	15	5	26	0.90	0.60	0.40	1									16	
000	10	2	8	20	1.25	0.60	0.40	1									8	2
000	10	2	8	20	1.25	0.60	0.40	1									8	2
000	40	35	10	85	1.00	0.80	0.40											
000	28	10	8	46	1.25	0.60	0.40	1									8	2
,100	45	105	40	190	1.00	0.60	0.40	4									28	20
,950	35	30	8	73	1.25	0.48	0.35	1									8	3
,000	56	20	16	92	1.25	0.50	0.50	1									16	2
,000	100	150	60	310	1.25	0.60	0.50	1									14	19
,000	24	8	6	38	1.25	0.50	0.50	1									8	1
,600	30	60	15	105	1.25	0.50	0.50	1									15	3
,000	40	42	10	92	1.20	0.60	0.50	1									16	3
,200	9	12	2	23	1.25	0.50	0.50	1			1						5	1
,200	9	12	2	23	1.25	0.50	0.50	1									3	1
,000	24	8	4	36	1.25	0.50	0.50	1									8	
,000	28	10	8	46	1.25	0.50	0.50	1									8	2
,120	20	30	5	55	1.50	0.50	0.50	1									10	2
,500	20	6	3	29	1.25	0.50	0.50	1									7	
,000	24	8	4	36	1.25	0.50	0.50	1									8	
3,144	68	65	14	147	1.50	0.50	0.40	1									15	2
,000	20	4	6	30	1.25	0.60	0.50	1									7	2
0,000	99	86	16	201	1.50	0.60	0.40	1									78	29
0,000	340	325	70	735	1.50	0.50	0.40	3									85	7
0,400	13	12	6	30	1.25	0.50	0.40	1									5	3
5,400	25	50	10	85	1.50	0.60	0.50	3									15	3
0,000	60	90	16	166	1.25	0.75	0.60	2									48	8
0,000	35	60	12	107	1.25	0.50	0.40	1									28	
4,000	11	18	4	33	1.25	0.50	0.40	1									6	1

3º ARRONDISSEMENT DE

NUMÉRO	NATURE DES ÉTABLISSEMENTS.	COMMUNES où ILS SONT SITUÉS.	NOMS DES FABRICANTS ou manufacturiers.	VALEURS LOCATIVES.	MONTANT des PATENTES.	VALEUR annuelle des matières premières.	VALEUR des PRODUITS fabriqués actuellement.
86	Marais salants. Sel marin	La Nouvelle	Delmas	»	»	»	52,800ᶠ
87	— Sel marin	Ouveillan	Mestres et Monié	»	»	»	50,000
88	— Sel marin	Sigean	Société des salines de l'Aude	»	»	»	289,960
89	Carrières. Pierres de taille	Portel	Pierre Andrieu	»	»	»	1,584
90	— Dalles	Armisan	Jean Bonhomme	»	»	»	1,100
91	Houille. Extraction. Exploitation	Mailhac	Vidal et Favette	»	»	»	600
92	— Extraction	Bize	Gout	»	»	»	13,000
93	— Extraction	Tuchan	Dularge	»	»	»	30,000
94	Plâtre. Extraction	Thézan	2 établissements	»	»	»	560
95	— Pulvérisation	Portel	Michel Bonnafous	400ᶠ	60ᶠ	6,750ᶠ	8,400
96	— Pulvérisation	Idem	Simon Mestre	400	60	6,750	8,320
97	— Pulvérisation	Ornaisous	Pierre Ajac fils	300	56	3,500	4,080
98	— Pulvérisation	Idem	Bonnes, Avenant	140	44	3,750	4,160
99	— Pulvérisation	Idem	Noël Bonnes	80	40	3,500	4,000
100	— Pulvérisation	Idem	Jean Boutet	40	53	3,750	4,200
101	— Pulvérisation	Idem	Jacq. Chavardès fils	100	41	3,500	4,000
102	Terre argileuse. Tuilerie. Briques	Idem	Augustin Ajac	40	43	1,000	2,430
103	— Tuilerie. Briques	Idem	Jacques Laboucarié	60	44	800	2,025
104	— Tuilerie. Briques	Idem	Antoine Peyrusse	60	50	1,500	2,735
105	— Tuilerie. Briques	Idem	Jean Verdier	40	43	1,200	2,438
106	— Tuilerie. Briques	Lezignan	Vᵉ Souleyrac	200	35	1,500	4,500
107	— Tuilerie. Briques	Homps	Enguiable	400	65	1,300	2,100
108	— Tuilerie. Briques	Sigean	Simon Fajou	800	80	5,000	13,450
109	— Tuilerie. Briques	Idem	Marcel	900	85	5,500	15,350
110	— Tuilerie. Briques	Fontjoncouse	J.-B. Augé	300	12	800	2,000
111	— Tuilerie. Briques	Albas	Paul Assan	80	42	100	480
112	Cuivre. Vert de gris	Fleury	François Rouvière	240	46	2,500	5,000
113	Céréales.	Idem	Joseph Rasimbeaud	240	13	12,000	13,800
114	— (Moulin à)	Ginestas	Étienne Berthomieu	2,400	131	90,000	99,000
115	— (Moulin à)	Saint-Nazaire	Antoine Ballac	8,400	487	292,300	304,000
116	— (Moulin à)	Homps	Bourdié	1,200	76	18,000	20,000
117	— (Moulin à)	Ornaisous	Montané	60	21	5,000	6,400
118	Orge. Bière	1 commune	1 établissement	»	»	1,500	2,432
119	Olives. Huilerie	Fleury	Joseph Pujol	320	19	4,000	5,250
120	— Huilerie	Tuchan	Martin Moreau	»	»	4,500	6,000
121	— Huilerie et Distillerie	Idem	Rolland	»	»	10,200	12,500
122	— Huilerie et Distillerie	Salles-d'Aude	Belland	40	153	9,000	15,000
123	Distillerie. Alcool	Ornaisous	Joseph Bonnes	180	116	12,000	15,000
124	— Alcool	Idem	Fabre	160	115	4,320	5,530
125	— Alcool	Thézan	Tournier	400	41	6,400	8,000
126	— Alcool	Fabrezan	1 établissement	2,000	300	260,000	300,000
127	— Alcool	Cruscan	Alex. Bozier	600	36	12,000	14,400
128	— Alcool	Idem	Jos. Vid fils	700	118	19,500	24,000
129	— Alcool	Sigean	Rasout frères	1,400	108	32,000	40,000
130	— Alcool	Idem	Ch. Vᵉ Tallavignes	1,900	137	31,300	39,000
131	— Alcool	Idem	Antoine Vié	600	100	28,800	30,000

| OUVRIERS. | | | | | | | MOTEURS. | | | | | | FEUX. | | | MACHINES. | |
| NOMBRE. | | | | SALAIRES. | | | MOULINS. | | | MACHINES à vapeur. | CHEVAUX et mulets. | MEULS. | FOUR-NEAUX. | FORGES. | FOURS. | MÉTIERS. | AUTRES. |
Hommes.	Femmes.	Enfants.	TOTAUX.	Hommes.	Femmes.	Enfants.	à eau.	à vent.	à manège.								

IT DE NARBONNE.

Hommes	Femmes	Enfants	Totaux	Hommes	Femmes	Enfants	à eau	à vent	à manège	vapeur	chevaux	meuls	fourn.	forges	fours	métiers	autres
»	»	»	»	2.00	1.00	0.80	»	»	»	»	9	»	15	»	»	»	»
»	»	»	»	1.50	0.75	0.60	»	»	»	»	8	»	10	»	»	»	»
»	»	»	»	2.00	0.90	0.65	»	»	»	»	»	»	64	»	»	»	»
2	2	»	4	2.00	1.00	»	»	»	»	»	»	»	»	»	»	»	»
5	4	»	9	2.00	0.75	»	»	»	»	»	»	»	»	»	»	»	»
2	»	1	3	2.00	»	0.75	»	»	»	»	»	»	»	»	»	»	»
10	»	12	22	2.00	»	0.65	»	»	»	»	»	»	»	»	»	»	»
30	»	15	45	2.00	»	1.00	»	»	»	1	»	2	»	»	»	»	»
2	»	»	2	2.00	»	»	»	»	»	»	»	»	»	»	»	»	»
6	»	6	12	1.75	»	0.90	»	»	1	»	»	»	»	»	»	»	»
6	»	6	12	1.75	»	0.90	»	»	1	»	»	»	»	»	»	»	»
4	1	6	11	1.40	0.75	0.50	»	»	1	»	»	»	»	»	»	»	»
3	1	7	11	1.40	0.75	0.55	»	»	1	»	»	»	»	»	»	»	»
2	1	5	8	1.40	0.75	0.50	»	»	1	»	»	»	»	»	»	»	»
3	1	6	10	1.40	0.75	0.60	»	»	1	»	»	»	»	»	»	»	»
4	1	7	12	1.40	0.75	0.60	»	»	1	»	»	»	»	»	»	»	»
3	»	1	4	2.75	»	0.75	»	»	»	»	»	»	»	»	»	1	»
2	»	3	5	2.75	»	0.75	»	»	»	»	»	»	»	»	»	1	»
4	1	4	9	2.75	0.75	0.15	»	»	»	»	»	»	»	»	»	1	»
3	1	3	7	2.75	0.75	0.30	»	»	»	»	»	»	»	»	»	»	»
4	»	»	4	1.50	»	»	»	»	»	»	»	2	»	»	»	»	»
3	1	»	4	1.50	0.75	»	»	»	»	»	»	»	»	»	»	1	»
3	»	»	3	1.50	»	»	»	»	»	»	»	»	»	»	»	1	»
4	»	»	4	1.50	»	»	»	»	»	»	»	»	»	»	»	1	»
3	»	»	3	1.50	»	»	»	»	»	»	»	»	»	»	»	1	»
1	1	1	3	1.50	0.75	0.50	»	»	»	»	»	»	»	»	»	»	»
»	2	»	2	»	0.75	»	»	»	»	»	»	»	»	»	»	»	»
2	»	»	2	1.50	»	»	»	»	»	»	»	»	»	»	»	»	»
3	»	»	3	1.50	»	»	»	1	»	»	»	»	»	»	»	»	»
12	4	»	16	2.50	0.50	»	»	1	»	»	»	»	»	»	»	»	»
3	»	»	3	2.00	»	»	»	1	»	»	»	»	»	»	»	»	»
1	»	»	1	3.00	»	»	»	»	»	1	»	1	»	»	»	»	»
2	»	»	2	1.50	»	»	»	»	»	»	»	»	»	»	»	»	»
7	»	»	7	2.00	»	»	»	»	»	1	»	2	»	»	»	»	»
3	»	»	3	2.00	»	»	»	»	»	1	»	2	»	»	»	»	»
5	2	»	7	2.00	1.00	»	»	1	»	»	»	»	»	»	»	»	»
5	2	»	7	2.00	1.00	»	»	1	»	»	»	»	»	»	»	»	»
4	»	»	4	2.00	»	»	»	»	»	»	»	»	»	»	»	»	»
8	»	»	8	2.50	»	»	»	»	»	»	»	»	»	1	»	»	»
8	»	»	8	1.50	»	»	»	»	»	»	»	»	»	1	»	»	»
10	»	»	10	2.00	»	»	»	»	»	»	»	»	»	6	»	»	»
3	»	»	3	2.00	»	»	»	»	»	»	»	»	»	1	»	»	»
3	»	»	3	2.00	»	»	»	»	»	»	»	»	»	1	»	»	»
2	»	»	2	2.25	»	»	»	»	»	»	»	»	»	1	»	»	»
2	»	»	2	2.25	»	»	»	»	»	»	»	»	»	1	»	»	»
2	»	»	2	2.25	»	»	»	»	»	»	»	»	»	1	»	»	»

14.

3° ARRONDISSEMENT DE

NUMÉROS d'ordre	NATURE DES ÉTABLISSEMENTS.	COMMUNES où ils sont situés.	NOMS DES FABRICANTS ou manufacturiers.	VALEURS LOCATIVES.	MONTANT des PATENTES.	VALEUR ANNUELLE des matières premières.	VALEUR DES PRODUITS fabriqués annuellement.
132	DISTILLERIE Alcool	Monseret	Cabanel	500	27	6,400	8,000
133	—— Alcool	Homps	Vielles	1,000	127	3,000	3,800
134	—— Alcool	Saint-Nazaire	Fabre	740	116	18,000	21,000
135	—— Alcool	Idem	Th. Jauboil	730	117	18,000	21,000
136	—— Alcool	Bize	J. et M. Narbonne	1,810	191	90,000	105,000
137	—— Alcool	Leucate	J.-L. Mouli	900	127	9,700	11,200
138	—— Alcool	Ouveillan	Barlabé	1,200	750	111,120	132,883
139	—— Alcool	Idem	Jory	800	200	35,560	66,144
140	—— Alcool	Idem	Bonet	800	200	35,560	66,144
141	—— Alcool	Fouesols	Berthomieau .	800	181	38,000	47,502
142	—— Alcool	Idem	Antoine Merle	800	181	31,200	34,813
143	—— Alcool	Gruissan	Victor Bouis	700	117	60,000	96,000
144	—— Alcool	Fleury	Vié et Martin	600	32	80,000	100,000
145	—— Alcool	Idem	Louis Castes	1,160	122	72,000	90,000
146	—— Alcool	Lezignan	30 établissements	2,400	270	454,000	570,000
147	—— Alcool	Portel	Michel Limoury	600	80	75,000	81,900
148	—— Alcool	Cazac-sur-Aude	Antoine Jory	1,000	131	46,800	64,800
149	—— Alcool	Salles-d'Aude	Jean Brille	600	116	144,000	162,000
150	—— Alcool	Saint-Laurent	François Jourde	600	104	72,000	90,000

4° ARRONDISSEMENT DI

NUMÉROS d'ordre	NATURE DES ÉTABLISSEMENTS.	COMMUNES où ils sont situés.	NOMS DES FABRICANTS ou manufacturiers.	VALEURS LOCATIVES.	MONTANT des PATENTES.	VALEUR ANNUELLE des matières premières.	VALEUR DES PRODUITS fabriqués annuellement.
151	PLÂTRE. Pulvérisation	Mas-Sainte-Puelles	Clément Casneuve	,	,	15,000	18,000
152	—— Pulvérisation	Idem	Eugène Balmet	,	,	20,000	24,000
153	—— Pulvérisation	Ricaud	Pierre Espicule	,	,	15,000	19,500
154	—— Pulvérisation	Idem	Germain Delestaing	,	,	15,000	19,500
155	—— Pulvérisation	Castelnaudary	V° Cruzol	450	108	1,500	3,513
156	—— Pulvérisation	Idem	André Fleurousse	170	32	1,000	2,506
157	TERRE ARGILEUSE. Tuilerie. Pierre calcaire. Chaux	Idem	Baylar	450	91	1,250	2,976
158	—— Tuilerie. Pierre calcaire. Chaux	Idem	Brassens	250	35	3,200	4,939
159	—— Tuilerie. Pierre calcaire. Chaux	Idem	Guillaume Broaslou . . .	250	34	3,200	4,334
160	—— Tuilerie. Pierre calcaire. Chaux	Idem	Jean Bonnafous	250	34	2,000	4,669
161	—— Tuilerie. Pierre calcaire. Chaux	Idem	Jean Boulasou fils	340	59	1,400	3,990
162	—— Tuilerie. Pierre calcaire. Chaux	Idem	Delestaing	350	40	1,500	3,385
163	—— Tuilerie. Pierre calcaire. Chaux	Idem	Guiroil	250	34	3,200	3,868
164	—— Tuilerie. Pierre calcaire. Chaux	Idem	François Pinel	120	33	1,600	3,402
165	—— Tuilerie. Pierre calcaire. Chaux	Idem	Germain Pinel	155	29	1,300	2,686
166	—— Tuilerie. Pierre calcaire. Chaux	Idem	Raymond Reynes	256	34	1,500	3,204
167	—— Tuilerie. Pierre calcaire. Chaux	Idem	Bataille	1,000	201	7,000	11,997
168	—— Poterie	Idem	François Reynes	,	5	1,000	2,118
169	—— Poterie	Idem	François Reynes	430	30	500	1,617
170	—— Poterie	Idem	Jean Reverdy	850	95	4,600	8,700
171	—— Poterie	Idem	Catherine Seyre	,	5	200	836
172	CÉRÉALES (Moulin à)	Idem	J.-B. Gouttes	18,570	700	735,560	806,137

	OUVRIERS.							MOTEURS.					FEUX.			MACHINES.	
	NOMBRE.				SALAIRES.			MOULINS.			MACHINES à vapeur.	CHEVAUX et mulets.	ROUETS.	FOUR-NEAUX.	FORGES.	FOURS.	MÉTIERS.	AUTRES.
	Hommes.	Femmes.	Enfants.	TOTAUX.	Hommes.	Femmes.	Enfants.	à eau.	à vent.	à manége.								

T DE NARBONNE. (Suite.)

	3	»	»	3	3' 00°	»	»	»	»	»	»	»	»	1	»	»	»	»
	3	»	»	3	2. 50	»	»	»	»	»	»	»	»	1	»	»	»	»
	2	»	»	2	2. 00	»	»	»	»	»	»	»	»	1	»	»	»	»
	2	»	»	2	2. 00	»	»	»	»	»	»	»	»	1	»	»	»	»
	6	»	»	6	2. 50	»	»	»	»	»	»	»	»	2	»	»	»	»
	2	12	3	17	2. 25	0' 90°	1' 25°	»	»	»	»	»	»	1	»	»	»	»
	4	»	»	4	2. 25	»	»	»	»	»	»	»	»	1	»	»	»	»
	4	»	»	4	2. 25	»	»	»	»	»	»	»	»	1	»	»	»	»
	4	»	»	4	2. 25	»	»	»	»	»	»	»	»	1	»	»	»	»
	3	1	»	4	2. 00	1. 25	»	»	»	»	»	»	»	1	»	»	»	»
	4	3	»	7	2. 00	1. 25	»	»	»	»	»	»	»	1	»	»	»	»
	2	4	»	6	2. 50	1. 00	»	»	»	»	»	»	»	1	»	»	»	»
	4	2	»	6	2. 00	1. 00	»	»	»	»	»	»	»	1	»	»	»	»
	8	2	»	10	2. 00	1. 00	»	»	»	»	»	»	»	1	»	»	»	»
	6	»	»	6	2. 00	»	»	»	»	»	»	»	8	3	»	»	»	»
	4	3	»	7	2. 00	0. 90	»	»	»	»	»	»	»	1	»	»	»	»
	7	»	»	7	2. 50	»	»	»	»	»	»	»	»	1	»	»	»	»
	2	»	»	3	1. 50	»	»	2	»	»	»	»	»	1	»	»	»	»
	4	»	»	4	2. 00	»	»	»	»	»	»	»	»	1	»	»	»	»

NT DE CASTELNAUDARY.

	6	4	7	17	1' 25°	0' 60°	0' 45°	»	»	5	»	6	»	»	»	»	»	»
	6	4	9	19	1. 25	0. 60	0. 45	»	1	4	»	8	»	»	»	»	»	»
	10	2	4	16	1. 00	0. 50	0. 60	»	»	4	»	4	»	»	»	»	»	»
	10	3	2	15	1. 00	0. 50	0. 60	»	»	4	»	4	»	»	»	»	»	»
	5	»	4	9	1. 00	»	0. 50	»	»	3	»	6	»	»	»	»	»	»
	2	2	1	5	1. 00	0. 60	0. 50	»	»	2	»	2	»	»	»	»	1	»
	3	»	»	3	1. 00	»	»	»	1	2	»	»	»	»	»	»	1	»
	4	»	»	4	1. 00	»	»	»	1	»	»	»	»	»	»	»	1	»
	4	»	»	4	1. 00	»	»	»	1	»	»	»	»	»	»	»	1	»
	4	»	»	4	1. 00	»	»	»	1	»	»	»	»	»	»	»	1	»
	4	»	»	4	1. 00	»	»	»	1	»	»	»	»	»	»	»	1	»
	3	»	»	3	1. 00	»	»	»	1	»	»	»	»	»	»	»	1	»
	4	»	»	4	1. 00	»	»	»	1	»	»	»	»	»	»	»	1	»
	2	»	2	4	1. 00	»	0. 50	»	1	»	»	»	»	»	»	»	»	»
	3	»	1	4	1. 00	»	0. 50	»	1	»	»	»	»	»	»	»	»	»
	3	1	»	4	1. 00	0. 60	»	»	1	»	»	»	»	»	»	»	»	»
	12	5	»	17	1. 25	0. 60	»	»	»	1	»	»	1	»	»	»	1	»
	7	1	2	10	1. 25	0. 60	0. 50	»	»	»	»	»	»	»	»	»	1	»
	4	»	»	4	1. 25	»	»	»	»	»	»	»	»	»	»	»	1	»
	14	3	3	20	1. 25	0. 60	0. 50	»	»	»	»	»	»	»	»	»	1	»
	6	»	»	6	1. 25	»	»	»	»	»	»	»	»	»	»	»	1	»
	8	»	»	8	1. 35	»	»	»	»	3	2	»	»	»	»	»	»	»

STATISTIQUE PAR ÉTABLISSEMENTS INDUSTRIELS.

NUMÉROS	NATURE DES ÉTABLISSEMENTS.	COMMUNES où ils sont situés.	NOMS des fabricants ou manufacturiers.	VALEURS LOCATIVES.	MONTANT des PATENTES.	VALEUR ANNUELLE des matières premières.	VALEUR DES PRODUITS fabriqués annuellement.
			4° ARRONDISSEMENT				
173	Céréales (Moulin à)	Castelnaudary	Paul Laporte	3,470'	179'	120,000'	143,250'
174	Laine, Tissage, Draps	Cenne-Minervie	Pierre Berthès	90	16	48,000	93,500
175	— Tissage, Draps	Idem	Daydé-Gary	90	16	48,000	93,500
176	— Tissage, Draps	Idem	Jean Mir, fils de Pierre	80	15	16,460	32,000
177	— Tissage, Draps	Idem	Jean-Paulin Daydé	75	15	16,460	32,000
178	— Tissage, Draps	Idem	Jean Albigès	40	8	8,230	16,000
179	— Tissage, Draps	Idem	Pierre Montabut	40	8	8,230	16,000
180	— Tissage, Draps	Idem	Guillaume Sempeyrac	580	69	244,000	460,000
181	— Tissage, Draps	Idem	Raymond Escudier	40	8	8,230	16,000
182	— Tissage, Draps	Idem	Pierre Mir	85	16	40,000	76,500
183	Peaux, Tannerie	Idem	Mabuux frères	470	118	14,200	18,300
184	Cire, Suif, Cierges, Chandelles	Idem	Antoine Marc	900	85	39,000	47,000
185	Suif, Chandelles	Idem	Sylvain Petit	200	25	7,200	8,640
186	— Chandelles	Idem	François Soulié	160	23	9,000	12,000

RÉCAPITULATION PAR ARRONDISSEMENT

ARRONDISSEMENTS.	NOMBRE D'ÉTABLISSEMENTS.	NOMBRE DE COMMUNES où ils sont situés.	VALEURS LOCATIVES.	MONTANT des PATENTES.	VALEUR ANNUELLE des matières premières.	VALEUR DES PRODUITS fabriqués annuellement.
CARCASSONNE	38	4	79,404'	7,791'	6,674,359'	8,812,859'
LIMOUX	48	17	50,420	8,082	3,470,006	6,228,962
NARBONNE	100	26	41,240	5,394	2,365,760	3,267,846
CASTELNAUDARY	36	4	30,455	2,189	1,449,920	2,081,455
TOTAUX	222	51	201,519	23,456	13,960,045	20,391,122

DE CASTELNAUDARY. (Suite.)

OUVRIERS.							MOTEURS.						FEUX.			MACHINES.	
NOMBRE.				SALAIRES.			MOULINS.			MACHINES à vapeur.	CHEVAUX et mulets.	BŒUFS.	FOUR-NEAUX.	FORGES.	FOURS.	MÉTIERS.	AUTRES.
Hommes.	Femmes.	Enfants.	TOTAUX.	Hommes.	Femmes.	Enfants.	À eau.	À vent.	À manège.								
4	"	"	4	1ᶠ 25ᵉ	"	"	"	"	1	"	3	"	"	"	"	"	"
18	17	4	39	1. 25	0ᶠ 45ᵉ	0ᶠ 60ᵉ	"	"	"	"	"	"	"	"	"	18	3
14	16	3	33	1. 25	0. 45	0. 60	"	"	"	"	"	"	"	"	"	14	2
15	5	2	22	1. 25	0. 45	0. 60	"	"	"	"	"	"	1	"	"	7	2
15	5	1	21	1. 25	0. 45	0. 60	"	"	"	"	"	"	"	"	"	7	2
10	4	1	15	1. 25	0. 45	0. 60	"	"	"	"	"	"	"	"	"	"	"
10	4	1	15	1. 25	0. 45	0. 60	"	"	"	"	"	"	"	"	"	"	"
80	90	17	187	1. 25	0. 45	0. 60	"	"	"	"	"	"	"	"	"	80	22
10	4	1	15	1. 25	0. 45	0. 60	"	"	"	"	"	"	"	"	"	"	"
14	16	2	33	1. 25	0. 45	0. 60	"	"	"	"	"	"	"	"	"	14	1
10	"	2	12	2. 00	"	0. 75	"	"	1	"	3	"	"	"	"	"	"
3	"	"	3	1. 66	"	"	"	"	"	1	"	"	"	"	"	"	"
2	"	"	2	1. 66	"	"	"	"	"	"	"	"	"	"	"	"	"
2	"	"	2	1. 66	"	"	"	"	"	"	"	"	"	"	"	"	"

ARRONDISSEMENTS.

OUVRIERS.							MOTEURS.						FEUX.			MACHINES.	
NOMBRE.				SALAIRES.			MOULINS.			MACHINES à vapeur.	CHEVAUX et mulets.	BŒUFS.	FOUR-NEAUX.	FORGES.	FOURS.	MÉTIERS.	AUTRES.
Hommes.	Femmes.	Enfants.	TOTAUX.	Hommes.	Femmes.	Enfants.	À eau.	À vent.	À manège.								
487	712	298	1,497	1ᶠ 57ᵉ	0ᶠ 68ᵉ	0ᶠ 49ᵉ	6	2	4	1	34	"	2	"	"	260	111
1,714	1,334	423	3,471	1. 75	0. 55	0. 46	50	"	1	"	"	"	10	11	13	566	147
268	52	86	406	2. 03	0. 87	0. 68	7	8	21	"	109	"	34	"	10	"	"
331	186	70	587	1. 21	0. 51	0. 60	"	14	27	1	37	"	1	"	15	140	32
2,800	2,284	877	5,961	1. 64	0. 65	0. 57	63	24	53	2	180	"	47	11	38	966	290

RÉCAPITULATION PAR NATURE DE

NATURE DES PRODUITS.	NOMBRE D'ÉTABLISSEMENTS.	NOMBRE DE COMMUNES où ils sont situés.	VALEURS LOCATIVES.	MONTANT des PATENTES.	VALEUR ANNUELLE des matières premières.	VALEUR DES PRODUITS fabriqués annuellement.
PRODUITS MINÉRAUX. Marais salants. Sel marin..............	3	3	»	»	»	392,760
Carrières. Pierres de taille. Exploitation..............	2	2	»	»	»	2,964
Plâtre (Fours à). Extraction. Pulvérisation..............	15	7	2,200	331	99,200	125,164
Houille. Extraction..............	3	3	»	»	»	43,600
Terre argileuse. Tuileries. Briques. Pierres calcaires. Chaux.	30	16	9,485	1,509	81,400	161,958
—— Poterie..............	4	1	1,280	135	5,700	14,269
Fer. Fer en barres..............	7	7	14,280	2,666	309,800	400,383
—— Cercles. Fers ronds et carrés..............	1	1	3,900	803	221,500	294,500
—— Fer brut. Acier de diverses qualités..............	1	1	5,000	850	68,087	316,238
Cuivre. Vert de gris..............	1	1	240	46	2,500	5,000
Bois. Fer. Construction de navires..............	1	1	300	46	36,000	72,000
Bois. Ivoire. Peignes..............	1	1	200	35	33,200	45,000
PRODUITS VÉGÉTAUX.. Céréales (Moulins à)..............	13	8	74,210	4,210	5,645,860	6,050,587
Orge. Bière..............	4	2	»	»	46,871	82,134
Distillerie. Alcool..............	67	22	24,894	3,814	2,036,660	2,482,606
Olives. Huilerie et distillerie..............	8	6	2,120	244	41,600	58,870
PRODUITS ANIMAUX.. Laine. Filature..............	10	3	24,940	3,296	701,619	1,111,500
—— Tissage. Draps. Nouveautés..............	46	6	36,540	5,296	4,740,038	6,638,651
Soie. Cocons. Filature. Soie grège. Mesures linéaires........	1	1	200	19	24,850	37,000
Peaux. Tannerie..............	1	1	470	118	14,200	18,300
Cire. Suif. Cierges. Chandelles..............	3	1	1,360	133	55,200	67,640
Totaux..............	222	94	201,519	23,456	13,960,045	20,391,123

	OUVRIERS.							MOTEURS.						FEUX.			MACHINES.	
	BOUSSE.				SALAIRES.			MOULINS.			MACHINES à vapeur.	CH VAUX et mulets.	BŒUFS.	FOUR-NEAUX.	FORGES.	FOURS.	MÉTIERS.	AUTRES.
	Hommes.	Femmes.	Enfants.	TOTAUX.	Hommes.	Femmes.	Enfants.	à eau.	à vent.	à manège.								

RE DE PRODUITS INDUSTRIELS.

766	»	»	»	»	1' 83"	0' 88"	0' 68"	»	»	17	»	92	»					
964	7	6	»	13	2. 00	0. 87	»	»	»	»	»	»	»					
164	73	20	70	163	1. 27	0. 65	0. 59	»	8	22		30	»			1		
500	42	»	28	70	2. 00	»	0. 80	»	»	1	»	2	»					
958	101	39	23	163	1. 45	0. 63	0. 46	»	16	1	»	13	»·			25		
200	31	4	5	40	1. 25	0. 00	0. 50	»	»	»	»					4		
385	320	»	»	320	3. 18	»	»	8	»	»	»		1	9	1		16
500	22	2	»	24	2. 00	0. 60	»	1	»	»	»			2	1		
238	84	2	5	91	3. 50	0. 50	0. 75	1	»	»	»		»·	7	1	7		6
600	»	2	»	2	»	0. 75	»	»	»	»	»		»			»		
600	35	»	»	35	2. 00	»	»	»	»	»	»		»·			»		
009	8	1	5	14	1. 50	0. 75	0. 60	1	»	»	»		»·				8	2
567	135	10	6	151	1. 78	0. 57	0. 60	9	4	4	»	16				»		
124	11	»	»	11	1. 83	»	»	»	»	»	»					»		
666	125	27	3	155	2. 11	1. 05	1. 25	2	»	»	»	14	»	36				
870	43	4	»	47	1. 87	1. 00	»	2	»	6	»	10	»	»				
500	188	285	235	708	1. 16	0. 69	0. 43	7	»	»	»	»					107	57
651	1.554	1,847	485	3,886	1. 31	0. 56	0. 51	32	»	1	»	»		1			851	207
000	4	35	10	49	2. 00	0. 50	0. 40	»	2	»	1	»	»			»		
300	10	»	2	12	2. 00	»	0. 75	»	»	1	»	3	»			»		
640	7	»	»	7	1. 66	»	»	»	»	»	1	»		»	»	»	»	»
122	2,800	2,284	877	5,961	1. 88	0. 71	0. 64	63	24	33	2	180	»	47	11	38	966	290

* Nombre variable.

15

10° DÉPARTEMENT DES P

N° 10.

Nombre total des patentés. — 7,252.

1° PRODUCTION.

NUMÉROS d'ordre	NATURE DES ÉTABLISSEMENTS.	COMMUNES où ILS SONT SITUÉS.	NOMS DES FABRICANTS ou manufacturiers.	VALEURS LOCATIVES.	MONTANT des PATENTES.	VALEUR ANNUELLE des matières premières.	VALEUR DES PRODUITS fabriqués annuellement.
							1° ARRONDISSEMENT
1	Marais salants. Sel marin.	S¹-Laurent-de-la-Salanque	François Durand	2,000ᶠ	»	»	45,000ᶠ
2	— Sel marin	Idem.	François Cordos.	»	»	»	30,000
3	Marbre. Marbrerie	Perpignan	10 établissements. (Bull. coll.)	»	»	75,000ᶠ	100,000
4	— Marbrerie	Idem.	Jean Philipot.	650	54ᶠ	5,280	20,000
5	— Marbrerie	Idem.	Fraisse aîné.	1,400	70	20,000	50,000
6	Terre argileuse. Briques.	Idem.	Auguste Comte.	750	60	3,000	14,500
7	— Poterie commune	Idem.	120 établissem⁹. (Bull. coll.).	12,000	»	40,000	95,000
8	Fer. Fonte et fers.	Idem.	22 idem.	33,000	2,200	995,000	1,040,000
9	Bois. Fab. Construction de navires.	Idem.	4 idem.	1,200	40	4,000	30,000
10	Liège. Fabrique de bouchons.	Idem.	25 idem.	7,500	1,750	137,500	270,000
11	Orge. Bière	Idem.	4 idem.	»	»	6,32,	18,990
12	Olives. Huilerie.	Idem.	90 idem.	»	4,500	400,000	1,000,000
13	Distillerie. Alcool	Idem.	120 idem.	54,000	7,200	1,800,000	2,500,000
14	Imprimerie. Livres. Journaux.	Idem.	2 idem.	1,600	240	10,400	20,000
15	Lithographie. Objets variés.	Idem.	2 idem.	1,000	80	6,520	12,000
16	Coton. Filature. Fils retors.	Idem.	Vimor-Maux.	1,740	75	216,000	270,000
17	— Fil. Toiles à voiles	Idem.	Idem.	Imposé ailleurs.		9,400	22,000
18	Laine. Filature	Idem.	Idem.	Idem.		21,000	57,400
19	Soie. Cocons. Filature. Soie grège	Idem.	Augé.	1,000	»	23,400	37,500
20	Peaux. Tannerie.	Idem.	Isern frères.	1,200	37	68,800	100,000
21	Pêche. Salerie de sardines.	Idem.	15 établissements. (Bull. coll.)	1,200	»	10,000	21,000
							2° ARRONDISSEMENT
22	Laine. Tissage. Bonnets catalans.	Prats-de-Mollo.	Fabre Abdon.	60	25	3,000	12,000
							3° ARRONDISSEMENT
23	Orge. Bière.	Prades.	1 établissement.	»	»	900	3,900
24	Fer. Fers laminés	Ria.	Bernadac et Sourmain.	4,000	1,600	137,650	152,040

ES PYRÉNÉES-ORIENTALES.

2° FORCE.

Montant total des patentes. – 139,947 francs

		OUVRIERS.							MOTEURS.					FEUX.			MACHINES.	
		NOMBRE.				SALAIRES.			MOULINS.			MACHINES à vapeur.	CHEVAUX et mulets.		FOUR- NEAUX.	FORGES.	FOURS.	MÉTIERS.	ACTIFS.
		Hommes.	Femmes.	Enfants.	TOTAUX.	Hommes.	Femmes.	Enfants.	à eau.	à vent.	à manège.			BOMBES.					

NT DE PERPIGNAN.

	Hommes	Femmes	Enfants	TOTAUX	Salaire H	Salaire F	Salaire E	à eau	à vent	à manège	vapeur	mulets	bombes	fourneaux	forges	fours	métiers	actifs
00'	9	5	3	17	1' 75'	1' 00'	00' à 75'	»	1	4	»	8		»	»	»	»	»
00	10	6	2	18	2. 00	1. 00	0' 60'	3	»	»	»	3		»	»	»	»	»
00	10	»	»	10	5. 00	»	»	»	»	»	»	»		»	»	»	»	»
00	12	6	»	18	2. 25	1. 00	»	»	»	»	»	»		»	»	»	»	1
00	14	6	2	22	2. 70	1. 00	0. 75	2	»	»	»	»		»	»	1	»	»
00	9	6	4	19	2. 00	1. 00	0. 75	»	»	»	»	»		»	»	»	1	»
00	140	»	»	140	1. 40	»	»	»	»	»	»	»		»	»	120	»	»
00	120	»	»	120	4. 00	»	»	25	»	»	»	»		14	13	12	»	»
000	20	»	»	20	2. 50	»	»	»	»	»	»	»		»	»	»	»	»
000	50	»	»	50	2. 50	»	»	»	»	»	»	»		»	»	»	»	»
990	4	»	»	4	2. 00	»	»	»	»	»	»	»		»	»	»	»	»
000	800 *	»	»	800	5. 50	»	»	»	»	»	90	»		90	»	»	»	90
000	300	»	»	300	3. 00	»	»	»	»	»	»	»		120	»	»	»	160
000	10	»	»	10	2. 50	»	»	»	»	»	»	»		»	»	»	»	1
000	4	»	»	4	3. 50	»	»	»	»	»	»	»		»	»	»	»	1
000	25	18	»	43	2. 00	0. 75	»	»	»	»	1	»	1	5	»	»	30	»
000	20	16	»	36	2. 00	0. 75	»	»	»	»	»	»	»	»	»	»	4	»
400	8	7	»	15	2. 00	0. 75	»	»	»	»	1	»	1	»	»	»	20	»
500	5	35	»	40	2. 50	1. 50	»	»	»	»	»	»	»	1	»	»	20	»
000	12	»	1	13	2. 00	»	1. 00	»	»	»	2	»	2	»	»	»	»	»
000	30	»	»	30	1. 00	»	»	»	»	»	»	»	»	»	»	»	»	60

NT DE CÉRET.

	Hommes	Femmes	Enfants	TOTAUX	Salaire H	Salaire F	Salaire E											
000	21	10	»	31	1. 25	0. 75	»	»	»	»	»	»	»	»	»	»	»	»

NT DE PRADES.

	Hommes	Femmes	Enfants	TOTAUX	Salaire H	Salaire F	Salaire E	à eau	à vent	à manège	vapeur	mulets	bombes	fourneaux	forges	fours	métiers	actifs
900	1	»	»	1	1. 50	»	»	»	»	»	»	»	»	»	»	»	»	»
040	20	»	»	24	2. 00	»	1. 00	1	»	»	»	»	»	6	1	»	»	»

* Employés durant 60 jours par an.

15.

RÉCAPITULATION PAR ARR

NATURE DES PRODUITS.	NOMBRE D'ÉTABLISSEMENTS.	NOMBRE DE COMMUNES où ils sont situés.	VALEURS LOCATIVES.	MONTANT des PATENTES.	VALEUR annuelle des matières premières.	VALEUR des produits fabriqués annuellement.	Hommes
ARRONDISSEMENTS DE { PERPIGNAN	424	2	150,240f	16,290f	3,851,625f	6,356,390f	1,61
CÉRET	1	1	60	25	3,000	12,000	2
PRADES	2	1	4,000	1,600	138,550	155,949	2
TOTAUX	427	4	154,300	17,954	3,993,175	6,524,339	1,65

RÉCAPITULATION PAR NATURE DE

	NATURE DES PRODUITS.	NOMBRE	NOMBRE	VALEURS	MONTANT	VALEUR des matières premières	VALEUR des produits fabriqués	
PRODUITS MINÉRAUX.	Marais salants. Sel marin	2	1	2,000	.	.	75,000	
	Marbre. Marbrerie	12	1	2,050	134	100,288	170,000	
	Terre argileuse. Briques	1	1	750	60	3,000	14,500	
	Poterie commune	120	1	12,000	.	40,000	98,000	
	Fer. Fonte et fers	22	1	33,000	2,300	995,000	1,640,000	
	Fers laminés	1	1	4,000	1,600	137,950	152,049	
	Bois. Fer. Construction de navires	4	1	1,200	40	4,000	30,000	
PRODUITS VÉGÉTAUX.	Liège. Fabrique de bouchons	25	1	7,500	1,750	137,500	270,000	
	Osier. Bière	5	2	.	.	7,225	22,890	
	Olives. Huileries	90	1	.	4,500	400,000	1,000,000	
	Distillerie. Alcool	120	1	84,000	7,200	1,800,000	2,500,000	
	Imprimerie. Livres. Journaux	2	1	1,600	240	18,400	20,000	
	Lithographie. Objets variés	2	1	1,000	80	6,530	12,000	
	Coton. Filature. Fils retors	1	1	1,740	75	216,000	270,000	
	Fils. Toiles à voiles	1	1	(*)	(*)	9,400	22,000	
PRODUITS ANIMAUX.	Laine. Filature	1	1	(*)	(*)	21,000	57,400	
	Tissage. Bonnets catalans	1	1	60	28	3,000	12,000	
	Soie. Cocons. Filature. Soie grège	1	1	1,000	.	23,400	37,500	
	Peaux. Tannerie	1	1	1,200	57	68,800	100,000	
	Pêche. Salerie de sardines	15	1	1,200	.	10,000	21,000	
	TOTAUX	427	21	154,300	17,954	3,993,175	6,524,339	

(*) Voyez l'article Filature de coton.

ARRONDISSEMENTS.

	OUVRIERS.							MOTEURS.						FEUX.			MACHINES	
	NOMBRE.				SALAIRES.			MOULINS			MACHINES à vapeur.	CHEVAUX et mulets	BŒUFS.	FOUR-NEAUX	FORGES.	FOURS.	MÉTIERS	AUTRES
	Hommes.	Femmes.	Enfants.	TOTAUX.	Hommes.	Femmes.	Enfants.	à eau.	à vent.	à manège.								
	1,612	105	12	1,729	2' 58'	0' 97'	0' 74'	30	,	98	.	15		230	13	153	74	315
	21	10	,	31	1. 25	0. 75	.	,	,	.	,	,		6	1			
	21	,	4	25	2. 00	,	1. 00	1	,	.	,	,						
	1,654	115	16	1,785	2. 43	0. 94	0. 83	31	1	98	,	15		236	14	153	74	315

* La moyenne générale ne peut être tirée des nombres partiels à cause de l'inégalité des nombres d'ouvriers de chacun des arrondissements.

...RE DE PRODUITS INDUSTRIELS.

	19	11	5	35	1. 87	1. 00	0. 65	3	1	4		11			,			1
	36	12	2	50	3. 31	1. 00	0. 75	2	,	,	,	,		,	1	,		
	9	6	4	19	2. 00	1. 00	0. 75	,	,	,	,	,		,	,	120	,	
	140	,	,	140	1. 40	,	,	,	,	,	,	,		14	13	12	,	
	120	,	,	120	4. 00	,	,	25	,	,	,	,		6	1			
	20	,	4	24	2. 00	,	1. 00	1	,	,	,	,						
	20	,	,	20	2. 50	,	,	,	,	,	,	,						
	50	,	,	50	2. 50	,	,	,	,	,	,	,						
	5	,	,	5	1. 75	,	,	,	,	,	,	,		90	,	,		90
	800	,	,	800	5. 50	,	,	,	,	90	,	,		120	,	,	,	160
	300	,	,	300	3. 00	,	,	,	,	,	,	,		,				
	10	,	,	10	2. 50	,	,	,	,	,	,	,						
	4	,	,	4	3. 50	,	,	,	,	,	,	,					30	
	25	18	,	43	2. 00	0. 75	,	,	,	1	,	1		5	,	,	4	
	20	16	,	36	2. 00	0. 75	,	,	,	,	,	,		,		20		
	8	7	,	15	2. 00	0. 75	,	,	,	1	,	1		,		,		
	21	10	,	31	1. 25	0. 75	,	,	,	,	,	,				20		
	5	35	,	40	2. 50	1. 50	,	,	,	,	,	,		1	,	,		
	12	,	1	13	2. 00	,	1. 00	,	,	2	,	2						60
	30	,	,	30	1. 00	,	,	,	,	,	,	,						
.339	1,654	115	16	1,785	2. 43	0. 94	0. 83	31	1	98	,	15	,	236	14	153	74	315

Nº 11.

Nombre total des patentés 9,944.

1ᵉ PRODUCTION.

1ᵉ ARRONDISSEMENT   DI

SITUA...	NATURE DES ÉTABLISSEMENTS.	COMMUNES où ILS SONT SITUÉS.	NOMS DES FABRICANTS ou manufacturiers.	VALEURS LOCATIVES.	MONTANT des PATENTES.	VALEUR annuelle des matières premières.	VALEUR des PRODUITS fabriqués annuellement.	Nom
1	Carrières de pierres de taille. Extraction	Coulandon	2 exploitants	220ᶠ	126	»	40,040ᶠ	
2	Pierre. Pulvérisation	Souvigny	Aubouer	880	59	7,000ᶠ	8,624	
3	Manganèse. Extraction	Saligny	Raclet de Villaine	»	»	»	21,000	
4	Houille. Extraction	Montet	Gillet de Grandmont	»	»	»	72,000	
5	— Extraction	Châtillon	Juleau Serincourt	»	»	»	48,000	
6	Terre anglaise. Tuileries Briques	2 communes	6 établissements	3,940	314	»	186,830	
7	Porcelaine. fine et commune	Lurcy-Lévy	Burguin	2,880	92	31,600	90,300	
8	— — fine et commune	Idem	Desberdres	2,000	157	30,000	90,000	
9	— — fine et commune	Pouzy	Honoré	2,200	200	30,000	90,000	
10	Verrerie. Bouteilles	Motinet	Perret, Chagot et compagnie	500	62	61,256	114,000	
11	— Verre noir Bouteilles	Souvigny	Pierron frères	3,000	440	66,900	72,930	
12	— Bouteilles	Idem	Louis Pierron	7,250	384	69,250	112,500	
13	Fer. Fonte. Fer	Saint-Voir	Devaux	7,000	197	56,350	113,000	
14	— Fonte Fers en barres	Souvigny	Déchanet	3,000	384	105,875	227,500	
15	— Fers	Vaunas	Déchanet	3,000	624	150,000	200,000	
16	— Fers en barres	Yeurdre	Carbillet	4,000	273	104,000	141,000	
17	— Fers martelés	Idem	Carbillet	4,000	162	209,000	315,000	
18	Céréales (Moulins à)	63 communes	143 établissements (Bull. col.)	83,120	4,622	3,653,159	3,961,943	
19	Orge. Bière	1 commune	3 établissements (Bull. col.)	»	»	49,800	111,800	
20	Graines oléagineuses Huileries	18 communes	25 établissements (Bull. coll.)	6,375	535	68,574	84,400	
21	Imprimerie. Livres Objets divers	Moulins	Place	1,500	140	26,060	100,000	
22	— Livres, Objets divers	Idem	Enant	1,500	140	13,300	50,000	
23	— Livres, Objets divers	Idem	Desrosiers	2,600	214	30,000	150,000	
24	Peaux. Tannerie	Ygrande	Madet	400	21	6,150	10,200	
25	— Tannerie	Moulins	Sorel, Waislet et compagnie	2,000	327	75,000	100,000	
26	— Tannerie	Idem	Joseph Sorel	7,300	492	16,000	37,500	
27	— Tannerie	Idem	Meunier	2,500	180	40,200	53,640	
28	— Tannerie	Idem	Giroux	950	65	11,395	13,000	
29	— Tannerie	Idem	Jean Barthelet	5,000	254	80,000	100,000	
30	— Tannerie	Idem	Étienne Barthelet	150	128	4,000	5,000	
31	— Tannerie	Dompierre	Sœur Léger	440	37	5,250	16,850	
32	— Tannerie	Montet	Jacques Michel	480	36	7,000	12,000	
33	— Tannerie	Bourbon-l'Archambault	Técillon	1,000	66	58,300	88,450	

T | DE L'ALLIER.

2° FORCE.

Montant total des patentes.—176,170 francs.

T | DE MOULINS.

	OUVRIERS.							MOTEURS.						FEUX.			MACHINES	
	NOMBRE.				SALAIRES.			MOULINS			MACHINES à vapeur.	CHEVAUX et mulets.	BŒUFS.	FOUR-NEAUX.	FORGES.	FOURS.	MÉTIERS	AUTRES
	Hommes.	Femmes.	Enfants.	TOTAUX	Hommes.	Femmes.	Enfants.	à eau.	à vent	à manège.								
35	.	.	35	1f 52c	.	.	.	.	.	.	.	.	.	.	.	.	.
2	.	.	2	2.00	.	.	.	.	.	.	.	.	.	.	1	.	.
51	14	.	65	1.25	0f 60c	.	.	.	.	.	.	.	.	.	.	.	.
215	.	.	215	1.50	.	.	.	.	1	2	.	.	.	.	.	.	.
25	3	1	30	1.50	0.75	1.00	.	.	.	3	.	.	.	.	.	.	.
24	.	13	37	1.80	.	1.25	.	.	.	.	.	.	1	.	7	.	.
70	16	8	94	1.75	0.75	0.40	.	.	3	.	4	.	.	.	2	.	60
60	10	5	75	1.75	0.75	0.40	.	.	.	.	.	.	.	.	2	.	.
60	10	5	75	1.75	0.75	0.40	.	.	.	.	.	.	.	.	3	.	.
58	31	57	146	2.00	1.00	0.75	.	.	.	.	.	.	.	.	.	.	.
41	3	4	48	1f à 3f	0.50	0.50	.	.	.	.	N	.	.	.	1	.	.
125	3	18	146	2f 50c	0.60	0.50	.	.	.	.	.	.	3	.	2	.	.
30	1	10	41	1.50	.	0.75	.	.	.	.	6	60	1	1	.	.	.
30	.	.	30	1.50	.	.	3	.	.	1	.	.	1	7	.	.	.
100	.	.	100	1.50	.	.	.	.	.	.	20	24	.	3	1	.	.
24	.	.	24	1.50	.	.	5	.	.	1	.	.	.	5	.	.	.
100	10	25	135	1.50	0.75	0.75	.	.	.	1	37	.	.	3	.	.	.
233	52	45	330	1.50	0.72	0.50	243	.	.	.	.	.	.	.	.	.	.
12	.	.	12	3.00	.	.	.	.	.	.	.	.	.	.	.	.	.
28	18	10	56	1.30	0.53	0.22	.	.	.	.	.	.	5	.	.	.	29
9	3	4	16	2.50	1.00	0.75	.	.	.	.	.	.	.	.	.	.	3
15	.	.	15	2.00	.	.	.	.	.	.	.	.	.	.	.	.	5
40	5	3	48	2.00	1.00	0.75	.	.	.	.	.	.	.	.	.	.	11
2	.	1	3	2.00	.	0.75	.	.	.	.	.	.	.	.	.	.	2
30	.	4	34	2.00	.	0.75	.	.	.	1	.	.	.	.	.	.	3
30	.	.	30	2.00	.	.	.	.	.	.	.	.	.	.	.	.	2
10	.	2	12	2.00	.	0.50	.	.	.	.	.	.	.	.	.	.	2
3	.	.	3	2.25	.	.	.	.	.	.	.	.	.	.	.	.	.
15	.	3	18	2.00	.	0.50	.	.	.	.	.	.	.	.	.	.	.
2	.	.	2	2.00	.	.	.	.	.	.	.	.	.	.	.	.	.
2	1	.	3	2.00	1.00	.	.	.	.	.	.	.	.	.	.	.	.
2	.	1	3	2.00	.	0.50	.	.	.	.	.	.	.	.	.	.	.
4	.	.	4	2.00	.	.	.	.	.	.	.	.	.	.	.	.	.

NUMÉROS	NATURE DES ÉTABLISSEMENTS.	COMMUNES où ILS SONT SITUÉS.	NOMS DES FABRICANTS ou manufacturiers.	VALEURS LOCATIVES.	MONTANT des PATENTES.	VALEUR ANNUELLE des matières premières.	VALEUR DES PRODUITS fabriqués annuellement.
			2° ARRONDISSEMENT.				
34	Terre argileuse. Tuileries, Briques..........	20 communes......	34 établissements. (Bull. coll.)	17,440f	1,753f	24,240f	63,500f
35	Céréales (Moulins ».............	48 idem......	111 idem............	82,930	4,917	2,464,545	2,666,280
36	Orge, Bière	2 idem...	3 idem............	4,420	312	72,742	164,220
37	Laine, Filature	Saint-Pourçain...	Cordier	650	55	»	8,000
38	—— Filature.........	Charmeil.........	Tamin........	390	34	»	7,200
			3° ARRONDISSEMENT.				
39	Chaux (Fours »)....	5 communes......	6 établissements. (Bull. coll.).	2,110	205	»	18,900
40	Plâtre (Four »).............	1 idem...	1 idem............	970	90	1,050	4,000
41	Houille. Extraction..............	Bert et Moncambroux..	Le comte de Bertier........	2,080	»	»	57,579
42	Terre argileuse, Tuileries	27 communes......	44 établissements. (Bull. coll.)	14,355	1,664	»	55,673
43	—— —— Poteries	2 idem...	2 idem............	»	10	»	1,500
44	Céréales (Moulins »).............	75 idem...	195 idem............	91,140	7,039	3,363,854	3,554,258
45	Graines oléagineuses, Huileries	13 idem...	16 idem............	5,890	419	59,880	71,250
46	Papeterie, Papiers divers	Cusset......	Rabourdin........	12,000	430	112,500	230,000
47	Imprimerie, Impressions diverses	Idem...	Femme Jourdain..........	700	83	7,500	17,550
48	Coton, Filature	Idem...	Virotte, Bourbon, Basset et Cⁱᵉ.	15,400	585	198,000	264,000
49	—— Filature et tissage.............	Cusset......	Les régisseurs de la fabrique des Grivats.	3,500	559	160,000	320,000
50	Lin Fil à coudre	Châtel-Montagne...	Bottin de Lyon........	1,500	56	80,000	108,000
51	Laine, Filature	Cusset......	Labry............	1,500	69	6,000	7,000
52	—— Filature	Vichy.........	Alliotaux........	1,300	»	6,000	6,975
53	—— Tissage	Arfeuille.........	Martin........	»	4	1,250	2,400
54	—— Tissage	Idem...	Gilbert Barret........	110	12	1,250	2,400
55	—— Tissage	Idem...	Claude Durantet........	»	5	625	1,200
56	—— Tissage	Idem...	Jean Durantet........	»	4	625	1,200
57	Peaux, Tannerie	Idem...	Nicolas Barret........	350	40	15,040	25,500
58	—— Tannerie	Idem...	Despalles........	320	26	15,040	25,500
59	—— Tannerie	Idem	Bertrand Frobert........	450	33	15,040	25,500
60	—— Tannerie	Idem.	Claude Frobert........	330	25	11,580	19,650
61	—— Tannerie	Idem.	Frobert, Larbaud........	350	25	11,580	19,650
62	—— Tannerie	Saint-Pierre-Laval...	Lépine........	200	7	5,700	7,530
63	—— Tannerie	Idem.	Barret........	200	7	5,700	7,530
64	—— Tannerie	Montaiguet...	Cimetière........	200	19	5,175	6,256
65	—— Tannerie	Donjon...	D'Ilier........	350	30	2,315	4,135
66	—— Tannerie	Varennes-sur-Allier...	Bardet........	240	19	2,340	4,051
			4° ARRONDISSEMENT.				
67	Houille, Extraction..............	Commentry...	Rambourg, frères........	18,000	(¹) 1,215	»	160,000
68	—— Extraction.............	Doyet.........	De Courtais........	6,000	(¹) 345	»	30,000
			(¹) Redevance.				

OUVRIERS.							MOTEURS.						FEUX.			MACHINES.	
NOMBRE.				SALAIRES.			MOULINS.			MACHINES à vapeur.	CHEVAUX et mulets.	DURETS.	FOURNEAUX.	FORGES.	FOURS.	MÉTIERS.	AUTRES.
Hommes.	Femmes.	Enfants.	TOTAUX.	Hommes.	Femmes.	Enfants.	à eau.	à vent.	à manége.								

DE GANNAT.

Hommes.	Femmes.	Enfants.	TOTAUX.	Hommes.	Femmes.	Enfants.	à eau.	à vent.	à manége.	vapeur.	chevaux.	durets.	fourn.	forges.	fours.	métiers.	autres.
130	1	49	180	1′ 00″	0′ 60″	0′ 50″										57	
201	30	1	232	1.00	0.60	0.50	197										
12			12	2.67									3				
4	2	6	12	1.00	0.75	0.50				1							
3	2	5	10	1.00	0.75	0.50				1							

DE LA PALISSE.

Hommes.	Femmes.	Enfants.	TOTAUX.	Hommes.	Femmes.	Enfants.	à eau.	à vent.	à manége.	vapeur.	chevaux.	durets.	fourn.	forges.	fours.	métiers.	autres.
6			6	1.25											6		
1			1	1.25											1		
183			183	1.75						2	18		3				3
70		2	72	1.25		0.50									44		
3			3	1.25											2		
226	4	5	235	1.50	1.20	0.54	196										
18			18	1.25									16				
30	90	10	130	1.25	0.70	0.35	1										
4	2		6	2.00	0.50												
35	30	6	71	1.25	0.60	0.50	1										
40	70	75	185	1.75	0.75	0.75	1			1			1	1		28	80
10	45	20	75	1.25	0.75	0.50	1							1	1	20	10
2			2	1.00			1										
3			3	1.00			1										
1			1	1.25													1
1			1	1.25													1
1			1	1.25													1
1			1	1.25													1
2			2	2.50			1										
2			2	2.50			1										
2			2	2.50			1										
1			1	2.50			1										
1			1	2.50			1										
1			1	2.00			1										
1			1	2.00			1										
1			1	2.00			1										
2			2	2.50			1										

DE MONTLUÇON.

Hommes.	Femmes.	Enfants.	TOTAUX.	Hommes.	Femmes.	Enfants.	à eau.	à vent.	à manége.	vapeur.	chevaux.	durets.	fourn.	forges.	fours.	métiers.	autres.
400			400	1.50													5
27			27	1.50													2

4° ARRONDISSEMENT

NUMÉROS d'ordre	NATURE DES ÉTABLISSEMENTS.	COMMUNES où ils sont situés.	NOMS des fabricants ou manufacturiers.	VALEURS LOCATIVES.	MONTANT des PATENTES.	VALEUR ANNUELLE des matières premières.	VALEUR des PRODUITS fabriqués annuellement.
69	Houille. Extraction.	Montvicq.	Dervaux et compagnie.	300ᶠ	(°) 9ᶠ	»	7,500ᶠ
70	Anthracite. Extraction.	Chamblet.	De la Romagère frère.	»	»	»	24,000
71	Terre argileuse. Tuileries.	32 communes. . . .	47 établissements.	20,010	2,108	43,405ᶠ	162,680
72	Verrerie. Bouteilles. . . .	Montluçon.	Duchet.	3,300	248	77,680	169,000
73	Fer. Fonte brute.	Idem.	Guérin.	35,000	1,682	662,000	1,200,000
74	— Fonte brute de deuxième fusion. Fers laminés. . . .	Commentry.	Martenot.	45,000	1,596	1,442,600	3,500,000
75	— Fonte brute. Fonte de deuxième fusion.	Saint-Bonnet-le-Désert.	Déchenet.	40,000	2,037	1,261,350	4,098,000
76	— Fil de fer. Pointes.	Brosse.	Chapelard aîné et compagnie.	39	125	96,800	112,000
77	Céréales (Moulins à).	63 communes. . .	162 établissem. (Bull. coll.). .	61,225	4,100	2,999,750	3,315,800
78	Épicerie (Moulins à).	1 idem.	2 idem.	710	49	3,300	6,600
79	Orge. Bière.	Idem.	Idem.	»	»	14,250	30,600
80	Graines oléagineuses. Huileries. .	10 idem. . . .	11 idem.	2,500	198	15,020	19,370
81	Fil et Coton. Tissage. Toiles. . . .	Montluçon. . . .	Chabmithe.	»	6	4,375	6,650
82	— Tissage. Toiles. . . .	Idem.	Peyroux.	»	6	2,188	3,025
83	— — Tissage. Toiles. . . .	Idem.	Valanchon.	»	6	1,090	1,513
84	Coton et Laine. Tissage. Toiles. .	Idem.	Coulanjou.	250	35	300	750
85	Laine. Tissage.	Montmarault. . .	Priot.	»	7	1,800	3,000
86	Peaux. Tannerie.	Ainay-le-Château. .	Aubin.	480	33	8,400	12,000
87	— Tannerie.	Montluçon. . .	Cabanne.	340	25	8,400	12,000
88	— Tannerie.	Idem.	Guyer.	280	16	560	900
89	— Tannerie. . . .	Idem. . . .	Galterand.	420	28	2,160	3,750
					(°) Redevance.		

RÉCAPITULATION PAR A

ARRONDISSEMENTS.	NOMBRE D'ÉTABLISSEMENTS.	NOMBRE DE COMMUNES où ils sont situés.	VALEURS LOCATIVES.	MONTANT des PATENTES.	VALEUR ANNUELLE des matières premières.	VALEUR des PRODUITS fabriqués annuellement.
MOULINS.	207	103	157,385ᶠ	10,728ᶠ	5,075,810ᶠ	6,857,487ᶠ
GANNAT.	170	72	99,830	7,071	2,561,527	2,909,209
LA PALISSE.	286	135	156,145	11,471	4,087,924	4,859,190
MONTLUÇON.	242	123	235,854	13,876	6,645,488	14,879,028
Totaux.	905	433	649,214	43,146	18,370,558	29,504,914

DE MONTLUÇON. (Suite.)

Hommes	Femmes	Enfants	TOTAUX	Hommes	Femmes	Enfants	à eau	à vent	à manège	Machines à vapeur	Chevaux et mulets	Bœufs	Four- neaux	Forges	Fours	Métiers	Autres
25	»	»	25	1' 25'	»	»	»	»	»	»	»	»	»	»	»	»	1
30	»	»	30	1.30	»	»	»	»	»	1	10	»	»	1	4	7	7
154	»	»	154	2.00	»	»	»	»	»	»	»	»	»	»	47	»	»
100	10	20	130	2.50	1' 00'	0' 20'	»	»	»	1	»	»	18	»	»	»	»
190	»	10	200	1.25	»	1.00	»	»	»	2	»	»	(*) 4	»	»	»	»
800	25	45	870	2.50	1.25	1.25	»	»	»	1	»	»	(**) 26	1	»	»	6
500	20	30	550	2.30	1.25	1.00	»	»	»	2	»	»	21	»	»	»	2
20	12	18	50	2.00	0.90	0.80	3	»	»	»	5	»	»	2	2	»	45
185	»	»	185	1.50	»	»	214	»	»	»	»	»	»	»	»	»	18
4	»	»	4	1.30	»	»	2	»	»	»	»	»	»	»	»	»	»
6	»	»	6	2.00	»	»	»	»	»	»	»	»	»	»	»	»	»
12	»	»	12	1.50	»	»	»	»	»	»	»	»	11	»	»	»	»
2	»	»	2	1.50	»	»	»	»	»	»	»	»	»	»	»	4	»
1	»	»	1	1.50	»	»	»	»	»	»	»	»	»	»	»	4	»
1	»	»	1	1.50	»	»	»	»	»	»	»	»	»	»	»	3	»
1	»	»	1	1.50	»	»	»	»	»	»	»	»	»	»	»	2	»
2	»	»	2	1.50	»	»	»	»	»	»	»	»	»	»	»	4	»
2	»	»	2	1.50	»	»	»	»	»	»	»	»	»	»	»	»	»
2	»	»	2	1.50	»	»	»	»	»	»	»	»	»	»	»	»	»
1	»	»	1	1.50	»	»	»	»	»	»	»	»	»	»	»	»	»
1	»	»	1	1.50	»	»	»	»	»	»	»	»	»	»	»	»	»

(*) Dont 2 hauts-fourneaux.
(**) Dont 6 hauts-fourneaux.

ARRONDISSEMENTS.

Hommes	Femmes	Enfants	TOTAUX	Hommes	Femmes	Enfants	à eau	à vent	à manège	Machines à vapeur	Chevaux et mulets	Bœufs	Four- neaux	Forges	Fours	Métiers	Autres
1,497	180	219	1,896	1' 80'	0' 75'	0' 63'	251	»	4	9	95	84	11	15	19	»	118
350	35	61	446	1.06	0.65	0.50	197	»	»	2	»	»	3	»	57	»	»
649	241	118	1,008	1.06	0.63	0.52	212	»	»	3	18	»	17	5	54	48	97
2,466	67	123	2,656	1.71	1.10	0.85	219	»	1	7	15	»	80	4	53	32	86
4,962	523	521	6,006	1.58	0.78	0.62	879	»	5	21	128	84	(*) 111	24	183	80	301

(*) 8 hauts-fourneaux.

RÉCAPITULATION PAR NATURE DE

NATURE DES PRODUITS.	NOMBRE D'ÉTABLISSEMENTS.	NOMBRE DE COMPTOIRS où ils sont vendus.	VALEURS LOCATIVES.	MONTANT des PATENTES.	VALEUR annuelle des matières premières.	VALEUR des PRODUITS fabriqués annuellement.	
Carrières. Pierres de taille. Extraction	2	1	220	126	»	40,040	3
Chaux (Fours à).	6	5	2.110	205	»	18,900	
Plâtre (Four à	1	1	970	90	1,050	4,000	
Plâtre. Pulvérisation.	1	1	880	59	7,000	8,624	
Manganèse. Extraction	1	1	»	»	»	21,000	
Houille. Extraction.	6	6	26,980	1,575	»	375,079	
Anthracite. Extraction	1	1	»	»	»	34,000	
Terre argileuse. Briqueteries. Tuileries.	151	81	49,745	5,839	67,735	468,683	
—— —— —— Poteries	2	2	»	10	»	1,500	
Porcelaine. Fine et commune.	3	2	7,060	456	101,600	270,300	
Verrerie. Verre noir. Bouteilles.	4	3	16,050	1,134	275,086	468,430	
Fer. Fonte brute de deuxième fusion.	2	2	75,900	3,719	1,923,350	5,298,000	
—— Fonte. Fers. Fers en barres et laminés.	3	3	55,000	2,177	1,605,025	3,840,500	
—— Fers	1	1	5,000	624	150,000	200,000	
—— Fers en barres.	1	1	4,000	273	104,000	141,000	
—— Fers martelés.	1	1	»	162	509,000	515,000	
—— Fils de fer. Pointes.	1	1	39	125	96,500	112,000	
Céréales (Moulins à).	611	249	318,815	20,684	12,481,308	13,516,180	
Écorces (Moulins à).	2	1	710	49	3,500	6,000	
Orge. Bière	8	4	4,430	312	136,822	306,620	
Graines oléagineuses. Huileries	52	41	14,965	1,152	143,454	175,029	
Papeterie. Papiers divers.	1	1	12,000	430	112,500	220,000	
Imprimerie. Livres, etc.	4	2	6,300	577	76,860	317,550	
Coton. Filature et tissage.	2	1	18,900	1,154	338,000	584,000	
Lin. Fil à coudre.	1	1	1,500	50	80,000	108,000	
Fil et Coton. Tissage. Toiles.	3	1	»	18	7,653	10,588	
Coton et Laine. Tissage. Toiles.	1	1	250	25	300	750	
Laine. Filature.	4	4	3,640	158	12,000	29,175	
—— Tissage. Tissus divers.	5	2	110	32	5,350	10,800	
Peaux. Tanneries.	24	12	24,930	1,931	412,165	610,566	
Totaux	905	433	649,214	43,146	18,370,558	29,504,914	4

Left bracket labels:
PRODUITS MINÉRAUX (rows from Carrières through Fils de fer)
PRODUITS VÉGÉTAUX (Céréales through Imprimerie)
PRODUITS ANIMAUX (Coton through Peaux)

	OUVRIERS.							MOTEURS.						FEUX.			MACHINES	
	NOMBRE.				SALAIRES.			MOULINS			MACHINES à vapeur.	CHEVAUX et mulets.	DIRECTS.	FOURNEAUX.	FORGES.	FOURS.	MÉTIERS.	AUTRES.
	Hommes.	Femmes.	Enfants.	TOTAUX.	Hommes.	Femmes.	Enfants.	à eau.	à vent.	à manège.								

E DE PRODUITS INDUSTRIELS.

Hommes.	Femmes.	Enfants.	TOTAUX.	Hommes.	Femmes.	Enfants.	à eau.	à vent.	à manège.	vapeur.	mulets.	directs.	fourneaux.	forges.	fours.	métiers.	autres.
35	·	·	35	1' 25"	·	·	·	·	·	·	·	·	·	·	·	4	·
6	·	·	6	1. 25	·	·	·	·	·	·	·	·	·	·	·	1	·
1	·	·	1	1. 25	·	·	·	·	·	·	·	·	·	·	·	1	·
2	·	·	2	2. 00	·	·	·	·	·	·	·	·	·	·	·	·	11
51	14	·	65	1. 25	0' 60"	·	·	·	·	1	7	18	·	3	·	·	11
885	3	1	889	1. 56	0. 75	1' 00"	·	·	·	1	1	10	·	1	4	7	·
30	·	·	30	1. 30	·	·	·	·	·	·	·	·	·	·	155	·	·
378	1	64	443	1. 51	0. 40	0. 75	·	·	·	·	·	·	1	·	2	1	·
3	·	·	3	1. 25	·	·	·	·	·	·	·	·	·	·	7	1	·
190	36	18	244	1. 75	0. 75	0. 40	·	·	3	·	·	4	·	·	1	·	·
332	47	99	470	2. 31	0. 85	0. 39	·	·	·	1	·	8	21	·	·	·	2
690	20	40	730	2. 34	1. 25	1. 00	·	·	·	·	4	·	25	·	·	·	·
880	26	55	941	2. 00	1. 12	1. 00	3	·	·	2	·	6	28	4	·	·	·
100	·	·	100	1. 30	·	·	·	·	·	·	·	20	24	3	1	·	·
24	·	·	24	1. 30	·	·	5	·	·	1	·	·	·	5	·	·	·
100	10	25	135	1. 50	0. 75	0. 75	·	·	·	1	·	57	·	4	·	·	·
20	12	18	50	2. 00	0. 90	0. 80	3	·	·	·	·	5	·	2	2	·	·
845	66	31	942	1. 40	0. 83	0. 55	850	·	·	·	·	·	·	·	·	·	·
4	·	·	4	1. 50	·	·	2	·	·	·	·	·	·	3	·	·	·
30	·	·	30	2. 56	·	·	·	·	·	·	·	·	·	32	·	·	·
58	18	10	86	1. 35	0. 53	0. 22	·	·	·	·	·	·	·	·	·	·	·
30	90	10	130	1. 25	6. 70	0. 35	1	·	·	·	·	·	·	·	·	·	·
68	10	7	85	2. 08	0. 75	0. 75	·	·	·	·	·	·	·	·	·	28	·
75	100	81	256	1. 50	0. 68	0. 62	2	·	·	1	·	·	1	1	·	20	10
10	45	20	75	1. 35	0. 75	0. 50	1	·	·	·	·	·	·	1	1	11	·
4	·	·	4	1. 50	·	·	·	·	·	·	·	·	·	·	·	2	·
1	·	·	1	1. 50	·	·	·	·	·	·	·	·	·	·	·	·	·
12	4	11	27	1. 00	0. 75	0. 30	2	·	·	2	·	·	·	·	·	4	·
6	·	·	6	1. 38	·	·	·	·	·	·	·	·	·	·	·	·	·
120	1	11	132	1. 93	1. 00	0. 38	10	·	·	1	·	·	·	·	·	·	·
4,962	523	221	6,006	1. 58	0. 78	0. 62	879	·	5	21	126	84	111	24	183	80	101

STATISTIQUE PAR ÉTABLISSEMENTS INDUSTRIELS.

N° 12.

12° DÉPARTEMENT DE

Nombre total des patentés. - 20,108

1° PRODUCTION.

NUMÉROS	NATURE DES ÉTABLISSEMENTS	COMMUNES où ILS SONT SITUÉS.	NOMS DES FABRICANTS ou manufacturiers.	VALEURS LOCATIVES.	MONTANT des PATENTES.	VALEUR ANNUELLE des matières premières.	VALEUR DES PRODUITS fabriqués annuellement.	Items

1° ARRONDISSEMENT DE

1	Carrières. Pierres de taille. Exploitation	21 communes	140 carrières. (Bull. collect.)	»	»	»	843,094'	78
2	——— Pierres à paver. Exploitation	2 idem	2 idem	»	»	»	9,350	
3	——— Pierres à polir. Exploitation	4 idem	4 idem	»	»	»	23,300	
4	——— Plâtre Exploitation	4 idem	4 idem	»	»	»	27,110	
5	Plâtre (Fours à)	6 idem	6 établissements. (Bull. coll.)	»	»	»	79,674	
6	Manganèse, oxyde. Extraction	Romanèche	Massoyer, Jermin et Cadot	»	»	4,000'	72,000	
7	——— Extraction	Idem	Roclet et Devillaine	»	»	3,500	50,125	
8	Cuivre. Fonderie. Objets marchands	Mâcon	Gardon père et fils et Renard	1,500'	250'	169,500	300,000	(*)
9	Horlogerie (École et fabrique d')	Idem	Saunier	500	45	2,000	14,500	
10	——— Horloges publiques	Idem	Jobard frères	400	45	3,320	10,250	
11	Céréales (Moulins à)	86 communes	211 moulins. (Bull. collect.)	101,140	4,870	13,356,000	13,899,245	
12	Orge. Bière	Mâcon	2 établissements. (Idem.)	»	»	76,048	161,548	
13	Sucre indigène (Fabrique de)	Tournus	Charbonneau	2,000	440	36,000	76,000	
14	Imprimerie. Journaux, etc	Mâcon	2 établissements. (Bull. coll.)	1,950	162	9,142	74,950	
15	Coton. Laine. Tissage. Couvertures	Tournus	Honoré Marthorey	500	95	37,500	75,000	
16	——— Tissage. Couvertures	Idem	Louis Olivier	600	120	35,000	72,500	
17	Coton. Laine. Poils de chèvre. Tissage. Couvertures	Idem	Anary	600	86	22,500	37,500	(*)

2° ARRONDISSEMENT D

18	Carrières. Pierres de taille. Exploitation	19 communes	30 carrières. (Bull. collect.)	»	»	»	110,348	
19	——— Plâtre. Exploitation	3 idem	9 idem	»	»	»	14,832	
20	Plâtre (Fours à)	4 idem	4 établissements. (Bull. coll.)	»	»	»	26,879	
21	Semoir (Huile de)	Igornay	François Pellet	1,200	120	6,500	15,400	
22	Houille. Extraction	Tavernay	Félix Brochot	»	»	3,429	20,087	
23	——— Extraction	Blanzy	Chagot, Perret, Morin et Cⁱᵉ	»	»	86,477	795,000	
24	——— Extraction	Creusot	Schneider frères et compagnie	»	»	107,000	618,750	
25	——— Extraction	Épinac	Société anonyme des mines d'Épinac	»	»	75,000	720,000	
26	——— Extraction	Saint-Léger-du-Bois	Deloly et compagnie	»	»	»	19,000	
27	——— Extraction	Sully	Molleret et compagnie	»	»	»	14,000	
28	——— Extraction	Blanzy	Poulet, Sergent et compagnie	»	»	»	45,000	
29	Verrerie. Bouteilles	Idem	Jules Chagot	2,000	100	34,540	90,000	
30	Fer. Minerai. Extraction	Couches	Schneider frères et compagnie	»	»	11,000	45,000	
31	——— Fonte moulée. Fers fins. Rails	Creusot	Idem	30,000	4,466	1,711,000	3,375,050	(*)
32	——— Fers fins, au bois	Autun	Olinet frères	1,550	237	46,347	34,620	
33	——— Fers fins, au bois	Marly-sous-Issy	Decret	800	299	68,000	90,000	
34	Orge. Bière	Autun	1 établissement	»	»	9,490	21,311	
35	Céréales (Moulins à)	76 communes	188 moulins. (Bull. collect.)	79,095	3,300	7,092,000	7,375,680	
36	Imprimerie. Impressions diverses	Autun	Michel de Jussieu	1,200	114	4,480	13,650	

T DE SAONE-ET-LOIRE.

2° FORCE.

Montant total des patentes. - 420,834 fran.

	OUVRIERS.							MOTEURS.						FEUX.			MACHINES.	
	HOMMES.				SALAIRES.			MOULINS.			MACHINES à vapeur.	CHEVAUX et mulets.	BŒUFS.	FOUR- NEAUX.	FORGES.	FOURS.	MÉTIERS.	AUTRES
	Hommes.	Femmes.	Enfants.	TOTAUX.	Hommes.	Femmes.	Enfants.	à eau.	à vent.	à manége.								

T DE MÂCON.

94'	780	.	.	780	1' 50'	.	.	.	.	.	.	.	.	.	.	.	.	.
50	16	.	.	16	1. 50	.	.	.	.	.	.	.	.	.	.	.	.	.
60	23	.	.	23	1. 50	.	.	.	.	.	.	.	.	.	.	.	.	.
10	20	.	.	20	1. 50	.	.	.	.	.	.	.	.	.	.	.	.	.
74	30	.	3	33	1. 50	.	0' 75'	.	.	11	.	11	.	.	14	.	.	.
00	35	.	35	70	1. 35	.	0. 60	.	.	1	.	2	.	.	.	.	.	.
25	25	.	25	50	1. 35	.	0. 60	.	.	2	.	6	.	.	.	.	.	.
00	90	.	12	102	1' 75' à 6'	60° à 1'50°	.	.	.	.	.	.	15	.	15	.	.	.
00	(*) 2	.	.	2	4' 00'	.	.	.	.	.	.	.	.	.	.	.	.	5
50	4	.	.	4	3. 00	.	.	.	.	.	.	.	.	.	.	.	.	2
40	410	.	.	410	1. 50	.	.	209	2	.	.	.	.	.	.	.	.	.
45	16	.	.	16	2. 50	.	.	.	.	.	.	6	.	5	.	.	.	.
00	80	20	20	120	1. 25	0' 75'	0' 70'	.	.	.	.	.	.	4	.	.	.	.
50	20	.	2	22	1'50'à1'50'	.	0. 50	.	.	.	.	.	.	.	.	.	.	.
00	16	20	6	42	1' 75'	0' 75'	0. 30	.	.	1	.	2	.	.	.	.	8	5
00	24	19	15	58	1. 90	0. 75	0. 30	.	.	1	.	2	.	.	.	.	5	8
00	8	15	6	29	2. 00	1. 00	0. 50	.	.	1	.	2	.	.	.	.	3	5

(*) Plus, 12 élèves de 14 à 18 ans.

NT D'AUTUN.

248	80	.	.	80	1. 50	.	.	.	.	.	.	.	.	.	.	.	8	.
532	25	.	.	25	1. 50	.	.	.	.	.	.	.	.	.	.	.	.	.
570	12	.	1	13	1. 50	.	0. 50	.	5	.	5	.	.	.	.	.	.	.
400	15	.	4	19	1. 35	.	0. 50	.	.	.	1	.	2	.	.	.	.	.
087	23	.	.	23	2. 00	.	.	.	.	2	2	.	.	.	.	.	.	.
000	536	45	.	581	1. 80	0. 75	.	.	.	18	.	15	.	.	.	.	.	.
750	350	30	.	380	2. 25	1. 30	.	.	.	14	.	.	.	.	.	.	.	.
000	300	.	.	300	2. 25	.	.	.	.	8	18	.	.	.	.	.	.	.
000	23	.	.	23	1. 75	.	.	.	.	1	.	.	.	.	.	.	.	.
000	27	.	.	27	1. 50	.	.	.	.	1	.	.	.	.	.	.	.	.
000	52	.	8	60	1. 75	.	0. 75	.	.	1	.	.	.	.	.	1	.	.
000	45	2	8	55	1. 00	1. 00	.	.	.	.	.	.	.	.	.	.	.	.
000	70	.	.	70	1. 75	.	.	.	.	.	.	.	.	.	.	.	.	.
050	(*) 750	.	30	780	1' 50' à 6'	50° à 1' 75°	.	.	.	6	.	.	4	4	30	.	.	.
620	20	.	.	20	3' 50'	.	.	2	.	.	.	.	.	1	.	.	.	.
000	20	.	.	20	1' 50' à 4'	.	.	.	.	.	.	.	.	2	.	.	.	.
311	6	.	.	6	2' 00'	.	.	.	.	.	.	2	.	3	.	.	.	.
580	344	.	.	344	1. 50	.	.	172	8	.	.	.	.	.	.	.	.	.
050	6	.	.	6	2' 50' à 3'	.	.	.	.	.	.	.	.	.	.	.	.	5

(*) Non compris 700 ouvriers employés dans les ateliers de construction.

NUMÉROS	NATURE DES ÉTABLISSEMENTS	COMMUNES ou ILS SONT SITUÉS.	NOMS DES FABRICANTS ou manufacturiers.	VALEUR LOCATIVE.	MONTANT des PATENTES.	VALEUR ANNUELLE des matières premières.	VALEUR DES PRODUITS fabriqués annuellement.	

3° ARRONDISSEMENT D

47	Carrières. Pierres de taille. Exploitation.	46 communes	142 carrières (Bull. collect.).	»	»	»	198,178	
48	— Pierres à paver. Exploitation	Ciry	2 idem.	»	»	»	960	
49	— Terre réfractaire pour poterie. Exploitation..	2 communes	6 idem.	»	»	»	36,000	
40	Plâtre (Fours à	7 idem.	7 établissements. (Bull. coll.).	»	»	»	29,510	
41	Terre anglaise et Tuilerie. Poterie	Ciry	Ruaut	350	174	40,500	54,000	
42	— Tuilerie. Poterie	Palinges	Laujorrois et compagnie	600	208	21,500	41,000	
43	Houille. Extraction	Ciry	Soc. en com. des mines de Mont-Maillot.	»	»	1,250	6,720	
44	— Extraction	Sauvigny	Idem des mines de Theurre-Maillot.	»	»	5,000	35,000	
45	— Extraction	La Chapelle-sous-Dun..	Teissier	»	»	16,500	117,000	
46	— Extraction	Neuvy	Courtier père et fils	»	»	»	16,500	
47	— Extraction	La Chapelle-sous-Dun.	Favre, Lorrin et Bruyat	»	»	»	33,000	
48	Fer. Fonte moulée. Forges	Perrecy	Liquidateur de la maison Berthaut.	2,400	630	130,500	174,100	
49	— Fil de fer. Fers en verges	Gueugnon	Guénard et compagnie	1,860	512	238,500	379,500	
50	— Ferblanc	Martigny et Mornay	Société en commandite Crapinet.	2,400	701	219,045	351,000	
51	Ecorces de chêne. Moulin à moudre les écorces pour tannerie	Marcigny	Pierre Bonnefoy	150	22	5,000	10,000	
52	Céréales (Moulins à	110 communes	253 moulins. (Bull. collect.).	110,645	4,975	15,620,500	16,245,320	
53	Orge. Bière	3 idem.	5 établissements. (Idem.)	»	»	51,263	98,564	
54	Imprimerie. Objets divers.	Charolles	Damelet	380	51	2,352	5,670	
55	Lin. Tissage. Linge damassé	Marcigny	Antoy	600	176	44,000	180,000	
56	Coton. Filature	Saint-Igny-de-Roche.	Glatard	900	336	240,000	317,250	
57	Coton. Lin. Tissage. Blanchisserie	Chauffailles	Thouron et compagnie	800	166	118,800	400,000	

4° ARRONDISSEMENT D

58	Carrières. Pierres de taille. Exploitation	37 communes	182 carrières. (Bull. collect.).	»	»	»	480,237	
59	— Pierres à polir. Exploitation	2 idem.	2 idem.	»	»	»	4,465	
60	Plâtre. Exploitation	3 idem.	18 idem.	»	»	»	95,530	
61	Plâtre (Fours à).	14 idem.	14 établissements. (Bull. coll.).	»	»	»	154,239	
62	Houille. Extraction	St-Bérain-sur-d'Heune.	Société en commandite	»	»	15,000	127,500	
63	— Extraction	Écuisses	Berger, Chatelus et comp.	»	»	»	100,000	
64	Verre et Bouteilles	St-Bérain-sur-d'Heune.	Petibon-Gillonière	7,150	50	9,600	26,000	
65	Céréales (Moulins à	137 communes	295 moulins. (Bull. collect.).	177,802	7,117	16,291,500	16,943,150	
66	—	Chalons-sur-Saône	3 établissements. (Idem.)	»	»	185,150	204,288	
67	Sucre indigène (Fabrique de)	Chatenoy-le-Royal	Champenois, Charbonnon et comp.	100	208	34,000	146,000	
68	Imprimerie. Journaux, etc.	Chalons-sur-Saône	3 établissements. (Bull. coll.).	2,500	273	9,114	27,250	
69	Lithographie. Impressions diverses	Idem.	4 idem	»	20	11,893	45,390	

5° ARRONDISSEMENT I

70	Céréales (Moulins à)	77 comn. (Bull.collect.).	187 moulins. (Bull. collect.).	205,030	8,251	18,435,500	19,272,920	
71	Orge. Bière	Louhans	2 établissements. (Idem.)	»	»	7,838	13,529	
72	Imprimerie. Ouvrages divers.	Idem.	Poinet	500	55	3,180	5,850	

	OUVRIERS.							MOTEURS.						FEUX.			MACHINES.	
	NOMBRE.				SALAIRES.			MOULINS.			MACHINES à vapeur.	CHEVAUX et mulets.	BŒUFS.	FOUR-NEAUX.	FORGES.	FOURS.	MÉTIERS.	AUTRES.
	Hommes.	Femmes.	Enfants.	Totaux.	Hommes.	Femmes.	Enfants.	à eau.	à vent.	à manége.								

DE CHAROLLES.

	Hommes	Femmes	Enfants	Totaux	Hommes	Femmes	Enfants	à eau	à vent	à manége	Mach. vapeur	Chevaux	Bœufs	Fourn.	Forges	Fours	Métiers	Autres
78'	362	"	"	362	1'50"	"	"	"	"	"	"	"	"	"	"	"	"	"
60	2	"	"	2	1.50	"	"	"	"	"	"	"	"	"	"	"	"	"
00	44	"	"	44	1.50	"	"	"	"	"	"	"	"	"	"	"	"	"
10	21	"	"	21	1.50	"	"	"	"	7	"	7	"	"	"	7	"	"
00	35	10	5	50	1.50	1'00"	0'60"	"	"	1	"	"	"	"	"	2	"	"
00	35	"	5	40	1.50	"	0.80	2	"	1	"	"	"	"	"	2	"	"
20	25	"	10	35	1.75	"	0.75	"	"	1	"	"	"	"	"	"	"	"
00	30	"	"	30	1'25"à2'50"	"	"	"	"	"	4	12	"	"	"	"	"	"
00	100	"	"	100	1'80"à3'	"	"	"	"	"	3	4	4	"	"	"	"	"
00	27	"	4	31	1'75"	"	0.75	"	"	1	"	"	"	"	"	"	"	"
00	40	"	6	46	2.00	"	1.00	"	"	1	"	"	"	"	"	"	"	"
00	30	"	"	30	1'50"à6'	"	"	3	"	2	"	"	1	2	2	"	"	"
00	40	"	"	40	1'50"à5'	"	"	2	"	1	"	"	1	3	1	"	"	"
00	48	10	6	64	1'25"à6'	0.90	1.00	2	"	1	"	"	1	3	3	"	"	"
00	6	"	"	6	2'00"	"	"	"	"	1	"	"	"	"	"	"	"	"
20	504	"	"	504	1.50	"	"	252	"	1	"	"	"	"	"	"	"	"
64	12	"	"	12	2.00	"	"	"	"	"	"	7	"	7	"	"	"	"
70	2	"	"	2	2.50	"	"	"	"	"	"	"	"	"	"	"	"	2
00	100	150	10	260	2.00	0.25	0.25	"	"	"	"	"	"	"	"	"	60	"
50	40	32	22	94	1.75	1'50"à1'75"	1.45	2	"	"	"	"	"	2	1	"	25	"
00	230	80	40	350	1'25"à2'	1'75"	0.75	1	"	"	1	"	"	15	1	"	40	80

DE CHÂLON-SUR-SAÔNE.

	Hommes	Femmes	Enfants	Totaux	Hommes	Femmes	Enfants	à eau	à vent	à manége	Mach. vapeur	Chevaux	Bœufs	Fourn.	Forges	Fours	Métiers	Autres
137	692	"	"	692	1'50"	"	"	"	"	"	"	"	"	"	"	"	"	"
165	5	"	"	5	1.50	"	"	"	"	"	"	"	"	"	"	"	"	"
330	74	"	"	74	1.50	"	"	"	"	"	"	"	"	"	"	"	"	"
139	69	"	11	80	1.50	"	0.75	"	"	30	"	30	"	"	"	34	"	"
500	150	"	"	150	1.75	"	"	"	"	"	6	"	"	"	"	"	"	"
900	77	"	9	86	1.75	"	0.75	"	"	"	2	"	"	"	"	"	"	"
900	20	"	4	24	2.00	"	0.75	"	"	"	"	"	3	"	"	1	"	"
160	448	"	"	448	1.50	"	"	224	67	"	4	"	"	"	"	"	"	"
288	15	"	"	15	2.50	"	"	"	"	"	"	10	"	7	"	"	"	"
900	80	25	"	105	1.48	0.80	"	"	"	"	2	"	"	5	"	"	"	2
250	13	3	6	22	3'à4'	1'50"à2'	1'à1'50"	"	"	"	"	"	"	"	"	"	"	8
390	17	1	1	19	3'50"à4'	1'50"	1'00"	"	"	"	"	"	"	"	"	"	"	16

DE LOUHANS.

	Hommes	Femmes	Enfants	Totaux	Hommes	Femmes	Enfants	à eau	à vent	à manége	Mach. vapeur	Chevaux	Bœufs	Fourn.	Forges	Fours	Métiers	Autres
920	368	"	"	368	1'50"	"	"	184	"	"	3	"	"	"	"	"	"	"
529	4	"	"	4	2.00	"	"	"	"	"	3	"	3	"	"	"	"	"
850	2	"	2	4	3'50"à3'75"	"	0.75	"	"	"	"	"	"	"	"	"	"	2

17

STATISTIQUE PAR ÉTABLISSEMENTS INDUSTRIELS.

RÉCAPITULATION PAR A

NATURE DES PRODUITS		NOMBRE D'ÉTABLISSEMENTS.	NOMBRE DE COMMUNES où ils sont situés.	VALEURS LOCATIVES.	MONTANT des PATENTES.	VALEUR ANNUELLE des matières premières.	VALEUR DES PRODUITS fabriqués annuellement.
ARRONDISSEMENTS DE	MÂCON	380	126	109.190f	5.916f	13.754.710f	15.777.444f
	AUTUN	238	114	115.845	8.826	9.255.265	13.363.907
	CHAROLLES	430	180	127.985	7.947	16.740.710	18.735.272
	CHÂLON-SUR-SAÔNE	325	197	187.552	7.668	16.476.257	18.354.059
	LOUHANS	190	78	205.530	8.306	18.446.516	19.292.299
TOTAUX		1.763	695	745.302	38.663	74.673.458	85.522.981

RÉCAPITULATION PAR NATURE

NATURE DES PRODUITS		NOMBRE D'ÉTABLISSEMENTS.	NOMBRE DE COMMUNES où ils sont situés.	VALEURS LOCATIVES.	MONTANT des PATENTES.	VALEUR ANNUELLE des matières premières.	VALEUR DES PRODUITS fabriqués annuellement.
PRODUITS MINÉRAUX	Carrières. Pierres diverses. Exploitation	541	146	"	"	"	1.843.304
	Plâtre (Fours à)	31	31	"	"	"	290.302
	Manganèse oxydé. Extraction	2	1	"	"	7.600	122.128
	Schiste (Huile de)	1	1	1.200	120	6.500	15.400
	Houille. Extraction	14	12	"	"	309.656	2.867.557
	Terre argileuse. Tuileries. Poteries	2	2	950	382	42.000	95.000
	Verrerie. Bouteilles	2	2	9.150	150	44.140	116.000
	Fer. Minerai. Extraction	1	1	"	"	11.000	45.000
	— Fonte moulée. Fers fins. Rails	4	4	34.750	5.628	1.955.847	3.593.770
	— Fil de fer. Fer en verges	1	1	1.860	312	238.500	379.500
	— Fer-blanc	1	1	2.400	701	219.045	351.000
	Cuivre. Fonderie. Objets marchands	1	1	1.500	250	169.600	300.000
	Horlogerie. École et fabrication. Horloges publiques	2	1	900	90	5.320	24.750
PRODUITS VÉGÉTAUX	Céréales (Moulins à)	1.126	486	679.712	28.513	70.795.500	73.727.320
	Orge. Bière	13	7	"	"	249.789	499.540
	Sucre indigène (Fabriques de)	2	2	2.100	848	70.000	222.000
	Imprimerie. Impressions diverses	8	5	6.330	655	28.368	86.770
	Lithographie. Objets variés	4	1	"	20	11.893	45.390
	Écorces de chêne pour tannerie (Moulin à)	1	1	130	22	5.000	10.000
	Lin. Tissage. Linge damassé	1	1	600	176	44.000	180.000
	Coton. Filature	1	1	900	326	246.000	517.250
	Lin. Tissage. Blanchisserie	1	1	800	166	118.800	400.000
PRODUITS ANIMAUX	Coton. Laine. Tissage. Couvertures	2	1	1.100	218	72.500	147.500
	Laine. Poils de chèvre. Tissus. Couvertures	1	1	600	86	22.500	37.500
TOTAUX		1.763	711	745.302	38.663	74.673.458	85.522.981

R

DÉPARTEMENT DE SAÔNE-ET-LOIRE.

ARRONDISSEMENTS.

	OUVRIERS							MOTEURS						FEUX			MACHINES	
	NOMBRE				SALAIRES			MOULINS			MACHINES à vapeur	CHEVAUX et mulets	BŒUFS	FOUR-NEAUX	FORGES	FOURS	MÉTIERS	AUTRES
	Hommes	Femmes	Enfants	TOTAL	Hommes	Femmes	Enfants	à eau	à vent	à manège								
44'	1,599	74	124	1,797	2' 10'	0' 81'	0' 64'	209	2	17	"	31	"	24	"	29	16	35
107	3,102	77	51	3,230	2.20	1.09	0.83	174	8	5	31	25	15	9	7	39	"	5
172	1,733	282	108	2,123	2.20	0.88	0.82	264	"	9	16	36	4	27	10	17	125	82
159	1,660	29	31	1,720	2.17	1.45	0.96	224	67	30	14	40	"	15	"	35	"	26
199	374	"	2	376	2.19	"	0.75	184	"	"	3	3	"	3	"	"	"	2
981	8,468	462	316	9,246	2.17	1.06	0.80	1,055	77	61	84	132	19	(*) 78	17	120	141	150

(*) 5 hauts-fourneaux.

RE # DE PRODUITS INDUSTRIELS.

	Hommes	Femmes	Enfants	TOTAL	Hommes	Femmes	Enfants	à eau	à vent	à manège	vapeur	chevaux	bœufs	four.	forges	fours	métiers	autres
304	2,121	"	"	2,121	1.50	"	"	"	"	"	"	"	"	"	"	"	"	"
302	132	"	15	147	1.50	"	0.66	"	"	53	"	53	"	"	"	63	"	"
128	60	"	60	120	1.35	"	0.60	"	"	3	"	8	"	"	"	"	"	"
400	15	"	4	19	1.35	"	0.50	"	"	"	"	1	"	2	"	"	"	"
557	2,160	75	37	2,272	1.93	1.12	0.80	"	"	"	63	36	19	"	"	"	"	"
000	70	10	10	90	1.50	1.00	0.70	2	"	2	"	"	"	"	"	4	"	"
000	65	2	12	79	2.00	1.00	0.87	"	"	"	"	"	"	3	"	2	"	"
000	70	"	"	70	1.75	"	"	"	"	"	"	"	"	"	"	"	"	"
770	820	"	30	850	3.43	"	1.12	5	"	"	8	"	"	5	9	32	"	"
500	40	"	"	40	3.25	"	"	2	"	"	"	"	"	1	3	1	"	"
000	48	10	6	64	3.62	0.90	1.00	2	"	"	1	"	"	1	3	3	"	"
000	90	"	12	102	3.87	"	1.05	"	"	"	"	"	"	15	"	15	"	"
750	6	"	"	6	3.50	"	"	"	"	"	"	"	"	"	"	"	"	M
320	2,074	"	"	2,074	1.50	"	"	1,041	77	"	8	"	"	"	"	"	"	"
540	53	"	"	53	2.20	"	"	"	"	"	"	28	"	25	"	"	"	"
000	160	45	20	225	1.82	0.77	0.70	"	"	"	2	"	"	9	"	"	"	2
770	43	3	10	56	2.60	1.75	0.92	"	"	"	"	"	"	"	"	"	"	26
390	17	1	1	19	3.25	1.50	1.00	"	"	"	"	"	"	"	"	"	"	16
000	6	"	"	6	2.00	"	"	"	"	"	1	"	"	"	"	"	"	"
000	100	150	10	260	2.00	0.25	0.25	"	"	"	"	"	"	"	"	"	60	"
250	40	32	22	94	1.75	1.12	0.72	2	"	"	"	"	"	2	1	"	25	"
000	230	80	40	350	1.02	0.87	0.75	1	"	"	1	"	"	15	1	"	40	80
500	40	39	21	100	1.62	0.75	0.30	"	"	"	2	"	4	"	"	"	13	13
500	8	15	6	19	2.00	1.00	0.50	"	"	"	1	"	2	"	"	"	3	5
981	8,468	462	316	9,246	2.17	1.06	0.80	1,055	77	61	84	132	19	78	17	120	141	150

17.

STATISTIQUE PAR ÉTABLISSEMENTS INDUSTRIELS.

13° DÉPARTEMENT D...

N° 13.

1° PRODUCTION.

Nombre total des patentés. - 29,768

NUMÉROS d'ordre.	NATURE DES ÉTABLISSEMENTS.	COMMUNES où ILS SONT SITUÉS.	NOMS DES FABRICANTS ou manufacturiers.	VALEURS LOCATIVES.	MONTANT des PATENTES.	VALEUR ANNUELLE des matières premières.	VALEUR DES PRODUITS fabriqués annuellement.	Hom
			1° ARRONDISSEMENT DE					
1	VERRERIE. Verre à vitre.................	Givors.............	2 établissements..........			102,000ᶠ	360,000ᶠ	
2	———— Gobeleterie. Verre à bouteilles.....	Lyon.............	Tissot.............	1,000ᶠ	75ᶠ	120,000	300,000	
3	———— Verre à bouteilles...............	Givors.............	5 établissements..........	17,000	998	163,800	756,800	
4	———— Fioles et petits bocaux...........	Lyon.............	2 idem...........	3,000	178	9,000	100,000	
5	CRISTAUX taillés et coulés (Fabrique de)...	Idem.............	Billes.............	7,000	475	213,300	900,000	
6	FER. Fonte moulée.................	Givors, S⁺⁻Foy-Lès-Lyon.	C⁰ Génissieu et C⁰ anonyme.	19,800	1,530	440,000	700,000	
7	———— Fonte préparée...............	Lyon.............	Gros.............	750	464	24,000	40,000	
8	———— Fonte. Ornements. Objets d'art.....	La Guillotière......	Marchetti.............	4,000	527	36,105	120,000	
9	———— Acier étiré, laminé............	Lyon.............	Bergeron.............	6,000	333	226,300	560,400	
10	———— Construction de machines..........	Idem.............	Joseph Bercet...........	7,500	150	150,000	300,000	
11	———— Chaudières à vapeur.............	Idem.............	4 ateliers.............	8,400	756	135,325	230,230	
12	——— Machines à vapeur.............	Idem.............	7 idem.............	8,800	1,101	113,600	209,560	
13	———— Locomotives.................	Idem.............	Comp. du chemin de fer de S⁺-Étienne.	22,000	1,688	78,500	132,000	(a)
14	———— Pièces de machines, etc..........	Idem.............	14 ateliers de moulage.....	29,050	2,803	853,670	1,493,851	(a)
15	———— Coques de bateaux.............	Idem.............	2 idem.............	3,000	300	57,000	108,000	
16	PLOMB. Caractères d'imprimerie..........	Idem.............	Idem.............	1,800	307	29,400	90,000	
17	CÉRÉALES (Moulins à)...............	Idem.............	20 établissements..........	80,500	2,959	6,756,000	8,889,350	
18	ORGE. Bière.................	7 communes........	27 idem.............			1,411,960	2,570,954	
19	PAPETERIE. Papiers peints..........	La Guillotière......	Graillot.............	1,800	224	91,285	180,000	
20	IMPRIMERIE. Livres, Journaux, Reliure...	Lyon.............	22 établissements..........	22,450	3,375	237,645	640,149	
21	COTON. SOIE. Teinturerie.............	Idem.............	Parret et Boucharat......	2,650	640	(a) 2,213,200	(a) 2,389,750	
22	COTON. SOIE. LAINE. Teinturerie.........	Idem.............	Renard.............	6,000	300	(a) 3,250,000	(a) 3,363,000	
23	———————— Teinturerie.............	Calluire.............	Vidalin.............	20,000	778	(a) 8,570,000	(a) 8,935,000	h.
24	LAINE. Tissage. Châles.............	Lyon.............	La fabrique en totalité.....			4,794,075	12,000,000	
25	———— Thibet. Cachemires. Impressions...	Calluire.............	Ulysse Sandoz et compagnie.	1,200	475	106,100	195,000	
26	——— Soie. Impressions de châles........	Lyon.............	2 ateliers.............	4,100	278	1,000,000	1,500,000	
27	SOIE. Teinturerie.............	Idem.............	70 idem.............	195,410	11,459	3,000,000	6,000,000	
28	———— Tissage. Étoffes unies...........	Idem.............	La fabrique en totalité.....			65,131,910	134,925,900	3
29	———— Tissage. Étoffes façonnées.........	Idem.............	Idem.............			18,144,000	38,880,000	1
30	———— Tissage. Brocarts. Étoffes riches.....	Idem.............	Idem.............			1,009,260	4,800,000	
31	———— Tissage. Velours unis.............	Idem.............	Idem.............			11,555,000	19,980,900	1

(a) Y compris la valeur des objets teints.

Γ DU RHÔNE.

2° FORCE.

Montant total des patentes. — 1.814,242 francs

T DE LYON.

	OUVRIERS							MOTEURS						FEUX			MACHINES	
	NOMBRE				SALAIRES			MOULINS			MACHINES à	CHEVAUX et	ROUES	FOURNEAUX	FORGES	FOURS	MÉTIERS	AUTRES
	Hommes	Femmes	Enfants	TOTAUX	Hommes	Femmes	Enfants	à eau	à vent	à manège	vapeur	mulets						
30'	70			70	3f 50c												2	
30	64			64	3.50												1	
00	350			350	3.50												7	
00	32			32	3.50												2	
00	240	75	35	350	3.50	1f50c	1f25c				1			9	2	1		
00	39			39	3.50		2.25				2			(2) 2		4		8
00	10			10	2.50									1				1
00	27			27	2.75						1			2	1		2	1
00	34	18	12	64	4.50	2.40	2.00							2	2			5
100	30			30	2.50										12	2		30
130	250			250	3'30"à3'50"													
000	375			375	3'50"à4'													
000	200			200	3'25"à4'													
131	(s) 281		45	326	3'25"à6'		1.25										3	35
000	115			115	3'30"à3'50"													
000	30			30	3'50"à4'													
350	60			60	3'à3'50"			15			5							75
954	166			166	3' 60"													
000	40		30	80	2.50		0.35							1				30
140	270			270	3.50													
750	30	3		33	4.00	2.50					1	1	1	2		1		1
000	45	10	10	65	3.75	2.00	2.00	1			1	1		10	1			32
000	150	50		200	3.75	1.25					2	2		44	1	1		
600	9,000			9,000	1.70												2,235	
000	46	6	24	76	3.25	1.50	0.50				1			3				35
000	180	110	110	400	2.50	1.50	0.50	3										
000	1,200			1,200	4.00													
000	35,000			35,000	1.70												25,700	
000	15,000			15,000	2.50												9,000	
000	1,500			1,500	2.25												500	
000	14,000			14,000	1.80												9,000	

(2) Ouvriers et manœuvres.　　(3) Hauts-fourneaux.

1° ARRONDISSEMENT

NUMÉROS d'ordre	NATURE DES ÉTABLISSEMENTS.	COMMUNES où ils sont situés.	NOMS des fabricants ou manufacturiers.	VALEURS LOCATIVES.	MONTANT des PATENTES.	VALEUR annuelle des matières premières.	VALEUR des produits fabriqués annuellement.
32	Soie. Tissage. Velours façonnés..........	Lyon.........	La fabrique en totalité.....	»	»	1,383,200ᶠ	4,088,500ᶠ
33	· Tissage. Peluches............	Idem.........	Idem........	»	»	6,048,000	8,376,000
34	— Tissage. Gaze. Crêpe. Tulles....	Idem.........	Idem........	»	»	10,395,000	19,048,000
35	· — Mélanges. Tissage. Châles. Tartans. Fantaisie....	Idem.........	Idem........	»	»	8,383,500	23,387,500
36	Poils. Laine. Soie. Chapeaux.........	Idem.........	125 ateliers........	57,075ᶠ	8,461ᶠ	1,200,000	4,200,000
37	Peaux. Tannerie.............	Idem.........	7 idem......	9,380	1,342	791,250	878,800

2° ARRONDISSEMENT

NUMÉROS d'ordre	NATURE DES ÉTABLISSEMENTS.	COMMUNES où ils sont situés.	NOMS des fabricants ou manufacturiers.	VALEURS LOCATIVES.	MONTANT des PATENTES.	VALEUR annuelle des matières premières.	VALEUR des produits fabriqués annuellement.
38	Orge. Bière.....	1 commune..	1 établissement....	»	»	5,078	9,235
39	Coton. Filature........	Saint-Jean-la-Bussière..	Charles Laguenas........	500	124	77,700	112,000
40	· — · Filature........	Idem.....	Masson aîné.....	1,000	271	182,400	254,800
41	— Filature........	Amplepuis.....	Masson.....	4,150	136	72,000	140,940
42	·— Teinturerie........	Tarare	1 atelier......	2,300	161	274,200	324,000
43	— Filé. Tissage. Mousselines unies, brodées, façonnées.	Idem.....	La fabrique en totalité....	»	»	6,000,000	14,000,000
44	— Soie. Tissage. Peluches....	Idem.....	Jean-Baptiste Martin......	1,200	220	335,000	800,000
45	Peaux. Tannerie............	Villefranche........	21 ateliers...........	7,490	307	482,500	502,800

RÉCAPITULATION PAR

ARRONDISSEMENTS.	NOMBRE D'ÉTABLISSEMENTS.	NOMBRE DE COMMUNES où ils sont situés.	VALEURS LOCATIVES.	MONTANT des PATENTES.	VALEUR annuelle des matières premières.	VALEUR des produits fabriqués annuellement.
LYON...........	(1) 302	16	540,265ᶠ	41,438ᶠ	158,223,385ᶠ	311,680,975ᶠ
VILLEFRANCHE.....	(1) 27	5	16,640	1,769	7,431,878	16,233,775
TOTAUX...............	329	15	556,905	43,207	165,655,263	327,914,750

(1) Non compris la fabrique de Lyon et celle de Tarare, qui sont expliquées en bulletins collectifs, pour les tissus.

	OUVRIERS.							MOTEURS.						FEUX.			MACHINES	
	NOMBRE.				SALAIRES.			MOULINS			MACHINES à vapeur.	CHEVAUX et mulets.	BŒUFS.	FOUR-NEAUX.	FORGES.	FOURS.	MÉTIERS.	AUTRES.
	Hommes.	Femmes.	Enfants.	TOTAUX.	Hommes.	Femmes.	Enfants.	à eau.	à vent.	à manége.								

DE LYON. (Suite.)

	Hommes.	Femmes.	Enfants.	TOTAUX.	Hommes.	Femmes.	Enfants.	à eau.	à vent.	à manége.	vapeur.	mulets	bœufs.	four-neaux.	forges.	fours.	métiers.	autres.
000'	7,000	»	»	7,000	3' 00"	»	»	»	»	»	»	»	»	»	»	»	3,800	»
000	2,200	»	»	2,200	2. 00	»	»	»	»	»	»	»	»	»	»	»	1,600	»
000	7,500	»	»	7,500	1. 50	»	»	»	»	»	»	»	»	»	»	»	2,500	»
000	7,200	»	»	7,200	2. 25	»	»	»	»	»	»	»	»	»	»	»	5,398	»
000	3,040	1,000	»	4,000	3. 00	1' 25'	»	»	»	»	»	»	»	»	»	»	»	»
000	70	»	»	70	2' 75' à 3'	»	»	»	»	»	»	»	»	»	»	»	»	»

DE VILLEFRANCHE.

	Hommes.	Femmes.	Enfants.	TOTAUX.	Hommes.	Femmes.	Enfants.	à eau.	à vent.	à manége.	vapeur.	mulets	bœufs.	four-neaux.	forges.	fours.	métiers.	autres.
235	3	»	»	3	2' 50'	»	»	»	»	»	»	»	»	»	»	»	14	24
000	23	27	»	50	1. 75	1. 10	»	»	»	»	»	»	»	»	»	»	35	17
800	52	47	4	103	1. 75	1. 10	0' 80"	1	»	»	1	»	»	»	»	»	26	19
940	31	22	10	63	1. 40	0. 90	0. 45	1	»	»	»	»	»	»	»	»	»	»
000	50	»	40	90	2. 00	»	0. 40	»	»	»	»	»	»	»	»	»	»	30
000	12,000	10,000	6,000	28,000	1. 25	0. 60	0. 30	»	»	»	»	»	»	»	»	»	16,000	»
000	80	20	»	100	2. 75	1. 50	»	»	»	»	»	»	»	1	»	1	62	20
800	130	»	»	130	2' 75' à 3'	»	»	»	»	»	»	»	»	»	»	»	»	»

PAR ARRONDISSEMENTS.

	OUVRIERS.							MOTEURS.						FEUX.			MACHINES.	
	NOMBRE.				SALAIRES.			MOULINS			MACHINES à vapeur.	CHEVAUX et mulets	BŒUFS.	FOUR-NEAUX.	FORGES.	FOURS.	MÉTIERS.	AUTRES.
	Hommes.	Femmes.	Enfants.	TOTAUX.	Hommes.	Femmes.	Enfants.	à eau.	à vent.	à manége.	vapeur.	mulets						
0,975'	103,804	1,272	276	107,352	2' 92'	1' 74'	1' 29'	19	»	1	14	4	»	86	19	25	59,735	265
3,775	12,369	10,116	6,054	28,539	2. 13	1. 04	0. 50	2	»	»	1	»	»	1	»	1	16,137	140
4,750	116,173	11,388	6,330	135,891	2. 54	1. 39	0. 90	21	»	1	15	4	»	(1) 87	19	26	75,872	405
														(1) Hauts fourneaux.				

RÉCAPITULATION PAR NATURE DE

NATURE DES PRODUITS.	NOMBRE D'ÉTABLISSEMENTS.	NOMBRE DE COMMUNES où ils sont situés.	VALEURS LOCATIVES.	MONTANT des PATENTES.	VALEUR ANNUELLE des matières premières.	VALEUR DES PRODUITS fabriqués annuellement.
PRODUITS MINÉRAUX. Verrerie. Gobeleterie. Verres à vitre et à bouteilles........	10	»	21,000ᶠ	1,251ᶠ	304,800ᶠ	1,516,000ᶠ
Cristaux taillés et coulés (Fabrique de).......	1	»	7,000	475	213,300	900,000
Fer. Fonte moulée et préparée....................	3	»	20,550	1,994	464,000	740,000
— Fonte Ornementale. Objets d'art............	1	»	4,000	527	36,105	120,000
— Acier tiré, laminé.............................	1	»	6,000	333	226,300	560,400
— Construction de machines et de pièces de machines....	6	»	78,750	6,200	1,388,095	2,533,582
Plomb. Caractères d'imprimerie..................	2	»	1,800	367	29,400	90,000
PRODUITS VÉGÉTAUX. Céréales (Moulins à)...............	20	»	80,500	2,939	6,754,000	8,889,350
Orge. Bière.....................	26	»	»	»	1,417,038	2,580,189
Papeterie. Papiers peints......	1	»	1,800	224	91,385	180,000
Imprimerie. Livres. Journaux. Revues..............	22	»	22,450	3,375	237,645	640,180
Coton. Filature................	3	»	5,650	521	335,100	507,740
— Teinturerie............	1	»	2,300	161	274,200	324,000
— Fils. Tissage. Mousselines unies, brodées, façonnées....	La fabrique de Tarare en totalité.	»	»	»	6,000,000	14,000,000
— Soie. Teinturerie............	1	»	2,650	640	2,213,200	2,389,750
— Tissage. Peluches............	1	»	1,200	220	333,000	800,000
PRODUITS ANIMAUX. Laine. Tissage. Châles...........	La fabrique de Lyon en totalité.	»	»	»	4,794,075	12,000,000
Laine. Tibet. Cachemire. Impressions..............	1	»	1,200	475	106,100	193,000
Laine. Soie. Impressions de châles..............	2	»	4,100	278	1,000,000	1,500,000
Soie. Coton. Laine. Teinturerie......	2	»	26,000	1,978	11,820,000	12,300,000
— Teinturerie..........	70	»	195,410	11,439	3,000,000	6,000,000
— Tissage. Étoffes unies.........	La fabrique de Lyon en totalité.	»	»	»	65,131,910	134,925,000
— Tissage. Étoffes façonnées........	Idem.	»	»	»	18,144,000	35,880,000
— Tissage. Brocards. Étoffes riches......	Idem.	»	»	»	1,009,260	4,800,000
— Tissage. Velours unis.........	Idem.	»	»	»	11,535,000	19,960,000
— Tissage. Velours façonnés..........	Idem.	»	»	»	1,383,200	4,088,500
— Tissage. Peluches.........	Idem.	»	»	»	6,048,000	8,370,000
— Tissage. Gaze. Crêpe. Tulles.........	Idem.	»	»	»	10,395,000	19,048,000
— Mélanges. Tissage. Châles. Tartans. Fantaisie.......	Idem.	»	»	»	8,383,500	23,387,500
Poils. Laine. Soie. Chapeaux........	125	»	57,675	8,481	1,200,000	4,200,000
Peaux. Tannerie.......	28	»	16,870	2,209	1,273,750	1,471,600
Totaux........	**339**	»	**556,905**	**43,207**	**165,635,363**	**327,914,750**

OUVRIERS.							MOTEURS.						FEUX.			MACHINES.	
NOMBRE.				SALAIRES.			MOULINS.			MACHINES à vapeur.	CHEVAUX et mulets.	BŒUFS.	FOUR-NEAUX.	FORGES.	FOURS.	MÉTIERS.	AUTRES.
Hommes.	Femmes.	Enfants.	TOTAUX.	Hommes.	Femmes.	Enfants.	à eau.	à vent.	à manège.								

DE PRODUITS INDUSTRIELS.

Hommes	Femmes	Enfants	TOTAUX	Hommes	Femmes	Enfants	à eau	à vent	à manège	Mach. vapeur	Chevaux/mulets	Bœufs	Fourneaux	Forges	Fours	Métiers	Autres
516	,	,	516	3' 50°	,	,	,	,	,	,	,	,	,	,	1?	,	,
240	75	35	350	3. 30	1' 50°	1' 25°	,	,	,	1	,	,	9	2	1	,	,
49	,	,	49	3. 00	,	2. 25	,	,	,	2	,	,	3	,	6	,	1
27	,	,	27	2. 75	,	,	,	,	,	1	,	,	2	1	,	2	1
34	18	12	64	4. 50	2. 40	2. 00	,	,	,	,	,	,	2	2	,	,	5
1,251	,	45	1,296	3. 20	,	1. 25	,	,	,	,	,	,	,	12	7	,	65
30	,	,	30	3. 75	,	,	,	,	,	,	,	,	,	,	,	,	,
60	,	,	60	2. 75	,	,	15	,	,	5	,	,	,	,	,	,	75
169	,	,	169	3. 00	,	,	,	,	,	,	,	,	,	,	,	,	,
40	,	40	80	2. 50	,	0. 55	,	,	,	,	,	,	1	,	,	,	30
270	,	,	270	3. 50	,	0. 63	2	,	,	1	,	,	,	,	,	75	90
106	96	14	216	1. 63	1. 83	0. 63	,	,	,	,	,	,	,	,	,	,	30
50	,	40	90	2. 00	,	0. 40	,	,	,	,	,	,	,	,	,	,	,
12,000	10,000	6,000	28,000	1. 25	0. 60	0. 30	,	,	,	,	,	,	,	,	,	16,000	,
30	3	,	33	4. 00	2. 50	,	,	,	,	1	1	1	2	,	,	,	,
80	20	,	100	2. 75	1. 50	,	,	,	,	,	,	,	1	,	1	62	20
9,000	,	,	9,000	1. 70	,	,	,	,	,	,	,	,	,	,	,	2,235	,
46	6	24	76	2. 25	1. 50	0. 50	,	,	,	,	,	,	3	,	,	,	55
180	110	110	400	2. 50	1. 50	0. 50	3	,	,	,	,	,	,	,	,	,	33
195	60	10	265	3. 75	1. 63	2. 00	1	,	,	3	3	,	64	2	1	,	,
1,200	,	,	1,200	4. 00	,	,	,	,	,	,	,	,	,	,	,	,	,
35,000	,	,	35,000	1. 70	,	,	,	,	,	,	,	,	,	,	,	25,700	,
15,000	,	,	15,000	2. 50	,	,	,	,	,	,	,	,	,	,	,	9,000	,
1,500	,	,	1,500	2. 25	,	,	,	,	,	,	,	,	,	,	,	500	,
14,000	,	,	14,000	1. 80	,	,	,	,	,	,	,	,	,	,	,	9,000	,
7,000	,	,	7,000	3. 00	,	,	,	,	,	,	,	,	,	,	,	3,800	,
2,200	,	,	2,200	2. 00	,	,	,	,	,	,	,	,	,	,	,	1,600	,
7,500	,	,	7,500	1. 50	,	,	,	,	,	,	,	,	,	,	,	2,500	,
7,200	,	,	7,200	2. 25	,	,	,	,	,	,	,	,	,	,	,	5,398	,
3,000	1,000	,	4,000	3. 00	1. 25	,	,	,	,	,	,	,	,	,	,	,	,
200	,	,	200	2. 87	,	,	,	,	,	,	,	,	,	,	,	,	,
118,173	11,388	6,330	135,891	2. 54	1. 39	0. 90	21	,	1	15	4	,	87	19	26	75,872	405

N° 14.

14° DÉPARTEMENT D

1° PRODUCTION.

Nombre total des patentés.= 14,981.

NUMÉROS d'ordre	NATURE DES ÉTABLISSEMENTS.	COMMUNES où ILS SONT SITUÉS	NOMS DES FABRICANTS ou manufacturiers.	VALEURS LOCATIVES.	MONTANT des PATENTES.	VALEUR ANNUELLE des matières premières.	VALEUR des PRODUITS fabriqués annuellement.
			1° ARRONDISSEMENT				
1	Terre argileuse. Tuilerie	Clermont-Ferrand.	Mandon	»	»	12,000'	25,000'
2	——— Tuilerie.	Idem.	Brousset	»	»	12,000	25,000
3	—— Tuilerie	Idem.	Chapinat	»	»	15,000	30,000
4	—— Tuilerie.	Idem.	19 établissements. (Bull. col.).	»	»	60,000	120,000
5	——— Poterie.	Idem.	3 établissements. (Bull. col.).	»	»	15,000	30,000
6	—— Faïence.	Idem.	Lacollonge.	»	»	45,000	100,000
7	Antimoine. Extraction.	Perpezat.	Esnelvin.	38'	»	»	21,000
8	—— Préparation.	Clermont-Ferrand.	Droion.	400	66'	30,000	52,460
9	Fer. Fers en barres	Sevène.	Comte de Fontenille.	50	100	49,920	67,200
10	— Fonte. Cuivre. Construction de machines.	Clermont-Ferrand.	Barbier et Daubrée.	7,800	815	156,900	433,200
11	Métaux divers. Caractères d'imprimerie.	Idem.	Colron et compagnie.	700	88	21,000	35,200
12	Céréales (Moulins à).	Idem.	474 moulins. (Bulletin coll.).	»	»	9,071,173	10,324,923
13	Froment. Vermicelle.	Idem.	Boudet-Drefon.	1,500	88	154,540	198,840
14	—— Vermicelle	Idem.	Magain.	3,000	124	290,700	378,904
15	Orge. Bière.	Idem.	3 établissements. (Bull. col.).	»	»	146,490	273,600
16	Sucre indigène (Fabrique de) brut et raffiné.	Idem.	Le comte de Moray.	1,500	»	234,000	547,000
17	Graines oléagineuses. Huilerie.	Idem.	28 établissements. (Bull. col.).	»	»	112,000	196,000
18	Distillerie. Alcool.	Idem.	6 établissements. (Bull. col.).	»	»	12,000	18,000
19	Imprimerie. Livres.	Idem.	Pérol.	1,800	192	30,000	50,000
20	—— Livres	Idem.	Thibaud fils.	1,200	198	32,000	55,000
21	Lithographie. Objets divers.	Idem.	5 établissements. (Bull. col.).	»	»	10,000	45,000
22	Chanvre. Tissage. Toiles.	Blanzat.	Bachmalet. Bonicaut. etc.	1,500	100	157,500	210,000
			2° ARRONDISSEMENT				
23	Terre argileuse. Tuilerie. Poterie.	Ambert.	10 établissements. (Bull. col.).	»	»	20,000	50,000
24	Céréales (Moulins à).	Idem.	377 établissem. (Bull. col.).	»	»	2,074,833	2,666,380
25	Orge. Bière.	Idem.	2 établissements. (Bull. col.).	»	»	25,721	46,920
26	Graines oléagineuses. Huilerie.	Idem.	13 établissements. (Bull. col.).	»	»	39,000	65,000

DU PUY-DE-DÔME.

2° FORCE.

Montant total des patentes. = 252,660 francs.

OUVRIERS.							MOTEURS.						FEUX.			MACHINES.	
NOMBRE.				SALAIRES.			MOULINS.			MACHINES à vapeur.	CHEVAUX et mulets.	BŒUFS.	FOUR-NEAUX.	FORGES.	FOURS.	MÉTIERS.	AUTRES.
Hommes.	Femmes.	Enfants.	TOTAL.	Hommes.	Femmes.	Enfants.	à eau.	à vent.	à manège.								

DE CLERMONT-FERRAND.

10	»	»	10	1' 50°	»	»	»	»	»	»	4	»	»	»	1	»	»
9	»	»	9	1. 50	»	»	»	»	»	»	4	»	»	»	1	»	»
12	»	»	12	1. 50	»	»	»	»	»	»	5	»	»	»	1	»	»
38	»	»	38	1. 50	»	»	»	»	»	»	19	»	»	»	19	»	»
6	»	»	6	1. 50	»	»	»	»	»	»	»	»	»	»	3	»	»
10	10	»	20	3' à 3' 50°	1' 25°	»	»	»	»	»	2	»	1	»	1	»	»
18	10	»	28	1' 50°	0. 75	»	»	»	»	»	»	»	»	»	»	»	»
8	»	»	8	1. 80	»	»	»	»	»	»	»	»	6	»	»	»	»
16	»	»	16	1. 60	»	»	»	»	»	»	»	»	2	»	»	»	»
80	120	30	230	1' 25° à 5'	0. 75	0' 60°	1	»	1	»	»	»	»	»	»	»	»
30	2	10	42	2' 50°	0. 75	0. 50	»	»	»	»	»	»	4	1	»	»	5
500	»	»	500	1. 50	»	»	474	»	»	»	500	»	»	»	»	»	»
21	16	15	52	2. 25	0. 75	0. 50	»	»	1	»	11	»	3	»	1	»	2
40	80	»	120	2. 00	0. 40	»	1	»	2	1	6	»	2	»	»	»	3
24	»	»	24	2. 50	»	»	»	»	»	»	»	»	»	»	»	»	»
150	20	20	190	1. 50	0. 60	0. 50	»	»	»	4	»	»	4	»	»	»	20
40	»	»	40	1. 50	»	»	28	»	»	»	28	»	»	»	»	»	»
6	»	»	6	1. 50	»	»	»	»	»	»	»	»	6	»	»	»	»
32	12	2	46	2. 00	0. 60	0. 50	»	»	»	»	»	»	»	»	»	»	»
48	14	»	62	2. 50	0. 50	»	»	»	»	»	»	»	»	»	»	»	7
15	»	»	15	3. 00	»	»	»	»	»	»	»	»	»	»	»	»	7
10	50	»	60	1. 00	0. 50	»	1	»	»	»	»	»	1	1	»	32	6

D'AMBERT.

20	»	»	20	1. 50	»	»	»	»	»	»	»	»	»	»	10	»	»
400	»	»	400	1. 50	»	»	377	»	»	»	400	»	»	»	»	»	»
7	»	»	7	1. 75	»	»	»	»	»	»	»	»	»	»	»	»	»
13	»	»	13	1. 50	»	»	13	»	»	»	15	13	»	»	»	»	»

18.

N°	NATURE DES ÉTABLISSEMENTS.	COMMUNES où ILS SONT SITUÉS	NOMS DES FABRICANTS ou manufacturiers.	VALEURS LOCATIVES.	MONTANT des PATENTES.	VALEUR ANNUELLE des matières premières.	VALEUR des PRODUITS fabriqués annuellement.
			3° ARRONDISSEMENT D'I...				
27	Terre argileuse. Tuilerie...	Issoire	17 établissem". (Bull. coll.).	»	»	34,000'	85,000'
28	Plomb sulfuré. Extraction.	Singles	Chenot et compagnie	20'	»	»	20,000
29	Antimoine. Extraction.	Auzat-le-Lagost	Bouden et Souligon	34	»	»	21,000
30	Arsenic. Extraction.	Idem	Altaroche	16	»	»	42,000
31	Houille. Extraction.	Auzat-sur-Allier	Lenoir et compagnie	290	»	»	112,000
32	— Extraction.	Charbonnier	Denier frères	340	»	»	52,500
33	Céréales (Moulins à).	Issoire	352 établissem". (Bull. coll.).	»	»	4,119,999	4,965,413
34	Orge. Bière	Idem	3 établissements. (Bull. coll.).	»	»	23,650	48,400
35	Graines oléagineuses. Huilerie	Idem	9 établissements. (Bull. coll.).	»	»	36,000	54,000
			4° ARRONDISSEMENT DE...				
36	Terre argileuse. Tuilerie. Poterie	Riom	21 établissem". (Bull. coll.).	»	»	45,000	100,000
37	Houille. Exploitation	Saint-Éloy	Ro..bourg frères	55	»	»	12,600
38	— Exploitation	Idem	Thévenin	25	»	»	13,500
39	Antimoine. Préparation	Riom	Chapsat et compagnie	200	»	30,000	46,200
40	Argent. Plomb. Exploitation	Pont-Gibaud	Palla et compagnie	240	»	»	180,900
41	Céréales (Moulins à)	Riom	424 établissem". (Bull. coll.).	»	»	7,025,018	7,839,743
42	Graines oléagineuses. Huilerie	Idem	142 établissem". (Bull. coll.).	»	»	450,000	560,000
43	Lithographie. Objets divers	Idem	4 établissements. (Bull. coll.).	»	»	6,000	25,000
44	Chanvre. Peignoerie. Filature mécanique	Mozat	Édouard Albert	15,000	500'	190,000	415,000
45	Soie. Coton. Lin. Tissage. Peluche. Toiles	Riom	Guibert de Palisseau (Direct"*)	»	184	403,385	519,470
			5° ARRONDISSEMENT D				
46	Terre argileuse. Tuilerie	Thiers	35 établissem". (Bull. coll.).	»	»	70,000	175,000
47	— Poterie	Idem	31 établissem". (Bull. coll.).	»	»	62,000	186,000
48	Fer. Acier. Coutellerie de toute espèce	Idem	416 fabricants. (Bull. coll.).	»	»	1,618,650	6,304,549
49	Céréales (Moulins à)	Idem	233 établissem". (Bull. coll.).	»	»	1,883,630	2,226,164
50	Orge. Bière	Idem	1 établissement	»	»	13,205	21,120
51	Graines oléagineuses. Huilerie	Idem	84 établissem". (Bull. coll.).	»	»	252,000	336,000
52	Papeterie. Papiers divers	Idem	14 fabricants. (Bull. coll.).	2,150	1,087	581,778	766,360

* Maison centrale de détention.

	OUVRIERS							MOTEURS						FEUX			MACHINES	
	NOMBRE				SALAIRES			MOULINS			MACHINES à vapeur	CHEVAUX et mulets	BŒUFS	FOUR-NEAUX	FORGES	FOURS	MÉTIERS	AUTRES
	Hommes	Femmes	Enfants	TOTAL	Hommes	Femmes	Enfants	à eau	à vent	à manège								

D'ISSOIRE.

	Hommes	Femmes	Enfants	TOTAL	Hommes	Femmes	Enfants	à eau	à vent	à manège	vapeur	chevaux	bœufs	fourn.	forges	fours	métiers	autres
	20	»	»	20	1ᶠ 50ᶜ	»	»	»	»	»	»	»	»	»	»	17	»	»
	23	»	»	23	1. 50	»	»	»	»	»	»	»	»	»	»	»	»	»
	22	»	»	22	1. 50	»	»	»	»	»	»	»	»	»	»	»	»	»
	36	»	»	36	1. 50	»	»	»	»	»	»	»	»	»	»	»	»	»
	115	»	»	115	1 50	»	»	»	»	»	4	2	»	»	»	»	1	»
	40	»	»	40	1. 50	»	»	»	»	»	1	4	»	»	»	»	»	»
	400	»	»	400	1. 50	»	»	253	»	»	»	400	»	»	»	»	»	»
	8	»	»	8	1. 40	»	»	»	»	»	»	»	»	»	9	»	»	»
	10	»	»	10	1. 50	»	»	9	»	»	»	»	»	»	»	»	»	»

DE RIOM.

	Hommes	Femmes	Enfants	TOTAL	Hommes	Femmes	Enfants	à eau	à vent	à manège	vapeur	chevaux	bœufs	fourn.	forges	fours	métiers	autres
	30	»	»	30	1. 50	»	»	»	»	»	»	3	»	»	»	»	21	2
	20	»	»	20	1. 25	»	»	»	»	»	»	»	»	»	»	»	1	»
	18	»	»	18	1. 25	»	»	»	»	»	»	»	4	»	»	»	»	»
	8	»	»	8	1. 80	»	»	»	»	»	»	»	»	»	»	»	»	»
	200	40	20	260	1. 50	0ᶠ 75ᶜ	0ᶠ 75ᶜ	17	»	»	»	9	»	»	»	»	»	»
	500	»	»	500	1. 50	»	»	424	»	»	»	500	»	»	»	»	»	»
	142	»	»	142	1. 50	»	»	142	»	»	»	»	»	»	»	»	»	4
	8	»	»	8	3. 00	»	»	»	»	»	»	2	6	1	2	»	12	50
	80	90	6	176	1. 70	1. 00	0. 80	1	»	»	»	»	»	»	»	»	230	7
	784	»	»	784	0. 25	»	»	»	»	»	»	»	»	»	»	»	»	»

DE THIERS.

	Hommes	Femmes	Enfants	TOTAL	Hommes	Femmes	Enfants	à eau	à vent	à manège	vapeur	chevaux	bœufs	fourn.	forges	fours	métiers	autres
	40	»	»	40	1ᶠ 50ᶜ	»	»	»	»	»	»	»	»	»	»	35	»	»
	62	»	»	62	1. 50	»	»	»	»	»	»	»	»	»	»	31	»	»
	12,710	»	1,400	14,110	1. 00	»	0. 50	»	»	»	»	»	»	»	»	»	»	»
	250	»	»	250	1. 50	»	»	233	»	»	»	250	»	»	»	»	»	»
	2	»	»	2	1. 50	»	»	»	»	»	»	»	»	»	»	»	»	»
	90	»	»	90	1. 50	»	»	84	»	»	»	»	»	»	»	»	»	»
	228	255	26	509	2. 00	0. 75	0. 75	45	»	»	»	»	»	»	»	»	»	»

RÉCAPITULATION PAR AR[...]

NATURE DES PRODUITS.		NOMBRE D'ÉTABLISSEMENTS.	NOMBRE DE COMMUNES où ils sont situés.	VALEURS LOCATIVES.	MONTANT des PATENTES.	VALEUR ANNUELLE des matières premières.	VALEUR DES PRODUITS fabriqués annuellement.	Homm
ARRONDISSEMENTS DE	CLERMONT-FERRAND....	553	4	19,588	1,293	10,567,223	13,368,127	1,13
	AMBERT............	402	1	"	"	2,159,554	2,838,300	44
	ISSOIRE...........	386	5	700	"	4,313,649	5,396,313	87
	RIOM..............	597	4	15,520	484	8,149,403	9,712,413	1,70
	THIERS............	814	1	2,150	1,087	4,480,326	9,915,193	13,38
TOTAUX............		2,752	15	38,258	2,776	29,670,155	41,122,346	17,41

RÉCAPITULATION PAR NATURE DE

NATURE DES PRODUITS.		NOMBRE D'ÉTABLISSEMENTS.	NOMBRE DE COMMUNES où ils sont situés.	VALEURS LOCATIVES.	MONTANT des PATENTES.	VALEUR ANNUELLE des matières premières.	VALEUR DES PRODUITS fabriqués annuellement.	Homm
PRODUITS MINÉRAUX.	Houille. Extraction............	4	3	710	"	"	190,600	11
	Terre argileuse. Tuilerie. Poterie. Faïence.	140	5	"	"	300,000	938,000	2
	Plomb sulfuré. Extraction.....................	1	1	20	"	"	20,000	
	Antimoine. Extraction......................	2	2	72	"	"	42,000	
	——— Préparation...............	2	2	600	96	60,000	98,660	
	Arsenic. Extraction.......................	1	1	16	"	"	42,000	
	Fer. Fers en barres.......................	1	1	30	100	49,920	67,300	
	——— Fonte. Cuivre. Construction de machines...........	1	1	7,000	215	156,900	433,300	
	——— Acier. Coutellerie...................	416	1	"	"	1,518,050	6,204,349	12,7
	Argent. Plomb. Exploitation...................	1	1	240	"	"	180,900	1
	Métaux divers. Caractères d'imprimerie.................	1	1	700	88	21,000	35,000	
PRODUITS VÉGÉTAUX.	Céréales (Moulins à)...........	1,800	5	"	"	24,173,653	25,020,683	2,0
	Froment. Vermicelle...............	2	1	6,300	216	443,340	577,744	
	Orge. Bière......................	9	4	"	"	209,129	390,040	
	Graines oléagineuses. Huileries................	276	5	"	"	889,000	1,211,000	1
	Sucre indigène brut et raffiné................	1	1	1,500	"	234,000	567,000	
	Distillerie. Alcool............	6	1	"	"	12,000	18,000	
	Papeterie. Papiers divers......	14	1	2,150	1,087	581,778	766,360	2
	Imprimerie. Livres................	2	1	2,200	390	62,000	105,000	
	Lithographie.......................	9	2	"	"	16,000	70,000	
	Chanvre. Peignerie. Filature mécanique................	1	1	15,000	300	190,000	415,000	
	——— Tissage. Toiles.............	1	1	1,500	100	187,500	210,000	
PRODUITS ANIMAUX.	Soie. Coton. Lin. Tissage. Peluches. Toile..............	1	1	"	184	403,385	519,470	
TOTAUX........		2,752	43	38,258	2,776	29,670,155	41,122,346	17,

R ARRONDISSEMENTS.

| | OUVRIERS | | | | | | | MOTEURS | | | | | | FEUX | | | MACHINES | |
| | NOMBRE | | | | SALAIRES | | | MOULINS | | | MACHINES à vapeur. | CHEVAUX et mulets. | BŒUFS. | FOUR- NEAUX. | FORGE. | FOURS. | MÉTIERS. | AUTRES. |
sol.	Hommes.	Femmes.	Enfants.	TOTAL.	Hommes.	Femmes.	Enfants.	à eau.	à vent.	à manége.								
27	1,127	334	77	1,534	2' 00"	0' 70"	0' 32"	505	.	3	6	579	.	29	2	27	32	59
00	440	.	.	440	1. 56	.	.	390	.	.	.	415	.	13	.	10	.	.
13	676	.	.	676	1. 50	.	.	361	.	.	5	406	.	9	.	18	.	.
13	1,790	130	26	1,946	1. 52	0. 87	0. 77	544	.	.	.	514	6	5	2	22	242	43
93	13,382	255	1,426	15,063	1. 50	0. 75	0. 62	302	.	.	.	250	.	.	.	66	.	.
146	17,411	719	1,529	19,659	1. 62	0. 77	0. 64	2,302	.	3	11	2,164	6	56	4	143	274	115

RE DE PRODUITS INDUSTRIELS.

500	193	.	.	193	1. 38	.	.	.	.	.	5	9	.	.	.	.	2	1
000	257	10	.	267	1. 79	1. 25	.	.	.	.	.	34	.	1	.	140	.	.
000	25	.	.	25	1. 50	.	.	.	.	.	.	.	.	.	.	.	.	.
000	40	10	.	50	1. 60	0. 75	.	.	.	.	.	.	.	.	.	.	.	.
560	16	.	.	16	1. 80	.	.	.	.	.	.	.	.	10	.	.	.	.
000	36	.	.	36	1. 50	.	.	.	.	.	.	.	.	.	.	.	.	.
200	16	.	.	16	1. 60	.	.	.	.	.	.	.	.	2	.	.	.	.
200	80	120	30	230	3. 12	0. 75	0. 60	1	.	.	1	.	.	.	.	.	.	.
540	12,710	.	1,400	14,110	1. 00	.	0. 50	.	.	.	.	.	.	.	.	.	.	.
900	200	40	20	260	1. 50	0. 75	0. 75	17	.	.	.	9	.	.	.	.	.	.
000	30	2	10	42	2. 50	0. 75	0. 50	.	.	.	.	.	.	4	1	.	.	5
625	2,050	.	.	2,050	1. 50	.	.	1,860	.	.	.	2,050	.	.	.	.	.	.
744	61	96	15	172	2. 12	0. 57	0. 50	1	.	3	1	17	.	5	.	1	.	7
040	41	.	.	41	1. 79	.	.	.	.	.	.	.	.	.	.	.	.	.
000	295	.	.	295	1. 50	.	.	276	.	.	.	43	.	22	.	.	.	.
000	150	20	20	190	1. 50	0. 60	0. 50	.	.	.	4	.	.	4	.	.	.	20
000	6	.	.	6	1. 50	.	.	.	.	.	.	.	.	6	.	.	.	.
300	228	255	26	509	2. 00	0. 75	0. 75	45	.	.	.	.	.	.	.	.	.	.
000	80	26	2	108	2. 25	0. 55	0. 50	.	.	.	.	.	.	.	.	.	.	7
000	23	.	.	23	3. 00	.	.	.	.	.	.	.	.	.	.	.	.	11
000	80	90	6	176	1. 70	1. 00	0. 80	1	.	.	.	2	6	1	2	.	12	20
000	10	50	.	60	1. 00	0. 50	.	1	.	.	.	.	.	1	1	.	32	6
470	784	.	.	784	0. 25	.	.	.	.	.	.	.	.	.	.	.	230	7
346	17,411	719	1,529	19,659	1. 62	0. 77	0. 64	2,302	.	3	11	2,164	6	56	4	143	274	115

N° 15.

Nombre total des patentés — 12,020.

15° DÉPARTEMENT

1° PRODUCTION.

NUMÉROS D'ORDRE	NATURE DES ÉTABLISSEMENTS.	COMMUNES où ILS SONT SITUÉS.	NOMS DES FABRICANTS ou manufacturiers.	VALEURS LOCATIVES.	MONTANT des PATENTES.	VALEUR ANNUELLE des matières premières.	VALEUR des PRODUITS fabriqués annuellement.
			1° ARRONDISSEMENT				
1	Cablaria (Moulins à)	Montbrison	5 moulins (Boll. col.)	12,590ᶠ	718ᶠ	1,383,000ᶠ	1,613,640ᶠ
2	Choc. Bière	Idem	5 établissements (Boll. col.)	3,900	430	64,033	133,057
3	Coton, Filature	Sainte-Sixte	Delorme frères	300	39	44,800	70,000
			2° ARRONDISSEMENT				
4	Bois Fer. Construction de bateaux	Roanne	15 constructeurs	1,340	264	64,512	132,000
5	Construction de bateaux	Idem	Pavy	120	23	5,370	11,000
6	Cablaria (Moulins à)	Idem	47 moulins (Boll. col.)	39,370	8,460	20,382,448	23,768,000
7	Obl. Bière	Idem	3 établissements (Boll. col.)	3,150	402	62,054	128,358
8	Papeterie, Papiers divers	Villerest	Rabourdin	2,000	400	405,000	720,000
9	Imprimerie. Impressions en tous genres	Roanne	Ferley	600	84	13,500	29,000
10	Impressions en tous genres	Idem	Ferino	600	84	13,500	29,000
11	Coton, Filature	Saint-Denis-de-Cabanne	Thévenin fils	450	150	85,000	117,000
12	Filature	Saint-Germain-Laval	T. Chaveroudier	1,200	330	102,000	137,000
13	Filature	Roanne	François Chaveroudier	1,200	255	76,300	104,000
14	Filature	Saint-Germain-Laval	Rimaud et compagnie	500	92	43,500	61,000
15	Filature	Regny	Eugène Chirat	700	130	45,000	76,200
16	Filature	Riorges	J.-B. Masson	2,400	505	140,000	240,000
17	Teinturerie	Roanne	Mossard	600	160	50,000	95,000
18	Teinturerie	Idem	J. Devillaine	600	210	100,000	190,000
19	Teinturerie, Tissage, Cotonnades	Idem	René Mossard	450	145	33,000	84,000
20	Tissage, Cotonnades	Idem	Guilloud père et fils	1,200	420	222,000	400,000
21	Tissage, Cotonnades	Idem	Desbons frères et compagnie	600	188	110,500	185,714
22	Tissage, Cotonnades	Idem	J.-M. Cherpin	600	360	200,000	357,140
23	Tissage, Cotonnades	Idem	Dechelette	600	300	120,000	222,836
24	Tissage, Cotonnades	Idem	François Rollin	900	390	297,500	508,000
25	Tissage, Cotonnades	Idem	Ray et Guillon	400	108	63,750	107,144
26	Tissage Cotonnades	Idem	Alph. Coste Gosselin	500	213	63,750	107,144
27	Tissage Cotonnades	Idem	Jean Braun, Daumont	300	138	63,750	95,000
28	Tissage, Cotonnades	Idem	Dumourier	200	128	24,000	40,250
29	Tissage, Cotonnades	Charlieu	Joseph Hugon	700	225	60,000	278,100
30	Tissage, Cotonnades	Roanne	Emmanuel Teissier	1,000	490	102,000	189,800
31	Tissage, Calicots	Riorges	Martin frères	500	155	54,720	67,200
32	Tissage, Mousselines	Chirassimont	Jean Mignard	400		187,500	230,400
33	Soie, Tissage, Crêpes	Charlieu	Louis Durand	150	130	189,425	630,000
34	Tissage, Crêpes	Idem	Antoine Riboa	600	74	189,425	630,00
35	Tissage, Crêpes	Idem	Faure	200	265	126,308	420,000
36	Tissage, Taffetas	Idem	Berthélemy Rous.	500	431	1,042,168	1,134,000
37	Tissage, Crêpes, Taffetas	Idem	Pinoncely fils	250	320	372,452	819,000
38	Tissage, Florence	Idem	Viallet et Guillard	200	265	465,008	504,000
39	Tannerie, Corroirie	Roanne	Fortier Beaulieu	300	109	90,000	301,500

DE LA LOIRE.

2° FORCE.

Montant total des patentes. = 456,924 francs.

	OUVRIERS.							MOTEURS.						FEUX.			MACHINES.	
	NOMBRE.				SALAIRES.			MOULINS			MACHINES à	CHEVAUX et						
	Hommes.	Femmes.	Enfants.	TOTAUX.	Hommes.	Femmes.	Enfants.	à eau.	à vent.	à manège.	vapeur.	mulets.	BŒUFS.	FOUR-NEAUX.	FORGES.	FOURS.	MÉTIERS.	APPRÊTS.

DE MONTBRISON.

17	4	"	21	2' 10"	1' 40"	"	5	"	"	"	"	6	"	"	"	"	"
9	"	"	9	3.00	"	"	"	"	"	"	"	"	"	"	"	"	"
13	8	11	32	2.00	0.80	0.80	3	"	"	"	"	"	"	"	"	"	"

DE ROANNE.

103	"	"	103	2.50	"	"	"	"	"	"	"	"	"	"	"	"	"
7	"	"	7	2.50	"	"	"	"	"	"	"	"	"	"	"	"	"
127	"	"	127	1.35	"	"	47	"	"	3	"	"	"	"	"	"	"
14	"	"	14	3.00	"	"	"	"	"	"	"	"	"	"	"	"	"
40	120	4	164	1.50	0.75	0.75	6	"	"	1	"	"	1	1	"	"	10
8	12	2	22	2.00	1.25	0.75	"	"	"	"	"	"	1	"	"	"	4
6	5	2	13	2.50	1.25	0.75	"	"	"	"	"	"	"	"	"	15	4
50	30	10	90	1.75	1.00	0.60	"	"	"	1	"	"	"	"	"	30	70
46	30	6	"	2.00	0.70	0.60	1	"	"	1	"	"	"	1	"	12	41
30	20	4	"	2.00	0.80	0.50	"	"	"	1	2	"	"	"	"	19	22
10	20	14	44	2.50	0.80	0.50	1	"	"	"	"	"	"	"	"	10	20
20	20	8	48	1.75	0.90	0.70	2	"	"	1	"	"	1	"	"	38	36
60	70	50	180	2.50	1.00	0.65	1	"	"	1	"	3	"	"	"	"	"
6	1	"	7	1.75	0.75	"	"	"	1	"	2	"	"	"	"	"	"
10	2	"	12	2.00	0.60	"	"	"	"	"	"	"	"	"	25	"	"
25	10	"	35	2.00	0.60	"	"	"	"	"	1	"	"	"	"	200	"
200	200	"	400	2.25	0.75	"	"	"	"	"	"	"	"	"	"	89	"
80	60	"	140	2.25	0.75	"	"	"	"	"	"	"	"	"	"	150	"
150	50	20	220	2.00	0.60	0.50	"	"	"	"	"	"	"	"	"	90	"
90	20	10	120	2.25	0.75	0.50	"	"	"	"	"	"	"	"	"	200	"
200	200	100	500	2.00	0.60	0.50	"	"	"	"	"	"	"	"	"	37	"
37	20	"	57	1.75	0.60	"	"	"	"	"	"	"	"	"	"	35	"
35	15	"	50	2.25	0.75	"	"	"	"	"	"	"	"	"	"	35	"
35	12	"	47	2.00	0.60	"	"	"	"	"	"	"	"	"	"	25	"
25	15	10	50	2.25	0.75	0.50	"	"	"	"	"	"	"	"	"	27	70
30	40	20	90	1.25	0.80	0.45	1	"	"	1	4	"	"	1	"	80	70
115	110	100	325	2.00	60° à 1'	30° à 65°	1	"	"	1	"	"	"	1	"	70	"
5	35	"	40	1.75	1' 25°	"	1	"	"	1	"	"	1	"	"	"	10
5	9	"	14	1.50	1.00	"	"	"	"	"	"	"	"	"	"	200	"
50	170	"	220	1.35	0.80	"	"	"	"	"	"	"	"	"	"	200	"
50	150	"	200	1.35	0.80	"	"	"	"	"	"	"	"	"	"	140	"
30	110	"	140	1.35	0.50	"	"	"	"	"	"	"	"	"	"	350	3
125	225	"	350	1.35	0.80	"	"	"	"	"	"	"	"	"	"	250	2
50	200	"	250	1.35	0.80	"	"	"	"	"	"	"	"	"	"	150	"
60	90	"	150	1.35	0.80	"	"	"	"	"	"	"	"	"	"	"	1
56	"	"	56	2.00	"	"	"	"	"	1	1	"	"	"	"	"	"

3º ARRONDISSEMENT

NUMÉROS d'ordre	NATURE DES ÉTABLISSEMENTS.	COMMUNES où ILS SONT SITUÉS.	NOMS DES FABRICANTS ou manufacturiers.	VALEURS LOCATIVES.	MONTANT des PATENTES.	VALEUR ANNUELLE des matières premières.	VALEUR DES PRODUITS fabriqués annuellement.
40	Houille. Extraction	Montaud	Comp. du Cre-de-Montaud	50'	.	30,000'	40,000'
41	— Gaz d'éclairage	Idem	Compagnie d'éclairage	3,000	050'	32,480	133,315
42	— Noir de fumée	Outre-Furens	Société Grangette et Calate	500	40	40,000	50,000
43	— Noir de fumée	Firminy	Boggio, Marcelin	400	119	22,500	36,000
44	Chaux. (Four à)	Outre-Furens	Reynand	300	15	15,800	80,000
45	— (Four à)	Idem	Bonnard et Jillbert	500	15	16,800	40,000
46	— (Four à)	Firminy	Jean Fraisse	100	20	712	900
47	— (Four à)	Idem	Claude Chataganeret	60	14	712	800
48	Huile de schiste. Goudron	Outre-Furens	De Marsay	400	50	10,000	16,000
49	Terre argileuse. Tuilerie	Firminy	Pierre Souse	100	81	96	700
50	— Tuilerie	Montaud	Pierre Prat	800	32	600	6,000
51	— Tuiles et briques	Idem	Labesse et Rouly	700	32	550	5,500
52	— Tuiles et briques	Firminy	Benoît Dubœuf	90	33	96	700
53	— Tuiles et briques	Beaubrun	Jean Potou	1,250	32	500	4,500
54	— Tuiles et briques	Montaud	Peurière et Meunier	300	49	550	5,500
55	— Tuiles et briques	Beaubrun	Maurice Pardonneau	700	32	250	3,960
56	— Tuiles et briques	Idem	Léonard Blasio	800	32	250	4,140
57	— Tuiles et briques	Outre-Furens	J.-B. Berthon	800	30	250	3,500
58	— Tuiles et briques	Idem	Jacques Berthon	750	20	260	6,500
59	— Tuiles et briques	Idem	Pras frères	750	30	230	7,500
60	— Tuiles et briques	Firminy	Pierre Souse	100	70	96	715
61	— Briques réfractaires	Outre-Furens	Valchalde	200	40	30,900	150,000
62	— Poterie. Briques réfractaires	Montaud	Claude Laurent	300	32	40	4,000
63	Verrerie. Verres à vitre. Bouteilles. Gobeleterie	1 commune	10 établissements. (Bull. coll.)	22,100	7,885	1,412,500	3,000,000
64	Fer. Fonte. Fers	Saint-Jean-Bonnefond	Cie anonyme de la Loire et de l'Ardèche	70,000	9,959	3,207,000	5,900,000
65	— Fers	Saint-Genis-Terre-Noire	Neyrand frères et Thiolière	26,000	1,500	812,092	2,445,000
66	— Fers	Outre-Furens	Girard et compagnie	6,000	525	350,000	395,000
67	— Fers laminés	Saint-Julien-en-Jarret	Dugas-Vialis	7,000	1,383	1,326,000	1,500,000
68	— Fers laminés	Idem	Augustin Girardet	2,000	462	377,000	510,000
69	— Enclumes	Valbenoîte	Malespine	2,000	264	80,000	120,000
70	— Pelles	Firminy	J.-Marie Limousin	200	92	10,500	19,200
71	— Limes. Râpes	Le Chambon	Bonvier fils ainé	1,000	270	35,000	150,900
72	— Clouterie	1 commune	6 établissements. (Bull. coll.)	8,300	2,300	200,000	339,400
73	— Chaudières	Outre-Furens	Serves frères	350	35	10,000	16,500
74	— Construction de machines à vapeur	1 commune	7 établissements. (Bull. coll.)	7,000	2,300	1,082,750	1,200,000
75	— Fonte. Acier	Saint-Paul-en-Jarret	Jackson frères	3,000	541	480,000	700,000
76	— Acier fondu	Unieux	J.-J. Holtzer	1,500	167	102,000	193,800
77	— Acier. Faux	Montaud	Massenat-Gerin et Jackson	3,000	650	292,600	835,000
78	— Acier. Cuivre. Bois. Quincaillerie	1 commune	62 établissements. (Bull. coll.)	13,000	3,570	1,933,000	6,760,000
79	— et autres métaux. Armes de guerre	Idem	1 idem	2,150	680	186,938	546,453
80	— et autres métaux. Armes de chasse	Idem	49 idem	17,000	3,430	176,113	1,600,000
81	Céréales. (Moulins à)		68 moulins. (Bull. coll.)	56,800	12,340	4,796,254	5,175,094
82	Orge. Bière	Saint-Étienne	10 établissements. (Bull. coll.)	11,700	1,070	173,360	317,036
83	Distillerie. Alcool	Idem	Antoine Besserve	27	45	12,550	16,500
84	Imprimerie. Impressions diverses	Idem	Théollier	600	124	3,800	25,000
85	— Impressions diverses	Idem	Pichou	500	62	2,300	14,000
86	— Impressions diverses	Idem	Boyer	400	62	2,250	10,000

	OUVRIERS.							MOTEURS.						FEUX.			MACHINES.	
	NOMBRE.				SALAIRES.			MOULINS.			MACHINES à vapeur.	CHEVAUX et mulets.	BOEUFS.	FOUR-NEAUX.	FORGES.	FOURS.	MÉTIERS.	AUTRES.
	Hommes.	Femmes.	Enfants.	TOTAUX.	Hommes.	Femmes.	Enfants.	à eau.	à vent.	à manége.								

T DE SAINT-ÉTIENNE.

	Hommes.	Femmes.	Enfants.	TOTAUX.	Hommes.	Femmes.	Enfants.	à eau.	à vent.	à manége.	Mach. vap.	Chevaux.	Boeufs.	Fourn.	Forges.	Fours.	Métiers.	Autres.
0'	40	»	6	46	2' 75°	»	1' 00°	»	»	»	1	»	»	2	»	»	»	»
5	35	»	»	35	1'75'à3'50°	»	»	»	»	»	»	»	»	12	2	»	»	»
0	4	»	»	4	2. 50	»	»	»	»	»	»	»	»	8	»	»	»	»
0	12	»	»	12	2. 50	»	»	»	»	»	»	»	»	»	»	16	»	3
0	5	»	»	5	2. 00	»	»	»	»	»	»	»	»	»	»	2	»	»
0	6	»	»	6	2. 00	»	»	»	»	»	»	»	»	»	»	2	»	»
0	1	»	»	1	2. 00	»	»	»	»	»	»	»	»	»	»	1	»	»
0	1	»	»	1	2. 00	»	»	»	»	»	»	»	»	»	»	1	»	»
0	6	»	»	6	2'50'à3'00°	»	»	»	»	»	»	»	»	»	»	1	»	»
0	2	»	»	2	1' 50°	»	»	»	»	»	»	»	»	»	»	1	»	»
0	8	»	»	8	1. 50	»	»	»	»	»	»	1	»	4	»	1	»	»
0	8	»	»	8	1. 50	»	»	»	»	»	»	»	»	4	»	1	»	»
0	2	»	»	2	1. 50	»	»	»	»	»	»	»	»	»	»	1	»	»
0	5	»	2	7	3. 00	»	2. 00	»	»	»	»	1	»	»	»	1	»	»
0	8	»	»	8	1. 50	»	»	»	»	»	»	»	»	4	»	1	»	»
0	5	»	2	7	3. 00	»	2. 00	»	»	»	»	2	»	»	»	1	»	»
0	5	»	2	7	3. 00	»	2. 00	»	»	»	»	1	»	»	»	1	»	»
0	20	»	»	20	2. 00	»	»	»	»	»	»	»	»	»	»	1	»	»
0	8	»	»	8	2. 00	»	»	»	»	»	»	»	»	»	»	1	»	»
0	8	»	»	8	2. 00	»	»	»	»	»	»	»	»	»	»	1	»	»
15	2	»	1	3	1. 50	»	0. 75	»	»	»	»	»	»	»	»	1	»	»
00	5	»	»	5	2. 00	»	»	»	»	»	»	»	»	»	»	1	»	»
00	1	»	»	1	2. 25	»	»	»	»	»	»	»	»	»	»	1	»	»
00	2,000	100	300	2,400	2' à 15'	1' à 2'	1' à 2'	»	»	»	10	200	»	100	»	25	»	12
00	350	»	150	500	4' 00°	»	1' 50°	»	»	»	6	»	»	2	»	42	»	»
00	200	»	30	290	3. 00	»	1. 50	»	»	»	3	»	»	»	»	18	»	»
00	90	»	12	102	2'50'à3'50°	»	60°à1'50°	»	»	»	1	»	»	»	»	8	»	»
00	200	»	8	208	1' 50° à 7'	»	50 à1 10	»	»	»	2	»	»	4	5	10	»	»
00	80	»	»	80	2' 50°	»	»	»	»	»	1	»	»	»	3	6	»	»
00	14	»	»	14	3' 50' à 4'	»	»	1	»	»	1	»	»	2	7	»	»	»
90	10	»	»	10	2' 00°	»	»	»	»	»	»	»	»	»	»	»	»	»
00	45	20	10	75	1' 75' à 3'	75°à1'25°	50°à 75°	1	»	»	1	»	»	3	10	»	»	»
00	400	»	»	400	1' 50°	»	»	»	»	»	»	»	»	»	300	»	»	»
00	4	»	»	4	2' 50' à 3'	»	»	»	»	»	»	»	»	»	»	»	»	»
00	60	»	»	60	2' à 6'	»	»	»	»	»	8	8	»	»	15	»	»	»
00	50	»	20	70	2' 05°	»	1' à 1' 50°	4	»	»	2	»	»	»	20	2	6	»
00	25	»	17	25	3. 00	»	»	»	»	»	1	»	»	2	3	»	»	»
00	155	3	17	175	3. 90	1' 50°	1' 00°	7	»	»	6	»	»	37	»	»	»	17
00	3,250	1,000	1,000	5,250	1' 50'à 3'	0. 85	0. 50	12	»	»	10	50	»	»	1,550	10	334	»
55	858	»	»	858	2' 00°	»	»	»	»	»	1	»	»	»	»	»	»	»
00	1,500	300	200	2,000	2. 00	0. 75	0. 60	12	»	»	»	12	»	»	500	»	»	»
94	150	»	»	150	2' à 3' 50°	»	»	68	»	»	4	3	»	»	»	»	»	»
36	33	»	»	33	3' 00°	»	»	»	»	»	»	»	»	1	»	»	»	»
00	1	»	»	1	1. 50	»	»	»	»	»	»	»	»	»	»	»	»	»
00	10	»	2	12	2. 75	»	0. 87	»	»	»	»	»	»	»	»	»	»	3
00	6	»	3	9	3. 00	»	1. 50	»	»	»	»	»	»	»	»	»	»	3
00	1	»	1	2	3. 00	»	1. 00	»	»	»	»	»	»	»	»	»	»	2

NUMÉROS	NATURE DES ÉTABLISSEMENTS.	COMMUNES où ILS SONT SITUÉS.	NOMS DES FABRICANTS ou manufacturiers.	VALEURS LOCATIVES.	MONTANT des PATENTES.	VALEUR ANNUELLE des matières premières.	VALEUR DES PRODUITS fabriqués annuellement.	

3º ARRONDISSEMENT DE

87	Imprimerie. Impressions diverses	Saint-Étienne	Janin	600	171	3,000	30,000	
88	Lithographie. Objets variés	Idem	Veuve Jourjon	2,300	300	6,000	12,000	
89	——— Objets variés	Idem	Motta	600	300	4,500	10,000	
90	——— Objets variés	Idem	Nublat aîné	1,300	170	10,000	23,000	
91	——— Objets variés	Idem	Bigot et compagnie	600	77	3,000	30,000	
92	——— Objets variés	Idem	Dumas	550	100	3,000	20,000	
93	——— Objets variés	Idem	Pinsard	50	24	750	4,000	
94	Chapeaux. Cardeurs	1 commune	5 établissements. (Bull. coll.).	3,400	935	220,000	260,000	
95	Coton. Tissage. Lacets	Saint-Julien-en-Jarret	Henry Berne	300	50	24,300	44,200	
96	Soie. Fleuret. Coton. Tissage. Lacets	Idem	Ainé Terme	550	45	43,000	62,350	
97	——— Fleuret. Coton. Tissage. Lacets	S'-Martin-en-Coaillieux	Veuve Matoron	100	85	15,050	31,000	
98	——— Fleuret. Coton. Tissage. Lacets	La Valla	J.-B. Tomet	3,000	317	421,600	482,300	
99	——— Fleuret. Coton. Tissage. Lacets	S'-Martin-en-Coaillieux	Macabéo et Sourigoire	200	242	61,800	171,900	
100	——— Fleuret. Coton. Tissage. Lacets	Saint-Julien-en-Jarret	Grégoire Berne	600	126	55,000	89,990	
101	——— Fleuret. Coton. Tissage. Lacets	La Valla	Claude Berne-Stackhouse	2,000	142	210,400	247,300	
102	——— moulinés	Ouvre-Furnas	Michel Langlois	800	79	17,500	19,000	
103	——— moulinés	Idem	Pierre Degruis fils	1,200	123	24,500	27,000	
104	——— moulinés	Idem	J. Mayre	2,000	200	70,000	90,000	
105	——— moulinés	Idem	Monnier	1,200	129	19,250	21,000	
106	——— moulinés	Idem	Lainé et Pautique	1,250	50	350	6,500	
107	——— moulinés	La Valla	Théodore Clémaron	1,000	76	400,000	425,000	
108	——— Teinturerie	Valbenoite	Jean Fond	2,000	264	9,000	54,000	
109	——— Teinturerie	Idem	Pierre Giroud	2,500	350	13,500	81,000	
110	——— Teinturerie	Idem	Four et Chillet	2,000	264	9,000	54,000	
111	——— Teinturerie	Idem	Bourdin et Valadier	2,000	264	9,000	54,000	
112	——— Teinturerie	Idem	David et Millan	2,000	264	9,000	54,000	
113	——— Rubans de toute espèce	Saint-Étienne	258 établissements. (Bull. coll.).	200,140	40,554	37,800,000	56,700,000	12
114	——— Laine. Tissage. Lacets	Valbenoite	Tardy	600	211	13,500	50,000	
115	Laine. Teinturerie	Firminy	Étienne Dupont	150	30	3,300	5,540	
116	——— Teinturerie	Idem	Vincent Dupont	»	5	662	1,140	
117	Os (animaux). Colle forte	Saint-Jean-Bonnefond	Barbier frères	600	34	10,000	10,400	
118	——— Noir animal. Noir de fumée	Idem	Barbier frères	800	34	38,400	65,700	

RÉCAPITULATION · P.

ARRONDISSEMENTS.	NOMBRE D'ÉTABLISSEMENTS.	NOMBRE DE COMMUNES où ils sont situés.	VALEURS LOCATIVES.	MONTANT des PATENTES.	VALEUR ANNUELLE des matières premières.	VALEUR DES PRODUITS fabriqués annuellement.	
MONTBRISON	11	2	16,790	1,227	1,094,453	1,813,007	
ROANNE	98	9	65,480	16,502	25,095,347	35,134,806	
SAINT-ÉTIENNE	545	22	572,967	97,423	56,815,851	93,622,823	
Totaux	654	33	655,237	115,152	84,205,551	130,573,326	

		OUVRIERS.							MOTEURS.						FEUX.			MACHINES.	
		NOMBRE.				SALAIRES.			MOULINS.			MACHINES à vapeur.	CHEVAUX et mulets.	BŒUFS.	FOUR- NEAUX.	FORGES.	FOURS.	MÉTIERS.	AUTRES.
		Hommes.	Femmes.	Enfants.	TOTAUX.	Hommes.	Femmes.	Enfants.	à eau.	à vent.	à manège.								

T DE SAINT-ÉTIENNE. (Suite.)

		Hommes	Femmes	Enfants	Totaux	Hommes	Femmes	Enfants											
		8	.	2	10	3' 00'	.	1' 00'	.	.	.	.	.	.	.	.	.	.	.
		5	.	2	7	3. 00	.	1. 50	.	.	.	.	.	.	.	.	.	.	.
		3	.	.	3	3. 00	.	.	.	.	.	.	.	.	.	.	.	.	.
		10	.	1	11	2. 50	.	0. 50	.	.	.	.	.	.	.	.	.	.	.
		5	.	1	6	4. 00	.	1. 00	.	.	.	.	.	.	.	.	.	.	.
		5	.	1	6	4. 00	.	1. 00	.	.	.	.	.	.	.	.	.	.	.
		2	.	4	6	2. 50	.	0. 50	.	.	.	.	.	.	.	.	.	.	20
		50	.	50	100	2. 50	.	0. 55	.	.	.	.	.	.	.	.	.	.	100
		1	15	.	16	2. 00	1' 00'	.	1	.	.	.	.	.	.	.	.	.	.
		1	20	.	21	2. 00	1. 00	.	.	.	.	.	.	.	.	.	.	.	.
		2	12	1	15	2. 00	1. 00	0. 75	.	.	.	.	.	1	.	.	.	164	.
		11	80	.	91	3. 00	1. 00	0. 75	.	.	.	.	.	1	.	.	.	600	.
		6	50	.	56	3. 00	1. 10	.	.	.	.	1	.	3	.	.	.	600	.
		3	40	.	43	2. 00	1. 00	.	2	.	.	.	.	.	.	.	.	300	.
		3	28	.	31	3. 00	1. 00	.	1	.	.	.	.	.	.	.	.	100	.
		1	10	.	11	1. 00	0. 80	.	1	.	.	.	.	.	.	.	.	.	.
		2	18	.	20	1. 00	0. 80	.	1	.	.	.	.	.	.	.	.	.	.
		2	30	.	32	2. 00	1. 25	.	1	.	.	.	.	.	.	.	.	.	.
		2	12	.	14	1. 40	0. 90	.	1	.	.	.	.	.	.	.	.	.	.
		7	.	.	7	2. 00	.	.	.	.	.	.	.	.	.	.	.	.	.
		3	30	.	33	3. 00	1. 00	.	1	.	.	.	.	.	.	.	.	500	.
		15	2	.	17	2. 50	0 75	.	.	.	.	.	.	.	.	.	.	.	.
		8	12	4	24	3' 50' à 4'	1. 25	0. 75	.	.	.	.	.	.	.	.	.	.	.
		14	2	.	16	2 50 à 3	0. 75	.	.	.	.	.	.	.	.	.	.	.	.
		18	3	.	21	2 50 à 3	0. 75	.	.	.	.	.	.	.	.	.	.	.	.
		18	6	.	24	2 50 à 3	1. 50	.	.	.	.	.	.	1	.	.	.	15 000	.
		12,500	18,000	2,000	32,500	2' 50'	1. 30	0. 65	6	.	.	.	600	.	50	.	.	15 000	.
		2	18	.	20	2' 50' à 3'	50' à 75'	.	.	.	.	.	.	.	.	1	.	.	.
		4	.	.	4	1' 50'	.	.	.	.	.	.	.	.	.	1	.	.	.
		2	.	.	2	1. 50	.	.	.	.	.	.	.	.	.	.	.	.	.
		4	4	2	10	2. 00	1' 00'	0. 75	.	.	.	1	.	.	.	11	.	.	.
		5	.	.	5	2. 00	.	.	.	.	.	.	.	.	.	.	.	.	.

ON PAR ARRONDISSEMENTS.

		OUVRIERS.							MOTEURS.						FEUX.			MACHINES.	
		NOMBRE.				SALAIRES.			MOULINS.			MACHINES à vapeur.	CHEVAUX et mulets.	BŒUFS.	FOUR- NEAUX.	FORGES.	FOURS.	MÉTIERS.	AUTRES.
		Hommes.	Femmes.	Enfants.	TOTAUX.	Hommes.	Femmes.	Enfants.	à eau.	à vent.	à manège.								
3,697		39	12	11	62	2' 37'	1' 10'	0' 80'	8	.	.	.	6	.	7	4	1	2,468	370
4,806		1,990	2,071	459	4,520	1. 92	0. 80	0. 58	61	.	2	11	10	.	239	2,415	179	21,004	3,694
2,825		22,471	19,815	3,834	46,120	2. 68	1. 02	1. 04	120	.	.	60	883	.	.	.	.	.	.
3,326		24,500	21,898	4,304	50,702	2. 32	0. 97	0. 81	189	.	2	71	890	.	246	2,419	180	23,472	4,064

RÉCAPITULATION PAR NATURE

	NATURE DES PRODUITS.	NOMBRE D'ÉTABLISSEMENTS.	NOMBRE DE COMMUNES où ils sont situés.	VALEURS LOCATIVES.	MONTANT des PATENTES.	VALEUR ANNUELLE des matières premières.	VALEUR DES PRODUITS fabriqués annuellement.
	Houille. Extraction....	1	1	50f	»	30,000f	40,000f
	— Gaz d'éclairage..	1	1	3,000	650f	32,430	133,515
	— Noir de fumée....	2	2	900	159	62,500	86,600
	Chaux (Fours à).	4	2	900	64	34,024	121,700
	Terre argileuse. Tuileries. Briques. Poterie. Briques réfractaires.	14	4	7,840	554	33,875	205,215
	Huile de schiste. Goudron....	1	1	400	50	10,000	16,000
	Verrerie. Verres à vitres. Bouteilles. Gobeleterie....	10	1	22,100	7,888	1,412,500	3,000,000
	Fer. Fonte et fers....	1	1	70,000	9,950	3,207,000	3,900,000
	— Fers....	2	2	34,000	2,336	1,162,692	2,841,000
	— Fers laminés....	2	1	9,000	1,845	1,703,000	2,010,000
PRODUITS MINÉRAUX	— Enclumes. Pelles....	2	2	2,200	356	90,500	139,200
	— Limes. Râpes....	1	1	1,000	270	35,000	150,000
	— Clouterie....	6	1	8,300	2,300	200,000	359,400
	— Chaudières....	1	1	350	35	10,000	16,500
	— Construction de machines à vapeur....	7	1	7,000	2,300	1,082,750	1,300,000
	— Acier fondu et autres....	2	2	4,500	706	582,000	803,000
	— Acier. Faux....	1	1	3,000	650	292,500	825,000
	— Acier. Cuivre. Bois. Quincaillerie....	62	1	13,000	3,570	1,955,000	6,760,000
	— Acier et autres métaux. Armes de guerre....	1	1	2,150	680	186,935	545,453
	— Acier. Armes de chasse....	49	1	17,000	3,430	176,113	1,690,000
	Bois. Fer. Construction de bateaux....	16	1	1,560	286	69,888	143,000
	Céréales (Moulins à)....	120	3	108,760	21,418	26,763,702	32,556,734
	Orge. Bière....	18	3	18,750	1,922	300,567	575,041
	Distillerie. Alcool....	1	1	27	43	12,550	16,560
PRODUITS VÉGÉTAUX	Papeterie. Papiers divers....	1	1	2,000	400	405,000	720,000
	Imprimerie. Impressions diverses....	6	2	3,300	587	38,150	127,000
	Lithographie. Objets variés....	6	1	5,300	971	27,250	91,000
	Chanvre. Cordages....	5	1	3,400	935	220,000	260,000
	Coton. Filature....	7	6	6,750	1,521	536,800	799,200
	— Teinturerie....	2	1	1,200	370	150,000	285,000
	— Tissage. Cotonnades. Lacets....	15	5	8,650	3,414	1,635,970	2,908,948
	Laine. Teinturerie....	2	1	150	35	3,962	6,680
	Soie et Laine. Tissage. Lacets....	1	1	600	211	13,500	50,000
	Soie moulinée....	6	2	7,450	637	531,600	388,500
	— Teinturerie....	5	1	10,500	1,386	49,500	297,000
PRODUITS ANIMAUX	— Fleuret. Coton. Tissus. Lacets....	6	3	6,450	977	806,850	1,084,740
	— Tissus. Crêpes. Taffetas. Florence....	6	1	1,900	1,490	2,384,787	4,137,000
	— Rubans de toute espèce....	238	1	260,140	40,554	37,500,000	56,700,000
	Peaux. Corroirie....	1	1	300	109	90,000	301,500
	Os d'animaux. Colle forte....	1	1	600	34	10,000	10,400
	— Noir animal. Noir de fumée....	1	1	800	34	38,400	65,700
	TOTAUX....	654	66	655,337	113,152	84,205,551	130,573,326

RE DE PRODUITS INDUSTRIELS.

	OUVRIERS.							MOTEURS.						FEUX.			MACHINES.	
	NOMBRE.				SALAIRES.			MOULINS.			MACHINES à vapeur.	CHEVAUX et mulets.	BOEUFS.	FOURS NEUFS.	FORGES.	FOURS.	MÉTIERS.	AUTRES.
	Hommes.	Femmes.	Enfants.	Totaux.	Hommes.	Femmes.	Enfants.	à eau.	à vent.	à manège.								
000'	40	»	6	46	2' 75°	»	1' 00°	»	»	»	1	»	»	2	»	»	»	»
115	35	»	»	35	2. 62	»	»	»	»	»	»	»	»	12	2	»	»	»
500	16	»	»	16	2. 50	»	»	»	»	»	»	»	»	8	»	16	»	»
700	13	»	»	13	2. 00	»	»	»	»	»	»	»	»	»	»	6	»	1
815	87	»	7	94	2. 02	»	1. 00	»	»	»	»	»	5	12	»	14	»	»
300	6	»	»	6	2. 75	»	»	»	»	»	»	»	»	»	»	»	»	»
000	2,000	100	300	2,400	4. 00	1' 50°	1. 50	»	»	»	10	200	»	100	»	25	»	12
000	350	»	150	500	4. 00	»	1. 50	»	»	»	6	»	»	2	»	42	»	»
000	350	»	42	392	3. 25	»	1. 05	»	»	»	4	»	»	»	»	26	»	»
000	280	»	8	288	4. 25	»	0. 80	»	»	»	3	»	»	4	8	25	»	»
200	24	»	»	24	2. 00	»	»	1	»	»	1	»	»	2	7	»	»	»
500	45	20	10	75	2. 37	1. 00	0. 62	1	»	»	1	»	»	3	10	»	»	»
400	400	»	»	400	1. 50	»	»	»	»	»	»	»	»	»	300	»	»	»
500	6	»	»	6	2. 75	»	»	»	»	»	»	»	»	»	»	»	»	»
000	60	»	»	60	4. 00	»	»	»	»	»	8	8	»	»	15	»	»	»
000	75	»	20	95	2. 50	»	1. 25	4	»	»	3	»	»	2	23	2	6	»
000	155	3	17	175	5. 00	1. 50	1. 00	7	»	»	6	»	»	37	»	»	»	17
000	3,250	1,000	1,000	5,250	2. 25	0. 85	0. 50	12	»	»	10	50	»	»	1,550	10	331	»
423	858	»	»	858	2. 00	»	»	1	»	»	1	»	»	»	»	»	»	»
006	1,500	300	200	2,000	2. 00	0. 75	0. 60	12	»	»	»	12	»	»	500	»	»	»
000	110	»	»	110	2. 50	»	»	»	»	»	»	»	»	»	»	»	»	»
734	294	4	»	298	2. 06	1. 40	»	120	»	»	7	9	»	»	»	»	»	»
041	56	»	»	56	3. 00	»	»	»	»	»	»	»	»	»	»	»	»	»
500	1	»	»	1	1. 50	»	»	1	»	»	»	»	»	1	»	»	»	»
000	40	120	4	164	1. 50	0. 75	0. 75	6	»	»	1	»	»	1	1	»	»	19
000	39	17	12	68	2. 71	1. 25	0 98	»	»	»	»	»	»	1	»	»	»	18
000	30	»	9	39	2. 66	»	0. 90	»	»	»	»	»	»	»	»	»	»	11
000	50	»	50	100	2. 50	»	0. 55	»	»	»	»	»	»	»	»	»	»	20
300	229	198	202	629	2. 07	0. 86	0. 63	8	»	»	3	3	»	1	1	»	124	100
000	16	3	»	19	1. 87	0. 67	»	»	»	1	»	2	»	3	»	»	»	»
948	1,033	811	260	2,104	1. 07	0. 78	0. 49	4	»	»	3	5	»	1	2	1	1,054	250
680	6	»	»	6	1. 50	»	»	»	»	»	»	»	»	»	»	2	»	»
000	2	18	»	20	2. 55	0. 62	»	»	»	»	»	»	»	»	»	»	»	»
500	17	100	»	117	1. 73	0. 65	»	5	»	»	»	»	»	»	»	»	500	»
000	73	25	4	102	2. 75	1. 00	0. 75	»	»	»	»	»	»	»	»	»	»	»
740	26	230	1	257	2. 50	1. 00	0. 75	3	»	»	1	5	»	»	»	»	2,164	»
000	365	945	»	1,310	1. 35	0. 75	»	»	»	»	»	»	»	»	»	»	1,200	»
000	12,500	18,000	2,000	32,500	2. 50	1. 30	0. 65	6	»	»	»	600	»	50	»	»	18,000	1,500
500	50	»	»	50	2. 00	»	»	»	»	1	1	»	»	»	»	»	»	»
400	4	4	2	10	2. 00	1. 00	0. 75	»	»	»	1	»	»	5	»	»	»	1
700	5	»	»	5	2. 00	»	»	»	»	»	»	»	»	»	»	11	»	»
326	24,500	21,808	4,304	50,702	2. 37	1. 00	0. 83	180	»	2	71	800	»	246	2,419	180	23,472	2,069

N° 16.   **1° PRODUCTION.**   **16° DÉPARTEMENT D**

Nombre total des patentés. 7,856

NUMÉROS d'ordre	NATURE DES ÉTABLISSEMENTS	COMMUNES où ils sont situés	NOMS DES FABRICANTS ou manufacturiers	VALEURS LOCATIVES	MONTANT des PATENTES	VALEUR ANNUELLE des matières premières	VALEUR DES PRODUITS fabriqués annuellement	Ho
			1° ARRONDISSEMENT D'					
1	Terre argileuse. Tuileries	6 communes	12 établissements. (Bull. coll.)	3,650	508	25,000	100,000	
2	—— Poterie	Aurillac	Vidal	500	125	3,650	10,950	
3	—— Poterie	Laroquebrou	Astorgis	21	4	2,030	9,000	
4	Cuivre. Chaudronnerie	Aurillac	Magne	500	125	36,000	50,000	
5	Bois de poyer. Sabots	Idem	Veuve Branches	350	54	6,250	50,000	
6	Céréales (Moulins à)	77 communes	279 établissem. (Bull. coll.)	34,580	5,834	2,550,295	2,956,090	
7	Graines oléagineuses. Huileries	2 idem	2 idem	80	17	19,000	24,000	
8	Orge. Bière	Aurillac	Marmontel	1,200	159	54,738	99,785	
9	—— Bière	Idem	Verdier	800	83	6,713	12,110	
10	—— Bière	Idem	Lagarde	500	51	12,738	28,000	
11	Imprimerie. Livres	Idem	2 établissements. (Bull. coll.)	»	175	13,000	45,000	
			2° ARRONDISSEMENT D					
12	Houille. Extraction	Champagnac	Mignot frères	»	113	»	66,222	
13	—— Extraction	Madic	Barbier	»	84	»	2,283	
14	Terre argileuse. Tuilerie	Maurier	Gautier	80	25	1,000	3,000	
15	Céréales (Moulins à)	80 communes	172 établissem. (Bull. coll.)	20,810	3,708	1,979,869	2,243,355	
16	Orge. Bière	Pleaux	Aulon	30	69	3,001	4,860	
17	—— Bière	Maurice	La Farge	150	27	4,065	6,480	
18	—— Bière	Idem	Journiac	100	42	14,804	22,080	
19	Imprimerie. Livres	Idem	Drappian	»	42	1,200	6,000	
			3° ARRONDISSEMENT D					
20	Terre argileuse. Tuileries	Jussac	2 établissem. (Bull. coll.)	300	69	2,000	8,000	
21	Céréales (Moulins à)	33 communes	111 établissem. (Bull. coll.)	18,100	1,872	759,784	884,078	
22	Orge. Bière	Chalenargues	Pichot	240	35	8,307	12,900	
23	Imprimerie. Livres	Murat	Marsepoil	»	11	1,000	5,000	
			4° ARRONDISSEMENT D					
24	Terre argileuse. Tuileries	3 communes	6 établissem. (Bull. coll.)	575	170	18,000	50,000	
25	Céréales (Moulins à)	65 idem	212 établissem. (Bull. coll.)	31,380	4,005	3,446,284	4,009,381	
26	Orge. Bière	Saint-Flour	Veuve Daniel	680	69	17,919	28,080	
27	—— Bière	Idem	Barthomeus	800	75	14,263	22,200	
28	Imprimerie. Livres	Idem	Viellefont	»	59	2,000	10,000	
29	Laine. Tissage. Couvertures. Limousines	Idem	Coste-d'Aurie et compagnie	650	291	140,000	225,000	
30	Déchets de peaux. Colle forte	Idem	Châtonnier	300	34	6,000	9,800	

T DU CANTAL.

2° FORCE.

Montant total des patentes. = 126,000 francs

	OUVRIERS							MOTEURS						FEUX			MACHINES	
	NOMBRE				SALAIRES			MOULINS			MACHINES à vapeur	CHEVAUX et mulets	BŒUFS	FOURNEAUX	FORGES	FOURS	MÉTIERS	AUTRES
	Hommes	Femmes	Enfants	TOTAUX	Hommes	Femmes	Enfants	à eau	à vent	à manège								

NT D'AURILLAC.

00'	30	»	»	30	1' 75°	»	»	»	»	»	»	»	»	»	»	12	»	»
50	8	»	5	13	1' 40° à 3'	»	0' 50°	»	»	»	»	1	»	»	»	1	4	2
00	4	4	5	13	2' 25°	1' 25°	0. 80	»	»	»	»	»	»	»	»	2	»	3
00	12	»	»	12	1. 40	»	»	1	»	»	»	»	»	1	»	»	»	1
00	37	6	4	47	2. 00	1. 00	0. 75	»	»	»	»	»	»	»	»	»	»	»
50	609	»	»	609	1. 30	»	»	279	»	»	»	»	»	»	»	»	»	625
00	4	»	»	4	1. 30	»	»	2	»	»	»	»	»	»	»	»	»	»
85	6	»	»	6	2. 50	»	»	»	»	»	»	»	»	2	»	»	»	»
10	3	»	»	3	2. 50	»	»	»	»	»	»	»	»	1	»	»	»	»
00	5	»	»	5	2. 50	»	»	»	»	»	»	»	»	2	»	»	»	»
00	11	»	»	11	3. 00	»	»	»	»	»	»	»	»	»	»	»	»	3

NT DE MAURIAC.

222	6	»	»	6	1. 90	»	»	»	»	»	»	2	»	»	»	»	»	1
283	7	»	»	7	1. 90	»	»	»	»	»	»	»	»	»	»	»	»	»
000	3	»	»	3	2. 00	»	»	»	»	»	»	»	»	»	»	»	1	»
355	436	»	»	436	1. 30	»	»	172	»	»	»	»	»	»	»	»	»	437
860	2	»	»	2	1. 50	»	»	»	»	»	»	1	»	»	»	»	»	»
480	4	»	»	4	2. 00	»	»	»	»	»	»	»	»	2	»	»	»	»
080	4	»	»	4	2 00	»	»	»	»	»	»	»	»	2	»	»	»	»
000	2	»	»	2	2. 50	»	»	»	»	»	»	»	»	»	»	»	»	1

NT DE MURAT.

000	4	»	»	4	1. 50	»	»	»	»	»	»	»	»	»	»	2	»	»
078	265	»	»	265	1. 50	»	»	111	»	»	»	»	»	»	»	»	»	265
900	2	»	»	2	1. 50	»	»	»	»	»	»	»	»	1	»	»	»	»
000	2	»	»	2	2. 50	»	»	»	»	»	»	»	»	»	»	»	»	1

NT DE SAINT-FLOUR.

000	14	»	»	14	1. 50	»	»	»	»	»	»	»	»	»	»	6	»	»
381	485	»	»	485	1. 50	»	»	212	»	»	»	»	»	»	»	»	»	485
080	4	»	»	4	2. 00	»	»	»	»	»	»	»	»	2	»	»	»	»
200	3	»	»	3	2. 00	»	»	»	»	»	»	»	»	1	»	»	»	»
000	4	»	»	4	2. 50	»	»	»	»	»	»	»	»	»	»	»	»	1
000	70	30	20	120	2. 00	1. 40	0. 75	»	»	»	»	»	»	»	»	»	35	»
800	»	4	»	4	1. 60	»	»	»	»	»	»	»	»	1	»	»	»	»

20

RÉCAPITULATION PAR A

NATURE DES PRODUITS.	NOMBRE D'ÉTABLISSEMENTS.	NOMBRE DE COMMUNES où ils sont situés.	VALEURS LOCATIVES	MONTANT des PATENTES.	VALEUR ANNUELLE des matières premières.	VALEUR DES PRODUITS fabriqués annuellement.
ARRONDISSEMENTS DE AURILLAC.........	302	87	42,181	7,135	2,731,417	3,385,825
MAURIAC..........	179	84	30,170	4,110	2,003,939	2,356,280
MURAT.............	115	36	18,700	1,980	771,091	909,978
SAINT-FLOUR........	223	69	34,385	4,706	3,646,466	4,357,461
Totaux... .	819	276	125,436	17,931	9,152,913	11,009,544

RÉCAPITULATION PAR NATURE

		NOMBRE D'ÉTABLISSEMENTS.	NOMBRE DE COMMUNES où ils sont situés.	VALEURS LOCATIVES	MONTANT des PATENTES.	VALEUR ANNUELLE des matières premières.	VALEUR DES PRODUITS fabriqués annuellement.
PRODUITS MINÉRAUX.	Houille. Extraction.............	2	2	"	197	"	68,505
	Terre argileuse. Tuileries.	21	11	4,805	785	46,000	163,000
	Poteries.....	2	2	221	129	5,680	19,950
	Cuivre. Chaudronnerie.....	1	1	500	125	36,000	50,000
	Bois de hêtre. Sabots.....	1	1	350	54	6,250	50,000
PRODUITS VÉGÉTAUX.	Céréales (Moulins à).....	774	255	113,930	15,419	8,738,255	10,093,794
	Orge. Bière	9	5	4,500	613	136,548	236,495
	Graines oléagineuses. Huileries.....	2	2	80	17	19,000	34,000
	Imprimerie. Objets divers	5	4	"	287	19,200	68,000
PRODUITS ANIMAUX.	Laine. Tissage. Couvertures.....	1	1	650	291	140,000	228,000
	Déchets de peaux. Colle forte.....	1	1	300	34	6,000	9,800
	Totaux.............	819	285	125,436	17,931	9,152,913	11,009,544

.R | ARRONDISSEMENTS.

	OUVRIERS.							MOTEURS.						FEUX.			MACHINES.	
	NOMBRE.				SALAIRES.			MOULINS			MACHINES à vapeur.	CHEVAUX et mulets.	BŒUFS.	FOUR-NEAUX.	FORGES.	FOURS.	MÉTIERS.	AUTRES.
	Hommes.	Femmes.	Enfants.	TOTAL.	Hommes.	Femmes.	Enfants.	à eau.	à vent.	à manége.								
25f	729	10	14	753	2'20"	1'12"	0'67"	252	»	»	»	1	»	6	»	15	4	754
80	466	»	»	466	1.87	»	»	172	»	»	»	2	»	5	»	»	1	440
78	273	»	»	273	1.75	»	»	111	»	»	»	»	»	1	»	2	»	360
61	580	34	20	634	1.88	1.40	0.75	213	»	»	»	»	»	4	»	6	35	486
44	2,048	44	34	2,126	1.92	1.26	0.71	777	»	»	»	3	»	16	»	23	46	1,826

RE | DE PRODUITS INDUSTRIELS.

	OUVRIERS.							MOTEURS.						FEUX.			MACHINES.	
505	15	»	»	15	1.90	»	»	»	»	»	»	»	2	»	»	»	»	2
000	51	»	»	51	1.63	»	»	»	»	»	»	»	»	»	21	1	»	»
950	12	4	10	26	2.25	1.25	0.80	»	»	»	»	1	»	»	»	2	4	5
000	12	»	»	12	1.40	»	»	1	»	»	»	»	1	»	»	»	»	1
000	37	6	4	47	2.00	1.00	0.75	»	»	»	»	»	»	»	»	»	»	»
794	1.795	»	»	1,795	1.40	»	»	774	»	»	»	»	»	»	»	»	»	1,812
495	33	»	»	33	1.90	»	»	»	»	»	»	»	14	»	»	»	»	»
000	4	»	»	4	1.30	»	»	2	»	»	»	»	»	»	»	»	»	»
000	19	»	»	19	2.62	»	»	»	»	»	»	»	»	»	»	»	»	6
000	70	30	20	120	2.00	1.40	0.75	»	»	»	»	»	»	»	»	»	35	»
800	»	4	»	4	»	1.60	»	»	»	»	»	»	»	1	»	»	»	»
544	2,048	44	34	2,126	1.92	1.26	0.71	777	»	»	»	3	»	16	»	23	46	1,826

17° DÉPARTEMENT D

N° 17.

1° PRODUCTION.

Nombre total des patentés. — 6,835

NUMÉROS	NATURE DES ÉTABLISSEMENTS.	COMMUNES où ILS SONT SITUÉS.	NOMS DES FABRICANTS OU manufacturiers.	VALEURS LOCATIVES.	MONTANT des PATENTES.	VALEUR ANNUELLE des matières premières.	VALEUR DES PRODUITS fabriqués annuellement.	H

1° ARRONDISSEMENT D

NUMÉROS	NATURE DES ÉTABLISSEMENTS.	COMMUNES	NOMS	VALEURS LOCATIVES	MONTANT	VALEUR ANNUELLE	VALEUR DES PRODUITS	
1	Brass. Bière	Brives	6 établissements. (Bull. coll.).	»	»	74,175f	136,125f	
2	Laine. Filature. Tissage. Draps	Brives	Sabarot	510	78	40,500	147,000	
3	— Tissage. Draps. Couvertures	Le Puy	Administration des hospices.	600	»	18,000	29,320	
4	— Tissage. Draps. Couvertures	Idem	Chabalier	650	71	120,960	256,000	

2° ARRONDISSEMENT D

NUMÉROS	NATURE DES ÉTABLISSEMENTS.	COMMUNES	NOMS	VALEURS LOCATIVES	MONTANT	VALEUR ANNUELLE	VALEUR DES PRODUITS	
5	Verrerie. Verres à vitres. Bouteilles	Sainte-Florine	Barthélemy et compagnie	300	92	131,350	260,000	
6	Brass. Bière	1 commune	1 établissement	»	»	17,372	32,348	

3° ARRONDISSEMENT D

NUMÉROS	NATURE DES ÉTABLISSEMENTS.	COMMUNES	NOMS	VALEURS LOCATIVES	MONTANT	VALEUR ANNUELLE	VALEUR DES PRODUITS	
7	Glaces. Polissage de glaces	Saint-Didier	Utber-Petrus	500	65	12,000	48,000	
8	Fers. Acier. Faux	Idem	Jackson et compagnie	300	36	84,000	120,000	
9	Brass. Bière	1 commune	1 établissement	»	»	8,129	15,137	
10	Papeterie. Carton. Papier	Saint-Didier	Véron	320	33	42,900	100,000	
11	— Carton. Papier	Saint-Ferréol-d'Auroure	Thollet	500	37	1,000	7,200	
12	— Carton. Papier	Saint-Didier-la-Seauve	Touron, Jamet, etc.	500	65	96,000	129,500	
13	Soie. Soie ouvrée	Dunières	Peyrard	620	89	125,000	135,700	
14	— Soie ouvrée	Idem	Panelier	300	67	35,000	37,996	
15	— Soie ouvrée. Organsin	Idem	Régis Malartre	710	105	75,000	85,560	
16	— Soie ouvrée. Organsin	Idem	Jean Malartre	300	67	60,000	68,448	
17	— Soie ouvrée. Organsin	Tence	Jean-Baptiste Peyrard	300	30	52,500	142,500	
18	— Soie ouvrée. Organsin	Dunières	François Malartre	1,060	205	150,000	171,120	
19	— Trame	Idem	Grange et Bouillet	800	67	45,000	50,520	
20	— Organsin et trame	Idem	Jean-Baptiste James	500	40	35,000	39,060	
21	— Organsin et trame	Idem	Avril	1,200	91	75,000	83,700	
22	— Organsin et trame	Idem	Jean Lauriot	1,000	61	60,000	66,960	

...T DE LA HAUTE-LOIRE.

2° FORCE.

Montant total des patentes. - 109,567 francs

	OUVRIERS.							MOTEURS.						FEUX.			MACHINES	
	NOMBRE.				SALAIRES.			MOULINS.			MACHINES à vapeur.	CHEVAUX et mulets.	FORGES.	FOURNEAUX.	FORGES.	FOURS.	MÉTIERS.	AUTRES.
	Hommes.	Femmes.	Enfants.	TOTAL.	Hommes.	Femmes.	Enfants.	à eau.	à vent.	à manège.								

...T DU PUY.

	26	»	6	26	2' 50	»	»	»	»	»	»	»	»	»	»	»	6	»
	15	5	6	26	1. 50	1' 00"	0' 50"	1	»	»	»	»	»	»	»	»	6	»
	8	»	29	37	1. 75	»	»	»	»	»	»	»	»	»	»	»	12"	3
	10	3	4	17	1. 25	0. 75	0. 40	4	»	»	»	»	»	»	»	»	»	11

...T DE BRIOUDE.

| | 70 | 32 | 26 | 128 | 1. 50 | 0. 75 | 0. 85 | » | » | » | 1 | » | 3 | » | 2 | 2 | 10 | » |
| | 4 | » | » | 4 | 2. 50 | » | » | » | » | » | » | » | » | » | » | » | » | » |

...T D'YSSENGEAUX.

	7	»	»	7	2. 00	»	»	1	»	»	»	»	»	»	»	»	1	»
	4	»	2	6	4' à 5'	»	0. 75	1	»	»	»	»	»	»	2	»	»	»
	4	»	»	4	2' 50"	»	»	»	»	»	»	»	»	»	»	»	»	»
	14	8	»	22	2. 00	0' 75'	»	3	»	»	»	»	»	»	5	»	»	»
	8	4	»	12	2. 25	1. 20	»	2	»	»	»	»	»	»	»	»	»	1
	15	15	2	32	1. 00	0. 75	0. 30	2	»	»	»	»	»	»	»	»	»	»
	2	23	15	40	1. 25	0. 85	0. 55	1	»	»	»	»	»	»	»	»	»	»
	1	8	2	11	1. 25	0. 65	0. 55	1	»	»	»	»	»	»	»	»	»	»
	1	12	9	22	1. 25	0. 85	0. 55	1	»	»	»	»	»	»	»	»	»	»
	1	13	3	17	1. 25	0. 85	0. 55	1	»	»	»	»	»	»	»	»	»	»
	2	15	3	20	1. 15	0. 60	0. 50	1	»	»	»	»	»	»	»	»	»	1
	1	28	16	45	1. 25	0. 85	0. 55	1	»	»	»	»	»	»	»	»	»	»
	2	10	4	16	1. 10	0. 60	0. 40	»	»	»	»	»	»	»	»	»	»	»
	2	8	4	14	1. 10	0. 60	0. 40	»	»	»	»	»	»	»	»	»	»	»
	4	16	8	28	1. 10	0. 60	0. 40	»	»	»	»	»	»	»	»	»	»	»
	2	14	6	22	1. 10	0. 60	0. 40	»	»	»	»	»	»	»	»	»	»	»

RÉCAPITULATION PAR AR

NATURE DES PRODUITS.		NOMBRE D'ÉTABLISSE-MENTS.	NOMBRE DE COMMERCES où ils sont situés.	VALEURS LOCATIVES.	MONTANT des PATENTES.	VALEUR ANNUELLE des matières premières.	VALEUR DES PRODUITS fabriqués annuellement.	
ABRONDISSEMENTS DE	LE PUY.........	9	2	2,060'	149'	295,838'	572,945'	
	BRIOUDE.........	2	1	200	92	149,222	292,348	
	YSSENGEAUX	16	5	9,310	1,057	985,029	1,301,801	
	TOTAUX.......	27	8	11,570	1,298	1,388,489	2,167,094	

RÉCAPITULATION PAR NATURE DE

PRODUITS MINÉRAUX.	Verrerie. Bouteilles...............	1	1	200	92	131,850	260,000	
	Glaces. Polissage...............	1	1	500	65	12,000	45,000	
	Fer. Acier. Faux..............	1	1	200	26	54,000	130,000	
PRODUITS VÉGÉTAUX.	Oran. Bière...............	8	3	»	»	49,679	185,610	
	Papeterie. Papiers divers............	3	3	1,820	135	139,000	236,800	
PRODUITS ANIMAUX.	Laine. Filature. Tissage. Draps............	3	2	2,060	149	179,460	434,820	
	Soie. Soie ouvrée. Organsin............	10	2	6,790	831	742,500	881,864	
	TOTAL............	27	13	11,570	1,298	1,388,489	2,167,094	

...ARRONDISSEMENTS.

	OUVRIERS.							MOTEURS.						FEUX.			MACHINES.	
	NOMBRE.				SALAIRES.			MOULINS.			MACHINES à vapeur.	CHEVAUX et mulets.	BŒUFS.	FOUR- NEAUX.	FORGES.	FOURS.	MÉTIERS.	AUTRES.
	Hommes.	Femmes.	Enfants.	TOTAUX.	Hommes.	Femmes.	Enfants.	à eau.	à vent.	à manège.								
45ᶠ	59	8	39	106	1ᶠ 75ᶜ	0ᶠ 87ᶜ	0ᶠ 45ᶜ	5	»	»	»	»	»	»	.	»	24	13
48	74	32	26	132	2. 00	0. 75	0. 85	»	»	1	»	3	.	2	2	10	»	»
01	70	174	74	318	1. 85	0. 77	0. 50	15	»	»	»	.	»	7	.	»	1	2
194	203	214	139	556	2. 18	0. 83	0. 57	20	»	1	»	3	»	9	2	10	25	15

...RE DES PRODUITS INDUSTRIELS.

	OUVRIERS.							MOTEURS.						FEUX.			MACHINES.	
	Hommes.	Femmes.	Enfants.	TOTAUX.	Hommes.	Femmes.	Enfants.	à eau.	à vent.	à manège.	vapeur.	et mulets.	BŒUFS.	FOUR- NEAUX.	FORGES.	FOURS.	MÉTIERS.	AUTRES.
.000	70	32	26	128	1ᶠ 50ᶜ	0ᶠ 75ᶜ	0ᶠ 85ᶜ	»	»	1	»	3	»	2	2	10	»	»
.000	7	»	»	7	2. 00	»	»	1	.	»	.	»	»	»	.	.	1	»
.000	4	»	2	6	4. 50	»	0. 75	1	»	»	»	.	»	2	»	.	»	»
.610	34	»	»	34	2. 50	»	»	.	.	»	.	»	»	»	.	»	»	»
.800	37	27	2	66	2. 08	0. 90	0. 30	7	»	»	»	»	.	5	»	»	»	1
.820	33	8	39	80	1. 50	0. 87	0. 45	5	»	»	»	.	»	»	.	»	24	13
.864	18	147	70	235	1. 20	0. 80	0. 50	6	»	»	»	»	»	»	»	»	»	1
7,094	203	214	139	556	2. 18	0. 83	0. 57	20	»	1	»	3	»	9	2	10	25	15

18° DÉPARTEMENT. I

N° 18.

1° PRODUCTION.

Nombre total des patentes 10,484

1° ARRONDISSEMENT. I

N°S D'ORDRE	NATURE DES ÉTABLISSEMENTS	COMMUNES où ILS SONT SITUÉS.	NOMS DES FABRICANTS ou manufacturiers.	VALEURS LOCATIVES.	MONTANT des PATENTES.	VALEUR ANNUELLE des matières premières.	VALEUR DES PRODUITS fabriqués annuellement.
1	Terre argileuse. Tuileries, Briques.	3 communes	3 établissements	3,020ᶠ	147ᶠ	7,900ᶠ	51,720ᶠ
2	Fer. Minerai. Fonte. Projectiles.	La Voulte	Le comp. des haute fourn. de l'Ardèche.	30,000	3,024	1,032,217	1,391,964
3	Céréales (Moulins à).	94 communes	219 établissements (Bull. cont.)	99,307	4,674	2,758,727	3,179,584
4	Orge. Bière.	2 idem	3 idem	»	»	40,000	55,300
5	Papeterie mécanique	La Bégude.	Auguste Veny.	100	141	90,000	149,500
6	Imprimerie. Objets variés.	2 communes	3 établissements	800	70	7,400	18,300
7	Soie. Filature.	Ucel.	Paul Deydier.	480	200	162,000	186,232
8	— Filature.	Darbres.	Regard.	1,500	248	372,070	426,240
9	— Filature.	Rochemaure.	Louis Mourel.	450	65	22,500	27,000
10	— Filature.	Ucel.	J.-B.-L. Canuel.	1,000	223	49,500	40,562
11	— Filature.	Saint-Marcel-d'Ardèche.	J.-M. Pellegrin.	200	88	40,000	44,000
12	— Filature.	Rochemaure.	Séraphin Hébrard.	40	25	9,375	9,900
13	— Filature.	Ollières.	Napoléon Aurenche.	1,200	267	106,250	117,800
14	— Filature.	Villeneuve-de-Berg	Silhol, fermier de M. Berruel.	1,500	246	12,000	15,000
15	— Filature.	Idem.	Benoist Bertoye.	600	189	72,000	90,000
16	— Filature.	Idem.	Simon Mazade.	230	53	10,000	12,480
17	— Filature.	Rochemaure.	Louis Mourel.	450	65	22,500	27,000
18	— Filature.	Villeneuve-de-Berg	Masellier, fermier de M. Berruel	600	168	48,000	60,000
19	— Filature.	Bourg-Saint-Andéol.	Henri Giraud fils.	800	162	103,750	125,400
20	— Filature.	Idem.	Pierre-François Girard.	200	52	33,300	40,020
21	— Filature.	Idem.	Calixte, Noël, Charay.	700	156	41,500	53,400
22	— Filature.	Villeneuve-de-Berg	Ludovic Bertoye.	600	133	28,000	35,400
23	— Organsin.	Mercues.	Ricard.	800	142	120,000	129,000
24	— Organsin.	La Voulte	J.-J. Roustain.	500	99	440,000	468,000
25	— Organsin.	Lentillières.	Cyrille Chastagner	600	149	87,000	113,484
26	— Organsin.	Alissas	J.-Paulin Bauthéac.	250	50	25,000	28,600
27	— Organsin.	Charmes.	Lucien Debeaux.	1,000	176	105,000	113,760
28	— Organsin.	Rochemaure.	F.-L. Audouard.	1,400	223	162,000	180,000
29	— Organsin.	Alissas.	Blanchon fils.	1,200	303	91,800	94,250
30	— Organsin.	Charmes.	Isaac Marmey.	2,000	330	195,000	201,500
31	— Organsin.	Antraigues.	Fréjus Gleizal.	600	115	132,000	144,000
32	— Organsin.	Saint-Priest.	J.-P. Chalamon.	800	138	94,250	105,150
33	— Organsin.	Ucel.	Charles-Paul Deydier.	4,290	635	540,816	639,836
34	— Organsin.	Nals.	Casimir Durand.	1,440	237	167,400	183,816
35	— Organsin.	St-Julien-en-St-Alban.	Antoine Payen.	600	110	84,000	97,800
36	— Organsin.	Saint-Julien-du-Gua.	Marcelin Vignal.	1,500	250	93,000	97,200
37	Idem.	Idem.	Benjamin Térasbe.	1,500	250	101,928	108,000
38	— Organsin.	Rochemaure.	Étienne-Alexandre Hébard.	800	141	99,000	119,520
39	— Organsin.	St-Étienne-de-Fontbellon	Régis Dumas.	950	182	123,500	129,580

T⁴ DE L'ARDÈCHE.

2° FORCE.

Montant total des patentes. = 234,677 fran.

ᴺᵀ DE PRIVAS.

	OUVRIERS.							MOTEURS.						FEUX.			MACHINES.	
	NOMBRE.				SALAIRES.			MOULINS.			MACHINES à vapeur.	CHEVAUX et mulets.	BŒUFS.	FOUR-NEAUX.	FORGES.	FOURS.	MÉTIERS.	OUTILS.
	Hommes.	Femmes.	Enfants.	TOTAUX.	Hommes.	Femmes.	Enfants.	à eau.	à vent.	à manège.								
20'	13	»	6	19	2'00"	»	1'12"	»	»	»	1	»	1	»	»	4	1	1
64	350	»	100	450	2'à4'	»	1.00	»	»	»	4	210	»	4	4	10	.	.
84	438	»	»	438	1'50"	»	»	219	»	»	»	»	»	»	»	»	»	»
.00	5	»	»	5	3.00	»	»	»	»	»	»	»	»	»	»	»	»	»
.00	30	40	»	70	1.75	0'75"	»	1	»	»	»	»	»	»	»	»	»	7
.00	7	»	2	9	2.75	»	1.00	»	»	»	»	»	»	»	»	»	»	8
.52	3	90	»	93	2.50	1.10	»	1	»	»	»	»	»	1	»	»	80	»
40	5	40	40	85	2.00	0.65	0.45	2	»	»	»	»	»	»	»	»	14	8
00	1	20	10	31	2.00	1.00	0.75	1	»	»	»	»	»	1	»	»	»	20
502	2	24	»	26	2.50	1.10	»	1	»	»	»	»	»	1	»	»	22	2
00	3	33	»	36	1.75	1.10	»	»	»	»	1	»	2	»	1	»	»	»
00	1	10	»	11	1.00	1.00	»	»	»	»	»	»	»	»	»	»	»	»
800	1	50	22	73	2.00	1.00	0.70	»	»	»	»	»	1	»	»	»	»	»
000	6	20	20	46	1.50	0.90	0.70	1	»	»	»	»	»	»	»	»	»	.
000	3	70	5	78	2.50	1.00	0.75	»	»	»	1	»	»	»	»	»	»	.
480	»	6	2	8	»	1.00	0.80	»	»	»	»	»	»	4	»	»	»	»
000	1	20	10	31	2.00	1.00	0.75	»	»	»	1	»	»	1	»	»	»	»
000	2	40	»	42	2.50	1.25	»	»	»	»	»	»	1	»	»	»	»	»
400	2	40	»	42	2.00	1.15	»	»	»	»	1	»	»	1	»	»	»	»
,020	1	20	»	21	2.00	1.15	»	»	»	»	1	»	»	1	»	»	»	»
,800	2	30	»	32	2.00	1.15	»	»	»	»	1	»	»	1	»	»	»	»
,800	4	32	3	39	2.00	1.00	0.75	»	»	»	1	»	»	1	»	»	.	.
,000	2	20	4	26	1.50	0.75	0.50	1	»	»	»	»	»	1	»	»	»	»
,000	1	14	»	15	1.50	0.80	»	»	»	»	1	»	»	»	»	»	»	7
,484	2	12	10	24	1.50	85'à75°	60°à80°	1	»	»	»	»	»	»	»	»	»	.
,600	1	14	2	17	1.10	0'55°	0'30"	2	»	»	»	»	»	»	»	»	»	»
,700	2	15	7	24	1.50	40'à75°	50°à60°	1	»	»	»	»	»	»	»	»	»	.
,000	2	22	»	24	1.50	0'60"	»	»	»	»	»	»	»	»	»	»	15	15
,250	2	16	14	32	1.50	0.65	0'35°	1	»	»	»	»	»	»	»	»	»	»
,800	4	32	17	53	1.50	60°à75°	50°à60°	»	»	»	1	»	»	»	»	»	»	»
,000	1	22	2	25	1.80	0'70"	0'56"	»	»	»	»	»	»	»	»	»	»	»
5,120	3	20	4	27	1.25	0.80	0.60	»	»	»	»	»	»	»	»	»	»	»
9,830	10	65	37	112	2.00	0.80	0.60	4	»	»	»	»	»	»	»	»	»	»
3,810	3	24	8	35	2.00	0.85	0.60	1	»	»	»	»	»	»	»	»	»	»
7,600	2	12	4	18	2.50	1.00	0.80	6	»	»	»	»	»	»	»	»	»	.
7,200	3	15	6	24	0.65	0.50	0.35	»	»	»	»	»	»	»	»	»	.	144
6,000	5	20	5	30	0.85	0.50	0.40	»	»	»	»	»	»	»	»	»	10	144
9,520	2	10	5	17	1.30	0.50	0.30	»	»	»	»	»	»	»	»	»	»	»
9,580	4	18	4	26	1.50	0.70	0.50	1	»	»	»	»	»	»	»	»	»	»

21

NUMÉROS D'ORDRE	NATURE DES ÉTABLISSEMENTS.	COMMUNES où ILS SONT SITUÉS.	NOMS DES FABRICANTS ou manufacturiers.	VALEURS LOCATIVES.	MONTANT des PATENTES.	VALEUR annuelle des matières premières.	VALEUR des produits fabriqués annuellement.	

1° ARRONDISSEMENT

40	Sois. Organsin.	Ollières.	Ferdinand Digonnet	700'	105'	78,300'	81,872'	
41	— Organsin.	Antraigues	J.-F.-Régis Gleizal	800	174	132,000	140,000	
42	— Organsin.	Aizac	Clair Prosper	1,000	94	150,000	102,000	
43	— Organsin.	St-Étienne-de-Fontbellon	Firmin Chadeyson	500	113	90,000	94,505	
44	— Organsin.	St-Andéol-de-Bourlenc	Marianne Masse	400	100	77,500	82,800	
45	— Organsin.	St-Étienne-de-Fontbellon	Antoine Duroure	950	182	120,000	126,000	
46	— Organsin.	Pouzin	Adolphe Clausel	1,200	195	114,000	122,400	
47	— Organsin.	Veyras	Pierre Durand	800	156	121,100	129,717	
48	— Organsin.	Saint-Pons.	Borne-Vasset	1,200	231	150,000	164,500	
49	— Organsin.	Saint-Martin-l'Inférieur.	Louis Bertaud	1,200	469	91,200	99,144	
50	— Organsin.	Alissas.	Blanchon-Bleyzac	2,000	428	54,000	108,000	
51	— Organsin.	Vals.	Gonj	1,300	225	186,000	204,340	
52	— Organsin.	Marcols.	Louis Devoix	700	139	75,687	81,742	
53	— Organsin.	Idem.	Jacques Desroyes.	600	123	75,687	81,742	
54	— Organsin.	Saint-Julien-du-Gas	Jacques Poumarat	1,000	165	57,600	62,160	
55	— Organsin.	Marcols.	Alexandre Ambert	1,200	225	99,907	108,990	
56	— Organsin.	Idem.	Joseph Dejoux.	1,200	225	99,907	108,990	
57	— Organsin.	Saint-Martin-l'Inférieur.	Louis Dumas.	1,500	469	91,200	99,144	
58	— Organsin.	Ucel.	Ricard frères.	1,000	253	121,476	135,515	
59	— Organsin.	Vals.	Jules Champanhet	1,500	346	204,000	285,200	
60	— Organsin.	Idem.	Prosper Goucheraud	2,100	169	167,400	183,816	
61	— Organsin.	Idem.	Antoine Galimard	1,300	225	353,000	388,056	
62	— Organsin.	Idem.	Henri Lentevsat	600	117	93,000	102,190	
63	— Organsin.	Rochessauve.	Antoine Méalarès	500	101	27,500	31,880	
64	— Organsin.	Freyssinet	Régis-Marcelin Vignal	1,600	276	240,000	252,000	
65	— Organsin.	Vals.	Jean Mouline	800	148	111,600	122,396	
66	— Organsin.	Alissas.	Joseé Clabert	700	100	75,600	81,250	
67	— Organsin.	Aizac.	Lucien Johanny.	500	131	87,000	91,000	
68	— Organsin.	Pouzin.	Alexandre Clausel	500	131	103,200	105,000	
69	— Organsin.	Antraigues.	Morel et Charles.	600	117	132,000	144,000	
70	— Organsin.	Saint-Priest.	Journial frères.	600	103	81,200	94,500	
71	— Organsin.	Saint-Martin-l'Inférieur.	Étienne Audouard	1,050	232	85,500	91,800	
72	— Organsin.	Ollières.	Napoléon Aurouche.	600	250	120,000	130,640	
73	— Organsin.	Idem.	J.-Antoine Fougerol	700	135	72,000	81,216	
74	— Organsin.	Antraigues.	Emmanuel Gamon	700	135	144,000	163,600	
75	— Organsin.	Rochessauve	Pierre Gas.	800	144	54,000	64,000	
76	— Organsin.	St-Julien-en-St-Alban	Pierre Pazier.	900	164	100,000	127,500	
77	— Organsin.	Idem.	Louis Blanchon	2,300	380	210,000	246,500	
78	— Organsin.	Pourchères.	Venant Borne	1,500	246	139,200	142,800	
79	— Organsin.	Ucel.	Gustave Combier.	3,000	519	349,375	385,771	
80	— Organsin.	St-Julien-en-St-Alban	Pierre Bervis.	1,400	229	140,000	161,500	
81	— Organsin.	Beauchastel.	Eugène Malière.	1,200	257	94,500	103,750	
82	— Organsin.	Saint-Marcel-de-Crussol.	Prosper Comte	600	135	90,000	90,000	
83	— Organsin.	Saint-Pons.	Louis Vernet.	450	87	85,733	94,080	
84	— Organsin.	Idem.	Pierre Demonthe	750	124	85,733	94,080	

...NT DE PRIVAS. (Suite.)

	OUVRIERS							MOTEURS						FEUX			MACHINES	
R ... la ...	ROUSSE				SALAIRES			MOULINS			MACHINES à vapeur	CHEVAUX et mulets	BŒUFS	FOUR-NEAUX	FORGES	FOURS	MÉTIERS	AUTRES
	Hommes.	Femmes.	Enfants.	TOTAUX.	Hommes.	Femmes.	Enfants.	à eau.	à vent.	à manège.								
372'	2	10	10	22	1'50"	0'80"	0'60"	"	"	"	"	"	"	"	"	"	"	"
)00	1	22	1	24	1.80	0.70	0.50	"	"	"	"	"	"	"	"	"	"	"
)00	1	15	5	21	1.75	0.85	0.40	"	"	"	"	"	"	"	"	"	"	"
)00	3	14	3	20	1.50	0.70	0.50	1	"	"	"	"	"	"	"	"	"	"
500	1	30	"	31	1.50	0.60	"	5	"	"	"	"	"	"	"	"	"	"
)00	4	20	6	30	1.50	0.70	0.50	1	"	"	"	"	"	"	"	"	"	"
400	2	16	9	27	1.25	0.65	0.50	"	"	"	"	"	"	"	"	"	"	"
717	3	17	"	20	1.25	0.70	"	"	"	"	"	"	"	"	"	"	"	"
500	4	12	10	26	1.25	0.75	0.50	"	"	"	"	"	"	"	"	"	"	"
144	3	22	4	29	2.00	0.60	0.40	"	"	"	"	"	"	"	"	"	"	"
000	4	65	5	74	1.25	0.65	0.30	6	"	"	1	1	"	"	"	"	"	"
240	3	26	9	38	2.00	0.85	0.60	"	"	"	"	"	"	"	"	"	"	"
.742	1	17	2	20	1.25	0.75	0.45	1	"	"	"	"	"	"	"	"	"	5
.742	1	17	2	20	1.25	0.75	0.45	1	"	"	"	"	"	"	"	"	"	5
.160	1	11	4	16	1.25	0.55	0.40	"	"	"	"	"	"	"	"	"	5	72
.900	1	20	3	24	1.25	0.75	0.45	1	"	"	"	"	"	"	"	"	"	7
.900	2	19	3	24	1.25	0.75	0.45	2	"	"	"	"	"	"	"	"	"	7
.144	3	22	4	29	2.60	0.60	0.40	"	"	"	"	"	"	"	"	"	"	"
.315	2	16	8	26	2.00	0.80	"	1	"	"	"	"	"	"	"	"	"	"
.300	5	92	7	104	2.00	85' à 1'	0.60	"	"	"	"	"	"	"	"	"	"	"
.816	3	24	8	35	2.00	0'85"	0.60	1	"	"	"	"	"	"	"	"	"	"
.056	6	50	12	68	2.00	0.85	0.00	3	"	"	"	"	"	"	"	"	"	"
.120	1	12	3	16	2.00	0.85	0.50	"	"	"	"	"	"	"	"	"	"	"
.680	1	5	2	8	1.00	0.50	0.30	"	"	"	"	"	"	"	"	"	"	"
.000	2	48	"	50	1.50	0.00	"	"	"	"	"	"	"	"	"	"	8	45
.396	2	17	6	25	2.00	0.85	0.60	1	"	"	"	"	"	"	"	"	"	"
.250	2	18	19	37	1.00	0.60	0.40	"	"	"	"	"	"	"	"	"	"	"
.000	1	22	2	25	1.75	0.75	0.60	"	"	"	"	"	"	"	"	"	"	"
5.000	2	15	8	25	1.25	0.65	0.50	"	"	"	"	"	"	"	"	"	"	"
.000	1	22	2	25	1.80	0.60	0.45	"	"	"	"	"	"	"	"	"	"	"
.500	2	16	3	21	1.50	0.80	0.60	"	"	"	"	"	"	"	"	"	"	"
.800	2	20	2	24	2.00	0.60	0.40	"	"	"	"	"	"	"	"	"	"	"
0.640	3	15	15	33	1.40	0.80	0.60	"	"	"	"	"	"	"	"	"	"	"
1.216	1	11	10	22	1.50	0.80	0.60	"	"	"	"	"	"	"	"	"	"	"
5.600	3	20	3	26	1.50	0.75	0.50	"	"	"	"	"	"	"	"	"	"	"
4.000	2	10	5	17	1.31	0.54	0.33	"	"	"	"	"	"	"	"	"	"	"
7.300	2	14	8	24	2.50	1.00	0.80	7	"	"	"	"	"	"	"	"	"	"
6.500	4	80	16	100	2.50	1.00	0.80	10	"	"	1	"	"	1	"	"	"	"
3.800	5	23	8	36	1.60	0.00	0.30	"	"	"	"	"	"	"	"	"	"	"
5.771	9	64	20	93	2.00	0.80	0.60	3	"	"	"	"	"	"	"	"	"	"
1.500	4	15	8	27	2.50	1.00	0.80	7	"	"	1	"	"	1	"	"	"	"
0.750	3	10	15	28	1.30	0.70	0.60	"	"	"	"	"	"	"	"	"	"	"
0.000	2	17	"	19	1.00	0.60	"	"	"	"	"	"	"	"	"	"	"	"
4.080	2	11	14	27	2.00	0.70	0.50	"	"	"	"	"	"	"	"	"	"	"
4.080	2	12	15	27	2.00	0.65	0.50	"	"	"	"	"	"	"	"	"	"	"

STATISTIQUE PAR ÉTABLISSEMENTS INDUSTRIELS.

1° ARRONDISSEMENT D[...]

NUMÉROS	NATURE DES ÉTABLISSEMENTS.	COMMUNES où ils sont situés.	NOMS des fabricants ou manufacturiers.	VALEURS LOCATIVES.	MONTANT des PATENTES.	VALEUR ANNUELLE des matières premières.	VALEUR DES PRODUITS fabriqués annuellement.	
85	Suit. Organsin	Marcols	Delubac	1,500f	333f	130,564f	140,547f	
86	— Organsin	Rochemaure	J.-J. Guérin	1,100	185	64,800	87,040	
87	— Organsin	Saint Priest	Benoît frères	1,608	278	198,400	231,112	
88	— Organsin	Ollières	Julien Digonnet	800	136	76,000	105,446	
89	— Organsin	Antraigues	Jean-Legarde	800	175	165,000	188,700	
90	— Organsin	Aliens	Blanchon fils	1,200	203	91,800	94,250	
91	— Organsin	Saint-Privat	Eugène Tourette	2,300	402	248,173	273,960	
92	— Organsin	Idem	Urbin Perbost	1,800	301	248,173	273,960	
93	— Organsin	Ucel	Joseph Bonneville	900	167	99,968	110,355	
94	— Organsin	Idem	Jean Duplan	900	155	90,968	110,355	
95	— Organsin	Saint-Privat	Philippe Descours	1,000	170	124,086	138,980	
96	— Organsin	S'-Étienne-de-Fontbellon	J.-Pierre Dumas	950	182	132,000	140,800	
97	— Organsin	Privas	Breton aîné	400	86	65,000	66,250	
98	— Organsin	Saint-Privat	Pierre Masellier	3,000	683	372,250	410,941	
99	— Organsin	Vals	Auguste Goucheraud	1,200	220	124,000	136,160	
100	— Trame	Aliens	J.-P. Beuthéac	250	50	25,000	28,000	
101	— Trame	Idem	P.-L. Beuthéac	300	82	36,400	37,050	
102	— ouvrée	Flaviac	Jacques Balarne	900	171	99,129	107,355	
103	— ouvrée	Creyssieilles	P.-L. Durand	1,000	179	108,000	110,040	
104	— ouvrée	Privas	Régis Geilhon	650	124	104,000	111,650	
105	— ouvrée	Marcols	J.-P. Ducros	1,000	102	75,687	81,742	
106	— ouvrée	Ollières	P.-J.-A. Dorviel	700	124	63,800	70,840	
107	— ouvrée	Saint-Michel-de-Chabrillanox	Aurenche frères	600	110	91,200	97,960	
108	— ouvrée	Saint-Symphorien	Clausel Dupré	1,300	185	64,800	87,040	
109	— ouvrée	Privas	Adolphe Clausel	600	117	97,500	105,490	
110	— ouvrée	Idem	J. Beuthéac	1,000	184	143,800	155,540	
111	— ouvrée	Idem	Saint-Ange Regard	1,200	215	204,000	230,400	
112	— ouvrée	Idem	Paul Faure	1,800	331	130,800	143,990	
113	— ouvrée	Idem	Ménlarbe	800	153	130,800	143,990	
114	— ouvrée	Idem	F. Digonnet	2,100	397	234,000	254,870	
115	— ouvrée	Idem	J.-L.-S. Marze	1,200	224	117,000	127,520	
116	— ouvrée	Idem	Genset frères	2,300	370	121,000	238,700	
117	— ouvrée	La Bégude	Henry Tourette	1,400	232	144,000	155,520	
118	— ouvrée	Privas	Colomb fils	2,600	454	292,500	315,700	
119	— ouvrée	Idem	J.-J. Marze	2,400	453	163,500	177,100	
120	— ouvrée	La Bégude	Ernest Verny	1,400	232	144,000	155,520	
121	— ouvrée	Idem	Joseph Court	1,000	171	120,000	129,500	
122	— ouvrée	Idem	Antoine Barbe	700	120	120,000	129,500	
123	— ouvrée	Privas	Vien fils aîné	600	117	97,500	105,490	
124	— ouvrée	Idem	Aug. Arnaud, Coste	1,850	297	234,000	254,870	
125	— ouvrée	Saint-Pierreville	Joseph Delarbre	600	123	90,000	97,200	
126	— ouvrée	Saint-Symphorien	Eugène Gutse	1,200	171	66,000	72,000	
127	— ouvrée	Saint-Pierreville	Jacques Brunel	400	88	60,000	64,800	
128	— ouvrée	Saint-Symphorien	Dianoux	1,200	192	68,750	76,480	
129	— ouvrée	S'-Michel-de-Boulogne	Blaise Deux fils	1,000	162	259,300	264,600	

	OUVRIERS.							MOTEURS.						FEUX.			MACHINES.	
	NOMBRE.				SALAIRES.			MOULINS.			MACHINES à vapeur.	CHEVAUX et mulets.		FOUR-NEAUX.	FORGES.	FOURS.	MATIÈRES.	AUTRES.
	Hommes.	Femmes.	Enfants.	TOTAUX.	Hommes.	Femmes.	Enfants.	à eau.	à vent.	à manège.								

'T DE PRIVAS. (Suite.)

Hommes	Femmes	Enfants	Totaux	Sal. H	Sal. F	Sal. E	à eau	à vent	à manège	vapeur	chevaux		fourn.	forges	fours	matières	autres
3	26	3	32	1'25"	0'75"	0'45"	1	»	»	»	»	»	»	»	»	»	7
2	12	5	19	1.31	0.54	0.33	»	»	»	»	»	»	»	»	»	»	»
5	32	12	49	1.50	0.80	0.60	»	»	»	»	»	»	»	»	»	»	»
2	11	12	25	1.40	0.80	0.60	»	»	»	»	»	»	»	»	»	»	»
1	11	8	20	2.00	0.80	0.40	»	»	»	»	»	»	»	»	»	»	»
2	16	4	22	1.50	0.65	0.33	»	»	»	»	»	»	»	»	»	»	»
5	38	17	60	2.50	0.70	0.60	2	»	»	»	»	»	»	»	»	»	»
11	50	9	70	2.40	0.70	0.60	2	»	»	»	»	»	»	»	»	»	»
2	25	3	30	2.00	0.80	0.60	1	»	»	»	»	»	»	»	»	»	»
2	18	5	25	2.00	0.80	0.60	1	»	»	»	»	»	»	»	»	»	»
2	18	10	30	2.50	0.80	0.60	1	»	»	»	»	»	»	»	»	»	»
5	20	5	30	1.50	0.70	0.50	1	»	»	»	»	»	»	»	»	»	»
1	9	10	20	1.60	0.75	0.55	»	»	»	»	»	»	»	»	»	»	»
9	55	36	100	2.50	0.70	0.60	3	»	»	»	»	»	»	»	»	»	»
2	19	7	28	2.00	0.85	0.60	»	»	»	»	»	»	»	»	»	»	»
1	16	2	19	1.10	0.55	0.30	»	»	»	»	»	»	»	»	»	»	»
1	10	1	12	1.10	0.55	0.30	»	»	»	»	»	»	»	»	»	»	»
2	16	5	23	1.50	0.60	0.50	1	»	»	»	»	»	»	»	»	»	6	5
2	11	12	25	1.20	0.60	0.45	1	»	»	»	»	»	»	»	»	»	»
1	17	3	21	1.30	0.60	0.55	1	»	»	»	»	»	»	»	»	»	»
1	17	2	20	1.25	0.75	0.45	1	»	»	»	»	»	»	»	»	»	5
1	12	5	18	1.50	0.80	0.60	»	»	»	»	»	»	»	»	»	»	»
1	15	10	26	1.50	0.80	0.60	7	»	»	»	»	»	»	»	»	»	»
3	12	5	20	1.00	0.60	0.50	1	»	»	1	»	»	»	»	»	»	»
1	15	3	19	1.30	0.60	0.55	1	»	»	»	»	»	»	»	»	»	»
2	22	4	28	1.30	0.60	0.55	1	»	»	»	»	»	»	»	»	»	»
2	20	6	28	1.30	0.60	0.55	1	»	»	»	»	»	»	»	»	»	»
2	21	3	26	1.30	0.60	0.55	1	»	»	»	»	»	»	»	»	»	»
2	21	3	26	1.30	0.60	0.55	1	»	»	»	»	»	»	»	»	»	»
2	24	3	29	1.30	0.60	0.55	2	»	»	»	»	»	»	»	»	»	»
2	19	3	23	1.30	0.60	0.55	1	»	»	»	»	»	»	»	»	»	»
3	34	6	43	1.30	0.60	0.55	2	»	»	»	»	»	»	»	»	»	»
4	20	9	33	1.30	0.80	0.55	1	»	»	»	»	»	»	»	»	8	5
3	46	8	57	1.30	0.60	0.55	2	»	»	»	»	»	»	»	»	»	»
2	26	4	32	1.30	0.60	0.35	»	»	»	»	»	»	»	»	»	»	»
4	20	9	33	1.30	0.80	0.64	1	»	»	»	»	»	»	»	»	8	5
3	17	7	27	1.30	0.80	0.64	»	»	»	»	»	»	»	»	»	5	4
3	17	7	27	1.30	0.80	0.64	»	»	»	»	»	»	»	»	»	5	4
2	18	5	25	1.30	0.60	0.55	2	»	»	»	»	»	»	»	»	»	»
3	37	6	46	1.30	0.60	0.55	1	»	»	»	»	»	»	»	»	»	»
3	15	2	20	1.25	0.75	0.45	5	»	»	»	»	»	»	»	»	»	»
2	12	4	18	1.50	0.75	0.50	1	»	»	»	»	»	»	»	»	»	»
1	9	3	13	1.25	0.75	0.45	4	»	»	»	»	»	»	»	»	»	»
2	12	6	18	1.00	0.50	0.50	»	»	»	»	»	»	»	»	»	»	»
1	18	6	25	2.00	0.60	0.25	1	»	»	»	»	»	»	»	»	»	»

NUMÉROS d'ordre	NATURE DES ÉTABLISSEMENTS	COMMUNES où ILS SONT SITUÉS	NOMS DES FABRICANTS ou manufacturiers	VALEURS LOCATIVES	MONTANT des PATENTES	VALEUR ANNUELLE des matières premières	VALEUR DES PRODUITS fabriqués annuellement	

1° ARRONDISSEMENT DE

130	Soie ouvrée	Saint-Pierreville	Jules Giraud	950ᶠ	196ᶠ	108,000ᶠ	116,640ᶠ	
131	— ouvrée	Idem	Borriel	600	123	75,000	81,000	
132	— ouvrée	Idem	Louis Estoecole	600	120	96,000	103,680	
133	— ouvrée	Marcols	Hercule Giraud	1,600	324	105,962	113,712	
134	— ouvrée	Idem	Pierre Vignal	1,200	231	99,907	108,990	
135	— ouvrée	Idem	Lacombe Giffon	800	155	75,687	81,742	
136	— ouvrée	Privas	Alexandre Vincent	2,300	412	195,000	210,980	
137	— ouvrée	Saint-Pierreville	Lucien Marse	750	146	102,000	110,160	
138	— ouvrée	Privas	Reymond Crouzet	800	129	104,000	110,880	
139	— ouvrée	Flaviac	Charles Marquet	500	102	74,400	80,675	
140	— ouvrée	Privas	J.-J. Guérin	700	132	84,500	88,550	
141	— ouvrée	Flaviac	Clausel de Bels	900	171	89,520	96,740	
142	— ouvrée, Noie, Filature	Idem	J.-Ch. Damichoux	5,700	975	721,200	765,120	
143	Prats, Tanneries	4 communes	6 établissements	4,800	175	19,672	20,105	

2° ARRONDISSEMENT D

144	Bras. Bière	1 commune	1 établissement	»	»	20,300ᶠ	26,700ᶠ	
145	Soie. Organsin	Largentière	P. Isaac	1,800ᶠ	387ᶠ	227,500	251,636	
146	— Organsin	Joannas	François Sochet	750	102	70,500	103,950	
147	— Organsin	Vinézac	André Bastide	1,100	189	132,219	145,550	
148	— Organsin	Chassiers	Auguste Soubeyrand	2,000	402	221,000	238,700	
149	— Organsin	Idem	Martinesche	900	152	130,000	146,300	
150	— Organsin	Montpezat	J.-L. Dejoux	500	92	44,000	48,960	
151	— Organsin	Prunet	Cl.-François Boiron	500	95	65,000	76,500	
152	— Organsin	Montpezat	Pierre Chambon	700	124	66,000	77,000	
153	— Organsin	Saint-Genest-de-Beron	J.-F. Sestal	1,500	242	86,800	96,250	
154	— ouvrée	La Souche	Serrou	800	116	100,562	110,700	
155	— ouvrée	Idem	Jacques Barnas	740	138	83,937	93,000	
156	— ouvrée	Nieigles	De Launa	600	103	69,744	75,848	
157	— ouvrée	Idem	Jacques Bovet	500	93	87,180	94,510	
158	— ouvrée	Idem	Denis Allier	700	122	116,240	126,414	
159	— ouvrée	Idem	Blaise Donz	600	117	95,898	104,291	
160	— ouvrée	Largentière	A.-J. Parbost	1,200	233	123,500	131,870	
161	— ouvrée	La Souche	Basile Choloy	800	147	100,562	111,525	
162	— ouvrée	Nieigles	André Saboul	600	105	95,700	105,000	
163	— ouvrée	Meyras	Ricard aîné	1,500	292	232,000	298,500	
164	— ouvrée	Joyeuse	Verchde fils	1,200	175	118,200	139,400	
165	— ouvrée	Meyras	Frédéric et Boyer Gouix	1,350	260	290,000	376,000	
166	— ouvrée	Idem	Barbe, fermier de Gaillon	650	124	87,000	112,000	
167	— ouvrée	Joyeuse	Emmanuel Forestier	1,200	225	118,200	124,440	
168	— ouvrée	St-Pierre-de-Colombier	De Pruneuf	700	121	96,000	98,000	
169	— ouvrée	Borzet	Meyssonnier	1,980	276	294,000	307,635	

	OUVRIERS.							MOTEURS.						FEUX.			MACHINES.	
	NOMBRE.				SALAIRES.			MOULINS.			MACHINES à vapeur.	CHEVAUX et mulets.	BŒUFS.	POUR-REAUX.	FORGES.	FOURS.	MÉTIERS.	AUTRES.
	Hommes.	Femmes.	Enfants.	TOTAUX.	Hommes.	Femmes.	Enfants.	à eau.	à vent.	à manége.								

...T DE PRIVAS. (Suite.)

	Hommes.	Femmes.	Enfants.	TOTAUX.	Hommes.	Femmes.	Enfants.	à eau.	à vent.	à manége.	vapeur.	chevaux.	bœufs.	pour-reaux.	forges.	fours.	métiers.	autres.
	2	16	12	30	1'25'	0'75'	0'45'	6	»	»	»	»	»	»	»	»	»	»
	4	9	7	20	1.25	0.75	0.45	5	»	»	»	»	»	»	»	»	»	»
	2	14	10	26	1.25	0.75	0.45	5	»	»	»	»	»	»	»	»	»	»
	2	20	4	26	1.25	0.75	0.45	1	»	»	»	»	»	»	»	»	»	7
	2	19	3	24	1.25	0.75	0.45	1	»	»	»	»	»	»	»	»	»	7
	1	17	2	20	1.25	0.75	0.45	1	»	»	»	»	»	»	»	»	»	»
	2	30	6	38	1.30	0.60	0.55	1	»	»	»	»	»	»	»	»	»	»
	3	18	6	27	1.25	0.75	0.45	7	»	»	»	»	»	»	»	»	»	»
	1	16	3	20	1.30	0.60	0.55	1	»	»	»	»	»	»	»	»	»	»
	1	12	2	15	1.50	0.66	0.50	1	»	»	»	»	»	»	»	»	5	»
	1	13	2	16	1.30	0.60	0.55	1	»	»	»	»	»	»	»	»	5	»
	2	14	4	20	1.50	0.66	0.50	1	»	»	»	»	»	»	»	2	26	32
	14	201	40	255	1'50'à2'50'	66'à1'10'	50'à70'	3	»	»	4	»	3	»	»	»	»	»
	12	»	»	12	1'75'	»	»	»	»	»	»	»	»	»	»	»	»	»

...T DE LARGENTIÈRE.

	Hommes.	Femmes.	Enfants.	TOTAUX.	Hommes.	Femmes.	Enfants.	à eau.	à vent.	à manége.	vapeur.	chevaux.	bœufs.	pour-reaux.	forges.	fours.	métiers.	autres.
	1	»	»	1	2'00'	»	»	»	»	»	»	»	»	»	»	»	»	»
	6	22	22	50	2.00	0'72'	0'42'	»	»	»	»	»	»	»	»	»	»	»
	2	5	10	18	1.50	0.65	0.50	»	»	»	»	»	»	»	»	»	»	»
	3	14	21	38	1.83	0.78	0.44	»	»	»	»	»	»	»	»	»	»	»
	7	24	30	61	2.75	1.00	0.75	»	»	»	1	»	»	»	»	»	»	»
	1	10	11	22	2.75	1.00	0.75	»	»	»	»	»	»	»	»	»	»	»
	2	16	.	18	1.50	0.90	»	»	»	»	»	»	»	»	»	»	»	»
	1	10	5	16	2.00	0.72	0.60	1	»	»	»	»	»	»	»	»	»	»
	4	20	»	24	1.50	0.90	»	»	»	»	»	»	»	»	»	»	10	»
	4	12	7	23	1.20	0.60	0.50	2	»	»	»	»	»	»	»	»	»	»
	3	18	6	27	1.10	0.60	0.50	»	»	»	»	»	»	»	»	»	»	»
	2	10	10	22	1.10	0.67	0.40	»	»	»	»	»	»	»	»	»	»	»
	2	11	6	19	1'50'à1'60'	65'à72'	50'à60'	»	»	»	»	»	»	»	»	»	»	»
	2	12	8	22	1'50'	66 à 80	50 à 60	»	»	»	»	»	»	»	»	»	»	»
	2	20	8	30	1.75	0'73'	0'40'	»	»	»	»	»	»	»	»	»	»	»
	4	12	13	29	80'à1'50'	0.72	0.50	»	»	»	»	»	»	»	»	»	»	»
	3	15	10	28	2'00'	0.70	0.45	»	»	»	»	»	»	»	»	»	»	»
	2	18	6	27	1.10	0.67	0.40	»	»	»	»	»	»	»	»	»	»	»
	5	12	11	28	80'à1'60'	65'à72'	50'à60'	»	»	»	»	»	»	»	»	»	»	»
	7	38	8	53	2'00'	0'80'	0'45'	»	»	»	»	»	»	»	»	»	»	»
	4	13	13	30	1.33	0.66	0.40	4	»	»	»	»	»	»	»	»	»	»
	5	48	10	63	1.33	0.60	0.40	4	»	»	»	»	»	»	»	»	»	»
	2	10	3	15	1.33	0.60	0.40	4	»	»	»	»	»	»	»	»	»	»
	4	12	14	30	1.33	0.60	0.40	4	»	»	»	»	»	»	»	»	»	»
	3	22	»	25	1.15	0.53	0.25	1	»	»	»	»	»	»	»	»	»	»
	8	57	15	80	1.15	0.52	0.25	1	»	»	»	»	»	»	»	»	»	»

NUMÉROS d'ordre	NATURE DES ÉTABLISSEMENTS.	COMMUNES où ils sont situés	NOMS DES FABRICANTS ou manufacturiers	VALEURS LOCATIVES.	MONTANT des patentes.	VALEUR annuelle des matières premières.	VALEUR des produits fabriqués mensuellement.
				2° ARRONDISSEMENT			
170	Soie ouvrée.........	Laurac.........	Victor Vincent.........	1,000ᶠ	188ᶠ	111,000ᶠ	123,250ᶠ
171	— ouvrée.........	Burzet.........	Florentin Soutel.........	800	129	91,000	97,482
172	— ouvrée.........	Teuriers.........	Casimir Perbost.........	1,700	331	130,000	147,200
173	— ouvrée.........	Montréal.........	J.-F. Soutel.........	2,300	361	214,500	225,690
174	— ouvrée.........	Largentière.........	A.-J. Perbost.........	1,300	227	96,280	105,105
175	— ouvrée.........	Burzet.........	Vincent Bouchon.........	300	129	91,000	97,482
176	— ouvrée.........	Idem.........	J.-B.-Jacq. Lacombe.........	600	116	91,000	97,482
177	— ouvrée.........	Largentière.........	André Lapierre.........	2,800	516	130,000	141,680
				3° ARRONDISSEMENT			
178	Orga. Borre.........	2 communes.........	3 établissements.........	'	'	37,800ᶠ	53,400ᶠ
179	Papeterie. Papiers divers.........	Davezieux.........	Baron, Canson Barth.........	3,000ᶠ	815ᶠ	60,000	168,000
180	——— Papiers divers.........	Annonay.........	Ch.-Mich. Montgolfier.........	1,500	199	62,500	170,000
181	——— Papiers divers.........	Davezieux.........	F.-Mich. Montgolfier.........	2,000	476	48,000	135,000
182	——— Papiers divers.........	Annonay.........	Louis Johannot.........	3,000	664	150,000	312,000
183	——— Papiers divers.........	Idem.........	Anne Baron, Canson.........	2,000	266	80,000	225,000
184	——— Papiers divers.........	S'-Marcel-lez-Annonay.........	Ch.-Mich. Montgolfier.........	2,500	612	77,500	225,000
185	Soie. Filature.........	Saint-Félicien.........	Desfonds.........	250	80	25,000	26,000
186	— Filature.........	Idem.........	Bouvet aîné.........	190	66	20,580	21,125
187	— Filature.........	Vernoux.........	Jean Robert.........	80	31	28,500	30,000
188	— Filature.........	Tournon.........	Xavier Dumaine.........	200	105	40,000	53,400
189	— Filature.........	Lamastre.........	Changéat.........	200	91	43,500	48,314
190	— Filature.........	Idem.........	Catalon.........	200	130	63,750	72,500
191	— Filature.........	Tournon.........	Claude Blachier.........	640	189	60,000	73,000
192	— Filature.........	Idem.........	Antoine Chapelle.........	180	94	24,000	30,000
193	— Filature.........	Saint-Victor.........	J.-André Morel.........	200	68	21,250	27,105
194	— Organsin.........	Cheylard.........	Adrien Lafond.........	1,500	355	300,000	309,500
195	— Organsin.........	Toulaud.........	Lambert.........	590	74	63,000	68,100
196	— Organsin.........	Cheylard.........	J.-Ant. Allirand.........	400	83	84,000	97,500
197	— Organsin.........	Saint-Christol.........	J.-Pierre Ladreyt.........	350	68	48,000	54,400
198	— Organsin.........	Saint-Genest-Lachamp..	Louis Devois.........	200	27	28,800	31,680
199	— Organsin.........	Vanosc.........	J.-B. Peyrard.........	600	130	57,600	64,500
200	— Organsin.........	Vocance.........	J.-J. Caillet.........	600	119	75,000	84,375
201	— Organsin.........	Boulieu.........	J. Monnet.........	1,500	242	180,000	204,000
202	— Organsin.........	Dornas.........	Courtial.........	800	149	165,000	180,000
203	— ouvrée.........	Vernoux.........	Honoré Goilhot.........	800	169	60,000	64,800
204	— ouvrée.........	Idem.........	Aug. Fougeyrol.........	900	147	90,000	97,200
205	— ouvrée.........	Mariac.........	Adrien Laffont.........	400	90	72,000	81,000
206	— ouvrée.........	S'-Barthélemy-le-Meil...	Étienne Gimont.........	800	153	62,000	68,080
207	— ouvrée.........	Cheylard.........	Eugène Clair.........	600	113	96,000	105,000
208	— ouvrée.........	Villevocance.........	Alex. Mourier.........	1,000	156	96,000	108,750
209	— ouvrée.........	Vanosc.........	Gleysal.........	600	126	60,000	65,000

| | OUVRIERS. | | | | | | | MOTEURS. | | | | | | FEUX. | | | MACHINES. | |
	NOMBRE.				SALAIRES.			MOULINS			MACHINES à vapeur.	CHEVAUX et mulets.	BŒUFS.	FOUR-NEAUX.	FORGES.	FOURS.	MÉTIERS.	AUTRES.
	Hommes.	Femmes.	Enfants.	TOTAL.	Hommes.	Femmes.	Enfants.	à eau.	à vent.	à manège.								

DE LARGENTIÈRE. (Suite.)

50	4	16	10	30	1'00"	0'80"	0'55"											
82	2	18	6	26	1.15	0.55	0.25											
00	3	14	12	29	2.00	0.70	0.45											
90	12	35	8	55	1.00	0.60	0.35											
05	3	12	9	24	1.95	0.70	0.45											
82	2	18	6	26	1.15	0.53	0.25											
82	2	18	7	27	1.15	0.53	0.25											
80	3	14	12	29	2.00	0.70	0.45											

DE TOURNON.

	3	.	.	5	3'00"	.	.											
	20	40	.	60	1.60	0'90"	.								1		.	1
	30	.	.	30	1.60	.	.	4						2		.	1
	18	33	.	51	1.60	0.90	.							1		.	
	32	90	6	128	1.50	75"à1'20"	0'50"	7						2	1	.	2
	25	50	.	75	1.60	0'90"	.							2		.	2
	38	67	17	122	1.75	0.75	0.40	4						2		.	3
	.	18	18	36	.	0.90	0.55				1			1		.	
	.	20	4	24	.	1.00	0.50				1			1		.	
	1	24	12	37	2.50	1.00	0.50				1			1		.	
	1	38	.	39	1.50	1.00	.				1			1		25	
	1	24	6	31	2.00	1.05	0.50				1			1		.	
	1	40	18	59	2.00	1.05	0.50				1			1		35	
	1	60	.	61	1.50	1.00	0.60				1			1		.	
	1	20	.	21	1.50	1.00	0.60				1			1		.	
	1	10	5	16	.	1.00	0.75				1			1		.	
	8	40	10	58	1.25	0.75	0.40	3								.	
	2	6	8	16	1.75	0.80	0.70	1								.	
	2	19	.	21	1.25	0.50	.	2								.	
	2	14	.	16	1.00	0.75	.	4								.	
	3	15	2	20	1.25	0.75	0.40	2								.	
	1	7	10	18	1.00	0.60	0.40	1								.	9
	1	8	7	16	2.25	0.90	0.80	1								.	
	4	28	5	37	1'32"à1'75"	60"à75"	30"à50"	1						1		2	
	6	42	.	48	1'25"	0'75"	.									.	
	2	10	6	18	1.00	0.60	0'50"									.	
	3	14	9	26	1.00	0.60	0.50									.	
	2	14	8	24	1.00	0.50	0.40				1					.	
	1	12	6	19	1.25	0.55	0.37				1					.	
	3	20	.	23	1.25	0.50	.	2								.	
	1	40	4	25	1.70	0.70	0.70	1						1		.	108
	1	8	12	21	1.00	0.60	0.60	1								.	12

22

RÉCAPITULATION PAR   A

NATURE DES PRODUITS.	NOMBRE D'ÉTABLISSEMENTS.	NOMBRE DE COMMUNES où ils sont situés.	VALEURS LOCATIVES.	MONTANT des PATENTES.	VALEUR ANNUELLE des matières premières.	VALEUR des PRODUITS fabriqués annuellement.
ARRONDISSEMENTS DE PRIVAS...........	372	147	273,317f	33,861f	21,106,810f	23,914,908f
LARGENTIÈRE......	297	105	104,100	10,162	6,417,879	7,314,014
TOURNON..........	274	111	111,894	10,722	5,126,423	6,082,904
TOTAUX....	943	363	489,311	56,745	32,650,112	37,911,826

RÉCAPITULATION PAR NATURE   D

		NOMBRE D'ÉTABLISSEMENTS.	NOMBRE DE COMMUNES où ils sont situés.	VALEURS LOCATIVES.	MONTANT des PATENTES.	VALEUR ANNUELLE des matières premières.	VALEUR des PRODUITS fabriqués annuellement.
PRODUITS MINÉRAUX.	Terre argileuse. Tuileries. Briqueteries...............	4	4	3,220	187	9,900	67,720
	Fer. Minerai. Fonte. Projectiles........................	1	1	20,000	3,024	1,032,217	1,391,964
PRODUITS VÉGÉTAUX.	Céréales (Moulins à)...............	706	271	239,131	11,851	7,478,054	8,682,320
	Orge. Bière...............	7	5	"	"	98,000	135,400
	Graines oléagineuses. Huilerie	1	1	1,300	64	5,988	37,900
	Distillerie. Alcool	1	1	350	40	11,190	18,000
	Papeterie. Papiers divers...............	7	4	14,100	3,173	565,000	1,384,500
	Imprimerie. Objets divers...............	6	6	1,500	131	8,495	21,750
PRODUITS ANIMAUX..	Laine. Tissage. Feutre...............	1	1	800	147	36,000	56,000
	Soie. Filature...............	23	13	12,690	3,194	1,449,375	1,699,898
	— Organsin...............	95	44	103,490	19,123	12,440,705	13,793,356
	— Trame ouvrée, moulinée...............	76	27	81,930	15,103	9,311,336	10,330,963
	— Tissage. Florence...............	1	1	1,200	250	62,400	86,400
	Peaux. Tanneries...............	12	7	9,500	458	138,252	211,655
	TOTAUX	943	386	489,311	56,745	33,650,112	37,911,826

R | ARRONDISSEMENTS.

	OUVRIERS.							MOTEURS.						FEUX.			MACHINES.	
	NOMBRE.				SALAIRES.			MOULINS.			MACHINES à vapeur.	CHEVAUX et mulets.	BŒUFS.	FOUR-NEAUX.	FORGES.	FOURS.	MÉTIERS.	AUTRES.
	Hommes.	Femmes.	Enfants.	TOTAUX.	Hommes.	Femmes.	Enfants.	à eau.	à vent.	à manège.								
68'	1,207	3,314	1,045	5,566	1' 60°	0' 75'	0' 52°	383	»	7	15	218	.	21	4	14	223	591
14	646	607	317	1,570	1. 51	0. 69	0. 45	274	»	1	1	1	.	1	·	1	10	1
04	708	891	204	1,803	1. 48	0. 80	0. 53	256	»	1	11	5	.	25	1	.	106	213
126	2,561	4,812	1,566	8,939	1. 53	0. 75	0. 50	922	»	9	27	224	.	(*) 47	5	15	339	805

(*) 9 hauts-fourneaux

RE | DE PRODUITS INDUSTRIELS.

730	14	»	6	20	2. 00	»	1. 12	»	.	1	»	1	»	»	»	3	1	1
964	350	»	100	450	3. 00	»	1. 00	»	»	»	4	210	.	4	4	10	.	.
330	1,412	»	»	1,412	1. 50	»	»	706	»	»	»	»	.	»	»	»	»	»
400	11	»	»	11	2. 60	»	»	»	»	»	»	»	.	»	.	»	»	»
900	3	»	»	3	2. 00	»	»	»	»	»	»	2	.	1	.	»	»	2
000	1	»	»	1	2. 50	»	»	»	»	»	»	»	.	2	»	»	»	»
500	193	320	23	536	1. 63	0. 88	0. 45	10	»	»	»	.	.	8	1	»	»	17
730	10	»	3	13	2. 42	»	1. 00	»	»	»	»	.	.	1	.	.	»	10
000	10	22	8	40	1. 60	0. 80	0. 50	1	»	»	»	.	.	1	»	»	14	4
898	44	799	175	1,018	1. 96	0. 98	0. 64	5	»	1	16	2	.	20	»	»	176	30
356	276	2,076	720	3,072	1. 65	0. 73	0. 52	99	»	1	5	1	.	4	»	»	50	467
963	203	1,558	521	2,282	1. 32	0. 66	0. 50	93	»	»	2	1	»	3	»	»	68	255
400	2	37	8	47	1. 75	0. 90	0. 50	1	»	»	»	»	»	»	»	»	30	8
635	32	»	2	34	2. 00	»	1. 00	1	»	6	»	7	.	3	»	»	»	11
826	2,561	4,812	1,566	8,939	1. 53	0. 75	0. 50	922	»	9	27	224	»	47	5	15	339	805

22.

STATISTIQUE PAR ÉTABLISSEMENTS INDUSTRIELS.

19ᵉ DÉPARTEMENT ¡D

N° 19.

1° PRODUCTION.

NUMÉROS d'ordre	NATURE DES ETABLISSEMENTS	COMMUNES ou ILS SONT SITUÉS.	NOMS DES FABRICANTS ou manufacturiers.	VALEURS LOCATIVES.	MONTANT des PATENTES.	VALEUR ANNUELLE des matières premières.	VALEUR DES PRODUITS fabriqués annuellement.	
							1° ARRONDISSEMENT	**D**
1	Mines. Exploitation	Livron	Brun	400ᶠ	115ᶠ	3,730ᶠ	9,720ᶠ	
2	Poterie. Grès	Saint-Vallier	Oriol	500	137	″	55,942	
3	—— Grès	Idem	Félix Revol	100	25	″	13,200	
4	—— Grès	Saint-Uze	Revol père et fils	400	166	7,150	250,000	
5	Fer. Fers en barres	Livron	Masade	450	130	80,000	187,800	
6	—— Fers marchands	Idem	Lothaire	350	109	17,400	24,000	
7	Prod. chimiques. Céruse	Roche-de-Glun	Santel	500	135	30,765	42,000	
8	—— Extraits de safran et de cochenille	Saint-Vallier	Reymond	400	133	25,000	35,000	
9	Grains (Moulins à)	66 communes	168 établissements (Bull.coll.)	″	10,805	35,917,340	39,758,700	
10	Char. Bière	3 idem	4 fabricants (Bull.coll.)	13,000	486	150,150	152,560	
11	Graines oléagineuses. Noix. Huileries	14 idem	24 idem	″	930	42,980	44,055	
12	Noix. Huileries	30 idem	57 idem	″	2,249	81,075	92,451	
13	Soie. moulinage. (Fabrique de)	Triors	Le cᵗᵉ de Grattet du Bouchage	600	144	13,000	26,250	
14	Soie. Filature	Saint-Vallier	Bonneton	500	140	148,750	170,850	
15	—— Filature	Idem	Chartron père et fils	1,500	350	225,000	275,000	
16	—— Filature	Idem	Cartellier	300	105	42,500	50,250	
17	—— Filature	Idem	Poncin et Malgontier	1,250	327	75,000	100,000	
18	—— ouvrée	Romans	Blachier	900	148	48,000	54,400	
19	—— ouvrée	Rochefort-Samson	Soulage	200	46	57,000	63,000	
20	—— ouvrée	Romans	Charles Benoît	500	87	22,800	30,060	
21	—— ouvrée	Idem	Reymond Benoît	900	164	60,000	68,000	
22	—— ouvrée	Idem	Léouzon	1,000	246	88,000	96,000	
23	—— ouvrée	Idem	Francillon	500	87	26,000	39,600	
24	—— ouvrée	Idem	Barrès	500	99	28,800	34,240	
25	—— ouvrée en organsin	Mirmande	Berard jeune et Gaudin	1,000	255	210,000	268,800	
26	—— ouvrée en organsin	Idem	Mitifiol et Fraud	600	132	120,000	174,600	
27	—— ouvrée en organsin	Saint-Donat	Feugier	800	191	55,000	72,000	
28	—— ouvrée en organsin	Idem	Chartron	4,000	525	375,000	410,000	
29	—— ouvrée en organsin	Livron	Maurin-Latour	1,500	283	336,000	364,000	
30	—— ouvrée en organsin	Mirmande	Blanc	800	139	93,500	125,000	
31	—— ouvrée en organsin	Saint-Vallier	Givors	800	121	100,000	110,000	
32	—— ouvrée en organsin	Livron	Combier frères	1,900	369	294,000	311,500	
33	—— ouvrée en organsin	Idem	François Combier	1,200	268	168,000	182,000	
34	—— ouvrée en organsin	Étoile	Seruxclat	1,800	255	238,000	204,000	
35	—— ouvrée en organsin	Saint-Donat	Goutier	250	72	49,500	64,600	
36	—— ouvrée en organsin	Livron	Guba	650	122	72,800	78,000	
37	—— ouvrée en organsin	Saint-Vallier	Bosset	900	134	70,000	80,000	
38	—— ouvrée en organsin	Saint-Donat	Otheraud	800	195	54,000	63,100	
39	—— Tissage. Gaze. Crêpe	Saint-Vallier	Chartron	3,000	767	135,000	200,000	
40	Peaux. Tannerie	Idem	Meymonnier frères	″	34	10,000	14,000	

DE LA DRÔME.

2° FORCE.

Montant total des patentes. – 330,482 francs.

DE VALENCE.

OUVRIERS							MOTEURS						FEUX			MACHINES	
NOMBRE				SALAIRES			MOULINS			MACHINES à vapeur	CHEVAUX et mulets	BŒUFS	FOUR-NEAUX	FORGES	FOURS	MÉTIERS	AUTRES
Hommes.	Femmes.	Enfants.	TOTAL.	Hommes.	Femmes.	Enfants.	à eau.	à vent.	à manège.								
5	.	.	5	1'75'à2'50'	.	1' 00'	.	.	.	.	4	.	.	.	.	3	10
35	.	3	38	2' 00'	.	1' 00'	1	.	.	.	4	.	.	.	.	.	4
9	.	.	9	2. 00	.	.	.	.	.	.	.	.	.	.	.	2	.
19	.	4	23	1. 50	.	0. 60	1	.	.	.	4	.	.	.	.	1	.
20	.	2	22	1' à 2'	.	0. 75	5	.	.	.	.	.	.	10	.	.	.
3	.	1	4	2' à 2'50'	.	0. 75	2	.	.	.	.	.	.	3	.	.	2
8	.	.	8	2' 00'	.	.	.	.	.	5	.	2	10	.	.	.	1
6	.	.	6	2. 00	.	.	.	.	.	.	.	.	5	.	.	.	.
168	.	.	168	1. 99	.	.	168	.	.	.	61	.	10	.	.	.	.
21	.	.	21	3. 64	.	.	.	.	.	.	.	.	.	.	.	.	.
25	.	.	25	2. 00	.	.	.	.	.	24	.	.	.	.	.	.	.
62	.	.	62	1. 97	.	.	28	.	34	.	2	.	.	.	.	.	1
11	9	.	20	1. 50	1' 00'	.	1	.	1	.	.	.	5	.	1	.	.
4	70	28	102	2. 25	1. 00	0. 60	.	.	.	1	.	.	1	.	1	.	100
2	140	10	152	2' à 3'	80'à1'50'	50'à 80'	1	.	.	.	.	.	1	.	1	.	.
1	30	12	43	2' 25'	1' 00'	0. 60	.	.	.	1	.	.	1	.	.	.	60
1	70	10	81	2. 00	1. 00	0. 60	.	.	.	1	.	.	.	.	.	.	.
1	14	.	15	1. 50	0. 75	.	1	.	.	.	.	.	.	.	.	.	.
1	3	9	13	1. 25	0. 80	0. 70	1	.	.	.	.	.	.	.	.	.	.
1	12	.	13	1. 50	0. 75	.	1	.	.	.	.	.	.	.	.	.	.
1	12	.	13	1. 50	0. 75	.	1	.	.	.	.	.	.	.	.	.	.
2	25	.	27	1. 50	0. 75	.	1	.	.	.	.	.	.	.	.	.	.
1	14	.	15	1. 50	0. 75	.	1	.	.	.	.	.	.	.	.	.	.
1	10	7	18	1. 50	0. 75	0. 60	1	.	.	.	.	.	.	.	.	.	»
4	20	6	30	1. 50	0. 65	0. 50	1	.	.	.	.	.	.	.	.	.	4
2	10	13	25	1. 50	0. 65	0. 50	1	.	.	.	.	.	.	.	.	6	6
2	13	2	17	2' à 2'50'	0. 70	0. 50	.	.	.	.	.	.	.	.	.	33	31
8	60	20	88	1'25'à1'50'	60'à1'	40'à70'	3	.	.	.	.	.	.	.	.	8	6
16	35	20	71	1' 50'	0' 85'	0' 60'	1	.	.	.	.	.	.	.	.	7	.
2	17	.	19	2. 50	0. 70	.	.	.	.	.	.	.	.	.	.	10	18
2	24	6	32	1'25'à1'50'	75'à1'	50'à70'	1	.	.	.	.	.	.	.	.	6	5
3	20	12	35	1' 65'	0' 85'	0' 50'	1	.	.	.	.	.	.	.	.	8	12
5	21	16	40	1. 50	0. 85	0. 60	1	.	.	.	.	.	.	.	.	8	3
5	20	10	35	2. 00	0. 80	0. 60	1	.	.	.	.	.	.	.	.	4	3
1	7	.	8	1. 40	0. 70	.	1	.	.	.	.	.	.	.	.	5	4
1	9	7	17	1. 50	0. 70	0. 30	1	.	.	.	.	.	.	.	.	7	9
2	16	3	21	1'25'à1'50'	75'à1'	50'à70'	1	.	.	.	.	.	.	.	.	8	.
1	10	2	13	2' 00'	0. 70	0' 70'	1	.	.	.	.	.	.	.	.	75	25
5	100	12	117	2' à 3'	80'à1'50'	50'à 80'	2	.	.	.	.	.	.	.	.	.	.
2	1	.	3	2' 25'	1' 25'	.	.	.	.	.	.	.	.	.	.	.	.

NUMÉRO d'ordre	NATURE DES ÉTABLISSEMENTS.	COMMUNES où ils sont cités.	NOMS des fabricants ou manufacturiers.	VALEURS locatives.	MONTANT des patentes.	VALEUR annuelle des matières premières.	VALEUR des produits fabriqués annuellement.	
						2° ARRONDISSEMENT		
41	Bois. Scierie	Montélimart	Barbier	1,200f	»	12,880f	29,300f	
42	Céréales (Moulin à)	Montboucher	Maillard	900	»	65,000	67,800	
43	— (Moulin à)	Montélimart	Meunier	1,200	»	65,000	67,800	
44	— (Moulin à)	Idem	Cogne	1,000	»	65,900	67,800	
45	— (Moulin à)	Idem	Odoard	1,500	»	97,500	100,500	
46	— (Moulin à)	Allan	Berard	900	»	65,900	67,800	
47	— (Moulin à)	Montségur	De Chabrière	1,500	»	65,900	67,800	
48	— (Moulin à)	Marsanne	Leserand	760	»	65,000	67,800	
49	Onde. Bière	1 commune	3 établissement	4,000	188f	67,500	77,183	
50	Graines oléagineuses. Noix. Huilerie	Montélimart	Dufour	500	»	24,720	28,450	
51	Papeterie. Papiers grossiers	Montségur	De Chabrière	4,900	»	13,117	30,000	
52	Imprimerie. Impressions diverses	Montélimart	Bourron	500	65	1,200	4,000	
53	Laine. Tissage. Draps	Dieulefit	Tarpaut	2,800	102	24,000	40,000	
54	— Tissage. Draps	Idem	Morin et compagnie	16,000	1,253	280,000	600,000	
55	— Tissage. Draps	Idem	Radet	2,800	148	30,000	43,000	
56	— Tissage. Draps	Béconne	Soubeyran	200	54	17,500	23,625	
57	— Tissage. Molletons. Serges	Dieulefit	Romain	800	131	17,500	24,000	
58	Soie. Cocons. Filature. Soie grége	Pierrelatte	Chalvet	700	»	132,359	150,150	
59	— Filature. Soie grége	Lalaoplé	Joseph Caity	460	»	87,600	108,098	
60	— Filature. Soie grége	Sauzet	Caity	460	»	87,600	108,098	
61	— Filature. Soie grége	Montboucher	Viel	1,300	»	158,999	180,180	
62	— Filature. Soie grége	Pierrelatte	Prieur	800	»	140,050	160,160	
63	— Filature. Soie grége	Montélimart	Alphonse Lacroix	800	»	54,984	67,626	
64	— Soie grége. Organsin	Tulette	Bernoyer	1,000	»	189,000	189,720	
65	— Filature	Montélimart	Peyron	600	149	80,000	92,300	
66	— Filature	S¹-Paul-Trois-Châteaux	Monteillet	100	41	16,800	23,520	
67	— Filature	Suze-la-Rousse	Reynaud	180	45	18,900	23,400	
68	— Filature	Montélimart	Morin	780	182	92,000	103,200	
69	— Filature	Idem	Dumer	540	143	60,000	66,000	
70	— Filature	Idem	Légat	670	175	100,000	112,500	
71	— Filature	Montboucher	Viel	550	129	64,800	72,000	
72	— Filature	Montélimart	Autran ainé	1,050	303	100,000	115,500	
73	— Filature	Suze-la-Rousse	Marquerol	300	113	32,000	39,000	
74	— ouvré	Idem	Marouyrol	300	113	48,000	55,200	
75	— ouvré	Pierrelatte	Cetalar	180	43	36,000	43,500	
76	— ouvré	La Bate-Rolland	Champartre	300	43	36,400	42,200	
77	— ouvré	Chamaret	Berenger	500	158	100,000	114,000	
78	— ouvré	Taulignan	Dailhe	100	36	84,000	91,050	
79	— ouvré	Idem	Martin	150	57	42,000	44,840	
80	— ouvré	Bouchet	Massot	70	85	90,000	102,000	
81	— ouvré en organsin	Montboucher	Lacroix	160	434	105,000	150,000	
82	— ouvré en organsin	Châteauneuf-de-Mazenc	Extran	1,000	251	67,500	89,250	
83	— ouvré en organsin	Taulignan	Guigon	330	86	203,000	224,000	
84	— ouvré en organsin	Châteauneuf-de-Mazenc	Roman	600	94	130,000	164,000	
85	— ouvré en organsin	Montboucher	Cornud	1,000	142	82,500	96,500	
86	— ouvré en organsin	La Roche-Saint-Secret	Magnan	400	58	80,000	90,000	
87	— ouvré, moulinée	Dieulefit	Abraham-Henry Noyer	383	110	52,000	61,750	

OUVRIERS.							MOTEURS.						FEUX.			MACHINES.	
NOMBRE.				SALAIRES.			MOULINS.			MACHINES à vapeur.	CHEVAUX et mulets.	SCIEURS.	FOUR- NEAUX.	FORGES.	FOURS.	MÉTIERS.	AUTRES.
Hommes.	Femmes.	Enfants.	TOTAUX.	Hommes.	Femmes.	Enfants.	à eau.	à vent.	à manège.								

T.DE MONTÉLIMART. (Suite.)

Hommes.	Femmes.	Enfants.	TOTAUX.	Hommes.	Femmes.	Enfants.	à eau.	à vent.	à manège.	vapeur	chevaux	scieurs	FOURNEAUX	FORGES	FOURS	MÉTIERS	AUTRES
10			10	2'50"			1										
1			1	2.00			1										
1			1	2.00			1										
1			1	2.00			1										
2			2	2.00			1										
1			1	2.00			1										
1			1	2.00			1										
1			1	2.00			1										
10			10	3.05									1				
2			2	2.00			1						1				
6	6	3	15	2.50	1'00"	0'75"	1										
1			1	3.00													
12	12	6	30	1.75	1.00	0.50	2									8	2
150	150	100	400	1.75	0.80	0.60	5									77	6
20	20	10	50	1.75	1.00	0.60										14	2
4	2	4	10	1.25	0.75	0.30	1									3	6
8	6	5	19	1.50	1.00	0.50										6	5
1	36		37	2.00	1.00					1			1				31
1	40		41	2.00	1.00					1			1				33
1	40		41	2.00	1.00					1			1				
1	40		41	2.00	1.00		1						1				36
1	40		41	2.00	1.00					1			1				32
1	25		26	2.00	1.00					1			1				20
3	6	10	19	1.50	0.80	0.50	1						1				
2	46		48	2.25	1.00					1			1				
14			14		1.00								10			180	
	12	12	24		1.00	0.75							12				
1	41	1	43	2.00	1.00	0.50	1						1				
1	34	1	36	2.00	1.00	0.75							1				36
1	40	4	45	2.00	1.00	0.75				1			1				
1	25	11	37	1.75	1.00	30° à 75°	1						1				
2	40	2	44	2.00	1.00	0'75"	1						1				
1	20		21	2.00	1.00					1							20
	10	8	18		0.80	0.40	1										
2	11		13	2.00	0.75												
2	10	8	20	1.50	0.50	0.40											
3	4	2	9	1'22"à1'77"	75°à1'	60° à 70°	1						2			2	20
1	20	5	26	2'50"	0'65"	0'50"	1										
	12		12		0.65							1					
3	20	35	58	2.00	1.00	0.60				1			1				
4	40	16	60	1.75	1.00	50° à 55°	1						1				6
5	38	4	47	2.00	1.00	0'75"	2						1			1	
2	20	20	42	2.00	0.70	0.60											15
2	12	2	16	1.00	0.85	0.60	3										
2	12	10	24	1.75	1.00	50° à 75°											6
2	12	10	24	2.50	0.60	0'40"											6
1	10	5	16	3.50	0.80	0.40	1										140

№	NATURE DES ÉTABLISSEMENTS.	COMMUNES où ILS SONT SITUÉS.	NOMS DES FABRICANTS ou manufacturiers.	VALEURS LOCATIVES.	MONTANT des PATENTES.	VALEUR ANNUELLE des matières premières.	VALEUR DES PRODUITS fabriqués annuellement.
			2° ARRONDISSEMENT				
88	Soie ouvrée, moulinée	Dieulefit	Paul-Georges-Élie Sambuc	900	178	124,800	148,200
89	— ouvrée, moulinée	Idem	Deloye	200	40	39,000	46,300
90	— ouvrée, moulinée	Idem	Paul-Abel Sambuc	1,095	178	156,000	185,000
91	— ouvrée, moulinée	Idem	Morin	1,035	149	104,000	123,500
92	— ouvrée, moulinée	Idem	Chastan	1,000	147	124,800	148,200
93	— ouvrée, moulinée	Idem	Louis-Frédéric Bonnefoy	990	110	104,000	123,500
94	— ouvrée, moulinée	Idem	Hector-Camille Noyer	572	137	104,000	123,500
95	— ouvrée, moulinée	Idem	Soubeyran	600	151	114,400	135,800
96	— ouvrée, moulinée	Idem	Vernet	500	119	62,400	74,100
97	— ouvrée, moulinée	Idem	François Bonnefoy	1,215	192	208,000	247,000
98	— ouvrée en trame	Teulignan	Servant	230	53	100,000	111,510
99	— ouvrée en trame	Pégue	Bonfils	500	85	93,600	104,328
100	— ouvrée en trame	Teulignan	Armandy	400	129	50,000	58,740
101	— ouvrée en trame	Idem	Martin	200	48	42,500	48,360
102	— ouvrée en trame	Idem	Bagnol	400	81	72,500	79,200
103	— ouvrée en trame	Idem	Roca	100	3	42,000	44,880
104	— ouvrée en trame	Montbrison	Chais	838	104	93,600	104,300
105	— ouvrée en trame	Colonzelle	Rivier	838	132	138,000	154,700
106	— ouvrée en trame	Teulignan	David Armandy et compagnie	230	53	156,000	171,620
107	— ouvrée en trame	Idem	Poujoulat	70	31	44,800	48,840
108	— ouvrée en trame	Idem	Collomand	100	36	41,600	44,950
			3° ARRONDISSEMENT				
109	Carrières. Pierres de grès et de taille	4 communes	8 établissements. (Bull. coll.)	170	29	300	3,993
110	Pierres calcaires. Chaux	3 idem	7 établissements. (Bull. coll.)	1,310	370	3,367	9,254
111	Terre argileuse. Tuilerie. Briqueterie	14 idem	25 établissem. (Bull. coll.)	5,013	930	16,313	87,983
112	Fer et acier fendus. Fuseaux pour la soie et la laine	Crest	Berncin et Bouillard	800	90	3,200	14,000
113	Canal. (Fonderie de)	Idem	Robert	100	26	660	763
114	Bois d'alisier et autres. Fuseaux, etc	Idem	Palayer	600	71	105	2,200
115	— Fuseaux, etc	Idem	Henri	400	53	147	2,750
116	Bois divers. Scierie	Idem	Lambert	700	104	5,600	9,000
117	— Scierie	Idem	Bessans	500	232	5,300	8,400
118	— Scierie	Lus-la-Croix-Haute	Lauras	630	28	»	6,427
119	— Scierie	Idem	Ferrier	»	»	»	10,140
120	— Scierie	Idem	Girard	730	34	»	6,840
121	— Scierie	Chamaloc	Vignon	50	34	»	1,200
122	— Scierie	Glandage	Catier	1,000	34	»	10,946
123	— Scierie	Saint-Martin-en-Vercors	Bellier	500	39	12,000	14,400
124	— Scierie	Die	Joubert	100	74	»	2,000
125	— Scierie	Idem	Duvergne	100	104	»	4,500
126	— Scierie	Idem	Reynaud	150	6	»	8,000
127	— Scierie	Idem	Ceysset	330	23	»	3,000
128	— Scierie	Romeyer	Barnaval	360	21	»	4,500
129	Céréales. (Moulins à)	27 communes	47 établissements. (Bull. coll.)	19,620	1,812	496,999	545,026
130	— et Huileries	43 idem	62 établissements. (Bull. coll.)	40,735	3,533	1,272,337	1,428,329
131	Noix. Huileries	3 idem	3 établissements. (Bull. coll.)	530	56	3,000	3,619

	OUVRIERS.							MOTEURS.						FEUX.			MACHINES.	
	NOMBRE.				SALAIRES.			MOULINS.			MACHINES à vapeur.	CHEVAUX et mulets.	BŒUFS.	FOUR- NEAUX.	FORGES.	FOURS.	MÉTIERS.	AUTRES
	Hommes.	Femmes.	Enfants.	TOTAUX.	Hommes.	Femmes.	Enfants.	à eau.	à vent.	à manège.								

DE MONTÉLIMART. (Suite.)

	Hommes.	Femmes.	Enfants.	TOTAUX.	Hommes.	Femmes.	Enfants.	à eau.	à vent.	à manège.	à vapeur.	et mulets.	bœufs.	FOURNEAUX.	FORGES.	FOURS.	MÉTIERS.	AUTRES
1	20	15	36	3' 50"	0' 80"	0' 40"	1	"	"	"	"	"	"	"	"	"	280	"
1	10	15	26	3.00	0.75	0.35	1	"	"	"	"	"	"	"	"	"	"	150
1	30	20	51	3.50	0.80	0.40	1	"	"	"	c	"	"	"	"	"	400	"
1	10	8	19	4.00	1.00	0.60	1	"	"	"	"	"	"	"	"	"	500	"
2	30	15	47	3.50	0.80	0.40	2	"	"	"	"	"	"	"	"	"	350	"
1	20	10	31	4.00	0.90	0.45	1	"	"	"	"	"	"	"	"	"	"	400
1	20	15	36	3.50	0.80	0.40	1	"	"	"	"	"	"	"	"	"	380	"
1	20	10	31	3.50	0.80	0.40	1	"	"	"	"	"	"	"	"	"	300	"
1	15	5	21	4.00	0.90	0.45	1	1	"	"	"	"	"	"	"	"	250	"
3	40	20	63	4.00	0.90	0.45	1	"	"	"	"	"	"	"	"	"	600	"
1	18	7	26	1.50	0.75	0.65	"	"	"	"	"	"	"	"	"	"	"	"
2	18	8	28	1.75	0.70	0.45	1	"	"	"	"	"	"	"	"	"	"	"
1	18	"	19	1.50	0.65	"	"	"	"	"	1	"	"	"	"	"	"	"
2	12	4	18	2.00	0.65	0.60	"	"	"	"	"	"	"	"	"	"	"	"
"	15	3	18	"	0.65	0.50	1	"	"	"	"	"	"	"	"	"	"	"
"	14	"	14	"	0.65	"	"	"	"	"	1	"	"	"	"	"	"	"
2	18	3	23	1.75	0.70	0.45	2	"	"	"	"	"	"	"	"	"	"	"
2	24	6	32	2.00	0.80	0.50	2	"	"	"	"	"	"	"	"	"	"	"
4	36	14	54	2.00	0.80	0.65	"	"	"	"	"	"	"	"	"	"	"	"
"	15	"	15	"	0.65	"	"	"	"	"	1	"	"	"	"	"	"	"
1	9	2	12	2.50	0.65	0.50	1	"	"	"	"	"	"	"	"	"	"	"

DE DIE.

	Hommes.	Femmes.	Enfants.	TOTAUX.	Hommes.	Femmes.	Enfants.	à eau.	à vent.	à manège.	à vapeur.	et mulets.	bœufs.	FOURNEAUX.	FORGES.	FOURS.	MÉTIERS.	AUTRES
12	"	"	12	2.12	"	"	"	"	"	"	"	"	"	"	"	"	"	"
11	"	"	11	1.58	"	"	"	"	"	"	4	"	1	"	5	"	"	"
48	8	6	62	2.10	1.29	0.79	"	"	"	1	4	"	2	"	19	"	"	"
12	"	"	12	2.00	"	"	1	"	"	"	"	"	"	3	"	"	"	10
1	"	"	1	2.00	"	"	"	"	"	"	"	"	2	"	"	"	"	"
2	"	"	2	2.00	"	"	1	"	"	"	"	"	"	"	"	"	"	2
3	"	"	3	2.00	"	"	1	"	"	"	"	"	"	"	"	"	"	2
2	"	"	2	2.00	"	"	1	"	"	"	"	"	"	"	"	"	"	1
2	"	"	2	1.75	"	"	1	"	"	"	"	"	"	"	"	"	"	1
1	"	"	1	"	"	"	"	"	"	"	"	"	"	"	"	"	"	"
1	"	"	1	"	"	"	"	"	"	"	"	"	"	"	"	"	"	"
1	"	"	1	"	"	"	"	"	"	"	"	"	"	"	"	"	"	"
2	"	"	2	2.50	"	"	"	"	"	"	"	"	"	"	"	"	"	"
2	"	"	2	2.00	"	"	"	"	"	"	"	"	"	"	"	"	"	1
1	"	"	1	2.50	"	"	"	"	"	"	"	"	"	"	"	"	"	"
1	"	"	1	2.50	"	"	1	"	"	"	"	"	"	"	"	"	"	"
1	"	"	1	1.50	"	"	"	"	"	"	"	"	"	"	"	"	"	"
1	"	"	1	1.50	"	"	1	"	"	"	"	"	"	"	"	"	"	"
1	"	"	1	1.50	"	"	"	"	"	"	"	"	"	"	"	"	"	"
2	"	"	2	1.50	"	"	1	"	"	"	"	"	"	"	"	"	"	"
50	30	5	85	1.61	1.00	"	48	"	1	"	7	"	1	"	"	"	"	36
94	18	1	113	1.92	1.07	1.00	93	"	"	"	42	16	57	"	1	"	"	6
6	"	"	6	1.25	"	"	1	"	"	"	"	"	1	"	"	"	"	"

23

3° ARRONDISSEMENT

NUMÉROS d'ordre	NATURE DES ÉTABLISSEMENTS.	COMMUNES où ILS SONT SITUÉS.	NOMS DES FABRICANTS ou manufacturiers.	VALEURS LOCATIVES.	MONTANT des PATENTES.	VALEUR ANNUELLE des matières premières.	VALEUR DES PRODUITS fabriqués annuellement.
132	Obol. Bière	Crest	Rousset et Ariod	3,000f	130f	29,000f	50,000f
133	— Bière	Idem	Ariod et Rousset	600	183	12,603	18,900
134	Sucre indigène. (Fabrique de)	Idem	Charbonnan et compagnie	300	171	6,000	8,250
135	Alcool. Sucre. Liqueurs	Idem	Lambert	250	66	3,100	7,500
136	Papeterie. Papier de pliage	Aouste	Fillint	1,500	254	4,250	8,040
137	— Papier de pliage	Idem	Charnier	800	231	3,160	5,800
138	— Papier et carton	Romeyer	Seavade	800	50	6,000	10,080
139	— Papiers divers	Mirabel et Blacons	Latune frères	1,200	158	38,500	90,750
140	— Papiers divers	Aouste	Charnier	200	93	2,320	4,896
141	— Papiers divers	Idem	Fillint et Thibert	200	93	5,040	9,180
142	— Papiers divers	Romeyer	Seavade	800	40	1,330	3,628
143	Imprimerie. Annonces, affiches, etc	Die	Chevalier	300	55	1,000	2,250
144	Laine. Draps. Foulerie	Romeyer	Rolland	400	26	104,000	106,080
145	— Filature. Foulerie	Aouste	Garnier	800	54	94,300	98,450
146	— Filature	Idem	Garnier et compagnie	180	124	35,000	40,500
147	— Filature	Bourdeaux	Marcel	60	21	12,000	18,000
148	— Tissage. Ratines ou Draps croisés	Die	Bernard et compagnie	800	182	22,500	37,950
149	— Tissage. Ratines	Idem	Blache	1,000	210	48,000	68,750
150	— Tissage. Ratines	Bourdeaux	Astier	150	38	36,000	56,000
151	— Tissage. Ratines	Die	Barrel	1,000	210	48,000	68,750
152	— Tissage. Ratines	Idem	Ausier	1,000	210	48,000	68,750
153	— Tissage. Ratines	Idem	Bermond	1,000	210	43,000	68,750
154	— Tissage. Ratines	Idem	Bouvet	1,000	210	48,000	68,750
155	— Tissage. Ratines	Idem	Taillotte	1,000	210	48,000	68,750
156	— Tissage. Ratines	Idem	Bouillanne	1,000	210	48,000	68,750
157	— Tissage. Ratines et autres	Crest	Antran fils et compagnie	1,020	284	150,000	243,100
158	— Tissage. Ratines et autres	Idem	Alse. Garnier, amené de Garnier frères et Marcel	1,200	260	750,000	998,900
159	— Tissage. Ratines et autres	Idem	Chabrier	1,000	230	220,000	436,500
160	— Tissage. Ratines et autres	Idem	Rey frères	160	47	4,500	9,000
161	— Tissage. Ratines et autres	Idem	Gaillot père et fils et Bernard	600	227	37,800	58,460
162	— Tissage. Ratines et autres	Idem	Borel	1,200	269	160,000	300,000
163	— Tissage. Ratines et autres	Idem	Richard frères	800	150	60,000	75,000
164	— Tissage. Limousines	Idem	Feyolle	700	174	78,000	117,000
165	— Tissage. Draps	Die	Couranage et compagnie	1,500	253	56,000	112,000
166	— Tissage. Draps	Idem	Bernard	650	77	12,000	25,000
167	Soie. Filature	Idem	Auguste et Jules Armand	200	90	48,000	60,000
168	— Filature	Aouste	Bernard et compagnie	400	109	120,000	130,000
169	— ouvrée	Crest	Faure, Bernard et compagnie	1,000	380	118,000	144,000
170	— ouvrée	Grane	Durand	500	181	84,000	96,000
171	— ouvrée	Saillans	Barnave	900	499	196,000	238,000
172	— ouvrée	Idem	Blanc	300	163	120,000	142,600
173	— ouvrée	Bourdeaux	Laurie	600	247	112,000	141,000
174	— ouvrée	Divajeu	Colombier fils	400	149	84,000	97,200
175	— ouvrée	Grane	Allbet	600	179	100,000	132,000
176	— ouvrée	Saillans	Morand	400	189	72,000	85,560
177	— ouvrée	Idem	Faure	600	369	140,000	175,000
178	— ouvrée	Grane	Durand	1,200	369	112,000	150,000

DE DIE. (Suite.)

OUVRIERS							MOTEURS						FEUX			MACHINES	
NOMBRE				SALAIRES			MOULINS			MACHINES à vapeur	CHEVAUX et mulets	POMPES	FOURNEAUX	FORGES	FOURS	MÉTIERS	AUTRES
Hommes	Femmes	Enfants	TOTAL	Hommes	Femmes	Enfants	à eau	à vent	à manège								
4	"	"	4	4f 00c	"	"	"	"	"	"	"	"	2	"	"	"	"
3	"	"	3	3.00	"	"	"	"	"	"	1	"	2	"	"	"	"
45	"	10	55	1.50	"	0f 75c	1	"	"	"	"	"	3	"	"	"	1
2	"	"	2	1.50	"	"	"	"	"	"	"	"	3	"	"	"	"
4	6	"	10	2.00	0f 70c	"	"	"	"	"	"	"	"	"	"	"	1
3	5	"	8	2.00	0.70	"	1	"	"	"	"	"	"	"	"	"	1
5	4	"	9	2.00	1.00	"	2	"	"	"	"	"	2	"	"	"	1
25	60	4	89	1f25a1f50	60c à 1f	60c à 1f	3	"	"	"	"	"	1	"	"	"	1
3	3	"	6	3f 00c	0f 70c	"	1	"	"	"	"	"	"	"	"	"	1
6	6	"	12	2.10	0.70	"	"	"	"	"	"	"	"	"	"	"	1
2	3	"	5	2.00	0.75	"	1	"	"	"	"	"	"	"	"	"	2
1	"	"	1	"	"	"	1	"	"	"	"	"	"	"	"	"	"
2	"	"	2	1.50	"	"	1	"	"	"	"	"	"	"	"	"	"
4	8	8	20	1.75	1.00	40c à 90c	"	"	3	"	"	"	"	"	"	5	10
3	5	5	13	1.75	1.00	0f 75c	"	"	"	"	"	"	"	"	"	7	6
5	10	5	20	1.80	0.75	0.40	"	"	"	1	"	"	"	"	"	2	8
8	24	7	39	1.75	0.70	0.40	"	"	"	"	"	"	"	"	"	10	12
10	40	15	65	1.75	0.70	0.40	1	"	"	"	"	"	"	"	"	15	24
8	25	7	40	1.80	0.75	0.40	1	"	"	"	"	"	"	"	"	3	10
10	40	15	65	1.75	0.70	0.40	"	"	"	"	"	"	"	"	"	15	24
10	40	15	65	1.75	0.70	0.40	"	"	"	"	"	"	"	"	"	15	24
10	40	15	65	1.75	0.70	0.40	"	"	"	"	"	"	"	"	"	15	24
10	40	15	65	1.75	0.70	0.40	"	"	"	"	"	"	"	"	"	15	24
10	40	15	65	1.75	0.70	0.40	"	"	"	"	"	"	"	"	"	15	24
10	40	15	65	1.75	0.70	0.40	"	"	"	"	"	"	"	"	"	15	24
25	20	8	53	2.00	0.75	0.50	1	"	"	"	"	"	"	"	"	20	6
40	25	15	80	2.00	0.70	0.50	1	"	"	"	"	"	"	"	"	20	22
45	51	30	126	2.00	0.70	0.50	1	"	"	"	"	"	"	"	"	23	8
4	3	3	10	1.50	0.75	0.50	1	"	"	"	"	"	"	"	"	4	6
12	8	5	25	2.00	0.70	0.50	1	"	"	"	"	3	"	"	"	9	7
40	30	20	90	2.25	1.00	0.75	4	"	"	"	"	"	"	"	"	14	"
10	15	6	31	2.00	0.75	0.50	1	"	"	"	"	2	"	"	"	12	5
35	20	17	72	1.50	1.10	0.50	4	"	"	"	"	"	"	"	"	14	5
8	48	10	66	1.75	0.70	0.40	"	"	"	"	"	"	"	"	"	10	20
3	5	7	15	1.50	1.00	0.60	"	"	"	"	"	"	"	"	"	"	"
1	40	"	41	2.00	1.00	"	"	"	"	1	"	1	"	"	"	"	"
4	100	2	106	2.00	0.80	0.70	1	"	"	"	"	"	"	"	"	8	9
3	72	12	87	2.00	0.85	0.60	1	"	"	"	1	"	"	"	"	"	"
2	8	6	16	1.60	1.10	0.70	"	"	"	"	"	"	"	"	"	11	18
5	70	10	85	2.50	1.00	0.75	6	"	"	"	"	1	"	"	"	5	12
2	30	8	40	2.50	1.00	0.75	4	"	"	"	"	"	"	"	"	8	"
"	10	17	27	"	1.75	0.60	1	"	"	"	"	1	"	"	"	5	5
1	50	10	61	2.00	0.80	0.50	2	"	"	"	1	1	"	"	"	"	5
3	12	8	23	1.60	1.10	0.70	"	"	"	"	1	1	"	"	"	5	10
2	20	2	24	2.50	1.00	0.75	3	"	"	"	"	"	"	"	"	7	15
4	60	2	66	2.50	0.75	"	"	"	"	"	"	1	"	"	"	"	"
3	15	9	27	1.60	1.10	0.70	1	"	"	"	"	"	"	"	"	"	"

N° D'ORDRE	NATURE DES ÉTABLISSEMENTS	COMMUNES où (ILS SONT SITUÉS.)	NOMS DES FABRICANTS ou manufacturiers.	VALEURS LOCATIVES.	MONTANT des PATENTES.	VALEUR ANNUELLE des matières premières.	VALEUR DES PRODUITS fabriqués annuellement.	
			3° ARRONDISSEMENT. D					
179	Soie ouvrée	Chabrillan..........	Rozat	500ᶠ	262ᶠ	66,000ᶠ	80,000ᶠ	
180	— ouvrée..................	Crest..........	Mercier..........	800	331	196,000	216,000	
181	— ouvrée..................	Chabrillan..........	Bezet..........	600	119	108,000	136,000	
182	— ouvrée..................	Grane..........	Prudhomme..........	600	228	84,000	96,000	
183	— ouvrée..................	Divajeu..........	Bernier..........	400	125	77,300	83,500	
184	— ouvrée..................	Bourdeaux..........	Crapenne..........	400	117	112,000	141,000	
185	— ouvrée..................	Crest..........	Barral frères..........	1,100	371	150,200	165,500	
186	— ouvrée en organsin..........	Idem..........	Laudy..........	500	130	81,000	84,450	
187	— ouvrée en organsin..........	Beaufort..........	Granglier..........	600	125	60,000	71,500	
188	— ouvrée en organsin..........	Crest..........	Colombier..........	601	161	123,200	140,000	
189	— ouvrée en organsin..........	Idem..........	Durand..........	400	104	72,500	82,000	
190	— ouvrée en organsin..........	Idem..........	Morand fils..........	500	121	70,200	89,500	
191	— ouvrée moulinée..........	Die..........	Armand..........	400	127	96,000	110,000	
192	Rouage de soie. Filature.	Idem..........	Jardin..........	1,000	210	50,000	110,000	
193	—— Tissage. Fantaisie..........	Saillans..........	Eymeux..........	2,400	585	88,000	116,000	
194	—— Tissage. Fantaisie..........	Idem..........	Planel..........	400	116	16,000	26,000	
195	Peaux. Tannerie..........	Crest..........	Meynier..........	290	56	3,800	6,250	
196	—— Mégisserie..........	Idem..........	Atrhand..........	350	48	18,000	30,000	
197	—— Mégisserie..........	Idem..........	André..........	250	39	9,000	15,000	
198	—— Mégisserie..........	Idem..........	Combe..........	350	48	7,200	12,000	
199	Suif. Chandelles..........	Idem..........	Dubois..........	750	109	6,800	15,750	
200	—— Chandelles..........	Idem..........	Brachet..........	400	77	2,700	6,500	
201	Os. Corne Pulvérisation pour engrais...........	Saissons..........	Pascal..........	100	19	960	2,100	
			4° ARRONDISSEMENT D					
202	Plâtre (Four à)..................	Pierrelongue	Neyret..........	600	33	900	6,600	
203	—— (Four à)..................	Pilles..........	Laboissière..........	2,900	169	4,000	25,900	
204	—— (Four à)..................	Idem..........	Brusle..........	750	66	1,000	7,000	
205	Terre argileuse. Poterie..........	Nyons..........	3 établissements. (Bull. coll.).	°	°	°	1,575	
206	Imprimerie. Livres. Affiches..........	Idem..........	Gros..........	250	46	4,500	5,0°0	
207	Laine. Tissage. Cadis..........	Le Buis..........	Bonfils..........	260	32	1,950	3,750	
208	—— Tissage. Cadis..........	Eygaliers..........	Bruchet..........	540	73	3,000	7,500	
209	Soie. Cocons. Filature. Soie grége..........	Le Buis..........	Leydier frères..........	4,300	337	160,000	252,000	
210	—— Filature. Soie grége..........	Mirabel..........	Buis..........	600	189	33,500	37,500	
211	—— Filature. Soie grége..........	Nyons..........	Guigou..........	2,000	315	60,000	71,500	
212	—— Filature. Soie brute..........	Vinsobres..........	Bertrand..........	360	44	8,000	11,050	
213	—— Soie ouvrée..........	Le Buis..........	Morenas..........	6,500	446	240,000	360,000	
214	Soie. Soie grége. Soie ouvrée..........	Mirabel..........	Lemoyne..........	880	84	90,000	96,750	
215	—— Soie grége. Soie ouvrée..........	Saint-Maurice........	Chanet..........	840	74	72,000	77,400	
216	—— Soie grége. Soie ouvrée..........	Nyons..........	Vigne et Farevel..........	840	75	72,000	77,400	
217	—— Soie grége. Soie ouvrée..........	Idem..........	Comte..........	1,400	106	120,000	129,000	
218	—— Soie grége. Soie ouvrée..........	Idem..........	François Vigne..........	2,500ʲ	75	150,000	161,320	
219	—— Soie ouvrée en trame..........	Idem..........	Louis-François-David Vigne..	500	80	72,000	88,100	
220	—— Soies ouvrées. Soies diverses..........	Mirabel..........	Buis de la Gande..........	2,200	223	170,000	210,000	
221	—— Soies diverses..........	Nyons..........	Guigou..........	3,300	181	340,000	390,000	
222	—— Soie ouvrée..........	Idem..........	Barnouin frères..........	2,000	175	142,500	212,500	

| | OUVRIERS | | | | | | | MOTEURS | | | | | | FEUX | | | MACHINES | |
| | NOMBRE. | | | | SALAIRES. | | | MOULINS | | | MACHINES à vapeur. | CHEVAUX et mulets. | BŒUFS. | FOUR-NEAUX. | FORGES. | FOURS. | MÉTIERS. | AUTRES. |
	Hommes.	Femmes.	Enfants.	TOTAUX.	Hommes.	Femmes.	Enfants.	à eau.	à vent.	à manège.								

Γ. DE DIE. (Suite.)

	1	15	»	16	1ᶠ 50ᶜ	0ᶠ 75ᶜ	»	1	»	»	»	»	»	»	»	»	7	»
	4	52	10	66	2. 00	0. 85	0ᶠ 75ᶜ	1	»	»	»	»	»	1	»	»	8	11
	»	14	»	14	»	0. 70	»	1	»	»	»	»	»	»	»	»	9	»
	2	8	6	16	1. 60	1. 10	0. 70	1	»	»	»	»	»	»	»	»	»	»
	1	17	1	19	1. 60	0. 70	0. 60	1	»	»	»	»	»	»	»	»	5	4
	»	10	17	27	»	0. 75	0. 60	1	»	»	»	»	»	»	»	»	8	»
	3	58	2	63	2. 00	0. 80	0. 50	2	»	»	»	»	»	1	»	»	14	9
	1	15	16	32	2. 00	0. 65	0. 40	1	»	»	»	»	»	»	»	»	5	4
	2	22	2	26	2. 00	0. 80	0. 60	1	»	»	»	»	»	»	»	»	6	»
	2	29	10	41	2. 00	0. 75	0. 50	1	»	»	»	»	»	»	»	»	10	»
	1	13	»	14	1. 50	0. 75	»	1	»	»	»	»	»	»	»	»	5	5
	1	14	2	17	2. 00	0. 75	0. 50	1	»	»	»	»	»	»	»	»	5	5
	2	8	7	17	2. 25	0. 90	0. 75	1	»	»	»	»	»	»	»	»	»	13
	14	12	16	42	2. 00	1. 00	0. 65	1	»	»	»	»	»	»	1	»	10	25
	15	40	30	85	2. 00	0. 75	0. 50	10	»	»	»	»	»	»	»	2	15	30
	4	20	6	30	2. 00	0. 75	0. 50	4	»	»	»	»	»	»	»	1	4	8
	1	»	»	1	2. 00	»	»	»	»	»	»	»	»	»	»	»	»	»
	3	»	»	3	1. 75	»	»	»	»	»	»	»	»	»	»	»	»	»
	2	»	»	2	1. 75	»	»	»	»	»	»	»	»	»	»	»	»	»
	2	»	»	2	1. 75	»	»	»	»	»	»	»	»	»	»	»	»	»
	2	»	»	2	1. 50	»	»	»	»	»	»	»	»	2	»	»	»	1
	1	»	»	1	1. 50	»	»	»	»	»	»	»	»	2	»	»	»	1
	»	1	»	1	»	0. 50	»	»	»	»	»	»	»	»	»	»	»	»

Γ. DE NYONS.

	3	»	1	4	1ᶠ 50ᶜ	»	»	»	»	»	»	»	»	»	»	1	»	»
	19	»	»	19	1. 50	»	»	»	»	»	»	»	»	»	»	1	»	»
	5	»	»	5	1. 50	»	»	»	»	»	»	»	»	»	»	1	»	»
	3	»	»	3	»	»	»	»	»	»	»	»	»	»	»	3	»	»
	3	»	»	3	2. 00	»	»	»	»	»	»	»	»	»	»	»	»	»
	1	»	5	6	1. 25	»	0ᶠ 50ᶜ	1	»	»	»	»	»	»	»	»	»	»
	1	»	7	8	1. 25	»	0. 50	1	»	»	»	»	»	»	»	»	»	»
	»	80	15	95	»	0ᶠ 50ᶜ	0. 40	»	»	»	»	1	»	»	»	»	»	»
	2	50	5	57	2. 00	0. 60	0. 60	3	»	»	»	»	»	»	»	»	»	»
	5	60	40	105	2. 00	0. 60	0. 35	1	»	»	»	»	»	»	»	»	»	»
	»	12	10	22	»	1. 00	0. 50	»	»	»	1	»	1	»	»	»	»	»
	»	105	40	145	»	0. 80	0. 40	»	»	»	1	»	1	»	»	»	»	»
	»	14	4	18	»	0. 80	0. 40	»	»	»	1	»	1	»	»	»	»	»
	»	6	14	20	»	0. 80	0. 40	1	»	»	»	»	»	»	»	»	»	»
	»	26	4	30	»	0. 80	0. 40	1	»	»	»	»	»	»	»	»	»	»
	»	40	9	49	»	0. 80	0. 40	1	»	»	»	»	»	»	»	»	»	»
	»	30	8	38	»	0. 80	0. 40	1	»	»	»	»	»	»	»	»	»	»
	2	19	5	26	1. 50	0. 60	0. 30	1	»	»	»	»	»	»	»	»	»	»
	»	56	10	66	»	0. 80	0. 40	1	»	»	»	»	»	»	»	»	»	»
	»	69	53	122	»	0. 80	0. 40	1	»	»	1	»	»	»	»	»	»	»
	»	67	25	92	»	0. 80	0. 40	1	»	»	»	»	»	»	»	»	»	»

RÉCAPITULATION PAR

NATURE DES PRODUITS.	NOMBRE D'ÉTABLISSEMENTS.	NOMBRE DE COMMUNES où ils sont situés.	VALEURS LOCATIVES.	MONTANT des PATENTES.	VALEUR annuelle des matières premières.	VALEUR DES PRODUITS fabriqués annuellement.
ARRONDISSEMENTS DE VALENCE............	289	123	45,560ᶠ	21,193ᶠ	39,581,840ᶠ	44,523,716ᶠ
MONTÉLIMART.......	68	25	67,568	7,120	5,562,569	6,725,958
NYONS.............	23	8	33,300	2,833	1,645,250	2,250,975
DIE..............	239	110	123,649	19,545	6,894,441	8,948,487
TOTAUX......	619	266	270,077	50,710	53,684,100	62,429,236

RÉCAPITULATION PAR NATURE

	NATURE DES PRODUITS.	NOMBRE D'ÉTABL.	NOMBRE DE COMMUNES.	VALEURS LOCATIVES.	MONTANT des PATENTES.	VALEUR des matières premières.	VALEUR des PRODUITS fabriqués.
PRODUITS MINÉRAUX.	Carrières. Pierre de grès et de taille	8	4	170ᶠ	20ᶠ	300ᶠ	3,993ᶠ
	Marnes. Exploitation............................	1	1	400	115	3,730	9,720
	Pierres calcaires. Chaux.........................	7	3	1,310	275	3,367	9,254
	Plâtre (Fours à)................................	3	2	4,230	288	5,900	38,600
	Terre argileuse. Tuiles. Briques................	25	14	5,013	959	16,313	87,983
	—— Poterie. Grès.........................	6	3	1,000	328	7,150	320,717
	Fer. Fer en barres..............................	1	1	450	130	80,000	157,000
	—— Fers marchands............................	1	1	350	109	17,400	24,000
	—— Fer et acier fondus. Fusions, etc...........	1	1	800	90	3,300	14,000
	Cuivre. Fonderie................................	1	1	100	36	660	765
	Produits chimiques, divers........................	2	2	900	228	55,765	77,000
	Bois d'olivier et autres Fusoux	2	1	1,000	124	252	4,050
PRODUITS VÉGÉTAUX.	Bois. Scierie....................................	14	8	6,370	733	35,840	118,653
	Céréales (Moulins à)............................	222	98	27,380	12,617	36,901,839	40,809,836
	Céréales et huilerie. (Moulins à)................	62	43	40,735	3,533	1,272,537	1,428,529
	Graines oléagineuses. Noix. Huileries............	85	48	1,036	3,235	152,375	168,564
	Orge. Bière....................................	7	5	21,500	998	239,943	398,583
	Sucre indigène (Fabriques de)....................	2	2	900	315	19,000	34,500
	Alcool. Sucre. Liqueurs	1	1	280	66	3,100	7,500
	Papeterie. Papiers divers........................	8	4	9,500	919	73,917	171,374
	Imprimerie. Imprimés divers.....................	3	3	1,030	166	6,700	11,250
PRODUITS ANIMAUX.	Laine. Filature. Foulerie........................	4	3	1,440	225	245,280	263,030
	—— Tissage. Batistes. Draps..................	26	7	40,180	5,403	2,297,650	3,593,975
	Soie. Cocons. Filature. Soie grége...............	27	17	27,830	3,752	2,574,702	3,132,502
	—— grége et ouvrée...........................	36	17	23,760	6,094	3,192,400	3,741,980
	—— ouvrée en organsin.......................	25	13	23,091	4,745	3,312,800	3,848,430
	—— ouvrée, moulinée.........................	12	2	8,590	1,636	1,280,400	1,526,850
	—— ouvrée en trame.........................	15	6	11,318	1,456	1,505,400	1,573,128
	—— Tissage. Gaze. Crêpe....................	1	1	3,000	767	135,000	200,000
	Bourre de soie. Filature........................	1	1	1,000	210	50,000	110,000
	—— Tissage. Fantaisie.......................	2	1	2,800	701	104,000	142,000
	Peaux. Tannerie.................................	2	2	200	90	13,600	20,250
	—— Mégisserie................................	3	1	950	135	34,500	57,000
	Suif. Chandelle.................................	2	1	1,150	186	9,500	22,230
	Os. Corne. Pulvérisation pour engrais............	1	1	100	19	900	2,100
	TOTAUX.................	619	318	270,077	50,710	53,684,100	62,429,236

R ARRONDISSEMENTS.

	OUVRIERS.							MOTEURS.						FEUX.			MACHINES.	
	NOMBRE.				SALAIRES.			MOULINS			MACHINES à vapeur.	CHEVAUX et mulets.	NEUFS.	POUR-NEAUX.	FORGES.	FOURS.	MÉTIERS.	AUTRES.
	Hommes.	Femmes.	Enfants.	TOTAL.	Hommes.	Femmes.	Enfants.	à eau.	à vent.	à manège.								
	567	792	215	1,574	1f 96c	0f 86c	0f 61c	231	»	64	3	73	»	33	13	9	199	291
	306	1,338	474	2,118	2.27	0.87	0.54	53	1	3	6	4	»	41	-	1	3,386	936
	44	634	255	933	1.61	0.77	0.42	14	»	2	3	2	»	»	»	6	»	»
	776	1,555	495	2,826	1.89	0.83	0.59	230	»	4	6	58	16	93	4	28	414	553
	1,693	4,319	1,439	7,451	1.94	0.83	0.54	328	1	73	18	137	16	167	17	44	3,999	1,780

RE DE PRODUITS INDUSTRIELS.

	Hommes.	Femmes.	Enfants.	TOTAL.	Hommes.	Femmes.	Enfants.	à eau.	à vent.	à manège.	vapeur.	chevaux.	NEUFS.	POUR-NEAUX.	FORGES.	FOURS.	MÉTIERS.	AUTRES.
	12	»	»	12	2f 12c	»	»	»	»	»	»	»	»	»	»	»	»	»
	5	»	»	5	2.00	»	»	»	»	»	»	»	»	»	»	»	»	»
	11	»	»	11	1.58	»	»	»	»	»	»	4	»	1	»	5	»	»
	27	»	1	28	1.50	»	»	»	»	»	»	»	»	»	»	3	»	»
	48	8	6	62	2.10	1f 29c	0f 79c	»	»	1	4	»	2	»	»	19	»	»
	66	»	7	73	1.83	»	0.80	2	»	»	»	8	»	»	»	8	11	»
	20	»	2	22	3.00	»	0.75	3	»	»	»	»	»	»	10	1	»	»
	3	»	1	4	2.25	»	0.75	2	»	»	»	»	»	»	3	»	»	»
	12	»	»	12	2.00	»	»	1	»	»	»	»	»	»	3	»	»	16
	1	»	»	1	2.00	»	»	»	»	»	»	»	»	2	»	»	»	»
	14	»	»	14	2.00	»	»	»	»	5	»	2	»	15	»	»	»	3
	5	»	»	5	2.00	»	»	2	»	»	»	»	»	»	»	»	»	4
	28	»	»	28	1.95	»	»	8	»	»	»	»	»	»	»	»	»	3
	336	30	5	361	1.91	1.00	»	223	»	1	»	68	»	1	»	»	»	36
	94	18	1	113	1.92	1.07	1.00	93	»	»	»	42	16	57	»	1	»	6
	95	»	»	95	1.99	»	»	30	»	56	»	2	»	2	»	»	»	»
	38	»	»	38	3.25	»	»	»	»	»	»	1	»	15	»	»	»	»
	56	9	10	75	1.50	1.00	0.75	2	»	1	»	»	»	3	»	1	»	2
	2	»	»	2	1.50	»	»	»	»	»	»	»	»	3	»	»	»	»
	54	93	7	154	2.07	0.79	0.78	2	»	»	»	»	»	3	»	»	»	5
	5	»	»	5	2.50	»	»	»	»	»	»	»	»	»	»	»	»	2
	14	23	18	55	1.70	0.92	0.61	1	»	3	1	»	»	»	»	»	7	26
	504	744	377	1,625	1.72	0.79	0.47	25	»	»	»	»	»	5	»	»	352	296
	38	1,256	213	1,507	1.96	0.95	0.55	11	»	4	11	1	»	38	»	2	216	332
	55	814	233	1,102	1.81	0.83	0.58	46	»	1	4	2	»	9	»	»	105	113
	70	509	209	794	1.84	0.79	0.55	27	»	»	»	1	»	2	»	1	141	149
	16	233	145	394	3.52	0.85	0.45	13	1	»	»	»	»	»	»	»	3,060	703
	17	408	140	565	1.83	0.71	0.48	11	»	»	1	3	»	»	»	»	»	»
	5	100	12	117	2.50	1.15	0.65	2	»	»	»	»	»	»	»	»	75	25
	14	12	16	42	2.00	1.00	0.65	1	»	»	»	»	1	»	»	»	19	25
	19	60	36	115	2.00	0.72	0.50	14	»	»	»	»	»	»	»	3	19	38
	3	1	»	4	2.12	1.25	»	»	»	»	»	»	»	»	»	»	»	»
	7	»	»	7	1.75	»	»	»	»	»	»	»	»	»	»	»	»	»
	3	»	»	3	1.50	»	»	»	»	»	»	»	»	4	»	»	»	2
	»	1	»	1	»	0.50	»	»	»	»	»	»	»	»	»	»	»	»
	1,693	4,319	1,439	7,451	1.94	0.83	0.54	328	1	73	18	137	16	167	17	44	3,999	1,780

N° 20.   **20° DÉPARTEMENT DE D**

1° PRODUCTION.

Nombre total des paroisses. — 10,419.

NUMÉROS d'ordre	NATURE DES ÉTABLISSEMENTS.	COMMUNES où ils sont situés.	NOMS DES FABRICANTS ou manufacturiers.	VALEURS LOCATIVES.	MONTANT des PATENTES.	VALEUR ANNUELLE des matières premières.	VALEUR des PRODUITS fabriqués annuellement.
			1° ARRONDISSEMENT D				
1	Houille. Extraction	Montrozier	Brousy	ʺ	ʺ	ʺ	13,661ᶠ
2	Fer. Minerai. Extraction	Salles-la-Source	C° des houillères houil. de l'Aveyron	ʺ	ʺ	ʺ	296,335
3	Orge. Bière	3 communes	3 établissements	ʺ	ʺ	32,579ᶠ	84,643
4	Imprimerie et Librairie. Objets divers	Rodes	Carrère aîné	600ᶠ	110ᶠ	14,000	63,000
5	Laine. Filature	Idem	Julien Roux	300	91	76,000	86,367
6	— Filature	Idem	Lagarrigue père	210	50	40,000	45,250
7	— Filature. Tissage. Molletons. Cadis	Idem	Pouget aîné	300	76	100,000	184,250
8	— Filature. Tissage. Molletons. Cadis	Idem	Joseph Brunet	840	115	150,000	272,000
9	— Filature. Tissage. Molletons. Cadis	La Monastère	Julien Bastide frères	2,400	329	222,000	300,000
10	— Filature. Tissage. Molletons. Cadis	Rodes	Pouget cadet	450	93	120,000	210,000
11	— Filature. Tissage. Molletons. Cadis	Idem	Costes fils	300	76	97,000	160,200
12	— Filature. Tissage. Molletons. Cadis	Idem	Jérôme Privat	350	73	70,000	120,000
13	— Filature. Tissage. Molletons. Cadis	Idem	De Capot	930	336	150,000	272,000
14	— Filature. Tissage. Molletons. Cadis	Idem	Caromac frères	3,600	550	300,000	680,000
15	Soie. Magnanerie	Idem	Amans Carrier	ʺ	ʺ	2,680	3,600
16	— Filature	Idem	Idem	200	52	12,000	17,250
			2° ARRONDISSEMENT				
17	Laine. Filature. Tissage. Draps	Saint-Geniez	Maret, Pelouet ou Palengli frères	1,200	583	240,000	481,500
18	— Filature. Tissage. Draps	Idem	Mouchliez frères, Boissonade et Ménard	600	396	98,000	205,500
			3° ARRONDISSEMENT				
19	Houille. Extraction	Saint-Georges	Flaujergues et compagnie	ʺ	ʺ	ʺ	5,040
20	— Extraction	La Cavalerie	Protais, Gervais	ʺ	ʺ	ʺ	3,504
21	— Extraction	Nant	Valdabouse et Balitrand	ʺ	ʺ	ʺ	7,200
22	— Extraction	Recoules	Recoules et Lavernha	ʺ	ʺ	ʺ	4,918
23	Soie. Filature	Milhau	Virouque	300	95	15,000	21,000
24	— Filature	Saint-Jean-de-Bruel	Nègre	160	46	12,000	17,250
25	— Filature	Milhau	Malmoutet	200	63	12,000	17,250
26	Peaux. Tannerie	Idem	Corneillan frères	600	228	360,000	500,000
27	— Tannerie	Idem	François Gay	400	128	130,000	150,000
28	— Tannerie	Idem	Aldebert fils, frères	800	237	389,700	400,000
29	— Tannerie	Idem	Saltet aîné	600	228	194,875	200,000
30	— Tannerie	Idem	Nazon frères	400	128	130,000	150,000
31	— Tannerie	Idem	Fugin frères	180	97	130,000	150,000
32	— Tannerie	Idem	Selles frères	450	135	130,000	150,000
33	— Tannerie	Idem	Pierre Aldebert	800	185	194,550	200,000
34	— Tannerie	Idem	Frédéric Lauret	200	100	130,000	150,000

DE L'AVEYRON.

2ᵘ FORCE.

Montant total des patentes = 168,720 francs

	OUVRIERS.							MOTEURS.					FEUX.			MACHINES	
	NOMBRE.				SALAIRES.			MOULINS.			MACHINES à vapeur.	CHEVAUX et mulets.	BŒUFS.	POUR-NEACS.	FORGES.	POUR RS.	MÉTIERS.	DÉTAIL.
	Hommes.	Femmes.	Enfants.	TOTAUX.	Hommes.	Femmes.	Enfants.	à eau.	à vent.	à manège								

DE RODEZ.

	30	»	»	30	3' 00"	»	»	»	»	1	»	4				»		
	400	»	»	400	2. 50	»	»	»	»	1	1	»						
	3	»	»	3	3. 10	»	»	»	»	»	»	»						z
	16	4	»	20	3' à 4'	1' à 2'	»	»	»	»	»	»			»	7		5
	11	3	7	21	1' 50"	1' 00"	0' 50"	1	»	»	»	»			»	7		5
	10	4	6	20	1. 50	1. 00	0. 50	1	»	»	»	»			»	9		7
	7	7	6	20	2. 00	1. 50	0. 50	1	»	»	»	»			»	15		8
	38	10	»	48	2. 00	1. 40	»	»	»	»	»	»			»	40		23
	110	35	25	170	1. 75	0. 75	0. 60	1	»	»	»	»			»	8		15
	50	19	16	85	1. 75	1. 25	0. 60	1	»	»	»	»			»	15		13
	26	15	4	45	1. 56	1. 00	0. 50	2	»	»	»	»			»	8		9
	20	»	»	20	1. 50	»	»	»	»	»	»	»			»	10		8
	45	12	26	83	2. 00	1. 50	0. 60	2	»	»	»	»			»	124		23
	190	100	50	340	2. 00	1. 50	0. 60	4	»	»	»	»			»	»		»
	6	6	»	12	1. 50	1. 00	»	»	»	»	»	»			1	»		24
	1	21	»	22	2. 50	1. 25	»	»	»	»	»	»			»	»		

D'ESPALION.

| | 100 | 100 | 40 | 240 | 1. 50 | 0. 75 | 0. 60 | 4 | » | » | » | » | » | » | » | | 142 | 12 |
| | 60 | 30 | 30 | 120 | 1. 50 | 0. 75 | 0. 60 | 4 | » | » | » | » | » | » | » | | 95 | 6 |

DE MILHAU.

	12	»	»	12	1. 50	»	»	»	»	»	»	»			»	»		32
	10	»	»	10	1. 50	»	»	»	»	»	»	»			»	»		24
	10	»	»	10	1. 50	»	»	»	»	»	»	»			»	»		24
	11	»	»	11	1. 50	»	»	»	»	»	»	»			»	»		
	1	28	»	29	2. 50	1. 25	»	»	»	»	»	»			1	»		
	1	21	»	22	2. 50	1. 25	»	»	»	1	»	»			1	»		
	1	21	»	22	2. 50	1. 25	»	»	»	1	»	»			1	»		
	40	»	»	40	1. 75	»	»	»	»	1	»	»			»	»		
	20	»	»	20	1. 75	»	»	»	»	1	»	»			»	»		
	40	5	»	45	1. 75	1. 20	»	»	»	1	»	»			»	»		
	25	»	»	35	1. 75	»	»	»	»	1	»	»			»	»		
	20	»	»	20	1. 75	»	»	»	»	1	»	»			»	»		
	20	»	»	20	1. 75	»	»	»	»	1	»	»			»	»		
	20	»	»	20	1. 75	»	»	»	»	1	»	»			»	»		
	25	3	»	28	1. 75	1. 20	»	»	»	1	»	»			»	»		
	20	»	»	20	1. 75	»	»	»	»	1	»	»			»	»		

24

STATISTIQUE PAR ÉTABLISSEMENTS INDUSTRIELS.

NUMÉROS propres.	NATURE DES ÉTABLISSEMENTS.	COMMUNES où ILS SONT SITUÉS.	NOMS DES FABRICANTS ou manufacturiers.	VALEURS LOCATIVES.	MONTANT des PATENTES.	VALEUR ANNUELLE des matières premières.	VALEUR DES PRODUITS fabriqués annuellement.

3° ARRONDISSEMENT

35	Peaux Tannerie	Milhau....	Fouquet frères	250'	47'	130,000'	130,000'
36	— Chamoiserie. Mégisserie.	Idem........	Pierre Aldebert	800	185	131,900	158,500
37	— Chamoiserie. Mégisserie.	Idem........	Flotard frères	700	111	131,900	158,500
38	— Chamoiserie. Mégisserie.	Idem........	Aldebert fils, frères	800	257	263,800	317,000
39	— Chamoiserie. Mégisserie.	Idem........	Carrière Dupont frères......	500	83	131,300	158,500
40	— Ganterie	Idem........	Flotard aîné............	200	43	52,138	107,500
41	— Ganterie	Idem........	Verdier père et fils	250	50	78,327	163,500
42	— Ganterie	Idem........	Galtier père et fils........	200	43	78,327	163,500
43	— Ganterie	Idem........	Radon............	350	64	130,852	276,000

4° ARRONDISSEMENT

44	Coton Filature. Tissage. Cotonnade	Saint-Affrique	Jean Hermet et compagnie..	800	179	14,400	20,750
45	Laine. Filature	Camarès....	Jean-Michel Escudier	550	120	90,450	107,625
46	— Filature.	Saint-Affrique	Céré, Aubert	500	90	72,300	84,530
47	— Teinturerie	Idem........	Jacques Valette............	100	103	45,032	80,300
48	— Filature. Tissage. Draps. Molleton.	Camarès....	François-Louis Cazquil	50	21	14,005	17,500
49	— Filature. Tissage. Draps. Molleton.	Fayet.	Joseph Cot.	60	17	19,704	33,000
50	— Filature. Tissage. Draps. Molleton.	Saint-Affrique	Rivemale fils aîné........	800	166	118,9 4	137,200
51	— Filature. Tissage. Draps. Molleton.	Idem........	Jean-Pierre Jacob.	400	124	25,800	40,200
52	— Filature. Tissage. Draps. Molleton.	Idem........	Jean-Daniel Girbal........	500	138	37,400	60,800
53	— Filature. Tissage. Draps. Molleton.	Idem........	Pierre Delare............	800	166	168,400	216,000
54	— Filature. Tissage. Molleton. Cadis.	Camarès....	Pierre Ramond	300	45	14,857	21,000
55	— Filature. Tissage. Molleton. Cadis.	Idem........	Simon Rousson............	130	24	22,869	33,000
56	— Filature. Tissage. Cadis.	Fayet.	Jean Cot............	100	21	15,027	20,000
57	— Filature. Tissage. Cadis.	Idem........	Germain Larman.	50	14	12,313	15,400
58	— Filature. Tissage. Couverture.	Camarès....	Miran père et fils et comp..	450	74	41,100	50,800
59	— Filature. Tissage. Draps. Cadis.	Saint-Affrique	Berrafort............	700	153	38,968	52,000
60	— Filature. Tissage. Draps pour les troupes.	Idem........	Mazario et compagnie......	1,200	221	163,632	258,890
61	— Filature. Tissage. Draps pour les troupes.	Camarès....	Pierre Raymond	300	54	88,088	127,070
62	— Filature. Tissage. Draps pour les troupes.	Saint-Affrique	Jean Rachon aîné............	800	179	88,088	127,070
63	— Filature. Tissage. Draps pour les troupes.	Idem........	Grand Predeille............	1,400	331	88,088	192,000
64	Fromage (Manipulation de).	Roquefort	Brousson et compagnie	15,000	2,300	154,860	192,000
65	— (Manipulation de).	Idem........	Barascud et compagnie......	20,000	3,070	193,575	240,000
66	— (Manipulation de).	Idem........	Rigal et compagnie......	60,000	9,200	774,300	960,000

5° ARRONDISSEMENT

67	Houille. Extraction................	Decazeville et Firmy....	Cie des houillères et fond. de l'Aveyron.	′	′	′	697,364
68	— Extraction................	Livinhac	Lacour............	′	′	′	82,190
69	Verrerie. Vitres. Cylindres................	Vviez..........	J. Roullier, gérant et comp...	3,000	600	137,857	300,000
70	Fer. Minerai. Extraction................	Aubin, Montbazens et Toulonjac.	Cie des houillères et fond. de l'Aveyron.	′	′	′	136,693
71	— Fonte moulée. Fers marchands................	Decazeville.	Idem.	*5,900	3,837	1,331,494	2,664,227
72	Orge. Bière................	1 commune	1 établissement.	′	′	12,224	20,304

OUVRIERS.							MOTEURS.						FEUX.			MACHINES.	
NOMBRE.				SALAIRES.			MOULINS			MACHINES à	CHEVAUX et	BŒUFS.	FOUR-				
Hommes.	Femmes.	Enfants.	TOTAL.	Hommes.	Femmes.	Enfants.	à eau.	à vent.	à manège.	vapeur.	mulets.		NEAUX.	FORGES.	FOURN.	MÉTIERS.	AUTRES.

T ⊢ DE MILHAU. (Suite.)

Hommes	Femmes	Enfants	TOTAL	Hommes	Femmes	Enfants	à eau	à vent	à manège	vapeur	mulets	bœufs	four.	forges	fourn	métiers	autres
20	»	»	20	1' 75°	»	»	1	»	»	»	»	»	»	»	»	»	»
25	5	»	30	1. 75	1' 20°	»	3	»	»	»	»	»	»	»	»	»	»
25	5	»	30	1. 75	1. 20	»	3	»	»	»	»	»	»	»	»	»	»
50	10	»	60	1. 75	1. 20	»	6	»	»	»	»	»	»	»	»	»	»
25	5	»	30	1. 75	1. 20	»	3	»	»	»	»	»	»	»	»	»	»
20	120	»	140	2. 00	0. 75	»	»	»	»	»	»	»	»	»	»	»	»
30	180	»	210	2. 00	0. 75	»	»	»	»	»	»	»	»	»	»	»	»
30	180	»	210	2. 00	0. 75	»	»	»	»	»	»	»	»	»	»	»	»
30	300	»	330	2. 00	0. 75	»	»	»	»	»	»	»	»	»	»	»	»

IT ⊢ DE SAINT-AFFRIQUE.

Hommes	Femmes	Enfants	TOTAL	Hommes	Femmes	Enfants	à eau	à vent	à manège	vapeur	mulets	bœufs	four.	forges	fourn	métiers	autres
7	10	8	25	1. 25	0' 60°	0' 50°	1	»	»	»	»	»	»	»	»	9	9
8	15	10	33	2. 00	1. 00	0. 50	1	»	»	»	»	»	»	»	»	20	8
4	14	12	30	2. 00	1. 00	0. 50	1	»	»	»	»	»	»	»	»	14	6
10	»	»	10	2' 50° à 3'	»	»	»	»	»	»	»	»	5	»	»	»	»
5	9	»	14	1' 75°	5. 00	»	»	»	»	»	»	»	»	»	»	6	»
15	20	5	40	2. 00	0. 60	0. 50	1	»	»	»	»	»	»	»	»	10	»
40	50	20	110	2. 00	0. 75	0. 50	2	»	»	»	»	»	4	»	»	48	34
12	14	8	34	2. 00	0. 60	0. 50	»	»	»	»	»	»	»	»	»	6	1
15	14	11	40	2. 00	0. 60	0. 50	»	»	»	»	»	»	»	»	»	10	1
30	30	»	60	2' à 2' 50°	0. 60	»	»	»	»	»	»	»	»	»	»	20	1
8	9	3	20	2' 00°	0. 60	0. 50	»	»	»	»	»	»	»	»	»	7	»
10	15	5	30	2. 00	0. 60	0. 50	»	»	»	»	»	»	»	»	»	10	»
8	10	2	20	1. 50	0. 60	0. 50	»	»	»	»	»	»	»	»	»	8	»
4	8	»	12	1. 75	0. 60	»	»	»	»	»	»	»	»	»	»	5	»
14	6	5	25	1. 50	0. 50	0. 50	»	»	»	»	»	»	»	»	»	10	»
8	15	12	35	2. 00	1. 00	6. 60	1	»	»	»	»	»	»	»	»	26	»
70	80	50	200	2. 00	60° à 1'	0. 50	2	»	»	»	»	»	5	»	»	80	43
40	75	15	130	2' à 2' 50°	60. à 1	0. 60	2	»	»	»	»	»	»	»	»	55	42
40	75	15	130	2 à 2 50	60. à 1	0. 60	2	»	»	»	»	»	»	»	»	55	42
40	75	15	130	2 à 2 50	60. à 1	0. 60	2	»	»	»	»	»	»	»	»	55	42
3	20	»	23	4' 00°	1' 20°	»	»	»	»	»	»	»	»	»	»	»	»
5	25	»	30	4. 00	1. 20	»	»	»	»	»	»	»	»	»	»	»	»
12	80	»	92	4. 00	1. 20	»	»	»	»	»	»	»	»	»	»	»	»

NT ⊢ DE VILLEFRANCHE.

Hommes	Femmes	Enfants	TOTAL	Hommes	Femmes	Enfants	à eau	à vent	à manège	vapeur	mulets	bœufs	four.	forges	fourn	métiers	autres
1,422	»	»	1,422	2. 50	»	»	»	»	»	»	1	»	»	»	»	»	»
20	»	»	20	2. 50	»	»	»	»	»	»	»	»	»	»	»	»	»
70	10	25	105	3. 00	1. 00	1' 00°	»	»	2	»	10	»	13	2	1	»	»
196	»	»	196	2. 50	»	»	»	»	»	1	»	»	»	»	»	»	»
200	20	30	340	2. 00	80° à 1'	75° à 1' 50°	»	»	4	60	80	6	»	24	»	11
2	»	»	2	3. 56	»	»	»	»	»	»	»	»	»	»	»	»	»

24.

RÉCAPITULATION PAR ,A[

NATURE DES PRODUITS.		NOMBRE D'ÉTABLISSE-MENTS.	NOMBRE DE COMMUNES où ils sont situés.	VALEURS LOCATIVES.	MONTANT des PATENTES.	VALEUR ANNUELLE des matières premières.	VALEUR DES PRODUITS fabriqués annuellement.	
ARRONDISSEMENTS DE	RODEZ............	18	4	10,480ʳ	1,979ʳ	1,386,559ʳ	2,787,806ʳ	
	ESPALION.........	2	1	1,800	879	338,000	690,000	
	MILHAU...........	25	6	9,140	2,573	2,846,969	3,577,703	
	SAINT-AFFRIQUE....	23	4	105,210	16,812	2,305,539	3,051,905	
	VILLEFRANCHE.....	6	4	28,000	4,437	1,481,575	3,900,778	
	TOTAUX.....	74	19	154,630	26,680	8,358,642	14,008,051	

RÉCAPITULATION PAR NATURE ⊣D

		NOMBRE D'ÉTABLISSE-MENTS.	NOMBRE DE COMMUNES où ils sont situés.	VALEURS LOCATIVES.	MONTANT des PATENTES.	VALEUR ANNUELLE des matières premières.	VALEUR DES PRODUITS fabriqués annuellement.	
PRODUITS MINÉRAUX.	HOUILLE. Extraction..........	7	7	«	»	»	813,877	
	VERRERIE. Vitres. Cylindres........	1	1	3,000	600	137,857	300,000	
	FER. Minerai. Extraction.........	2	2	»	»	»	435,048	
	—— Fonte moulée. Fers marchands.	1	1	25,000	3,837	1,331,494	2,684,227	
PRODUITS VÉGÉTAUX.	ORGE. Bière..........	4	4	«	»	45,103	104,947	
	IMPRIMERIE ET LIBRAIRIE. Ouvrages divers...........	1	1	600	116	14,090	40,000	
	COTON. Filature. Tissage.	1	1	800	179	14,400	20,750	
PRODUITS ANIMAUX.	LAINE. Filature..........	4	3	1,560	351	278,790	325,802	
	—— Teinturerie.........	1	1	250	103	48,032	80,200	
	—— Filature. Tissage. Drape	26	6	19,080	4,299	2,504,622	4,235,250	
	SOIE. Magnanerie........	1	1	»	»	2,680	3,600	
	—— Filature.........	4	3	860	256	51,800	73,350	
	PEAUX. Tanneries........	10	1	4,680	1,533	1,819,425	2,000,000	
	—— Chamoiserie. Mégisserie.	4	1	2,800	636	658,900	702,500	
	—— Ganterie.........	4	1	1,000	200	329,644	708,500	
	FROMAGE. Manipulation.........	3	1	95,000	14,570	1,122,735	1,392,000	
	TOTAUX..................	74	35	154,630	26,680	8,358,642	14,008,051	

R ARRONDISSEMENTS.

	OUVRIERS.							MOTEURS.						FEUX.			MACHINES.	
	NOMBRE.				SALAIRES.			MOULINS			MACHINES à vapeur	CHEVAUX et mulets	BŒUFS.	FOURNEAUX.	FORGES.	FOURS.	MÉTIERS.	AUTRES.
	Hommes.	Femmes.	Enfants.	TOTAUX.	Hommes.	Femmes.	Enfants.	à eau.	à vent.	à manège.								
	955	239	140	1,334	2f 12c	1f 24c	0f 55c	13	»	1	1	4	»	1	.	.	243	133
	160	130	70	360	1.50	0.75	0.60	8	»	.	»	.	»	»	.	»	237	18
	551	883	»	1,434	1.84	1.06	»	25	»	.	»	.	»	3	.	.	.	50
	408	669	196	1,273	2.36	0.78	0.52	15	»	»	»	.	.	19	.	.	454	220
	1,910	30	45	1,985	2.68	0.93	1.08	.	»	2	6	70	80	19	2	25	11	
	3,984	1,951	451	6,386	2.33	1.03	0.73	61	»	3	7	74	80	42	2	25	934	471

(*) La moyenne générale ne peut être formée par les nombres partiels, attendu la différence dans les nombres, trés-inégaux, d'ouvriers de chacun des arrondissements.

E DE PRODUITS INDUSTRIELS.

	Hommes.	Femmes.	Enfants.	TOTAUX.	Hommes.	Femmes.	Enfants.	à eau.	à vent.	à manège.	vapeur	chevaux	bœufs	fourneaux	forges	fours	métiers	autres
	1,515	»	»	1,515	2.00	»	»	»	»	1	1	4	»	.	.	.		
	70	10	25	105	3.00	1.00	1.00	»	»	2	.	10	»	13	2	1		
	596	»	»	596	2.50	»	»	»	»	2	.	»	.	»	.	»		
	200	20	20	240	2.00	0.90	1.12	»	»	.	4	60	80	6	.	24		11
	5	»	.	5	3.33	»	»	»	»	»	»	»	»	.	.	.	.	
	16	4	»	20	3.50	1.50	»	»	»	»	»	»	»	.	.	.		2
	7	10	8	25	1.25	0.60	0.50	1	»	»	»	»	»	»	.	.	0	0
	33	36	35	104	1.75	1.00	0.50	4	»	»	»	»	»	»	»	.	48	24
	10	»	»	10	2.55	»	.	»	»	»	»	»	»	10	.	.	.	.
	997	836	363	2,196	1.95	0.85	0.55	31	»	»	»	»	»	9	.	.	877	321
	6	6	»	12	1.50	1.00	»	»	»	»	»	»	»	»	.	.	.	
	4	91	»	95	2.50	1.12	»	»	»	»	»	»	»	4	.	.	.	104
	250	8	»	258	1.75	1.20	»	10	»	»	»	»	»	»	.	.	.	
	125	25	»	150	1.75	1.20	»	15	»	»	»	»	»	»	.	.	.	
	130	780	»	910	2.00	0.75	»	»	»	»	»	»	»	»	.	.	.	
	20	125	»	145	4.00	1.20	»	»	»	»	»	»	»	»	.	.	.	
	3,984	1,951	451	6,386	2.33	1.03	0.73	61	»	3	7	74	80	42	2	25	934	471

STATISTIQUE PAR ÉTABLISSEMENTS INDUSTRIELS.

N° 21.

Nombre total des patentes. - 4,673

1' PRODUCTION.

NUMÉRO d'ordre	NATURE DES ÉTABLISSEMENTS.	COMMUNES où ILS SONT SITUÉS.	NOMS DES FABRICANTS ou manufacturiers.	VALEURS LOCATIVES.	MONTANT des PATENTES.	VALEUR ANNUELLE des matières premières.	VALEUR DES PRODUITS fabriqués annuellement.

1° ARRONDISSEMENT DE

1	Brass. Bière..	Mende	3 établissements	»	»	28,358'	50,433'
2	Papeterie. Papiers divers.	Idem.	Sallard	1,000'	180'	32,400	66,000
3	Laine. Filature	Idem	Bourillon, Lavinini, etc.	2,400	349	410,000	855,000

2° ARRONDISSEMENT DE

4	Brass. Bière.	Marvejols	1 établissement	»	»	282'	502'
5	Laine. Peignerie	Chirac	Ducros	30'	10'	20,000	30,000
6	— Peignerie	Idem.	Pagès	30	9	20,000	32,000
7	Peignerie.	Idem.	Sary fils.	30	60	96,000	132,000
8	— Peignerie	Monastier	Constantin	170	43	12,000	18,500
9	— Peignerie. Tissage. Couvertures.	Malzieu	Imbert, Brun et Quatreuil	4,000	92	100,000	265,500
10	— Filature. Tissage. Tissus divers	Marvejols	Chapel d'Espinassous	1,700	1,036	330,000	435,000

RÉCAPITULATION PAR A

NATURE DES PRODUITS	NOMBRE D'ÉTABLISSEMENTS.	NOMBRE DE COMMUNES où ils sont situés.	VALEURS LOCATIVES.	MONTANT des PATENTES.	VALEUR ANNUELLE des matières premières.	VALEUR DES PRODUITS fabriqués annuellement.
ARRONDISSEMENTS DE { MENDE	5	1	3,400'	529'	470,756'	971,433'
MARVEJOLS	7	4	5,960	1,250	578,282	911,502
TOTAUX	12	5	9,360	1,779	1,049,040	1,882,935

RÉCAPITULATION PAR NATURE D

	NATURE DES PRODUITS	NOMBRE D'ÉTABLISSEMENTS	NOMBRE DE COMMUNES	VALEURS LOCATIVES	MONTANT des PATENTES	VALEUR ANNUELLE des matières premières	VALEUR DES PRODUITS fabriqués annuellement
PRODUITS VÉGÉTAUX.	Brass. Bière	4	»	»	»	28,640	50,935
	Papeterie. Papiers divers	1	1	1,000'	180'	32,400	66,000
PRODUITS ANIMAUX..	Laine. Peignerie	4	3	260	122	148,000	210,510
	— Filature	1	1	2,400	349	410,000	855,000
	— Tissage. Couvertures. Tissus divers	2	2	5,700	1,128	430,000	700,500
	TOTAUX	12	7	9,360	1,779	1,049,040	1,882,935

T DE LA LOZÈRE.

2° FORCE.

Montant total des patentes - 67.196 francs

	OUVRIERS							MOTEURS						FEUX			MACHINES	
	NOMBRE.				SALAIRES.			MOULINS			MACHINES à vapeur.	CHEVAUX et mulets.	BŒUFS.	FOUR-NEAUX.	FORGES.	FOURS.	MÉTIERS.	AUTRES.
	Hommes.	Femmes.	Enfants.	TOTAUX.	Hommes.	Femmes.	Enfants.	à eau.	à vent.	à manège.								

T DE MENDE.

7	»	»	7	1ʳ 75ᶜ	»	»	»	»	»	»	»	»	»	»	»	»	»	1
12	25	»	37	2. 00	0ᶜ 75ᶜ	»	3	»	»	»	»	»	»	2	1	»	»	18
80	40	60	180	1ʳ50ᶜ à 2ʳ50ᶜ	60ᶜ à 1ʳ	60ᶜ à 75ᶜ	1	»	»	»	»	»	»	1	1	»	10	»

T DE MARVEJOLS.

2	»	»	2	1. 75	»	»	»	»	»	»	»	»	»	»	»	»	»	»
16	20	»	36	1. 25	0. 60	»	»	»	»	»	»	»	»	»	»	»	»	»
14	10	6	30	1. 25	0. 50	0. 40	»	»	»	»	»	»	»	»	»	»	»	»
40	25	23	88	1. 25	0. 50	0. 25	»	»	»	»	»	»	»	»	»	»	»	2
20	12	10	42	1. 25	0. 50	0. 25	»	»	»	»	»	»	»	»	»	»	»	»
50	50	38	138	1. 50	0. 75	0. 20	1	»	»	»	»	»	»	1	»	»	16	12
330	180	60	570	1ʳ à 2ʳ50ᶜ	50ᶜ à 75ᶜ	40ᶜ à 90ᶜ	»	»	»	1	»	»	»	6	1	»	80	»

R ARRONDISSEMENTS.

	OUVRIERS.							MOTEURS.						FEUX.			MACHINES.	
	NOMBRE.				SALAIRES.			MOULINS			MACHINES à vapeur.	CHEVAUX et mulets.	BŒUFS.	FOUR-NEAUX.	FORGES.	FOURS.	MÉTIERS.	AUTRES.
	Hommes.	Femmes.	Enfants.	TOTAUX.	Hommes.	Femmes.	Enfants.	à eau.	à vent.	à manège.								
	99	65	60	224	2ʳ 00ᶜ	0ᶜ 78ᶜ	0ᶜ 67ᶜ	4	»	»	»	»	»	3	2	»	10	19
	472	297	129	898	1. 43	0. 59	0. 40	1	»	»	1	»	»	7	1	»	96	16
	571	362	189	1,122	1. 73	0. 69	0. 53	5	»	»	1	»	»	10	3	»	106	35

E DE PRODUITS INDUSTRIELS.

9	»	»	9	1. 75	»	»	»	»	»	»	»	»	»	»	»	»	»	»
12	25	»	37	2. 00	0. 75	»	3	»	»	»	»	»	»	2	1	»	»	1
90	67	39	196	1. 25	0. 52	0. 30	»	»	»	»	»	»	»	»	»	»	»	4
80	40	60	180	2. 00	0. 80	0. 68	1	»	»	»	»	»	1	1	»	10	18
380	230	90	700	1. 66	0. 65	0. 50	1	»	»	1	»	»	7	1	»	96	12
571	362	189	1,122	1. 73	0. 69	0. 53	5	»	»	1	»	»	10	3	»	106	35

N° 22.

Nombre total des patentes : 11,265.

1° PRODUCTION.

22° DÉPARTEMENT

NUMÉROS d'ordre	NATURE DES ÉTABLISSEMENTS.	COMMUNES où ILS SONT SITUÉS.	NOMS DES FABRICANTS ou manufacturiers.	VALEURS LOCATIVES.	MONTANT des PATENTES.	VALEUR ANNUELLE des matières premières.	VALEUR des produits fabriqués annuellement.
						1° ARRONDISSEMENT	
1	Pierres de taille. Carrières	Védènes.	Coupard	»	»	»	1,008ᶠ
2	— Scieries	1 commune.	7 établissements. (Bull. col.).	»	»	14,000ᶠ	35,000
3	Pierres calcaires. Chaux hydraulique	1 idem.	3 établissements. (Bull. col.).	850ᶠ	122ᶠ	15,740	29,500
4	Fer. Fonderie. Mécanique	Avignon.	Perre	1,500	307	34,300	40,000
5	Cuivre et plomb ouvragés	Védènes.	Louis Montagnat	3,900	590	744,700	783,000
6	— ouvragés.	Idem.	Montagnat et compagnie	4,000	524	960,700	1,049,700
7	Produits chimiques. Acide sulfurique	Avignon.	Roset	(*)	»	»	»
8	Céréales (Moulin à)	Gadagne.	Bresy	1,400	79	80,850	84,210
9	— (Moulin à)	Caumont.	Calvet	2,800	98	131,800	144,840
10	— (Moulin à)	Vaucluse.	Silvan Véran	1,800	97	39,937	40,180
11	— (Moulin à)	Bédarrides.	Ducieux et Jamet	800	33	47,000	50,840
12	— (Moulin à)	Saint-Saturnin.	François Fage	1,200	52	73,580	75,762
13	— (Moulin à)	Cavaillon.	Chanevas	1,500	68	90,000	99,000
14	— (Moulin à)	Idem.	Chabes	5,000	209	225,000	247,500
15	— (Moulin à)	Idem.	Michel	2,450	121	150,000	165,000
16	— (Moulin à)	Idem.	Huguet	1,500	77	100,000	110,000
17	— (Moulin à)	Idem.	Milbe	750	38	75,000	82,500
18	— (Moulin à)	Idem.	Tempier	680	33	75,000	82,500
19	— (Moulin à)	Courthezon.	Vincent Cornilou	1,120	47	45,000	47,385
20	— (Moulin à)	Idem.	Garagnon	800	38	45,000	47,385
21	— (Moulin à)	Idem.	Léon Cornilou	2,400	104	80,000	84,240
22	— (Moulin à)	Avignon.	Dumaine	1,100	47	133,750	136,125
23	— (Moulin à)	Idem.	Rieus et Cavaillon	2,600	122	650,000	715,000
24	— (Moulin à)	Idem.	Rey	3,450	217	450,000	495,000
25	— (Moulin à)	Idem.	Vidal	4,150	241	330,000	363,000
26	— (Moulin à)	Idem.	André Brun	6,300	276	330,000	363,000
27	— (Moulin à)	Idem.	Chaillot	4,500	204	875,000	962,500
28	— (Moulin à)	Idem.	Rous	2,000	108	264,000	290,400
29	— (Moulin à)	Idem.	André Brus	6,300	276	825,000	907,500
30	— (Moulin à)	Cheval-Blanc.	Thomas	1,800	97	250,000	291,000
31	— (Moulin à)	L'Isle.	Latard	1,630	83	118,800	126,200
32	— (Moulin à)	2 communes.	6 établissements. (Bull. col.).	6,100	331	81,037	89,141
33	Orge. Bière	1 idem.	2 établissements. (Bull. col.).	»	»	30,863	64,544
34	Graines oléagineuses. Huilerie	Caumont.	Pouset	300	39	45,000	49,500
35	Olives. Huileries	3 communes.	12 établissements. (Bull. col.).	2,670	252	122,520	165,040
36	Alcool. Liqueurs	Avignon.	Holstah	2,400	407	1,875	6,300
37	Garance en poudre	Bédarrides.	Seuquet et compagnie	300	150	38,000	42,000
38	— en poudre	Idem.	Poncet et Seuquet	2,000	262	450,000	504,000
39	— en poudre	Avignon.	De Saint-Prégnan	1,600	350	196,500	240,000
40	— en poudre	Védènes.	Joseph Verdet	2,000	262	520,000	557,600
41	— en poudre	Idem.	De Spey	1,800	256	128,000	153,000

(*) Cette fabrique est de création récente.

DE VAUCLUSE.

2° FORCE.

Montant total des patentes.—366,902 francs.

	OUVRIERS.							MOTEURS.						FEUX.			MACHINES.	
	NOMBRE.				SALAIRES.			MOULINS			MACHINES à vapeur.	CHEVAUX et mulets.	BŒUFS.	FOUR- NEAUX.	FORGES.	FOURS.	MÉTIERS.	AUTRES.
	Hommes.	Femmes.	Enfants.	TOTAUX.	Hommes.	Femmes.	Enfants.	à eau.	à vent.	à manége.								

D'AVIGNON.

Hommes.	Femmes.	Enfants.	TOTAUX.	Hommes.	Femmes.	Enfants.	à eau.	à vent.	à manége.	vapeur	chevaux	bœufs	fourn.	forges	fours	métiers	autres
2	"	1	3	3' 50°	"	1' 50°	"	"	"	"	"	"	"	"	"	"	1
30	"	"	30	3. 00	"	"	"	"	"	"	"	"	"	"	"	"	"
10	"	"	10	3. 50	"	"	"	"	"	"	7	"	"	"	3	"	"
25	"	8	33	3. 00	"	1. 25	"	"	1	"	2	"	3	1	"	"	7
22	"	"	22	1' 75° à 4'	"	"	"	"	"	"	"	"	6	1	"	"	7
28	"	"	28	1'75° à 3'50°	"	"	"	"	"	"	"	"	8	2	"	"	9
5	"	"	5	2' 50°	"	"	"	"	1	1	"	"	"	"	"	"	"
2	"	"	2	2. 00	"	"	1	"	"	"	"	"	"	"	"	"	2
5	"	"	5	2. 00	"	"	1	"	"	"	"	"	"	"	"	"	2
4	"	"	4	3. 50	"	"	1	"	"	"	"	"	"	"	"	"	2
3	"	"	3	2. 00	"	"	"	"	"	"	"	"	"	"	"	"	"
2	1	"	3	3. 00	1' 50°	"	1	"	"	"	"	"	"	"	"	"	1
3	"	"	3	2. 50	"	"	1	"	"	"	"	"	"	"	"	"	"
8	"	"	8	2. 66	"	"	1	"	"	"	"	"	"	"	"	"	2
8	"	"	8	2. 66	"	"	1	"	"	"	"	"	"	"	"	"	2
3	"	"	3	2. 60	"	"	1	"	"	"	"	"	"	"	"	"	2
2	"	"	2	2. 50	"	"	1	"	"	"	"	"	"	"	"	"	1
1	"	"	1	2. 50	"	"	1	"	"	"	"	"	"	"	"	"	"
1	"	"	1	2. 50	"	"	1	"	"	1	"	"	"	"	"	"	"
1	"	"	1	2. 50	"	"	1	"	"	1	"	"	"	"	"	"	"
2	"	"	2	2. 50	"	"	2	"	"	1	"	"	"	"	"	"	1
3	"	"	3	3. 50	"	"	1	"	"	"	"	"	"	"	"	"	2
5	"	"	5	3. 50	"	"	1	"	"	"	"	"	"	"	"	"	2
5	"	"	5	3. 50	"	"	1	"	"	"	"	"	"	"	"	"	2
4	"	"	4	3. 50	"	"	1	"	"	"	"	"	"	"	"	"	2
5	"	"	5	3. 50	"	"	1	"	"	"	"	"	"	"	"	"	3
10	"	"	10	3. 00	"	"	1	"	"	"	"	"	"	"	"	"	3
3	"	"	3	3. 50	"	"	1	"	"	"	"	"	"	"	"	"	2
9	"	"	9	3. 50	"	"	1	"	"	"	"	"	"	"	"	"	2
7	1	"	8	2. 50	1. 00	"	1	"	"	"	"	"	"	"	"	"	2
4	1	1	6	2. 00	1. 00	0. 50	1	"	"	"	"	"	"	"	"	"	7
12	2	"	14	2. 83	1. 00	"	6	"	"	"	"	"	"	"	"	"	7
8	"	"	8	2. 80	"	"	"	"	"	"	"	2	"	"	"	"	"
3	"	"	3	2. 00	"	"	"	"	1	"	"	1	"	"	"	"	"
86	"	"	86	2. 88	"	"	1	"	7	"	27	"	6	"	"	8	"
1	"	"	1	2. 50	"	"	"	"	"	"	"	"	"	"	"	"	"
5	"	"	5	2. 50	"	"	"	"	"	"	"	"	"	"	"	"	8
10	"	"	10	2. 50	"	"	"	"	"	"	"	"	"	"	"	"	"
6	2	2	10	2'00°à3'75°	1' à 1' 70°	1' à 1' 75°	"	"	"	"	"	"	3	"	"	"	8
12	"	"	12	2' 75°	"	"	2	"	"	"	"	"	3	"	"	"	16
7	1	"	8	2. 50	1' 00°	"	1	"	"	"	"	"	2	"	"	"	8

25

NUMÉRO D'ORDRE	NATURE DES ÉTABLISSEMENTS.	COMMUNES où ILS SONT SITUÉS.	NOMS DES FABRICANTS ou manufacturiers.	VALEURS LOCATIVES.	MONTANT des PATENTES.	VALEUR ANNUELLE des matières premières.	VALEUR des produits fabriqués annuellement.	

1° ARRONDISSEMENT D

42	Garance en poudre	Bédarrides	Crésin fils	1,000f	125f	100,000f	150,000f
43	—— en poudre	Courtheson	Pierre Jouve	2,500	331	138,000	150,000
44	—— en poudre	Avignon	Deville	800	160	98,280	120,000
45	—— en poudre	Idem	Poncet frères	1,100	258	98,280	120,000
46	—— en poudre	Le Thor	Pourrel	1,300	166	259,200	275,400
47	—— en poudre	Avignon	Fould frères	2,500	516	294,840	360,000
48	—— en poudre	Idem	Thomas aîné	7,600	1,302	737,800	900,000
49	—— en poudre	Idem	François Caire	1,500	187	250,600	300,000
50	—— en poudre	Idem	Sixte Isnard	2,400	540	294,840	360,000
51	—— en poudre	Idem	Amic	1,400	418	147,420	180,000
52	—— en poudre	Le Thor	Mourier fils aîné	720	159	259,200	275,400
53	—— en poudre	Bédarrides	Jacques Poncet	2,000	256	150,000	200,000
54	—— en poudre	Courtheson	Courrat jeune	3,000	397	180,000	195,000
55	—— en poudre	Saumane	Faure et Escoffier	8,000	379	576,000	720,000
56	—— en poudre	Védène	Eugène Poncet	6,000	786	430,000	488,250
57	—— Garancine	Avignon	Hartmann	800	330	120,000	145,000
58	—— Garancine	Idem	Duprat	3,000	650	480,000	660,000
59	—— Garancine	Idem	Prieur-Saint-Cyr	800	230	48,000	65,000
60	—— Garancine	Idem	Bresy et Ytier	6,000	1,844	1,008,000	1,386,000
61	Imprimerie. Livres	1 commune	7 établissements. (Bull. col.)	6,500	1,123	81,480	138,000
62	Lithographie. Impressions diverses	Idem	3 idem	1,700	155	12,757	31,000
63	Coton. Tissage. Mouchoirs dits Indiennes, impression	Avignon	Borel frères	400	111	16,000	110,000
64	—— Tissage. Mouchoirs dits Indiennes, impression	Idem	Gas	500	125	13,500	100,000
65	—— Tissage. Mouchoirs dits Indiennes, impression	Idem	Mouret	400	111	12,000	90,000
66	Soie. Cocons. Filature. Soie grège	Courtheson	Liffran	600	140	24,000	40,000
67	—— Cocons. Filature. Soie grège	Idem	Nourry	600	119	30,000	50,000
68	—— Cocons. Filature. Soie grège	Avignon	Niel	800	177	73,800	82,530
69	—— Filature. Soie ouvrée	Sorgues	Simon	200	78	66,000	71,000
70	—— Filature. Soie ouvrée	Idem	Establet	100	65	55,000	59,000
71	—— Filature. Soie ouvrée	Idem	Xavier André	100	65	55,000	59,000
72	—— Filature. Soie ouvrée	Idem	Audourd	300	103	110,000	118,000
73	—— Filature. Soie ouvrée	Idem	Giraud	350	184	110,000	118,000
74	—— Filature. Soie ouvrée	Idem	Liotard	300	125	110,000	118,000
75	—— Soie moulinée	Avignon	Ch. Bérard	700	115	120,000	140,000
76	—— Filature. Soie ouvrée en trame	Sorgues	Giraudan	250	103	110,000	118,000
77	—— Soie ouvrée en trame	L'Isle	Villelongue	500	132	108,000	118,440
78	—— Soie ouvrée en trame	Idem	Béaud	450	120	108,000	118,440
79	—— Soie ouvrée en trame	Idem	Isnard	500	60	108,000	118,440
80	—— Soie ouvrée en trame	Idem	Granier	450	120	108,000	118,440
81	—— Soie ouvrée en trame	Idem	Spala	500	161	108,000	118,440
82	—— Soie ouvrée en trame	Idem	Courtet	600	146	162,000	177,660
83	—— Soie ouvrée en trame	Idem	Guichard	550	60	162,000	177,660
84	—— Soie ouvrée en trame	Idem	Benoît	750	166	216,000	236,880
85	—— Soie ouvrée en trame	Idem	Girard	500	134	108,000	118,440
86	—— Soie ouvrée en trame	Idem	Bonteme	500	134	54,000	59,220
87	—— Soie ouvrée en trame	Idem	Villard	350	113	108,000	118,440

[ARRONDISSEMENT] D'AVIGNON. (Suite.)

OUVRIERS							MOTEURS						FEUX			MACHINES	
NOMBRE				SALAIRES			MOULINS			MACHINES à vapeur	CHEVAUX et mulets	RECEPT.	FOUR-NEAUX	FORGES	FOURS	MÉTIERS	AUTRES
Hommes	Femmes	Enfants	TOTAL	Hommes	Femmes	Enfants	à eau	à vent	à manège								
5	»	»	5	2'50°	»	»	»	»	»	»	»	»	2	»	»	»	»
8	»	»	8	2.25	»	»	1	»	»	»	»	»	2	»	»	»	8
5	2	»	7	2'50'à2'75°	1'à1'30°	»	»	»	»	»	»	»	»	»	»	»	4
3	2	»	5	2.50à2.75	1à170	»	»	»	»	»	»	»	»	»	»	»	4
8	2	»	10	3'50°	1'50°	»	1	»	»	»	»	»	2	»	»	»	»
8	3	2	13	2'50'à2'75°	1'à1'70°	1'à1'75°	»	»	»	»	»	»	»	»	»	»	12
20	4	3	27	2.50à2.75	1à170	1à175	»	»	»	»	»	»	»	»	»	»	30
10	2	»	12	2.50à2.75	1à130	»	»	»	»	»	»	»	»	»	»	»	10
10	3	2	15	2.50à2.75	1à170	1à175	»	»	»	»	»	»	»	»	»	»	12
4	2	»	6	2.50à2.75	1à170	1à175	»	»	»	»	»	»	»	»	»	»	6
7	1	»	8	3'00°	1'50°	»	1	»	»	»	»	»	2	»	»	»	»
10	»	»	10	2.50	»	»	»	»	»	»	»	»	3	»	»	»	»
12	»	»	12	2.45	»	»	1	»	»	»	»	»	2	»	»	»	12
6	8	2	16	2.50	0.90	1'25°	»	»	»	»	»	»	2	»	»	»	24
25	30	»	55	2.50	1.00	»	1	»	»	»	»	»	6	»	»	»	16
7	»	»	7	2.50	»	»	»	»	»	»	»	»	»	»	»	»	»
15	»	»	15	2.50	»	»	»	»	»	»	»	»	»	»	»	»	»
3	»	»	5	2.50	»	»	»	»	»	»	»	»	»	»	»	»	»
20	»	»	20	2.50	»	»	»	»	»	»	2	»	»	»	»	»	»
44	»	2	46	2.57	»	0.50	»	»	»	»	»	»	»	»	»	»	18
11	»	3	14	3.66	»	0.87	»	»	»	»	»	»	»	»	»	»	»
18	1	30	49	1'50° à 4'	1'50' à 4'	1'25'à30'	»	»	»	»	»	»	7	»	»	»	1
15	1	25	41	1 50 à 4	1 50 à 4	1 25 à30	»	»	»	»	»	»	6	»	»	»	1
12	2	24	38	1 50 à 4	1 50 à 4	1 25 à30	»	»	»	»	»	»	1	»	»	»	»
30	»	»	30	1' 10°	»	»	»	»	»	»	1	»	1	»	»	»	»
»	20	20	40	»	1' 00°	0' 80°	»	»	»	»	»	»	1	»	»	»	36
3	38	2	43	2. 00	1. 50	0. 70	»	»	»	»	1	»	1	»	»	»	»
1	12	»	13	1. 75	80°à1'	»	1	»	»	»	»	»	»	»	»	»	»
»	10	»	10	»	80 à 1	»	1	»	»	»	»	»	»	»	»	»	»
»	10	»	10	»	80 à 1	»	1	»	»	»	»	»	»	»	»	»	»
2	23	»	25	1. 75	80 à 1	»	1	»	»	»	»	»	»	»	»	»	»
1	24	»	25	1. 75	80 à 1	»	1	»	»	»	»	»	»	»	»	»	»
3	30	»	33	1. 75	80 à 1	»	1	»	»	»	»	»	»	»	»	»	»
10	40	4	54	2. 00	1'50°	0. 70	1	»	»	»	»	»	»	»	»	»	»
»	16	»	16	»	80°à1'	»	1	»	»	»	»	»	»	»	»	»	»
2	24	»	26	1. 50	0' 90°	»	1	»	»	»	»	»	»	»	»	»	2
2	24	»	26	1. 50	0. 90	»	1	»	»	»	»	»	»	»	»	»	2
2	24	»	26	1. 50	0. 90	»	1	»	»	»	»	»	»	»	»	»	2
2	24	»	26	1. 50	0. 90	»	1	»	»	»	»	»	»	»	»	»	2
2	24	»	26	1. 50	0. 90	»	1	»	»	»	»	»	»	»	»	»	3
3	36	»	39	1. 50	0. 90	»	1	»	»	»	»	»	»	»	»	»	3
3	36	»	39	1. 50	0. 90	»	1	»	»	»	»	»	»	»	»	»	4
4	48	»	52	1. 50	0. 90	»	2	»	»	»	»	»	»	»	»	»	2
2	24	»	26	1. 50	0. 90	»	1	»	»	»	»	»	»	»	»	»	1
1	12	»	13	1. 50	0. 90	»	1	»	»	»	»	»	»	»	»	»	2
2	24	»	26	1. 50	0. 90	»	1	»	»	»	»	»	»	»	»	»	»

1° ARRONDISSEMENT D'

NUMÉROS	NATURE DES ÉTABLISSEMENTS.	COMMUNES où ILS SONT SITUÉS.	NOMS DES FABRICANTS ou manufacturiers.	VALEURS LOCATIVES.	MONTANT des PATENTES.	VALEUR ANNUELLE des matières premières.	VALEUR DES PRODUITS fabriqués annuellement.	
88	Soie. Soie ouvrée en trame.	L'Isle.	Juge et Grenier fils.	150ᶠ	107ᶠ	108,000ᶠ	118,440ᶠ	
89	—— Soie ouvrée en trame.	Idem.	Coren.	450	126	108,000	118,440	
90	—— Soie ouvrée en trame.	Idem.	Dumas.	500	60	108,000	118,440	»
91	—— Soie ouvrée en trame.	Idem.	Imbert.	300	97	54,000	59,220	
92	—— Soie ouvrée en trame.	Idem.	Spale.	550	174	162,000	177,660	
93	—— Soie ouvrée en trame.	Idem.	Villard.	550	139	162,000	177,660	
94	—— Tissage. Florence.	Avignon.	Roche et Méra.	480	103	42,000	62,390	
95	—— Tissage. Florence.	Idem.	Arnaud.	800	128	31,500	46,800	
96	—— Tissage. Florence.	Idem.	Niel.	800	177	26,250	39,000	
97	—— Tissage. Florence.	Idem.	Athénasy.	480	140	31,500	46,800	
98	—— Tissage. Florence.	Idem.	Fagegaltier.	300	152	42,000	62,390	
99	—— Tissage. Florence.	Idem.	Regnier.	500	115	26,250	39,000	
100	—— Tissage. Florence.	Idem.	Imard père et fils.	600	206	52,500	78,000	
101	—— Tissage. Florence.	Idem.	Ricard.	300	66	42,000	62,390	
102	—— Tissage. Florence.	Idem.	Chrétien.	300	92	26,250	39,000	
103	—— Tissage. Florence.	Idem.	Faure et Duprat.	600	319	42,000	62,390	
104	—— Tissage. Florence.	Idem.	Achard.	300	152	42,000	62,390	
105	—— Tissage. Florence.	Idem.	Perrier.	300	152	26,250	39,000	
106	—— Tissage. Florence.	Idem.	Demorte.	600	189	42,000	62,390	
107	—— Tissage. Florence.	Idem.	Pin.	350	134	31,500	46,800	»
108	—— Tissage. Florence.	Idem.	Penne.	400	164	31,500	46,800	
109	—— Tissage. Florence.	Idem.	Jeausse.	300	103	21,000	31,195	
110	—— Tissage. Florence.	Idem.	Gros.	300	103	21,000	31,195	
111	—— Tissage. Florence.	Idem.	Meynier.	300	103	21,000	31,195	
112	—— Tissage. Florence.	Idem.	Pomet frères.	1,100	258	63,000	93,600	
113	—— Tissage. Florence.	Idem.	Calvet.	500	177	42,000	62,390	
114	—— Tissage. Florence.	Idem.	Castinel.	600	152	26,250	39,000	
115	—— Tissage. Florence.	Idem.	Claussen.	800	238	52,500	78,000	
116	—— Tissage. Florence.	Idem.	Panard.	300	103	31,500	46,800	
117	—— Tissage. Florence.	Idem.	Ourson.	600	214	42,000	62,390	
118	—— Tissage. Florence.	Idem.	Goudareau frères.	600	189	42,000	62,390	
119	—— Tissage. Florence.	Idem.	Franquebalme.	300	61	21,000	31,195	
120	—— Tissage. Florence.	Idem.	Charles Bérard.	800	160	63,000	93,600	»
121	—— Tissage. Florence.	Idem.	Thomas.	7,600	1,502	210,000	311,700	2
122	—— Tissage. Florence.	Idem.	Arnaud.	150	48	21,000	31,195	
123	Peaux. Tannerie.	Cavaillon.	Chabaud.	500	24	6,800	10,050	
124	—— Tannerie.	Idem.	Signoret.	400	19	4,000	4,600	
125	—— Tannerie.	Idem.	Trouyet.	451	21	2,000	2,300	
126	—— Tannerie.	Idem.	Pierre Laurent.	500	20	3,420	5,470	
127	—— Tannerie.	Idem.	Alexandre Laurent.	600	30	3,200	6,400	
128	—— Tannerie.	Idem.	Gordan.	600	24	4,000	4,600	
129	—— Tannerie.	Idem.	Aillez.	500	25	800	920	
130	—— Tannerie.	Idem.	Ange Signoret.	450	21	760	1,380	
131	—— Tannerie.	Idem.	Chabaud.	350	17	2,850	4,950	
132	—— Tannerie.	Avignon.	Michel.	600	31	1,500	2,500	
133	—— Tannerie.	Idem.	Gordan.	450	25	3,200	5,000	

T D'AVIGNON. (Suite.)

OUVRIERS							MOTEURS						FEUX			MACHINES	
NOMBRE				SALAIRES			MOULINS			MACHINES à vapeur	CHEVAUX et mulets	BŒUFS	FOUR-NEAUX	FORGES	FOURS	MÉTIERS	AUTRES
Hommes	Femmes	Enfants	TOTAL	Hommes	Femmes	Enfants	à eau	à vent	à manège								
2	24	»	26	1f 50c	0f 90c	»		1	»	»	»	»	»	»	»	»	2
2	24	»	26	1.50	0.90	»		1	»	»	»	»	»	»	»	»	2
2	24	»	26	1.50	0.90	»		1	»	»	»	»	»	»	»	»	2
1	12	»	13	1.50	0.90	»		1	»	»	»	»	»	»	»	»	1
3	36	»	39	1.50	0.90	»		1	»	»	»	»	»	»	»	»	3
3	36	»	39	1.50	0.90	»		1	»	»	»	»	»	»	»	»	3
40	40	40	120	1.00	0.50	0f 25c	»	»	»	»	»	»	»	»	»	40	»
30	30	30	90	1.00	0.50	0.25	»	»	»	»	»	»	»	»	»	30	»
25	25	25	75	1.00	0.50	0.25	»	»	»	»	»	»	»	»	»	25	»
30	30	30	90	1.00	0.50	0.25	»	»	»	»	»	»	»	»	»	30	»
40	40	40	120	1.00	0.50	0.25	»	»	»	»	»	»	»	»	»	40	»
25	25	25	75	1.00	0.50	0.25	»	»	»	»	»	»	»	»	»	25	»
50	50	50	150	1.00	0.50	0.25	»	»	»	»	»	»	»	»	»	50	»
40	40	40	120	1.00	0.50	0.25	»	»	»	»	»	»	»	»	»	40	»
25	25	25	75	1.00	0.50	0.25	»	»	»	»	»	»	»	»	»	25	»
40	40	40	120	1.00	0.50	0.25	»	»	»	»	»	»	»	»	»	40	»
40	40	40	120	1.00	0.50	0.25	»	»	»	»	»	»	»	»	»	40	»
25	25	25	75	1.00	0.50	0.25	»	»	»	»	»	»	»	»	»	25	»
40	40	40	120	1.00	0.50	0.25	»	»	»	»	»	»	»	»	»	40	»
30	30	30	90	1.00	0.50	0.25	»	»	»	»	»	»	»	»	»	30	»
30	30	30	90	1.00	0.50	0.25	»	»	»	»	»	»	»	»	»	30	»
20	20	20	60	1.00	0.50	0.25	»	»	»	»	»	»	»	»	»	20	»
20	20	20	60	1.00	0.50	0.25	»	»	»	»	»	»	»	»	»	20	»
20	20	20	60	1.00	0.50	0.25	»	»	»	»	»	»	»	»	»	20	»
60	60	60	180	1.00	0.50	0.25	»	»	»	»	»	»	»	»	»	60	»
40	40	40	120	1.00	0.50	0.25	»	»	»	»	»	»	»	»	»	40	»
25	25	25	75	1.00	0.50	0.25	»	»	»	»	»	»	»	»	»	25	»
50	50	50	150	1.00	0.50	0.25	»	»	»	»	»	»	»	»	»	50	»
30	30	30	90	1.00	0.50	0.25	»	»	»	»	»	»	»	»	»	30	»
40	40	40	120	1.00	0.50	0.25	»	»	»	»	»	»	»	»	»	40	»
40	40	40	120	1.00	0.50	0.25	»	»	»	»	»	»	»	»	»	40	»
20	20	20	60	1.00	0.50	0.25	»	»	»	»	»	»	»	»	»	20	»
60	60	60	180	1.00	0.50	0.25	»	»	»	»	»	»	»	»	»	60	»
200	200	200	600	1.00	0.50	0.25	»	»	»	»	»	»	»	»	»	200	»
20	20	20	60	1.00	0.90	0.25	»	»	»	»	»	»	»	»	»	20	»
2	»	»	2	2.50	»	»	»	»	»	1	»	1	»	»	»	»	»
1	»	»	1	2.50	»	»	»	»	»	1	»	1	»	»	»	»	»
1	»	»	1	2.50	»	»	»	»	»	1	»	1	»	»	»	»	»
2	»	»	2	2.25	»	»	»	»	»	1	»	1	»	»	»	»	»
2	»	»	2	2.25	»	»	»	»	»	»	»	»	»	»	»	»	»
1	»	»	1	2.50	»	»	»	»	»	»	»	»	»	»	»	»	»
1	»	»	1	2.50	»	»	»	»	»	1	»	»	»	»	»	»	»
1	»	»	1	2.50	»	»	»	»	»	»	»	»	»	»	»	»	»
1	»	»	1	2.50	»	»	»	»	»	»	»	»	»	»	»	»	»
1	»	»	1	2.50	»	»	»	»	»	»	»	»	»	»	»	»	»
2	»	»	2	2.50	»	»	»	»	»	»	»	»	»	»	»	»	»

NUMÉROS d'ordre	NATURE DES ÉTABLISSEMENTS	COMMUNES où ils sont situés	NOMS des fabricants ou manufacturiers	VALEURS LOCATIVES	MONTANT du patente	VALEUR annuelle des matières premières	VALEUR des produits fabriqués annuellement
			1° ARRONDISSEMENT D'A...				
134	Peaux. Tannerie	Avignon	Robin	500ᶠ	20ᶠ	1,625ᶠ	2,580ᶠ
135	— Tannerie	Idem	Grégoire	600	31	1,850	2,710
136	— Tannerie	Idem	Favier	600	32	1,400	2,400
137	— Tannerie	Idem	Cabrier	900	44	4,400	6,000
138	— Tannerie	Idem	Gras	1,100	115	4,800	6,000
139	— Tannerie	Idem	Fournet	950	44	4,750	6,000
140	— Tannerie	Idem	Moulin	1,000	47	5,500	8,500
			2° ARRONDISSEMENT DE...				
141	Pierres de taille. Scieries	4 communes	7 établissements. (Bull. coll.)	415ᶠ	33ᶠ	9,855ᶠ	37,340ᶠ
142	Plâtre. (Four à)	Velleron	De la Boissière	2,000	212	63,000	90,000
143	— (Four à)	Carpentras	Ayme	600	33	4,663	8,833
144	— (Four à)	3 communes	5 établissements. (Bull. coll.)	1,760	193	9,423	22,468
145	Houille. Extraction	Méthamis	Compagnie des houilles	˝	˝	˝	20,000
146	— Gaz d'éclairage	Carpentras	Fabre	2,500	˝	16,000	22,667
147	Produits chimiques. Sulfate de fer	Mormoiron	Durand	360	48	836	3,200
148	Céréales. (Moulin à)	Bédouin	Eynard	1,200	63	60,000	62,364
149	— (Moulin à)	Idem	Martin	1,260	66	80,762	84,311
150	— (Moulin à)	Crillon	Rey	720	35	45,000	46,800
151	— (Moulin à)	Idem	Fructus	700	35	50,000	51,200
152	— (Moulin à)	Idem	Deydier	440	25	50,000	51,200
153	— (Moulin à)	Mormoiron	Coutelen	1,250	46	59,400	60,200
154	— (Moulin à)	Idem	Michel	1,200	52	64,500	65,360
155	— (Moulin à)	Saint-Didier	Demantis	320	26	37,980	41,301
156	— (Moulin à)	Velleron	Milha	1,360	69	52,104	59,292
157	— (Moulin à)	Idem	Berthet	720	40	36,000	40,500
158	— (Moulin à)	Pernes	Ravoux	2,060	95	88,000	93,800
159	— (Moulin à)	Idem	Guérin	1,920	42	83,600	84,386
160	— (Moulin à)	Caromb	Deydier	800	33	48,750	55,250
161	— (Moulin à)	Carpentras	Ravoux	1,250	100	56,000	67,070
162	— (Moulin à)	Idem	Caritoux	1,250	80	56,000	67,070
163	— (Moulin à)	Idem	Rey	850	100	48,000	63,850
164	— (Moulin à)	Idem	Ravoux	2,000	100	56,000	67,070
165	— (Moulin à)	Modène	Sénès	720	44	107,520	134,064
166	— (Moulin à)	Velleron	Frédéric Jean	2,000	112	72,000	144,000
167	— (Moulin à)	Montaux	Gonnet	˝	˝	158,100	170,100
168	— (Moulin à)	Idem	Vendran	1,600	68	162,500	182,820
169	— (Moulin à)	Sarrians	Martin	18,000	41	120,250	134,000
170	— (Moulin à)	Idem	Dublé	56,000	116	306,250	311,576
171	— (Moulin à)	Carpentras	Rey	1,450	25	72,000	95,745
172	— (Moulin à)	12 communes	34 établissements. (Bull. coll.)	22,000	1,257	562,034	620,909
173	Orge. Bière	1 commune	1 établissement. (Bull. coll.)	˝	˝	10,580	15,210
174	Olives. Huileries	Idem	3 établissements. (Bull. coll.)	500	54	14,400	24,000
175	Papeterie. Papier gris	Entraigues	Sauveur	700	200	3,445	7,632

	OUVRIERS.							MOTEURS.						FEUX.			MACHINES.	
	NOMBRE.				SALAIRE.			MOULINS.			MACHINES à vapeur.	CHEVAUX et mulets.	DIVERS.	FOUR-NEAUX.	FORGES.	FOURS.	MÉTIERS.	AUTRES.
	Hommes.	Femmes.	Enfants.	TOTAL.	Hommes.	Femmes.	Enfants.	à eau.	à vent.	à manège.								

D'AVIGNON. (Suite.)

	1	"	"	1	2' 50"	"												
	1	"	"	1	2. 50	"					"			"				
	2	"	"	2	2. 50	"					"		1	"		1		
	4	"	"	4	2. 50	"					"		1	"		1		
	2	"	"	2	2. 50	"					"		1	"		1		
	4	"	"	4	2. 50	"		"			"		1	"		1		

DE CARPENTRAS.

	25	1	"	24	3' 20"	"	1' 50"					1			1	1	4	"	2
	20	3	"	23	2. 50	1' 50"						1			1	1	4	"	2
	4	"	"	4	2. 00	"	"				"	1	"	"	"	"	2		
	9	1	6	16	2. 10	1. 25	1. 12				4	"	6		"		8	"	
	22	3	"	25	2. 50	1. 50	"				"	"	"		"		"	"	
	2	1	"	3	3. 00	1. 50	"				"	"	"		3	"	"	"	
	1	"	1	2	2. 50	"	1. 25				"	"	"		2	"	"	"	
	2	1	1	4	2. 00	1. 50	1. 00	1			"	"	"		"	"	"	"	
	3	2	2	7	2. 00	1. 50	1. 00	2			"	"	"		"	"	"	"	
	1	1	"	2	2. 00	1. 00	"	1			"	"	"		"	"	"	"	
	2	1	"	3	2. 00	1. 00	"	1			"	"	"		"	"	"	"	
	2	1	"	3	2. 00	1. 00	"	1			"	"	"		"	"	"	"	
	2	1	"	3	2. 50	1. 25	"	1			"	"	"		"	"	"	"	
	3	1	"	4	2. 50	1. 25	"	1			"	"	"		"	"	"	"	
	1	"	"	1	2. 50	"	"	1			"	"	"		"	"	"	"	
	2	1	"	3	3. 00	1. 50	"	1			"	"	"		"	"	"	"	
	2	1	"	3	3. 00	1. 50	"	1			"	"	"		"	"	"	"	
	2	"	"	2	1. 30	"	"	1			"	"	"		"	"	"	"	
	2	"	"	2	1. 30	"	"	2			"	"	2		"	"	"	"	
	2	"	"	2	2. 00	"	"	1			"	"	1		"	"	"	"	
	2	"	"	2	2. 00	"	"	1			"	"	"		"	"	"	"	
	2	"	"	2	2. 00	"	"	2			"	"	"		"	"	"	"	
	1	"	"	1	2. 50	"	"	1			"	"	"		"	"	"	"	
	3	"	"	3	2. 00	"	"	2			"	"	"		"	"	"	"	
	2	"	"	2	1. 75	"	"	2			"	"	2		"	"	"	"	
	3	2	"	5	3. 00	1. 50	"	2			"	"	"		"	"	"	"	
	2	"	"	2	1. 75	"	"	1			"	1	"		"	"	"	"	
	3	"	"	3	1. 75	"	"	1			"	"	"		"	"	"	"	
	1	"	"	1	3. 50	"	"	1			"	"	1		"	"	"	"	
	3	"	"	3'	3. 50	"	"	3			"	"	2		"	"	"	"	
	2	"	"	2	2. 50	"	"	2			"	"	"		"	"	"	"	
	55	22	11	88	1. 74	1. 00	1. 00	37			"	"	19		"	"	"	"	
	3	"	"	3	2. 50	"	"	"			"	"	"		"	"	"	"	
	18	"	"	18	2. 00	"	"	"			3	"	6		3	"	"	"	3
	4	1	"	5	2. 25	0. 90	"	1			"	"	"		"	"	"	"	

NUMÉROS D'ORDRE	NATURE DES ÉTABLISSEMENTS.	COMMUNES où ILS SONT SITUÉS.	NOMS DES FABRICANTS OU MANUFACTURIERS.	VALEURS LOCATIVES.	MONTANT des PATENTES.	VALEUR ANNUELLE des matières premières.	VALEUR DES PRODUITS fabriqués annuellement.

2° ARRONDISSEMENT

176	Imprimerie. Livres	Carpentras	Devillario	700	98	31,050	45,000
177	Garance en poudre	Mentons	Fourquet	2,000	256	180,000	190,500
178	— en poudre	Entraigues	Fortunet et Constantin	2,000	269	588,000	630,000
179	— en poudre	Mentons	Bédouin	800	166	60,000	66,500
180	— en poudre	Pernes	Guérin et compagnie	1,500	192	124,000	130,000
181	— en poudre	Althen-des-Paluds	Bédouin	800	166	67,800	71,280
182	— en poudre	Idem	Fortunet	5,000	226	135,000	142,560
183	— en poudre	Carpentras	Nourbec	1,800	210	240,000	264,000
184	Laine. Préparation de laines	idem	Alphandery, Cremieux et C°	3,800	649	125,000	193,000
185	Soie. Cocons. Filature. Soie grége	Pernes	Barthélemy	300	39	3,200	3,750
186	— Cocons. Filature. Soie grége	Caromb	Vigot	300	36	12,000	16,320
187	— Cocons. Filature. Soie grége	Carpentras	Morier, Lotelier, Escoffier	250	47	26,250	32,142
188	— Cocons. Filature. Soie grége	Idem	Frédéric Morier	300	50	35,000	42,858
189	Peaux. Tannerie	Idem	Reynaud	300	40	22,600	24,000
190	— Tannerie	Idem	Peyre	300	60	32,812	60,000
191	— Tannerie	Idem	Mély	100	24	4,000	8,000
192	— Tannerie	Idem	Escoffier	350	50	31,500	58,520

3° ARRONDISSEMENT

193	Carrières. Pierre de taille	2 communes	3 établissements. (Bull. coll.)				11,300
194	— Pierre de taille	Lacoste	2 idem			84	930
195	Terre argileuse. Tuileries	2 communes	idem	290	59	4,770	14,670
196	— Poterie fine et commune	Apt	Bonnet	600	144	12,600	27,600
197	— Poterie fine et commune	Idem	Seymard	250	98	14,880	37,500
198	— Poterie fine et commune	Idem	Couplay	300	105	9,985	22,080
199	— Poterie fine et commune	Idem	Reybaud	480	118	9,850	22,100
200	— Faïence	Idem	François Bonnet	600	144	16,000	37,200
201	— Faïence	Idem	Bremond et compagnie	300	105	15,070	37,500
202	Imprimerie. Livres	Idem	Jean et Clousel	300	75	4,000	8,000
203	Garance. (Moulin à)	Beaumettes	Aulagnan	300	25	40,000	45,000
204	— (Moulin à)	Lamotte-d'Aigues	Nicolas Peyron	300	25	60,000	63,000
205	— (Moulin à)	La Tour-d'Aigues	Jourdan	1,800	109	67,138	71,307
206	— (Moulin à)	Idem	Honoré Meit	1,400	83	53,982	57,072
207	— (Moulin à)	Menerbes	Hugues Benony	34	54	50,000	52,000
208	— (Moulin à)	Mirabeau	Joseph Bonnet	900	39	89,000	102,000
209	— (Moulin à)	Puyvert	Géry	800	60	40,000	44,700
210	— (Moulin à)	Lourmarin	Avit	120	86	42,585	45,000
211	— (Moulin à)	Idem	Jullien	100	36	42,585	45,000
212	— (Moulin à)	Apt	Sauvand	1,700	84	100,000	114,300
213	— (Moulin à)	Idem	Olivier	1,250	76	87,500	99,925
214	— (Moulin à)	Idem	Brousserie	1,250	81	75,800	85,650
215	— (Moulin à)	Idem	Teissier	2,290	101	100,000	114,200
216	— (Moulin à)	Oppède	Roche	1,300	68	26,328	26,767
217	— (Moulin à)	Pertuis	Vian	7,940	305	345,600	380,100

| OUVRIERS | | | | | | | MOTEURS | | | | | | FEUX | | | MACHINES | |
| NOMBRE. | | | | SALAIRES. | | | MOULINS | | | MACHINES à vapeur. | CHEVAUX et mulets. | BŒUFS. | FOUR-NEAUX. | FORGES. | FOURS. | MÉTIERS. | AUTRES. |
Hommes.	Femmes.	Enfants.	TOTAUX.	Hommes.	Femmes.	Enfants.	à eau.	à vent.	à manège.								
DE CARPENTRAS. (Suite.)																	
20	6	.	26	3' 00"	1' 00"	.	.	.	.	1	.	.	1	.	.	.	1
9	.	.	9	2. 50	.	.	1	.	.	.	.	.	1	.	.	.	12
10	.	.	10	2. 50	.	.	1	.	.	.	.	.	3	.	.	.	18
3	.	.	3	2. 50	.	.	1	.	.	.	.	.	1	.	.	.	7
5	.	.	5	3. 00	.	.	1	.	.	.	.	.	1	.	.	.	5
3	.	.	3	2. 50	.	.	1	.	.	.	.	.	.	.	.	.	4
5	.	2	7	2. 50	.	1' 50"	1	.	.	.	.	.	2	.	.	.	10
6	.	.	6	2. 50	.	.	1	.	.	.	.	.	1	.	.	.	.
49	20	12	81	2. 50	1. 00	0. 70	.	.	.	.	.	.	1	.	.	10	1
9	.	.	9	1. 10	.	.	.	.	.	.	.	.	.	.	.	.	8
2	10	.	12	2. 00	1. 00	.	.	.	.	1	.	.	1	.	.	.	10
2	12	.	14	2. 25	1. 25	.	.	.	.	.	.	.	1	.	.	12	.
1	20	.	21	2. 50	1. 20	.	.	.	.	1	.	.	.	.	.	20	.
4	.	.	4	2. 50	.	.	.	.	1	.	.	.	3	.	.	.	.
5	.	.	5	2. 50	.	.	.	.	1	.	.	.	.	.	.	.	.
2	.	.	2	2. 50	.	.	.	.	1	.	.	1	2	.	.	.	.
7	1	.	8	2. 50	1. 25	.	.	1	.	.	.	.	4	.	.	.	.
D'APT.																	
6	.	.	6	2. 35	.	.	.	.	.	.	.	.	.	.	.	.	.
2	.	.	2	2. 00	.	.	.	.	.	.	.	.	.	.	.	.	.
7	1	.	8	2. 00	0. 75	.	2	1	.	.	.	.	.	3	12	.	.
26	2	2	28	1'90"à 2'60"	0. 75	60' à 75'	.	.	1	.	.	.	.	4	6	.	10
18	5	4	27	2' 00"	0. 85	0' 60'	.	.	1	.	.	.	.	2	9	.	.
18	2	3	23	1'20"à 3'	0. 75	60' à 75'	.	.	1	.	1	.	.	2	.	.	9
20	.	3	23	1'20"à 3'	.	60' à 75'	.	.	.	.	1	.	.	2	5	.	2
24	6	.	30	2' 00"	0. 80	.	.	.	1	.	2	.	1	2	.	.	.
20	3	6	29	2. 00	0. 85	0' 70"	.	.	1	.	1	.	.	2	.	.	.
2	.	.	2	2. 50	.	.	.	.	.	.	.	.	.	.	.	.	4
3	.	.	3	2. 00	.	.	1	.	.	.	.	.	.	.	.	.	.
1	.	.	1	2. 00	.	.	1	.	.	.	.	.	.	.	.	.	.
3	.	.	3	2. 00	.	.	2	.	.	.	.	.	.	.	.	.	.
2	.	.	2	2. 00	.	.	2	.	.	.	.	.	.	.	.	.	.
1	.	.	1	2. 00	.	.	1	.	.	.	.	.	.	.	.	.	.
2	.	.	2	2. 00	.	.	1	.	.	.	.	.	.	.	.	.	.
2	.	.	2	2. 00	.	.	3	.	.	.	.	.	.	.	.	.	.
3	.	.	3	2. 00	.	.	3	.	.	.	.	.	.	.	.	.	.
2	.	.	2	2. 00	.	.	2	.	.	.	.	.	.	.	.	.	.
3	.	.	3	2. 00	.	.	5	.	.	.	.	.	.	.	.	.	.
3	1	.	4	2. 00	0. 75	.	2	.	.	.	.	.	.	.	.	.	.
3	.	.	3	2. 00	.	.	2	.	.	.	.	.	.	.	.	.	.
1	.	.	1	2. 00	.	.	2	.	.	.	.	.	.	.	.	.	.
3	.	.	3	2. 00	.	.	3	.	.	.	.	.	.	.	.	.	.

NUMÉROS	NATURE DES ÉTABLISSEMENTS.	COMMUNES où ILS SONT SITUÉS	NOMS DES FABRICANTS ou manufacturiers.	VALEURS LOCATIVES.	MONTANT des PATENTES.	VALEUR ANNUELLE des matières premières.	VALEUR DES PRODUITS fabriqués annuellement.
			3° ARRONDISSEMENT				
218	Céréales (Moulins à)	15 communes	39 établissements. (Rall. coll.)	17.695	965	622,722	671,832
219	Olives. Huilerie.	Menerbes	Pascal Carme	30	12	16,000	20,660
220	... Huilerie.	Idem	Garnier	30	12	16,000	20,660
221	Huilerie	Lauris	Coissot	80	13	5,850	6,900
222	— Huilerie.	La Tour-d'Aigues	Michel	50	Compris ailleurs.	5,915	6,760
223	Huilerie.	Grambis	Joseph Rous	40	11	3,450	4,000
224	— Huilerie.	Pertuis	Martelly	120	33	7,200	11,968
225	— Huilerie.	Idem	Bodes	180	61	11,520	19,000
226	— Huilerie.	Gordes	Luc Bosis	30	12	6,000	7,500
227	— Huilerie.	Idem	Melians	80	Compris ailleurs.	12,000	15,000
228	Distillerie. Alcool.	2 communes	2 établissements. (Rall. coll.)	522	192	2,652	3,900
229	Soie. Cocons. Filature. Soie grége.	Oppède	Joseph Bonnet	300	45	24,000	37,500
230	— — Filature. Soie grége.	Idem	Brunenn	300	45	24,000	37,500
231	— — Filature. Soie grége.	Idem	Cassan	400	80	48,000	55,000
232	— Filature. Soie grége.	Idem	Martin	400	68	32,000	37,980
233	— — Filature. Soie grége.	Idem	Gauthier	300	47	24,000	37,500
234	— Filature. Soie grége.	Lourmarin	Cavallier	200	70	80,000	96,600
235	Peaux. Tannerie.	Apt	Joseph Dupuy	250	13	4,500	6,875
236	— Tannerie.	Idem	François Grand	300	17	2,250	3,438
237	— Tannerie.	Idem	Pierre Grand	600	79	9,000	13,750
238	— Tannerie.	Gordes	Martin	80	6	2,000	3,000
239	... Tannerie.	Idem	Rippert	80	5	1,000	1,500
			4° ARRONDISSEMENT				
240	Lignite. Extraction.	Piolenc	Jean-Baptiste Chambaud	»	»	»	15,625
241	— Extraction.	Mondragon	Gilbert Sevinier	»	»	»	8,333
242	Céréales (Moulin à).	Le Palud	Louis Arnaud	1,450	54	37,500	45,495
243	— (Moulin à).	Orange	Desplaces	2,400	80	45,000	54,860
244	— (Moulin à).	Idem	Cornillon	1,950	65	32,000	61,984
245	— (Moulin à).	Idem	S.-J.-B. Sout	1,660	58	45,000	54,860
246	— (Moulin à).	Idem	J. Millet	2,450	87	75,000	91,440
247	— (Moulin à).	40 communes	73 établissements. (Rall. coll.)	63,610	2,370	1,277,050	1,537,394
248	Papeterie. Papier blanc.	Entrechaux	Monrosier	1,040	160	45,000	67,500
249	— Papier blanc.	Malaucène	Geoffroy	400	113	5,000	7,500
250	Imprimerie. Livres.	Orange	2 établissements	1,000	90	8,400	20,000
251	Garance en poudre.	Idem	Favier	850	191	175,000	215,000
252	Soie. Cocons. Filature. Soie grége.	Valréas	Henri Meynard	2,000	117	80,000	90,960
253	— Filature. Soie grége.	Mondragon	Reboul	300	203	60,000	75,000
254	— Filature. Soie grége.	Vison	Beausse	1,000	136	63,500	71,500
255	— Filature. Soie grége.	Malaucène	Chastal	300	94	27,000	30,000
256	— Filature. Soie grége.	Valréas	Hilarion Meynard	500	315	240,000	285,000
257	— Filature. Soie grége.	Camaret	Coste	160	85	64,000	69,600
258	— Filature. Soie grége.	Valréas	Aubenan	1,210	198	133,000	162,500
259	— Filature. Soie grége.	Idem	Delaye	200	120	30,000	32,500

| OUVRIERS | | | | | | | MOTEURS | | | | | | FEUX | | | MACHINES | |
| NOMBRE | | | | SALAIRES | | | MOULINS | | | MACHINES à vapeur | CHEVAUX et mulets | BIEFS | FOUR-NEAUX | FORGES | FOURS | MÉTIERS | AUTRES |
Hommes.	Femmes.	Enfants.	TOTAUX.	Hommes.	Femmes.	Enfants.	à eau.	à vent.	à manège.								

D'APT. (Suite.)

Hommes.	Femmes.	Enfants.	TOTAUX.	Hommes.	Femmes.	Enfants.	à eau.	à vent.	à manège.	vapeur.	chevaux et mulets.	biefs	fourneaux.	forges.	fours.	métiers.	autres.
57	2	1	60	1f 75c	»	»	3	5	»	»	8	»	»	»	»	»	»
10	»	»	10	2.00	»	»	1	»	»	»	»	»	»	»	»	»	»
10	»	»	10	2.00	»	»	1	»	»	»	»	»	»	»	»	»	»
8	»	»	8	2.25	»	»	»	»	»	»	»	»	»	1	»	»	1
10	»	»	10	1.50	»	»	»	»	»	1	»	3	»	1	»	»	»
6	»	»	6	1.50	»	»	»	»	»	1	»	1	»	»	»	»	»
6	1	»	7	2.50	1f 25c	»	»	»	»	1	»	3	»	1	»	»	»
6	1	»	7	2.50	1.25	»	»	»	»	1	»	3	»	1	»	»	1
3	»	»	3	1.50	»	»	»	»	»	»	»	»	»	»	»	»	1
5	»	»	5	1.50	»	»	»	»	»	»	»	»	»	»	»	»	»
3	»	»	3	2.50	»	»	»	»	»	»	»	»	2	1	»	»	»
1	19	»	20	3.00	1.20	»	»	»	»	1	»	»	»	»	»	»	»
1	19	»	20	3.00	1.20	»	»	»	»	1	»	»	»	»	»	»	»
2	30	7	39	3.00	1.20	1f 00c	»	»	»	1	»	»	»	»	»	»	»
2	24	6	32	3.00	1.20	1.00	»	»	»	1	»	»	»	»	»	»	»
1	16	4	21	3.00	1.20	1.00	»	»	»	1	»	»	4	»	»	»	»
2	60	»	62	3.50	1.00	»	3	»	»	1	»	»	»	1	»	»	»
2	»	»	2	2.00	»	»	»	»	»	»	»	1	»	»	»	»	»
1	»	»	1	2.00	»	»	»	»	»	1	»	1	»	»	»	»	»
4	»	»	4	2.00	»	»	»	»	»	1	»	»	»	»	»	»	»
3	»	»	3	1.50	»	»	»	»	»	»	»	»	»	»	»	»	»
1	»	»	1	1.50	»	»	»	»	»	»	»	»	»	»	»	»	»

D'ORANGE.

Hommes.	Femmes.	Enfants.	TOTAUX.	Hommes.	Femmes.	Enfants.	à eau.	à vent.	à manège.	vapeur.	chevaux et mulets.	biefs	fourneaux.	forges.	fours.	métiers.	autres.
20	»	»	20	2f 50c	»	»	»	»	»	»	»	»	»	»	»	»	»
18	»	»	18	2.50	»	»	»	»	»	»	»	»	»	»	»	»	»
2	»	»	2	1.50	»	»	1	»	»	»	2	»	»	»	»	»	»
2	»	»	2	1.75	»	»	2	»	»	»	»	»	»	»	»	»	»
2	»	»	2	1.75	»	»	2	»	»	»	»	»	»	»	»	»	»
2	»	»	2	1.75	»	»	2	»	»	»	8	»	»	»	»	»	»
3	»	»	3	1.75	»	»	»	»	»	»	»	»	»	»	»	»	»
80	»	»	80	1.50	»	»	80	»	»	»	29	»	»	»	»	»	»
8	15	2	23	2.00	0f 75c	0f 60c	»	»	»	1	»	1	»	»	»	1	1
4	2	1	7	2.00	1.00	0.25	2	»	»	»	»	1	»	»	»	»	»
4	»	»	4	2.50	»	»	»	»	»	»	»	»	»	»	»	»	2
5	»	»	5	2.50	»	»	1	»	»	»	»	1	»	»	»	»	»
10	40	»	50	1.50	0.90	»	»	»	»	1	»	1	»	»	»	»	»
6	60	40	106	2.50	0.80	0.70	2	»	»	»	»	1	»	»	»	40	3
2	17	10	29	1.50	0.70	0.45	2	»	»	»	»	»	»	»	»	»	»
1	18	3	22	1.50	1.00	0.60	»	»	»	1	»	2	»	1	»	18	»
4	70	40	114	3.00	1.00	0.75	»	»	»	1	2	3	»	2	»	64	2
2	60	»	62	2.00	1.00	»	»	»	»	»	1	»	»	1	»	50	»
3	70	5	78	1.75	1.00	0.75	2	»	»	»	1	»	»	1	»	70	1
2	24	24	50	2.50	1.00	0.75	»	»	»	1	»	»	»	1	»	24	»

NUMÉROS d'ordre.	NATURE DES ÉTABLISSEMENTS.	COMMUNES où ILS SONT SITUÉS.	NOMS DES FABRICANTS ou manufacturiers.	VALEURS LOCATIVES.	MONTANT des PATENTES.	VALEUR ANNUELLE des matières premières.	VALEUR DES PRODUITS fabriqués annuellement.

4° ARRONDISSEMENT D

260	Nois. Coxxes. Filature. Soie grége	Valréas	Bory	500^f	174^f	60,000^f	78,000^f
261	— . — Filature. Soie grége et ouvrée	Bollène	Alfred Molit	3,500	172	224,000	267,680
262	— . — Filature. Soie grége et ouvrée	Idem	Pellegrin	3,200	135	446,000	530,420
263	— . — Filature. Soie grége et ouvrée	Idem	Charmon	3,150	176	224,000	267,680
264	— Filature. Soie grége et ouvrée	Grillon	Joubert	1,400	75	94,762	104,840
265	— Filature. Soie grége et ouvrée	Sérignan	Deloye	1,800	105	292,400	333,332
266	— Filature. Soie grége et ouvrée	Jonquières	Chabrr·	800	55	76,800	169,840
267	— Soie grége. Soie ouvrée	Orange	Corte	1,800	75	270,000	300,030
268	— Soie grége. Soie ouvrée	Jonquières	Tissot fils	700	65	216,000	233,480
269	— Soie grége. Soie ouvrée	Grillon	Deloye	1,500	82	96,000	106,320
270	— Soie grége. Soie ouvrée	Bollène	Pellegrin	500	82	54,000	60,120
271	— Soie grége. Soie ouvrée	Idem	Pellegrin	800	75	78,000	91,840
272	— Soie grége. Soie ouvrée	Grillon	Michel	900	60	48,000	53,440
273	— Soie grége. Soie ouvrée	Orange	Chauffort	2,000	130	390,000	434,200
274	— ouvrée	Malaucène	Chouvion	400	118	54,000	56,000
275	— ouvrée	Orange	Meynard	1,500	395	335,000	360,000
276	— ouvrée	Malaucène	Blanc	1,300	339	95,000	210,000
277	— ouvrée	Idem	Nègre	500	90	15,300	21,000
278	— ouvrée	Vaison	Sambuc	1,000	213	95,000	130,000

RÉCAPITULATION PAR A

ARRONDISSEMENTS.	NOMBRE D'ÉTABLISSEMENTS.	NOMBRE de COMMUNES où ils sont situés.	VALEURS LOCATIVES.	MONTANT des PATENTES.	VALEUR ANNUELLE des matières premières.	VALEUR DES PRODUITS fabriqués annuellement.
AVIGNON	173	14	193,491^f	20,604^f	18,875,434^f	22,465,315^f
CARPENTRAS	97	19	150,511	6,049	4,369,744	5,099,066
APT	92	26	46,591	3,866	2,166,012	2,665,295
ORANGE	112	34	108,830	7,181	5,631,192	6,874,543
TOTAUX	474	93	499,523	43,790	31,042,382	37,104,219

D'ORANGE. (Suite.)

	OUVRIERS							MOTEURS						FEUX			MACHINES	
	NOMBRE				SALAIRES			MOULINS			MACHINES à vapeur	CHEVAUX et mulets	DRRPS.	FOUR-NEAUX.	FORGES.	FOURS.	MÉTIERS.	AUTRES
Hommes.	Femmes.	Enfants.	TOTAUX.	Hommes.	Femmes.	Enfants.	à eau.	à vent.	à manège.									
2	50	20	72	1f 75c	1f 00c	0f 60c	»	»	»	»	1	»	»	1	»	»	40	
10	48	»	58	1. 50	0. 90	»	»	»	»	»	1	»	»	1	»	»		
10	20	»	30	1. 50	0. 90	»	»	»	»	»	1	»	»	1	»	»		
6	64	»	70	1. 75	0. 90	»	3	»	»	»	1	»	»	1	»	»		
3	25	»	28	2. 00	0. 80	»	»	»	»	»	1	»	»	»	»	»	3	
6	35	»	41	2. 00	0. 80	»	1	»	»	»	1	»	»	»	»	»	4	
2	18	»	20	2. 00	0. 75	»	1	»	»	»	1	»	»	»	»	»	2	
4	26	»	30	2. 00	0. 90	»	1	»	»	»	»	»	»	»	»	»	4	
3	25	»	22	2. 00	0. 75	»	1	»	»	»	»	»	»	»	»	»	4	
4	30	»	34	2. 00	0. 80	»	»	»	»	»	1	»	»	»	»	»	4	
2	17	»	19	2. 00	0. 75	»	»	»	»	»	1	»	»	»	»	»	3	
4	34	»	38	2. 00	0. 75	»	»	»	»	»	1	»	»	»	»	»	4	
2	14	»	16	2. 00	0. 80	»	»	»	»	»	1	»	»	»	»	»	2	
6	50	»	56	1. 50	0. 90	»	8	»	»	»	1	»	»	»	»	»		
1	36	4	41	1. 50	1. 00	0. 00	»	»	»	»	1	»	»	1	»	»	36	
6	106	22	134	2. 50	0. 90	0. 00	2	»	»	1	»	»	»	1	»	»	52	2
8	60	30	98	2. 00	1. 00	0. 60	1	»	»	»	»	»	»	»	»	»		28
1	12	3	16	2. 00	1. 00	0. 60	»	»	»	»	»	»	»	1	»	»		12
5	50	25	80	2. 00	1. 00	0. 60	»	»	»	»	1	»	»	1	»	»	20	

ARRONDISSEMENTS.

	OUVRIERS							MOTEURS						FEUX			MACHINES	
	NOMBRE				SALAIRES			MOULINS			MACHINES à vapeur.	CHEVAUX et mulets.	DRRPS.	FOUR-NEAUX.	FORGES.	FOURS.	MÉTIERS.	AUTRES
Hommes.	Femmes.	Enfants.	TOTAUX.	Hommes.	Femmes.	Enfants.	à eau.	à vent.	à manège.									
1,926	1,905	1,286	5,117	2f 03c	1f 00c	0f 63c	66	»	15	6	46	»	70	4	3	1,163	322	
353	113	35	501	2. 33	1. 10	1. 13	79	»	9	5	40	»	31	1	14	42	81	
318	192	36	546	2. 15	1. 00	0. 60	38	6	13	6	26	»	12	3	26	19	27	
263	1,096	229	1,588	1. 93	0. 89	0. 60	114	»	3	19	44.	»	20	»	»	445	53	
2,860	3,306	1,586	7,722	2. 12	1. 02	0. 74	297	6	39	36	156	»	(*) 133	8	43	1,669	483	

(*) 3 hauts fourneaux.

RÉCAPITULATION PAR NATURE

NATURE DES PRODUITS.	NOMBRE D'ÉTABLISSEMENTS.	NOMBRE DE COMMUNES où ils sont situés.	VALEURS LOCATIVES.	MONTANT des PATENTES.	VALEUR ANNUELLE des matières premières.	VALEUR DES PRODUITS fabriqués annuellement.
PRODUITS MINÉRAUX.						
Pierres de taille. Carrières............	6	4	"	"	84^f	13,138^f
———— Scierie................	14	5	415^f	33^f	23,855	72,340
Pierres calcaires. Chaux hydraulique.........	3	1	850	122	15,740	29,500
Plâtre (Fours à)...................	7	4	4,360	440	77,086	121,301
Terre argileuse. Tuiles. Poterie...........	10	3	2,740	773	83,155	198,650
Lignite. Extraction...............	2	2	"	"	"	23,958
Houille. Extraction.............	1	1	"	"	"	20,000
———— Gaz d'éclairage.........	1	1	2,506	"	10,000	22,667
Fer. Fonderie. Mécanique...........	1	1	1,500	397	34,300	40,000
Cuivre et plomb ouvragés...........	2	1	7,900	1,114	1,705,400	1,832,700
Produits chimiques. Acide sulfurique.........	2	2	360	48	856	3,200
PRODUITS VÉGÉTAUX.						
Céréales (Moulins à)..............	220	101	298,719	10,686	11,454,450	12,828,031
Orge. Bière..................	3	2	"	"	41,565	82,754
Graines oléagineuses. Huilerie..........	1	1	300	39	45,000	49,500
Olives. Huileries...............	24	12	3,810	460	220,835	313,488
Distillerie. Alcool. Liqueurs...........	3	3	2,922	599	4,527	10,200
Papeterie. Papier blanc et gris..........	3	3	2,140	473	52,045	82,033
Imprimerie. Livres..............	11	4	5,500	1,386	124,930	211,000
Lithographie. Objets variés...........	3	1	1,700	155	12,757	31,000
Garance en poudre..............	28	13	64,070	8,943	6,936,830	8,000,520
Garancine.................	4	1	10,600	3,054	1,656,000	2,270,000
Coton. Tissus. Mouchoirs. Indiennes. Impressions.........	3	1	1,300	345	41,300	300,000
PRODUITS ANIMAUX.						
Laine. Préparation de laines...........	1	1	3,000	649	125,000	195,000
Soie. Cocons. Filature. Soie grége et ouvrée..........	34	17	25,430	3,745	2,062,812	3,719,742
———— grége, ouvrée, moulinée, ouvrée en trames.........	31	9	21,300	4,023	4,034,200	4,565,850
———— Tissage. Florence...........	29	1	21,000	5,500	1,312,750	1,801,385
Peaux. Tannerie...............	27	5	13,411	896	166,717	239,653
TOTAUX.............	474	200	499,533	43,790	31,042,382	37,104,210

	OUVRIERS.							MOTEURS.						FEUX.			MACHINES.	
	NOMBRE.				SALAIRES.			MOULINS.			MACHINES à vapeur.	CHEVAUX et mulets.	BŒUFS.	FOUR-NEAUX.	FORGES.	FOURS.	MÉTIERS.	AUTRES.
	Hommes.	Femmes.	Enfants.	TOTAUX.	Hommes.	Femmes.	Enfants.	à eau.	à vent.	à manège.								

RE PRODUITS INDUSTRIELS.

	Hommes	Femmes	Enfants	TOTAUX	Hommes	Femmes	Enfants	à eau	à vent	à manège	vapeur	chev.	bœufs	fourn.	forges	fours	métiers	autres
138	10	»	1	11	2ᶠ 50ᶜ	»	1ᶠ 50ᶜ	»	»	»	»	»	»	»	»	»	»	1
340	43	1	»	44	3. 10	»	1. 50	»	»	»	»	»	»	»	»	»	»	»
500	10	»	»	10	2. 50	»	»	»	»	»	»	7	»	»	»	3	»	»
301	33	4	6	43	2. 39	1ᶠ 37ᶜ	1. 12	»	»	4	2	6	»	1	1	14	»	2
650	131	19	18	168	2. 11	0. 80	0. 45	2	1	6	»	5	»	1	3	26	19	21
958	38	»	»	38	2. 50	»	»	»	»	»	»	»	»	»	»	»	»	»
000	22	3	»	25	3. 50	1. 50	»	»	»	»	»	»	»	»	»	»	»	»
567	2	1	»	3	3. 00	1. 50	»	»	»	»	»	»	»	3	»	»	»	»
900	25	»	8	33	3. 00	»	1. 25	»	»	1	»	2	»	3	1	»	»	»
700	50	»	»	50	2. 75	»	»	»	»	»	»	»	»	14	3	»	»	16
200	6	»	1	7	2. 50	»	1. 25	»	»	»	1	1	»	2	»	»	»	»
031	398	42	16	456	2. 34	1. 28	0. 88	218	5	»	»	77	»	»	»	»	»	41
754	11	»	»	11	2. 65	»	»	»	»	»	»	»	»	2	»	»	»	»
500	3	»	»	3	2. 00	»	»	»	»	»	1	»	»	1	»	»	»	»
468	168	2	»	170	2. 27	1. 25	»	3	»	14	»	43	»	15	»	»	8	5
100	4	»	»	4	2. 50	»	»	»	»	»	»	»	»	2	»	»	»	»
632	14	18	3	35	2. 19	0. 90	0. 42	3	»	»	1	»	»	2	»	»	1	1
000	70	6	2	78	2. 64	1. 00	0. 50	»	»	»	1	»	»	»	»	»	»	28
000	11	»	3	14	3. 66	»	0. 87	»	»	»	»	»	»	»	»	»	»	»
120	227	62	13	302	2. 61	1. 37	1. 37	17	»	»	»	»	»	36	»	»	»	223
000	47	»	»	47	2. 50	»	»	»	»	»	2	»	»	»	»	»	»	»
000	45	4	79	128	2. 75	2. 75	0. 78	»	»	»	»	»	»	13	»	»	»	2
000	49	20	12	81	2. 50	1. 00	0. 70	»	»	»	»	»	»	1	»	»	10	1
742	132	996	181	1,309	2. 11	0. 98	0. 76	20	»	2	21	5	»	23	»	»	347	60
156	94	972	88	1,154	1. 76	0. 91	0. 62	33	»	»	7	»	»	5	»	»	129	82
883	1,155	1,155	1,155	3,465	1. 00	0. 50	0. 25	»	»	»	»	»	»	»	»	»	1,155	»
153	62	1	»	63	2. 35	1. 25	»	1	»	12	»	10	»	9	»	»	»	»
119	2,860	3,306	1,586	7,752	2. 12	1. 02	0. 74	397	6	39	36	156	»	133	8	43	1,669	483

N° 23.

TABLEAU,

PAR DÉPARTEMENTS.

DU NOMBRE DES PATENTES, DANS LA RÉGION DU MIDI ORIENTAL DE LA FRANCE,

DE 1835 A 1844.

DÉPARTEMENTS.	1835.	1836.	1837.	1838.	1839.	1840.	1841.	1842.	1843.	1844.
1 Ain	10,137	10,947	12,137	12,306	12,613	12,657	12,815	14,023	14,023	13,775
2 Isère	19,020	19,111	20,250	19,953	20,765	21,381	22,471	22,938	23,232	22,750
3 Hautes-Alpes	3,820	7,840	3,839	3,954	4,055	5,859	4,514	4,583	4,781	4,809
4 Basses-Alpes	5,277	5,289	5,518	5,497	5,661	5,859	6,179	6,463	6,594	6,384
5 Var	14,599	14,493	14,437	15,617	15,596	14,888	15,219	16,192	17,361	17,057
6 Bouches-du-Rhône	14,311	16,552	16,769	18,413	17,764	18,060	18,529	21,166	21,653	21,075
7 Gard	15,869	15,936	16,200	16,607	16,912	17,308	17,661	18,338	18,312	18,396
8 Hérault	15,039	15,532	15,506	16,164	15,935	16,605	16,303	17,014	17,291	17,725
9 Aude	10,292	11,105	11,258	11,680	11,806	11,865	11,683	12,668	13,038	12,731
10 Pyrénées-Orientales	5,906	6,024	6,172	6,360	6,529	6,966	6,805	7,112	7,179	7,252
11 Allier	8,167	8,440	8,695	9,054	9,075	9,226	9,143	10,035	10,324	10,580
12 Saône-et-Loire	13,410	17,107	17,573	17,742	18,730	19,139	20,307	21,030	20,494	20,108
13 Rhône	20,953	21,676	22,050	24,196	25,002	25,279	25,493	27,906	28,550	29,768
14 Puy-de-Dôme	12,421	13,006	13,121	13,501	13,802	14,111	14,946	15,180	15,526	15,457
15 Loire	9,313	10,106	10,149	10,697	11,540	11,491	11,690	12,702	13,159	12,976
16 Cantal	6,049	7,205	7,320	7,374	7,089	5,971	6,940	2,989	7,510	7,217
17 Haute-Loire	5,232	5,427	5,486	5,703	5,709	5,971	6,513	6,874	6,859	6,706
18 Ardèche	8,448	8,734	8,743	9,554	9,833	9,718	9,592	10,639	10,390	10,313
19 Drôme	11,300	11,897	12,458	12,953	13,358	13,676	14,435	15,202	14,701	14,495
20 Aveyron	9,004	9,365	9,336	9,375	9,849	9,284	9,806	10,499	10,299	10,135
21 Lozère	3,500	3,626	3,697	3,751	3,717	3,707	3,792	4,095	4,237	4,018
22 Vaucluse	10,097	10,499	10,583	10,802	10,935	11,157	11,055	11,460	11,963	11,787
Totaux	231,964	246,067	251,297	260,853	264,737	269,561	275,880	294,917	297,348	295,080

RÉSUMÉ COMPARATIF.

PREMIÈRE PÉRIODE.		DEUXIÈME PÉRIODE.		ACCROISSEMENT en 10 ans.	RAPPORT PROPORTIONNEL.
ANNÉES.	NOMBRE de patentes.	ANNÉES.	NOMBRE de patentes.		
1825	200,733	1835	231,964	31,231	15, 56 p. 400
1826	207,366	1836	246,067	38,701	18, 66
1827	211,746	1837	251,297	39,551	18, 90
1828	214,636	1838	260,853	46,217	21, 53
1829	218,697	1839	264,737	46,040	21, 05
1830	221,216	1840	269,561	48,345	21, 85
1831	220,576	1841	275,880	55,304	25, 07
1832	217,059	1842	294,917	77,858	35, 87
1833	221,475	1843	297,348	75,771	34, 21
1834	228,448	1844	295,080	66,632	29, 17
Totaux	2,151,952		2,687,602	537,650	24, 40

RÉGION DU MIDI ORIENTAL.

STATISTIQUE DE L'INDUSTRIE MANUFACTURIÈRE
ET DES EXPLOITATIONS.

TABLEAUX RÉCAPITULATIFS,

1° Par départements et arrondissements.

2° Par nature de produits industriels.

STATISTIQUE DE L'INDUSTRIE MANU

RÉGION DU MIDI ORIEN

N° 24.

TABLEAU RÉCAPITULATIF

NUMÉROS D'ORDRE.	DÉPARTEMENTS.	NOMBRE D'ÉTABLISSEMENTS.	NOMBRE DE COMMUNES où ils sont situés.	VALEURS LOCATIVES.	MONTANT des PATENTES.	VALEUR ANNUELLE des matières premières.	VALEUR DES PRODUITS fabriqués annuellement.
1°	Ain	116	60	170,966ᶠ	12,251ᶠ	11,613,912ᶠ	15,673,623ᶠ
2°	Isère	663	230	318,687	61,906	21,300,102	37,513,549
3°	Hautes-Alpes	86	24	26,900	2,844	2,015,728	2,658,418
4°	Basses-Alpes	99	31	16,104	3,362	1,634,010	2,693,174
5°	Var	421	22	174,844	20,112	6,092,719	10,220,370
6°	Bouches-du-Rhône	842	86	854,649	119,654	112,374,876	146,189,300
7°	Gard	436	111	207,870	83,371	27,195,837	44,564,372
8°	Hérault	717	235	458,290	68,174	53,895,437	69,948,196
9°	Aude	222	51	201,519	23,456	13,960,045	20,391,122
10°	Pyrénées-Orient.-les.	427	4	154,390	17,954	3,993,175	6,534,339
11°	Allier	905	421	649,214	43,146	18,370,958	29,504,914
12°	Saône-et-Loire	1,763	695	745,262	38,663	74,673,438	85,322,981
13°	Rhône	329	15	556,905	43,307	165,655,283	237,914,750
14°	Puy-de-Dôme	2,752	15	38,256	2,776	29,670,155	41,122,346
15°	Loire	654	33	655,237	115,152	84,205,351	130,573,336
16°	Cantal	819	276	129,436	17,931	9,152,913	11,009,544
17°	Haute-Loire	27	8	11,370	1,298	1,388,489	2,167,094
18°	Ardèche	943	363	489,211	56,745	32,650,112	37,911,836
19°	Drôme	619	266	270,877	50,710	53,684,100	62,429,236
20°	Aveyron	74	19	154,630	26,680	8,358,542	14,008,051
21°	Lozère	12	5	9,350	1,779	1,049,040	1,582,935
22°	Vaucluse	474	93	499,523	43,790	31,043,382	37,104,219
	TOTAUX	13,300	3,094	6,790,156	834,881	764,170,556	1,137,739,685

*Non compris la fabrique de Lyon et celle de Tarare, fournies en bulletins collectifs pour les tissus.

FACTURIÈRE ET DES EXPLOITATIONS.

TAL DE LA FRANCE.

PAR DÉPARTEMENTS.

	OUVRIERS							MOTEURS						FEUX			MACHINES		
	NOMBRE				SALAIRES			MOULINS			MACHINES à vapeur	CHEVAUX et mulets	BŒUFS	FOURNEAUX	FORGES	FOURS	MÉTIERS	AUTRES	BROCHES
	Hommes	Femmes	Enfants	TOTAUX	Hommes	Femmes	Enfants	à eau	à vent	à manège									
23'	1,139	761	424	2,324	1'76'	1'03'	0'66'	83	.	7	2	44	2	54	13	25	505	3,619	14,454
40	7,999	4,287	1,439	13,725	2.31	1.00	0.68	183	4	1	49	211	.	328	32	50	1,583	1,930	7,410
18	455	121	100	676	1.71	0.80	0.49	51	.	.	.	12	.	19	5	3	295	56	.
74	482	635	284	1,401	1.92	0.76	0.62	44	.	9	2	12	.	54	3	10	417	155	.
70	2,592	1,143	325	4,060	2.25	1.00	0.78	24	21	18	14	95	.	139	104	214	.	134	.
00	10,318	1,333	1,281	12,932	2.82	1.21	1.09	37	9	135	80	498	13	822	147	249	93	461	4,180
172	13,912	8,636	3,083	25,631	2.23	0.97	0.67	60	29	27	53	452	2	189	15	244	5,410	2,257	.
196	9,442	8,185	3,410	21,037	2.03	0.87	0.74	129	2	64	30	206	3	697	29	56	3,857	2,564	46,720
122	2,800	2,284	877	5,961	1.64	0.65	0.57	63	24	53	2	150	.	47	11	38	966	290	15,622
139	1,654	115	16	1,785	2.43	0.94	0.83	31	1	98	.	15	.	236	14	133	74	313	8,926
14	4,962	523	521	6,006	1.58	0.78	0.62	879	.	5	21	128	84	111	24	183	80	301	.
81	8,468	462	316	9,246	2.17	1.06	0.80	1,055	77	61	84	132	19	78	17	120	141	150	4,750
750	118,173	11,388	6,330	135,891	2.54	1.39	0.90	21	.	1	15	4	.	87	19	26	75,872	405	14,250
346	17,411	719	1,529	19,659	1.62	0.77	0.64	2,202	.	3	11	2,164	6	50	4	143	274	115	600
336	24,500	21,898	4,304	50,702	2.33	0.97	0.81	1°9	.	2	71	899	.	246	2,419	180	23,472	4,064	23,560
544	2,048	44	34	2,126	1.92	1.26	0.71	777	.	.	.	3	.	16	.	23	40	1,826	.
094	203	214	139	556	2.16	0.83	0.57	20	.	1	.	3	.	9	2	10	25	15	.
336	2,561	4,812	1,566	8,939	1.53	0.75	0.50	922	.	9	27	224	.	47	5	15	339	805	.
236	1,593	4,319	1,439	7,451	1.94	0.83	0.54	328	1	73	18	137	16	167	17	44	3,999	1,780	4,222
051	3,984	1,951	451	6,386	2.33	1.03	0.73	61	.	3	7	74	80	42	2	25	934	471	7,008
935	571	362	189	1,122	1.73	0.69	0.55	5	.	.	1	.	.	10	3	.	100	35	1,460
219	2,860	3,306	1,586	7,752	2.12	1.02	0.74	297	6	39	36	156	.	133	8	43	1,669	483	.
685	238,227	77,478	29,663	345,368	2.05	0.94	0.70	7,661	174	609	532	5,649	225	3,587	2,913	1,834	120,151	21,349	153,156

27.

STATISTIQUE DE L'INDUSTRIE MANU F

N° 25.

TABLEAU RÉCAPITULATIF PAR DÉPAR T

ARRONDISSEMENTS	NOMBRE D'ÉTABLISSEMENTS	NOMBRE DE COMMUNES où ils sont situés	VALEURS LOCATIVES	MONTANT des PATENTES	VALEUR ANNUELLE des matières premières	VALEUR des PRODUITS fabriqués annuellement	
1° DÉPARTEMENT D							
Die	15	30	44,930	2,746	1,353,418	1,951,108	
Nyons	14	27	45,930	4,508	4,551,979	6,199,403	
Montélimar	10	16	28,600	1,917	2,008,610	2,460,800	
Gex	9	16	11,750	989	414,860	598,308	
Trévoux	12	27	39,750	2,111	3,285,045	4,458,314	
Totaux	116	60	170,960	12,251	11,613,912	15,673,623	
2° DÉPARTEMENT D							
Grenoble	241	114	103,416	13,674	4,748,584	9,020,926	
La Tour-du-Pin	144	45	77,976	5,132	2,934,620	5,911,306	
Saint-Marcellin	101	44	34,000	8,311	4,528,116	7,055,207	
Vienne	167	56	104,605	14,789	9,088,842	15,626,110	
Totaux	653	259	318,697	41,906	21,300,162	37,013,549	
3° DÉPARTEMENT D							
Gap	42	3	22,350	1,887	1,705,302	2,120,582	
Briançon	40	18	5,330	851	256,138	450,087	
Embrun	4	3	1,220	406	54,288	81,749	
Totaux	86	24	28,900	3,844	2,015,728	2,655,418	

⌐ FACTURIÈRE ET DES EXPLOITATIONS.

ꓰ TAL DE LA FRANCE.

ꓤ TEMENTS ET PAR ARRONDISSEMENTS.

	OUVRIERS.							MOTEURS.						FEUX.			MACHINES.	
	NOMBRE.				SALAIRES.			MOULINS.			MACHINES à vapeur.	CHEVAUX et mulets.	BŒUFS.	FOUR-NEAUX.	FORGES.	FOURS.	MÉTIERS.	AUTRES.
	Homm. ad.	Femmes.	Enfants.	TOTAUX.	Hommes.	Femmes.	Enfants.	à eau.	à vent.	à manège.								

T DE L'AIN.

	347	32	9	388	2' 00"	0' 93"	0' 52"	10	.	3	1	.	.	5	.	9	.	20
3	578	307	186	931	1. 80	1. 10	0. 65	27	.	2	.	41	2	28	8	2	191	213
0	96	203	184	483	1. 66	1. 07	0. 85	17	.	2	1	.	.	7	3	5	152	85
8	70	24	2	96	1. 86	0. 82	0. 75	5	.	.	.	.	.	6	1	9	.	.
4	248	135	43	426	1. 48	1. 25	0. 54	24	.	.	.	3	.	12	1	.	162	3,301
3	1,139	701	424	2,324	1. 75	1. 03	0. 66	83	.	7	2	44	2	54	13	25	505	3,619

T DE L'ISÈRE.

6	2,524	2,330	493	5,347	2. 28	1. 05	0. 63	42	4	.	9	151	.	90	8	4	428	185
6	2,857	417	226	3,530	1. 90	1. 05	0. 69	45	.	.	4	.	.	50	7	5	385	66
7	827	792	153	1,772	2. 58	0. 91	0. 64	36	.	.	10	.	.	44	15	17	157	309
0	1,791	728	357	3,076	2. 47	1. 00	0. 74	60	.	1	20	60	.	144	22	24	613	470
9	7,999	4,267	1,459	13,725	2. 31	1. 00	0. 68	183	4	1	49	211	.	328 (¹)	52	50	1,583	1,030

T DES HAUTES-ALPES.

2	172	29	.	201	2. 00	0. 93	.	44	.	.	.	12	.	18	5	3	.	42
7	275	91	100	466	1. 52	0. 72	0. 49	5	.	.	.	.	.	.	.	.	295	14
9	8	1	.	9	1. 62	0. 75	.	2	.	.	.	.	.	1	.	.	.	.
8	455	121	100	676	1. 71	0. 80	0. 49	51	.	.	.	12	.	19	5	3	295	56

ARRONDISSEMENTS.	NOMBRE D'ÉTABLISSEMENTS.	NOMBRE DE COMMUNES où ils sont situés.	VALEURS LOCATIVES.	MONTANT des PATENTES.	VALEUR ANNUELLE des matières premières.	VALEUR des PRODUITS fabriqués annuellement.	
					4° DÉPARTEMENT		D
Digne	22	3	2,489'	561'	180,712'	301,565'	
Barcelonnette	4	3	3,150	451	506,000	910,260	
Castellane	25	10	7,240	1,269	396,955	582,738	
Forcalquier	37	10	2,715	874	557,885	830,356	
Sisteron	11	5	500	127	12,458	68,255	
Totaux.........	99	31	16,104	3,282	1,634,010	2,693,174	
					5° DÉPARTEMENT		D
Draguignan	64	4	31,234	4,256	1,392,330	1,839,540	
Brignoles	124	5	64,720	8,499	2,293,458	2,994,845	
Grasse	146	5	5,160	127	459,581	714,600	
Toulon	87	8	73,730	7,230	1,947,350	4,771,385	1.
Totaux.........	421	22	174,844	20,112	6,092,719	10,320,370	2
					6° DÉPARTEMENT DES		BO
Marseille	406	30	692,499	94,593	95,958,532	116,382,135	6
Aix	373	44	120,000	22,474	11,955,512	24,186,339	3
Arles	63	24	41,550	2,587	4,660,826	5,620,826	
Totaux.........	842	88	854,049	119,654	112,574,870	146,189,300	10.
					7° DÉPARTEMENT		D
Nimes	279	71	131,230	34,386	18,911,017	30,110,357	10
Alais	86	20	43,311	38,388	4,467,855	9,311,796	2
Uzès	55	14	28,419	8,987	3,025,638	5,899,707	
Le Vigan	16	6	4,910	1,710	791,327	1,362,512	
Totaux.........	436	111	207,870	83,371	27,195,837	44,584,372	13.

OUVRIERS							MOTEURS						FEUX			MACHINES	
NOMBRE				SALAIRES			MOULINS			MACHINES à vapeur	CHEVAUX et mulets	BŒUFS	FOUR-NEAUX	FORGES	FOURS	MÉTIERS	AUTRES
Hommes.	Femmes.	Enfants.	TOTAUX.	Hommes.	Femmes.	Enfants.	à eau.	à vent.	à manège.								

DES BASSES-ALPES.

116	47	48	211	1'82"	0'65"	0'54"	16	,	,	,	,	,	,	,	6	18	27
35	253	33	322	1.80	0.91	0.58	4	,	,	,	,	,	3	3	4	183	44
165	148	147	460	1.48	0.32	0.33	23	,	,	,	,	,	2	,	,	135	84
137	177	54	368	2.25	0.92	0.62	,	,	9	2	12	,	49	,	,	81	,
29	8	3	40	1.75	0.75	0.75	1	,	,	,	,	,	,	,	,	,	,
482	635	284	1,401	1.92	0.76	0.62	44	,	9	2	12	,	54	3	10	417	155

DU VAR.

365	245	134	744	1.86	1.16	0.99	15	20	2	,	46	,	21	51	45	,	4
783	420	45	1,247	2.23	0.79	0.43	8	,	,	10	7	,	94	1	67	,	72
401	326	4	731	2.50	0.96	0.33	,	,	,	,	,	,	,	,	,	,	,
1,044	152	142	1,338	2.39	1.09	0.89	1	1	16	4	42	,	24	52	102	,	78
2,592	1,143	325	4,060	2.25	1.00	0.78	24	21	18	14	95	,	139	104	214	,	154

BOUCHES-DU-RHÔNE.

6,283	741	807	7,831	3.03	1.22	1.12	9	3	59	51	179	7	538	103	173	61	255
3,320	559	448	4,327	2.52	1.13	1.09	13	5	59	29	226	,	240	40	53	29	171
715	33	26	774	2.90	1.25	1.07	15	1	17	,	93	6	44	4	23	3	35
10,318	1,333	1,281	12,932	2.82	1.21	1.09	37	9	135	80	498	13	822	147	249	93	461

DU GARD.

10,007	5,200	2,540	17,747	2.41	0.90	0.56	39	29	8	21	27	2	104	1	165	4,980	1,458
3,350	2,029	253	5,641	2.50	0.96	0.85	5	,	11	22	418	,	80	12	39	119	113
368	1,257	201	1,826	1.85	1.13	0.73	8	,	7	7	7	,	5	1	40	251	618
176	150	89	417	2.15	0.88	0.55	8	,	1	3	,	,	,	1	,	66	68
13,912	8,636	3,083	25,631	2.23	0.97	0.67	60	29	27	53	452	2	189(*)	15	244	5,416	2,257

(*) 6 Hauts-fourneaux.

ARRONDISSEMENTS.	NOMBRE D'ÉTABLISSE- MENTS.	NOMBRE DE COMMUNES OU ils sont situés.	VALEURS LOCATIVES.	MONTANT des PATENTES.	VALEUR ANNUELLE des matières premières.	VALEUR DES PRODUITS fabriqués annuellement.
8° DÉPARTEMENT						
Montpellier.	219	71	145,380ᶠ	20,535ᶠ	15,868,347ᶠ	20,540,932ᶠ
Béziers.	289	90	167,780	25,343	22,822,378	27,063,353
Lodève.	133	43	123,710	15,394	9,205,184	13,698,762
Saint Pons	76	31	21,420	3,902	5,979,528	8,637,149
Totaux.	717	235	458,290	68,174	53,895,437	69,940,196
9° DÉPARTEMENT						
Carcassonne.	38	4	79,404	7,791	6,074,339	8,812,859
Limoux.	48	17	50,420	8,082	3,470,006	6,228,962
Narbonne.	100	26	41,240	5,394	2,365,760	3,307,846
Castelnaudary	36	4	30,455	2,189	1,449,920	2,081,455
Totaux.	222	51	201,519	23,456	13,960,045	20,391,122
10° DÉPARTEMENT DES						
Perpignan.	424	2	150,340	16,326	3,851,625	6,356,390
Céret	1	1	60	28	3,000	12,000
Prades.	2	1	4,000	1,600	138,550	155,949
Totaux.	427	4	154,300	17,954	3,993,175	6,524,339
11° DÉPARTEMENT						
Moulins.	207	103	157,385	10,728	5,075,519	9,537,487
Gannat.	170	72	99,830	7,071	2,561,527	2,909,509
Lapalisse.	286	133	156,145	11,471	4,087,924	4,859,100
Montluçon.	242	121	235,854	13,876	6,645,488	14,879,028
Totaux.	905	421	649,214	43,146	18,370,358	29,504,914

| | OUVRIERS | | | | | | | MOTEURS | | | | | | FEUX | | | MACHINES. | |
| | NOMBRE. | | | | SALAIRES. | | | MOULINS. | | | MACHINES à vapeur. | CHEVAUX et mulets. | BŒUFS. | FOUR- NE'UX. | FORGES. | FOURS. | MÉTIERS. | AUTRES. |
	Hommes.	Femmes.	Enfants.	TOTAUX.	Hommes.	Femmes.	Enfants.	à eau.	à vent.	à manège.								

T DE L'HÉRAULT.

	Hommes	Femmes	Enfants	TOTAUX	Hommes	Femmes	Enfants	à eau	à vent	à manège	vapeur	chevaux	bœufs	FOUR-NE'UX	FORGES	FOURS	MÉTIERS	AUTRES
32'	2,558	2,384	523	5,465	2' 44'	1' 20'	0' 75'	24	2	38	19	143	»	271	25	4	408	360
33	2,863	1,707	890	5,460	2. 16	0. 75	1. 09	12	»	17	5	34	»	273	.	22	688	320
02	2,367	3,053	1,155	6,575	1. 89	0. 89	0. 60	75	»	8	12	3	.	100	3	30	1,839	1,115
49	1,654	1,041	842	3,537	1. 61	0. 65	0. 52	18	»	1	3	26	3	53	1	»	922	439
96	9,442	8,185	3,410	21,037	2. 03	0. 87	0. 74	129	2	64	39	206	3	697	29	56	3,857	2,564

T DE L'AUDE.

	Hommes	Femmes	Enfants	TOTAUX	Hommes	Femmes	Enfants	à eau	à vent	à manège	vapeur	chevaux	bœufs	FOUR-NE'UX	FORGES	FOURS	MÉTIERS	AUTRES
59	487	712	298	1,497	1. 57	0. 68	0. 49	6	2	4	1	34	»	2	»	»	260	111
02	1,714	1,334	423	3,471	1. 75	0. 55	0. 46	50	»	1	»	»	»	10	11	13	566	147
46	268	52	86	406	2. 03	0. 87	0. 68	7	8	21	»	109	»	34	»	10	»	.
55	331	186	70	587	1. 21	0. 51	0. 66	»	14	27	1	37	»	1	»	15	140	32
22	2,800	2,284	877	5,961	1. 64	0. 65	0. 57	63	24	53	2	180	»	47	11	38	966	290

S PYRÉNÉES-ORIENTALES.

	Hommes	Femmes	Enfants	TOTAUX	Hommes	Femmes	Enfants	à eau	à vent	à manège	vapeur	chevaux	bœufs	FOUR-NE'UX	FORGES	FOURS	MÉTIERS	AUTRES
90	1,612	105	12	1,729	2. 58	0. 97	0. 74	30	1	98	»	15	»	230	13	133	74	311
00	21	10	»	31	1. 25	0. 75	»	»	»	»	»	»	»	»	»	.	»	.
49	21	»	4	25	2. 00	»	1. 00	1	»	»	»	»	»	6	1	.	»	»
39	1,654	115	16	1,785	2. 43	0. 94	0. 83	31	1	98	»	15	»	236	14	133	74	311

T DE L'ALLIER.

	Hommes	Femmes	Enfants	TOTAUX	Hommes	Femmes	Enfants	à eau	à vent	à manège	vapeur	chevaux	bœufs	FOUR-NE'UX	FORGES	FOURS	MÉTIERS	AUTRES
87	1,497	180	219	1,896	1. 86	0. 76	0. 63	251	»	4	9	95	84	11	15	19	»	118
09	350	35	61	446	1. 06	0. 65	0. 50	197	»	»	2	»	»	3	»	57	»	.
90	649	241	118	1,008	1. 68	0. 65	0. 52	212	»	»	3	15	»	17	5	54	48	97
28.	2,446	67	123	2,656	1. 71	1. 10	0. 85	219	»	1	7	15	»	80	4	53	32	86
14	4,962	523	521	6,006	1. 58	0. 78	0. 62	879	»	5	21	125	84	111[1]	24	183	80	301

[1] 2 hauts fourneaux.

28

RÉCAPITULATION GÉNÉRALE

ARRONDISSEMENTS	NOMBRE D'ÉTABLISSEMENTS.	NOMBRE de COMMUNES.	VALEURS LOCATIVES.	MONTANT des PATENTES.	VALEUR ANNUELLE des matières premières.	VALEUR DES PRODUITS fabriqués annuellement.
12° DÉPARTEMENT						
Mâcon	380	126	109,190ᶠ	5,916ᶠ	13,754,719ᶠ	15,777,444ᶠ
Autun	238	114	115,843	8,826	9,355,263	13,363,907
Charolles	430	180	127,085	7,947	16,740,710	18,735,272
Châlons-sur-Saône	525	197	187,552	7,668	16,476,257	18,354,059
Louhans	190	78	205,330	8,306	18,846,518	19,392,399
Totaux	1,763	695	745,202	38,663	74,673,458	85,522,981
13° DÉPARTEMENT						
Lyon	302	10	540,265	41,438	158,223,385	311,680,975
Villefranche	27	5	16,640	1,769	7,431,878	16,233,775
Totaux	329 (*)	15	556,905	43,207	165,655,263	327,914,750

(*) Non compris la fabrique de Lyon et celle de Tarare, fournie en bulletins collectifs pour les tissus.

ARRONDISSEMENTS	NOMBRE D'ÉTABLISSEMENTS.	NOMBRE de COMMUNES.	VALEURS LOCATIVES.	MONTANT des PATENTES.	VALEUR ANNUELLE des matières premières.	VALEUR DES PRODUITS fabriqués annuellement.
14° DÉPARTEMENT						
Clermont-Ferrand	553	4	19,888	1,205	10,667,525	13,265,127
Ambert	402	1	»	»	2,159,354	2,826,300
Issoire	286	5	700	»	4,213,649	5,396,313
Riom	597	4	15,520	484	8,149,403	9,712,413
Thiers	814	1	2,150	1,087	4,480,396	9,915,193
Totaux	2,752	15	38,258	2,776	29,670,155	41,122,346
15° DÉPARTEMENT						
Montbrison	11	2	16,790	1,227	1,694,453	1,815,697
Roanne	98	9	65,480	10,502	25,695,247	35,134,806
Saint-Étienne	545	22	572,967	97,423	56,815,851	93,622,823
Totaux	654	33	655,237	115,152	84,205,551	130,573,326

OUVRIERS.							MOTEURS.						FEUX.			MACHINES.	
NOMBRE.				SALAIRES.			MOULINS.			MACHINES à vapeur.	CHEVAUX et mulets.	POMPS.	FOURN-NEAUX.	FORGES.	FOURS.	MÉTIERS.	AUTRES.
Hom.	Femmes.	Enfants.	TOTAUX.	Hommes.	Femmes.	Enfants.	à eau.	à vent.	à manège.								

DE SAÔNE-ET-LOIRE.

1,599	74	124	1,797	2f 10c	0f 81c	0f 64c	209	2	17	»	31	»	24	»	29	16	35
3,102	77	51	3,230	2. 20	1. 09	0. 83	174	8	5	51	28	15	9	7	39	»	5
1,733	282	108	2,123	2. 30	0. 88	0. 81	264	»	9	16	30	4	27	10	17	125	82
1,660	29	31	1,722	2. 17	1. 45	0. 58	224	67	30	14	40	»	15	»	35	»	26
374	»	2	376	2. 19	»	0. 75	184	»	»	»	3	»	3	»	»	»	2
8,468	462	316	9,246	2. 17	1. 06	0. 80	1,055	77	61	84	132	19	78 (*)	17	120	141	150

(*) 3 hauts fourneaux.

DU RHÔNE.

105,804	1,272	276	107,352	2. 95	1. 74	1. 29	19	»	1	14	4	»	86	19	25	59,735	265
12,369	10,116	6,054	28,539	2. 13	1. 04	0. 50	2	»	»	1	»	»	1	»	1	16,137	140
118,173	11,388	6,330	135,891	2. 54	1. 39	0. 90	21	»	1	15	4	»	87 (*)	19	26	75,872	405

(*) 2 hauts-fourneaux.

DU PUY-DE-DÔME.

1,123	334	77	1,534	2. 00	0. 70	0. 52	505	»	3	6	579	»	20	2	27	32	52
440	»	»	440	1. 56	»	»	390	»	»	»	415	»	13	»	10	»	»
676	»	»	676	1. 50	»	»	361	»	»	5	400	»	9	»	18	»	»
1,790	130	26	1,946	1. 52	0. 87	0. 77	384	»	»	»	514	6	5	2	22	242	63
13,382	255	1,426	15,063	1. 50	0. 75	0. 62	302	»	»	»	250	»	»	»	66	»	»
17,411	719	1,529	19,659	1. 62	0. 77	0. 64	2,302	»	3	11	2,164	6	50	4	143	274	115

DE LA LOIRE.

30	12	11	62	2. 37	1. 10	0. 80	8	»	»	»	6	»	»	»	»	»	»
1,900	2,071	459	4,520	1. 92	0. 80	0. 58	61	»	2	11	10	»	7	4	1	2,468	270
22,471	19,815	3,834	46,120	2. 68	1. 02	1. 04	120	»	»	60	883	»	239	2,415	170	21,004	3,694
24,500	21,898	4,304	50,702	2. 32	0. 97	0. 81	189	»	2	71	899	»	246 (*)	2,419	180	23,472	4,064

(*) 1 haut-fourneau.

28.

ARRONDISSEMENTS.	NOMBRE D'ÉTABLISSEMENTS.	NOMBRE de COMMUNES.	VALEURS LOCATIVES.	MONTANT des PATENTES.	VALEUR ANNUELLE des matières premières.	VALEUR DES PRODUITS fabriqués annuellement.	
16° DÉPARTEMENT D...							
Aurillac	302	87	42,181	7,135	2,731,417	3,385,825	
Mauriac	179	84	30,179	4,110	2,003,939	2,336,280	
Murat	113	36	18,790	1,980	771,091	909,978	
Saint-Flour	225	69	34,385	4,706	3,646,466	4,357,461	
Totaux	819	276	125,436	17,931	9,152,913	11,009,544	2,
17° DÉPARTEMENT D...							
Le Puy	9	2	2,060	149	253,638	572,945	
Yssingeaux	2	1	200	92	149,222	292,348	»
Brioude	16	5	9,310	1,037	985,629	1,301,801	
Totaux	27	8	11,570	1,298	1,388,489	2,167,094	»
18° DÉPARTEMENT D...							
Privas	372	147	273,217	35,861	21,106,610	23,914,908	1,
Largentière	297	105	104,100	10,162	6,417,079	7,314,014	
Tournon	274	111	111,894	10,722	5,126,423	6,682,904	
Totaux	943	363	489,211	56,745	32,650,112	37,911,826	» 2,
19° DÉPARTEMENT D...							
Valence	289	123	45,660	21,103	39,581,840	44,523,516	
Montélimart	68	25	67,568	7,120	5,562,569	6,725,958	
Nyons	23	8	33,200	1,832	1,645,250	2,230,975	
Die	239	110	123,649	19,545	6,894,441	8,948,487	
Totaux	619	266	270,077	50,710	53,684,100	63,429,336	» L.

		OUVRIERS.							MOTEURS.						FEUX.			MACHINES	
		NOMBRE.				SALAIRES.			MOULINS			MACHINES à vapeur.	CHEVAUX et mulets.	DIVERS.	FOUR-NEAUX.	FORGES.	FOURS.	MÉTIERS.	AUTRES.
		Hommes.	Femmes.	Enfants.	TOTAUX.	Hommes.	Femmes.	Enfants.	à eau.	à vent.	à manège.								

T DU CANTAL.

		729	10	14	753	2' 20"	1' 12"	0. 67	382	"	"	"	1	"	6	"	15	4	634
		466	"	"	466	1. 87	"	"	172	"	"	"	2	"	5	"	"	1	440
		273	"	"	273	1. 75	"	"	111	"	"	"	"	"	1	"	2	"	266
		580	34	20	634	1. 88	1. 60	0. 75	213	"	"	"	"	"	4	"	6	35	486
		2,048	44	34	2,126	1. 92	1. 26	0. 71	777	"	"	"	3	"	16	"	23	40	1,826

T DE LA HAUTE-LOIRE.

		59	8	39	106	1. 75	0. 87	0. 45	5	"	"	"	"	"	"	"	"	24	13
		74	32	26	132	2. 00	0. 75	0. 85	"	"	1	"	3	"	2	2	10	"	"
		70	174	74	318	1. 85	0. 77	0. 50	15	"	"	"	"	"	7	"	"	1	2
		203	214	139	556	2. 18	0. 83	0. 57	20	"	1	"	3	"	9	2	10	25	15

T DE L'ARDÈCHE.

		1,207	3,314	1,045	5,566	1. 60	0. 75	0. 52	382	"	7	15	218	"	21	4	14	223	591
		646	607	317	1,570	1. 51	0. 69	0. 45	274	"	1	1	1	"	1	"	1	10	1
		708	891	204	1,803	1. 48	0. 80	0. 53	266	"	1	11	5	"	25	1	"	106	213
		2,561	4,812	1,566	8,939	1. 53	0. 75	0. 50	922	"	9	27	224	"	47 (*)	5	15	339	805

(*) 9 hauts fourneaux.

T DE LA DRÔME.

		567	792	215	1,574	1. 98	0. 86	0. 61	231	"	64	3	73	"	33	13	9	199	291
		306	1,338	474	2,118	2. 27	0. 87	0. 54	53	1	3	6	4	"	41	"	1	3,386	936
		44	634	255	933	1. 61	0. 77	0. 42	14	"	2	3	2	"	"	"	6	"	"
		776	1,555	495	2,826	1. 89	0. 83	0. 59	230	"	4	6	58	16	93	4	28	414	557
		1,693	4,319	1,439	7,451	1. 94	0. 83	0. 54	528	1	73	18	137	16	167	17	44	3,999	1,780

RÉCAPITULATION GÉNÉRALE

ARRONDISSEMENTS.	NOMBRE D'ÉTABLISSEMENTS.	NOMBRE DE COMMUNES où ils sont situés.	VALEURS LOCATIVES.	MONTANT des PATENTES.	VALEUR ANNUELLE des matières premières.	VALEUR DES PRODUITS fabriqués annuellement.	
				20° DÉPARTEMENT			
Rodes	18	4	10,480ᶠ	1,979ᶠ	1,386,550ᶠ	2,787,606ᶠ	
Espalion	2	1	1,800	879	338,000	690,000	
Milhau	25	6	9,140	2,573	2,846,969	3,577,762	
Sainte-Affrique	23	4	105,210	16,812	2,305,339	3,051,905	
Villefranche	6	4	28,000	4,437	1,481,575	3,900,778	
Totaux	74	19	154,630	26,680	8,358,642	14,008,051	
				21° DÉPARTEMENT			
Mende	5	1	3,400	529	470,758	971,433	
Floral	"	"	"	"	"	"	
Marvejols	7	4	5,960	1,250	578,282	911,502	
Totaux	12	5	9,360	1,779	1,049,040	1,882,935	
				22° DÉPARTEMENT			
Avignon	173	14	193,491	26,694	18,875,434	22,465,315	
Carpentras	97	19	150,311	6,049	4,369,744	5,099,060	
Apt	92	26	46,891	3,896	2,166,012	2,665,296	
Orange	112	34	108,830	7,151	5,631,192	6,874,543	
Totaux	474	93	499,523	43,790	31,042,382	37,104,219	
Total général	13,390	3,694	6,790,156	834,881	764,176,558	1,137,739,685	

	OUVRIERS.								MOTEURS.						FEUX.			MACHINES.	
	NOMBRE.				SALAIRES.				MOULINS.			MACHINES à vapeur.	CHEVAUX et mulets.	BŒUFS.	FOUR-NEAUX.	FORGES.	FOURS.	MÉTIERS.	AUTRES.
	Hommes.	Femmes.	Enfants.	TOTAUX.	Hommes.	Femmes.	Enfants.	à eau.	à vent.	à manége.									

NT DE L'AVEYRON.

,606ᶠ	985	239	140	1,334	2ᶠ 12ᶜ	1ᶠ 24ᶜ	0ᶠ 55ᶜ	13	»	1	1	4	»	1	»	»	243	133
,000	160	130	70	360	1. 50	0. 75	0. 60	8	»	»	»	»	»	»	»	»	237	18
,762	551	883	»	1,434	1. 84	1. 06	»	25	»	»	»	»	»	3	»	»	»	80
,905	408	669	196	1,273	2. 26	0. 78	0. 52	15	»	»	»	»	»	19	»	»	454	229
,778	1,910	30	45	1,985	2. 68	0. 93	1. 08	»	»	2	6	70	80	19	2	25	»	11
,991	3,984	1,951	451	6,386	2. 33	1. 03	0. 73	61	»	3	7	74	80	42	2	25	934	471

NT DE LA LOZÈRE.

,133	99	65	60	224	2. 00	0. 78	0. 67	4	»	»	»	»	»	3	2	»	10	19
	»	»	»	»	»	»	»	»	»	»	»	»	»	»	»	»	»	»
,502	472	297	129	898	1. 43	0. 59	0. 48	1	»	»	1	»	»	7	1	»	96	16
,635	571	362	189	1,122	1. 73	0. 69	0. 53	5	»	»	1	»	»	10	3	»	106	35

NT DE VAUCLUSE.

,15	1,926	1,905	1,286	5,117	2. 03	1. 00	0. 63	66	»	15	6	46	»	70	4	3	1,103	322
,60	353	113	35	501	2. 35	1. 19	1. 13	79	»	9	5	40	»	31	1	14	42	81
,96	318	192	36	546	2. 15	1. 00	0. 60	38	6	13	6	26	»	12	3	26	19	27
,43	263	1,006	229	1,588	1. 03	0. 89	0. 60	114	»	2	19	44	»	20	»	»	445	53
,10	2,860	3,306	1,586	7,752	2. 12	1. 02	0. 74	297	6	39	36	156	»	(*) 133	8	43	1,609	483

(*) 3 hauts fourneaux.

,35	235,227	77,478	29,663	345,368	2. 05	0. 94	0. 70	7,601	174	609	532	5,649	225	3,587	2,913	1,834	120,151	21,349

STATISTIQUE DE L'INDUSTRIE MANU

N° 26.

RÉGION DU MIDI ORIEN

TABLEAUX RÉCAPITULATIFS PAR

SECTION Iʳᵉ. —

NUMÉROS D'ORDRE	DÉPARTEMENTS.	NOMBRE D'ÉTABLISSE-MENTS.	NOMBRE DE COMMUNES où ils sont situés.	VALEURS LOCATIVES.	MONTANT des PATENTES.	VALEUR ANNUELLE des matières premières.	VALEUR DES PRODUITS fabriqués annuellement.
						1° SALINES.	
5°	Var...	2	1	"	"	"	208,000
6°	Bouches-du-Rhône...................	13	7	15,000	"	"	2,588,582
7°	Gard..................................	17	1	"	"	"	1,485,730
8°	Hérault.................................	6	6	"	"	"	958,399
9°	Aude..................................	3	3	"	"	"	392,766
10°	Pyrénées-Orientales.................	2	1	2,000	"	"	75,000
	Totaux.................	43	19	17,000	"	"	5,708,977
						2° CARRIÈRES.	
1°	Ain...	5	1	"	"	"	187,424
2°	Isère..................................	346	91	37,046	10,397	10,000	2,632,373
4°	Basses-Alpes........................	15	4	"	"	"	37,205
5°	Var..................................	70	11	15,290	1,965	52,600	211,204
6°	Bouches-du-Rhône...................	22	3	53,500	526	101,470	307,500
8°	Hérault.................................	28	23	3,000	209	45,000	533,095
9°	Aude..................................	17	9	2,200	331	99,200	128,125
10°	Pyrénées-Orientales.................	12	1	2,050	124	100,280	170,000
11°	Allier..................................	10	8	4,180	450	5,050	71,564
12°	Saône-et-Loire.....................	572	177	"	"	"	2,133,600
15°	Loire..................................	4	2	960	64	34,024	121,700
19°	Drôme..................................	19	10	6,130	708	13,197	61,567
22°	Vaucluse.........................	30	14	5,625	595	118,765	226,379
	Totaux.....................	1,050	354	129,981	15,593	578,586	6,851,505

FACTURIÈRE ET DES EXPLOITATIONS.

TAL DE LA FRANCE.

NATURE DE PRODUITS INDUSTRIELS.

PRODUITS MINÉRAUX.

	OUVRIERS.							MOTEURS.						FEUX.			MACHINES.	
	NOMBRE.				SALAIRES.			MOULINS.			MACHINES à vapeur.	CHEVAUX et mulets.	BŒUFS.	FOUR-NEAUX.	FORGES.	FOURS.	MÉTIERS.	AUTRES.
	Hommes.	Femmes.	Enfants.	TOTAUX.	Hommes.	Femmes.	Enfants.	à eau.	à vent.	à manège.								

Sel marin.

91	57	14	162	2ᶠ 50ᶜ	1ᶠ 25ᶜ	0ᶠ 60ᶜ	»	»	6	1	23	»	»	»	»	»	»
982	60	18	1,060	2. 70	1. 58	1. 19	»	1	20	7	57	»	»	»	»	»	»
4,033	»	»	4,033	2. 47	»	»	»	»	»	2	»	»	4	1	»	»	69
1,100	760	360	2,220	2. 70	1. 40	0. 80	»	»	21	»	130	»	2	»	1	»	»
(*) »	»	»	(*) »	1. 83	0. 88	0. 68	»	»	17	»	92	»	»	»	»	»	»
19	11	5	35	1. 87	1. 00	0. 65	3	1	4	»	11	»	»	»	»	»	»
6,225	888	397	7,510	2. 35	1. 20	0. 75	3	2	68	10	313	»	6	1	1	»	73

(*) Nombre variable.

Exploitation.

219	»	»	219	2. 00	»	»	»	»	»	»	»	»	»	»	»	»	»
2,961	20	106	3,087	1. 83	1. 25	0. 75	8	»	»	»	»	»	»	»	»	»	12
46	»	»	46	2. 00	»	»	»	»	»	»	»	»	»	»	»	»	»
174	36	6	216	2. 44	0. 80	1. 00	6	1	3	»	20	»	»	»	36	»	»
166	2	20	188	2. 54	1. 37	1. 50	2	»	12	»	23	»	»	»	13	9	»
453	»	4	457	2. 19	»	1. 00	2	»	»	»	»	»	»	»	»	»	4
80	26	70	176	1. 65	0. 76	0. 59	»	8	22	»	30	»	»	»	1	»	»
36	12	2	50	3. 31	1. 00	0. 75	2	»	»	»	»	»	»	»	»	»	1
44	»	»	44	1. 50	»	»	»	»	»	»	»	»	»	»	8	»	»
2,253	»	15	2,268	1. 50	»	0. 66	»	»	53	»	53	»	»	»	63	»	»
13	»	»	13	2. 00	»	»	»	»	»	»	»	»	»	»	6	»	»
55	»	1	56	1. 95	»	»	»	»	»	»	4	»	1	»	8	»	»
96	5	7	108	2. 58	1. 37	1. 37	»	»	4	2	13	»	1	1	17	»	3
6,596	101	231	6,928	2. 10	1. 09	0. 95	20	9	94	2	143	»	2	1	152	»	20

NUMÉROS	DÉPARTEMENTS.	NOMBRE D'ÉTABLISSEMENTS.	NOMBRE DE COMMUNES où ils sont situés.	VALEURS LOCATIVES.	MONTANT des PATENTES.	VALEUR ACTUELLE des matières premières.	VALEUR DES PRODUITS fabriqués annuellement.
							3° HOUILLE.
2°	Isère	33	21	6,730ʳ	"	"	795,661ʳ
3°	Hautes-Alpes	9	9	"	"	"	16,599
4°	Basses-Alpes	11	8	"	"	"	25,500
5°	Var	2	2	700	337ʳ	"	57,214
6°	Bouches-du-Rhône	7	7	"	"	"	765,970
7°	Gard	21	19	"	27,350	"	2,630,667
8°	Hérault	17	17	"	"	"	324,021
9°	Aude	3	3	"	"	"	43,800
11°	Allier	7	7	26,980	1,575	"	309,079
12°	Saône-et-Loire	16	12	"	"	(*) 309,656ʳ	2,667,357
14°	Puy-de-Dôme	4	3	710	"	"	190,500
15°	Loire	1	1	50	"	"	40,000
16°	Cantal	2	2	"	197	(*) 30,000	68,505
20°	Aveyron	7	7	"	"	"	813,577
22°	Vaucluse	3	3	"	"	"	43,956
	Totaux	141	111	37,170	29,459	239,656	8,886,525

(*) Frais d'exploitation.

							4° HOUILLE.
6°	Bouches-du-Rhône	3	2	7,500	2,214	273,800	482,460
7°	Gard	1	1	1,200	143	67,500	104,375
8°	Hérault	1	1	2,500	523	46,125	156,700
15°	Loire	1	1	3,000	650	32,480	133,315
22°	Vaucluse	1	1	2,500	"	10,000	22,667
	Totaux	7	6	16,700	3,530	429,905	899,517

							5° HOUILLE.
15°	Loire	2	2	900	159	62,500	86,600

							6° ASPHALTE-SCHISTE.
1°	Ain	1	1	2,000	134	22,450	90,000
12°	Saône-et-Loire	1	1	1,200	120	6,500	15,400
15°	Loire	1	1	400	50	10,000	16,000
	Totaux	3	3	3,600	304	38,950	121,400

	OUVRIERS.							MOTEURS.						FEUX.			MACHINES.	
	NOMBRE.				SALAIRES.			MOULINS.			MACHINES à vapeur.	CHEVAUX et mulets.	BŒUFS.	FOUR-NEAUX.	FORGES.	FOURS.	MÉTIERS.	AUTRES.
	Hommes.	Femmes.	Enfants.	TOTAUX.	Hommes.	Femmes.	Enfants.	à eau.	à vent.	à manège.								

3. — Extraction.

Hommes	Femmes	Enfants	TOTAUX	Hommes	Femmes	Enfants	à eau	à vent	à manège	vapeur	chevaux	bœufs	four.	forges	fours	métiers	autres
632	25	18	675	1' 87"	1' 10"	0' 75"	"	"	"	"	"	"	"	"	"	"	"
84	"	"	84	2. 00	"	"	"	"	"	"	"	"	"	"	"	"	"
44	"	"	44	2. 00	"	"	"	"	"	"	"	"	"	"	"	"	"
30	2	9	31	3. 00	1. 00	1. 25	"	"	1	1	1	"	"	"	"	"	"
719	"	304	1,023	3. 50	"	1. 71	"	"	"	"	"	"	"	"	"	"	"
2.127	"	"	2,127	2. 54	"	"	"	"	1	3	81	"	"	"	"	"	30
450	"	"	450	2. 53	"	"	"	"	"	"	2	"	"	"	"	"	3
42	"	28	70	2. 00	"	0. 80	"	"	1	"	2	"	"	"	"	"	"
915	3	1	919	1. 56	0. 75	1. 00	"	"	2	8	28	"	"	4	4	7	18
2.260	75	37	2,372	1. 93	1. 12	0. 80	"	"	"	63	36	19	"	"	"	"	"
193	"	"	193	1. 38	"	"	"	"	"	3	9	"	"	"	2	"	2
40	"	6	46	2. 75	"	1. 00	"	"	"	1	"	"	2	"	"	"	"
15	"	"	15	1. 90	"	"	"	"	"	"	2	"	"	"	"	"	2
1.515	"	"	1,515	2. 00	"	"	"	"	1	1	4	"	"	"	"	"	"
60	3	"	63	2. 50	1. 50	"	"	"	"	1	"	"	"	"	"	"	"
9,026	108	403	9,537	2. 23	1. 09	1. 04	"	"	6	82	165	19	2	4	6	7	53

E. — Gaz d'éclairage.

Hommes	Femmes	Enfants	TOTAUX	Hommes	Femmes	Enfants	à eau	à vent	à manège	vapeur	chevaux	bœufs	four.	forges	fours	métiers	autres
71	"	"	71	3. 08	"	"	"	"	"	"	3	"	42	"	"	"	36
13	"	2	15	2. 00	"	1. 00	"	"	"	"	"	"	"	"	4	"	"
25	"	"	25	2. 50	"	"	"	"	"	1	"	"	4	1	"	"	1
35	"	"	35	2. 62	"	"	"	"	"	"	"	"	12	2	"	"	"
2	1	"	3	3. 00	1. 50	"	"	"	"	"	"	"	3	"	"	"	"
146	1	2	149	2. 23	1. 50	1. 00	"	"	"	4	"	61	3	4	"	37

3. — Noir de fumée.

Hommes	Femmes	Enfants	TOTAUX	Hommes	Femmes	Enfants	à eau	à vent	à manège	vapeur	chevaux	bœufs	four.	forges	fours	métiers	autres
16	"	"	16	2. 50	"	"	"	"	"	"	"	"	8	"	16	"	3

3. — (Huile de). Exploitation.

Hommes	Femmes	Enfants	TOTAUX	Hommes	Femmes	Enfants	à eau	à vent	à manège	vapeur	chevaux	bœufs	four.	forges	fours	métiers	autres
18	"	"	18	2. 00	"	"	1	"	"	"	3	"	2	"	"	"	1
15	"	4	19	1. 35	"	0. 50	"	"	"	"	1	"	2	"	"	"	"
6	"	"	6	2. 75	"	"	"	"	"	"	"	"	"	"	"	"	"
39	"	4	43	2. 03	"	0. 50	1	"	"	"	4	"	4	"	"	"	1

RÉCAPITULATION GÉNÉRALE.

NUMÉROS d'ordre.	DÉPARTEMENTS.	NOMBRE d'établissements.	NOMBRE de communes où ils sont situés.	VALEURS locatives.	MONTANT des patentes.	VALEUR annuelle des matières premières.	VALEUR des produits fabriqués annuellement.

7° SOUFRE. (1

| 6° | Bouches-du-Rhône........................... | 3 | 1 | 3,184' | 419' | 634,000' | 838,000' |

8° SALPÊTRE. Soufre. P

| 6° | Bouches-du-Rhône........................... | 1 | 1 | " | " | 438,000 | 1,140,000 |

9° TERRE ARGILEUSE. Tuile ri

1°	Ain..	17	9	12,300	1,174	49,220	205,874
2°	Isère..	168	103	29,735	4,909	191,337	746,506
3°	Hautes-Alpes................................	4	2	1,800	121	5,200	9,040
4°	Basses-Alpes................................	13	6	200	62	12,850	44,850
5°	Var...	185	11	38,414	3,997	283,196	1,112,765
6°	Bouches-du-Rhône...........................	111	28	47,850	7,041	147,750	719,712
8°	Hérault......................................	70	20	15,530	1,785	109,996	327,365
9°	Aude..	34	17	10,765	1,644	87,100	176,327
10°	Pyrénées-Orientales.........................	121	2	12,750	60	43,000	112,500
11°	Allier..	153	63	49,745	5,849	67,735	470,183
12°	Saône-et-Loire...............................	2	2	950	382	42,000	95,000
14°	Puy-de-Dôme.................................	140	5	"	"	390,000	938,000
15°	Loire...	14	4	7,840	554	33,878	208,215
16°	Cantal..	23	13	5,136	804	51,680	182,050
18°	Ardèche.......................................	4	4	3,230	187	9,900	87,720
19°	Drôme...	31	17	6,013	1,387	22,263	465,700
22°	Vaucluse......................................	10	3	2,760	773	83,155	198,650
	Totaux......................	1,105	335	244,278	30,812	1,628,460	6,227,077	3

10° TERRE ARGI LE

4°	Basses-Alpes................................	3	1	640	236	22,242	76,630
5°	Var...	4	2	1,120	589	96,100	178,900
7°	Gard...	1	1	800	135	80,500	300,000
	Totaux......................	8	4	2,560	960	201,842	555,520

11° PORCE LA

| 11° | Allier.. | 3 | 2 | 7,080 | 456 | 101,500 | 270,300 |

		OUVRIERS						MOTEURS						FEUX			MACHINES	
		NOMBRE				SALAIRES			MOULINS			MACHINES à vapeur	CHEVAUX et mulets	ROUES	FOUR- NEAUX	FORGES	FOURS	MÉTIERS	AUTRES
	Hommes	Femmes	Enfants	TOTAUX	Hommes	Femmes	Enfants	à eau	à vent	à manège								

RE. (Raffineries de).

| | 25 | 29 | 5 | 59 | 3' 17" | . 17" | 1' 30" | | | | | | 1 | | | 28 | | | | |

re. Poudrerie de l'État.

| | 54 | 12 | 6 | 72 | 2. 70 | 1. 00 | 1. 25 | 1 | | | | | | | | | | | |

ile ries. Briques. Poterie. Faïence.

90	54	.	124	2. 00	0. 81	.										18		
631	76	147	844	1. 90	0. 75	0' 30"	1							201		.	.	7
7	1	.	8	1. 63	0. 75	.	.							1		.	.	2
35	.	7	42	2. 00	.	0. 80	.		1					1		3	.	3
605	235	60	900	1. 98	0. 91	0. 76	.		3		3			3		.	.	.
367	88	181	636	2. 74	1. 30	0. 88	.		3		11			.		137	.	.
277	13	28	318	2. 34	1. 25	0. 75	.		3		10			8		149	.	9
132	43	28	203	1. 33	0. 61	0. 48	.	10	1		3			.		51	.	.
149	6	4	159	1. 70	1. 00	0. 75	.		.		13			.		29	.	.
381	1	64	446	1. 51	0. 60	0. 75	.		.		.			1		121	.	.
70	10	10	90	1. 50	1. 00	0. 70	2		2		.			1		157	.	.
257	10	.	267	1. 79	1. 25	.	.		.		34			1		140	.	.
87	.	7	94	2. 02	.	1. 69	.		.		5			1		14	.	.
63	4	10	77	1. 94	1. 25	0. 80	.		.		1			12		23	5	5
14	.	6	20	2. 00	.	1. 12	.		.		1			.		5	1	.
114	8	13	135	1. 97	1. 29	0. 80	2		.	1	12			.		5	.	.
131	19	18	168	2. 11	0. 80	0. 45	2	1	6	.	5			1	3	20	14	.
3,400	**548**	**583**	**4,531**	**1. 92**	**0. 95**	**0. 76**	**7**	**11**	**19**	**1**	**98**			**230**	**3**	**904**	**39**	**48**

H LEUSE. Faïence.

44	7	15	66	1. 57	0. 00	0. 60	6		.		.			.		6	4	.
70	26	21	117	2. 06	0. 67	0. 42	4		.		7			.		5	.	.
90	6	24	120	3. 00	1. 75	0. 73	1	1	1	.	6			7		.	.	.
204	**39**	**60**	**303**	**2. 21**	**1. 01**	**0. 59**	**11**	**1**	**1**		**13**			**7**		**11**	**4**	.

E LAINE.

| 190 | 36 | 18 | 244 | 1. 75 | 0. 75 | 0. 40 | . | . | 3 | | 4 | | | . | | 7 | . | 60 |

NUMÉROS d'ordre	DÉPARTEMENTS.	NOMBRE D'ÉTABLISSEMENTS.	NOMBRE DE COMMUNES où ils sont situés.	VALEURS LOCATIVES.	MONTANT des PATENTES.	VALEUR ANNUELLE des matières premières.	VALEUR DES PRODUITS fabriqués annuellement.
							12° VER
							A. BOUTEILLES. CRI
2°	Isère	1	1	7,400	237	54,223	105,000
5°	Var	2	2	2,500	255	66,150	93,750
6°	Bouches-du-Rhône	3	1	7,600	2,064	248,120	488,000
7°	Gard	2	2	2,000	442	35,189	232,000
11°	Allier	4	3	16,050	1,134	273,986	468,450
12°	Saône-et-Loire	2	2	9,150	150	44,140	116,000
13°	Rhône	11	"	28,000	1,726	608,100	2,416,000
15°	Loire	10	1	22,100	7,888	1,412,500	5,000,000
17°	Haute-Loire	1	1	200	92	131,850	360,000
20°	Aveyron	1	1	3,000	600	137,857	300,000
	Totaux	37	14	92,000	14,608	3,013,215	9,481,150
							B. GLACES, PO
17°	Haute-Loire	1	1	500	65	12,000	48,000
							13° F
							1° MINERAI. Ex
2°	Isère	19	9	11,826	"	"	254,091
7°	Gard	8	8	"	3,345	"	205,379
8°	Hérault	1	1	"	"	"	970
12°	Saône-et-Loire	1	1	"	"	11,000	45,000
20°	Aveyron	2	2	"	"	"	433,048
	Totaux	31	21	11,826	3,345	11,000	940,488
							2° FO
7°	Gard	3	2	19,100	966	543,590	950,920
8°	Hérault	1	1	450	115	13,750	27,500
11°	Allier	2	2	75,000	3,710	1,923,350	5,298,000
13°	Rhône	3	"	20,550	1,994	464,000	746,000
	Totaux	9	5	115,100	6,794	2,944,690	7,018,420
							3° FONTE. Bouches à feu. Projectiles. Fo
2°	Isère	6	5	23,200	2,614	1,506,169	2,104,026
18°	Ardèche	1	1	20,000	3,024	1,038,217	1,391,964
22°	Vaucluse	1	1	1,500	307	34,500	40,000
	Totaux	8	7	44,700	5,945	2,578,886	3,535,992

	OUVRIERS.							MOTEURS.						FEUX.			MACHINES.	
	NOMBRE.				SALAIRES.			MOULINS.			MACHINES à vapeur.	CHEVAUX et mulets.	DIVERS.	FOUR-NEAUX.	FORGES.	FOURS.	MÉTIERS.	AUTRES.
	Hommes.	Femmes.	Enfants.	Total.	Hommes.	Femmes.	Enfants.	à eau.	à vent.	à manège.								

ERRERIE.

ES, CRISTAUX, VITRES.

Hommes	Femmes	Enfants	Total	Hommes	Femmes	Enfants	à eau	à vent	à manège	Mach. vapeur	Chevaux	Divers	Fourneaux	Forges	Fours	Métiers	Autres
50	4	12	66	3f 00	1f 00	1f 10	.	.	1	.	2	.	1	.	.	.	.
66	12	14	92	2.55	0.77	1.12	.	.	2	.	24	.	12	1	3	.	.
153	10	26	189	3.00	1.12	0.80	.	1	2	2	4	.	4	2	7	.	2
63	5	26	94	1.63	0.80	0.91	.	.	2	.	11	.	14	2	3	.	2
334	47	99	470	2.31	0.85	0.39	.	.	.	1	8	.	21	.	3	.	.
65	2	12	79	2.00	1.00	0.87	.	.	.	.	.	.	3	.	2	.	.
756	75	35	866	3.50	1.50	1.25	.	.	.	1	.	.	9	2	13	.	.
2,000	100	300	2,400	4.00	1.50	1.50	.	.	.	10	300	.	100	.	25	.	12
70	32	26	128	1.50	0.75	0.85	.	1	.	.	3	.	2	2	10	.	.
70	10	25	105	3.00	1.00	1.00	.	.	.	2	.	.	13	2	1	.	.
3,617	297	575	4,489	2.55	0.98	0.92	.	1	10	14	252	.	179	12	68	.	14

ES, POLISSAGE.

Hommes	Femmes	Enfants	Total	Hommes	Femmes	Enfants	à eau	à vent	à manège	Mach. vapeur	Chevaux	Divers	Fourneaux	Forges	Fours	Métiers	Autres
7	.	.	7	2.00	.	.	1	.	.	.	.	.	.	.	.	1	.

13° FER.

RAI. Exploitation.

Hommes	Femmes	Enfants	Total	Hommes	Femmes	Enfants	à eau	à vent	à manège	Mach. vapeur	Chevaux	Divers	Fourneaux	Forges	Fours	Métiers	Autres
344	.	10	354	2.00	.	0.75	.	.	.	.	.	.	.	.	.	.	.
262	.	.	262	3.22	.	.	.	.	.	1	168	.	.	.	.	.	.
4	.	.	4	2.50	.	.	.	.	.	.	.	.	.	.	.	.	.
70	.	.	70	1.75	.	.	.	.	.	.	.	.	.	.	.	.	.
596	.	.	596	2.50	.	.	.	.	.	2	.	.	.	.	.	.	.
1,276	.	10	1,286	2.39	.	0.75	.	.	.	3	168	.	.	.	.	.	.

2° FONTE.

Hommes	Femmes	Enfants	Total	Hommes	Femmes	Enfants	à eau	à vent	à manège	Mach. vapeur	Chevaux	Divers	Fourneaux	Forges	Fours	Métiers	Autres
268	.	20	288	2.83	.	1.25	.	.	.	3	.	.	1	3	7	.	.
6	.	.	6	3.00	.	.	.	.	.	.	2	.	2	.	1	.	.
690	20	40	750	2.38	1f 25	1.00	.	.	1	4	.	.	25	.	.	.	2
49	.	.	49	3.00	.	2.25	.	.	.	2	.	.	3	.	4	.	1
1,013	20	60	1,093	2.30	1.25	1.50	.	.	1	9	2	.	31	3	12	.	3

les. Fonderie. Mécaniques:

Hommes	Femmes	Enfants	Total	Hommes	Femmes	Enfants	à eau	à vent	à manège	Mach. vapeur	Chevaux	Divers	Fourneaux	Forges	Fours	Métiers	Autres
203	.	35	238	2.79	.	1.22	8	4	.	7	.	.	11	3	4	9	3
350	.	100	450	3.00	.	1.00	.	.	.	4	210	.	4	1	10	.	.
25	.	8	33	3.00	.	1.25	.	.	1	.	2	.	3	1	.	.	.
578	.	143	721	2.91	.	1.16	8	4	1	11	212	.	18	8	14	9	3

NUMÉROS D'ordre.	DÉPARTEMENTS.	NOMBRE D'établissements.	NOMBRE de ouvriers où ils sont situés.	VALEURS LOCATIVES.	MONTANT des PATENTES.	VALEUR ANNUELLE des matières premières.	VALEUR des produits fabriqués annuellement.

13° FER.

4° FONTE. Ornements.

| 13° | Rhône............................ | 1 | 1 | 4,000ᶠ | 327ᶠ | 36,105ᶠ | 129,000ᶠ |

5° FONTE

2°	Isère............................	1	1	7,000	300	199,500	512,000
7°	Gard............................	1	1	10,000	1,092	1,901,000	1,800,000
10°	Pyrénées-Orientales..........	22	1	33,000	2,200	925,000	1,640,000
11°	Allier..........................	3	3	55,000	2,177	1,605,025	5,840,300
12°	Saône-et-Loire.................	4	4	34,750	5,625	1,935,847	3,593,770
15°	Loire...........................	1	1	70,000	9,959	3,307,000	5,900,000
	Totaux...........	32	11	209,750	21,356	8,963,372	19,286,870

6° FERS EN BARRES

9°	Aude............................	7	7	14,280	2,666	309,800	400,385
11°	Allier..........................	1	1	4,000	275	104,000	141,000
14°	Puy-de-Dôme....................	1	1	50	100	49,920	67,200
15°	Loire...........................	2	2	34,000	2,326	1,162,692	2,841,000
19°	Drôme..........................	1	1	450	130	80,000	157,000
	Totaux...........	12	12	52,780	5,497	1,706,412	3,606,585

7° FERS LAMINÉS.

9°	Aude............................	1	1	3,900	503	221,500	294,500
10°	Pyrénées-Orientales..........	1	1	4,000	1,000	157,650	152,049
12°	Saône-et-Loire.................	1	1	2,400	701	239,045	351,000
15°	Loire...........................	2	1	9,000	1,845	1,703,000	2,010,000
	Totaux...........	5	4	19,300	4,049	2,321,195	2,807,549

8° TRÉFILERIE.

2°	Isère............................	3	3	2,000	324	103,790	141,103
8°	Hérault.........................	1	1	1,000	130	30,375	70,200
11°	Allier..........................	1	1	50	125	96,800	113,000
12°	Saône-et-Loire.................	1	1	1,860	512	238,500	379,500
15°	Loire...........................	6	1	8,300	2,300	200,000	359,400
	Totaux...........	12	7	13,199	3,391	678,465	1,062,303

	OUVRIERS.						MOTEURS.						FEUX.			MACHINES.	
	NOMBRE.			SALAIRES.			MOULINS.			MACHINES à vapeur.	CHEVAUX et mulets.	BŒUFS.	FOURNEAUX.	FORGES.	FOURS.	MÉTIERS.	AUTRES.
Hommes.	Femmes.	Enfants.	TOTAUX.	Hommes.	Femmes.	Enfants.	à eau.	à vent.	à manège.								
(Suite.)																	
Objets d'arts.																	
27	.	.	27	2'75°	.	.	.	.	.	1	.	.	2	1	.	2	1
ET FERS.																	
250	.	.	250	1.80	.	.	1	.	.	.	150	.	1	2	.	.	.
640	20	45	705	1.75	1'00°	1'37°	.	.	1	6	150	.	4	1	23	.	3
120	.	.	120	4.00	.	.	25	.	.	.	.	.	14	13	12	.	.
860	26	55	941	2.00	1.12	1.00	3	.	.	2	6	60	28	4	.	.	6
820	.	30	850	3.43	.	1.12	5	.	.	8	.	.	5	9	32	.	.
350	.	150	500	4.00	.	1.50	.	.	.	6	.	.	2	.	42	.	.
3,040	46	280	3,366	2.75	1.00	1.20	34	.	1	22	306	60	54	29	109	.	9
ET FORGÉS.																	
320	.	.	320	3.18	.	.	8	.	.	.	.	.	1	9	1	.	16
24	.	.	24	1.50	.	.	5	.	.	1	.	.	.	5	.	.	.
16	.	.	16	1.60	.	.	.	.	.	.	.	.	2	.	.	.	.
350	.	42	392	3.25	.	1.05	.	.	.	4	.	.	.	.	26	.	.
20	.	2	22	3.00	.	0.75	5	.	.	.	.	.	.	10	1	.	.
730	.	44	774	2.50	.	0.90	18	.	.	5	.	.	3	24	28	.	16
Tôle. Fer-blanc.																	
22	2	.	24	2.00	0.60	.	1	.	.	.	.	.	2	1	.	.	.
20	.	4	24	2.00	.	1.00	1	.	.	.	.	.	6	1	.	.	.
48	10	6	64	3.02	0.90	1.00	2	.	.	1	.	.	1	3	3	.	.
280	.	8	288	4.25	.	0.80	.	.	.	3	.	.	4	8	25	.	.
370	12	18	400	3.00	0.75	0.93	4	.	.	4	.	.	13	13	28	.	.
Clous. Chaînes.																	
26	6	4	36	2.82	0.87	0.63	5	.	.	.	.	.	.	2	.	16	43
8	5	5	18	1.75	0.90	0.75	1	.	.	.	.	.	.	1	.	30	5
30	12	18	50	2.00	0.90	0.80	3	.	.	.	5	.	.	2	2	8	45
40	.	.	40	3.25	.	.	2	.	.	.	.	.	1	3	1	.	.
400	.	.	400	1.50	.	.	.	.	.	.	.	.	.	300	.	.	.
494	23	27	544	2.38	0.89	0.73	11	.	.	.	5	.	1	308	3	54	93

NUMÉROS D'ORDRE.	DÉPARTEMENTS.	NOMBRE D'ÉTABLISSEMENTS.	NOMBRE DE COMMUNES où ils sont situés.	VALEURS LOCATIVES.	MONTANT des PATENTES.	VALEUR ANNUELLE des matières premières.	VALEUR DES PRODUITS fabriqués annuellement.
							13° FER.
							9° FERS
2°	Isère............	1.	1	6,000ᶠ	1,000ᶠ	2,549,600ᶠ	(") 3,922,600ᶠ
19°	Drôme............	1	1	350	109	17,400	24,000
20°	Aveyron.........	1	1	25,000	3,837	1,331,494	(") 2,664,227
	Totaux............	3	3	31,350	4,946	3,898,494	6,610,827

(*) Fers marchands. Cuivre et tôle.
(**) Fonte moulée et fers marchands.

NUMÉROS D'ORDRE.	DÉPARTEMENTS.	NOMBRE D'ÉTABLISSEMENTS.	NOMBRE DE COMMUNES où ils sont situés.	VALEURS LOCATIVES.	MONTANT des PATENTES.	VALEUR ANNUELLE des matières premières.	VALEUR DES PRODUITS fabriqués annuellement.
							10° FERS
1°	Ain............	1	1	3,000	396	36,500	75,000
2°	Isère...........	10	5	8,640	1,378	767,200	1,389,580
8°	Hérault.........	1	1	1,000	158	3,000	25,000
9°	Aude............	1	1	5,000	859	68,047	316,258
13°	Rhône...........	1	"	6,000	353	226,300	560,400
14°	Puy-de-Dôme.....	416	1	"	"	1,618,650	6,804,549
15°	Loire...........	3	3	7,500	1,358	874,800	1,718,000
17°	Haute-Loire.....	1	1	200	26	84,000	120,000
19°	Drôme...........	1	1	800	90	3,200	14,000
	Totaux............	435	14	32,140	4,518	3,681,497	10,422,767

NUMÉROS D'ORDRE.	DÉPARTEMENTS.	NOMBRE D'ÉTABLISSEMENTS.	NOMBRE DE COMMUNES où ils sont situés.	VALEURS LOCATIVES.	MONTANT des PATENTES.	VALEUR ANNUELLE des matières premières.	VALEUR DES PRODUITS fabriqués annuellement.
							11° FER, ACIER, CUIVRE
15°	Loire............	63	1	13,000	3,570	1,953,000	6,760,000

NUMÉROS D'ORDRE.	DÉPARTEMENTS.	NOMBRE D'ÉTABLISSEMENTS.	NOMBRE DE COMMUNES où ils sont situés.	VALEURS LOCATIVES.	MONTANT des PATENTES.	VALEUR ANNUELLE des matières premières.	VALEUR DES PRODUITS fabriqués annuellement.
							12° FER, ACIER ET AUTRES
15°	Loire............	1	1	2,150	680	186,938	546,455

NUMÉROS D'ORDRE.	DÉPARTEMENTS.	NOMBRE D'ÉTABLISSEMENTS.	NOMBRE DE COMMUNES où ils sont situés.	VALEURS LOCATIVES.	MONTANT des PATENTES.	VALEUR ANNUELLE des matières premières.	VALEUR DES PRODUITS fabriqués annuellement.
							13° FER, ACIER ET AUTRES
15°	Loire............	49	"	17,000	3,430	176,113	1,600,000

NUMÉROS D'ORDRE.	DÉPARTEMENTS.	NOMBRE D'ÉTABLISSEMENTS.	NOMBRE DE COMMUNES où ils sont situés.	VALEURS LOCATIVES.	MONTANT des PATENTES.	VALEUR ANNUELLE des matières premières.	VALEUR DES PRODUITS fabriqués annuellement.
							14° CONSTRUCTION
2°	Isère...........	7	1	3,500	649	127,650	357,500
5°	Var.............	2	1	13,500	1,344	640,900	932,740
6°	Bouches-du-Rhône	7	4	61,500	6,587	1,888,300	5,640,000
7°	Gard............	1	1	200	64	53,550	100,000
8°	Hérault.........	2	2	1,500	255	108,364	241,500
13°	Rhône...........	6	"	78,750	6,200	1,388,095	2,533,581
14°	Puy-de-Dôme.....	1	1	7,000	315	156,900	433,200
15°	Loire...........	8	2	7,350	2,335	1,092,750	1,216,500
	Totaux............	34	12	173,300	17,729	5,456,739	11,455,021

		OUVRIERS.						MOTEURS.						FEUX.			MACHINES.	
		NOMBRE.				SALAIRES.			MOULINS.			MACHINES à vapeur.	CHEVAUX et mulets.	BŒUFS.	FOUR- NEAUX.	FORGES.	FOURS.	MÉTIERS.	AUTRES.
		Hommes.	Femmes.	Enfants.	TOTAL.	Hommes.	Femmes.	Enfants.	à eau.	à vent.	à manège.								

ER. (Suite.)

MARCHANDS.

	Hommes	Femmes	Enfants	TOTAL	Hommes	Femmes	Enfants	à eau	à vent	à manège	Mach. vap.	Chevaux	Bœufs	Fourneaux	Forges	Fours	Métiers	Autres
,600	210	"	15	225	3' 00"	"	1' 50"	1	"	"	1	30	"	2	4	23	"	23
,000	3	"	1	4	2. 25	"	0. 75	2	"	"	"	"	"	"	3	"	"	"
,227	200	20	20	240	2. 00	0' 90"	1. 12	"	"	"	4	60	80	6	·	24	"	11
,227	413	20	36	469	2. 42	0. 90	1. 12	3	"	"	5	110	80	8	7	47	"	34

ET ACIER.

	Hommes	Femmes	Enfants	TOTAL	Hommes	Femmes	Enfants	à eau	à vent	à manège	Mach. vap.	Chevaux	Bœufs	Fourneaux	Forges	Fours	Métiers	Autres
,000	20	"	"	20	3. 00	"	"	3	"	"	"	"	"	5	3	"	"	"
,580	134	"	"	134	3. 40	"	"	11	"	"	"	"	"	7	17	18	"	12
,000	19	"	"	19	2. 87	"	"	"	"	"	"	"	"	7	3	"	"	"
,235	84	2	5	91	3. 50	0. 50	0. 75	1	"	"	"	"	"	7	1	7	"	6
,400	34	18	12	64	4. 50	2. 40	2. 00	"	"	"	"	"	"	2	2	"	"	5
,549	12,710	"	1,400	14,110	1. 60	"	0. 50	"	"	"	"	"	"	"	"	"	"	"
,000	230	3	37	270	3. 70	1. 50	1. 12	11	"	"	9	"	"	39	23	2	6	17
,000	4	"	2	6	4. 50	"	0. 75	1	"	"	"	"	"	2	"	"	"	"
,000	12	"	"	12	2. 00	"	"	1	"	"	"	"	"	"	3	"	"	10
,767	13,237	23	1,456	14,716	3. 80	1. 46	1. 02	28	"	"	9	"	"	62	52	27	6	50

ET BOIS. QUINCAILLERIE.

	Hommes	Femmes	Enfants	TOTAL	Hommes	Femmes	Enfants	à eau	à vent	à manège	Mach. vap.	Chevaux	Bœufs	Fourneaux	Forges	Fours	Métiers	Autres
,000	3,250	1,000	1,000	5,250	2. 35	0. 55	0. 50	12	"	"	10	50	"	"	1,550	10	334	"

MÉTAUX. ARMES DE GUERRE.

	Hommes	Femmes	Enfants	TOTAL	Hommes	Femmes	Enfants	à eau	à vent	à manège	Mach. vap.	Chevaux	Bœufs	Fourneaux	Forges	Fours	Métiers	Autres
,453	858	"	"	858	2. 00	"	"	"	"	"	"	"	"	"	"	"	"	"

MÉTAUX. ARMES DE CHASSE.

	Hommes	Femmes	Enfants	TOTAL	Hommes	Femmes	Enfants	à eau	à vent	à manège	Mach. vap.	Chevaux	Bœufs	Fourneaux	Forges	Fours	Métiers	Autres
,000	1,500	300	200	2,000	2. 00	0. 75	0. 60	12	"	"	"	12	"	"	500	"	"	"

DE MACHINES.

	Hommes	Femmes	Enfants	TOTAL	Hommes	Femmes	Enfants	à eau	à vent	à manège	Mach. vap.	Chevaux	Bœufs	Fourneaux	Forges	Fours	Métiers	Autres
7,500	78	"	"	78	3. 69	"	1. 47	"	"	"	6	1	"	"	11	"	"	2
2,740	354	"	15	369	3. 67	"	0. 83	"	"	"	2	2	"	4	52	3	"	41
0,000	1,167	"	72	1,239	4. 21	"	0. 93	1	"	3	6	8	"	16	77	12	30	5
0,000	45	"	5	50	2. 50	"	1. 00	"	"	1	1	"	"	3	6	1	"	"
1,500	120	"	"	120	3. 06	"	"	"	"	1	1	2	"	2	8	"	"	"
3,581	1,251	"	45	1,296	3. 20	"	1. 35	"	"	1	1	2	"	"	12	7	"	3
3,200	80	120	30	230	3. 12	0. 75	0. 60	1	"	"	1	"	"	"	"	"	"	65
6,500	64	"	"	64	4. 00	"	"	"	"	"	8	8	"	"	15	"	"	"
5,021	3,159	120	167	3,446	3. 36	0. 75	0. 98	2	"	5	25	21	"	25	181	23	30	118

30.

NOMBRE D'ORDRE	DÉPARTEMENTS.	NOMBRE D'ÉTABLISSEMENTS.	NOMBRE DE COMMUNES où ils sont situés.	VALEURS LOCATIVES.	MONTANT des PATENTES.	VALEUR ANNUELLE des matières premières.	VALEUR DES PRODUITS fabriqués annuellement.	
							13° FER.	(S
					15° FERS DIVERS ET			?1
3°	Hautes-Alpes............	2	1	1,250ᶠ	73ᶠ	20,400ᶠ	36,600ᶠ	
6°	Bouches-du-Rhône........	1	1	3,000	870	124,500	275,000	
11°	Allier..................	2	2	5,000	786	350,000	515,000	
15°	Loire...................	3	3	3,200	626	125,600	289,200	
	Totaux..........	8	7	12,450	2,357	629,500	1,115,800	
	NATURE DES PRODUITS.					16° FERS DE TOUTES		SO
1°	Minerai de fer...........	31	21	11,820	3,345	11,000	940,488	
2°	Fonte...................	9	5	115,100	6,794	7,944,690	7,016,420	
3°	— Bouches à feu. Projectiles. Fonderie. Mécanique.	8	7	44,700	5,945	2,574,686	3,535,992	
4°	— Ornements. Objets d'art....	1	»	4,000	527	36,105	120,000	
5°	Fonte et Fer.............	32	11	209,750	21,356	8,963,372	19,386,370	
6°	Fers en barres et forgés....	12	12	52,780	5,497	1,706,412	3,806,585	
7°	Fers laminés. Tôle. Fer-blanc.	5	4	19,300	4,649	2,281,195	2,807,549	
8°	Tréfilerie. Clous. Chaînes...	12	7	13,199	3,391	678,465	1,083,203	
9°	Fers marchands..........	3	3	31,350	4,946	3,898,494	6,610,827	
10°	Fers et Acier............	436	14	32,140	4,518	3,661,497	10,422,767	
11°	Fer. Acier. Cuivre et Bois. Quincaillerie.	62	1	13,000	3,570	1,953,000	6,766,000	
12°	Fer. Acier et autres métaux. Armes de guerre.	1	1	2,150	680	186,938	546,455	
13°	— Armes de chasse.	49	1	17,000	3,630	176,113	1,600,000	
14°	Construction de machines....	34	13	173,500	17,729	5,458,739	11,455,021	
15°	Fers divers et Fers ouvragés...	8	7	12,450	2,357	629,500	1,115,800	
	Totaux...........	702	106	752,045	88,634	35,160,206	76,586,375	
							14° CUI	V
						1° CUIVRE		L
2°	Isère.....................	1	1	200	90	112,500	132,000	
						2° CUIVRE. FONDERIE.		0
12°	Saône-et-Loire..............	1	1	1,500	250	169,000	300,000	
19°	Drôme.....................	1	1	100	26	660	765	
	Totaux.............	2	2	1,600	276	170,260	300,765	
							3° CUIVRE.	C
10°	Cantal....................	1	1	500	125	36,000	50,000	

	OUVRIERS.							MOTEURS.						FEUX.			MACHINES.	
	NOMBRE.				SALAIRES.			MOULINS.			MACHINES à vapeur.	CHEVAUX et mulets.	BŒUFS.	FOUR-NEAUX.	FORGES.	FOURS.	MÉTIERS.	AUTRES.
	Hommes.	Femmes.	Enfants.	TOTAUX.	Hommes.	Femmes.	Enfants.	à eau.	à vent.	à manège.								

ER. (Suite.)

ET FERS OUVRAGÉS.

6	″	″	6	4ʳ 00ᶜ	″	″		″		″	″	″	1	5		1
60	″	″	60	2. 50	″	″		″	1	″	1	″	1	2	1	
200	10	25	235	1. 50	0ᶠ 75ᶜ	0ᶠ 75ᶜ	″	″	″	1	77	24	″	7	1	
69	20	10	99	2. 18	1. 00	0. 62	2	″	″	2	″	″	5	17	″	
335	30	35	400	2. 34	0. 87	0. 68	2	″	1	3	78	24	7	31	2	1

TES SORTES. (Récapitulation.)

1,270	″	16	1,286	2. 39	″	0. 75	″	″	″	3	168		″	″	″	″
1,013	20	60	1,093	2. 30	1. 25	1. 50	″	″	1	9	2	″	31	3	12	3
578	″	143	721	2. 91	″	1. 16	8	4	1	11	212	″	18	8	14	9	3
27	″	″	27	2. 75	″	″	″	″	″	1	″	″	2	1	″	2	1
3,040	46	280	3,366	2. 73	1. 06	1. 20	34	″	1	22	306	60	34	29	109	″	9
730	″	44	774	2. 50	″	0. 90	18	″	″	5		″	3	24	28	″	16
370	12	18	400	3. 00	0. 75	0. 93	4	″	″	4	″	″	13	13	28	″	″
494	23	27	544	2. 38	0. 89	0. 73	11	″	″	″	5	″	1	308	3	34	93
413	20	36	469	2. 42	0. 90	1. 12	3	″	″	5	110	80	8	7	47	″	34
13,237	23	1,456	14,716	3. 80	1. 46	1. 02	28	″	″	9	″	″	62	52	27	6	50
3,250	1,000	1,000	5,250	2. 25	0. 85	0. 50	12	″	″	10	50	″	″	1,550	10	334	
858	″	″	858	2. 00	″	″	″	″	″	1	″	″	″	″	″	″
1,500	300	200	2,000	2. 00	0. 75	0. 00	12	″	″	″	12	″	″	500	″	″
3,159	120	167	3,446	3. 36	0. 75	0. 98	2	″	5	25	21	″	25	181	23	30	118
335	30	35	400	2. 34	0. 87	0. 68	2	″	1	3	78	24	7	31	2	1
30,280	1,594	3,476	35,350	2. 61	0. 96	0. 98	134	4	9	108	964	164	224	2,707	303	435	328

CUIVRE.

IVRE LAMINÉ.

8	″	″	8	3. 00	″	″	3	″	″	″	″	″	1	1	1	″

RIE. Objets marchands.

90	″	12	102	3. 87	″	1. 05	″	″	″	″	″	″	15	″	15	″
1	″	″	1	2. 00	″	″	″	″	″	″	″	″	2	″	″	″
91	″	12	103	2. 93	″	1. 05	″	″	″	″	″	″	17	″	15	″

VRE. Chaudronnerie.

12	″	″	12	1. 40	″	″	1	″	″	″	″	″	1	″	″	″

NUMÉROS D'ORDRE.	DÉPARTEMENTS.	NOMBRE D'ÉTABLISSE-MENTS.	NOMBRE DE COMMUNES où ils sont situés.	VALEURS LOCATIVES.	MONTANT des PATENTES.	VALEUR ANNUELLE des matières premières.	VALEUR DES PRODUITS fabriqués annuellement.	
							14° CUIVRE. S
							4° CUIVRE. Ve
9°	Aube..	1	1	240ʳ	46ʳ	2,500ʳ	3,000	
							5° CUIVRE ET L(
2°	Vaucluse....	2	1	7,000	1,114	1,705,400	1,833,700	
							6° CUIVRE. ARGENT. Tr
2°	Isère....	1	1	2,000	300	163,930	318,000	
							15° OR. ARGENT. Mo
2°	Isère....	2	1	1,320	171	52,000	76,800	
6°	Bouches-du-Rhône....	10	4	3,160	666	184,059	295,794	
8°	Hérault....	8	1	7,050	1,243	61,000	85,000	
12°	Saône-et-Loire....	2	1	900	90	5,320	24,750	
	Totaux..................	22	7	12,330	2,170	302,379	482,344	
2°	Isère....	1	1	3,400	704	350,000	600,000	
3°	Hautes-Alpes....	1	1	ʺ	ʺ	ʺ	430	
11°	Allier....	1	1	ʺ	ʺ	ʺ	21,000	
12°	Saône-et-Loire....	2	1	ʺ	ʺ	7,600	122,125	
13°	Rhône....	2	ʺ	1,800	367	29,400	90,000	
14°	Puy-de-Dôme....	8	8	1,648	184	81,000	418,560	3
	Totaux..................	15	12	6,848	1,255	468,000	1,252,115	5
							17° PRODUITS CHI
5°	Var....	1	1	3,006	365	359,850	1,448,000	11
6°	Bouches-du-Rhône....	28	7	103,755	21,279	4,906,440	13,268,956	1,5
7°	Gard....	1	1	ʺ	ʺ	5,137	11,020	
8°	Hérault....	9	4	6,840	1,908	451,825	603,620	
19°	Drôme....	2	2	900	258	55,765	77,000	
22°	Vaucluse....	2	2	360	48	836	3,200	
	Totaux..................	43	17	114,855	23,858	5,779,853	15,409,796	1,3

	OUVRIERS — Hommes	Femmes	Enfants	TOTAUX	SALAIRES — Hommes	Femmes	Enfants	MOULINS — à eau	à vent	à manège	MACHINES à vapeur	CHEVAUX et mulets	BŒUFS	FOURNEAUX	FORGES	FOURS	MÉTIERS	AUTRES
(Suite.)																		
Vert-de-gris.		2		2	0f 75c													
...LOMB OUVRAGÉS.	50			50	2f 75c									14	3			16
Tréfilerie en faux.	37	16	21	74	1.75	1.00	0f 60c	2						5	2		51	20
Horlogerie. Bijouterie.	10			10	3.50													
	30	5	5	40	3.54	1.28	1.00							14	9		3	8
	15			15	2.95										8			
	6			6	3.50													8
	61	5	5	71	3.40	1.28	1.00							14	17		3	16
...UX DIVERS.	17			17	2.50			9			8			12				
	3			3	2.00						8							
	51	14		65	1.25	0.60												
	60		60	120	1.35		0.60			3	8							
	30			30	3.75													
	347	52	30	429	1.73	0.75	0.02	17			9			14	1			5
	508	66	90	664	2.52	0.67	0.61	26		3	8	17		25	1			5
...TS CHIMIQUES DIVERS.	45	4	10	59	2.25	1.00	0.75							12				3
	1,238	83	87	1,408	2.47	1.00	1.07		1	26	13	172		239	35	35		7
	4			4	1.75													
	69	8	1	78	1.90	0.94	0.75	1	1	6	1	9		102	1	3		
	14			14	2.00					5		2		15		3		
	6		1	7	2.50			1.25			1	1		2				3
	1,376	95	99	1,570	2.15	0.98	0.93	1	2	37	15	184		370	36	58		13

RÉCAPITULATION GÉNÉRALE.

RÉCAPITULATION GÉNÉRALE PAR

NUMÉROS d'ordre	DÉPARTEMENTS	NOMBRE d'établissements.	NOMBRE de communes où ils sont situés.	VALEURS LOCATIVES.	MONTANT des PATENTES.	VALEUR ANNUELLE des matières premières.	VALEUR des PRODUITS fabriqués annuellement.
1°	Ain.	34	12	17,300ᶠ	1,704ᶠ	108,170ᶠ	558,298ᶠ
2°	Isère.	500	235	145,807	23,063	6,169,899	14,112,242
3°	Hautes-Alpes	16	13	2,350	196	23,600	63,369
4°	Basses-Alpes	42	19	840	298	38,092	184,535
5°	Var	271	31	74,324	8,855	1,497,796	4,342,593
6°	Bouches-du-Rhône.	209	66	306,049	41,786	8,945,630	20,860,074
7°	Gard.	56	37	33,300	33,427	1,788,496	7,829,111
8°	Hérault	145	84	38,870	6,320	876,435	3,354,070
9°	Aube	67	42	36,385	6,349	788,147	1,756,844
10°	Pyrénées-Orientales	158	6	53,800	3,984	1,375,930	2,149,349
11°	Allier	187	113	243,074	16,574	4,340,546	13,607,056
12°	Saône-et-Loire.	603	304	52,710	7,833	3,009,205	9,843,711
13°	Rhône.	34	»	139,100	11,167	2,752,000	6,459,981
14°	Puy-de-Dôme	270	19	9,408	499	2,196,470	8,253,109
15°	Loire	170	28	206,750	37,796	12,297,075	28,846,383
16°	Cantal	26	16	3,636	1,216	87,680	301,455
17°	Haute-Loire.	3	3	900	183	227,850	428,000
18°	Ardèche	5	5	23,220	3,211	1,042,117	1,459,584
19°	Drôme	56	33	14,743	2,608	193,585	743,032
20°	Aveyron	11	11	28,000	4,437	1,469,351	4,213,132
21°	Lozère.	»	»	»	»	»	»
22°	Vaucluse	49	25	19,731	2,837	1,950,456	2,377,454
	TOTAUX	3,192	1,062	1,453,377	214,353	51,379,742	137,633,702

DÉPARTEMENTS, DES PRODUITS MINÉRAUX.

	OUVRIERS.							MOTEURS.						FEUX.			MACHINES.	
	NOMBRE.				SALAIRES.			MOULINS			MACHINES à vapeur	CHEVAUX et mulets	NEUFS.	FOURNEAUX.	FORGES.	FOURS.	MÉTIERS.	AUTRES.
	Hommes.	Femmes.	Enfants.	TOTAUX.	Hommes.	Femmes.	Enfants.	à eau.	à vent.	à manège.								
208																		
242	347	34	.	381	2' 23"	0' 81"	.	4	.	.	.	3	.	7	3	18	.	8
369	5,571	147	368	6,086	2. 30	0. 99	0' 98"	49	4	1	22	203	.	241	43	17	76	118
535	100	1	.	101	2. 25	0. 75	.	.	.	.	.	.	.	2	5	3	.	4
503	169	7	22	198	1. 78	0. 60	0. 70	6	.	1	.	3	.	3	.	6	4	.
074	1,425	372	149	1,946	2. 52	0. 90	0. 86	10	1	15	1	88	.	28	53	184	.	44
111	5,032	289	724	6,045	2. 96	1. 21	1. 19	4	3	69	28	279	.	356	126	237	42	71
370	7,545	31	122	7,698	2. 39	1. 18	1. 05	1	1	6	16	416	.	29	12	38	.	102
344	2,546	786	398	3,730	2. 49	1. 12	0. 81	4	1	39	2	139	.	112	22	56	30	18
349	580	75	131	886	2. 16	0. 68	0. 62	10	18	41	.	137	.	10	11	38	.	22
756	344	29	15	388	2. 43	1. 00	0. 79	31	1	4	.	11	.	20	14	133	.	1
711	3,699	169	320	4,188	1. 64	0 60	0. 77	11	.	5	17	128	84	75	22	182	15	131
081	5,697	97	186	5,980	2. 35	1. 00	0. 81	11	.	38	72	98	19	27	15	120	.	8
109	2,147	93	92	2,332	3. 46	1. 93	1. 69	.	.	.	4	.	.	16	17	24	2	72
183	13,603	182	1,460	15,245	1. 75	0. 85	0. 59	18	.	.	6	52	.	17	1	142	.	7
155	9,548	1,423	1,760	12,731	2. 83	0. 92	1. 05	37	.	.	54	275	.	184	2,415	166	340	32
100	90	4	10	104	1. 80	1. 25	0. 80	1	.	.	.	3	.	1	.	23	5	8
84	81	32	28	141	2. 07	0. 75	0. 80	2	.	1	.	3	.	4	2	10	1	.
32	304	.	166	470	2. 50	.	1. 06	.	.	1	4	211	.	4	4	13	1	1
53	219	8	17	244	2. 09	1. 29	0. 77	10	.	5	1	18	.	20	10	36	14	13
.	2,381	30	45	2,456	2. 73	0. 95	1. 06	.	.	3	7	74	80	19	2	25	.	11
54	.	.	.	.	.	.	.	.	.	.	.	.	.	.	.	.	.	.
	370	28	34	432	2. 60	1. 29	1. 18	2	1	11	3	21	.	24	8	43	19	40
02	61,058	3,837	5,967	71,782	2. 38	1. 03	0. 88	211	30	250	340	2,172	183	1,199	2,791	1,546	549	711

31

RÉCAPITULATION GÉNÉRALE.

RÉCAPITULATION GÉNÉRALE PAR

NUMÉROS	NATURE DES PRODUITS.	NOMBRE D'ÉTABLISSEMENTS.	NOMBRE DE COMMUNES où ils sont situés.	VALEURS LOCATIVES.	MONTANT des PATENTES.	VALEUR ANNUELLE des matières premières.	VALEUR DES PRODUITS fabriqués annuellement.
1°	Marais salants. Sel marin...	43	19	17,000ᶠ	,	,	3,708,977ᶠ
2°	Carrières. Exploitation...	1,030	354	129,981	15,503ᶠ	578,386ᶠ	6,831,505
3°	Houille. Extraction...	141	111	37,170	39,439	239,656	8,886,328
4°	—— Gaz d'éclairage...	7	6	16,706	3,530	429,905	809,517
5°	—— Noir de fumée...	2	2	900	159	62,500	86,600
6°	Asphalte. Schiste. (Huile de). Exploitation...	3	3	3,000	304	3°,950	121,400
7°	Soufre. (Raffineries de)...	3	1	3,184	419	634,000	888,000
8°	Salpêtre. Soufre. Poudrerie de l'État...	1	1	,	,	438,000	1,140,000
9°	Terre argileuse. Tuileries. Briques. Poteries. Faïence...	1,103	335	244,278	30,812	1,038,460	6,027,877
10°	—— —— Faïence...	8	4	2,560	960	201,842	555,520
11°	Porcelaine...	3	2	7,080	456	101,600	270,300
12°	Verrerie. Bouteilles. Cristaux. Vitres...	37	14	92,000	14,608	3,013,215	9,481,180
13°	—— Glaces. Polissage...	1	1	500	65	12,000	45,000
14°	Fers de toutes sortes...	702	106	732,045	68,634	35,180,206	76,886,375
15°	Cuivres de toutes sortes...	8	7	11,540	1,951	2,170,500	2,638,465
16°	Or. Argent. Horlogerie. Bijouterie...	22	7	12,330	2,170	302,379	482,344
17°	Métaux divers...	15	12	6,848	1,255	468,000	1,258,118
18°	Produits chimiques...	43	17	114,855	23,858	5,779,853	15,409,796
	Totaux...	3,192	1,002	1,452,577	214,253	51,379,782	137,633,762

NATURE DE PRODUITS MINÉRAUX.

| | OUVRIERS. | | | | | | | MOTEURS. | | | | | | FEUX. | | | MACHINES. | |
| | NOMBRE. | | | | SALAIRES. | | | MOULINS | | | MACHINES à vapeur. | CHEVAUX et mulets. | BŒUFS. | | | | | |
	Hommes.	Femmes.	Enfants.	TOTAUX.	Hommes.	Femmes.	Enfants.	à eau.	à vent.	à manège.				FOUR-NEAUX.	FORGES.	FOURS.	MÉTIERS.	AUTRES.
	6,225	688	397	7,510	2f 35c	1f 20c	0f 75c	3	2	68	10	313	.	6	1	1	,	73
	6,596	101	231	6,928	2. 10	1. 09	0. 95	20	9	94	2	143	.	2	1	152	9	20
	9,016	108	403	9,527	2. 25	1. 09	1. 04	.	.	6	82	165	19	2	4	6	7	35
	146	1	2	149	2. 23	1. 50	1. 00	.	.	.	,	4	.	61	3	4	,	37
	16	.	.	16	2. 50	.	.	.	.	.	.	.	.	8	,	16	,	3
	39	.	4	43	2. 05	.	0. 50	1	.	.	.	4	.	4	,	.	,	1
	25	29	5	59	3. 17	1. 17	1. 50	.	.	.	.	1	. ,	28	.	.	,	.
	54	12	6	72	2. 70	1. 00	1. 25	1	.	.	.	.	.	.	.	.	,	.
	3,400	548	583	4,531	1. 92	0. 95	0. 78	7	11	19	1	98	.	230	3	904	39	48
	204	39	60	303	2. 21	1. 01	0. 59	11	1	1	.	13	.	7	.	11	4	.
	190	36	18	244	1. 75	0. 75	0. 40	.	.	3	.	4	.	.	.	7	,	60
	3,617	297	575	4,489	2. 55	0. 98	0. 92	.	1	10	14	262	.	179	12	68	,	14
	7	,	.	7	2. 00	.	.	1	.	.	.	.	.	.	.	.	1	.
	30,280	1,594	3,476	35,350	2. 61	0. 96	0. 98	134	4	9	108	964	164	224	2,707	303	435	324
	198	18	33	249	2. 37	0. 87	0. 82	6	.	.	.	.	.	38	6	16	51	38
	61	5	5	71	3. 40	1. 28	1. 00	.	.	.	.	.	.	14	17	.	3	16
	508	66	90	664	2. 52	0. 87	0. 61	20	.	3	8	17	.	20	1	,	.	5
	1,376	95	99	1,570	2. 15	0. 98	0. 95	1	2	37	15	184	.	370	36	58	,	13
	61,956	3,837	5,987	71,782	2. 38	1. 03	0. 88	211	30	350	240	2,172	183	1,199	2,791	1,546	549	711

31.

TABLEAUX RÉCAPITULATIFS

SECTION II. —

NUMÉROS	NATURE DES ÉTABLISSEMENTS	NOMBRE D'ÉTABLISSEMENTS	NOMBRE DE COMMUNES où ils sont situés	VALEURS LOCATIVES	MONTANT des PATENTES	VALEUR ANNUELLE des matières premières	VALEUR DES PRODUITS fabriqués annuellement
	1° CÉRÉALES.						
1°	Ain	61	40	96,770ᶠ	4,663ᶠ	3,930,933ᶠ	7,069,223ᶠ
2°	Isère	8	1	15,908	392	1,349,000	1,588,345
3°	Hautes-Alpes	28	6	13,510	956	889,901	1,052,390
6°	Bouches-du-Rhône	14	8	37,800	3,409	11,854,640	12,026,692
7°	Gard	2	1	3,300	190	98,000	107,800
8°	Hérault	9	6	37,600	1,659	9,851,000	10,640,700
9°	Aube	13	8	74,310	4,210	5,445,860	6,050,587
11°	Allier	611	349	318,415	20,084	12,481,308	13,518,180
12°	Saône-et-Loire	1,126	486	679,712	28,513	70,795,500	73,727,320
13°	Rhône	20	.	80,500	2,959	6,756,000	8,589,350
14°	Puy-de-Dôme	1,860	5	.	.	24,173,653	28,020,623
15°	Loire	120	3	108,760	21,418	26,763,702	33,556,734
16°	Cantal	774	255	113,930	15,419	8,738,235	10,093,794
18°	Ardèche	706	271	230,131	11,851	7,478,034	8,682,320
19°	Drôme	284	141	68,115	16,130	38,174,176	42,258,355
22°	Vaucluse	220	101	298,719	10,886	11,454,450	12,828,031
	Totaux	5,856	1,581	2,186,372	143,139	241,434,412	269,090,506
	2° FROMENT.						
6	Bouches-du-Rhône	4	2	5,950	931	773,475	895,995
14	Puy-de-Dôme	2	1	6,500	216	445,240	577,744
	Totaux	6	3	12,450	1,147	1,218,715	1,473,739

S | PAR NATURE DE PRODUITS.

PRODUITS VÉGÉTAUX.

IR	OUVRIERS.							MOTEURS.						FEUX.			MACHINES.	
cité	NOMBRE.				SALAIRES.			MOULINS			MACHINES à vapeur.	CHEVAUX et mulets.	BŒUFS.	FOUR-NEAUX.	FORGES.	FOURS.	MÉTIERS.	AUTRES.
vent.	Hommes.	Femmes.	Enfants.	TOTAUX.	Hommes.	Femmes.	Enfants.	à eau.	à vent.	à manège.								

S. (Moulins à).

35	157	13	11	181	1' 38'	0' 95'	0' 40'	61	»	»	1	»	»	»	»	»	»	3
45	22	»	»	22	1. 75	»	»	17	»	»	1	»	»	»	»	»	»	»
90	68	11	»	79	1. 90	1. 00	»	46	»	»	»	12	»	1	»	»	»	22
92	259	21	19	299	2. 38	0. 87	1. 30	9	4	»	6	18	»	6	1	1	»	32
00	30	»	»	30	3. 00	»	»	»	»	»	2	4	»	»	»	»	»	»
00	47	»	»	47	2. 61	»	»	9	»	»	»	»	»	»	»	»	»	»
87	135	10	6	151	1. 78	0. 37	0. 60	9	4	4	»	16	»	»	»	»	»	»
50	845	86	51	982	1. 40	0. 84	0. 55	850	»	»	»	»	»	»	»	»	»	»
30	2,074	»	»	2,074	1. 50	»	»	1,041	77	»	8	»	»	»	»	»	»	»
30	60	»	»	60	2. 75	»	»	15	»	»	5	»	»	»	»	»	»	75
23	2,050	»	»	2,050	1. 50	»	»	1,860	»	»	»	2,050	»	»	»	»	»	»
54	294	4	»	298	2. 06	1. 40	»	120	»	»	7	9	»	»	»	»	»	»
54	1,795	»	»	1,795	1. 40	»	»	774	»	»	»	»	»	»	»	»	»	1 815
10	1,412	»	»	1,412	1. 50	»	»	706	»	»	»	»	»	»	»	»	»	»
15	420	48	6	474	1. 91	1. 63	1. 00	516	»	1	»	110	16	58	»	1	»	12
11	398	42	16	456	2. 34	1. 28	0. 88	218	5	»	»	77	»	»	»	»	»	51
6	10,069	235	109	10,413	1. 95	0. 99	0. 77	6,051	90	5	29	2,296	16	63	1	2	»	2 027

Vermicelle.

5	41	»	17	58	2. 87	»	0. 87	»	»	5	3	8	7	2	»	»	4	10
4	61	96	15	172	2. 12	0. 37	0. 50	1	»	3	1	17	»	5	»	1	»	7
3	102	96	32	230	2. 50	0. 37	0. 68	1	»	8	4	25	7	7	»	1	4	17

RÉCAPITULATION GÉNÉRALE.

NUMÉROS d'ordre	DÉPARTEMENTS.	NOMBRE D'ÉTABLISSEMENTS.	NOMBRE DE COMMUNES où ils sont situés.	VALEURS LOCATIVES.	MONTANT des PATENTES.	VALEUR ANNUELLE des matières premières.	VALEUR DES PRODUITS fabriqués annuellement.
						3° ORGE.	Bi
1°	Ain	6	4	5,710f	520f	68,379	131,760f
2°	Isère	11	4	"	"	199,663	464,964
3°	Hautes-Alpes	4	3	"	"	14,437	22,500
4°	Basses-Alpes	"	"	"	"		
5°	Var	8	3	"	"	26,370	37,800
6°	Bouches-du-Rhône	12	3	"	"	40,620	107,381
7°	Gard	7	4	"	"	92,463	151,994
8°	Hérault	8	2	"	"	132,542	208,505
9°	Aude	4	2	"	"	46,671	62,124
10°	Pyrénées-Orientales	3	2	"	"	7,225	22,890
11°	Allier	5	4	4,420	312	136,522	306,620
12°	Saône-et-Loire	13	7	"	"	249,789	499,540
13°	Rhône	28	"	"	"	1,417,038	2,580,189
14°	Puy-de-Dôme	9	4	"	"	209,129	390,040
15°	Loire	18	3	18,730	1,922	300,567	575,041
16°	Cantal	9	5	4,500	613	136,548	236,?05
17°	Haute-Loire	8	3	"	"	99,679	185,610
18°	Ardèche	7	5	"	"	98,000	133,400
19°	Drôme	7	5	21,500	993	259,943	398,583
20°	Aveyron	4	4	"	"	45,105	104,947
21°	Lozère	4	"	"	"	28,640	50,935
22°	Vaucluse	3	2	"	"	41,563	82,754
	Totaux	183	69	54,880	4,360	3,661,211	6,779,132
						4° DISTILLERIE.	Alc
5°	Var	61	6	14,670	3,121	317,997	415,977
6°	Bouches-du-Rhône	27	14	17,445	4,023	335,370	506,375
7°	Gard	155	102	49,350	13,367	6,165,018	7,109,384
8°	Hérault	379	150	184,540	27,615	19,917,397	21,985,592
9°	Aude	67	22	24,894	3,814	2,038,069	2,462,606
10°	Pyrénées-Orientales	120	1	84,000	7,200	1,800,000	2,500,000
14°	Puy-de-Dôme	6	1	"	"	12,000	18,000
15°	Loire	1	1	27	45	12,550	16,500
18°	Ardèche	1	1	350	45	11,190	18,000
19°	Drôme	1	1	280	66	3,100	7,500
22°	Vaucluse	3	3	2,922	399	4,527	19,200
	Totaux	821	302	378,778	60,090	30,615,709	35,048,154

| | OUVRIERS. | | | | | | | MOTEURS. | | | | | | FEUX. | | | MACHINES. | |
| | NOMBRE. | | | | SALAIRES. | | | MOULINS. | | | MACHINES à vapeur. | CHEVAUX et mulets. | BŒUFS. | FOUR- NEAUX. | FORGES. | FOURS. | MÉTIERS. | AUTRES. |
	Hommes.	Femmes.	Enfants.	TOTAUX.	Hommes.	Femmes.	Enfants.	à eau.	à vent.	à manège.								
GE. Bierre.																		
60'	20	»	1	21	2'26"	»	1'00"	»	»	»	»	5	»	6	»	»	»	1
64	35	»	»	35	2.50	»	»	»	»	»	»	»	»	»	»	»	»
00	10	»	»	10	1.50	»	»	»	»	»	»	»	»	»	»	»	»
00	»	»	»	»	»	»	»	»	»	»	»	»	»	»	»	»	»
00	31	»	»	31	2.33	»	»	»	»	»	»	»	»	»	»	»	»
81	23	»	»	23	2.44	»	»	»	»	»	»	»	»	»	»	»	»
94	16	»	»	16	3.00	»	»	»	»	»	»	»	»	»	»	»	»
65	32	»	»	32	2.37	»	»	»	»	»	»	»	»	»	»	»	»
24	11	»	»	11	1.83	»	»	»	»	»	»	»	»	»	»	»	»
90	5	»	»	5	1.75	»	»	»	»	»	»	»	»	»	»	»	»
20	50	»	»	50	2.56	»	»	»	»	»	»	»	3	»	»	»	»
60	53	»	»	53	2.80	»	»	»	»	»	»	»	»	»	»	»	»
90	169	»	»	169	3.00	»	»	»	»	»	28	»	25	»	»	»	»
60	41	»	»	41	1.79	»	»	»	»	»	»	»	»	»	»	»	»
41	56	»	»	56	3.00	»	»	»	»	»	»	»	»	»	»	»	»
75	33	»	»	33	1.90	»	»	»	»	»	»	»	14	»	»	»	»
10	34	»	»	34	2.50	»	»	»	»	»	»	»	»	»	»	»	»
00	11	»	»	11	2.66	»	»	»	»	»	»	»	»	»	»	»	»
53	38	»	»	38	3.23	»	»	»	»	»	»	1	15	»	»	»	»
17	5	»	»	5	3.33	»	»	»	»	»	»	»	»	»	»	»	»
15	9	»	»	9	1.75	»	»	»	»	»	»	»	»	»	»	»	»
54	11	»	»	11	2.65	»	»	»	»	»	»	»	2	»	»	»	»
32	673	»	1	674	2.41	»	1.00	»	»	»	5	»	20	65	»	»	»	1
E. Alcool. Liqueurs.																		
77	132	6	»	138	2.32	1.06	»	»	»	»	»	4	»	59	»	»	»	67
75	66	15	1	82	2.35	1.15	0.73	»	»	»	2	3	»	37	»	»	»	5
84	328	»	»	328	2.50	»	»	37	27	»	»	»	»	»	»	168	»	104
92	868	»	»	868	2.00	»	»	»	»	»	»	»	440	»	»	»	»
06	125	37	3	135	2.11	1.05	1.25	2	»	»	»	14	36	»	»	»	»
50	300	»	»	300	3.00	»	»	»	»	»	»	»	120	»	»	»	160
00	6	»	»	6	1.50	»	»	»	»	»	»	»	6	»	»	»	»
00	1	»	»	1	1.50	»	»	»	»	»	»	»	1	»	»	»	»
00	1	»	»	1	2.50	»	»	»	»	»	»	»	2	»	»	»	»
00	2	»	»	2	1.50	»	»	»	»	»	»	»	3	»	»	»	»
00	4	»	»	4	2.50	»	»	»	»	»	»	»	2	»	»	»	»
54	1,533	48	4	1,585	2.16	1.09	1.00	39	27	»	2	21	»	706	»	168	»	336

NUMÉRO D'ORDRE.	DÉPARTEMENTS.	NOMBRE D'ÉTABLISSEMENTS.	NOMBRE DE COMMUNES où ils sont situées.	VALEURS LOCATIVES.	MONTANT des PATENTES.	VALEUR annuelle des matières premières.	VALEUR des produits fabriqués annuellement.
						5° OLIVES.	
6°	Bouches-du-Rhône	57	13	55,540	2,810	1,500,514	1,784,345
8°	Hérault	4	2	2,380	193	69,256	85,805
9°	Aude	5	6	2,120	244	41,600	58,870
10°	Pyrénées-Orientales	90	1	.	4,500	400,000	1,000,000
22°	Vaucluse	24	12	3,810	460	220,835	313,488
	Totaux	187	34	63,850	8,207	2,232,225	3,202,508
						6° GRAINES OLÉA	GI
1°	Ain	1	1	300	35	38,060	65,180
2°	Isère	14	7	7,320	1,185	504,900	559,500
6°	Bouches-du-Rhône	21	2	53,780	8,187	16,046,200	18,368,308
11°	Allier	52	41	14,985	1,152	143,454	175,029
14°	Puy-de-Dôme	276	5	.	.	889,000	1,211,000
16°	Cantal	2	2	80	17	19,600	24,000
18°	Ardèche	1	1	1,300	64	5,988	37,900
19°	Drôme	85	48	1,030	3,235	152,375	168,564
22°	Vaucluse	1	1	300	39	45,000	49,500
	Totaux	453	108	78,995	13,914	17,843,997	20,858,071
						7° HUILE. SOUDE.	PO
2°	Isère	1	1	700	180	88,000	90,000
5°	Var	2	1	7,920	1,333	610,000	700,000
6°	Bouches-du-Rhône	29	2	159,600	25,058	34,084,762	37,045,040
7°	Gard	2	1	200	108	1,600	4,000
	Totaux	35	5	168,420	26,679	34,784,362	37,839,040

	OUVRIERS.							MOTEURS.						FEUX.			MACHINES.	
	NOMBRE.				SALAIRES.			MOULINS.			MACHINES à vapeur.	CHEVAUX et mulets.	BŒUFS.	FOUR- NEAUX.	FORGES.	FOURS.	MÉTIERS.	AUTRES.
	Hommes.	Femmes.	Enfants.	TOTAUX.	Hommes.	Femmes.	Enfants.	à eau.	à vent.	à manège.								

ES. Huile.

666	4	8	678	2f 40c	1f 00c	1f 58c	16	»	43	»	150	6	69				31
40	»	»	40	3. 00	»	»	»	»	8	»	»	»	8				
43	4	»	47	1. 87	1. 00	»	2	»	6	»	10	»	»				
800	»	»	800	3. 50	»	»	»	»	90	»	»	»	90	»			90
168	2	»	170	2. 27	1. 25	»	3	»	14	»	43	»	15	»		»	5
1,717	10	8	1,735	2. 62	1. 08	1. 58	21	»	161	»	203	6	182	»		»	126

ÉA GINEUSES. Huile.

3	»	»	3	1. 50	»	»	»	»	1	»	»	»	1	»	»		2
24	5	6	35	1. 33	1. 03	0. 53	»	»	»	»	»	»	»	»	»		»
544	59	11	614	2. 42	1. 00	1. 20	3	»	3	21	»	»	37	11	9		82
58	18	10	86	1. 35	0. 53	0. 22	»	»	»	»	»	»	32	»			29
295	»	»	295	1. 50	»	»	276	»	»	»	43	»	22	»	»		»
4	»	»	4	1. 30	»	»	2	»	»	»	»	»	»	»			»
3	»	»	3	2. 00	»	»	»	»	»	»	2	»	1	»	»		2
95	»	»	95	1. 99	»	»	30	»	58	»	2	»	2	»	»		
3	»	»	3	2. 00	»	»	»	»	»	1	»	»	1	»	»		
1,029	82	27	1,138	1. 73	0. 88	0. 65	311	»	62	22	47	»	96	11	9	»	115

E. POTASSE. Savon.

1	»	»	1	2. 00	»	»	»	»	»	»	»	»	2	»	»		»
15	»	3	18	2. 50	»	0. 75	»	»	»	»	»	»	3	»	»		»
486	»	20	506	3. 29	»	1. 31	»	»	»	»	»	»	171	»	»		9
2	»	»	2	2. 00	»	»	»	»	»	»	»	»	»	»	»		»
504	»	23	527	2. 45	»	1. 03	»	»	»	»	»	»	176	»	»	»	9

NUMÉROS d'ordre	DÉPARTEMENTS.	NOMBRE D'ÉTABLISSE-MENTS.	NOMBRE DE COMMUNES où ils sont situés.	VALEURS LOCATIVES.	MONTANT des PATENTES.	VALEUR ANNUELLE des matières premières.	VALEUR DES PRODUITS fabriqués annuellement.	
						8° GARANCE EN		**P**
6°	Bouches-du-Rhône............	1	1	1,530ᶠ	186ᶠ	720,000ᶠ	825,000ᶠ	
22°	Vaucluse...................	32	14	74,670	11,997	8,592,520	10,278,520	
	Totaux...........	33	15	76,520	12,183	9,312,520	11,102,520	
						9° SUCRE INDI		**G**
7°	Gard.....................	1	1	1,000ᶠ	90	10,000	25,000	
12°	Saône-et-Loire............	2	2	2,100	648	70,000	222,000	
14°	Puy-de-Dôme..............	1	1	1,500	·	234,000	567,000	
19°	Drôme...................	2	2	900	315	19,000	34,500	
	Totaux...........	6	6	5,500	1,053	333,000	848,500	
						10° SUCRE INDIGÈNE.		**Fa**
2°	Isère.....................	6	6	30,000	496	1,085,200	1,397,850	
						11° SUCRE EXO		**T**
6°	Bouches-du-Rhône..........	7	1	97,500	11,024	25,356,960	32,368,870	
						12° PAPETERIE.		**Pa**
1°	Ain......................	2	2	1,700	162	41,000	77,300	
2°	Isère.....................	16	14	26,950	2,917	1,076,648	2,017,285	
4°	Basses-Alpes..............	6	2	1,375	369	52,378	119,805	
5°	Var......................	2	2	9,500	150	97,100	217,875	
8°	Hérault...................	1	1	900	109	18,180	26,000	
11°	Allier....................	1	1	12,000	430	112,500	220,000	
13°	Rhône....................	1	·	1,800	234	91,285	180,000	
14°	Puy-de-Dôme..............	14	1	2,150	1,067	581,778	766,350	
15°	Loire....................	1	1	2,000	400	405,000	730,000	
17°	Haute-Loire...............	3	3	1,830	135	130,000	236,800	
18°	Ardèche..................	7	4	14,100	3,173	565,606	1,384,500	
19°	Drôme...................	8	4	9,500	919	73,917	171,374	
21°	Lozère...................	1	1	1,000	180	32,400	66,000	
22°	Vaucluse..................	3	3	2,140	473	59,045	82,632	
	Totaux...........	66	39	86,935	10,688	3,341,231	6,309,929	

	OUVRIERS							MOTEURS						FEUX			MACHINES	
	NOMBRE				SALAIRES			MOULINS			MACHINES à vapeur	CHEVAUX et mulets	MOUTS.	FOUR-NEAUX	FORGES	FOURS	MÉTIERS	AUTRES
	Hommes	Femmes	Enfans	TOTAL	Hommes	Femmes	Enfans	à eau	à vent	à manège								

POUDRE. Garancine.

	Hommes	Femmes	Enfans	TOTAL	Hommes	Femmes	Enfans	à eau	à vent	à manège	vapeur	chevaux	Mouts.	Fourn.	Forges	Fours	Métiers	Autres
	22	2	»	24	2'50°	0'75°	»	1	»	»	»	»	»	4	»	»	»	»
	274	62	13	349	2.55	1.37	1'37°	17	»	»	2	»	»	36	»	»	»	223
	296	64	13	373	2.52	1.01	1.37	18	»	»	2	»	»	40	.	.	»	223

GÈNE (Fabriques de).

	15	8	5	28	1.75	1.00	0.75	«	»	1	»	6	»	2	1	1		»
	160	45	20	225	1.83	0.77	0.70	»	»	»	2	»	»	9	»	»		2
	150	20	20	190	1.50	0.60	0.50	»	»	»	4	»	»	4	»	..		20
	56	9	10	75	1.50	1.00	0.75	2	»	1	»	»		8	»	1		2
	381	82	55	518	1.64	0.84	0.68	2	»	2	6	6	.	23	1	2	.	24

Fabriques de dragées.

	311	30	12	359	1.38	0.84	0.79	6	»	»	2	»	»	18	1	2	»	3

TIQUE (Raffineries de).

	869	5	20	894	2.86	1.06	1.45	»	1	3	12	18	»	39	1	2	»	5

Papiers divers.

	13	12	3	28	1.63	1.00	0.63	1	»	»	»	»	»	5	1	»	»	»
	377	486	113	976	1.87	0.88	0.63	49	»	»	3	»	»	10	2	»	»	105
	22	28	7	57	1.62	0.65	0.63	7	»	»	»	»	»	»	»	»	»	1
	31	83	24	138	2.25	0.83	0.45	4	»	»	»	»	»	2	1	»	»	14
	12	»	10	22	2.00	»	0.60	»	»	»	»	»	»	2	»	»	»	»
	30	90	10	130	1.25	0.70	0.35	1	»	»	»	»	»	1	»	»	»	»
	40	»	40	80	2.50	»	0.55	»	»	»	»	»	»	1	»	»	»	30
	228	255	26	509	2.00	0.75	0.75	45	»	»	»	»	»	»	»	»	»	»
	40	120	4	164	1.50	0.75	0.75	6	»	»	1	»	»	1	1	»	»	10
	37	27	2	66	2.08	0.90	0.30	7	»	»	»	»	»	5	»	»	»	1
	193	320	23	536	1.63	0.88	0.45	16	»	»	»	»	»	8	1	»	»	17
	54	93	7	154	2.07	0.79	0.78	9	»	»	»	»	..	3	»	»	»	5
	12	25	»	37	2.00	0.73	»	3	»	»	»	»	»	2	1	»	»	1
	14	18	3	35	2.12	0.90	0.42	3	»	»	1	»	»	2	»	»	1	1
	1,103	1,557	272	2,932	1.89	0.82	0.56	142	»	»	5	»	»	41	7	»	1	185

NUMÉRO d'ordre	DÉPARTEMENTS.	NOMBRE D'ÉTABLISSEMENTS.	NOMBRE DE COMMUNES où ils sont situés.	VALEURS LOCATIVES.	MONTANT des PATENTES.	VALEUR ANNUELLE des matières premières.	VALEUR des PRODUITS fabriqués annuellement.	
				13° IMPRIMERIE.				Li
1°	Ain	5	4	2,200'	314'	37,000'	91,000'	
2°	Isère	9	4	8,210	968	27,800	137,890	
3°	Hautes-Alpes	1	1	1,000	95	5,000	15,000	
4°	Basses-Alpes	4	2	"	"	13,400	23,500	
5°	Var	3	3	1,460	274	11,925	31,300	
6°	Bouches-du-Rhône	13	3	9,320	1,404	111,035	389,000	
7°	Gard	12	6	7,310	1,031	44,800	193,000	
8°	Hérault	16	6	6,600	1,153	45,566	175,933	
10°	Pyrénées-Orientales	2	1	1,600	280	10,400	20,000	
11°	Allier	4	2	6,300	577	76,800	317,550	
12°	Saône-et-Loire	8	5	6,530	635	26,268	86,770	
13°	Rhône	22	"	22,450	3,375	237,645	640,140	
14°	Puy-de-Dôme	2	1	2,200	390	62,920	103,000	
15°	Loire	6	2	3,300	387	38,150	127,000	
16°	Cantal	5	4	"	287	19,200	66,000	
18°	Ardèche	6	6	1,500	131	8,495	21,750	
19°	Drôme	3	3	1,030	166	6,700	11,250	
20°	Aveyron	1	1	600	116	14,000	40,000	
22°	Vaucluse	11	4	8,500	1,386	124,930	211,080	
	TOTAUX	135	56	90,110	13,149	922,974	2,703,083	
				14° LITHOGRAPHIE.				Ob
1°	Ain	2	1	680	72	8,000	20,000	
2°	Isère	5	2	1,500	74	1,300	17,108	
5°	Var	3	2	1,400	107	10,000	30,000	
6°	Bouches-du-Rhône	9	1	6,800	570	28,391	135,233	
7°	Gard	6	2	2,930	203	10,262	80,500	
8°	Hérault	2	1	350	16	1,540	9,000	
10°	Pyrénées-Orientales	2	1	1,000	80	6,520	12,000	
12°	Saône-et-Loire	4	1	"	20	11,893	45,390	
14°	Puy-de-Dôme	9	2	"	"	16,000	70,000	
15°	Loire	6	1	5,200	971	27,250	91,000	
22°	Vaucluse	3	1	1,700	155	12,757	31,000	
	TOTAUX	51	15	21,560	2,268	133,913	550,233	

	OUVRIERS.							MOTEURS.						FEUX.			MACHINES.	
	NOMBRE.				SALAIRES.			MOULINS.			MACHINES à vapeur.	CHEVAUX et mulets.	DIVERS.	FOUR-NEAUX.	FORGES.	FOURS.	MÉTIERS.	AUTRES.
	Hommes.	Femmes.	Enfants.	TOTAUX.	Hommes.	Femmes.	Enfants.	à eau.	à vent.	à manège.								

IE. Livres, etc.

	Hommes	Femmes	Enfants	Totaux	Hommes	Femmes	Enfants	à eau	à vent	à manège	vapeur	chevaux	divers	fourn.	forges	fours	métiers	autres
	32	"	1	33	2'25°	"	0'75°											11
	62	"	11	73	2.75	"	0.68											
	5	"	"	5	3.25	"	"											2
	10	"	"	10	2.00													
	14	2	1	17	2.67	1'00°	0.75											5
	116	9	10	135	3.50	1.37	0.83											25
	88	2	5	95	2.93	1.50	0.50											20
	87	1	"	88	2.47	1.00	"											11
	10	"	"	10	2.50	"	"											
	68	10	7	85	2.68	0.75	0.75											20
	43	3	10	56	2.69	1.75	0.92											20
	270	"	"	270	3.50	"	"											
	80	26	2	108	2.25	0.55	0.50										"	7
	39	17	12	68	2.71	1.25	0.98							1				18
	19	"	"	19	2.62	"	"											6
	10	"	3	13	2.42	"	1.00							1			"	10
	5	"	"	5	2.50	"	"											2
	16	4	"	20	3.50	1.50	"										"	2
	70	6	2	78	2.64	1.00	0.50				1			"		"		28
	1,044	**80**	**64**	**1,188**	**2.70**	**1.17**	**0.74**				1			2		"		200

IE. Objets variés.

	Hommes	Femmes	Enfants	Totaux	Hommes	Femmes	Enfants	à eau	à vent	à manège	vapeur	chevaux	divers	fourn.	forges	fours	métiers	autres
	5	"	"	5	3.00	"	"											1
	7	"	2	9	2.00	"	0.75											
	12	1	3	16	2.67	0.75	0.87											9
	44	2	15	61	3.23	1.50	0.75										"	38
	20	"	2	22	3.03	"	1.50											13
	4	"	"	4	3.62	"	"											3
	4	"	"	4	3.50	"	"											1
	17	1	1	19	3.25	1.50	1.00											16
	23	"	"	23	3.00	"	"											11
	30	"	9	39	2.66	"	0.90											31
	11	"	3	14	3.66	"	0.87											
	177	**4**	**35**	**216**	**3.06**	**1.25**	**0.95**										"	126

RÉCAPITULATION GÉNÉRALE.

NUMÉROS d'ordre.	DÉPARTEMENTS.	NOMBRE D'ÉTABLISSEMENTS.	NOMBRE de communes où ils sont situés.	VALEURS LOCATIVES.	MONTANT des patentes.	VALEUR annuelle des matières premières.	VALEUR des produits fabriqués annuellement.
						15° BOIS ET FER.	
5°	Var	11	3	1,000ᶠ	230ᶠ	135,831ᶠ	370,600ᶠ
6°	Bouches-du-Rhône	6	2	"	"	478,384	833,000
8°	Hérault	6	2	1,940	349	843,470	1,064,063
9°	Aude	1	1	300	46	30,000	72,000
10°	Pyrénées-Orientales	4	1	1,200	40	4,000	30,000
15°	Loire	16	1	1,560	286	69,888	143,000
	Totaux	44	12	6,000	951	1,561,573	2,512,663
						16° INDUSTRIES DI	
1°	Ain (1)	1	1	500	32	1,400	10,000
2°	Isère (2)	1	1	300	50	2,000	10,000
3°	Hautes-Alpes (3)	1	1	900	60	80,950	91,620
5°	Var (4)	10	1	1,460	463	285,400	350,400
6°	Bouches-du-Rhône (5)	7	3	9,760	1,391	285,425	498,023
9°	Aude (6)	1	1	200	33	35,200	45,000
10°	Pyrénées-Orientales (7)	25	1	7,500	1,750	137,500	270,000
11°	Allier (8)	2	1	710	49	3,300	6,600
12°	Saône-et-Loire (9)	1	1	150	22	5,000	10,000
16°	Cantal (10)	1	1	350	54	6,250	50,000
19°	Drôme (11)	16	9	7,370	857	36,092	123,603
	Totaux	66	21	29,200	4,663	878,517	1,465,248

(1) Produits chimiques, Acides gallo-pyro.
(2) Bois de noyer. Sabots.
(3) Bois. Scieries.
(4) Liège. Bouchons.
(5) Confitures. Olives. Salaisons.
(6) Bois. Scies. Peignes.
(7) Liège. Bouchons.
(8) Leurres. (Mouches à)
(9) Écorces de chêne pour tanneur.
(10) Bois de noyer. Sabots.
(11) Bois d'alisier. Pommes. Bois. Scieries.

17° CO TO

1° FILA UI

NUMÉROS d'ordre.	DÉPARTEMENTS.	NOMBRE D'ÉTABLISSEMENTS.	NOMBRE de communes où ils sont situés.	VALEURS LOCATIVES.	MONTANT des patentes.	VALEUR annuelle des matières premières.	VALEUR des produits fabriqués annuellement.
2°	Isère	1	1	1,100	200	163,800	297,160
6°	Bouches-du-Rhône	1	1	2,000	461	130,200	204,000
12°	Saône-et-Loire	1	1	900	326	245,000	317,250
13°	Rhône	3	"	5,650	521	335,100	507,740
15°	Loire	7	6	6,750	1,521	536,800	799,200
	Totaux	13	9	16,400	3,029	1,411,900	2,125,350

	OUVRIERS.							MOTEURS.						FEUX.			MACHINES.	
	NOMBRE.				SALAIRES.			MOULINS.			MACHINES à vapeur.	CHEVAUX et mulets.	BŒUFS.	FOUR-NEAUX.	FORGES.	FOURS.	MÉTIERS.	AUTRES.
	Hommes.	Femmes.	Enfants.	TOTAUX.	Hommes.	Femmes.	Enfants.	à eau.	à vent.	à manège.								
ER. Constructions navales.																		
	126	»	16	142	3'20'	»	1'00	»	»	»	»	»	»	»	»	»	»	
	85	»	40	125	3.83	-	1.50	»	»	»	»	»	»	»	»	»	»	
	332	»	»	332	3.50	»	»	»	»	»	»	»	»	»	»	»	»	
	35	»	»	35	2.00	»	»	»	»	»	»	»	»	»	»	»	»	
	20	»	»	20	2.50	»	»	»	»	»	»	»	»	»	»	»	»	
	110	»	»	110	2.50	»	»	»	»	»	»	»	»	»	»	»	»	
	728	»	56	784	2.92	»	1.25	»	»	»	»	»	»	»	»	»	»	
ES DIVERSES.																		
	3	»	1	4	2.00	»	0.75	1	»	»	»	»	»	2	»	»	»	
	6	»	»	6	3.00	»	»	»	»	»	»	»	»	»	»	»	»	
	6	»	»	6	2.66	»	»	2	»	»	»	»	»	»	»	»	»	
	171	90	12	273	1.50	1.50	1.08	10	20	»	»	»	»	»	50	30	»	
	90	8	»	98	3.79	1.10	»	»	»	»	»	»	»	15	»	»	»	
	8	1	5	14	1.50	0.75	0.60	1	»	»	»	»	»	»	»	»	8	4
	50	»	»	50	2.50	»	»	»	»	»	»	»	»	»	»	»	»	
	4	»	»	4	1.50	»	»	2	»	»	»	»	»	»	»	»	»	18
	6	»	»	6	2.00	»	»	»	»	»	1	»	»	»	»	»	»	
	37	6	4	47	2.00	1.00	0.75	»	»	»	»	»	»	»	»	»	»	
	33	»	»	33	2.00	»	»	10	»	»	»	»	»	»	»	»	»	
	414	105	22	541	2.24	1.09	0.85	26	20	»	1	»		17	50	30	8	40
CO TON.																		
ILA URE.																		
	45	86	85	216	2.00	1.65	0.47	1	»	»	»	»	»	10	1	»	39	100
	15	100	30	145	2.50	1.25	0.60	»	»	»	1	»	»	1	»	»	22	
	40	32	22	94	1.75	1.12	0.72	2	»	»	»	»	»	2	1	»	25	
	106	96	14	216	1.63	1.03	0.63	2	»	»	1	»	»	»	»	»	75	40
	229	198	202	639	2.07	0.86	0.63	8	»	»	3	3	»	1	1	»	124	103
	435	514	353	1,300	1.99	1.06	0.61	13	»	»	5	3	»	14	3	»	285	383

	DÉPARTEMENTS.	NOMBRE D'ÉTABLISSEMENTS.	NOMBRE DE COMMUNES où ils sont situés.	VALEURS LOCATIVES.	MONTANT des PATENTES.	VALEUR annuelle des matières premières.	VALEUR des produits fabriqués annuellement.
						17° CO	
						2° FILATURE,	
1er	Pyrénées-Orientales	1	1	1,740	75	216,000	270,000
						3° FILATURE. TISSAGE.	
1°	Ain	1	1	2,000	171	35,000	128,500
6°	Bouches-du-Rhône	3	1	8,300	534	150,000	254,500
7°	Gard	1	1	1,800	175	180,000	285,000
8°	Hérault	4	2	9,600	1,970	582,000	1,138,000
11°	Allier	2	1	18,900	1,154	358,000	584,000
21°	Aveyron	1	1	800	179	14,400	20,750
	Totaux	12	7	41,200	4,183	1,339,000	2,411,050
						4° TISSAGE. CALICOT. COTONNADES.	
2°	Isère	2	2	7,500	650	370,000	662,000
7°	Gard	4	1	1,200	555	188,500	231,000
10°	Pyrénées-Orientales	1	1	»	»	9,400	22,000
13°	Rhône	La fabrique de Tarare en totalité.	»	»	»	6,000,000	14,000,000
15°	Loire	15	5	8,650	3,414	1,655,970	2,908,948
	Totaux	22	9	17,410	4,619	8,183,870	17,823,948
						5° FILOSELLE.	
7°	Gard	6	1	4,050	1,273	414,500	1,248,500
						6° TEINTURERIE ET	
2°	Isère	1	1	1,180	200	40,000	150,000
6°	Bouches-du-Rhône	3	1	1,960	486	339,000	490,000
13°	Rhône	1	»	2,300	161	274,200	324,000
15°	Loire	2	1	1,200	370	150,000	285,000
22°	Vaucluse	3	1	1,300	345	41,500	300,000
	Totaux	10	4	7,860	1,562	834,700	1,549,000

	OUVRIERS							MOTEURS						FEUX			MACHINES		
	NOMBRE				SALAIRES			MOULINS			MACHINES à vapeur	CHEVAUX et mulets	BŒUFS	FOUR-NEAUX	FORGES	FOURS	MÉTIERS	ACTBES	BRO-CHES
	Hommes	Femmes	Enfants	TOTAUX	Hommes	Femmes	Enfants	à eau	à vent	à manège									

TON. (Suite.)

FILS RETORS.

Hommes	Femmes	Enfants	Total	Sal. H	Sal. F	Sal. E	à eau	à vent	à manège	vapeur	chevaux	bœufs	fourneaux	forges	fours	métiers	actbes	broches
25	18	»	43	2'00'	0'75'	»	»	»	1	»	1	»	5	»	»	30	»	6.000

CALICOT. BONNETERIE.

Hommes	Femmes	Enfants	Total	Sal. H	Sal. F	Sal. E	à eau	à vent	à manège	vapeur	chevaux	bœufs	fourneaux	forges	fours	métiers	actbes	broches
17	47	31	95	1.90	0'60'	0.50	4	»	»	»	»	»	»	»	»	46	»	»
22	69	46	137	2.77	1.13	0.73	1	1	»	1	»	»	2	1	»	14	»	»
50	50	80	180	2.00	1.00	0.50	4	»	»	»	»	»	»	1	»	60	52	»
78	200	90	366	2.21	0.82	0.53	5	»	»	»	»	»	1	2	»	258	90	»
75	100	81	256	1.50	0.68	0.62	2	»	»	1	»	»	1	1	»	28	80	»
7	10	8	25	1.25	0.60	0.50	1	»	»	»	»	»	»	»	»	9	9	»
247	476	336	1,059	1.94	0.84	0.56	17	1	»	2	»	»	4	5	»	415	231	»

MOUSSELINES UNIES, BRODÉES ET FAÇONNÉES.

Hommes	Femmes	Enfants	Total	Sal. H	Sal. F	Sal. E	à eau	à vent	à manège	vapeur	chevaux	bœufs	fourneaux	forges	fours	métiers	actbes	broches
162	180	148	490	2.33	1.03	0'65'	4	»	»	1	»	»	5	2	»	340	39	»
300	55	»	355	2.00	0.75	»	»	»	»	»	»	»	»	»	»	220	»	»
20	16	»	36	2.00	0.75	»	»	»	»	»	»	»	»	»	»	4	»	»
12,000	10,000	6,000	28,000	1.25	0.60	0.30	»	»	»	»	»	»	»	»	»	16,000	»	»
1,033	811	260	2,104	1.97	0.78	0.40	4	»	»	3	5	»	1	2	1	1,054	254	»
13,515	11,062	6,408	30,985	1.91	0.90	0.48	8	»	»	4	5	»	6	4	1	17,618	293	»

TISSAGE. BOURRETTE.

Hommes	Femmes	Enfants	Total	Sal. H	Sal. F	Sal. E	à eau	à vent	à manège	vapeur	chevaux	bœufs	fourneaux	forges	fours	métiers	actbes	broches
115	960	»	1,075	2.00	0.81	»	»	»	»	»	»	»	»	»	»	730	»	»

IMPRESSION DE TISSUS.

Hommes	Femmes	Enfants	Total	Sal. H	Sal. F	Sal. E	à eau	à vent	à manège	vapeur	chevaux	bœufs	fourneaux	forges	fours	métiers	actbes	broches
90	40	90	220	2.50	1.25	0.43	3	»	»	2	»	»	»	»	»	»	»	»
77	20	120	217	2.58	1.25	0.45	»	»	3	»	4	»	26	»	»	»	4	»
50	»	40	90	2.00	»	0.40	»	»	»	»	»	»	»	»	»	»	30	»
16	3	»	19	1.87	0.07	»	»	»	1	»	2	»	3	»	»	»	30	»
45	4	79	128	2.75	2.75	0.78	»	»	»	»	»	»	13	»	»	»	2	»
278	67	329	674	2.34	1.48	0.51	3	»	4	2	6	»	42	»	»	»	36	»

NUMÉROS D'ORDRE.	DÉPARTEMENTS.	NOMBRE D'ÉTABLISSEMENTS.	NOMBRE DE COMMUNES où ils sont situés.	VALEURS LOCATIVES.	MONTANT des PATENTES.	VALEUR ANNUELLE des matières premières.	VALEUR DES PRODUITS fabriqués annuellement.
							18° CH A
						1° PEIGNERIE, FILA TU	
14°	Puy-de-Dôme	1	1	15,000ᶠ	300ᶠ	198,000ᶠ	415,000ᶠ
						2° COR D	
2°	Isère	5	1	720	125	85,100	131,000
5°	Var	5	:	720	96	20,000	30,000
15°	Loire	5	1	3,400	935	220,060	260,000
	Totaux	15	3	4,840	1,150	325,160	421,900
						3° TISSAGE. T	
6°	Bouches-du-Rhône	1	1	300	50	16,500	36,000
14°	Puy-de-Dôme	1	1	1,500	100	157,500	210,000
	Totaux	2	2	1,800	150	174,000	246,000
						19° CHANVRE ET LI	
2°	Isère	3	1	2,060	233	237,500	404,000
						20° LI	
						1° FIL À CO	
11°	Allier	1	1	1,500	50	80,000	105,000
						2° TISSAGE. LI	
1°	Ain	1	1	500	129	90,000	560,000
12°	Saône-et-Loire	1	1	600	176	44,000	186,000
	Totaux	2	2	1,100	305	134,000	746,000

	OUVRIERS							MOTEURS						FEUX			MACHINES		
	NOMBRE				SALAIRES			MOULINS			MACHINES à vapeur	CHEVAUX et mulets	BŒUFS	FOUR- NEAUX	FORGES	FOURS	MÉTIERS	AUTRES	BRO- CHES
	Hommes	Femmes	Enfants	TOTAUX	Hommes	Femmes	Enfants	à eau	à vent	à manége									

CHANVRE.

TURE MÉCANIQUE.

80	90	"	170	1f 70c	1f 00c	0f 60c	1	"	"	2	6	1	2	"	12	50	600

DAGES.

14	"	14	28	2. 50	"	0. 62	"	"	"	"	"	"	"	"	"	"	15	"
5	"	5	10	2. 25	"	0. 75	"	"	"	"	"	"	"	"	"	"	"	"
50	"	50	100	2. 50	"	0. 55	"	"	"	"	"	"	"	"	"	"	20	"
69	"	69	138	2. 42	"	0. 64	"	"	"	"	"	"	"	"	"	"	35	"

TOILES.

3	60	"	63	2. 25	0. 90	"	"	"	"	"	"	"	"	"	"	7	51	"
10	50	"	60	1. 00	0. 50	"	"	1	"	"	"	"	"	1	1	32	6	"
13	110	"	123	1. 63	0. 70	"	"	1	"	"	"	"	"	1	1	39	57	"

LIN. Tissage. Toiles.

65	85	12	162	2. 00	1. 12	0. 65	4	"	"	"	"	"	"	1	1	72	7	"

LIN.

COUDRE.

10	45	20	75	1. 35	0. 75	0. 50	1	"	"	"	"	"	"	1	1	20	10	"

LINGE DAMASSÉ.

20	15	"	35	2. 25	0. 90	"	"	"	"	"	"	"	"	"	"	20	"	"
100	150	10	260	2. 00	0. 25	0. 25	"	"	"	"	"	"	"	"	"	60	"	"
120	165	10	295	2. 12	0. 57	0. 25	"	"	"	"	"	"	"	"	"	80	"	"

33.

NUMÉROS D'ORDRE.	DÉPARTEMENTS.	NOMBRE D'ÉTABLISSEMENTS.	NOMBRE DE CHANDIÈRES où ils sont situés.	VALEURS LOCATIVES.	MONTANT des PATENTES.	VALEUR annuelle des matières premières.	VALEUR des produits fabriqués annuellement.	
							21° COTON ET	
						1° TISSAGE. TO		
11°	Allier...	3	1	′	18′	7,653′	10,588′	
						2° TISSAGE. BLANCHIS SE		
12°	Saône-et-Loire..............................	1	1	800′	166	118,800	400,000	
						22° COTON ET LAINE. TI		
11°	Allier.......................................	1	1	250	25	300	750	
12°	Saône-et-Loire..............	2	1	1,100	218	72,500	147,500	
	Totaux..............	3	2	1,350	243	72,800	148,250	
						23° COTON ET		
						1° TISSAGE. PELUCHES. CH		
7°	Gard...	7	1	4,240	1,593	631,900	1,025,000	
13°	Rhône.......................................	′	′	1,200	220	335,000	800,000	
	Totaux.............	8	1	5,440	1,813	966,900	1,825,000	
						2° TEIN TU		
13°	Rhône.......................................	1	′	2,650	640	2,313,390	2,389,750	
						24° COTON, SO		
						1° CHÂLES BR		
7°	Gard...	31	1	12,890	4,783	2,010,516	4,171,400	
						2° TISSAGE. TA		
7°	Gard..	4	2	3,700	723	694,600	1,375,000	
						25° COTON, LAINE, POILS DE		
12°	Saône-et-Loire..............................	1	1	800	66	22,500	37,500	

COTON ET LIN.

TOILES.

SERIE DE TOILES.

Tissage. Toiles. Couvertures.

COTON ET SOIE.

CHÂLES. MOUCHOIRS. GANTS.

TEINTURERIE.

COTON, SOIE ET LAINE.

BROCHÉS.

TAPIS.

POILS DE CHÈVRE. Tissus. Couvertures.

	OUVRIERS — NOMBRE				OUVRIERS — SALAIRES			MOTEURS — MOULINS			MACHINES à vapeur	CHEVAUX et mulets	BOEUFS	FEUX — FOURNEAUX	FORGES	FOURS	MACHINES — MÉTIERS	AUTRES
Hommes	Femmes	Enfants	TOTAUX	Hommes	Femmes	Enfants	à eau	à vent	à manège								
4	.	.	4	1ᶠ 50ᶜ	.	.	.	.	.	.	.	.	.	.	.	11	.
230	80	40	350	1.68	0ᶠ87ᶜ	0ᶠ75ᶜ	1	.	.	1	.	.	15	1	.	40	80
1	.	.	1	1.50	.	.	.	.	.	.	.	.	.	.	.	2	.
40	39	21	100	1.83	0.75	0.30	.	.	2	.	4	.	.	.	.	13	13
41	39	21	101	1.66	0.75	0.30	.	.	2	.	4	.	.	.	.	15	13
205	255	140	600	2.00	0.87	0.40	.	.	1	3	3	2	14	.	.	340	60
80	20	.	100	2.75	1.50	.	.	.	.	.	.	.	1	.	1	62	20
285	275	140	700	2.37	1.18	0.40	.	.	1	3	3	2	15	.	1	402	80
30	3	.	33	4.00	2.50	.	.	.	.	1	.	1	.	2	.	.	.
1,875	931	1,725	4,531	2.32	0.84	0.54	.	.	.	.	.	.	.	.	.	1,645	14
211	114	100	425	2.96	0.90	0.43	.	.	.	.	.	.	13	.	.	164	140
8	15	6	29	2.00	1.00	0.50	.	.	.	1	.	2	.	.	.	3	5

TABLEAUX RÉCAPI[TU

NATURE DES PRODUITS.	NOMBRE D'ÉTABLISSEMENTS.	NOMBRE DE COMMUNES où ils sont situés.	VALEURS LOCATIVES.	MONTANT des PATENTES.	VALEUR ANNUELLE des matières premières.	VALEUR DES PRODUITS fabriqués annuellement.	
						1° CO[TO	
Coton. Filature..........................	13	9	16,400'	3,029'	1,411,900'	2,125,350'	4
—— Filature. Fils retors.................	1	1	1,740	75	216,000	370,000	
—— Filature. Tissage. Calicot. Bonneterie.......	12	7	41,200	4,183	1,329,000	2,411,050	3
—— Tissage. Calicot. Cotonnade. Mousselines unies, brodées, façonnées...	22	9	17,410	4,619	8,183,870	17,833,945	13,5
—— Filoselle. Tissage. Bourette.......	6	1	4,050	1,273	414,500	1,248,500	1
—— Teinturerie et impression de tissus........	10	4	7,860	1,562	834,700	1,549,000	1
TOTAUX.........	64	31	88,660	14,741	12,389,970	25,427,845	14,6
						2° COTON. Tis	
Coton et Lin. Tissage. Toiles.........	3	1	.	18	7,653	10,588	
—— Tissage. Blanchisserie.............	1	1	800	166	118,800	400,000	1
Coton. Laine. Tissage. Toiles. Couvertures.......	3	2	1,330	243	72,800	148,250	1
Coton. Soie. Tissage. Peluches. Châles. Mouchoirs. Gants........	8	1	5,440	1,813	966,900	1,825,000	1
—— Teinturerie...............	1	.	2,050	640	2,213,200	2,389,750	
Coton. Soie. Laine. Châles brochés........	31	1	12,800	4,793	2,010,516	4,171,400	1,8
—— Tissage. Tapis........	4	2	3,700	723	694,000	1,379,000	1
Coton. Laine. Poils de chèvre. Tissage. Couvertures........	1	1	600	86	22,500	37,500	
TOTAUX.........	52	9	27,430	8,482	6,106,969	10,357,488	2,6
						3° CHANVRE ET	
Chanvre. Pagnerie. Filature mécanique..........	1	1	15,000	300	190,000	415,000	
—— Cordages................	15	3	4,840	1,159	325,100	421,900	1
—— Tissage. Toiles............	2	2	1,800	150	174,000	246,000	
Chanvre et Lin. Tissage. Toiles.........	3	1	2,080	253	257,500	404,000	
Lin. Fil à coudre...........	1	1	1,500	50	80,000	108,000	
—— Tissage. Linge damassé........	2	2	1,100	305	134,000	740,000	1
TOTAUX.........	24	10	26,320	2,217	1,160,000	2,340,900	3

PI TULATIFS PARTIELS.

	OUVRIERS.							MOTEURS.						FEUX.			MACHINES.	
	NOMBRE.				SALAIRES.			MOULINS.			MACHINES à vapeur.	CHEVAUX et mulets.	BŒUFS.	FOUR-NEAUX.	FORGES.	FOURS.	MÉTIERS.	AUTRES.
	Hommes.	Femmes.	Enfants.	TOTAL.	Hommes.	Femmes.	Enfants.	à eau.	à vent.	à manège.								
CO TON.																		
	433	514	353	1,300	1f 99c	1f 06c	0f 61c	13	»	»	5	3	»	14	3	»	285	383
	25	18	»	43	2.00	0.75	»	»	»	1	»	1	»	5	»	»	30	»
	347	476	336	1,059	1.94	0.84	0.56	17	1	»	2	»	»	4	5	»	415	231
	13,515	11,762	6,408	30,985	1.91	0.90	0.48	8	»	»	4	5	»	6	4	1	17,618	293
	115	960	»	1,075	2.00	0.81	»	»	»	»	»	»	»	»	»	»	730	»
	278	67	329	674	2.34	1.48	0.51	3	»	4	2	6	»	42	»	»	»	36
	14,613	13,097	7,426	35,136	2.03	0.97	0.54	41	1	5	13	15	»	71	12	1	19,076	943
N. Tissus mélangés.																		
	4	»	»	4	1.50	»	»	»	»	»	»	»	»	»	»	»	»	11
	230	80	40	350	1.62	0.87	0.75	1	»	»	1	»	»	13	1	»	40	80
	41	39	21	101	1.66	0.75	0.30	»	»	2	»	4	»	»	»	»	15	13
	285	275	140	700	2.37	1.18	0.40	»	»	1	3	3	2	15	»	1	402	40
	30	3	»	33	4.00	2.50	»	»	»	1	1	1	»	2	»	»	»	»
	1,875	931	1,725	4,531	2.32	0.84	0.54	»	»	»	»	»	»	»	»	»	1,645	14
	211	114	100	425	2.90	0.90	0.43	»	»	»	»	»	»	13	»	»	164	140
	8	15	6	29	2.00	1.00	0.50	»	»	1	»	2	»	»	»	»	3	5
	2,684	1,457	2,032	6,173	2.30	1.15	0.49	1	»	5	5	10	2	45	1	1	2,209	343
RE ET LIN.																		
	80	90	6	176	1.70	1.00	0.80	1	»	»	»	2	6	1	2	»	12	50
	69	»	69	138	2.42	»	0.64	»	»	»	»	»	»	»	»	»	»	35
	13	110	»	123	1.63	0.70	»	1	»	»	»	»	»	1	1	»	39	57
	65	85	13	163	2.00	1.12	0.65	4	»	»	»	»	»	1	1	»	72	7
	10	45	20	75	1.35	0.75	0.50	1	»	»	»	»	»	»	1	1	20	12
	120	165	10	295	2.12	0.57	0.25	»	»	»	»	»	»	»	»	»	80	»
	357	495	117	969	1.87	0.83	0.57	7	»	»	»	2	6	3	5	1	223	159

RÉCAPITULATION GÉNÉRALE, PAR DÉPAR[TE]

NUMÉROS d'ordre	DÉPARTEMENTS.	NOMBRE d'établissements.	NOMBRE de communes où ils sont situés.	VALEURS LOCATIVES.	MONTANT des patentes.	VALEUR annuelle des matières premières.	VALEUR des produits fabriqués annuellement.
1ᵉ	Ain	80	56	110,360ᶠ	6,098ᶠ	6,249,792ᶠ	8,153,325ᶠ
2ᵉ	Isère	83	46	103,360	7,693	5,250,931	7,927,902
3ᵉ	Hautes-Alpes	34	11	15,410	1,111	990,288	1,181,510
4ᵉ	Basses-Alpes	10	4	1,375	269	65,778	143,305
5ᵉ	Var	106	24	38,730	5,774	1,534,023	2,190,952
6ᵉ	Bouches-du-Rhône	215	59	467,825	60,424	94,650,396	106,928,854
7ᵉ	Gard	238	124	91,830	24,101	10,501,050	16,007,578
8ᵉ	Hérault	435	172	244,210	35,324	31,461,551	35,357,657
9ᵉ	Aude	94	40	101,724	8,349	7,635,991	8,771,187
10ᵉ	Pyrénées-Orientales	230	10	97,040	13,885	2,591,045	4,146,890
11ᵉ	Allier	685	302	377,460	24,451	13,400,197	15,247,317
12ᵉ	Saône-et-Loire	1,160	507	692,492	30,830	71,664,350	75,679,270
13ᵉ	Rhône	77	»	116,550	8,100	17,630,468	30,311,109
14ᵉ	Puy-de-Dôme	2,181	23	28,850	2,093	26,970,360	32,350,707
15ᵉ	Loire	197	25	159,597	31,809	30,179,877	38,485,423
16ᵉ	Cantal	791	207	118,860	16,390	8,919,233	10,470,289
17ᵉ	Haute-Loire	11	6	1,820	135	238,079	422,410
18ᵉ	Ardèche	728	288	256,381	15,259	8,169,727	10,279,570
19ᵉ	Drôme	406	213	109,725	23,701	38,725,365	43,153,729
20ᵉ	Aveyron	6	6	1,400	295	73,503	165,697
21ᵉ	Lozère	5	1	1,000	180	61,040	116,935
22ᵉ	Vaucluse	363	142	394,061	37,140	20,590,447	24,185,125
	TOTAUX	8,095	2,325	3,530,080	339,471	397,584,378	471,677,251

'AR TEMENTS, DES PRODUITS VÉGÉTAUX.

	OUVRIERS							MOTEURS						FEUX	MACHINES				
	NOMBRE				SALAIRES			MOULINS			MACHINES à vapeur	CHEVAUX et mulets	BŒUFS	FOUR-NEAUX	FORGES	FOURS	MÉTIERS	AUTRES	BROCHES
	Hommes	Femmes	Enfants	TOTAUX	Hommes	Femmes	Enfants	à eau	à vent	à manège									
.325'	270	87	48	405	2f 02c	0f 90c	0f 74c	67	.	6	1	.	.	14	1	.		66	21	
.992	1,222	920	493	2,635	2.15	1.11	0.62	75	.	.	8	.	.	46	7	2	451	269	7,410
.540	89	11	.	100	2.33	1.00	.	48	.	.	.	12	.	1	.	.	.	36	
305	32	28	7	67	1.81	0.55	0.61	7	.	.	.	.	.	.	.	.	.	1	
952	537	182	64	783	2.41	1.03	0.80	14	20	.	.	4	.	64	51	30	.	98	.
354	3,428	374	357	4,159	2.93	1.10	1.02	30	6	59	46	201	13	409	14	12	47	292	4,180
178	3,255	2,375	2,057	7,687	2.42	0.96	0.52	41	27	2	5	13	2	29	2	169	3,159	403	.
157	1,518	201	100	1,819	2.64	0.91	0.56	14	.	3	.	.	.	451	2	.	258	108	
87	357	42	14	413	1.85	0.85	0.81	14	4	10	.	40	.	36	.	.	8	4	
90	1,234	34	.	1,268	2.81	0.75	.	.	.	91	.	1	.	215	.	.	34	252	6,000
17	1,125	349	179	1,653	1.60	0.71	0.50	856	.	.	1	.	.	36	2	1	61	157	
78	2,771	365	130	3,266	2.06	1.00	0.64	1,044	77	3	12	34	.	51	2	.	141	142	4,750
99	12,805	10,119	6,094	29,018	2.59	1.41	0.47	17	.	1	7	1	.	4	.	1	10,137	245	14,250
97	3,024	537	69	3,630	1.80	0.66	0.61	2,184	.	3	5	2,112	6	39	3	1	44	191	600
13	1,896	1,153	537	3,586	2.21	0.95	0.72	138	.	1	14	19	.	8	4	1	1,178	526	23,560
19	1,888	6	4	1,898	1.84	1.06	0.75	776	.	.	.	.	.	14	.	.	.	1,818	
0	71	27	2	100	2.54	0.90	0.30	7	.	.	.	.	.	5	.	.	.	1	
0	1,639	320	26	1,976	2.12	0.88	0.70	732	.	.	.	2	.	12	1	.	.	29	
9	703	150	23	876	2.06	0.97	0.84	367	.	60	.	113	16	89	.	2	.	58	
7	28	14	8	50	2.69	1.03	0.50	1	.	.	.	.	.	.	.	.	9	11	
5	21	25	.	46	1.87	0.75	.	3	.	.	.	.	.	2	1	.	.	1	
5	998	134	116	1,248	2.55	1.41	0.80	241	5	14	5	120	.	71	.	.	9	300	
	38,904	17,453	10,328	66,685	2.27	0.95	0.66	6,656	139	258	104	2,672	37	1,506	99	219	21,602	4,867	60,730

RÉCAPITULATION GÉNÉRALE

N°	NATURE DES PRODUITS.	NOMBRE D'ÉTABLISSEMENTS.	NOMBRE DE COMMUNES où ils sont situés.	VALEURS LOCATIVES.	MONTANT des PATENTES.	VALEUR ANNUELLE des matières premières.	VALEUR DES PRODUITS fabriqués annuellement.
1°	Céréales (Moulins à)........................	5,856	1,561	2,186,372ᶠ	143,159ᶠ	241,434,413ᶠ	259,090,509ᶠ
2°	Froment. Vermicelle......	6	3	12,450	1,147	1,218,715	1,473,739
3°	Orge. Bière	183	69	54,880	4,360	3,651,211	6,779,132
4°	Distillerie. Alcool, Liqueurs..	831	302	378,778	60,090	30,615,709	35,046,134
5°	Olives. Huileries. ...	187	34	63,850	8,207	2,233,225	3,202,505
6°	Graines oléagineuses. Huileries...............	453	108	76,995	13,914	17,843,997	20,859,071
7°	Huile. Soude. Potasse. Savon	35	5	168,420	26,679	34,784,362	37,839,040
8°	Garance en poudre. Garancine	33	15	76,520	12,183	9,312,820	11,102,229
9	Sucre indigène (Fabriques de).	6	6	5,500	1,053	333,000	848,500
10°	——— Fabriques de dragées........	6	6	30,000	496	1,085,300	1,397,850
11°	Sucre exotique (Raffinerie de)...............	7	1	97,500	11,024	28,536,980	32,368,870
12°	Papeterie. Papiers divers.....	66	39	86,935	10,688	3,341,231	6,509,929
13°	Imprimerie Livres. Impressions diverses........	135	58	90,110	13,149	922,974	2,703,083
14°	Lithographie. Objets variés........	51	15	21,560	2,368	133,913	550,223
15°	Bois et Fer. Constructions navales........	44	12	6,600	951	1,561,373	3,512,602
16°	Industries diverses	66	21	39,200	4,663	378,517	1,465,348
17°	Chanvre et Lin. Filature. Tissage. (Bulletin collectif.)	24	10	26,320	2,217	1,160,600	2,340,900
18°	Coton. Filature. Tissage. Calicot. Bonneterie. Mousseline. (Bulletin collectif.)..	64	31	88,660	14,741	12,389,970	25,427,845
19°	Coton. Tissus mélangés. (Bulletin collectif.).	52	9	27,430	8,482	6,105,969	10,357,438
	TOTAUX.............	8,095	2,325	3,530,080	330,471	397,584,378	471,677,351

.E PAR NATURE DE PRODUITS VÉGÉTAUX.

	OUVRIERS							MOTEURS						FEUX			MACHINES		
	NOMBRE				SALAIRES			MOULINS			MACHINES à vapeur	CHEVAUX et mulets	BŒUFS	FOURNEAUX	FORGES	FOURS	MÉTIERS	AUTRES	BROCHES
	Hommes	Femmes	Enfants	TOTAL	Hommes	Femmes	Enfants	à eau	à vent	à manège									
500	10,069	235	109	10,413	1'99"	0'99"	0'77"	6,051	90	5	29	2,296	10	65	1	2	.	2,027	
739	102	96	32	230	2.50	0.57	0.68	1	.	8	4	25	7	7	.	1	4	17	
132	673	.	1	674	2.41	.	1.00	.	.	5	.	29	.	65	.	.	.	1	
134	1,833	48	4	1,885	2.16	1.09	1.00	39	27	.	2	21	.	706	.	168		336	
508	1,717	10	8	1,735	3.03	1.08	1.58	21	.	161	.	203	6	182	.	.	8	126	
071	1,089	82	77	1,138	1.73	0.88	0.65	311	.	67	22	47	.	96	11	9	.	115	
040	504	.	23	527	2.45	.	1.63	.	.	.	.	.	.	176	.	.		9	
020	296	64	13	373	2.52	1.01	1.37	18	.	.	2	.	.	40	.	.	.	223	
500	381	82	55	518	1.64	0.84	0.68	2	.	2	6	6	.	23	1	2	.	4	
550	311	36	12	359	1.38	0.84	0.79	6	.	.	2	.	.	18	1	2	.	3	.
570	809	5	20	894	2.86	1.08	1.45	.	1	5	12	18	.	39	1	2	.	5	.
929	1,103	1,557	272	2,932	1.89	0.82	0.50	142	.	.	3	.	.	41	7	.	1	185	
083	1,044	80	64	1,188	2.70	1.17	0.74	.	.	.	1	.	.	2	.	.		200	
223	177	4	35	216	3.06	1.25	0.95	.	.	.	.	.	.	.	.	.		126	
062	728	.	56	784	2.92	.	1.25	.	.	.	.	.	.	.	.	.		.	.
343	414	105	22	541	2.24	1.09	0.85	26	20	.	1	.	.	17	50	30	8	36	
900	357	495	117	960	1.87	0.83	0.57	7	.	.	.	2	6	3	5	1	223	159	600
848	14,613	13,097	7,426	35,136	2.03	0.97	0.54	41	1	5	13	15	.	71	12	1	19,078	943	66,150
438	2,684	1,457	2,032	6,173	2.30	1.15	0.49	1	.	5	5	10	2	45	1	1	2,280	332	.
251	38,904	17,433	10,328	66,685	2.27	0.95	0.66	6,666	139	258	104	2,672	37	1,596	90	219	21,602	4,657	66,750

34.

TABLEAUX RÉCAPITULATIFS PA[...]

SECTION III. — PR[...]

	DÉPARTEMENTS.	NOMBRE D'ÉTABLISSE-MENTS.	NOMBRE DE COMMUNES où ils sont situés.	MONTANT des PATENTES.	VALEURS LOCATIVES.	VALEUR annuelle des matières premières.	VALEUR des produits fabriqués annuellement.	
							1° LA[...]	
				1° LAVAGE. PEIGNERIE [...] ET				
3°	Hautes-Alpes.	3	1	2,710ᶠ	245ᶠ	142,500ᶠ	359,040ᶠ	
6°	Bouches-du-Rhône.	18	4	17,430	6,109	6,571,999	7,253,250	
7°	Gard	3	2	1,800	625	2,625,488	3,180,014	
21°	Lozère.	4	3	260	122	248,000	210,500	
22°	Vaucluse.	1	1	3,600	649	125,000	195,000	
	TOTAUX	29	11	25,800	7,750	9,312,987	11,097,804	
							2° FILATURE DE LAINE [...]	
1°	Ain.	2	2	14,000	1,112	1,425,000	1,843,000	
8°	Hérault.	13	9	9,050	1,387	2,550,461	2,848,420	
9°	Aude	10	3	24,940	3,290	981,619	1,111,500	
10°	Pyrénées-Orientales.	1	1	»	»	21,000	57,400	
11°	Allier.	4	4	3,040	158	12,000	29,175	
19°	Drôme.	4	3	1,440	225	245,200	263,630	
20°	Aveyron.	4	3	1,560	351	278,750	323,862	
21°	Lozère	1	1	2,400	349	410,000	855,000	
	TOTAUX	39	26	57,030	6,872	5,842,030	7,331,357	
							3°. FILATURE [...]	
8°	Hérault.	6	3	4,900	845	1,206,508	1,984,000	
17°	Haute-Loire.	3	2	2,060	149	179,860	454,850	
20°	Aveyron.	26	6	19,680	4,299	2,504,622	4,235,350	
	TOTAUX	35	11	26,040	5,291	3,890,590	6,674,070	

?S PAR NATURE DE PRODUITS ANIMAUX.

PRODUITS ANIMAUX.

	OUVRIERS.							MOTEURS.						FEUX.			MACHINES.		
	NOMBRE.				SALAIRES.			MOULINS.			MACHINES à vapeur.	CHEVAUX et mulets.	BŒUFS.	FOUR-NEAUX.	FORGES.	FOURS.	MÉTIERS.	à TISSER.	ABQ.BLS.
	Hommes.	Femmes.	Enfants.	TOTAL.	Hommes.	Femmes.	Enfants.	à eau.	à vent.	à manège.									

1° LAINE.

ERIE ET PRÉPARATION.

367	42	18	»	60	1' 60°	0' 80°	»	2	»	»	»	»	»	8	»	»	»	3	»
150	262	329	4	595	2. 62	1. 00	0' 75°	1	»	2	»	3	»	23	6	»	»	60	»
014	486	230	85	801	2. 55	0. 81	1. 00	»	»	4	1	9	»	50	»	»	»	»	»
500	90	67	39	196	1. 23	0. 53	0. 30	»	»	»	»	»	»	»	»	»	»	4	»
000	49	20	12	81	2. 50	1. 00	0. 70	»	»	»	»	»	»	1	»	»	10	1	»
,504	929	664	140	1,733	2. 12	0. 83	0. 69	3	»	6	1	14	»	82	6	»	10	68	»

AINE ORDINAIRE ET DE LAINE THIBET.

000	117	142	98	357	2. 12	0. 93	0. 53	5	»	»	»	36	»	13	2	1	99	104	11,434
A20	362	293	374	1,029	1. 57	0. 77	0. 51	15	»	»	1	5	»	4	1	»	320	210	46,720
500	188	285	235	708	1. 16	0. 69	0. 43	7	»	»	»	»	»	»	»	»	107	57	15,622
480	8	7	»	15	2. 00	0. 75	»	»	»	1	»	1	»	»	»	»	20	»	2,920
,170	12	4	11	27	1. 00	0. 75	0. 50	2	»	»	2	»	»	»	»	»	»	»	»
,030	14	23	18	55	1. 70	0. 92	0. 61	1	»	3	1	»	»	»	»	»	7	26	1,022
,802	33	36	35	104	1. 75	1. 00	0. 50	4	»	»	»	»	»	»	»	»	48	24	7,008
,000	80	40	60	180	2. 00	0. 80	0. 68	1	»	»	»	»	»	1	1	»	10	18	1,460
,357	814	830	831	2,475	1. 66	0. 83	0. 54	35	»	4	4	42	»	18	4	1	611	439	89,206

TURE TISSAGE. Draps.

,000	455	374	250	1,079	1. 50	0. 60	0. 50	6	»	»	»	9	»	15	»	»	315	155	»
,820	33	8	39	80	1. 50	0. 87	0. 43	5	»	»	»	»	»	»	»	»	24	13	»
,250	997	836	363	2,196	1. 95	0. 85	0. 55	31	»	»	»	9	»	9	»	»	877	321	»
,070	1,485	1,218	632	3,355	1. 65	0. 77	0. 50	42	»	»	»	9	»	24	»	»	1,216	489	»

NUMÉROS d'ordre.	DÉPARTEMENTS.	NOMBRE D'ÉTABLISSE- MENTS.	NOMBRE DE COMMUNES où ils sont situés.	VALEURS LOCATIVES.	MONTANT des PATENTES.	VALEUR ANNUELLE des matières premières.	VALEUR des PRODUITS fabriqués annuellement.	
						1° LAINE.		Su
					4° FILATURE. TISSAGE. Cou			ert
N°	Hérault	7	4	11,850ᶠ	1,943ᶠ	2,432,045ᶠ	3,251,500ᶠ	3(
						5° TISSAGE.		Dra
1°	Ain	1	1	1,560	190	700,000	1,300,000	1(
4°	Basses-Alpes	26	15	8,674	1,536	481,505	766,746	2(
N°	Hérault	59	7	125,240	18,764	11,112,556	17,888,475	3,5(
9°	Aude (ᵃ)	46	6	36,540	5,298	4,740,038	8,628,651	1,5(
19°	Drôme (ᵇ)	26	7	40,180	5,403	2,297,650	3,593,975	5(
	Totaux	158	36	212,134	31,191	19,331,751	32,177,847	6,0(

(ᵃ) Draps et nouveautés.
(ᵇ) Bonnets-draps.

						6° TISSAGE. Draps.		Étof
2°	Isère	26	2	37,550	4,559	2,583,500	5,047,500	78

						7° TISSAGE. Couvertures.		Jon
1°	Ain (ᵃ)	1	1	700	128	81,250	117,000	1
3°	Hautes-Alpes	18	4	2,300	467	212,520	297,739	16
7°	Gard	2	1	2,400	504	802,000	1,510,000	27
10°	Pyrénées-Orientales	1	1	60	28	3,000	12,000	1
11°	Alpes	5	2	110	32	5,550	10,800	
16°	Cantal	1	1	650	291	140,000	228,000	7
18°	Ardèche	1	1	800	147	30,000	50,000	1
21°	Lozère	2	2	5,700	1,128	430,000	700,500	38
	Totaux	31	13	12,720	2,725	1,704,020	2,926,039	88

(ᵃ) Laine, Thibet, Châles.

						8° TISSAGE.		Châl
1°	Ain	1	1	4,500	680	1,000,000	1,198,000	7
13°	Rhône	La fabrique de Lyon ou travail.	»	»	»	4,794,075	12,000,800	9,0(
	Totaux	1	1	4,500	680	5,794,075	13,198,000	9,07

	OUVRIERS.							MOTEURS.						FEUX.			MACHINES.	
	NOMBRE.				SALAIRES.			MOULINS.			MACHINES à vapeur.	CHEVAUX et mulets.	BÊTES FR.	FOUR-NEAUX.	FORGES.	FOURS.	MÉTIERS.	AUTRES.
	Hommes.	Femmes.	Enfants.	TOTAUX.	Hommes.	Femmes.	Enfants.	à eau.	à vent.	à manège.								

IE. (Suite.)

Couvertures. Tapis. Molletons.

| 10' | 365 | 680 | 238 | 1,283 | 1' 89" | 0' 83" | 0' 64" | 12 | » | » | » | 1 | » | » | 3 | » | 235 | 352 |

GE. Draps.

10	145	108	9	262	1. 90	1. 25	0. 80	1	»	»	»	3	»	12	1	»	101	89
16	206	193	194	593	1. 63	0. 60	0. 37	27	»	»	»	»	»	2	2	1	182	122
15	3,689	4,539	1,935	10,163	1. 75	0. 76	0. 57	76	»	1	15	10	»	48	1	»	2,549	1,719
51	1,554	1,847	485	3,886	1. 31	0. 56	0. 51	32	»	1	»	»	»	1	»	»	851	207
15	504	744	377	1,625	1. 72	0. 79	0. 47	25	»	»	»	»	»	5	»	»	352	296
17	6,098	7,431	3,000	16,529	1. 66	0. 79	0. 54	161	»	2	15	13	»	68	4	1	4,035	2,433

ps. Étoffes croisées.

| 10 | 789 | 531 | 368 | 1,688 | 2. 00 | 1. 00 | 0. 60 | 29 | » | » | 1 | 1 | » | » | 1 | » | 471 | 306 |

es. Bonneterie. Tissus divers.

10	22	19	24	65	2. 25	1. 20	0. 75	2	»	1	»	»	»	3	1	1	20	1
10	107	61	75	243	1. 30	0. 60	0. 40	»	»	»	»	»	»	»	»	»	180	14
10	270	210	70	550	1. 75	0. 60	0. 47	1	1	»	3	»	»	7	1	»	35	95
10	21	10	»	31	1. 25	0. 75	»	»	»	»	»	»	»	»	»	»	»	»
10	6	»	»	6	1. 38	»	»	»	»	»	»	»	»	»	»	»	4	4
10	70	30	20	120	2. 00	1. 40	0. 75	»	»	»	»	»	»	»	»	»	35	»
10	10	22	8	40	1. 60	0. 80	0. 50	1	»	»	»	»	»	1	»	»	14	4
10	380	230	90	700	1. 66	0. 65	0. 50	1	»	»	1	»	»	7	1	»	96	12
19	886	582	287	1,755	1. 65	0. 87	0. 56	5	1	1	4	»	»	18	3	1	354	130

GE. Châles.

10	71	95	49	215	2. 50	1. 00	1. 00	1	»	»	»	»	»	2	1	»	34	50
10	9,000	»	»	9,000	1. 70	»	»	»	»	»	»	»	»	»	»	»	2,235	»
10	9,071	95	49	9,215	2. 10	1. 00	1. 00	1	»	»	»	»	»	2	1	»	2,269	50

NUMÉROS d'ordre	DÉPARTEMENTS.	NOMBRE d'établissements.	NOMBRE de communes où ils sont situés.	VALEURS locatives.	MONTANT des patentes.	VALEUR annuelle des matières premières.	VALEUR des produits fabriqués annuellement.
							1° LAINE.
						9° LAINE. Thibet,	
						TEINTURERIE. Impres	
1°	Ain........	2	1	1,000	258	10,500	60,000
2°	Isère........	5	1	2,850	637	216,947	283,500
13°	Rhône........	1	"	1,200	475	106,100	193,000
15°	Loire........	2	1	150	35	3,962	6,880
20°	Aveyron........	1	1	250	103	48,032	80,200
	Total........	11	4	5,450	1,498	385,541	623,580
							2° TISSUS
					1° LAINE ET COTON. Tissage.		
1°	Ain	1	1	500	130	59,200	80,000
							2° LAINE
						1° Filature	
1°	Ain........	2	2	8,600	802	622,000	816,000
						2° Tissage.	
15°	Loire........	1	1	600	211	13,500	50,000
						3° Impressions de tis	
2°	Isère........	1	1	300	42	180,000	280,000
13°	Rhône........	2	"	4,100	278	1,000,000	1,500,000
	Totaux........	3	1	4,400	320	1,180,000	1,780,000
						3° LAINE PEIGNÉE ET	
1°	Ain........	1	1	2,500	390	300,000	360,000
						4° LAINE. COTON.	
4°	Hérault........	1	1	600	119	48,600	63,600
						5° LAINE ET POILS DE CHÈ	
2°	Isère........	2	1	2,200	398	113,400	225,500

| | OUVRIERS. | | | | | | | MOTEURS. | | | | | | FEUX. | | | MACHINES. | |
| | NOMBRE. | | | | SALAIRES. | | | MOULINS. | | | MACHINES à vapeur. | CHEVAUX et mulets. | BŒUFS. | FOUR-NEAUX. | FORGES. | FOURS. | MÉTIERS. | AUTRES. |
	Hommes.	Femmes.	Enfants.	TOTAL.	Hommes.	Femmes.	Enfants.	à eau.	à vent.	à manège.								

NE. (Suite.)

et Cachemire.

...ions de châles.

20	7	15	42	2' 50"	1' 50"	0' 30"	»	»	»	»	»	»	»	»	»	41	3.200
33	»	»	33	2. 25	»	»	»	»	»	4	6	»	37	»	»	»	»
46	6	24	76	3. 25	1. 50	0. 50	»	»	»	1	»	»	3	»	»	»	55
6	»	»	6	1. 50	»	»	»	»	»	»	»	»	»	»	2	»	»
10	»	»	10	2. 55	»	»	»	»	»	»	»	»	10	»	»	»	»
115	13	39	167	2. 41	1. 50	0. 40	»	»	»	7	6	»	40	»	2	41	3.255

...MÉLANGÉS.

Couvertures. Tissus divers.

| 25 | 20 | 15 | 60 | 2. 00 | 0. 75 | 0. 50 | 1 | » | » | » | » | » | » | » | » | 20 | 10 |

...T SOIE.

...t Thibet.

| 62 | 74 | 36 | 172 | 2. 35 | 1. 60 | 0. 70 | 1 | » | » | 2 | 2 | 1 | » | » | 1 | 38 | 56 |

...acets.

| 2 | 18 | » | 20 | 2. 55 | 0. 62 | » | » | » | » | » | » | » | » | » | » | » | » |

...us et de châles.

50	60	60	170	2. 50	1. 25	0. 25	3	»	»	»	»	»	»	»	»	»	»
180	110	110	400	2. 50	1. 50	0. 50	3	»	»	»	»	»	»	»	»	»	»
230	170	170	570	2. 50	1. 37	0. 37	6	»	»	»	»	»	»	»	»	»	»

...OURRE DE SOIE. Filature.

| 50 | 65 | 20 | 135 | 2. 00 | 1. 00 | 0. 70 | 1 | » | » | » | » | » | » | » | » | 16 | 22 |

...HANVRE. Tapis.

| 5 | 24 | 12 | 41 | 1. 25 | 1. 00 | 0. 40 | » | » | » | » | » | » | 3 | » | » | 24 | » |

...RE. Tissage. Draps divers.

| 40 | 18 | 21 | 70 | 2. 38 | 1. 00 | 0. 50 | 2 | » | » | » | » | » | » | » | » | 35 | 10 |

NUMÉROS d'ordre.	DÉPARTEMENTS.	NOMBRE D'ÉTABLISSEMENTS.	NOMBRE DE COMMUNES où ils sont situées.	VALEURS LOCATIVES.	MONTANT des PATENTES.	VALEUR ANNUELLE des matières premières.	VALEUR des PRODUITS fabriqués présumablement.	
						2° TISSUS MÉL		
					6° SOIE ET COTON. Tissage. Étoffes di			
2°	Isère............	1	1	1,200ᶠ	174ᶜ	82,800ᶠ	105,800ᶠ	
15°	Loire............	6	3	6,450	977	806,850	1,084,740	
	Totaux..........	7	4	7,650	1,151	889,350	1,189,740	
					7° SOIE. COTON. LIN. Tissag			
14°	Puy-de-Dôme.........	1	1	"	184	463,385	519,470	
					8° SOIE. COTON. LAI			
13°	Rhône.............	2	"	26,900	1,078	11,820,000	12,300,000	
					3° SO			
					1° MAGNA ER			
20°	Aveyron............	1	1	"	"	2,680	3,600	
					2° FILATURE. Soie			
2°	Isère....	6	6	4,320	770	370,300	509,400	
4°	Basses-Alpes.........	8	4	1,320	380	362,645	455,601	
5°	Var..............	12	4	8,760	914	623,000	753,160	
7°	Gard.............	81	9	44,120	13,633	4,819,162	5,964,153	
8°	Hérault...	21	2	7,920	2,179	2,195,327	2,641,044	
9°	Aude............	1	1	200	10	24,850	37,000	
10°	Pyrénées-Orientales.........	1	1	1,000	"	23,400	37,500	
18°	Ardèche............	25	13	12,600	3,194	1,449,375	1,699,898	
19°	Drôme....	27	17	27,850	3,733	2,574,702	3,133,502	
20°	Aveyron..........	4	3	600	256	51,000	73,350	
22°	Vaucluse...........	34	17	26,420	3,745	2,962,812	3,710,742	
	Totaux..........	220	77	135,440	28,522	15,456,573	19,064,350	

VALEUR	OUVRIERS							MOTEURS						FEUX			MACHINES	
	NOMBRE.				SALAIRES.			MOULINS.			MACHINES à vapeur.	CHEVAUX et mulets.	BOEUFS.	FOUR-NEAUX.	FORGES.	FOURS.	MÉTIERS.	AUTRES.
	Hommes.	Femmes.	Enfants.	TOTAUX.	Hommes.	Femmes.	Enfants.	À eau.	À vent.	À manège.								

MÉLANGÉS. (Suite.)

Étoffes diverses. Châles. Peluches. Lacets.

15,000	3	30	20	53	2' 75°	1' 25°	1' 12°	1	»	»	»	»	»	»	»	»	40	10
34,740	26	230	1	257	2. 50	1. 00	0. 75	3	»	»	1	5	»	»	»	»	2,164	»
49,740	29	260	21	310	2. 62	1. 12	0. 93	4	»	»	1	5	»	»	»	»	2,204	10

Tissage. Peluches. Toiles.

| 19,470 | 784 | » | » | 784 | 0. 25(*) | » | » | » | » | » | » | » | » | » | » | » | 230 | 7 |

(*) Maison centrale de détention.

COTON. LAINE. Teinturerie.

| 90,000 | 195 | 60 | 10 | 265 | 3. 75 | 1. 62 | 2. 00 | 1 | » | » | 3 | 3 | » | 64 | 2 | 1 | » | 33 |

3° SOIE.

MAGNANERIE.

| 3,600 | 6 | 6 | » | 12 | 1. 50 | 1. 00 | » | » | » | » | » | » | » | » | » | » | » | » |

Soie grège et ouvrée.

09,400	14	196	20	230	2. 56	1. 21	0. 77	3	»	»	4	»	»	4	»	1	45	10
36,601	8	171	35	214	2. 35	0. 97	0. 58	»	»	2	2	3	»	43	»	»	80	»
53,160	34	566	110	710	1. 92	1. 17	0. 07	»	»	»	10	»	»	45	»	»	»	10
04,183	299	3,231	260	3,790	1. 86	1. 23	0. 75	6	»	13	22	11	»	59	»	37	206	678
41,044	106	1,250	40	1,306	2. 19	1. 32	0. 91	1	»	»	18	18	»	24	»	»	90	»
37,000	4	35	10	49	2. 00	0. 50	0. 40	»	2	»	1	»	»	»	»	»	»	»
37,500	5	35	»	40	2. 50	1. 50	»	»	»	»	»	»	»	»	»	»	»	»
09,696	44	799	175	1,018	1. 96	0. 96	0. 64	5	»	1	»	»	»	1	»	»	20	»
32,502	38	1,256	213	1,507	1. 96	0. 95	0. 55	11	»	4	16	2	»	20	»	»	176	30
75,350	4	91	»	95	2. 50	1. 12	»	»	»	»	11	1	»	38	»	2	216	332
19,742	132	996	181	1,309	2. 11	0. 98	0. 76	20	»	»	21	5	»	4	»	»	»	104
										2				23	»	»	347	60
04,350	668	8,626	1,044	10,358	2. 17	1. 08	0. 67	46	2	22	105	40	»	261	»	40	1,180	1,224

NUMÉROS d'ordre.	DÉPARTEMENTS.	NOMBRE D'ÉTABLISSEMENTS.	NOMBRE DE COMMUNES où ils sont situés.	VALEURS LOCATIVES.	MONTANT des PATENTES.	VALEUR ANNUELLE des matières premières.	VALEUR DES PRODUITS fabriqués annuellement.	
							3° SOIE (Su...	
							3° FILATURE. MOULINAGE	
1°	Ain	1	1	10,000'	75f	1,060,000'	1,188,000'	
							4° SOIE grège, ouvrée, moulinée	
2°	Isère	12	7	7,550	1,912	1,129,960	1,390,740	
7°	Gard	5	2	5,400	1,040	1,103,232	1,243,006	
8°	Hérault	3	1	800	228	39,645	46,560	
15°	Loire	6	2	7,450	657	531,600	583,500	
18°	Ardèche	76	27	81,930	13,103	9,311,536	10,330,963	
19°	Drôme	63	25	43,868	9,188	3,987,300	7,140,958	
22°	Vaucluse	31	9	21,300	4,023	4,034,300	4,563,860	
	Totaux	196	73	168,298	32,151	22,137,383	25,306,587	
							5° SOIE OUVRÉE. Org...	
17°	Haute-Loire	10	2	6,790	831	742,500	881,864	
18°	Ardèche	95	44	103,490	19,123	12,446,705	13,793,356	
19°	Drôme	25	12	23,091	4,745	3,312,800	3,848,430	
	Totaux	130	58	133,371	24,699	16,502,005	18,523,650	
							6° SOIE teinte, moulinée, cou...	
7°	Gard	12	7	6,440	2,003	1,982,000	2,443,330	
							7° TISSAGE. Étoffes unies et façonnées. Brocards. Velours. Peluches. Flo...	
2°	Isère	6	5	7,900	1,533	3,050,000	4,270,000	
5°	Hautes-Alpes	2	2	2,250	303	470,000	800,000	
7°	Gard	11	3	8,580	2,962	1,796,000	2,738,600	
13°	Rhône	La fabrique de Lyon en totalité				113,666,370	230,091,500	82...
15°	Loire	6	1	1,900	1,490	2,384,787	4,137,000	
18°	Ardèche	1	1	1,200	250	62,400	86,400	
19°	Drôme	1	1	3,000	767	135,000	200,000	
22°	Vaucluse	20	1	21,000	5,500	1,212,750	1,801,385	
	Totaux	56	14	45,830	12,805	123,777,307	244,122,885	84...

	OUVRIERS.							MOTEURS.						FEUX.			MACHINES.	
	NOMBRE.				SALAIRES.			MOULINS			MACHINES à vapeur.	CHEVAUX et mulets.	BŒUFS.	FOUR-NEAUX.	FORGES.	POÊLES.	MÉTIERS.	AUTRES.
	Hommes.	Femmes.	Enfants.	TOTAUX.	Hommes.	Femmes.	Enfants.	à eau.	à vent.	à manége.								

IE. (Suite.)

ULAGE. Tissage. Satin.

| 10 | 110 | 110 | 230 | 4' 00" | 1' 75' | 1' 75' | » | » | » | 1 | » | » | 2 | 1 | | 70 | 56 |

ou linée, ouvrée en trames.

28	190	44	262	1. 90	0. 80	0. 64	12	»	»	7	»		7			19	280
14	90	78	182	1. 67	0. 86	0. 70	6	»	»	»	»		»			36	2
3	38	3	44	2. 50	1. 50	1. 00	»	»	»	»	2		»			500	
17	100	»	117	1. 73	0. 95	»	5	»	»	»	»		»			68	255
203	1,558	521	2,282	1. 32	0. 66	0. 50	93	»	»	2	1		3			3,165	816
88	1,455	518	2,061	2. 39	0. 80	0. 50	70	1	1	5	5		9			129	82
94	972	88	1,154	1. 70	0. 91	0. 02	33	»	»	7	»		5				
447	**4,403**	**1,252**	**6,102**	**1. 89**	**0. 93**	**0. 06**	**219**	**1**	**1**	**21**	**8**		**24**			**3,908**	**1,435**

ér Organsin.

18	147	70	235	1. 20	0. 80	0. 50	6	»	»	»	»					»	1
270	2,076	720	3,072	1. 65	0. 73	0. 52	99	»	1	5	1	»	4			50	567
76	509	209	794	1. 84	0. 79	0. 55	27	»	»	»	»	»	2		1	141	149
370	**2,732**	**999**	**4,101**	**1. 56**	**0. 77**	**0. 52**	**132**	**»**	**1**	**5**	**1**	**»**	**6**		**1**	**191**	**617**

coudre. Lacets. Rubans croisés.

| 66 | 738 | 12 | 816 | 2. 06 | 0. 94 | 0. 58 | 4 | » | 2 | 1 | | | 5 | | | 119 | 63 |

Florence. Foulards imprimés. Satin. Gaze. Crêpe. Étoffes diverses.

61	748	10	819	2. 33	0. 98	0. 60	4	»	»	»	»			1		455	26
12	230	10	252	1. 50	0. 95	0. 80	2	»	»	»	»		3	1	1	150	12
494	767	279	1,540	1. 73	0. 91	0. 61	1	»	»	»	»					1,060	50
82,200*	»	»	82,200	2. 00	»	»	»	»	»	»	»					52,100	
365	945	»	1,310	1. 35	0. 75	»	»	»	»	»	»	»				1,290	5
2	37	8	47	1. 75	0. 90	0. 50	1	»	»	»	»					30	5
5	100	12	117	2. 50	1. 15	0. 65	2	»	»	»	1	»				75	25
1,155	1,155	1,155	3,465	1. 00	0. 50	0. 25	»	»	»	»	»					1,155	
84,294	**3,982**	**1,474**	**89,750**	**1. 78**	**0. 88**	**0. 57**	**10**	**»**	**»**	**»**	**»**	**»**	**3**	**2**	**3**	**56,315**	**566**

* Sans distinction de sexe.

RÉCAPITULATION GÉNÉRALE.

NUMÉROS d'ordre.	DÉPARTEMENTS.	NOMBRE D'ÉTABLISSEMENTS.	NOMBRE DE COMMUNES où ils sont situés.	VALEURS LOCATIVES.	MONTANT des PATENTES.	VALEUR ANNUELLE des matières premières.	VALEUR DES PRODUITS fabriqués annuellement.	
							3° SOIE.	(S
							8° TISSAGE. Rubans	de
15°	Loire....	258	1	260,140'	40,354'	37,500,000'	56,700,000'	1
							9° MÉLANGES. Tissage.	Ch
13°	Rhône....	Fabrique de Lyon en totalité.	.	.	.	8,383,500	23,387,500	
							10° BONNETERIE.	Ga
7°	Gard..	14	1	5,030	2,126	819,400	1,538,600	
							11° FILOSELLE.	BO
7°	Gard..	3	1	2,300	653	446,000	693,200	
							12° BOURRE DE	SOI
19°	Drôme....	1	1	1,000	210	50,000	110,000	
							13. BOURRE DE SOIE.	Tis
3°	Hautes-Alpes.	3	2	350	100	26,250	113,050	
7°	Gard.	8	1	1,450	781	112,000	270,000	
19°	Drôme.	2	1	2,800	701	104,000	142,000	
	Totaux....	13	4	4,600	1,582	242,250	525,050	
							14° DÉCHETS DE SOIE.	Filo
7°	Gard..	1	1	1,700	613	350,000	700,000	
							15° DÉCHETS DE SOIE.	FIL
7°	Gard..	1	1	1,500	434	24,000	40,000	

| | OUVRIERS | | | | | | | MOTEURS | | | | | | FEUX | | | MACHINES | |
| | NOMBRE | | | | SALAIRES | | | MOULINS | | | MACHINES à vapeur. | CHEVAUX et mulets. | BŒUFS | FOURNEAUX. | FORGES. | FOURS. | MÉTIERS | et PRIX |
	Hommes.	Femmes.	Enfants.	TOTAL.	Hommes.	Femmes.	Enfants.	à eau.	à vent.	à manège.								
E. (Suite.)																		
ns de toutes espèces.	12,500	18,000	2,000	32,500	2' 50"	1' 30"	0' 65"	6	·	·	·	600	·	50	·	·	18,000	3,500
e. Châles. Tartans. Fantaisie.	7,200	·	·	7,200	2. 25	·	·	·	·	·	·	·	·	·	·	·	5,300	
s. Gants.	405	680	60	1,145	2. 43	0. 85	0. 57	·	·	·	·	·	·	·	·	·	571	36
s. BONNETERIE. Gants.	250	190	·	440	2. 33	0. 85	·	·	·	·	·	·	·	·	·	·	160	
s SOIE. Filature.	14	12	16	42	2. 00	1. 00	0. 65	1	·	·	·	·	·	·	·	·	11	25
Tissage. Bonneterie. Fantaisie.	57	30	25	112	1. 33	0. 82	0. 58	·	·	·	·	·	·	·	·	·	112	
	176	74	·	250	1. 25	0. 90	·	·	·	·	·	·	·	·	·	·	250	
	19	60	36	115	2. 00	0. 75	0. 50	14	·	·	·	·	·	·	·	3	19	38
	252	164	61	477	1. 53	0. 82	0. 54	14	·	·	·	·	·	·	·	3	384	38
Filoselle cardée non filée.	600	·	·	600	0. 77	·	·	·	·	·	·	2	·	4	·	·	600	
FILOSELLE. Tissage.	10	20	20	50	2. 00	1. 00	0. 30	·	·	·	·	1	·	·	·	·	10	·

NUMÉROS D'ORDRE	DÉPARTEMENTS	NOMBRE D'ÉTABLISSE-MENTS.	NOMBRE DE COMMUNES où ils sont situés.	VALEURS LOCATIVES.	MONTANT des PATENTES.	VALEUR ANNUELLE des matières premières.	VALEUR DES PRODUITS fabriqués annuellement.	
							3° SOIE.	Sui
						16° TEINTURERIE.		mp
7°	Gard	1	;	2,020ᶠ	479ᶠ	20,100ᶠ	38,750ᶠ	
13°	Rhône	70	°	195,410	11,439	3,000,000	6,000,000	1,3
15°	Loire	5	1	10,500	1,386	49,500	297,000	7
	Totaux	76	2	207,930	13,304	3,075,600	6,335,750	1,3
							4° PEAUX.	Tan
2°	Isère	9	3	4,430	943	1,308,775	1,860,175	13
3°	Hautes-Alpes	9	5	4,370	545	526,870	431,060	3
4°	Basses-Alpes	8	2	1,560	424	207,700	327,987	4
5°	Var	23	7	51,120	4,259	2,393,300	3,078,665	50
6°	Bouches-du-Rhône	22	5	24,850	6,934	1,142,400	1,037,076	24
8°	Hérault	27	5	14,850	3,067	1,972,297	2,504,840	30
9°	Aude	1	1	475	115	14,300	18,300	1
10°	Pyrénées-Orientales	1	1	1,296	57	68,800	100,000	1
11°	Allier	24	12	24,930	1,951	412,165	610,566	12
13°	Rhône	28	°	16,870	3,209	1,273,750	1,471,600	20
15°	Loire	1	1	300	109	90,000	301,500	5
18°	Ardèche	12	7	9,500	458	136,252	211,655	3
19°	Drôme	5	3	1,130	225	45,100	77,250	1
20°	Aveyron	18	3	8,450	2,369	2,507,960	3,501,000	50
22°	Vaucluse	27	5	13,411	806	166,717	250,653	6
	Totaux	215	57	177,311	24,544	12,571,395	10,611,329	2,4
							5° CHAPELLERIE.	Cha
4°	Basses-Alpes	3	2	285	72	8,290	34,000	
6°	Bouches-du-Rhône	4	3	1,100	512	143,558	304,000	3
13°	Rhône	125	°	57,675	8,461	1,200,000	4,200,000	3,00
	Totaux	132	5	59,060	9,045	1,351,848	4,538,000	3,00
							6° SUIF. CIRE.	Cha
2°	Isère	1	1	800	124	830,000	1,500,000	
3°	Hautes-Alpes	3	1	1,410	180	94,000	112,500	
5°	Var	2	1	300	17	24,000	30,000	
6°	Bouches-du-Rhône	6	2	13,300	1,667	865,918	1,148,395	1
9°	Aude	3	1	1,260	133	55,300	67,640	
10°	Drôme	2	1	1,150	186	9,500	22,250	
	Totaux	17	7	18,220	2,307	1,878,618	2,880,675	

	OUVRIERS.						MOTEURS.						FEUX.			MACHINES.	
	NOMBRE.				SALAIRES.			MOULINS.		MACHINES à vapeur.	CHEVAUX et mulets.	BŒUFS.	FOUR-NEAUX.	FORGES.	FOURS.	MÉTIERS.	AUTRES.
	Hommes.	Femmes.	Enfants.	TOTAUX.	Hommes.	Femmes.	Enfants.	à eau.	à vent.	à manège.								

E. (Suite.)

E. Impressions de châles.

50	"	40	90	2f 25c	"	0f 60c	"	"	"	"	"	"	6	"	"	40	"
1,200	"	"	1,200	4. 00	"	"	"	"	"	"	"	"	"	"	"	"	"
73	25	4	102	2. 75	1f 00c	0. 75	"	"	"	"	"	"	"	"	"	"	"
1,313	25	44	1,382	3. 00	1. 00	0. 67	"	"	"	"	"	"	6	"	"	40	"

X. Tannerie. Ganterie. Pelleteries.

155	1,380	40	1,575	2. 40	0. 90	0. 40	4	"	"	"	"	"	"	"	"	"	1
54	"	"	54	1. 75	"	"	1	"	"	"	"	"	"	"	"	"	"
46	"	16	62	2. 00	"	0. 60	2	"	6	"	6	"	"	"	"	"	"
384	13	2	599	2. 08	0. 75	1. 00	"	"	3	"	3	"	"	"	"	"	2
242	9	18	269	3. 51	1. 50	1. 43	2	"	5	"	13	"	3	"	"	"	16
393	"	60	453	2. 41	"	0. 84	1	1	20	2	13	3	40	"	"	"	"
10	"	2	12	2. 00	"	0. 75	"	"	1	"	3	"	"	"	"	"	"
12	"	1	13	2. 00	"	1. 00	"	"	2	"	2	"	"	"	"	"	"
120	1	11	132	1. 93	1. 00	0. 58	10	"	"	1	"	"	"	"	"	"	9
200	"	"	200	2. 87	"	"	"	"	"	"	"	"	"	"	"	"	"
56	"	"	56	2. 00	"	"	"	"	1	1	"	"	"	"	"	"	1
32	"	2	34	2. 00	"	1. 00	1	"	6	"	7	"	3	"	"	"	11
10	1	"	11	1. 93	1. 25	"	"	"	"	"	"	"	"	"	"	"	"
505	813	"	1,318	1. 83	1. 05	"	25	"	"	"	"	"	"	"	"	"	"
62	1	"	63	2. 35	1. 25	"	1	"	12	"	10	"	9	"	"	"	"
2,451	2,218	152	4,851	2. 20	1. 10	0. 85	47	1	62	4	57	3	55	"	"	"	40

E. Chapeaux d'hommes.

9	6	"	15	2. 66	0. 80	"	"	"	"	"	"	"	3	"	"	1	"
54	38	13	105	3. 12	1. 37	0. 82	"	"	"	"	"	"	4	"	"	"	3
3,000	1,000	"	4,000	3. 00	1. 25	"	"	"	"	"	"	"	"	"	"	"	"
3,063	1,044	13	4,120	2. 93	1. 14	0. 82	"	"	"	"	"	"	7	"	"	1	3

E. Chandelles. Bougies.

30	45	15	90	2. 50	1. 25	0. 75	"	"	"	"	"	"	"	"	"	"	"
6	"	"	6	2. 25	"	"	"	"	"	"	"	"	8	"	"	"	5
4	2	"	6	2. 00	1. 00	"	"	"	"	"	"	"	2	"	"	"	"
45	58	3	104	2. 72	1. 06	0. 87	"	"	"	1	"	"	14	1	"	3	"
7	"	"	7	1. 66	"	"	"	"	"	1	"	"	"	"	"	"	"
3	"	"	3	1. 50	"	"	"	"	"	"	"	"	4	"	"	"	2
95	105	18	216	2. 11	1. 10	0. 81	"	"	"	2	"	"	28	1	"	3	7

36

NUMÉROS D'ORDRE.	DÉPARTEMENTS.	NOMBRE D'ÉTABLISSEMENTS.	NOMBRE DE "OUVRIERS où ils sont située.	VALEURS LOCATIVES.	MONTANT des PATENTES.	VALEUR ANNUELLE des matières premières.	VALEUR DES PRODUITS fabriqués annuellement.

7° DÉBRIS D'ANIMAUX. Noir animal.

2°	Isère	1	1	500'	68'	13,950'	21,500'
6°	Bouches-du-Rhône	3	1	16,600	1,091	245,300	386,500
15°	Loire	2	2	1,400	68	48,400	76,100
16°	Cantal	1	1	500	34	6,000	9,800
19°	Rhône	1	1	100	19	960	2,100
	Totaux	8	6	18,900	1,280	312,610	496,000

8° POISSONS.

1° PÊCHE

6°	Bouches-du-Rhône	342	4	4,545	.	.	1,137,667

2° SALÉ

6°	Bouches-du-Rhône	8	2	2,150	1,131	272,660	414,472
10°	Pyrénées-Orientales	15	1	1,200	.	10,000	21,000
	Totaux	23	3	3,350	1,131	282,660	435,472

9° CORAIL. Pêche.

6°	Bouches-du-Rhône	15	2	.	.	36,000	119,200

10° INDUSTRIES

5°	Var (a)	7	1	1,410	293	20,000	25,000
20°	Aveyron (b)	3	1	95,000	14,570	1,122,735	1,392,000
	Totaux	10	2	96,410	14,863	1,142,735	1,417,000

(a) Viande de porc. Salaisons.
(b) Fromage. Manipulation.

	OUVRIERS.							MOTEURS.						FEUX.			MACHINES.	
	NOMBRE.				SALAIRE.			MOULINS.			MACHINE à vapeur.	CHEVAUX et mulets.	BOIS Fr.	FOUR-NEAUX.	FORGES.	FOURS.	MÉTIERS.	AUTRES.
	Hommes.	Femmes.	Enfants.	TOTAL.	Hommes.	Femmes.	Enfants.	à eau.	à vent.	à manège.								
Colle forte. Pulvérisation pour engrais.																		
	3	2	»	5	1' 75"	1' 00"	»	1	»	»	1	1	»	3	»	»	»	»
	38	59	3	100	2. 44	1. 25	1' 25'	»	»	»	5	»	»	15	»	»	1	11
	9	4	2	15	2. 00	1. 00	0. 75	»	»	»	1	»	»	4	»	11	»	»
	»	4	»	4	»	1. 60	»	»	»	»	»	»	»	1	»	»	»	»
	»	1	»	1	»	0. 50	»	»	»	»	»	»	»	»	»	»	»	»
	50	70	5	125	2. 06	1. 07	1. 00	1	»	»	7	1	»	23	»	11	1	11
ONS DE MER.																		
ÊCHE RIES.																		
	1,123	»	124	1,247	2. 50	»	1. 50	»	»	»	»	»	»	»	»	»	»	13
SALE RIES.																		
	14	29	15	38	2. 50	1. 31	0. 87	»	»	»	»	»	»	»	»	»	»	»
	30	»	»	30	1. 00	»	»	»	»	»	»	»	»	»	»	»	»	60
	44	29	15	88	1. 75	1. 31	0. 87	»	»	»	»	»	»	»	»	»	»	60
Pêche de corail et corail travaillé.																		
	80	150	20	230	2. 00	1. 00	0. 75	»	»	»	»	»	»	»	»	»	»	»
RIES DIVERSES.																		
	8	8	»	16	2. 00	0. 75	»	»	»	»	»	»	»	»	»	»	»	»
	29	125	»	145	4. 00	1. 29	»	»	»	»	»	»	»	»	»	»	»	»
	28	133	»	161	3. 00	0. 92	»	»	»	»	»	»	»	»	»	»	»	»

RÉCAPITULATION GÉNÉRALE, PAR DÉPAR T

NUMÉROS D'ORDRE.	DÉPARTEMENTS.	NOMBRE D'ÉTABLISSE-MENTS.	NOMBRE DE COMMUNES où ils sont situés.	VALEURS LOCATIVES.	MONTANT des PATENTES.	VALEUR ANNUELLE d'un matières premières.	VALEUR DES PRODUITS fabriqués annuellement.	H
1°	Ain	12	11	43,300	4,449	5,255,050	6,962,000	
2°	Isère	70	28	69,420	11,130	9,879,332	15,573,315	
3°	Hautes-Alpes	36	13	11,160	1,537	1,001,840	1,413,530	
4°	Basses-Alpes	47	25	13,889	2,715	1,530,140	2,363,534	
5°	Var	44	13	61,590	5,483	3,060,500	3,886,885	
6°	Bouches-du-Rhône	418	21	80,175	17,444	8,977,835	12,400,372	
7°	Gard	162	30	82,740	25,833	14,905,582	20,756,083	
8°	Hérault	137	32	175,210	28,530	21,557,451	31,328,469	
9°	Aude	61	12	63,410	8,858	5,533,907	9,803,091	
10°	Pyrénées-Orientales	19	5	3,460	85	126,390	227,900	
11°	Allier	33	18	28,680	2,121	429,715	650,541	
12°	Saône-et-Loire	»	»	«	»	»	»	
13°	Rhône	228	«	301,355	23,940	145,343,795	291,143,600	
14°	Puy-de-Dôme	1	1	»	184	403,385	519,470	
15°	Loire	287	13	288,890	45,487	41,728,590	65,241,530	
16°	Cantal	2	2	950	325	146,000	237,500	
17°	Haute-Loire	13	4	8,850	980	921,960	1,316,684	
18°	Ardèche	210	93	209,610	38,275	23,438,368	30,172,372	
19°	Drôme	157	72	145,609	25,401	14,765,112	18,533,472	
20°	Aveyron	57	18	125,230	21,948	6,845,786	9,620,302	
21°	Lozère	7	6	8,360	1,599	988,000	1,766,000	
22°	Vaucluse	122	33	85,791	14,813	8,301,479	10,541,640	
	Totaux	2,103	450	1,807,499	281,157	315,212,438	528,425,735	

AR|TEMENTS, DES PRODUITS ANIMAUX.

	OUVRIERS.							MOTEURS.						FEUX.			MACHINES.		
	NOMBRE.				SALAIRES.			MOULINS			MACHINES à vapeur.	CHEVAUX et mulets.	BOEUFS.	FOUR-NEAUX.	FORGES.	FOURS.	MÉTIERS.	AUTRES.	BROCHES.
	Hommes.	Femmes.	Enfants.	TOTAUX.	Hommes.	Femmes.	Enfants.	à eau.	à vent.	à manège.									
2,000	522	640	376	1,538	2f 40c	1f 22c	0f 67c	12	"	1	1	41	2	33	9	7	439	590	14,454
3,319	1,206	3,100	598	5,004	2. 48	1. 07	0. 63	59	"	"	19	8	"	41	2	1	1,056	643	
3,539	266	109	100	475	1. 68	0. 76	0. 49	3	"	"	"	"	"	16	"	"	275	22	
3,334	281	600	255	1,136	2. 03	0. 83	0. 59	31	"	8	2	9	"	51	3	4	413	154	
6,835	650	259	112	1,331	2. 05	0. 93	0. 83	"	"	3	10	3	"	47	.	.	"	12	
10,373	1,858	670	200	2,728	2. 78	1. 19	1. 05	3	"	7	6	18	"	59	7	"	4	103	
16,683	3,112	6,230	904	10,246	1. 87	0. 90	0. 64	18	1	19	32	23	"	131	1	37	2,251	1,752	.
15,459	5,378	7,198	2,912	15,458	1. 94	0. 97	0. 69	111	1	27	37	37	3	134	5	"	3,509	2,438	46,720
13,001	1,763	2,167	732	4,662	1. 63	0. 58	0. 52	39	2	2	2	3	"	1	"	"	954	204	15,622
17,900	76	52	1	129	1. 75	1. 00	1. 00	"	"	3	"	3	"	1	"	"	40	60	2,920
10,541	138	5	22	165	1. 44	0. 87	0. 54	12	"	"	3	"	"	"	.	"	4	13	
"	4	"	"	"	"	"	"	"	"	"	"	"	"	"	"	"	.	.	.
13,500	103,221	1,176	144	104,541	2. 54	1. 48	1. 00	4	"	"	4	3	"	67	2	1	59,733	88	
19,470	784	"	"	784	0. 25	"	"	"	"	"	"	"	"	"	"	"	230	7	
11,390	13,064	19,322	2,007	34,383	2. 09	0. 95	0. 72	14	"	1	3	605	"	54	.	13	21,954	3,596	
37,800	70	34	20	124	2. 00	1. 50	0. 75	"	"	"	"	"	"	1	"	"	35	"	
16,584	51	155	109	315	1. 32	0. 83	0. 47	11	"	"	"	"	"	"	"	"	24	14	
73,373	567	4,492	1,434	6,493	1. 71	0. 81	0. 61	200	"	8	23	11	"	31	"	"	338	775	.
33,475	771	4,161	1,399	6,331	2. 02	0. 87	0. 55	151	1	8	17	6	"	58	1	6	3,985	1,709	4,222
29,302	1,575	1,907	398	3,880	2. 19	1. 04	0. 52	60	"	"	"	"	"	23	"	"	925	449	7,008
66,000	550	337	189	1,076	1. 64	0. 66	0. 50	2	"	"	1	"	"	8	2	"	108	34	1,060
41,640	1,492	3,144	1,436	6,072	1. 93	0. 93	0. 58	54	"	14	28	15	"	38	"	"	1 041	143	
28,733	137,365	56,155	13,245	206,901	1. 89	0. 97	0. 67	784	5	101	188	805	5	794	32	69	98,000	15,776	92,406

RÉCAPITULATION GÉNÉRALE PAR N

NATURE DES PRODUITS.	NOMBRE D'ÉTABLISSEMENTS.	NOMBRE DE OUVRIERS où ils sont situés.	VALEURS LOCATIVES.	MONTANT des PATENTES.	VALEUR annuelle des matières premières.	VALEUR des produits fabriqués annuellement.
1° Lavage. Peignerie et préparation......	29	11	23,800ᶠ	7,750ᶠ	9,312,987ᶠ	11,097,504ᶠ
2° Filature de laine ordinaire et de laine tricot....	59	26	57,030	6,872	5,643,630	7,331,357
3° Filature. Tissage. Draps........	35	11	26,040	5,291	3,890,590	6,074,070
4° ——— Couvertures. Tapis. Molletons.	7	4	11,850	1,943	2,433,045	3,251,500
I. Laine ..... 5° Tissage. Draps.	155	36	212,134	31,291	19,331,751	33,177,347
6° ——— Draps. Étoffes croisées.	26	2	37,550	4,559	3,583,500	5,047,300
7° ——— Couvertures. Bonneterie. Tissus divers....	31	13	12,720	2,725	1,704,020	2,926,089
8° ——— Châles.	1	1	4,500	680	5,794,075	13,198,000
9° Teinturerie. Impressions de châles.	11	4	5,450	1,496	385,541	623,380
1° Laine et coton. Tissage. Couvertures. Tissus divers..	1	1	500	130	59,200	80,000
2° Laine et soie. Filature. Tissage. Impression de tissus.	6	4	13,090	1,333	1,815,500	2,646,000
3° Laine peignée et bourre de soie. Filature........	1	1	3,500	390	300,000	360,000
2° Tissus mélangés. 4° Laine. Coton. Chanvre. Tapis....	1	1	600	119	48,600	63,000
5° Laine et poils de chèvre. Tissage. Draps divers..	2	1	3,300	398	113,400	225,500
6° Soie et coton. Tissage. Étoffes diverses. Châles. Peluches. Lacets.	7	4	7,850	1,151	889,350	1,189,740
7° Soie. Coton. Lin. Tissage. Peluches. Toiles....	1	1	″	184	403,385	519,470
8° ——— Laine. Teinturerie.	2	″	26,000	1,078	11,520,000	13,380,000
1° Magnanerie..........	1	1	″	″	2,680	3,600
2° Filature. Soie grége et ouvrée...	220	77	135,440	25,822	15,456,573	19,064,380
3° Filature. Moulinage. Tissage. Satin....	1	1	10,000	759	1,066,000	1,188,000
4° Soie grége, ouvrée, moulinée, ouvrée en trames.	196	73	168,398	32,151	22,137,383	25,306,587
5° Soie ouvrée. Organsin.	130	58	133,371	24,699	16,302,005	18,523,630
6° Soie teinte, moulinée, à coudre. Lacets. Rubans croisés.	12	7	6,440	2,063	1,962,000	2,848,330
3° Soie ..... 7° Tissage. Étoffes unies et façonnées. Brocards. Velours, etc....	56	14	45,830	12,805	122,777,307	384,125,885
8° Rubans de toutes espèces.	258	1	200,140	40,594	37,500,000	56,700,000
9° Mélanges. Tissage. Châles. Tartans. Fantaisie. (La fabrique de Lyon.)	″	″	″	″	8,383,500	23,387,500
10° Bonneterie. Gants.	14	1	5,030	2,126	819,400	1,538,600
11° Filoselle. Bonneterie. Gants....	3	1	2,300	633	445,000	693,290
12° Bourre de soie. Filature.	1	1	1,800	210	50,000	110,000
13° ——— Tissage. Bonneterie. Fantaisie....	13	4	4,600	1,582	342,350	535,050
14° Déchets de soie. Filoselle cardée, non filée....	1	1	1,700	443	350,000	790,000
15° ——— Filoselle. Tissage.	1	1	1,500	444	38,000	40,000
16° Teinturerie. Impressions de châles.......	76	2	207,930	13,304	3,075,600	6,335,750
4° Peaux. Tannerie. Ganterie. Pelleteries....	215	57	177,311	24,544	12,571,295	16,611,329
5° Chapellerie. Chapeaux d'hommes.	132	5	59,000	9,045	1,331,848	4,558,000
6° Suif. Cire. Chandelles. Bougies....	17	7	18,220	2,307	1,878,618	2,560,675
7° Débris d'animaux. Noir animal. Colle forte. Engrais.	8	6	18,900	1,280	312,610	496,000
8° Poissons de mer. Pêcheries. Salaisons.	343	7	7,895	1,131	283,660	1,373,139
9° Corail. Pêche de corail et corail travaillé.	15	2	″	″	38,000	119,200
10° Industries diverses.	10	2	96,410	14,863	1,142,735	1,417,000
Totaux.............	2,103	450	1,507,499	281,157	315,212,438	228,428,732

NATURE DE PRODUITS ANIMAUX.

OUVRIERS							MOTEURS						FEUX			MACHINES		
NOMBRE				SALAIRES			MOULINS			MACHINES à vapeur	CHEVAUX et mulets	BŒUFS	FOUR-NEAUX	FORGES	FOURS	MÉTIERS	AUTRES	BROCHES
Hommes	Femmes	Enfants	TOTAUX	Hommes	Femmes	Enfants	à eau	à vent	à manège									
929	664	140	1,733	2'12"	0'83"	0'68"	3	"	6	1	14	"	82	6	"	10	68	
814	830	831	2,475	1.66	0.83	0.54	35	"	4	4	12	"	18	4	1	611	439	89,206
1,885	1,318	652	3,355	1.65	0.77	0.50	42	"	"	"	9	"	24	"	"	1,216	489	
365	580	238	1,283	1.89	0.83	0.64	12	"	"	1	"	"	"	3	"	235	352	
6,098	7,431	3,000	16,529	1.66	0.79	0.54	161	"	2	15	15	"	68	4	1	4,035	2,433	
789	531	368	1,688	2.00	1.00	0.60	29	"	"	1	1	"	"	1	"	471	306	
886	582	287	1,755	1.63	0.87	0.56	5	1	1	4	"	"	18	3	1	384	130	
9,071	95	49	9,215	2.10	1.00	1.00	1	"	"	"	"	"	2	1	"	2,369	50	
115	13	39	167	2.41	1.30	0.40	"	"	"	7	6	"	40	"	2	41	3,255	
25	20	15	60	2.00	0.75	0.50	1	"	"	"	"	"	"	"	"	20	16	
294	262	206	762	2.46	1.20	0.53	7	"	"	"	2	2	1	3	1	38	56	
50	65	20	135	2.00	1.00	0.70	1	"	"	"	"	"	"	"	"	16	24	
5	24	12	41	1.25	1.00	0.40	"	"	"	"	"	"	3	"	"	24	"	
40	18	21	79	2.38	1.00	0.30	2	"	"	"	"	"	"	"	"	35	10	
29	260	27	310	2.62	1.12	0.93	4	"	"	1	3	"	"	"	"	2,304	10	
784	"	"	784	0.23	"	"	"	"	"	"	"	"	"	"	"	230	7	
195	60	10	265	3.75	1.02	2.00	1	"	"	3	3	"	94	2	1	"	33	
6	6	"	12	1.50	1.00	"	"	"	"	"	"	"	"	"	"	"	"	
688	8,626	1,041	10,358	2.17	1.08	0.67	46	2	22	105	40	"	261	"	40	1,180	1,224	
10	110	110	230	4.00	1.75	1.75	"	"	"	1	"	"	2	1	4	70	56	
442	4,603	1,258	6,102	1.89	0.93	0.66	219	1	1	21	8	"	24	"	"	3,908	1,435	
370	2,731	999	4,101	1.56	0.77	0.52	132	"	1	5	1	"	6	"	1	191	617	
68	738	12	818	2.08	0.94	0.58	4	"	2	4	"	"	5	"	"	119	63	
84,294	3,982	1,474	89,750	1.78	0.88	0.37	10	"	"	"	"	"	3	2	3	56,315	366	
12,500	18,000	2,000	32,500	2.50	1.30	0.65	6	"	"	"	600	"	50	"	"	18,000	3,500	
7,200	"	"	7,200	2.25	"	"	"	"	"	"	"	"	"	"	"	5,368	"	
409	680	60	1,148	2.43	0.85	0.57	"	"	"	"	"	"	"	"	"	371	46	
250	190	"	440	2.33	0.85	"	"	"	"	1	"	"	"	"	"	160	"	
14	12	16	42	2.00	1.00	0.65	1	"	"	"	"	"	"	1	"	10	25	3,200
252	164	61	477	1.53	0.82	0.54	14	"	"	"	"	"	"	"	3	384	38	
600	"	"	600	0.77	"	"	"	"	"	"	2	"	4	"	"	"	600	
10	20	20	50	2.00	1.00	0.50	"	"	"	1	1	"	"	"	"	10	"	
1,313	25	44	1,382	3.00	1.00	0.67	"	"	"	"	"	"	6	"	"	40	"	
2,481	2,218	152	4,851	2.20	1.10	0.85	47	1	62	4	57	3	55	"	"	"	40	
3,063	1,044	13	4,120	2.93	1.14	0.82	"	"	"	"	"	"	7	"	"	1	3	
93	103	18	216	2.11	1.10	0.81	"	"	"	2	"	"	28	1	"	5	7	
50	70	5	125	2.06	1.07	1.00	1	"	"	7	1	"	23	"	11	1	11	
1,167	29	139	1,335	2.02	1.31	1.18	"	"	"	"	"	"	"	"	"	1	73	
80	150	20	250	2.00	1.00	0.75	"	"	"	"	"	"	"	"	"	"	"	
28	133	"	161	3.00	0.92	"	"	"	"	"	"	"	"	"	1	"	"	
137,365	56,188	13,348	206,901	1.89	0.97	0.67	784	5	101	188	805	5	794	32	69	98,000	15,776	92,406

RÉCAPITULATION GÉNÉRALE DE LA STATISTIQUE

N° 27.

DIVISÉE PAR

ET PAR NATURE DE PRODUITS

NATURE DES PRODUITS.	NOMBRE D'ÉTABLISSE- MENTS.	NOMBRE DE COMMUNES où ils sont situés.	VALEURS LOCATIVES.	MONTANT des PATENTES.	VALEUR annuelle des matières premières.	VALEUR des produits fabriqués annuellement.
						1°
Produits minéraux...............	24	12	17,300ᶠ	1,704ᶠ	108,170ᶠ	558,298ᶠ
——— végétaux...............	80	55	110,360	6,098	6,249,792	8,153,325
——— animaux...............	12	11	43,300	4,449	5,255,950	6,062,000
Totaux...........	115	78	170,960	12,251	11,613,912	15,873,623
						2° IS
Produits minéraux...............	509	235	145,897	23,063	6,160,800	14,112,342
——— végétaux...............	83	46	103,380	7,693	5,250,931	7,927,992
——— animaux...............	70	28	69,420	11,150	9,879,332	15,573,315
Totaux...........	653	309	318,697	41,906	21,300,103	37,613,549
						3° HAUTES-
Produits minéraux...............	16	13	2,350	196	23,600	63,369
——— végétaux...............	34	11	15,410	1,111	990,288	1,281,510
——— animaux...............	36	13	11,140	1,537	1,001,840	1,413,539
Totaux...........	86	37	28,900	2,844	2,015,728	2,658,418
						4° BASSES-
Produits minéraux...............	42	19	845	298	38,092	184,535
——— végétaux...............	10	4	1,375	269	65,778	143,505
——— animaux...............	47	25	13,889	2,715	1,530,140	2,365,334
Totaux...........	99	48	16,104	3,282	1,634,010	2,693,174
						5°
Produits minéraux...............	271	31	74,524	8,835	1,497,706	4,242,593
——— végétaux...............	106	24	38,730	5,774	1,534,633	2,190,952
——— animaux...............	44	13	61,590	5,443	3,060,300	3,856,825
Totaux...........	421	68	174,844	20,113	6,092,719	10,320,370

INDUSTRIELLE DE LA RÉGION DU MIDI ORIENTAL,

DÉPARTEMENTS

MINÉRAUX, VÉGÉTAUX ET ANIMAUX.

	OUVRIERS.							MOTEURS.							FEUX.			MACHINES.		
	NOMBRE.				SALAIRES.			MOULINS			MACHINE à vapeur.	CHEVACX et mulets.	BŒUFS.	FOUR- NEAUX.	FORGES.	FOURS.	MÉTIERS.	AUTRES.	BROCHES.
	Hommes.	Femmes.	Enfants.	TOTAUX.	Hommes.	Femmes.	Enfants.	à eau.	à vent.	à manège.									

1° AIN.

347	34	»	381	2′ 25ᶜ	0′ 81ᶜ	»	4	»	»	»	3	»	7	3	18	»	8	»
270	87	48	405	2.03	0.90	0.74	67	»	6	1	»	»	14	1	»	66	21	»
522	640	376	1,538	2.40	1.22	0.67	12	»	1	1	41	2	33	9	7	439	3,590	14,454
1,139	761	424	2,324	2.23	0.97	0.70	83	»	7	2	44	2	54	13	25	505	3,619	14,454

S ÈRE.

5,571	147	368	6,086	2.80	0.99	0.98	49	4	1	22	203	»	241	43	47	76	118	»
1,122	920	493	2,635	2.15	1.11	0.62	75	»	»	8	»	»	46	7	2	451	769	7,410
1,306	3,200	598	5,004	2.43	1.07	0.63	59	»	»	19	8	»	41	2	1	1,036	643	»
7,999	4,267	1,459	13,725	2.45	1.05	0.74	183	4	1	49	211	»	328	52	50	1,563	1,030	7,410

3° ALPES.

100	1	»	101	2.25	0.75	»	»	»	»	»	»	»	2	5	3	»	4	»
89	11	»	100	2.33	1.00	»	48	»	»	»	12	»	1	»	»	»	30	»
266	109	100	475	1.68	0.76	0.49	3	»	»	»	»	»	16	»	»	295	22	»
455	121	100	676	2.08	0.84	0.49	51	»	»	»	12	»	19	5	3	295	56	»

3° ALPES.

169	7	22	198	1.76	0.60	0.70	6	»	1	»	3	»	3	»	6	4	»	»
32	28	7	67	1.81	0.65	0.61	7	»	»	»	»	»	»	»	»	»	1	»
281	600	255	1,136	2.03	0.83	0.59	31	»	8	2	9	»	51	3	4	413	154	»
482	635	284	1,401	1.92	0.76	0.62	44	»	9	2	12	»	54	3	10	417	155	»

5° VAR.

1,435	372	149	1,956	2.52	0.90	0.86	10	1	15	4	88	»	28	53	184	»	44	»
537	182	64	783	2.41	1.03	0.80	14	20	»	»	4	»	64	51	30	»	98	»
630	389	112	1,331	2.05	0.93	0.83	»	»	3	10	3	»	47	»	»	»	12	»
2,602	1,143	325	4,060	2.33	0.95	0.83	24	21	18	14	95	»	139	104	214	»	154	»

NATURE DES PRODUITS.	NOMBRE D'ÉTABLISSEMENTS.	NOMBRE DE COMMUNES où ils sont situés.	VALEURS LOCATIVES	MONTANT des PATENTES.	VALEUR ANNUELLE des matières premières.	VALEUR DES PRODUITS fabriqués annuellement.
6° BOUCHES-						
Produits minéraux.	209	66	306,049f	41,786f	8,946,630f	20,860,974f
—— végétaux.	215	59	467,825	60,424	94,650,306	106,928,854
—— animaux.	418	21	80,175	17,444	8,977,835	12,400,572
Totaux.	847	146	854,049	119,654	112,574,870	146,189,300
7°						
Produits minéraux.	56	37	33,300	33,437	1,788,496	7,820,111
—— végétaux.	238	124	91,830	24,101	10,501,959	16,007,578
—— animaux.	142	30	82,740	25,833	14,905,382	20,756,683
Totaux.	436	191	207,870	83,371	27,195,837	44,584,372
8° HÉ						
Produits minéraux.	145	84	38,870	6,320	876,435	3,354,070
—— végétaux.	435	172	244,210	33,324	31,461,551	35,357,657
—— animaux.	137	32	175,210	28,530	21,557,451	31,228,469
Totaux.	717	288	458,290	68,174	53,895,437	69,940,196
9°						
Produits minéraux.	67	42	36,385	6,249	788,147	1,756,844
—— végétaux.	94	40	101,724	8,349	7,635,991	8,771,187
—— animaux.	61	12	63,410	8,858	5,535,907	9,863,091
Totaux.	222	94	201,519	23,456	13,960,045	20,391,122
10° PYRÉNÉES-						
Produits minéraux.	158	6	53,800	3,994	1,275,930	2,149,549
—— végétaux.	250	10	97,040	13,885	2,591,045	4,146,890
—— animaux.	19	5	3,460	85	126,200	227,900
Totaux.	427	21	154,300	17,954	3,993,175	6,524,339
11° AL						
Produits minéraux.	187	113	243,074	16,574	4,540,646	13,607,056
—— végétaux.	685	302	377,460	24,451	13,400,197	15,247,317
—— animaux.	33	18	28,680	2,121	429,715	650,541
Totaux.	905	433	649,214	43,146	18,370,558	29,504,914

EUR		OUVRIERS.							MOTEURS.						FEUX.			MACHINES.		
		NOMBRE.				SALAIRES.			MOULINS			MACHINES à vapeur.	CHEVAUX et mulets.	BŒUFS.	FOUR-NEAUX.	FORGES.	FOCAS.	MÉTIERS.	AUTRES.	BRINCHES.
		Hommes.	Femmes.	Enfants.	TOTAUX.	Hommes.	Femmes.	Enfants.	à eau.	à vent.	à manège.									
ES- DU-RHONE.																				
0,074		5,032	289	734	6,045	2' 90"	1' 21"	1' 10"	4	3	69	28	279	»	354	126	237	42	66	.
8,854		3,428	374	337	4,159	2. 93	1. 10	1. 02	30	6	59	46	201	13	409	14	12	47	292	4,180
0,372		1,858	670	200	2,728	2. 76	1. 19	1. 05	3	»	7	6	18	»	59	7	.	4	103	
9,300		10,318	1,333	1,281	12,932	2. 89	1. 17	1. 09	37	9	135	80	498	13	822	147	249	93	461	4,180
7° GARD.																				
0,111		7,545	31	122	7,698	2. 39	1. 18	1. 05	1	1	6	16	416	»	39	12	38	»	102	.
7,278		3,255	2,375	2,037	7,667	2. 42	0. 96	0. 52	41	27	2	5	13	2	39	2	169	3,159	403	.
5,683		3,112	6,230	904	10,246	1. 87	0. 90	0. 64	16	1	19	32	23	»	131	1	37	2,251	1,752	.
4,372		13,912	8,636	3,063	25,631	2. 23	1. 01	0. 74	60	29	27	53	452	2	189	15	244	5,410	2,257	.
HÉ- RAULT.																				
4,070		2,546	786	398	3,730	2. 49	1. 12	0. 81	4	1	29	2	149	»	112	22	56	30	18	»
7,637		1,518	201	100	1,819	2. 64	0. 91	0. 56	14	»	8	»	»	»	451	2	»	258	108	»
5,469		5,378	7,198	2,912	15,488	1. 94	0. 97	0. 69	111	1	27	37	57	3	134	5	»	3,569	2,438	46,720
9,196		9,442	8,185	3,410	21,037	2. 36	1. 00	0. 69	129	2	64	39	206	3	697	29	56	3,857	2,564	46,720
9° AUDE.																				
5,844		680	75	131	686	2. 16	0. 68	0. 62	10	18	41	»	137	»	10	11	38	»	22	.
1,187		337	42	14	413	1. 85	0. 83	0. 81	14	4	10	»	40	»	36	»	»	8	4	.
5,091		1,763	2,167	732	4,602	1. 62	0. 58	0. 52	30	2	2	2	3	»	1	»	»	958	264	15,622
1,122		2,800	2,284	877	5,961	1. 87	0. 70	0. 65	63	24	53	2	180	»	47	11	38	966	290	15,622
ES- ORIENTALES.																				
2,549		344	39	15	388	2. 43	1. 00	0. 79	31	1	4	»	11	»	20	14	133	»	1	»
3,890		1,234	34	»	1,268	2. 81	0. 75	»	»	»	91	»	1	»	215	»	»	34	252	6,000
7,900		76	32	1	139	1. 75	1. 00	1. 00	»	»	3	»	3	»	1	»	»	40	60	2,920
4,339		1,654	115	16	1,785	2. 43	0. 94	0. 83	31	1	98	»	15	»	236	14	133	74	313	8,920
AL LIER.																				
7,056		3,699	169	320	4,188	1. 64	0. 80	0. 77	11	»	5	17	128	84	75	22	182	15	131	»
7,317		1,125	349	179	1,653	1. 60	0. 71	0. 50	856	»	»	1	»	»	36	2	1	61	157	»
5,541		138	5	22	165	1. 44	0. 87	0. 54	12	»	»	3	»	»	»	»	»	4	13	»
4,914		4,962	523	521	6,006	1. 56	0. 79	0. 60	879	»	5	21	128	84	111	24	183	80	301	»

37.

NATURE DES PRODUITS.	NOMBRE D'ÉTABLISSEMENTS.	NOMBRE DE COMMUNES OÙ ILS SONT SITUÉS.	VALEURS LOCATIVES.	MONTANT DES PATENTES.	VALEUR ANNUELLE DES MATIÈRES PREMIÈRES.	VALEUR DES PRODUITS FABRIQUÉS ANNUELLEMENT.	
12° SAONE-ET-							
Produits minéraux	603	204	52.710'	7.833'	3,009.206'	9,843.711'	5,6
—— végétaux	1.160	507	692.492	30.830	71,864.250	75,679.270	2,77
—— animaux	»	»	»	»	»	»	»
Totaux	1.763	711	745.202	38.663	74,873.456	85,522.981	8,4
13° RH							
Produits minéraux	24	»	138.100	11.167	2,752.000	6,450.981	2,1
—— végétaux	77	»	116.550	8.100	17,859.468	30,311.169	12,8
—— animaux	228	»	301.255	23.940	145,343.795	291,143.600	103,2
Totaux	329	»	556.905	43.207	165,955.263	327,914.750	118,1'
14° PUY-DE							
Produits minéraux	570	19	9.408	499	2,396.470	8,252.109	13,6
—— végétaux	2.181	23	28.850	2.093	26,970.300	32,350.767	3,0
—— animaux	1	1	»	184	403.385	510.470	7
Totaux	2.752	43	38.258	2.776	29,870.155	41,123.346	17,4
15° LO							
Produits minéraux	170	28	208.750	37.796	12,397.075	25,846.583	9,5
—— végétaux	197	25	159.597	31.869	30,179.877	38,485.423	1,8
—— animaux	287	13	288.590	45.487	41,728.599	65,241.520	13,0
Totaux	654	66	655.237	115.152	84,305.551	130,573.526	24,5
16° CA							
Produits minéraux	26	10	5.626	1.316	87.680	301.455	
—— végétaux	791	267	118.860	16.390	8,919.233	10,470.389	1,1
—— animaux	2	2	950	225	146.000	237.500	
Totaux	819	283	125.436	17.931	9,152.913	11,009.544	2,0
17° HAUTE-LO							
Produits minéraux	3	3	900	183	227.850	428.000	
—— végétaux	11	6	1.620	135	238.679	422.410	
—— animaux	13	4	8.850	980	921.960	1,316.684	
Totaux	27	13	11.370	1.298	1,388.489	2,167.094	1

	OUVRIERS.							MOTEURS.						FEUX.			MACHINES.		
	NOMBRE.				SALAIRES.			MOULINS.			MACHINES à vapeur.	CHEVAUX et mulets.	BŒUFS.	POUR BRASER.	FORGES.	FOURS.	MÉTIERS.	AUTRES.	BROCHES.
	Hommes.	Femmes.	Enfants.	TOTAL.	Hommes.	Femmes.	Enfants.	à eau.	à vent.	à manège.									
ET-LOIRE.																			
	5,697	97	186	5,980	2' 35"	1' 00"	0' 51"	11	»	58	72	98	19	27	15	120	»	»	»
	2,771	365	130	3,266	2. 06	1. 00	0. 64	1,044	77	3	12	34	»	51	2	»	141	148	4,750
	»	»	»	»	»	»	»	»	»	»	»	»	»	»	»	»	»	»	»
	8,468	462	316	9,246	2. 20	1. 00	0. 72	1,055	77	61	84	132	19	78	17	120	141	150	4,750
3° RHÔNE.																			
	2,147	93	92	2,332	3. 46	1. 95	1. 69	»	»	»	4	»	»	16	17	24	2	72	»
	12,805	10,119	6,094	29,018	2. 59	1. 41	0. 47	17	»	1	7	1	»	4	»	1	10,137	245	14,250
	103,221	1,176	144	104,541	2. 54	1. 48	1. 00	4	»	»	4	3	»	67	2	1	50,733	88	»
	118,173	11,388	6,330	135,891	2. 56	1. 60	1. 05	21	»	1	15	4	»	87	19	26	73,872	405	14,250
7.- DE-DOME.																			
	13,603	183	1,460	15,245	1. 75	0. 85	0. 59	18	»	»	6	52	»	17	1	143	»	7	»
	3,024	537	69	3,630	1. 80	0. 66	0. 61	2,184	»	3	5	2,112	6	39	3	1	44	101	600
	784	»	»	784	0. 25	»	»	»	»	»	»	»	»	»	»	»	230	7	»
	17,411	719	1,529	19,659	1. 27	0. 75	0. 60	2,202	»	3	11	2,164	6	56	4	143	274	115	600
5° LOIRE.																			
	9,548	1,423	1,760	12,731	2. 83	0. 92	1. 05	37	»	»	54	275	»	184	2,415	166	290	32	»
	1,698	1,153	537	3,388	2. 21	0. 95	0. 72	138	»	1	14	19	»	8	4	1	1,178	526	23,500
	13,054	19,322	2,007	34,383	2. 09	0. 95	0. 72	14	»	1	3	605	»	54	»	13	21,934	3,506	»
	24,500	21,898	4,304	50,702	2. 38	0. 94	0. 83	189	»	2	71	899	»	246	2,419	180	23,472	4,064	23,500
6° CANTAL.																			
	90	4	10	104	1. 80	1. 25	0. 80	1	»	»	»	3	»	1	»	22	5	»	»
	1,888	6	4	1,898	1. 84	1. 00	0. 75	776	»	»	»	»	»	14	»	»	»	1,818	»
	70	34	20	124	2. 00	1. 50	0. 75	»	»	»	»	»	»	1	»	»	35	»	»
	2,048	44	34	2,126	1. 88	1. 25	0. 77	777	»	»	»	3	»	16	»	22	40	1,826	»
.- LOIRE.																			
	81	38	28	141	2. 67	0. 75	0. 50	2	»	1	»	3	»	4	2	10	1	»	»
	71	27	2	100	2. 54	0. 90	0. 30	7	»	»	»	»	»	5	»	»	»	1	»
	51	155	109	315	1. 32	0. 63	0. 47	11	»	»	»	»	»	»	»	»	24	14	»
	203	214	139	556	2. 18	0. 83	0. 57	20	»	1	»	3	»	9	2	10	25	15	»

NATURE DES PRODUITS.	NOMBRE D'ÉTABLISSEMENTS.	NOMBRE DE COMMUNES où ils sont situés.	VALEURS LOCATIVES.	MONTANT des PATENTES.	VALEUR ANNUELLE des matières premières.	VALEUR DES PRODUITS fabriqués annuellement.	Homm...
18° AR[DÈ							
Produits minéraux................	5	5	23,220ᶠ	3,211ᶠ	1,042,117ᶠ	1,459,684ᶠ	3
—— végétaux............	728	288	236,381	15,250	8,169,727	10,379,870	1,8
—— animaux............	210	93	309,610	38,275	23,438,268	26,172,272	5
Totaux............	943	386	489,211	56,745	32,650,112	37,911,826	2,5
19° DR							
Produits minéraux............	56	33	14,743	2,608	193,685	742,032	2
—— végétaux............	406	213	109,725	22,701	38,725,303	43,155,729	7
—— animaux............	157	72	145,609	25,401	14,765,112	18,532,475	7
Totaux............	619	318	270,077	50,710	53,684,100	62,429,236	1,0
20° AV							
Produits minéraux............	11	11	28,000	4,437	1,469,351	4,313,152	2,3
—— végétaux............	6	6	1,400	295	73,503	185,697	1
—— animaux............	57	18	125,230	21,948	6,815,788	9,699,202	1,3
Totaux............	74	35	154,630	26,680	8,358,642	14,009,051	3,9
21° LO[ZÈ							
Produits minéraux............	»	»	»	»	»	»	
—— végétaux............	5	1	1,000	180	61,040	116,935	
—— animaux............	7	6	8,360	1,599	988,000	1,706,000	3
Totaux............	12	7	9,360	1,779	1,049,040	1,822,935	3
22° VAU[CL							
Produits minéraux............	49	25	19,731	2,837	1,930,456	2,377,454	3
—— végétaux............	303	142	394,061	26,140	20,590,847	24,185,125	9
—— animaux............	122	53	85,731	14,813	8,521,470	10,541,640	1,4
Totaux............	474	200	499,523	43,790	31,042,382	37,104,219	2,8
TOTAUX GÉ[NÉRAUX							
Produits minéraux............	3,192	1,002	1,432,577	214,253	51,279,742	137,633,702	61,9
—— végétaux............	8,095	2,325	3,550,080	339,471	397,584,378	471,677,251	38,9
—— animaux............	2,103	450	1,807,499	281,157	315,312,436	528,428,732	137,3
Totaux............	13,390	3,777	6,790,156	834,881	764,176,556	1,137,739,685	238,1

	OUVRIERS							MOTEURS						FEUX			MACHINES		
	NOMBRE.				SALAIRES.			MOULINS			MACHINES à vapeur.	CHEVAUX et mulets.	BOEUFS.	FOURNEAUX.	FORGES.	FOURS.	MÉTIERS.	AUTRES.	FORGES.
	Hommes.	Femmes.	Enfants.	TOTAUX.	Hommes.	Femmes.	Enfants.	À eau.	À vent.	À manège.									

DÈCHE.

364	»	106	470	2' 50"	»	1' 06"	»	»	1	4	211	»	4	4	15	1	1	»
1,650	320	26	1,976	2. 12	0' 88"	0. 70	723	»	»	»	2	»	13	1	»	»	29	»
567	4,492	1,434	6,493	1. 71	0. 81	0. 61	206	»	8	23	11	»	31	»	»	338	775	»
2,561	4,812	1,566	8,939	2. 11	0. 84	0. 79	929	»	9	27	224	»	47	5	15	339	805	»

DROME.

219	8	17	244	2. 09	1. 29	0. 77	10	»	5	1	18	»	20	16	36	14	13	»
703	150	23	870	2. 06	0. 97	0. 84	367	»	60	»	113	16	89	»	2	»	58	»
771	4,161	1,399	6,331	2. 02	0. 87	0. 55	151	1	8	17	6	»	58	1	6	3,985	1,709	4,222
1,693	4,319	1,439	7,451	2. 06	1. 04	0. 72	528	1	73	18	137	16	107	17	44	3,999	1,780	4,222

AVEYRON.

2,581	30	45	2,456	2. 72	0. 95	1. 66	»	»	3	7	74	80	19	2	25	»	11	»
28	14	8	50	2. 69	1. 05	0. 56	1	»	»	»	»	»	»	»	»	9	11	»
1,375	1,907	398	3,880	2. 19	1. 04	0. 52	60	»	»	»	»	»	23	»	»	925	449	7,008
3,984	1,951	451	6,386	2. 33	1. 03	0. 73	61	»	3	7	74	80	42	2	25	934	471	7,008

LOZÈRE.

»	»	»	»	»	»	»	»	»	»	»	»	»	»	»	»	»	»
21	25	»	46	1. 87	0. 75	»	3	»	»	»	»	»	2	1	»	»	1	»
550	337	189	1,076	1. 64	0. 66	0. 50	2	»	»	1	»	»	8	2	»	106	34	1,460
571	362	189	1,122	1. 73	0. 70	0. 50	5	»	»	1	»	»	10	3	»	106	35	1,460

VAUCLUSE.

370	28	34	432	2. 00	1. 29	1. 18	2	1	11	3	21	»	24	8	43	19	40	»
998	134	116	1,248	2. 55	1. 41	0. 80	241	5	14	5	120	»	71	»	»	9	300	»
1,492	3,144	1,436	6,072	1. 93	0. 93	0. 58	54	»	14	28	15	»	38	»	»	1,641	143	»
2,860	3,306	1,586	7,752	2. 36	1. 21	0. 85	297	6	39	36	156	»	133	8	43	1,669	483	»

INDEX GÉNÉRAUX.

61,958	3,837	5,987	71,782	2. 38	1. 03	0. 88	211	30	250	240	2,172	183	1,199	2,791	1,540	549	711	»
38,904	17,453	10,328	66,685	2. 27	0. 95	0. 60	6,666	139	258	104	2,072	37	1,590	90	219	21,602	4,867	60,750
137,365	56,188	13,348	206,901	1. 59	0. 97	0. 67	784	5	101	188	805	5	794	32	69	98,000	15,776	92,400
238,227	77,478	29,663	345,368	2. 05	0. 94	0. 70	7,661	174	609	532	5,649	225	3,587	2,913	1,834	120,151	21,349	153,156

On se proposait de compléter la Statistique industrielle de la France orientale, en plaçant ici la Statistique, par départements, des *quantités* et *valeurs* de chaque sorte principale de matières premières et de produits fabriqués, avec les prix moyens des articles, par localités.

Mais cette investigation importante exige un espace beaucoup plus considérable que celui dont on peut disposer dans ce volume; et d'ailleurs les limites étroites assignées à cette publication par l'allocation du budget ne permettent pas de lui donner une plus grande extension.

On doit le regretter, car l'étude des *quantités* fournit les notions statistiques les plus certaines sur les opérations de l'industrie, et peut seule révéler les nécessités auxquelles il faut pourvoir concurremment par la production indigène et par le commerce étranger.

FRANCE ORIENTALE.

STATISTIQUE DE L'INDUSTRIE MANUFACTURIÈRE
ET DES EXPLOITATIONS.

RÉCAPITULATION GÉNÉRALE

PAR RÉGIONS :

1° Nord oriental; — 2° Midi oriental;

Comprenant les 43 départements à l'Est du méridien de Paris.

FRANCE (

RÉCAPITULAT

SECTION Ire. — PR

RÉGIONS.	NOMBRE D'ÉTABLISSEMENTS.	NOMBRE DE COMMUNES où ils sont situés.	VALEURS LOCATIVES.	MONTANT des PATENTES.	VALEUR ANNUELLE des matières premières.	VALEUR des produits fabriqués annuellement
1° EAUX SALÉES NATURELLE						
Région du Nord oriental......	13	16	249,288ᶠ	1,149ᶠ	815,122ᶠ	2,508,978
— du Midi oriental......	43	19	17,000	»	»	5,708,977
France orientale......	56	70	266,288	1,149	815,122	8,317,955
2° CARRIÈRE						
Région du Nord oriental......	180	58	111,240	16,083	2,464,347	8,750,647
— du Midi oriental......	1,050	354	129,981	15,593	578,586	6,851,505
France orientale......	1,230	412	241,221	31,676	3,042,933	15,602,15
3° HOUILL						
Région du Nord oriental......	19	18	101,950	9,140	4,025,488	10,650,047
— du Midi oriental......	141	111	37,170	29,450	239,656	8,886,32
France orientale......	160	129	139,120	38,509	4,265,144	19,536,57
Frais d'exploitation.						
4° HOUILL						
Région du Nord oriental......	2	2	12,600	262	605,000	706,000
— du Midi oriental......	»	»	»	»	»	»
France orientale......	2	2	12,600	262	605,000	706,000
5° HOUILL						
Région du Nord oriental......	4	4	52,800	1,954	103,710	640,725
— du Midi oriental......	9	8	17,606	3,689	422,405	985,11
France orientale......	13	12	70,406	5,643	655,115	1,825,84

* Y compris 7 établissements où l'on fabrique du noir de fumée.

RIENTALE.

ON GÉNÉRALE.

DUITS MINÉRAUX.

	OUVRIERS.				SALAIRES.			MOTEURS. MOULINS			MACHINES à vapeur.	CHEVAUX et mulets.	BORDPS.	FEUX. FOURNEAUX.	FORGES.	FOURS.	MACHINES. MÉTIERS.	AUTRES.
	Hommes.	Femmes.	Enfants.	TOTAL.	Hommes.	Femmes.	Enfants.	à eau.	à vent.	à manège.								
Salines. Sel marin. Raffinerie.																		
	550	16	36	502	3' 11"	0' 50"	0' 55"	9	»	2	4	5	»	22	6	18	»	51
	6,225	888	397	7,510	2. 35	1. 20	0. 78	3	2	68	10	313	»	8	1	1	»	73
	6,775	904	433	8,102	2. 23	0. 85	0. 67	12	2	70	14	318	»	25	7	19	»	124
Exploitation.																		
	4,694	622	684	6,000	1. 82	0. 99	0. 90	30	»	30	11	226	»	51	2	59	8	119
	6,596	101	231	6,928	2. 10	1. 09	0. 95	20	9	94	2	143	»	2	1	152	9	20
	11,290	723	915	12,928	1. 96	1. 04	0. 92	50	9	124	13	369	»	53	3	211	17	139
Extraction.																		
	7,331	69	2,051	9,451	1. 79	0. 85	0. 80	1	1	1	92	767	»	»	»	»	»	2
	9,016	108	403	9,527	2. 25	1. 09	1. 04	»	»	8	83	165	19	2	4	6	7	55
	16,347	177	2,454	18,978	2. 02	0. 97	0. 92	1	1	7	175	932	19	2	4	6	7	57
Four à coke.																		
	115	13	»	128	1. 95	0. 90	»	»	»	»	»	»	»	3	»	220	»	»
	»	»	»	»	»	»	»	»	»	»	»	»	»	»	»	»	»	»
	115	13	»	128	1. 95	0. 90	»	»	»	»	»	»	»	3	»	220	»	»
Gaz d'éclairage.																		
	76	»	»	76	2. 70	»	»	»	»	»	1	1	»	18	1	7	»	4
	168	1	2	168	3. 23	1. 50	1. 00	»	»	»	»	4	»	69	3	20	»	40
	244	1	2	244	2. 47	1. 50	1. 00	»	»	»	1	5	»	87	4	27	»	44

RÉGIONS.	NOMBRE D'ÉTABLISSEMENTS.	NOMBRE DE COMMUNES où ils sont situés.	VALEURS LOCATIVES.	MONTANT des PATENTES.	VALEUR ANNUELLE des matières premières.	VALEUR des produits fabriqués annuellement.
6° ASPHALTE						
Région du Nord Oriental	3	3	34,800f	4,224f	119,000f	839,500
— du Midi Oriental	3	3	3,600	304	38,950	121,400
France Orientale	6	6	38,400	4,528	157,950	951,000
7° SOUFRE (Raffinerie)						
Région du Nord Oriental	"	"	"	"	"	"
— du Midi Oriental	4	2	3,184	419	1,072,000	2,028,000
France Orientale	4	2	3,184	419	1,072,000	2,028,000
8° TERRE ARGILEUSE						
Région du Nord Oriental	182	101	153,399	14,832	1,122,109	3,316,803
— du Midi Oriental	1,103	335	244,278	30,812	1,628,460	6,027,077
France Orientale	1,285	436	397,677	45,644	2,750,569	9,343,880

1 Y compris quelques établissements où l'on fabrique, avec les tuiles et briques, des poteries et de la faïence.

RÉGIONS.	NOMBRE D'ÉTABLISSEMENTS.	NOMBRE DE COMMUNES où ils sont situés.	VALEURS LOCATIVES.	MONTANT des PATENTES.	VALEUR ANNUELLE des matières premières.	VALEUR des produits fabriqués annuellement.
9° TERRE ARGILEUSE						
Région du Nord Oriental	43	34	61,480	9,419	1,129,238	3,308,477
— du Midi Oriental	8	4	2,560	980	201,842	555,520
France Orientale	51	38	64,040	10,399	1,331,080	3,863,997
10° PO						
Région du Nord Oriental	10	9	19,920	3,285	832,410	2,219,290
— du Midi Oriental	3	2	7,080	456	101,600	270,300
France Orientale	13	11	27,000	3,741	934,010	2,489,590
11° VERRERIE						
Région du Nord Oriental	61	51	303,946	37,749	7,780,684	21,072,735
— du Midi Oriental	38	15	92,500	14,673	3,025,215	9,529,180
France Orientale	99	66	396,446	52,422	10,805,899	30,601,915

	OUVRIERS.							MOTEURS.						FEUX.			MACHINES.	
	NOMBRE.				SALAIRES.			MOULINS.			MACHINES à vapeur.	CHEVAUX et mulets.	BŒUFS.	FOUR- NEAUX.	FORGES.	FOURS.	MÉTIERS.	AUTRES.
	Hommes.	Femmes.	Enfants.	TOTAL.	Hommes.	Femmes.	Enfants.	à eau.	à vent.	à manège.								

LT... Exploitation.

79,000	235	»	7	242	2' 02"	»	0' 70"	1	»	2	»	20	»	15	2	3	»	»
11,400	39	»	4	43	2. 05	»	0. 50	1	»	»	»	4	»	4	»	»	»	1
31,000	274	»	11	285	2. 05	»	0. 60	2	»	2	»	24	»	19	2	3	»	1

...ne... le) et Poudre à canon.

»	»	»	»	»	»	»	»	»	»	»	»	»	»	»	»	»	»	»
28,000	70	41	11	131	2. 93	1. 08	1. 37	1	»	»	»	1	»	28	»	»	»	»
28,000	70	41	11	131	2. 93	1. 08	1. 37	1	»	»	»	1	»	28	»	»	»	»

USI... Tuileries. Briqueteries. Carreaux.

16,503	2,011	424	485	2,920	1. 94	1. 10	0. 74	12	»	51	3	163	8	19	»	300	117	46
77,077	3,400	548	583	4,531	1. 92	0. 95	0. 78	7	11	19	1	98	»	230	3	904	39	48
83,580	5,411	972	1,068	7,451	1. 93	1. 02	0. 76	19	11	70	4	261	8	249	3	1,204	156	94

USI... Faïence. Poteries. Terre à pipe.

06,477	1,960	629	445	3,034	1. 88	0. 84	0. 54	33	»	16	3	55	»	9	2	127	46	334
55,520	204	39	60	303	2. 21	1. 01	0. 59	11	1	1	»	13	»	7	»	11	4	»
55,097	2,164	668	505	3,337	2. 04	0. 92	0. 57	44	1	17	3	68	»	16	2	138	50	334

PO... CELAINE.

19,200	1,125	193	210	1,528	2. 19	1. 08	0. 54	4	»	4	2	32	2	2	»	22	85	6
70,300	190	36	18	244	1. 75	0. 75	0. 40	»	»	3	»	4	»	»	»	7	»	60
89,500	1,315	229	228	1,772	1. 97	0. 91	0. 47	4	»	7	2	36	2	2	»	29	85	66

ERI... Cristaux. Glaces.

72,736	8,254	601	813	9,668	2. 68	1. 12	0. 64	34	»	20	18	346	40	83	15	154	1,262	25
29,180	3,624	297	575	4,496	2. 55	0. 98	0. 92	1	1	10	14	262	»	179	12	68	1	14
01,916	11,878	898	1,388	14,164	2. 61	1. 05	0. 78	35	1	30	32	508	40	262	27	222	1,263	39

RÉGIONS.	NOMBRE d'établissements.	NOMBRE des communes où ils sont situés.	VALEURS acquisitives.	MONTANT des patentes.	VALEUR annuelle des matières premières.	VALEUR des produits fabriqués annuellement.

12.

1° MINERAI. Exploi...

RÉGIONS.						
Région du Nord oriental	45	33	30,379ᶠ	959ᶠ	1,147,290ᶠ	1,835,519ᶠ
— du Midi oriental	31	21	11,826	3,245	11,000	940,488
France orientale	76	54	42,205	4,204	1,158,890	2,796,007

2° FO...

Région du Nord oriental	228	198	1,084,109ᶠ	124,591	29,270,054ᶠ	41,567,256
— du Midi oriental	9	5	115,100	6,794	2,944,890	7,016,430
France orientale	237	193	1,199,209	131,585	32,214,744	48,583,656

3° OUVRAGES EN FONTE. Bouches à feu. Projec...

Région du Nord oriental	2	2	9,000	1,780	244,367	363,509
— du Midi oriental	9	7	48,700	6,472	2,610,791	3,655,992
France orientale	11	9	57,700	8,261	2,855,158	4,019,492

4° FONTE...

Région du Nord oriental	129	114	997,840	122,000	30,220,546	50,355,644
— du Midi oriental	32	11	309,750	21,356	8,963,372	19,286,270
France orientale	161	125	1,307,590	143,356	39,183,918	69,641,914

5° FERS EN...

Région du Nord oriental	114	93	298,581	44,294	14,388,301	19,721,979
— du Midi oriental	12	12	52,780	5,497	1,706,412	3,606,585
France orientale	126	105	351,361	49,791	16,094,713	23,328,564

6° FERS LAMINÉS...

Région du Nord oriental	41	38	198,900	20,686	17,318,353	22,260,348
— du Midi oriental	5	4	19,300	4,849	2,281,195	2,807,549
France orientale	46	42	218,200	25,385	19,599,548	25,067,897

	OUVRIERS.							MOTEURS.						FEUX.			MACHINES.	
	HOMMES.				SALAIRES.			MOULINS.			MACHINES à vapeur.	CHEVAUX et mulets.	SOUFFL.	FOUR-NEAUX.	FORGES.	FOURS.	MÉTIERS.	AUTRES.
	Hommes.	Femmes.	Enfants.	TOTAL.	Hommes.	Femmes.	Enfants.	à eau.	à vent.	à manège.								

12e FER.

Exploitation. Lavage [a].

.519	.679	8	4	.891	1' 91"	1. 25	0' 75"	36	»	1	»	1	»	»	»	»	»	.43
.488	.1,126	»	10	.1,286	2. 39	»	0. 75	»	»	»	3	168	»	»	»	»	»	»
.007	.2,155	8	14	2,177	2. 15	1. 25	0. 75	36	»	1	3	169	»	»	»	»	»	43

FONTE.

[a] Les usines exploitations de minerai de fer sont comprises dans l'article suivant.

.238	.8,869	804	715	10,388	2. 11	1. 05	0. 83	225	3	4	62	931	99	255	54	137	4	105
.420	1,013	20	60	.1,093	2. 30	1. 25	1. 50	»	»	1	9	2	»	31	3	12	»	3
.658	.9,882	824	775	11,481	2. 20	1. 15	1. 16	225	3	5	71	933	99	286	57	149	4	108

Objets. Fonderie. Mécanique. Ouvrages en fonte.

.509	.135	9	15	159	1. 85	0. 67	0. 50	3	»	»	1	»	»	4	»	»	»	6
.092	605	»	143	748	2. 91	»	1. 16	8	4	1	12	212	»	20	9	14	11	4
.492	740	9	158	907	2. 38	0. 67	0. 83	11	4	1	13	212	»	24	9	14	11	10

FONTE ET FERS.

.644	8,451	114	403	8,968	2. 10	0. 90	0. 85	313	»	1	41	509	3	118	286	282	25	232
.270	.3,040	46	280	3,366	2. 75	1. 06	1. 20	34	»	1	22	306	60	54	29	109	»	9
.914	11,491	160	683	12,334	2. 42	1. 01	1. 02	347	»	2	63	815	63	172	315	391	25	241

EN BARRES ET FORGÉS.

.970	2,313	133	240	2,686	2. 32	1. 08	0. 86	239	1	1	20	39	»	35	190	97	41	78
.585	730	»	44	774	2. 50	»	0. 90	18	»	»	5	»	»	3	24	28	»	16
.564	3,043	133	284	3,460	2. 41	1. 08	0. 88	257	1	1	25	39	»	38	214	125	41	94

Tôles. Fer-blanc.

.345	2,194	119	315	2,628	2. 47	1. 13	0. 86	67	»	»	8	3	»	4	52	150	2	124
.340	370	12	18	400	3. 00	0. 75	0. 93	4	»	»	4	»	»	13	13	28	»	»
.391	2,564	131	333	3,028	2. 73	0. 94	0. 89	71	»	»	12	3	»	17	65	178	2	124

RÉGIONS.	NOMBRE D'ÉTABLISSEMENTS.	NOMBRE DES OUVRIERS où ils sont situés.	VALEURS LOCATIVES.	MONTANT des PATENTES.	VALEUR ANNUELLE des matières premières.	VALEUR des produits fabriqués annuellement.	
					12° FER.		
					7° TRÉFILERIE.		
Région du Nord Oriental...............	103	70	200,901ᶠ	26,071ᶠ	13,739,977ᶠ	20,682,147ᶠ	1
——— du Midi Oriental...............	12	7	13,199	3,391	678,465	1,062,283	
FRANCE ORIENTALE...............	115	77	214,100	29,462	14,418,442	21,744,330	1
					8° FERS		
Région du Nord Oriental...............	103	60	172,935	22,602	11,823,281	19,016,753	4
——— du Midi Oriental...............	3	3	31,350	4,946	3,898,494	6,010,827	
FRANCE ORIENTALE...............	106	63	204,285	27,548	15,721,775	25,027,580	5
					9° FERS		
Région du Nord Oriental...............	14	11	36,700	4,509	1,296,833	2,014,875	
——— du Midi Oriental (a)...............\`	435	14	32,140	4,518	3,681,497	10,422,767	13
FRANCE ORIENTALE...............	449	25	68,840	9,027	4,978,330	12,437,642	13

(a) On y a compris la fabrication des faux et celle de la coutellerie.

RÉGIONS.							
					10° FER. ACIER. CUIVRE		
Région du Nord Oriental...............	″	″	″	″	″	″	3
——— du Midi Oriental...............	62	1	13,000	2,570	1,953,000	6,760,000	3
FRANCE ORIENTALE...............	62	1	13,000	3,570	1,953,000	6,760,000	3
					11° FER. ACIER ET AUTRES MÉT		
Région du Nord Oriental...............	″	″	″	″	″	″	
——— du Midi Oriental...............	1	1	2,150	680	186,938	546,433	
FRANCE ORIENTALE...............	1	1	2,150	680	186,938	546,433	
					12° FER. ACIER ET AUTRES MÉT		
Région du Nord Oriental...............	″	″	″	″	″	″	
——— du Midi Oriental...............	49	1	17,000	3,430	176,113	1,600,000	1,
FRANCE ORIENTALE...............	49	1	17,000	3,430	176,113	1,600,000	1,

| | OUVRIERS. | | | | | | | MOTEURS. | | | | | | FEUX. | | | MACHINES. | |
| | NOMBRE. | | | | SALAIRES. | | | MOULINS. | | | MACHINES à vapeur. | CHEVAUX et mulets. | DIV. FR. | FOCA-RIAUX. | FORGES. | FJOURS. | MÉTIERS. | AUTRES. |
	Hommes.	Femmes.	Enfants.	TOTAUX.	Hommes.	Femmes.	Enfants.	à eau.	à vent.	à manège.								
ER. (Suite.)																		
UR. Clouterie. Chaînes.																		
47'	9,441	1,173	2,035	12,649	2'08"	0'88"	0'79	126	,	1	3	8	,	34	413	49	436	193
23	494	23	27	544	2.38	0.89	0.73	11	,	,	,	5	,	1	308	3	54	93
50	9,935	1,196	2,062	13,193	2.23	0.88	0.76	137	,	1	3	13	,	35	721	52	490	286
RS MARCHANDS.																		
53	4,911	715	906	6,532	2.45	0.94	0.87	134	3	1	5	46	,	14	364	73	22	480
27	413	20	36	469	2.42	0.90	1.12	3	,	,	5	110	80	8	7	47	,	34
80	5,324	735	942	7,001	2.43	0.92	1.00	137	3	1	10	156	80	22	371	120	22	514
RS T ACIERS.																		
75	538	59	130	727	2.19	1.13	0.85	12	,	3	2	,	,	1	62	19	18	32
67	13,237	23	1,456	14,716	3.20	1.46	1.02	28	,	,	9	,	,	62	52	27	6	50
42	13,775	82	1,586	15,443	3.00	1.30	0.93	40	,	3	11	,	,	63	114	46	24	82
RE T BOIS. Quincaillerie.																		
00	3,250	1,000	1,000	5,250	2.25	0.85	0.50	12	,	,	10	50	,	,	1,550	10	334	,
00	3,250	1,000	1,000	5,250	2.25	0.85	0.50	12	,	,	10	50	,	,	1,550	10	334	,
ES MÉTAUX. Armes de guerre.																		
53	858	,	,	858	2.00	,	,	,	,	,	1	,	,	,	,	,	,	,
53	858	,	,	858	2.00	,	,	,	,	,	1	,	,	,	,	,	,	,
ES MÉTAUX. Armes de chasse.																		
90	1,500	300	200	2,000	2.00	0.75	0.60	12	,	,	,	12	,	,	500	,	,	,
90	1,500	300	200	2,000	2.00	0.75	0.60	12	,	,	,	12	,	,	500	,	,	,

RÉGIONS.	NOMBRE d'établissements.	NOMBRE de chantiers où ils sont situés.	VALEURS LOCATIVES.	MONTANT des patentes.	VALEUR annuelle des matières premières.	VALEUR des produits fabriqués annuellement.	
					12° FER. (Su		
					13° CONSTRUCTION	DE	
Région du Nord oriental........	45	36	158,340	21,710	7,050,155	14,213,830	4
— du Midi oriental........	34	12	173,300	17,729	5,458,739	11,455,021	3
FRANCE ORIENTALE..........	79	48	331,640	39,439	12,508,894	25,668,851	7
					14° FERS DIVERS ET		
Région du Nord oriental (a).....	61	44	93,861	10,013	5,752,954	11,388,365	3
— du Midi oriental.....	8	7	12,450	2,357	629,500	1,113,800	
FRANCE ORIENTALE...........	69	51	106,311	12,370	6,382,454	12,502,165	5
(a) Y compris les fers fins préparés, et les instruments et ouvrages en fer.							
					15° FERS DE TOUTES SOR		
Région du Nord oriental........	685	691	3,283,546	399,474	132,232,701	203,438,190	
— du Midi oriental.....	702	106	752,045	68,634	35,180,206	76,886,575	30
FRANCE ORIENTALE..........	1,387	797	4,035,591	468,108	167,433,907	280,334,565	77
					13° PLOMB LAMINÉ Tu		
Région du Nord oriental........	13	8	45,070	4,505	1,605,153	2,412,350	
— du Midi oriental.....	"	"	"	"	"	"	
FRANCE ORIENTALE..........	13	8	45,070	4,505	1,605,153	2,412,350	
					14° CUIVRE LAMINÉ. Objets ma		
Région du Nord oriental........	"	"	"	"	"	"	
— du Midi oriental.....	3	3	2,540	537	331,260	487,765	
FRANCE ORIENTALE..........	3	3	2,540	537	331,260	487,765	
					15° CUIVRE ET PL		
Région du Nord oriental........	"	"	"	"	"	"	
— du Midi oriental.....	2	1	7,800	1,114	1,705,400	1,833,700	
FRANCE ORIENTALE..........	2	1	7,800	1,114	1,705,400	1,833,700	

	OUVRIERS.							MOTEURS.						FEUX.			MACHINES.	
	NOMBRE.				SALAIRES.			MOULINS.			MACHINES à vapeur.	CHEVAUX et mulets.	ACHEVÉS.	FOUR-NEAUX.	FORGES.	FOURS.	MÉTIERS.	AUTRES.
	Hommes.	Femmes.	Enfants.	TOTAUX.	Hommes.	Femmes.	Enfants.	à eau.	à vent.	à manège.								
R. (Suite.)																		
...ON DE MACHINES.																		
	4,514	37	275	4,826	2' 82'	0' 96'	0' 96'	22	1	1	33	15	»	60	268	98	34	1,109
	3,159	120	167	3,446	3.36	0.75	0.98	2	»	5	25	21	»	25	181	23	30	118
	7,773	157	442	8,372	3.09	0.85	0.97	24	1	6	58	36	»	85	449	121	64	1,227
...RS ET FERS OUVRAGÉS.																		
	5,037	795	961	6,783	2.54	1.14	0.74	75	1	1	15	16	4	19	357	83	188	1,414
	335	30	35	400	2.54	0.87	0.68	2	»	1	3	78	24	7	31	2	»	1
	5,372	825	986	7,183	2.54	1.00	0.71	77	1	2	18	94	28	26	388	85	188	1,415
...ES SORTES. (Récapitulation.)																		
	,382	3,966	5,989	57,537	2.14	1.01	0.80	1,252	9	14	190	1,568	106	544	2,046	988	970	3,816
	50,280	1,594	3,476	35,350	2.61	0.96	0.98	134	4	9	108	964	164	224	2,707	303	435	328
	77,562	5,560	9,465	92,567	2.37	0.98	0.89	1,386	13	23	298	2,532	270	768	4,753	1,291	1,405	4,144
...NE Tuyaux. Céruse.																		
	345	»	26	371	2.44	»	0.92	»	»	5	13	0	»	»	»	»	»	13
	»	»	»	»	»	»	»	»	»	»	»	»	»	»	»	»	»	»
	345	»	26	371	2.44	»	0.92	»	»	5	13	6	»	»	»	»	»	13
...jets marchands. Chaudronnerie.																		
	»	»	»	»	»	»	»	»	»	»	»	»	»	»	»	»	»	»
	111	2	12	125	2.43	0.75	1.05	4	»	»	»	»	»	19	1	16	»	2
	111	2	12	125	2.43	0.75	1.05	4	»	»	»	»	»	19	1	16	»	2
...ET PLOMB OUVRAGÉS.																		
	50	»	»	50	2.75	»	»	»	»	»	»	»	»	14	3	»	»	10
	50	»	»	50	2.75	»	»	»	»	»	»	»	»	14	3	»	»	16

39.

RÉGIONS.	NOMBRE D'ÉTABLISSEMENTS.	NOMBRE DE COMMUNES où ils sont situés.	VALEURS LOCATIVES.	MONTANT des PATENTES.	VALEUR ANNUELLE des matières premières.	VALEUR DES PRODUITS fabriqués annuellement.
16° CUIVRE. ÉTAIN.						
Région du Nord oriental	1	1	"	"	957,877ᶠ	1,434,161ᶠ
— du Midi oriental	"	"	"	"	"	"
France orientale	1	1	"	"	957,877	1,434,161
17° OR. ARGENT.						
Région du Nord oriental	1	1	1,500ᶠ	600ᶠ	20,000ᶠ	"
— du Midi oriental	"	"	"	"	"	"
France orientale	1	1	1,500	600	20,000	"
18° MÉTAUX						
Région du Nord oriental	26	15	39,720	6,724	7,074,336	9,666,133
— du Midi oriental	15	12	6,848	1,255	468,000	1,252,118
France orientale	41	27	46,568	7,979	7,542,336	10,918,251
19° PRODUITS						
Région du Nord oriental	20	19	272,115	29,815	6,519,786	19,015,304
— du Midi oriental	43	17	114,855	23,858	5,779,833	15,469,796
France orientale	63	36	386,970	53,673	12,299,619	34,485,100
20° INDUSTRIES						
Région du Nord oriental	11	5	9,500	985	258,406	837,778
— du Midi oriental	23	8	14,330	2,470	446,309	800,344
France orientale	34	13	23,830	3,455	704,715	1,428,122
RÉCAPITULATION GÉNÉRALE						
Région du Nord oriental	1,474	1,030	4,752,574	540,300	167,784,147	290,597,331
— du Midi oriental	3,192	1,002	1,452,877	214,353	51,279,742	137,633,702
France orientale	4,666	2,032	6,205,451	734,453	219,063,889	428,230,933

	OUVRIERS							MOTEURS						FEUX			MACHINES	
	NOMBRE				SALAIRES			MOULINS			MACH. à vapeur	CHEVAUX et mulets	BŒUFS	FOUR-NEAUX	FORGES	FOURS	MÉTIERS	AUTRES
	Hommes	Femmes	Enfants	TOTAUX	Hommes	Femmes	Enfants	à eau	à vent	à manège								

IN. Canons en bronze.

161	95	»	»	95	1ᶠ 57ᶜ	»	»	»	»	»	1	»	»	»	»	5	-	.
	»	»	»	»	»	»	»	»	»	»	»	»	»	»	»	»	.	.
161	95	»	»	95	1.57	»	»	»	»	»	1	»	»	»	»	5	-	

NT. Fabrique de monnaies.

	80	»	»	80	2.50	»	»	»	»	»	1	»	»	4	»	21		14
	»	»	»	»	»	»	»	»	»	»	»	»	»	»	»	»		»
	80	»	»	80	2.50	»	»	»	»	»	1	»	»	4	»	21	-	14

UX DIVERS.

,133	967	105	97	1,169	2.34	1.10	0.76	21	»	1	4	8	»	14	21	92	-	180
,118	506	66	90	664	2.52	0.67	0.61	26	»	3	8	17	»	26	1	»	»	5
,251	1,495	171	187	1,853	2.43	0.88	0.68	47	»	4	12	25	»	40	22	92	-	185

ITS CHIMIQUES.

,304	2,281	23	20	2,324	1.83	0.96	0.60	3	»	8	7	66	»	326	6	107	-	46
,796	1,376	95	99	1,570	2.15	0.98	0.95	1	2	37	15	184	»	370	36	58	-	13
,100	3,657	118	119	3,894	1.99	0.97	0.78	4	2	45	22	250	»	696	42	165	»	59

IES DIVERSES.

,778	287	31	93	411	1.83	0.90	0.70	3	»	1	»	8	»	»	1	5	19	259
,344	98	21	26	145	2.57	1.14	0.80	2	»	»	»	»	»	19	19	»	54	36
,122	385	52	119	556	2.20	1.02	0.75	5	»	1	»	8	»	19	20	5	73	295

ALE DES PRODUITS MINÉRAUX.

,231	77,811	6,602	10,946	95,449	2.20	0.96	0.77	1,403	10	155	349	3,174	156	1,107	2,102	2,100	2,507	4,015
,702	61,958	3,837	5,987	71,782	2.38	1.03	0.88	211	30	250	240	3,172	183	1,199	2,791	1,546	349	711
,933	139,769	10,329	16,933	167,231	2.26	0.99	0.82	1,614	40	405	589	5,346	339	2,306	4,893	3,646	3,056	5,026

FRANCE O

RÉCAPITULATI

SECTION II. — PRO

RÉGIONS	NOMBRE D'ÉTABLISSEMENTS.	NOMBRE DE COMMUNES où ils sont situés.	VALEURS LOCATIVES.	MONTANT des PATENTES.	VALEUR ANNUELLE des matières premières.	VALEUR DES PRODUITS fabriqué annuellement.
1° CÉRÉALES						
Région de Nord Oriental (a)	141	91	606,196	29,789	55,179,934	50,909,003
— de Midi Oriental	5,856	1,581	2,186,372	143,159	241,434,412	269,090,506
France Orientale	5,997	1,672	2,792,568	172,948	296,614,346	328,999,509

a) Les matières à ravouler n'ont été relevée qu'en partie dans cette région : c'est un travail qui sera repris et complété plus tard.

RÉGIONS						
2° ORGE.						
Région de Nord oriental (b)	2,620	405	547,327	98,006	29,696,431	49,241,518
— de Midi oriental	183	69	54,880	4,360	3,651,211	6,779,132
France Orientale	2,803	474	602,207	102,366	33,347,642	56,020,650

b) Les valeurs locatives et les patentes n'ont été indiquées que partiellement.

RÉGIONS						
3° CÉRÉALES. Distillerie.						
Région de Nord oriental	48	30	59,870	7,345	1,107,354	1,518,608
— de Midi oriental						
France Orientale	48	30	59,870	7,345	1,107,354	1,518,608

RÉGIONS						
4° DISTILLERIE.						
Région de Nord oriental						
— de Midi oriental	321	302	378,778	60,090	30,615,709	35,048,134
France Orientale	321	302	378,778	60,090	30,615,709	35,048,134

O | RIENTALE.

TI | ON GÉNÉRALE.

RO | DUITS VÉGÉTAUX.

		OUVRIERS.						MOTEURS.						FEUX.			MACHINES.	
		NOMBRE.			SALAIRES.			MOULINS.			MACHINES à vapeur.	CHEVAUX et mulets.	BŒUFS.	FOUR-NEAUX.	FORGES.	FOURS.	MÉTIERS.	AUTRES.
		Hommes.	Femmes.	Enfants.	TOTAL.	Hommes.	Femmes.	Enfants.	à eau.	à vent.	à manège.								
ES	**(Moulins à).**																		
13°		922	74	28	1,024	2ʳ 13ᶜ	1ᶠ 24ᶜ	0ᶠ 87ᶜ	335	6	1	4	137	8	1	1	»	5	165
16		10,069	235	109	10,413	1. 95	0. 99	0. 77	6,051	90	5	29	2,296	16	65	1	2	»	2,027
19		10,991	309	137	11,437	2. 03	1. 12	0. 82	6,386	96	6	33	2,433	24	66	2	2	5	2,192
E.	**Bière.**																		
8		7,329	6	2	7,337	2. 00	1. 62	1. 00	»	»	8	5	39	1	143	»	31		12
2		673	»	1	674	2. 41	»	1. 00	»	»	5	»	29	»	65	»	»	»	1
9		8,002	6	3	8,011	2. 20	1. 62	1. 00	»	»	13	5	68	1	208	»	31	»	13
e.	**Genièvre. Alcool.**																		
		162	»	»	162	1. 65	»	»	2	»	1	2	4	»	16	»	3	»	260
		»	»	»	»	»	»	»	»	»	»	»	»	»	»	»	»	»	»
		162	»	»	162	1. 65	»	»	2	»	1	2	4	»	16	»	3	»	260
2.	**Alcool. Liqueurs.**																		
		»	»	»	»	»	»	»	»	»	»	»	»	»	»	»	»	»	»
		1,833	48	4	1,885	2. 16	1. 09	1. 00	39	27	»	2	21	»	706	»	168	»	336
		1,833	48	4	1,885	2. 16	1. 09	1. 00	39	27	»	2	21	»	706	»	168	»	336

RÉGIONS.	NOMBRE D'ÉTABLISSEMENTS.	NOMBRE de communes où ils sont situés.	VALEURS LOCATIVES.	MONTANT des PATENTES.	VALEUR annuelle des matières premières.	VALEUR des produits fabriqués annuellement.
5° BETTERAVES.						
Région du Nord oriental............	1	1	4,850ᶠ	736ᶠ	300,000ᶠ	390,000ᶠ
—— du Midi oriental...............	»	»	»	»	»	»
France orientale............	1	1	4,850	736	300,000	390,000
6° FROMENT. POMMES DE TERRE.						
Région du Nord oriental. (a).....	13	11	15,615	2,018	2,065,350	2,607,105
—— du Midi oriental...............	6	3	12,450	1,147	1,218,715	1,473,739
France orientale............	19	14	28,065	3,165	3,284,065	4,080,844
(a) Ces chiffres ne comprennent que les fabriques de vermicelle.						
7° OLIVES.						
Région du Nord oriental............	»	»	»	»	»	»
—— du Midi oriental...............	187	34	63,850	8,307	2,232,225	3,302,508
France orientale............	187	34	63,850	8,307	2,232,225	3,302,508
8° GRAINES OLÉAGI[NEUSES]						
Région du Nord oriental............	326	169	316,290	41,594	17,761,066	20,638,201
—— du Midi oriental...............	453	108	78,995	13,914	17,843,997	20,859,071
France orientale............	770	277	395,235	55,508	35,605,063	41,497,272
9° HUILE. SOUDE. POTASSE.						
Région du Nord oriental............	20	6	39,160	5,537	2,292,160	2,627,995
—— du Midi oriental...............	35	5	168,420	26,679	34,784,362	37,839,040
France orientale............	55	11	207,580	32,216	37,076,522	40,467,035
10° CHICORÉE TOR[RÉFIÉE]						
Région du Nord oriental............	21	12	18,340	3,043	460,525	1,082,900
—— du Midi oriental...............	»	»	»	»	»	»
France orientale............	21	12	18,340	3,043	460,525	1,082,900

| | OUVRIERS. | | | | | | MOTEURS. | | | | | | FEUX. | | | MACHINES. | |
| | NOMBRE. | | | | SALAIRES. | | MOULINS. | | | MACHINES à vapeur. | CHEVAUX et mulets. | BŒUFS. | FOUR-NEAUX. | FORGES. | FOURS. | MÉTIERS. | AUTRES. |
	Hommes.	Femmes.	Enfants.	TOTAL.	Hommes.	Femmes.	Enfants.	à eau.	à vent.	à manège.								
Mélasse. Alcool.																		
	40	″	″	40	2′00″	″	″	″	″	″	″	1	″	″	10	″	″	″	″
	″	″	″	″	″	″	″	″	″	″	″	″	″	″	″	″	″	″	″
	40	″	″	40	2.00	″	″	″	″	″	″	1	″	″	10	″	″	″	″
Féculerie. Pâtes. Vermicelle.																		
	282	48	11	341	1.90	1′07″	0′87″	10	″	8	6	22	6	9	″	1	″	14
	102	96	32	230	2.50	0.57	0.66	1	″	8	4	25	7	7	″	1	4	17
	384	144	43	571	2.20	0.82	0.77	11	″	16	10	47	13	16	″	2	4	31
Huile.																		
	1,717	10	8	1,735	3.03	1.08	1.58	21	″	16!	″	203	6	182	″	″	8	126
	1,717	10	8	1,735	3.03	1.08	1.58	21	″	161	″	203	6	182	″	″	8	126
NEUSES. Huile.																		
	1,067	6	8	1,081	2.05	1.25	0.56	20	285	4	29	3	″	4	″	4	7	23
	1,024	82	27	1,133	1.75	0.88	0.65	311	″	62	22	47	″	96	11	9	″	115
	2,091	88	35	2,214	1.89	1.06	0.60	331	285	66	51	50	″	100	11	13	7	138
Savon. Sel. Raffinerie.																		
	115	″	3	118	2.00	″	0.75	″	″	″	″	″	″	51	″	″	″	8
	504	″	23	527	2.45	″	1.03	″	″	″	″	″	″	176	″	″	″	9
	619	″	26	645	2.22	″	0.89	″	″	″	″	″	″	227	″	″	″	17
RÉFIÉE, MOULUE.																		
	186	203	36	425	1.63	0.84	0.67	″	″	15	3	18	3	36	″	1	″	19
	″	″	″	″	″	″	″	″	″	″	″	″	″	″	″	″	″	″
	186	203	36	425	1.63	0.84	0.67	″	″	15	3	18	3	36	″	1	″	19

RÉGIONS.	NOMBRE D'ÉTABLISSE-MENTS.	NOMBRE DE COMMUNES où ils sont situés.	VALEURS LOCATIVES.	MONTANT des PATENTES.	VALEUR ANNUELLE des matières premières.	VALEUR DES PRODUITS fabriqués annuellement.
11° SUCRE INDIGÈ...						
Région de Nord Oriental	198	145	646,357ᶠ	48,037ᶠ	7,050,879ᶠ	18,334,919ᶠ
— de Midi Oriental	6	6	5,500	1,053	333,000	848,500
France Orientale (a)	204	151	652,037	49,090	7,383,879	19,183,419

(a) Les renseignements sur ces fabriques ne permettent pas d'en renseigner ni les détments, avec exactitude, mais les rapports proportionnels seulement.

12° SUCRE INDIGÈNE ET EX...						
Région de Nord Oriental	9	6	66,900	4,833	9,430,525	12,286,751
— de Midi Oriental	7	1	97,500	11,024	28,356,980	32,368,870
France Orientale	16	7	164,400	15,857	37,987,505	44,655,621
13° GARANCE EN PO...						
Région de Nord Oriental	.	.	.	.	.	.
— de Midi Oriental	33	15	76,520	12,183	9,312,820	11,102,520
France Orientale	33	15	76,520	12,183	9,312,820	11,102,520
14° VINS MOUSSEUX (F...						
Région de Nord Oriental	19	6	101,840	11,513	5,025,488	10,743,710
— de Midi Oriental	.	.	.	.	.	.
France Orientale	19	6	101,840	11,513	5,025,488	10,743,710
15° PAPETERIE. Pa...						
Région de Nord Oriental	86	68	170,006	24,239	5,847,869	10,999,852
— de Midi Oriental	66	39	86,935	10,688	3,341,231	6,300,929
France Orientale	152	107	256,941	34,927	9,189,100	17,300,781
16° IMPRIMERIE. Li...						
Région de Nord Oriental	215	123	163,341	17,022	2,249,629	5,489,227
— de Midi Oriental	135	58	90,110	13,149	922,974	2,703,083
France Orientale	350	181	253,451	30,171	3,172,603	8,192,310

	OUVRIERS.							MOTEURS.						FEUX.			MACHINES.		
UR bôts vés suest.	VOMMES.				SALAIRES.			MOULINS.			MACHINES à vapeur.	CHEVAUX et mulets.	MOTEURS.	FOUR- NEAUX.	FORGES.	FOURS.	MÉTIERS.	AUTRES.	GÉNÉRA- TEURS.
	Hommes.	Femmes.	Enfants.	TOTAUX.	Hommes.	Femmes.	Enfants.	à eau.	à vent.	à manège.									

NDI GÈNE (Fabrique de).

4,919'	8,639	3,245	1,770	13,863	1' 33"	0' 88"	0' 70"	9	7	44	173	714	876	283	28	167	"	200	169
5,500	381	82	55	518	1. 64	0. 84	0. 63	2	"	2	6	6	"	23	1	2	"	24	"
3,419	9,220	3,327	1,834	14,381	7. 58	0. 86	0. 69	11	7	46	179	720	876	306	29	169	"	230	109

ET EXOTIQUE (Raffinerie de).

6,751	383	11	40	374	1. 98	1. 00	0. 78	"	"	"	17	"	"	2	"	3	"	4	3
8,870	809	5	20	894	2. 86	1. 08	1. 45	"	1	5	12	18	"	39	1	2	"	5	"
3,621	1,192	16	60	1,268	2. 42	1. 04	1. 12	"	1	5	29	18	"	41	1	5	"	9	3

EN POUDRE. Garancine.

"	"	"	"	"	"	"	"	"	"	"	"	"	"	"	"	"	"	"	"
22,520	296	64	13	373	2. 52	1. 01	1. 37	18	"	"	2	"	"	40	"	"	"	223	"
22,520	296	64	13	373	2. 52	1. 01	1. 37	18	"	"	2	"	"	40	"	"	"	223	"

EUX (Fabrique de).

43,710	392	70	"	462	2. 03	1. 27	1	"	"	"	"	"	"	"	"	"	"	50	"
"	"	"	"	"	"	"	"	"	"	"	"	"	"	"	"	"	"	"	"
43,710	392	70	"	462	2. 03	1. 27	1	"	"	"	"	"	"	"	"	"	"	50	"

RIE. Papiers divers.

99,852	2,148	2,767	746	5,661	1. 73	0. 80	0. 57	145	1	1	20	31	8	81	11	6	18	273	"
09,929	1,103	1,557	272	2,933	1. 89	0. 82	0. 56	142	"	"	5	"	"	41	7	"	1	185	"
09,781	3,251	4,324	1,018	8,593	1. 81	0. 81	0. 57	287	1	1	25	31	8	122	18	6	19	458	"

RIE. Livres, etc.

89,227	1,889	77	299	2,265	2. 62	1. 23	0. 82	1	"	1	1	2	"	1	"	"	"	583	"
03,083	1,044	80	64	1,188	2. 70	1. 17	0. 74	"	"	"	1	"	"	2	"	"	"	200	"
92,310	2,933	157	363	3,453	2. 66	1. 20	0. 78	1	"	1	2	2	"	3	"	"	"	783	"

RÉGIONS.	NOMBRE D'ÉTABLISSE-MENTS.	NOMBRE DE COMMUNES OÙ ILS SONT SITUÉS.	VALEURS LOCATIVES.	MONTANT des PATENTES.	VALEUR ANNUELLE des matières premières.	VALEUR des PRODUITS fabriqués annuellement.	
17° LITHOGRAPHI							
Région du Nord oriental.........	118	68	62,732ᶠ	5,942ᶠ	411,975ᶠ	1,135,393ᶠ	4
—— du Midi oriental.........	51	15	21,560	2,268	133,913	550,223	1?
France orientale.........	169	83	84,312	8,210	545,888	1,685,616	64
18° BOIS ET FER. Construct							
Région du Nord oriental.........	6	4	880	103	157,370	258,076	1(
—— du Midi oriental.........	44	12	6,600	951	1,581,573	2,512,662	7?
France orientale.........	50	16	7,480	1,054	1,738,943	2,770,738	8
19° COTON							
1° OUATE.							
Région du Nord oriental.........	1	1	1,000	250	15,000	35,000	1
—— du Midi oriental.........	″	″	″	″	″	″	
France orientale.........	1	1	1,000	250	15,000	35,000	1
2° FILATURI							
Région du Nord oriental.........	207	108	923,491	122,625	44,649,156	72,637,080	13,39
—— du Midi oriental.........	25	16	57,600	7,212	2,740,900	4,536,400	68
France orientale.........	232	124	981,091	129,837	47,390,056	77,173,480	14,07
3° COTON FILÉ Fils							
Région du Nord oriental.........	1	1	6,300	190	36,000	42,000	1
—— du Midi oriental.........	1	1	1,740	75	216,000	270,000	1
France orientale.........	2	2	8,040	265	252,000	312,000	4
4° TISSAGE. Molletons. Couvertures. Calicots Mou							
Région du Nord oriental.........	195	106	208,510	47,701	28,615,466	45,978,417	18,98
—— du Midi oriental.........	22	9	17,410	4,619	8,183,870	17,823,948	13,51
France orientale.........	217	115	225,920	52,320	36,799,336	63,802,365	32,50

	OUVRIERS.							MOTEURS.						FEUX.			MACHINES.		
	NOMBRE.				SALAIRES.			MOULINS.			MACHINES à vapeur.	CHEVAUX et mulets.	BŒUFS.	FOUR- NEAUX.	FORGES.	FOURS.	MÉTIERS.	AUTRES.	mov.HAY.
	Hommes.	Femmes.	Enfants.	TOTAUX.	Hommes.	Femmes.	Enfants.	à eau.	à vent.	à manège.									

GRAPHIE. Objets variés.

3,383	465	47	79	591	2f 65c	1f 31c	0f 82c	»	»	»	»	»	»	»	»	»	»	297	
2,233	177	4	35	216	3. 06	1. 25	0. 95	»	»	»	»	»	»	»	»	»		126	»
3,616	642	51	114	807	2. 87	1. 28	0. 88	»	»	»	»	»	»	»	»	»		423	

Constructions navales.

5,076	162	»	31	193	2. 00	»	0. 62	»	»	»	»	»	»	»	»	»	»	»	»
2,562	728	»	56	784	2. 92	»	1. 25	»	»	»	»	»	»	»	»	»	»	»	»
3,738	890	»	87	977	2. 46	»	0. 93	»	»	»	»	»	»	»	»	»	»	»	»

COTON.

° OUATE.

3,000	10	»	8	18	1. 50	»	0. 75	»	»	»	1	3	»	6	»	»	»	7	
»	»	»	»	»	»	»	»	»	»	»	»	»	»	»	»	»	»	»	
3,000	10	»	8	18	1. 50	»	0. 75	»	»	»	1	3	»	6	»	»	»	7	»

FILATURE. Fils.

7,080	13,395	11,760	9,296	34,451	1. 84	1. 00	0. 56	134	»	»	141	12	»	80	35	4	8,562	3,296	1,024,894
1,400	680	900	689	2,359	1. 97	0. 95	0. 38	30	1	»	7	3	»	18	8	»	700	614	54,150
1,480	14,075	12,760	9,985	36,810	1. 90	0. 97	0. 37	164	1	»	148	15	»	98	43	4	9,262	3,910	1,079,044

FILS. Fils retors.

1,000	20	10	5	35	2. 60	1. 60	0. 60	»	»	»	1	»	»	»	»	»	18	»	3,600
3,000	25	18	»	43	2. 00	0. 75	»	»	»	1	»	1	»	5	»	»	30	»	6,000
3,000	45	28	5	78	2. 30	1. 17	0. 60	»	»	1	1	1	»	5	»	»	48	»	9,600

cots. Mouchoirs. Mousselines unies, brodées et façonnées.

3,417	16,957	13,395	4,551	35,063	1. 47	0. 94	0. 38	58	»	2	17	8	»	72	5	1	29,788	1,069	37,936
1,948	16,515	11,062	6,408	30,985	1. 91	0. 90	0. 48	8	»	»	4	5	»	6	4	1	17,018	293	»
1,365	33,502	23,337	10,789	66,048	1. 69	0. 92	0. 53	66	»	2	21	13	»	78	9	2	47,806	1,362	37,936

RÉGIONS.	NOMBRE d'établissements.	NOMBRE de chevaux et ils sont situés.	VALEURS LOCATIVES.	MONTANT des PATENTES.	VALEUR annuelle des matières premières.	VALEUR des produits fabriqués annuellement.	
						19° COTON. (Sui	
						5° BONNE TERI	
Région du Nord oriental......	3	2	"	"	803,319	3,443,125	3,02
—— du Midi oriental (a)...	6	1	4,050	1,373	414,500	1,248,500	11
France orientale...	9	3	4,050	1,373	1,217,819	4,691,625	3,16
(a) Féraille, Rouette							
						6° PASSE MEN	
Région du Nord oriental......	2	1	750	119	93,800	175,000	11
—— du Midi oriental......	"	"	"	"	"	"	"
France orientale......	2	1	750	119	93,800	175,000	11
						7° ULI	
Région du Nord oriental......	15	10	30,880	1,033	4,872,053	11,046,401	6,44
—— du Midi oriental......	"	"	"	"	"	"	"
France orientale......	15	10	30,880	1,033	4,872,053	11,046,401	6,44
						8° TULLES. Machines Fab	
Région du Nord oriental......	1	1	1,500	247	45,560	549,500	4
—— du Midi oriental......	"	"	"	"	"	"	"
France orientale......	1	1	1,500	247	45,560	549,500	4
						9° DEN TELL	
Région du Nord oriental......	1	1	200	60	5,440	20,100	"
—— du Midi oriental......	"	"	"	"	"	"	"
France orientale......	1	1	200	60	5,440	20,100	"
						10° BRO DERI	
Région du Nord oriental......	25	3	7,130	2,218	344,077	2,663,500	"
—— du Midi oriental......	"	"	"	"	"	"	"
France orientale......	25	3	7,130	2,218	344,077	2,663,500	"

| | OUVRIERS. | | | | | | | MOTEURS. | | | | | | FEUX. | | | MACHINES. | |
| | NOMBRE. | | | | SALAIRES. | | | MOULINS. | | | MACHINES à vapeur. | CHEVAUX et mulets. | SOURCES. | FOUR-NEAUX. | FORGES. | FOURS. | MÉTIERS. | AUTRES. |
	Hommes.	Femmes.	Enfants.	TOTAUX.	Hommes.	Femmes.	Enfants.	à eau.	à vent.	à manège.								
N. (Suite.)																		
...TERIE.																		
	3,050	1,050	750	4,850	1. 75	1. 00	0. 70	»	»	»	»	»	»	»	»	»	1,591	275
	115	960	»	1,075	1. 00	0. 81	»	»	»	»	»	»	»	»	»	»	730	»
	3,165	2,010	750	5,925	1. 87	0. 90	0. 70	»	»	»	»	»	»	»	»	»	2,321	275
...E ...MENTERIE.																		
	110	63	47	220	1. 67	1. 05	0. 53	»	»	»	»	»	»	»	»	»	97	»
	»	»	»	»	»	»	»	»	»	»	»	»	»	»	»	»	»	»
	110	63	47	220	1. 67	1. 05	0. 53	»	»	»	»	»	»	»	»	»	97	»
7° ...ULLE.																		
	6,442	4,148	59	10,649	2. 10	1. 02	0. 50	»	»	»	5	»	»	»	4	»	5,007	1
	»	»	»	»	»	»	»	»	»	»	»	»	»	»	»	»	»	»
	6,442	4,148	59	10,649	2. 10	1. 02	0. 50	»	»	»	5	»	»	»	4	»	5,007	1
...S (Fabrique de).																		
	40	15	5	60	1. 50	0. 75	»	»	»	1	»	»	1	2	»	16	3	»
	»	»	»	»	»	»	»	»	»	»	»	»	»	»	»	»	»	»
	40	15	5	60	1. 50	0. 75	»	»	»	1	»	»	1	2	»	16	3	»
N ...TELLES.																		
	»	150	250	400	»	0. 50	0. 25	»	»	»	»	»	»	»	»	»	»	»
	»	»	»	»	»	»	»	»	»	»	»	»	»	»	»	»	»	»
	»	150	250	400	»	0. 50	0. 25	»	»	»	»	»	»	»	»	»	»	»
O ...DERIES.																		
	»	6,040	100	6,140	»	0. 85	0. 50	»	»	»	»	»	»	»	»	»	»	»
	»	»	»	»	»	»	»	»	»	»	»	»	»	»	»	»	»	»
	»	6,040	100	6,140	»	0. 85	0. 50	»	»	»	»	»	»	»	»	»	»	»

RÉGIONS.	NOMBRE D'ÉTABLISSEMENTS.	NOMBRE DE COMMUNES où ils sont situés.	VALEURS LOCATIVES.	MONTANT des PATENTES.	VALEUR ANNUELLE des matières premières.	VALEUR DES PRODUITS fabriqués annuellement.
19° COTON.						
11° BLANCHIS						
Région du Nord oriental......	2.	9	38,580	7,120	980,440	3,067,200
— du Midi oriental......	»	»	»	»	»	»
France orientale......	24	9	38,580	7,126	980,440	3,067,200
12° TEINTURERIE ET						
Région du Nord oriental......	20	5	14,648	2,638	2,025,625	2,720,000
— du Midi oriental......	10	4	7,860	1,562	834,700	1,549,000
France orientale......	30	9	22,508	4,200	2,858,325	4,269,000
13° TISSUS. Batiste						
Région du Nord oriental......	23	12	79,640	13,721	7,853,840	13,362,008
— du Midi oriental......	»	»	»	»	»	»
France orientale......	23	12	79,640	13,721	7,853,840	13,362,008
20° CHANVRE.						
Région du Nord oriental......	2	1	1,340	174	48,521	73,900
— du Midi oriental......	15	3	4,840	1,159	325,100	421,900
France orientale......	17	5	6,180	1,333	373,621	495,800
21° CHANVRE						
1° FILA						
Région du Nord oriental......	65	23	299,390	21,249	14,568,390	23,900,936
— du Midi oriental (a)......	1	1	15,000	300	190,000	415,000
France orientale......	66	24	314,390	21,549	14,758,390	24,315,936
(a) Peignures et filasse de chanvre.						
2° TISSAGE, Toiles. Coutil						
Région du Nord oriental......	62	24	167,562	13,594	6,315,943	11,497,590
— du Midi oriental......	8	6	6,480	758	645,500	1,504,000
France orientale......	70	30	174,042	14,352	6,961,443	13,001,590

	OUVRIERS							MOTEURS						FEUX			MACHINES			
	NOMBRE				SALAIRES			MOULINS			MACHINES à vapeur	CHEVAUX et mulets		FOUR- NEAUX	FORGES	FOURS	MÉTIERS	AUTRES	BROCHES	
	Hommes	Femmes	Enfants	TOTAUX	Hommes	Femmes	Enfants	à eau	à vent	à manège										

'ON. (Suite)

CHIS...ERIES. APPRÊTS.

	Hommes	Femmes	Enfants	TOTAUX	Hommes	Femmes	Enfants	à eau	à vent	à manège	vapeur	chevaux		fourn.	forges	fours	métiers	autres	broches	
	683	786	47	1,316	1'66'	1'05'	0'81'	3	»	12	14	20	»	14	»	»	»	»	147	»
	»	»	»	»	»	»	»	»	»	»	»	»	»	»	»	»	»	»	»	»
	683	786	47	1,516	1.66	1.05	0.81	3	»	12	14	20	»	14	»	»	»	»	147	»

E ET ...MPRESSIONS DE TISSUS.

	469	229	178	876	1.66	1.07	0.71	»	»	»	»	4	»	10	»	»	»	206	206	
	278	67	329	674	2.34	1.48	0.51	3	»	4	2	6	»	42	»	»	»	»	36	
	747	296	507	1,550	2.01	1.27	0.61	3	»	4	2	10	»	52	»	»	»	206	242	

...atiste (Impressions de).

	1,874	965	1,049	3,888	2.95	1.46	0.54	7	»	5	9	16	8	76	2	»	»	290	1,018	
	»	»	»	»	»	»	»	»	»	»	»	»	»	»	»	»	»	»	»	
	1,874	965	1,049	3,888	2.95	1.46	0.54	7	»	5	9	16	8	76	2	»	290	1,018		

'RE. Cordages.

	25	»	1	26	1.81	»	1.25	»	»	»	1	»	»	2	»	»	»	1		
	69	»	69	138	2.42	»	0.64	»	»	»	»	»	»	»	»	»	»	35		
	94	»	70	164	2.11	»	0.94	»	»	»	1	»	»	2	»	»	»	36		

VRE ET LIN.

FILA...URE. Fils.

	2,747	1,786	1,331	5,864	2.21	1.07	0.70	3	»	1	33	3	»	20	4	»	1,213	268	57,206	
	80	90	6	176	1.70	1.00	0.80	1	»	»	»	2	6	1	2	»	12	50	600	
	2,827	1,876	1,337	6,040	1.90	1.03	0.75	4	»	1	33	5	6	21	6	»	1,225	318	57,806	

outil. ...acets. Teinturerie.

	3,910	1,377	912	6,199	1.95	0.95	0.78	2	2	2	9	18	»	71	5	»	3,227	106	2,712	6
	208	405	42	655	1.77	0.75	0.46	5	»	»	»	»	»	2	3	1	211	74	»	»
	4,118	1,782	954	6,854	1.96	0.86	0.62	7	2	2	9	18	»	73	8	1	3,438	180	2,712	6

RÉGIONS.	NOMBRE D'ÉTABLISSEMENTS.	NOMBRE DE COMMERCES où ils sont situés.	VALEURS LOCATIVES.	MONTANT des PATENTES.	VALEUR ANNUELLE des matières premières.	VALEUR DES PRODUITS fabriqués annuellement.
21° CHANVRE ET						
3° DEN						
Région du Nord oriental............	2	2	1,500ᶠ	224ᶠ	8,200ᶠ	262,100ᶠ
—— du Midi oriental...............	»	»	»	»	»	»
France orientale..............	2	2	1,500	224	8,200	262,100
4° BLANCHISSERIE						
Région du Nord oriental............	3	3	1,840	373	36,485	103,800
—— du Midi oriental...............	»	»	»	»	»	»
France orientale..............	3	3	1,840	373	36,485	103,800
5° TOILES						
Région du Nord oriental............	1	1	700	77	30,000	40,000
—— du Midi oriental...............	»	»	»	»	»	»
France orientale..............	1	1	700	77	30,000	40,000
22° LIN ET						
1° FILA						
Région du Nord oriental............	1	1	3,000	411	63,525	144,018
—— du Midi oriental...............	»	»	»	»	»	»
France orientale..............	1	1	3,000	411	63,525	144,018
2° TISSAGE. Toiles de fil de lin et						
Région du Nord oriental............	28	10	28,980	3,115	2,900,326	4,044,752
—— du Midi oriental...............	3	1	»	18	7,653	10,588
France orientale..............	31	11	28,980	3,133	2,907,979	4,055,340
3° FILS ET TISSUS						
Région du Nord oriental............	16	7	61,180	3,204	12,262,443	13,793,168
—— du Midi oriental...............	1	1	800	166	118,800	400,000
France orientale..............	17	8	61,980	3,370	12,381,243	14,193,168

	OUVRIERS.							MOTEURS.						FEUX.			MACHINES.	
	NOMBRE.				SALAIRES.			MOULINS.			MACHINES à vapeur.	CHEVAUX et mulets.	BŒUFS.	FOUR-NEAUX.	FORGES.	FOURS.	MÉTIERS.	AUTRES.
	Hommes.	Femmes.	Enfants.	TOTAL.	Hommes.	Femmes.	Enfants.	à eau.	à vent.	à manège.								

ET LIN. (Suite.)

TELLES.

	Hommes	Femmes	Enfants	TOTAL	Hommes	Femmes	Enfants	à eau	à vent	à manège	vapeur	chevaux	bœufs	fourn.	forges	fours	métiers	autres
	»	560	1,040	1,600	»	1ᶠ 04ᶜ	0ᶠ 35ᶜ	»	»	»	»	»	»	»	»	»	»	»
	»	»	»	»	»	»	»	»	»	»	»	»	»	»	»	»	»	»
	»	560	1,040	1,600	»	1. 04	0. 35	»	»	»	»	»	»	»	»	»	»	»

DE TISSUS.

	22	3	5	30	1. 60	1. 00	0. 75	1	»	»	1	5	»	4	»	»	»	13
	»	»	»	»	»	»	»	»	»	»	»	»	»	»	»	»	»	»
	22	3	5	30	1. 60	1. 00	0. 75	1	»	»	1	5	»	4	»	»	»	13

CIRÉES.

	5	»	»	5	1. 50	»	»	»	»	»	»	»	»	»	»	»	»	»
	»	»	»	»	»	»	»	»	»	»	»	»	»	»	»	»	»	»
	5	»	»	5	1. 50	»	»	»	»	»	»	»	»	»	»	»	»	»

COTON.

TURE. Fils.

	11	48	17	76	2. 20	1ᶠ 15	0. 62	1	»	»	»	»	»	»	2	»	45	4
	»	»	»	»	»	»	»	»	»	»	»	»	»	»	»	»	»	»
	11	48	17	76	2. 20	1. 15	0. 62	1	»	»	»	»	»	»	2	»	45	4

de coton. Rubans de fil. Tissus divers.

	1,643	655	797	3,095	1. 48	0. 77	0. 53	»	»	5	»	9	»	6	»	»	1,466	12
	4	»	»	4	1. 50	»	»	»	»	»	»	»	»	»	»	»	11	»
	1,647	655	797	3,099	1. 49	0. 77	0. 53	»	»	5	»	9	»	6	»	»	1,477	12

(Blanchisserie de).

	501	151	59	711	1. 95	1. 00	0. 87	»	»	1	3	15	»	24	1	»	»	1
	230	80	40	350	1. 62	0. 87	0. 75	1	»	»	1	»	»	15	1	»	40	80
	731	231	99	1,061	1. 75	0. 93	0. 81	1	»	1	4	15	»	39	2	»	40	81

41.

RÉGIONS.	NOMBRE D'ÉTABLISSEMENTS.	NOMBRE DE COMMUNES où ils sont situés.	VALEURS LOCATIVES.	MONTANT des PATENTES.	VALEUR annuelle des matières premières.	VALEUR des produits fabriqués annuellement.	
23° LIN, CHANVRE							
4° TOILES							
Région de Nord oriental......	3	2	2,650	781	237,125	342,150	
— de Midi oriental............	»	»	»	»	»	»	
France orientale............	3	2	2,650	781	237,125	342,150	
24° COTON							
1° FILA							
Région de Nord oriental......	9	9	61,844	4,982	3,073,305	6,535,701	
— de Midi oriental............	»	»	»	»	»	»	
France orientale............	9	9	61,844	4,982	3,073,305	6,535,701	
2° TISSAGE. Couve							
Région de Nord oriental......	6	5	26,760	6,835	6,531,800	9,490,840	
— de Midi oriental............	3	2	1,350	243	72,800	148,350	
France orientale............	9	7	28,110	7,078	6,604,600	9,639,650	
3° TEINTURERIE D'ÉTOFFES							
Région de Nord oriental......	16	7	102,100	22,183	18,298,350	26,175,457	
— de Midi oriental............	»	»	»	»	»	»	
France orientale............	16	7	102,100	22,183	18,298,350	26,175,457	
4° BLANCHIS							
Région de Nord oriental......	2	2	14,800	4,991	61,398	168,000	
— de Midi oriental............	»	»	»	»	»	»	
France orientale............	2	2	14,800	4,991	61,398	168,000	
5° TISSAGE. Étoffes							
Région de Nord oriental......	15	10	23,052	5,113	4,256,100	7,262,000	
— de Midi oriental............	»	»	»	»	»	»	
France orientale............	15	10	23,052	5,113	4,256,100	7,262,000	

EUR	OUVRIERS							MOTEURS						FEUX	MACHINES				
	NOMBRE				SALAIRES			MOULINS			MACHINES à vapeur	CHEVAUX et mulets	BŒUFS	FOUR-NEAUX	FORGES	FOURS	MÉTIERS	AUTRES	BROCHES
	Hommes	Femmes	Enfants	TOTAL	Hommes	Femmes	Enfants	à eau	à vent	à manège									

VRE ET COTON. (Suite.)

OILES CIRÉES.

1,150	130	20	14	164	2	1ʳ 25ᶜ	1ʳ	,	,	,	,	,	,	,	,	,	,	,	,
,	,	,	,	,	,	,	,	,	,	,	,	,	,	,	,	,	,	,	,
1,150	130	20	14	164	2	1. 25	1	,	,	,	,	,	,	,	,	,	,	,	,

TON ET LAINE.

FILATURE. Fils.

5,701	2,202	1,075	702	3,979	2. 04	1. 04	0. 61	2	,	,	8	,	,	1	,	,	2,783	79	69,602
,	,	,	,	,	,	,	,	,	,	,	,	,	,	,	,	,	,	,	,
5,701	2,202	1,075	702	3,979	2. 04	1. 04	0. 61	2	,	,	8	,	,	1	,	,	2,783	79	69,602

ouvertures, Bonneterie.

0,800	2,117	1,756	1,280	5,153	1. 04	0. 92	0. 60	6	,	,	3	,	,	2	,	,	5,457	118	,
3,250	41	39	21	101	1. 66	0. 75	0. 30	,	,	2	,	4	,	,	,	,	15	13	,
2,050	2,158	1,795	1,301	5,254	1. 65	0. 83	0. 45	6	,	2	3	4	,	2	,	,	5,472	131	

FFES IMPRESSIONS DE TISSUS.

5,497	3,419	1,602	1,947	6,968	1. 79	1. 26	0. 66	14	,	3	13	49	,	75	3	,	314	2,610	,
,	,	,	,	,	,	,	,	,	,	,	,	,	,	,	,	,	,	,	,
5,497	3,419	1,602	1,947	6,968	1. 79	1. 26	0. 66	14	,	3	13	49	,	75	3	,	314	2,610	,

CHISSERIE. APPRÊT.

,000	105	25	10	160	1. 75	0. 85	0. 75	5	,	,	,	,	,	10	,	,	40	,	,
,	,	,	,	,	,	,	,	,	,	,	,	,	,	,	,	,	,	,	,
5,000	105	25	10	160	1. 75	0. 85	0. 75	5	,	,	,	,	,	10	,	,	40	,	,

ffes diverses. Rubans.

2,000	3,060	1,525	1,615	6,200	1. 44	1. 05	0. 48	1	,	1	,	,	,	6	1	,	3,212	454	,
,	,	,	,	,	,	,	,	,	,	,	,	,	,	,	,	,	,	,	,
2,000	3,060	1,525	1,615	6,200	1. 44	1. 05	0. 48	1	,	1	,	,	,	6	1	,	3,212	454	,

RÉGIONS.	NOMBRE D'ÉTABLISSEMENTS.	NOMBRE DE COMMUNES où ils sont situés.	VALEURS LOCATIVES.	MONTANT des PATENTES.	VALEUR ANNUELLE des matières premières.	VALEUR DES PRODUITS fabriqués annuellement.	
25° COTON, LAINE ET...							
Région de Nord oriental.........	2	1	"	"	120,792	168,875	
— du Midi oriental.................	"	"	"	"	"	"	
France orientale...................	2	1	"	"	120,792	168,875	
26° COTON...							
1° TISSAGE. Peluches. Châles...							
Région de Nord oriental.........	"	"	"	"	"	"	
— du Midi oriental.................	8	1	5,440	1,813	966,900	1,825,000	
France orientale...................	8	1	5,440	1,813	966,900	1,825,000	
2° TEINTURERIE D...							
Région de Nord oriental.........	"	"	"	"	"	"	
— du Midi oriental.................	1	"	2,650	640	2,313,200	2,389,750	
France orientale...................	1	"	2,650	640	2,313,200	2,389,750	
27° COTON, LAINE...							
1° TISSAGE...							
Région de Nord oriental.........	4	1	4,300	1,389	1,031,600	2,150,000	
— du Midi oriental.................	35	3	16,590	5,516	2,705,116	5,546,400	
France orientale...................	39	4	20,890	6,905	3,736,716	7,696,400	
2° IMPRESSION...							
Région de Nord oriental.........	2	2	5,300	907	3,605,900	4,830,000	
— du Midi oriental.................	"	"	"	"	"	—	
France orientale...................	2	2	5,300	907	3,605,900	4,830,000	
28° COTON, LAINE, POILS DE...							
Région de Nord oriental.........	"	"	"	"	"	"	
— du Midi oriental.................	1	1	600	86	23,500	37,500	
France orientale...................	1	1	600	86	23,500	37,500	

| | OUVRIERS | | | | | | | MOTEURS | | | | | | FEUX | | | MACHINES | |
| | NOMBRE | | | | SALAIRES | | | MOULINS | | | MACHINES à vapeur | CHEVAUX et mulets | BOEUFS | FOUR-NEAUX | FORGES | FOURS | MÉTIERS | AUTRES |
	Hommes	Femmes	Enfants	TOTAUX	Hommes	Femmes	Enfants	à eau	à vent	à manège								

ET LIN. Tissus divers.

5.375'	60	23	9	92	1' 13"	0' 60"	0' 30"	»	»	»	»	»	»	»	»	»	60	»
»	»	»	»	»	»	»	»	»	»	»	»	»	»	»	»	»	»	»
5.375	60	23	9	92	1. 13	0. 60	0. 50	»	»	»	»	»	»	»	»	»	60	»

TON ET SOIE.

Mouchoirs. Gants. Filoselle.

| ,000 | 285 | 275 | 140 | 700 | 2. 37 | 1. 18 | 0. 40 | » | » | 1 | 3 | 3 | 2 | 15 | » | 1 | 402 | 80 |
| ,000 | 285 | 275 | 140 | 700 | 2. 37 | 1. 18 | 0. 40 | » | » | 1 | 3 | 3 | 2 | 15 | » | 1 | 402 | 80 |

TISSUS ET DE FILS.

| ,750 | 30 | 3 | » | 33 | 4. 00 | 2. 50 | » | » | » | 1 | 1 | 1 | » | 2 | » | » | » |
| ,750 | 30 | 3 | » | 33 | 4. 00 | 2. 50 | » | » | » | 1 | 1 | 1 | » | 2 | » | » | » |

IN ET SOIE.

Étoffes diverses.

000	1,023	460	330	1,819	2. 11	1. 05	0. 75	»	»	»	»	»	»	»	»	»	1,102	6
400	2,086	1,045	1,825	4,956	2. 61	0. 87	0. 49	»	»	»	»	»	»	13	»	»	1,809	154
400	3,109	1,511	2,155	6,775	2. 36	0. 96	0. 62	»	»	»	»	»	»	13	»	»	2,911	160

DE TISSUS.

000	859	225	530	1,614	2. 53	1. 00	0. 50	2	»	»	3	4	6	3	1	1	»	551
	»	»	»	»	»	»	»	»	»	»	»	»	»	»	»	»	»	»
000	859	225	530	1,614	2. 53	1. 00	0. 50	2	»	»	3	4	6	3	1	1	»	551

DE CHÈVRES. Tissus. Couvertures.

| 500 | 8 | 15 | 6 | 29 | 2' 00 | 1' 00 | 0' 50 | » | » | 1 | » | 2 | » | » | » | » | 3 | 5 |
| 500 | 8 | 15 | 5 | 29 | 2. 00 | 1. 00 | 0. 50 | » | » | 1 | » | 2 | » | » | » | » | 3 | 5 |

RÉGIONS.	NOMBRE d'établissements.	NOMBRE de communes où ils sont situés.	VALEURS LOCATIVES.	MONTANT des PATENTES.	VALEUR ANNUELLE des matières premières.	VALEUR DES PRODUITS fabriqués annuellement.	

TABLEAUX GÉNÉRAUX RÉCAPITULATIFS DE:

1° CHANVRE ET

Région du Nord Oriental	135	55	473,332ᶠ	35,691ᶠ	21,007,539ᶠ	35,878,320ᶠ	4,7
— du Midi Oriental	24	10	26,320	2,217	1,160,600	2,340,900	3
France Orientale	159	65	498,652	37,908	22,168,139	38,219,220	7,0

2° CO TON.

Région du Nord Oriental	518	260	1,312,629	196,928	90,337,776	154,739,331	45,0
— du Midi Oriental	64	31	88,660	14,741	12,389,970	25,427,848	14,6
France Orientale	582	291	1,401,280	211,669	102,727,746	180,167,179	69,9

3° TISSUS MÉ

Région du Nord Oriental	104	57	333,966	55,911	52,461,664	75,104,921	15,1
— du Midi Oriental	52	9	27,430	8,482	6,106,969	10,357,488	2,6
France Orientale	156	66	361,396	64,393	58,568,633	85,462,409	17,8

29° INDUSTRIES IV

Région du Nord Oriental	47	35	54,428	7,189	4,133,242	9,658,508	1,1
— du Midi Oriental	72	27	59,390	5,159	1,963,717	2,863,098	7
France Orientale	119	62	113,688	12,348	6,096,959	12,521,606	1,8

RÉCAPITULATION GÉNÉRALE DE:

Région du Nord Oriental	4,312	1,361	4,767,156	572,512	304,315,172	466,019,724	90,0
— du Midi Oriental	8,095	2,325	3,530,080	339,471	397,584,378	471,677,251	38,9
France Orientale	12,407	3,686	8,297,236	911,983	701,899,550	937,696,975	38,9

	OUVRIERS.							MOTEURS.						FEUX.			MACHINES.			
	NOMBRE.			SALAIRES.				MOULINS.			MACHINES à vapeur.	CHEVAUX et mulets.	DIRECTS.	FOUR-NEAUX.	FORGES.	FOURS.	MÉTIERS.	AUTRES.	BROCHES.	GÉNÉRA-TEURS.
	Femmes.	Enfants.	TOTAL.	Hommes.	Femmes.	Enfants.	à eau.	à vent.	à manège.											

DES TISSUS ET DE LEURS ACCESSOIRES.

ET LIN.

	6,769	3,726	3,290	13,724	1ᶠ 57ᶜ	1ᶠ 02ᶜ	0ᶠ 77ᶜ	6	2	3	44	26	»	97	9	»	4,440	388	59,918	6
	337	495	117	969	1. 96	0. 89	0. 63	6	»	»	»	2	6	3	5	1	223	159	600	.
	7,066	4,221	3,406	14,693	1. 91	0. 95	0. 70	12	2	3	44	28	6	100	14	1	4,663	547	60,518	6

COTON.

	45,080	37,511	16,175	98,766	2. 29	1. 09	0. 60	202	»	19	189	63	8	259	48	5	45,575	6,022	1,666,430	»
	14,613	13,097	7,426	35,136	2. 03	0. 97	0. 54	41	1	5	13	15	»	71	12	1	19,078	943	60,150	»
	59,693	50,608	23,601	133,902	2. 16	1. 03	0. 37	243	1	24	202	78	8	330	60	6	64,653	6,965	1,726,580	»

MÉLANGÉS.

	15,130	7,571	7,310	30,011	1. 71	0. 92	0. 56	31	»	10	30	80	4	126	9	1	14,479	3,815	69,682	»
	2,684	1,457	2,032	6,173	2. 30	1. 15	0. 48	1	»	5	5	10	2	45	1	1	2,280	332		»
	17,814	9,028	9,342	36,184	2. 00	1. 03	0. 53	32	»	15	35	90	6	171	10	2	16,759	4,147	69,682	»

DIVERSES.

	1,169	3,078	1,144	5,391	1. 88	0. 96	0. 64	20	1	3	2	49	»	20	1	8	18	165	.	»
	725	141	34	900	1. 81	0. 96	0. 83	32	20	»	3	»	»	35	51	32	8	39	.	»
	1,894	3,219	1,178	6,291	1. 84	0. 96	0. 73	52	21	3	5	49	»	55	52	40	26	204	.	»

DES PRODUITS VÉGÉTAUX.

	90,050	58,316	30,602	178,968	1. 80	0. 98	0. 68	779	302	117	525	1,186	915	1,138	105	230	64,542	11,424	1,795,950	»
	98,904	17,453	10,328	66,685	2. 27	0. 95	0. 56	6,666	139	258	104	2,672	37	1,596	90	219	21,602	4,867	60,750	»
	98,954	75,769	40,930	245,653	2. 03	0. 97	0. 67	7,445	441	375	629	3,858	952	2,734	195	449	86,144	16,291	1,856,700	»

RÉGIONS.	NOMBRE D'ÉTABLISSEMENTS.	NOMBRE DE COMMUNES où ils sont situés.	VALEURS LOCATIVES.	MONTANT des PATENTES.	VALEUR ANNUELLE des matières premières.	VALEUR des produits fabriqués annuellement.
1ᵉ LAVAGE						
Région du Nord oriental	61	29	32,694ᶠ	7,422ᶠ	12,237,406ᶠ	15,593,11
— du Midi oriental	39	11	25,800	7,750	9,312,987	11,097,80
France orientale	110	40	58,424	15,172	21,550,393	26,992,9
2° FILATURE						
Région du Nord oriental	201	82	473,361	55,662	60,630,785	81,384,8
— du Midi oriental	39	26	57,030	6,872	5,642,030	7,331,3
France orientale	240	108	530,391	62,534	66,272,815	85,615,8
3° FILATURE. TISSAGE. MÉRINOS. CHÂLES						
Région du Nord oriental	44	5	107,220	8,849	11,154,600	17,337,6
— du Midi oriental	42	15	37,890	7,234	6,322,635	9,925,5
France orientale	86	20	145,110	16,083	17,477,235	27,463,6
4° TISSAGE. DRAPS. MÉRINOS. MOLLETON						
Région du Nord oriental	274	37	432,835	66,303	101,400,126	135,747,0
— du Midi oriental (a)	216	52	256,904	39,135	29,413,346	53,349,4
France orientale	490	109	690,739	105,438	130,813,472	189,096,4
5° FO						
Région du Nord oriental	28	13	30,220	2,504	5,200,167	5,378,5
— du Midi oriental	"	"	"	"	"	"
France orientale	28	13	30,220	2,504	5,200,167	5,378,5

(a) Dans ce chiffre les châles sont compris pour une valeur de 12,196,000 francs.

...C...ORIENTALE.

...UL...TION GÉNÉRALE.

II. — ...PRODUITS ANIMAUX.

...ALEUR...	OUVRIERS							MOTEURS						FEUX			MACHINES		
	NOMBRE				SALAIRES			MOULINS			MACHINES à vapeur	CHEVAUX et mulets	NOMBRE	FOUR- NEAUX	FORGES	FOURS	MÉTIERS	AUTRES	MACHINES
	Hommes	Femmes	Enfants	TOTAL	Hommes	Femmes	Enfants	à eau	à vent	à manège									

...LAINE.

...LAVAGE... ET PEIGNERIE.

1,793,1..	2,656	1,179	1,224	5,059	2' 00"	1' 05"	0' 58"	1	.	.	1	.	.	6	1	.	98	72	.
1,097,80..	929	664	140	1,733	2. 12	0. 83	0. 69	3	.	6	1	14	.	82	6	.	10	68	.
3,902,91..	3,585	1,843	1,364	6,792	2. 06	0. 94	0. 63	4	.	6	2	14	.	88	7	.	108	140	.

2° FIL...TURE. FILS DE LAINE.

1,284,68..	8,669	4,744	3,648	17,061	1. 98	0. 99	0. 57	100	1	15	98	37	2	22	4	.	4,194	1,606	608,091
7,331,35..	814	830	831	2,475	1. 66	0. 83	0. 54	35	.	4	4	42	.	18	4	1	611	439	89,206
1,615,8..	9,483	5,574	4,479	19,536	1. 82	0. 91	0. 55	135	1	19	102	79	2	40	8	1	4,805	2,045	697,2.7

CHÂL... STOFFS. MOUSSELINES-LAINE. BONNETERIE.

7,557,8..	2,542	1,376	627	4,545	2. 00	0. 84	0. 57	1	.	.	12	.	.	.	.	.	2,171	50	61,346
3,925,97..	1,850	1,898	890	4,638	1. 77	0. 80	0. 57	54	.	.	1	9	.	24	3	.	1,451	841	.
7,483,8..	4,392	3,274	1,517	9,183	1. 88	0. 82	0. 57	55	.	.	13	9	.	24	3	.	3,622	891	61,346

...ETON... FLANELLE. BONNETERIE. TAPIS. NOUVEAUTÉS.

3,747,03..	19,374	9,522	6,438	35,334	1. 70	0. 93	0. 55	68	.	18	22	47	.	45	3	8	13,327	2,256	2,400
3,349,43..	16,844	8,639	3,704	29,187	1. 85	0. 92	0. 67	106	1	3	20	14	.	88	9	2	7,159	2,919	.
3,096,47..	36,218	18,161	10,142	64,521	1. 82	0. 93	0. 61	254	1	21	42	61	.	133	12	10	20,486	5,175	2,400

5° FO...LERIE.

1,378,5..	97	21	27	145	2. 67	1. 00	0. 60	35	.	.	.	.	.	.	.	.	22	190	.
.	.	.	.	.	.	.	.	.	.	.	.	.	.	.	.	.	.	.	.
1,378,5..	97	21	27	145	2. 67	1. 00	0. 60	35	.	.	.	.	.	.	.	.	22	190	.

RÉGIONS.	NOMBRE D'ÉTABLISSEMENTS.	NOMBRE DES COMMUNES où ils sont situés.	VALEURS LOCATIVES.	MONTANT des PATENTES.	VALEUR ANNUELLE des matières premières.	VALEUR DES PRODUITS fabriqués annuellement.
6° LAINE FILÉE. ÉTOFFES DIVERSES						
Région du Nord oriental.	12	2	36.100ᶠ	4.664ᶠ	19.928.680ᶠ	20.968.550
— du Midi oriental.	11	4	5.450	1.496	385.541	623.350
France orientale.	23	6	41.550	6.162	20.314.221	21.591.916
2° TISSUS						
Région du Nord oriental.	210	31	207.391	44.175	52.208.718	85.057.958
— du Midi oriental (a).	21	13	53.050	4.783	15.449.435	17.384.310
France orientale.	231	44	260.441	48.958	67.658.153	102.442.268
1° MAGNANERIE. 2° FILATURE. 3° TISSAGE						
Région du Nord oriental.	9	8	13.005	1.336	668.800	1.360.512
— du Midi oriental.	983	243	983.379	160.695	231.108.698	401.081.535
France orientale.	992	251	996.384	162.031	231.777.498	402.442.347
TANNERIE. CORROIRIE						
Région du Nord oriental.	98	38	84.113	15.349	6.496.296	11.070.955
— du Midi oriental.	215	57	177.311	24.544	12.571.295	16.611.325
France orientale.	313	95	261.424	39.893	19.067.591	27.658.252
5° POILS ET						
Région du Nord oriental.	16	12	7.280	1.053	1.150.285	1.715.400
— du Midi oriental.	132	5	50.060	9.043	1.351.846	4.538.000
France orientale.	148	17	66.840	10.096	2.502.133	6.253.400

(a) Le te... des tissus mélangés de soie, coton et laine, porte sur une valeur de 12.300.000 francs.

	OUVRIERS.				SALAIRES.			MOTEURS.						FEUX.			MACHINES.		
	NOMBRE.							MOULINS			MACHINES à vapeur.	CHEVAUX et mulets.	BŒUFS.	FOURNEAUX.	FORGES.	FOURS.	MÉTIERS.	AUTRES.	ROULES.
	Hommes.	Femmes.	Enfants.	TOTAUX.	Hommes.	Femmes.	Enfants.	à eau.	à vent.	à manège.									

INE (Suite.)

RSES CHÂLES. (Teinturerie et Impressions.)

95,556	1,124	»	»	1,124	2ᶠ 23ᶜ	»	»	»	»	»	6	»	»	115	»	»	»	468	
23,580	115	13	39	167	2. 41	1ᶠ 50ᶜ	0ᶠ 40ᶜ	»	»	»	7	6	»	40	»	2	41	3,255	»
91,916	1,239	13	39	1,291	2. 33	1. 50	0. 40	»	»	»	13	6	»	155	»	2	41	3,723	

SUS MÉLANGÉS.

57,956	20,397	5,839	3,550	29,786	1. 96	1. 15	0. 66	3	»	»	29	»	»	20	2	»	15,245	215	73,247
84,310	1,422	709	305	2,436	2. 10	1. 12	0. 76	16	»	»	4	10	2	68	5	2	2,567	150	»
142,206	21,819	6,548	3,855	32,222	2. 06	1. 14	0. 71	19	»	»	33	10	2	88	7	2	17,812	355	73,247

SOIE.

SSAGE TISSUS ET RUBANS. 4° BOURRE DE SOIE.

100,515	518	220	297	1,035	2. 02	1. 19	0. 81	»	»	»	3	»	»	»	1	»	480	20	3,840
261,532	108,427	39,688	7,092	155,207	2. 11	1. 01	0. 70	432	3	26	138	652	»	361	4	51	86,156	7,970	3,200
142,347	108,945	39,908	7,389	156,242	2. 06	1. 10	0. 75	432	3	26	141	652	»	361	5	51	86,636	7,990	7,040

PEAUX.

OIRE MÉGISSERIE. CHAMOISERIE. GANTERIE.

376,955	1,385	4,914	67	6,366	2. 09	1. 10	0. 90	13	1	1	2	»	»	11	1	2	»	743	
211,325	2,481	2,218	152	4,851	2. 30	1. 10	0. 85	47	1	62	4	57	3	55	»	»	»	40	»
588,282	3,766	7,132	219	11,117	2. 15	1. 10	0. 87	60	2	63	6	57	3	66	1	2	»	783	»

S ET CRINS (y compris la chapellerie).

715,400	376	278	229	883	2. 10	1. 14	0. 66	5	»	1	»	2	»	»	»	»	46	13	»
538,000	3,063	1,044	13	4,120	2. 93	1. 14	0. 82	»	»	»	»	»	»	7	»	»	1	3	»
253,400	3,439	1,322	242	5,003	2. 51	1. 14	0. 74	5	»	1	»	2	»	7	»	»	47	16	»

RÉGIONS.	NOMBRE D'ÉTABLISSE- MENTS.	NOMBRE DE COMMUNES où ils sont situés.	VALEURS LOCATIVES.	MONTANT des PATENTES.	VALEUR ANNUELLE des matières premières.	VALEUR des produits fabriqués annuellement.

6° SUIF. CIRE

RÉGIONS.	NOMBRE D'ÉTABLISSE- MENTS.	NOMBRE DE COMMUNES	VALEURS LOCATIVES.	MONTANT des PATENTES.	VALEUR des matières premières.	VALEUR des produits.
Région de Nord oriental.............	.	.	.	.	.	.
—— de Midi oriental..............	17	7	18,220	2,307	1,575,618	2,580,675
France orientale.............	17	7	18,220	2,307	1,575,618	2,580,675

7° OS D'ANIMAUX.

RÉGIONS.						
Région de Nord oriental.............	10	10	9,100	983	274,795	423,835
—— de Midi oriental..............	8	6	18,900	1,380	312,610	496,000
France orientale.............	18	16	28,000	2,363	587,405	919,835

8° POISSONS DE MER.

RÉGIONS.						
Région de Nord oriental.............	41	2	6,700	1,240	2,387,577	2,720,821
—— de Midi oriental....	365	7	7,895	1,131	282,660	1,573,139
France orientale.............	406	9	14,595	2,371	2,670,237	4,293,960

9° INDUSTRIES

RÉGIONS.						
Région du Nord oriental.................	34	19	21,270	2,468	1,917,651	2,620,995
—— du Midi oriental (a)...........	25	4	96,410	14,863	1,180,735	1,536,300
France orientale.............	59	23	117,680	17,331	3,098,386	4,157,195

(a) Bouches-du-Rhône Cotol. — Var Saucisse de viande de porc. — Aveyron . Manipulation de fromage.

10° RÉCAPITULATION, PAR CATÉGORIES

1° LAI

RÉGIONS.						
Région de Nord oriental.............	640	188	1,112,360	145,494	210,551,764	276,831,550
—— de Midi oriental.............	337	108	393,074	62,509	51,076,539	82,327,347
France orientale.............	977	296	1,505,434	208,003	261,628,303	359,159,097

	OUVRIERS.							MOTEURS.						FEUX.			MACHINES.		
	NOMBRE.				SALAIRES.			MOULINS.			MACHINES à vapeur.	CHEVAUX et mulets.	BŒUFS.	FOURNEAUX.	FORGES.	FOURS.	MÉTIERS.	AUTRES.	BROCHES.
	Hommes.	Femmes.	Enfants.	TOTAUX.	Hommes.	Femmes.	Enfants.	à eau.	à vent.	à manège.									

Chandelles. Bougies.

	95	103	18	216	3' 11°	1' 10°	0' 81°	»	»	»	»	2	»	»	28	1	»	3	7
	95	103	18	216	2. 11	1. 10	0. 81	»	»	»	»	2	»	»	28	1	»	3	7

Fabrique de noir animal.

	110	10	8	128	1. 95	1. 00	0. 92	»	»	3	1	6	»	11	1	16	»	11	»
	50	70	5	125	2. 06	1. 07	1. 00	1	»	»	7	1	»	23	»	11	1	11	»
	160	80	13	253	2. 00	1. 03	0. 96	1	»	3	8	7	»	34	1	27	1	11	»

Pêche. Saleries. Huileries.

	1,256	54	»	1,316	2. 38	1. 75	»	»	»	»	»	»	»	»	»	»	»	»	»
	1,107	29	139	1,335	2. 12	1. 31	1. 18	»	»	»	»	»	»	»	»	»	»	73	»
	2,423	83	139	2,645	2. 25	1. 53	1. 18	»	»	»	»	»	»	»	»	»	»	73	»

DIVERSES.

	401	153	35	589	2. 13	1. 06	0. 60	3	»	1	4	3	»	21	6	4	24	109	»
	108	283	20	411	2. 50	0. 96	0. 75	»	»	»	»	»	»	»	»	»	»	»	»
	509	436	55	1,000	2. 32	1. 02	0. 70	3	»	1	4	3	»	21	6	4	24	109	»

DES PRINCIPAUX PRODUITS ANIMAUX.

LAITERIE.

	34,662	16,842	11,904	63,268	2. 08	0. 96	0. 57	205	1	33	139	84	2	188	8	8	19,812	4,042	671,837
	20,552	12,044	3,904	38,200	1. 96	0. 98	0. 57	288	1	13	33	85	»	252	22	5	9,272	7,522	89,206
	55,014	28,886	17,568	101,468	2. 02	0. 97	0. 59	493	2	46	172	109	2	440	30	13	29,084	12,164	761,043

RÉGIONS.	NOMBRE D'ÉTABLISSEMENTS.	NOMBRE DE COMMUNES où ils sont situés.	VALEURS LOCATIVES.	MONTANT des PATENTES.	VALEUR ANNUELLE des matières premières.	VALEUR des PRODUITS fabriqués annuellement.	

10° RÉCAPITULATION, PAR CATÉGORIES

2° TISSUS

Région de Nord Oriental	210	31	207,391ᶠ	44,175ᶠ	52,208,718ᶠ	85,057,958ᶠ	0,3
— de Midi Oriental	21	13	53,050	4,783	15,449,435	17,384,310	1,4
FRANCE ORIENTALE	231	44	260,441	48,958	67,658,153	102,442,268	1,8

3° SOIE

Région de Nord Oriental	9	8	13,005	1,336	668,800	1,360,815	5
— de Midi Oriental	983	243	983,579	160,695	231,108,698	401,081,532	8,4
FRANCE ORIENTALE	992	251	996,584	162,031	231,777,498	402,443,347	8,9

4° PEAUX

Région du Nord Oriental	98	38	84,113	15,349	6,496,996	11,076,952	1,3
— de Midi Oriental	215	57	177,311	24,544	12,571,295	16,611,329	2,4
FRANCE ORIENTALE	313	95	261,424	39,893	19,067,591	27,688,281	3,7

5° AUTRES

Région de Nord Oriental	101	43	44,850	5,744	5,730,308	7,481,051	2,1
— de Midi Oriental	547	29	300,485	28,626	5,006,471	11,024,014	4,4
FRANCE ORIENTALE	648	72	345,335	34,370	10,736,779	18,505,065	6,6

RÉCAPITULATION GÉNÉRALE

Région de Nord Oriental	1,058	308	1,461,719	212,098	275,635,886	381,808,328	8,5
— de Midi Oriental	2,103	450	1,807,490	281,157	315,212,438	522,428,732	7,3
FRANCE ORIENTALE	3,161	758	3,269,215	493,255	590,868,334	910,237,058	6,1

	OUVRIERS.							MOTEURS.						FEUX.			MACHINES.		
	NOMBRE.				SALAIRES.			MOULINS.			MACHINES à vapeur.	CHEVAUX et mulets.	BŒUFS.	+ OUVREAUX.	FORGES.	FOURS.	MÉTIERS.	AUTRES.	BROCHES.
	Hommes.	Femmes.	Enfants.	Totaux.	Hommes.	Femmes.	Enfants.	à eau.	à vent.	à manège.									

ES PRINCIPAUX PRODUITS ANIMAUX. (Suite.)

SUS MÉLANGÉS.

	0,397	5,839	3,550	29,786	1ᶠ 90ᶜ	1ᶠ 15ᶜ	0ᶠ 66ᶜ	3	.	.	29	.	.	20	2	.	15,245	215	73,247
310	1,422	709	305	2,436	2. 16	1. 12	0. 76	16	.	.	4	10	2	68	5	2	2,567	150	.
668	1,819	6,348	3,855	32,222	2. 06	1. 14	0. 71	19	.	.	33	10	2	88	7	2	17,812	365	73,247

OIE ...

115	518	220	297	1,035	2. 02	1. 19	0. 81	.	.	.	3	.	.	.	1	.	380	20	3,840
432	8,427	39,688	7,092	155,307	2. 11	1. 01	0. 70	432	3	26	138	652	.	361	4	51	86,156	7,970	3,200
347	8,945	39,908	7,389	156,342	2. 06	1. 10	0. 75	432	3	26	141	652	.	361	5	51	86,636	7,990	7,040

AUX ET CUIRS.

68	1,285	4,914	67	6,266	2. 09	1. 10	0. 90	13	1	1	2	.	1	11	1	2	.	743	.
394	2,481	2,318	152	4,851	2. 20	1. 10	0. 85	47	1	62	4	57	3	55	.	.	.	40	.
81	3,766	7,132	219	11,117	2. 15	1. 10	0. 87	60	2	63	6	57	3	66	1	2	.	783	.

RES PRODUITS.

51	2,143	495	272	2,910	2. 13	1. 08	0. 66	8	.	5	5	11	.	32	7	20	70	122	.
14	4,483	1,529	195	6,207	2. 34	1. 10	0. 91	1	.	.	9	1	.	58	1	11	5	94	.
65	6,626	2,024	467	9,117	2. 24	1. 09	0. 78	9	.	5	14	12	.	90	8	31	75	216	.

LE DES PRODUITS ANIMAUX.

	58,805	28,310	16,150	103,365	2. 05	1. 05	0. 65	229	2	39	178	95	2	251	19	30	35,607	5,742	748,924
	37,365	56,188	13,348	206,901	1. 89	0. 97	0. 67	784	5	101	188	805	5	794	32	69	98,000	15,776	92,806
	96,170	84,498	29,498	310,166	1. 97	1. 01	0. 66	1,013	7	140	366	900	7	1,045	51	99	133,607	21,518	841,330

43

TABLEAU RÉCAPITULATIF DE L'INDUSTRIE DES 43

RANGÉS DANS L'OR(DR

Nota. Les chiffres de la région du Nord ont été augmentés ici par l'adjonction (...) des b(...)

DÉPARTEMENTS.	NOMBRE D'ÉTABLISSEMENTS.	NOMBRE DE COMMUNES où ils sont situés.	VALEURS LOCATIVES.	MONTANT des PATENTES.	VALEUR ANNUELLE des matières premières.	VALEUR DES PRODUITS fabriqués annuellement.	Rom
1° Ain.........	116	60	170,960f	12,5.1f	11,613,912f	15,673,623f	1
2° Aisne.........	305	73	450,717	38,097	21,655,382	32,065,194	11
3° Allier.........	905	421	649,214	43,144	18,370,558	29,504,914	4
4° Alpes (Basses-)...	99	31	16,104	3,283	1,634,810	2,693,174	
5° Alpes (Hautes-)...	66	24	28,900	2,844	2,015,728	2,658,418	
6° Ardèche.........	943	363	489,211	56,765	32,650,112	37,911,826	1
7° Ardennes.........	678	121	960,517	104,188	138,812,507	166,823,867	21
8° Aube.........	133	33	129,060	17,000	15,790,724	25,385,062	7
9° Aude.........	222	51	201,519	23,456	13,900,045	20,301,122	1
10° Aveyron.........	74	19	154,630	26,680	8,356,642	14,008,051	2
11° Bouches-du-Rhône...	842	88	854,049	119,634	112,574,870	146,189,300	10
12° Cantal.........	819	276	125,436	17,931	9,152,913	11,009,544	1
13° Cher.........	39	29	183,325	27,263	5,387,115	9,169,850	
14° Côte-d'Or.........	330	165	563,446	61,595	23,494,450	31,675,430	
15° Doubs.........	148	68	257,739	23,377	14,025,841	20,120,920	
16° Drôme.........	619	266	270,077	50,710	53,584,100	62,429,236	
17° Gard.........	435	111	307,570	83,371	27,195,837	44,584,372	1
18° Hérault.........	717	235	458,290	68,174	53,895,437	69,940,196	
19° Isère.........	653	259	318,897	41,906	21,300,162	37,613,549	

O|RIENTALE.

RE|GÉNÉRAL.

ES| 43 DÉPARTEMENTS DE LA FRANCE ORIENTALE,
OR|DRE ALPHABÉTIQUE.

des Imprimeurs t. lithographes, qui manquaient lors de l'impression du sens précédent.

	OUVRIERS.							MOTEURS.						FEUX.			MACHINES.		
	NOMBRE.				SALAIRES.			MOULINS			MACHINES à vapeur.	CHEVAUX et mulets.	INSECTS.	FOUR-NEAUX.	FORGES.	FOURS.	MÉTIERS.	AUTRES.	AROSES.
	Hommes.	Femmes.	Enfants.	Totaux.	Hommes.	Femmes.	Enfants.	à eau.	à vent.	à manège.									
123°	1,139	761	424	2,324	1f 76c	1f 03c	0f 66c	83	»	7	2	44	2	54	13	25	505	3,619	14,454
94	11,137	5,296	5,235	21,668	1.83	0.86	0.64	5	»	4	60	192	117	107	25	75	7,276	248	156,356
14	4,962	523	521	6,006	1.58	0.76	0.62	879	»	5	21	126	84	111	24	183	80	301	.
74	482	635	284	1,401	1.92	0.76	0.62	44	»	9	1	12	»	54	3	16	417	155	»
18	435	121	100	676	1.71	0.80	0.49	51	»	»	»	12	»	19	5	3	295	59	»
36	2,561	4,812	1,566	8,939	1.53	0.75	0.50	922	»	9	27	224	»	47	5	15	339	805	»
87	21,237	6,458	6,693	34,388	2.19	0.99	0.79	409	»	21	30	29	5	33	292	185	5,552	4,346	189,974
63	7,104	2,870	1,851	11,825	2.34	1.02	0.68	99	6	17	13	77	8	7	6	26	3,835	475	98,220
22	2,800	2,284	877	5,961	1.64	0.65	0.37	63	24	53	2	180	»	47	11	38	966	290	13,022
51	3,984	1,951	451	6,386	2.33	1.03	0.73	61	»	3	7	74	80	42	2	25	934	471	7,008
00	10,318	1,333	1,281	12,932	2.82	1.21	1.09	37	9	135	80	498	13	822	147	249	93	461	4,180
44	2,048	44	34	2,126	1.92	1.36	0.71	777	»	»	»	3	»	16	»	23	40	1,826	.
50	1,878	.225	210	2,311	1.70	0.64	0.55	77	»	4	14	185	24	42	42	33	»	30	.
30	3,285	626	637	4,548	2.06	0.96	0.71	189	2	35	32	153	10	146	34	196	101	285	16,110
20	4,355	1,788	831	6,974	2.15	1.23	0.78	183	1	16	14	55	2	37	94	102	1,204	1,141	16,500
36	1,093	4,319	1,439	7,451	1.94	0.83	0.54	528	1	73	18	137	16	167	17	44	3,999	1,780	4,222
72	13,912	8,636	3,083	25,631	2.23	0.97	0.67	60	29	27	53	459	2	189	15	216	5,410	2,257	.
96	9,442	8,185	3,410	21,037	2.03	0.87	0.74	129	2	64	39	206	3	697	39	56	3,857	2,564	46,750
19	7,999	4,267	1,459	13,725	2.31	1.00	0.68	183	4	1	49	211	»	328	22	50	1,583	1,030	7,410

FRANCE ORIENTALE.

DÉPARTEMENTS.	NOMBRE D'ÉTABLISSE-MENTS.	NOMBRE DE COMMUNES où ils sont situés.	VALEURS LOCATIVES	MONTANT des PATENTES.	VALEUR ANNUELLE des matières premières.	VALEUR DES PRODUITS fabriqués annuellement.	Hou
20° Jura.	61	26	100.920ᶠ	8,759ᶠ	4,074,654ᶠ	7,124,642ᶠ	1.
21° Loiret	654	33	655,237	115,132	84,205,551	130,573,326	24
22° Loiret (Haute-)	27	5	11,570	1,298	1,288,489	2,167,004	
23° Lozère.	12	3	9,360	1,779	1,049,840	1,582,935	
24° Marne	329	43	354,427	71,228	50,431,337	76,294,400	11
25° Marne (Haute-)	131	91	611,715	79,628	16,688,050	26,604,022	3
26° Meurthe.	198	35	338,478	33,657	11,989,201	25,102,233	6
27° Meuse.	175	77	224,680	38,745	15,067,326	21,576,071	5
28° Moselle	198	49	241,307	39,199	14,792,190	26,445,407	8
29° Nièvre	109	47	241,470	37,450	13,551,577	20,842,360	5
30° Nord.	2,416	527	4,154,303	409,450	220,319,660	346,149,036	74
31° Pas-de-Calais	647	55	177,030	19,713	25,264,651	42,502,666	11
32° Puy-de-Dôme.	2,753	15	38,258	2,776	29,070,155	41,122,346	17
33° Pyrénées-Orientales	427	4	154,580	17,954	3,993,175	6,534,339	1
34° Rhin (Bas-).	333	48	217,575	26,680	12,900,174	26,215,313	6
35° Rhin (Haut-)	345	82	888,281	175,739	83,246,024	129,538,988	30
36° Rhône.	329	15	556,905	43,207	165,655,263	327,914,750	118
37° Saône-et-Loire.	1,743	695	745,302	38,063	74,673,458	85,522,981	8
38° Saône (Haute-).	146	101	479,410	58,350	21,516,078	28,191,658	4
39° Seine-et-Marne.	210	63	381,350	27,917	23,554,379	29,673,298	3
40° Var.	421	22	174,844	20,112	6,092,719	10,339,370	2
41° Vaucluse.	474	93	499,523	43,790	31,042,382	37,104,219	2
42° Vosges.	205	67	196,202	23,003	14,627,405	25,384,062	5
43° Yonne.	41	21	55,620	7,929	3,379,120	4,515,409	1
Totaux généraux	20,507	5,014	17,997,998	2,152,655	1,514,453,367	2,282,789,385	467

	OUVRIERS.							MOTEURS.						FEUX.			MACHINES.		
	NOMBRE.				SALAIRES.			MOULINS			MACHINES à vapeur.	CHEVAUX et mulets.	BŒUFS.	FOUR- NEAUX.	FORGES.	FOURS.	MÉTIERS.	AUTRES.	BROCHES.
	Hommes.	Femmes.	Enfants.	TOTAL.	Hommes.	Femmes.	Enfants.	à eau.	à vent.	à manège.									
42	1,050	277	156	1,483	2' 05°	1' 05°	0' 83°	72	.	3	2	12	2	20	27	26	155	153	2,000
26	24,500	21,898	4,304	50,702	2. 32	0. 97	0. 81	189	.	2	71	899	.	246	2,419	180	23,472	4,064	23,560
94	203	214	139	556	2. 18	0. 83	0. 57	20	.	1	.	3	.	9	2	10	25	15	
33	571	362	189	1,122	1. 73	0. 69	0. 53	5	.	.	1	.	.	10	5	.	106	35	1,460
60	11,639	6,468	2,532	20,639	2. 13	1. 20	0. 72	37	.	5	34	35	.	11	2	46	4,058	683	148,520
22	3,914	2,061	681	7,256	2. 14	1. 04	0. 80	145	2	2	7	352	4	83	111	73	63	112	2,250
33	6,852	10,051	1,024	17,927	1. 93	0. 84	0. 57	66	.	18	15	112	44	100	7	93	1,640	297	24,250
71	5,306	1,478	786	7,570	2. 67	0. 94	0. 68	106	1	7	12	307	70	58	38	63	2,054	400	48,888
07	8,147	3,519	1,883	13,549	1. 96	0. 84	0. 63	85	.	7	20	185	84	114	104	104	2,874	850	3,090
60	5,579	224	419	6,222	1. 95	0. 96	0. 82	157	3	3	28	387	103	37	218	203	102	218	
36	74,638	17,936	14,313	106,887	1. 73	0. 86	0. 64	87	294	126	581	1,315	581	849	554	796	28,679	2,047	765,550
58	11,959	6,564	1,953	20,476	2. 01	0. 90	0. 57	45	3	6	47	124	.	121	66	37	5,442	882	68,342
46	17,411	719	1,529	19,659	1. 62	0. 77	0. 64	2,202	.	3	11	2,164	6	56	4	143	274	115	600
39	1,654	115	16	1,785	2. 43	0. 94	0. 83	31	1	98	.	15	.	256	14	133	74	313	8,020
13	6,073	2,815	1,960	10,848	1. 85	0. 83	0. 65	69	.	3	10	51	.	77	220	11	2,508	528	59,400
38	30,473	17,568	12,977	61,018	2. 03	1. 12	0. 60	141	.	9	102	98	4	408	189	126	28,003	9,300	764,216
30	118,173	11,388	6,330	135,891	2. 54	1. 39	0. 90	21	.	1	15	4	.	87	19	26	75,872	405	14,250
31	8,468	462	316	9,246	2. 17	1. 00	0. 80	1,055	77	61	84	132	19	78	17	120	141	150	4,750
58	4,670	2,176	1,528	8,374	1. 86	0. 95	0. 72	175	.	4	17	64	.	66	57	65	3,141	178	44,748
88	3,202	722	723	4,647	2. 72	1. 19	0. 86	70	1	12	8	216	14	31	6	68	200	216	6,000
70	2,592	1,143	325	4,060	2. 25	1. 00	0. 78	24	21	18	14	85	.	139	104	214	.	134	.
9..	2,860	3,306	1,586	7,752	2. 12	1. 02	0. 74	297	6	39	36	156	.	133	8	43	1,669	483	.
3	5,354	3,671	1,397	10,522	1. 97	0. 94	0. 65	174	1	1	8	10	.	55	100	55	4,843	483	128,070
9	1,271	49	89	1,489	1. 95	0. 98	0. 80	22	.	9	2	298	.	7	17	5	23	57	3,600
36	467,250	170,918	87,741	725,909	2. 10	0. 99	0. 72	10,074	488	921	1,585	10,106	1,297	6,086	5,142	4,194	222,820	44,395	2,098,030

FRANCE O |

SOMMAIRE (

TABLEAU RÉCAPITULATIF, PAR NATURE DE PRODUITS, DE L'IN |

NATURE DES PRODUITS.	NOMBRE D'ÉTABLISSEMENTS.	NOMBRE DE COMMUNES où ils sont situés.	VALEURS LOCATIVES.	MONTANT des patentes.	VALEUR ANNUELLE des matières premières.	VALEUR des produits fabriqués annuellement.
SECTION Ire. —PRO						
1° Eaux salées naturelles. Salines. Sel marin. Raffinerie............	56	29	266,388ᶠ	1,149ᶠ	815,122ᶠ	8,217,965ᶠ
2° Carrières. Exploitation.......	1,230	412	241,221	31,476	3,042,933	13,602,152
3° Houille. Extraction.............	160	129	130,120	38,599	4,265,144	19,536,375
4° Houille. Four à coke............	2	2	12,600	262	605,000	706,000
5° Houille. Gas d'éclairage.......	13	12	70,406	5,543	655,115	1,625,846
6° Asphalte. Exploitation..........	6	6	38,400	4,529	157,950	951,000
7° Soufre (Raffinerie de) et poudre à canon......	4	2	3,184	419	1,072,000	2,029,000
8° Terre argileuse. Tuilerie. Briqueterie. Carreaux...............	1,285	436	397,677	45,644	2,750,560	9,343,880
9° Terre argileuse. Faïence. Poterie. Terre à pipe........	51	38	66,040	10,399	1,331,080	3,863,997
10° Porcelaine.......................	13	11	27,060	3,741	954,010	2,489,500
11° Verrerie. Cristaux. Glaces...	99	66	396,445	32,422	10,803,899	30,001,916
12° Fer 1° Minerai. Exploitation. Lavage..	76	54	42,395	4,204	1,156,390	2,796,007
——— 2° Fonte.................	237	195	1,199,309	131,685	33,214,744	48,563,956
——— 3° Bouches à feu. Projectiles. Fonderie. Mécaniques. Ouvrages en fonte........	11	9	57,700	8,261	2,855,158	4,019,492
——— 4° Fonte et fers...............	161	125	1,207,590	165,356	39,183,918	69,541,914
——— 5° Fers en barres et forgés......	126	105	251,361	49,791	16,094,713	23,388,564
——— 6° Fers laminés. Tôle. Fer-blanc..	46	42	218,300	25,285	19,500,548	25,007,591
——— 7° Tréflerie. Clouterie. Chaînes....	115	77	214,100	29,462	16,418,442	21,784,350
——— 8° Fers marchands.................	106	63	204,285	27,548	15,721,775	25,027,580
——— 9° Fers et aciers...............	449	25	68,840	9,027	4,978,320	12,437,642
——— 10° Fer. Acier. Cuivre et bois. Quincaillerie.............	62	1	15,000	3,570	1,953,000	6,760,000
——— 11° Fer. Acier et autres métaux. Armes de guerre..........	1	1	2,150	680	186,938	546,455

O RIENTALE.

RE GÉNÉRAL.

'IN DUSTRIE DES 43 DÉPARTEMENTS DE LA FRANCE ORIENTALE.

RO DUITS MINÉRAUX.

	OUVRIERS							MOTEURS						FEUX			MACHINES	
	POUSSE				SALAIRE			MOULINS			MACHINES à vapeur	CHEVAUX et mulets	BŒUFS	FOURNEAUX	FORGES	FOURS	MÉTIERS	AUTRES
	Hommes	Femmes	Enfants	TOTAL	Hommes	Femmes	Enfants	à eau	à vent	à manège								
.965'	6,775	904	423	8,102	2'23"	0'85"	0'67"	12	2	70	14	318	.	28	7	19		124
.152	11,290	723	915	12,928	1.96	1.04	0.92	30	9	124	13	309	.	53	3	211	17	130
.375	16,347	177	2,454	18,978	2.02	0.97	0.92	1	1	7	173	932	19	2	1	6	7	57
.000	115	13	.	128	1.95	0.90	.	.	.	.	.	3	.	.	.	220		.
.846	241	1	2	244	2.47	1.50	1.00	.	.	.	1	5	.	87	4	27		44
.000	274	.	11	285	2.03	.	0.60	2	.	2	.	34	.	19	2	3	.	1
.000	79	41	11	131	2.93	1.08	1.37	1	.	.	.	1	.	28	.	.	.	.
.880	5,411	972	1,068	7,451	1.93	1.02	0.76	19	11	70	4	261	8	249	3	1,204	156	94
.997	2,164	668	505	3,337	2.04	0.92	0.57	44	1	17	3	68	.	16	2	138	50	334
.500	1,315	229	228	1,772	1.97	0.91	0.47	4	.	7	2	36	2	2	.	29	85	66
.918	11,878	898	1,388	14,164	2.61	1.05	0.78	35	1	30	32	508	48	202	27	222	1,263	39
.007	2,155	8	14	2,177	2.15	1.23	0.75	36	.	1	3	169	.	.	.	.	.	43
.050	9,582	824	775	11,481	2.20	1.15	1.16	225	3	5	71	933	99	286	57	149	4	108
.492	740	9	158	907	2.38	0.67	0.83	11	4	1	13	212	.	24	9	14	11	10
.914	11,491	160	683	12,334	2.42	1.01	1.02	347	.	2	63	815	63	172	315	391	25	241
.564	3,043	133	284	3,460	2.41	1.63	0.88	257	1	1	35	39	.	38	214	125	41	94
.591	2,564	131	333	3,028	2.73	0.94	0.89	71	.	.	12	3	.	17	65	178	2	124
.350	9,935	1,196	2,062	13,193	2.23	0.88	0.76	137	.	1	3	13	.	35	721	52	490	286
.580	5,334	735	942	7,001	2.43	0.92	1.00	137	3	1	10	156	80	22	3	120	22	514
.542	13,775	82	1,386	14,443	3.00	1.30	0.93	40	.	3	11	.	.	63	114	46	24	82
.000	3,250	1,000	1,000	5,250	2.25	0.85	0.50	12	.	.	10	50	.	.	1,550	10	334	.
.433	858	.	.	858	2.00	.	.	.	.	.	1	.	.	.	.	.	.	.

DÉPARTEMENTS.	NOMBRE D'ÉTABLISSE-MENTS.	NOMBRE DE COMMUNES OÙ ils sont situés.	MONTANT des PATENTES.	VALEURS LOCATIVES.	VALEUR ANNUELLE des matières premières.	VALEUR DES PRODUITS fabriqués annuellement.
			Ire SECTION. — PRODUITS			
12° Fer. 12° Fer. Acier, Autres métaux. Armes de classe........	49	1	17,000	3,430	176,113'	1,800,000'
— 13° Construction de machines............	79	48	331,640	39,439	12,508,894	25,668,851
— 14° Fers divers et fers ouvragés........	69	51	168,311	12,370	6,382,434	12,502,165
Récapitulation des fers de toutes sortes.......	1,587	797	4,035,391	488,108	167,432,907	280,324,565
13° Plomb laminé, Tuyaux, Céruse........	13	8	43,070	4,505	1,605,153	2,412,358
14° Cuivre laminé, Objets marchands. Chaudronnerie........	5	5	2,540	537	331,260	487,705
15° Cuivre et Plomb ouvragés....	2	1	7,000	1,114	1,705,400	1,532,700
16° Cuivre, Étain, Canons en bronze....	1	1	»	»	957,677	1,434,101
17° Or, Argent. Fabrique de monnaies........	1	1	1,500	600	20,000	»
18° Métaux divers..........	41	27	46,568	7,979	7,542,336	10,918,251
19° Produits chimiques.........	63	36	386,970	53,073	12,299,619	34,425,100
20° Industries diverses........	34	13	23,830	3,455	704,715	1,438,122
			2e SECTION. — PRO			
1° Céréales (Moulins à)............	5,997	1,672	2,792,568	172,948'	295,014,346'	328,909,569'
2° Orge, Bière........	2,803	474	602,207	102,366	33,347,642	56,020,650
3° Céréales. Distillerie. Genièvre. Alcool........	46	30	59,870	7,345	1,107,384	1,518,608
4° Distillerie. Alcool. Liqueurs........	821	302	378,778	60,090	30,615,709	35,048,134
5° Betteraves. Mélasse. Alcool........	1	1	4,850	736	300,000	390,000
6° Froment, Pommes de terre. Féculerie, Pâtes. Vermicelles........	19	14	28,065	3,165	3,284,065	4,080,844
7° Olives, Huile........	187	34	63,850	8,207	2,233,225	3,209,508
8° Graines oléagineuses. Huile........	779	277	395,255	55,508	35,603,083	41,497,272
9° Huile. Soude, Potasse Savon. Sel (Raffinerie de)........	55	11	207,580	32,316	37,076,322	40,467,035
10° Chicorée torréfiée, moulue........	21	12	18,340	3,043	460,535	1,082,900
11° Sucre indigène (Fabrique de)........	204	151	652,057	49,090	7,383,879	19,183,419
12° Sucre indigène et exotique (Raffinerie de)........	16	7	104,400	15,857	37,987,505	44,633,521
13° Garance en poudre. Garancine........	33	15	76,520	12,183	9,312,820	11,422,580
14° Vins mousseux (Fabrique de)........	19	6	101,840	11,513	5,025,488	10,743,710
15° Papeterie. Papiers divers........	152	107	256,941	34,927	9,189,100	17,509,782
16° Imprimerie. Impressions diverses........	350	181	253,451	30,171	3,172,605	8,102,316

	OUVRIERS.							MOTEURS.						FEUX.			MACHINES.	
	NOMBRE.				SALAIRES.			MOULINS.			MACHINES à vapeur.	CHEVAUX et mulets.	BŒUFS.	FOUR-NEAUX.	FORGES.	FOURS.	MÉTIERS.	AUTRES.
	Hommes.	Femmes.	Enfants.	TOTAL.	Hommes.	Femmes.	Enfants.	à eau.	à vent.	à manège.								
MINÉRAUX. (Suite.)																		
000	1,200	300	200	2,000	2f 00c	0f 75c	0f 60c	12	»	»	»	12	»	»	500	»	»	»
851	7,773	157	442	8,372	3.09	0.85	0.97	24	1	6	58	36	»	85	449	121	64	1,227
163	5,372	825	986	7,183	2.54	1.00	0.71	77	1	2	18	94	28	26	388	85	188	1,413
503	77,662	5,560	9,465	92,687	2.37	0.96	0.89	1,386	13	23	298	2,532	270	768	4,753	1,291	1,405	4,144
338	345	»	26	371	2.44	»	0.92	»	»	3	13	5	»	»	»	»	»	13
785	111	2	12	125	2.43	0.75	1.05	4	»	»	»	»	»	19	1	16	»	2
700	50	»	»	50	2.75	»	»	»	»	»	»	»	»	14	3	»	»	16
101	95	»	»	95	1.57	»	»	»	»	»	1	»	»	»	»	5	»	»
	80	»	»	80	2.50	»	»	»	»	»	1	»	»	4	»	21	»	14
251	1,495	171	187	1,853	2.43	0.88	0.65	47	»	4	12	25	»	40	22	92	»	185
100	3,657	118	119	3,894	1.99	0.97	0.78	4	2	45	22	250	»	696	42	165	»	59
122	385	52	119	556	2.20	1.02	0.75	5	»	1	»	8	»	19	20	5	73	295
PRODUITS VÉGÉTAUX.																		
509	10,991	309	137	11,437	2.03	1.12	0.82	6,386	96	6	33	2,433	24	66	»	2	5	2,192
050	8,002	6	3	8,011	2.20	1.02	1.00	»	»	13	5	68	1	208	»	31	»	13
608	162	»	»	162	1.65	»	»	2	»	1	2	4	»	16	»	3	»	260
134	1,833	48	4	1,885	2.16	1.09	1.00	39	27	»	2	21	»	706	»	168	»	336
000	40	»	»	40	2.00	»	»	»	»	»	1	»	»	10	»	»	»	»
844	384	144	43	571	2.30	0.83	0.77	11	»	16	10	47	13	16	»	2	4	31
508	1,717	10	8	1,735	3.03	1.08	1.58	21	»	161	»	203	6	182	»	»	8	126
272	2,091	88	35	2,214	1.89	1.66	0.60	338	185	66	51	50	»	100	11	13	7	138
035	619	»	26	645	2.22	»	0.89	»	»	»	»	»	»	227	»	»	»	17
000	186	203	36	425	1.63	0.54	0.67	»	»	15	3	18	3	36	»	1	»	19
419	9,220	3,327	1,834	14,381	1.56	0.86	0.69	11	7	46	179	720	676	306	29	169	»	230
221	1,192	16	60	1,268	2.42	1.04	1.12	»	1	5	29	16	»	41	1	5	»	9
380	296	64	13	373	2.32	1.01	1.37	18	»	»	2	»	»	40	»	»	»	223
710	392	70	»	462	2.03	1.27	1.00	»	»	»	»	»	»	»	»	»	»	50
783	3,251	4,334	1,018	8,593	1.81	0.81	0.57	287	1	1	25	31	8	122	18	6	19	456
310	2,933	157	363	3,453	2.66	1.20	0.76	1	»	1	2	»	»	3	»	»	»	783

44

DÉPARTEMENTS.	NOMBRE D'ÉTABLISSEMENTS.	NOMBRE DE COMMUNES où ils sont situés.	VALEURS LOCATIVES.	MONTANT des PATENTES.	VALEUR annuelle des matières premières.	VALEUR des produits fabriqués annuellement.
II° SECTION. — PRODUITS						
17° Lithographie. Objets variés..............................	169	83	84,312ᶠ	5,810ᶠ	545,848ᶠ.	1,465,610ᶠ
18° Bois et Fer. Constructions navales.....	30	16	7,460	1,054	1,738,943	2,770,738
19° Coton. 1° Ouate........................	1	1	1,000	250	15,000	35,000
— 2° Filature. Fils....	232	124	961,091	129,837	47,300,036	77,175,460
3° Coton filé. Fils retors....	2	2	8,040	365	252,000	312,000
3° Tissus. Molleton. Couvertures. Calicots. Mouchoirs. Mousseline.............	217	115	225,920	52,320	36,790,336	63,202,362
5° Bonneterie................	9	3	4,050	1,373	1,217,819	4,691,625
6. Passementerie...............	2	1	750	119	93,800	175,000
7° Tulle..................	15	10	30,880	1,033	4,872,053	11,046,401
8° Tulle. Machines (Fabrique de).....	1	1	1,500	247	45,560	540,300
9° Dentelles...............	1	1	200	60	5,440	20,100
10° Broderies..............	25	3	7,130	2,318	344,077	2,068,500
11° Blanchisserie. Apprêts.....	24	9	38,560	7,126	980,440	3,067,200
12° Teinturerie et impressions de tissus.....	30	9	22,508	4,200	2,858,325	4,269,000
13° Tissus. Batiste (Impressions de).........	23	12	79,640	12,721	7,853,540	12,568,005
20° Chanvre. Cordages.......	17	5	6,180	1,333	373,621	495,800
21° Chanvre et Lin. 1° Filature. Fils.....	66	24	314,390	21,549	14,758,390	24,315,936
2° Tissage. Toiles. Coutils. Lacets et Teinturerie.....	70	30	174,042	14,352	6,961,443	13,031,500
3° Dentelles.....	2	2	1,500	224	8,200	262,100
4° Blanchisserie de tissus.....	3	3	1,840	373	36,485	103,800
5° Toiles cirées.....	1	1	700	77	30,000	40,000
22° Lin et Coton. 1° Filature. Fils.....	1	1	3,000	411	83,325	144,015
2° Tissage. Toiles de fil, de lin et de coton. Rubans. Tissus divers.....	31	1	38,980	3,133	2,907,979	4,055,340
3° Fils et tissus (Blanchisserie de).....	17	8	61,980	5,570	12,381,243	14,193,168
23° Lin, Chanvre et Coton. Toiles cirées............	3	2	2,650	781	237,125	342,150
24° Coton et Laine. 1° Filature. Fils............	9	9	61,844	4,982	3,073,205	6,535,701
2° Tissage. Couvertures. Bonneterie.....	9	7	28,110	7,078	6,604,600	9,639,030
3° Teinturerie d'étoffes. Impressions de tissus................	16	7	102,100	22,183	18,398,350	26,175,457
4° Blanchisserie. Apprêt..............	2	2	14,800	4,991	61,398	168,000

VÉGÉTAUX. (Suite.)

VALEUR des produits fabriqués millésimes	OUVRIERS. NOMBRE. Hommes.	Femmes.	Enfants.	TOTAUX.	SALAIRES. Hommes.	Femmes.	Enfants.	MOTEURS. MOULINS. à eau.	à vent.	à manége.	MACHINES à vapeur.	CHEVAUX et mulets.	BŒUFS.	FEUX. FOURNEAUX.	FORGES.	FOURS.	MACHINES. MÉTIERS.	AUTRES.	BROCHES.
665,017	642	51	114	807	2f 87c	1f 28c	0f 88c	»	»	»	»	»	»	»	»	»	»	423	»
770,738	899	»	87	977	2.46	»	0.93	»	»	»	»	»	»	»	»	»	»	»	»
55,000	10	»	8	18	1.50	»	0.75	»	»	»	»	»	»	»	»	»	»	7	»
173,480	14,075	12,750	9,985	36,810	1.90	0.97	0.57	164	1	»	148	15	»	6	»	»	9,262	3,910	1,679,044
312,000	45	28	5	78	2.30	1.17	0.60	»	»	»	1	1	»	5	»	»	48	»	9,500
902,342	33,508	23,357	10,789	66,648	1.69	0.92	0.53	66	»	2	21	13	»	78	9	2	47,406	1,362	37,936
091,625	5,165	2,010	750	3,925	1.87	0.90	0.70	»	»	»	»	»	»	»	»	»	2,321	275	»
175,000	110	63	47	220	1.67	1.05	0.53	»	»	»	»	»	»	»	»	»	97	»	»
046,401	6,442	4,148	50	10,049	2.10	1.02	0.50	»	»	»	5	»	»	»	4	»	5,007	1	»
548,500	40	15	5	60	1.50	0.75	»	»	»	1	»	»	1	2	»	»	16	3	»
90,100	»	150	250	400	»	0.50	0.25	»	»	»	»	»	»	»	»	»	»	»	»
663,500	»	6,040	100	6,140	»	0.85	0.50	»	»	»	»	»	»	»	»	»	»	»	»
067,200	683	786	47	1,516	1.66	1.05	0.81	3	»	12	15	20	»	13	»	»	»	147	»
209,000	747	396	507	1,550	2.01	1.27	0.61	3	»	4	2	10	»	52	»	»	296	242	»
303,006	1,874	965	1,049	3,888	2.93	1.46	0.54	7	»	5	9	16	8	76	2	»	290	1,018	»
495,500	94	»	70	164	2.11	»	0.94	»	»	»	1	»	»	2	»	»	»	36	»
315,936	2,827	1,876	1,337	6,040	1.90	1.03	0.75	4	»	1	33	5	6	21	6	»	1,225	318	37,800
631,590	4,118	1,782	954	6,854	1.86	0.86	0.62	7	2	2	9	18	»	73	8	1	3,438	180	2,712
262,100	»	500	1,040	1,560	»	1.04	0.33	»	»	»	»	»	»	»	»	»	»	»	»
103,500	22	3	5	30	1.60	1.00	0.75	1	»	»	1	5	»	4	»	»	»	13	»
40,000	5	»	»	5	1.50	»	»	»	»	»	»	»	»	»	»	»	»	»	»
144,012	11	48	17	76	2.20	1.15	0.62	1	»	»	»	»	»	»	2	»	45	4	»
855,340	1,647	655	797	3,099	1.49	0.77	0.53	»	»	5	»	9	»	6	»	»	1,477	12	»
193,185	731	231	99	1,061	1.73	0.93	0.81	1	»	1	4	18	»	39	2	»	40	81	»
342,150	130	20	14	164	2.00	1.25	1.00	»	»	»	»	»	»	»	»	»	»	»	»
535,701	2,202	1,075	702	3,979	2.04	1.04	0.61	2	»	»	8	»	»	»	1	»	2,793	79	69,602
539,030	2,158	1,795	1,301	5,254	1.65	0.83	0.45	6	»	3	3	4	»	2	»	»	5,472	131	»
175,437	3,919	1,602	1,947	6,968	1.79	1.26	0.66	14	»	3	13	49	»	75	3	»	314	2,610	»
168,000	105	25	10	140	1.75	0.85	0.75	5	»	»	»	»	»	10	»	»	40	»	»

44.

DÉPARTEMENTS.	NOMBRE D'ÉTABLISSE-MENTS.	NOMBRE DE COMMUNES où ils sont situés.	VALEURS LOCATIVES.	MONTANT des PATENTES.	VALEUR ANNUELLE des matières premières.	VALEUR des produits fabriqués annuellement.	
2ᵉ SECTION. — PRODU							
24ᵉ Coton et Laine. 3ᵉ Tissage. Étoffes, Rubans...........	15	10	23,032ᶠ	5,115ᶠ	4,256,100ᶠ	7,262,000ᶠ	3
25ᵉ Coton, Laine et Lin, Tissus divers.....................	2	1	"	"	120,792	168,875	
26ᵉ Coton Soie. 1ᵉ Tissus. Peluches. Châles. Mouchoirs. Gants. Filoselle...........	8	1	5,440	1,813	966,900	1,825,000	
—— 2ᵉ Teinturerie.....................	1	"	2,630	640	2,215,900	2,389,750	
27ᵉ Coton, Laine et Soie. 1ᵉ Tissage. Fils........	39	4	26,890	6,905	3,736,716	7,696,400	3
—— 2ᵉ Impressions............	2	2	5,300	907	3,565,000	4,830,000	
28ᵉ Coton, Laine. Poils de chèvre. Tissus. Couvertures........	1	1	600	86	22,500	37,500	
29ᵉ Récapitulation générale des tissus. 1ᵉ Chanvre et Lin......	159	65	498,632	37,908	22,168,139	38,219,226	7,
29ᵉ —— 2ᵉ Coton........	582	291	1,401,289	211,669	102,727,746	180,167,179	50,
30ᵉ Tissus mélangés.....................	156	66	361,396	64,393	58,568,633	85,462,409	17,
31ᵉ Industries diverses.....................	119	62	113,028	12,348	6,096,959	12,331,636	1,
3ᵉ SECTION. — PRODU							
1ᵉ Laine. 1ᵉ Lavage et Peignerie................	110	40	56,424	13,172	21,550,303	26,992,919	3,
—— 2ᵉ Filature. Fils de laine............	240	108	530,391	63,534	66,272,815	88,615,846	9,
—— 3ᵉ Filature. Tissus. Mérinos. Châles. Stoffs, etc...	86	20	143,110	16,683	17,477,235	27,463,429	4,
—— 4ᵉ Tissus. Draps Mérinos. Molletons, etc...	490	109	699,730	105,458	130,813,472	189,096,471	36,
—— 5ᵉ Foulerie.....................	28	13	30,326	2,594	5,200,167	5,378,585	
—— 6ᵉ Laine filée. Étoffes diverses. Châles, etc...	23	6	41,550	6,162	29,314,221	31,591,918	1,
2ᵉ Tissus mélangés.....................	231	44	260,441	48,958	67,658,153	102,442,268	21,
3ᵉ Soie 1ᵉ Magnanerie. 2ᵉ Filature. 3ᵉ Tissus. 4ᵉ Bourre de soie.	992	251	996,584	162,031	231,777,498	402,442,347	108,
4ᵉ Peaux. Tannerie. Corroirie. Mégisserie. Chamoiserie. Ganterie.	313	95	261,424	39,893	19,067,591	27,668,281	3,
5ᵉ Poils et Crins (y compris la chapellerie.)............	148	17	66,840	10,098	2,503,133	6,233,409	3,
6ᵉ Suif. Cire. Chandelles. Bougies............	17	7	18,220	2,307	1,878,618	2,880,673	
7ᵉ Os d'animaux. Fabrication de noir animal........	18	16	25,000	2,363	587,405	919,835	
8ᵉ Poissons de mer. Pêche. Saleries. Huileries............	406	9	14,595	2,371	2,070,337	4,293,060	2,
9ᵉ Industries diverses..............	59	23	117,660	17,531	3,098,386	4,157,195	

RÉCAPITULATION DES PRINCIPAUX PRO

	NOMBRE D'ÉTABLISSE-MENTS.	NOMBRE DE COMMUNES où ils sont situés.	VALEURS LOCATIVES.	MONTANT des PATENTES.	VALEUR ANNUELLE des matières premières.	VALEUR des produits fabriqués annuellement.	
1ᵉ Laineries.....................	977	296	1,505,434	208,003	261,628,303	350,150,097	55,
2ᵉ Tissus mélangés.....................	231	44	260,441	48,958	67,658,153	102,442,268	21,
3ᵉ Soieries.....................	992	251	996,584	162,031	231,777,498	402,442,347	108,
4ᵉ Peaux et Crins.....................	313	95	261,424	39,893	19,067,591	27,668,281	3,
5ᵉ Autres produits.....................	648	72	245,335	34,370	10,735,779	18,505,065	6,

PRODUITS VÉGÉTAUX. (Suite.)

	OUVRIERS							MOTEURS						FEUX			MACHINES		
	NOMBRE				SALAIRES			MOULINS			MACHINES à vapeur	CHEVAUX et mulets	BŒUFS	FOUR-NEAUX	FORGES	FOURS	MÉTIERS	AUTRES	BROCHES
	Hommes	Femmes	Enfants	TOTAUX	Hommes	Femmes	Enfants	à eau	à vent	à manège									
2,000	3,060	1,325	1,615	6,200	1f 44c	1f 05c	0f 48c	1		1				6	1		3,212	454	
1,875	60	23	9	92	1.13	0.60	0.50										60		
,000	285	275	140	700	2.37	1.18	0.40			1	3	3	2	13		1	402	80	
,750	30	3		33	4.00	2.50				1	1	1		2					
,400	3,109	1,511	2,155	6,775	2.36	0.96	0.62							13				2,911	160
,000	859	225	530	1,614	2.53	1.00	0.50	2			3	4	4	3	1	1		531	
,300	8	15	6	29	2.00	1.00	0.50			1		2					3	5	
,230	7,066	4,221	3,406	14,693	1.91	0.95	0.70	12	2	3	44	28	6	100	14	1	4,663	547	60,518
,179	59,693	50,668	23,601	133,902	2.16	1.03	0.57	143	1	24	302	78	9	330	58	6	64,633	6,965	1,720,580
,409	17,814	9,028	9,342	36,184	2.00	1.03	0.53	32		15	35	90	6	171	10	2	16,759	4,147	69,602
,606	1,896	3,319	1,176	6,391	1.84	0.96	0.73	52	21	3	5	49		55	52	40	26	204	

PRODUITS ANIMAUX.

	Hommes	Femmes	Enfants	TOTAUX	Hommes	Femmes	Enfants	à eau	à vent	à manège	Mach. vapeur	Chevaux	Bœufs	Four.	Forges	Fours	Métiers	Autres	Broches
,919	3,585	1,843	1,364	6,792	2.06	0.94	0.63	4		6	2	14		88	7		108	140	
,846	9,483	5,574	4,479	19,536	1.82	0.91	0.55	135	1	19	102	79	2	40	8	1	4,805	2,045	697,297
,430	4,392	3,274	1,517	9,183	1.88	0.82	0.57	55			13	9		24	3		3,022	891	61,346
,471	36,218	18,161	10,142	64,521	1.82	0.93	0.61	264	1	21	42	61		133	12	10	20,486	5,175	2,400
,525	97	21	27	145	2.47	1.00	0.60	35									22	190	
,916	1,239	13	32	1,291	2.33	1.50	0.40				13	6		155		2	41	3,723	
,208	21,819	6,548	3,855	32,222	2.06	1.14	0.71	19			33	10	2	88	7	1	17,812	365	73,347
,347	108,945	39,908	7,389	156,242	2.06	1.10	0.75	432	3	26	141	652		361	5	51	86,636	7,990	7,040
,281	3,766	7,132	219	11,117	2.15	1.10	0.87	60	2	63	6	57	3	66	1	2		783	
,400	3,439	1,322	242	5,003	2.51	1.14	0.74	5		1		2		7			47	16	
,675	95	103	18	216	2.11	1.10	0.81				2			28	1		3	7	
,535	160	80	13	253	2.00	1.03	0.90	1			3	7		34	1	27	1	11	
,960	2,423	83	139	2,645	2.25	1.53	1.18											73	
,195	509	436	55	1,000	2.32	1.02	0.70	3		1	4	3		21	6	4	24	109	

UX PRODUITS ANIMAUX.

	Hommes	Femmes	Enfants	TOTAUX	Hommes	Femmes	Enfants	à eau	à vent	à manège	Mach. vapeur	Chevaux	Bœufs	Four.	Forges	Fours	Métiers	Autres	Broches
,097	55,014	28,886	17,568	101,468	2.02	0.97	0.57	493	2	46	172	169	2	440	30	13	29,084	12,164	761,043
,168	21,819	6,548	3,855	32,222	2.06	1.14	0.71	19			33	10	2	88	7	2	17,812	365	73,347
,347	108,945	39,908	7,389	156,242	2.06	1.10	0.75	432		26	141	652		361	7	2	86,636	365	73,347
,281	3,766	7,132	219	11,117	2.15	1.10	0.87	60	2	63	6	57	3	66	1	2		783	
,065	6,626	2,024	467	9,117	2.24	1.09	0.78	9		5	14	12		90	8	31	75	216	

SOMMAIRE G

DE L'INDUSTRIE MANUFACTURIÈRE ET DES EX

COMPR

LES 45 DÉPARTEMENTS L'I

DIVISÉ PAR NATURE D PR

NATURE DES PRODUITS.	NOMBRE D'ÉTABLISSEMENTS.	NOMBRE DE COMMUNES où ils sont situés.	VALEURS LOCATIVES.	MONTANT des PATENTES.	VALEUR ANNUELLE des matières premières.	VALEUR DES PRODUITS fabriqués annuellement.	Hom
PRODUITS MINÉRAUX	4,606	2,033	6,305,451	754,853	219,023,889	435,230,933	139,
— VÉGÉTAUX	13,780	3,877	8,523,339	934,947	704,561,154	944,321,595	131,
— ANIMAUX	3,101	758	3,269,218	493,255	590,868,324	910,237,058	196,
TOTAUX GÉNÉRAUX	20,587	6,667	17,997,998	2,183,655	1,514,453,367	2,282,789,586	467,

RÉCAPITULATION GÉNÉRALE DES TISSUS AB

TISSUS DE CHANVRE ET DE LIN	159	65	498,652	57,908	22,168,139	38,219,226	7,0
— DE COTON ET MÉLANGÉS	738	337	1,762,685	275,032	161,396,379	265,628,588	77,5
— DE LAINE ET MÉLANGÉS	1,208	340	1,765,875	236,965	329,286,456	461,601,385	78,8
— DE SOIE	992	251	996,584	162,057	251,777,498	402,452,947	106,9
TOTAUX GÉNÉRAUX	3,097	1,013	5,023,796	732,962	764,528,472	1,167,901,226	270,3

GÉNÉRAL

DES EXPLOITATIONS DE LA FRANCE ORIENTALE

(PRESANT)

À L'EST DU MÉRIDIEN DE PARIS,

DE PRODUITS INDUSTRIELS.

	OUVRIERS.							MOTEURS.						FEUX.			MACHINES.		
	NOMBRE.				SALAIRES.			MOULINS			MACHINES à vapeur.	CHEVAUX et mulets.	BŒUFS.	FOUR-NEAUX.	FORGES.	FOURS.	MÉTIERS.	AUTRES.	BROCHES.
	Hommes.	Femmes.	Enfants.	TOTAUX.	Hommes.	Femmes.	Enfants.	à eau.	à vent.	à manège.									
.933	139,769	10,529	16,933	167,231	2ᶠ 29ᵖ	1ᶠ 00ᵖ	0ᶠ 82ᵖ	1,614	40	405	389	5,346	339	2,306	4,893	3,646	5,056	5,626	»
595	131,311	75,891	41,310	248,512	2. 03	0. 96	0. 67	7,447	441	376	630	3,860	951	2,735	198	449	86,157	17,241	1,856,700
058	196,170	84,498	29,498	310,166	1. 97	1. 01	0. 66	1,013	7	140	366	900	7	1,045	51	99	133,607	21,551	841,330
586	467,250	170,918	87,741	725,909	2. 10	0. 99	0. 72	10,074	488	921	1,385	10,106	1,297	6,086	5,142	4,194	222,820	44,398	2,698,030

US FABRIQUÉS DANS LA FRANCE ORIENTALE.

	OUVRIERS.							MOTEURS.						FEUX.			MACHINES.		
226	7,066	4,221	3,406	14,693	1. 91	0. 95	0. 79	12	2	3	44	24	6	100	14	1	4,663	547	60,518
388	77,507	59,636	32,943	170,086	2. 08	1. 03	0. 55	275	1	39	237	168	15	501	68	8	81,412	11,112	1,796,182
165	76,833	35,434	21,423	133,590	2. 04	1. 05	0. 64	512	2	46	205	179	4	528	37	15	46,896	12,529	834,290
347	108,945	39,908	7,389	156,242	2. 06	1. 10	0. 75	432	3	26	141	652	»	361	5	51	86,636	7,990	7,040
186	270,351	139,199	65,161	474,711	2. 02	1. 03	0. 66	1,231	8	114	627	1,027	25	1,490	124	75	219,607	32,178	2,698,030

SUPPLÉMENT A LA STATISTIQUE

ARTICLES OMIS

IMPRIMERIES

DÉPARTEMENTS.	NOMBRE D'ÉTABLISSEMENTS.	NOMBRE DE communes où ils sont situés.	VALEURS LOCATIVES.	MONTANT des PATENTES.	VALEUR ANNUELLE des matières premières.	VALEUR DES PRODUITS fabriqués annuellement.
1° Nord (*)	26	13	19,560	1,567	182,822	413,519
2° Pas-de-Calais	19	9	13,210	1,560	85,530	214,000
3° Ardennes	14	7	7,176	1,056	71,962	137,580
4° Meuse	10	6	5,880	682	106,300	200,705
5° Moselle	9	4	7,775	750	190,460	504,900
6° Bas-Rhin	11	5	10,850	1,323	235,785	666,020
7° Haut-Rhin	10	7	8,250	1,035	45,201	140,825
8° Doubs	2	1	2,250	343	66,000	150,000
9° Jura	9	5	4,540	375	60,850	121,000
10° Aisne	12	7	9,900	1,081	83,009	310,000
11° Marne	14	6	14,240	1,486	155,250	331,000
12° Meurthe	13	9	8,130	973	186,346	410,350
13° Seine-et-Marne	10	8	10,390	787	234,824	504,455
14° Aube	9	5	8,600	594	154,400	464,000
15° Haute-Marne	6	4	3,810	390	18,960	53,400
16° Vosges	13	9	5,680	501	142,475	364,250
17° Yonne	7	5	6,990	537	27,020	110,080
18° Côte-d'Or	8	4	5,700	574	102,470	270,300
19° Haute-Saône	2	2	2,850	230	7,602	25,300
20° Cher	3	3	3,650	365	48,150	101,054
21° Nièvre	6	4	4,000	502	24,407	90,250
TOTAUX	215	123	163,341	17,022	2,349,029	5,659,227

(*) Moins la ville de Lille.

UE DE LA RÉGION DU NORD ORIENTAL.

OMIS DANS LE TOME 1er.

	OUVRIERS.							MOTEURS.						FEUX.			MACHINES.	
	NOMBRE.				SALAIRES.			MOULINS			MACHINE à vapeur.	CHEVAUX et mulets.	RÉCPT.	FOUR NEAUX	FORGES	FOURS	METIERS	AUTRES
	Hommes.	Femmes.	Enfants.	TOTAUX.	Hommes.	Femmes.	Enfants.	à eau.	à vent.	à manège.								

Livres, Journaux, etc.

	Hommes	Femmes	Enfants	Totaux	Hommes	Femmes	Enfants											Autres
510'	174	,	35	209	2' 25"	,	0' 60"	,	,	,	,	,	,	,	,	,	,	,
900	118	2	36	156	3. 02	1' 00"	0. 72	,	,	,	,	,	,	,	,	,	,	70
580	59	,	2	61	2. 50	,	,	,	,	,	,	,	,	,	,	,	,	4''
705	65	2	19	86	3. 25	1. 50	0. 86	,	,	,	,	,	,	,	,	,	,	24
900	215	18	22	255	3. 18	1. 05	0. 60	,	,	,	,	,	,	,	,	,	,	37
020	180	4	16	200	3. 20	2. 00	0. 62	,	,	,	,	,	,	,	,	,	,	33
525	61	,	16	77	2. 38	,	0. 54	,	,	,	,	,	,	,	,	,	,	39
000	42	1	,	43	2. 75	1. 00	,	,	,	,	,	,	,	,	,	,	,	45
000	56	8	6	70	2. 75	1. 25	1. 50	,	,	,	,	,	,	,	,	,	,	6
000	89	,	20	109	2. 45	,	0. 75	,	,	,	,	,	,	,	,	,	,	32
000	142	2	21	165	3. 25	1. 00	1. 12	,	,	,	,	,	,	,	,	,	,	37
550	115	15	26	156	2. 00	1. 40	0. 65	,	,	,	,	,	,	,	,	,	,	70
425	94	5	15	114	3. 40	1. 31	0. 75	1	,	1	1	2	,	1	,	,	,	43
900	92	13	32	137	2. 65	1. 25	0. 80	,	,	,	,	,	,	,	,	,	,	42
469	22	,	2	24	2. 25	,	,	,	,	,	,	,	,	,	,	,	,	,
250	160	1	7	168	3. 25	1. 00	0. 80	,	,	,	,	,	,	,	,	,	,	18
080	35	1	5	41	3. 00	,	0. 75	,	,	,	,	,	,	,	,	,	,	23
300	83	2	9	94	2. 92	1. 25	1. 00	,	,	,	,	,	,	,	,	,	,	14
200	11.	,	,	11	3. 75	,	,	,	,	,	,	,	,	,	,	,	,	27
094	36	,	2	38	2. 47	,	0. 55	,	,	,	,	,	,	,	,	,	,	4
250	40	3	8	51	2. 50	1. 00	0. 50	,	,	,	,	,	,	,	,	,	,	11
227																		19
	1,889	77	299	2,265	3. 02	1. 23	0. 82	1	,	1	1	2	,	1	,	,	,	653

LITHOGRAPHIE

DÉPARTEMENTS.	NOMBRE D'ÉTABLISSEMENTS.	NOMBRE DE COMMUNES où ils sont situés.	VALEURS LOCATIVES.	MONTANT des PATENTES.	VALEUR ANNUELLE des matières premières.	VALEUR DES PRODUITS fabriqués annuellement.
1° Nord.	13	6	7,357ᶠ	881ᶠ	30,022ᶠ	76,020ᶠ
2° Pas-de-Calais	6	5	2,810	295	10,316	29,041
3° Ardennes	8	4	2,750	459	20,350	51,220
4° Meuse	2	2	380	12	3,300	5,000
5° Moselle	7	1	3,100	427	30,550	67,000
6° Bas-Rhin	6	4	6,670	181	23,680	54,500
7° Haut-Rhin	16	9	9,800	1,068	51,045	135,645
8° Doubs	5	1	5,650	402	102,172	308,738
9° Jura	2	2	830	5	5,159	10,000
10° Aisne	11	5	5,750	669	24,579	87,750
11° Marne	6	4	3,725	211	36,550	107,500
12° Meurthe	5	2	1,560	166	6,812	36,200
13° Seine-et-Marne	4	3	1,500	307	11,500	20,500
14° Aube	3	2	1,300	37	6,000	12,000
15° Haute-Marne	3	3	1,720	86	6,460	12,200
16° Vosges	2	2	680	39	2,414	6,300
17° Yonne	4	2	4,300	366	7,621	21,375
18° Côte-d'Or	6	3	2,010	192	16,815	40,000
19° Haute-Saône	3	3	"	20	2,025	5,450
20° Cher	2	1	"	"	11,050	21,745
21° Nièvre	4	4	1,120	129	5,255	13,450
Totaux	118	68	62,752	5,942	411,975	1,135,300

* Moins la ville de Lille.

PHIE Objets divers.

VALEUR PRODUITS fabriqués utilisés.	OUVRIERS							MOTEURS						FEUX			MACHINES	
	NOMBRE				SALAIRES			MOULINS			MACHINES à vapeur	CHEVAUX et mulets	RENF. FR.	FOURNEAUX	FORGES	FOURS	MÉTIERS	AUTRES
	Hommes.	Femmes.	Enfants.	TOTAL.	Hommes.	Femmes.	Enfants.	à eau.	à vent.	à manège.								
76,030	52	.	6	58	2' 87'	.	0' 54'	.	.	.	.	.	.	.	.	.	.	31
29,041	13	.	6	19	2.00	.	.	.	.	.	.	.	.	.	.	.	.	12
51,220	23	.	.	23	2.50	.	.	.	.	.	.	.	.	.	.	.	.	14
8,000	5	.	.	5	4.25	.	.	.	.	.	.	.	.	.	.	.	.	7
67,000	31	1	6	38	2.82	.	1.50	.	.	.	.	.	.	.	.	.	.	20
54,500	35	22	9	66	1.50	0'70'	0.50	.	.	.	.	.	.	.	.	.	.	24
35,645	56	.	8	64	2.15	.	0.32	.	.	.	.	.	.	.	.	.	.	59
08,728	61	20	13	94	3.50	0.85	0.55	.	.	.	.	.	.	.	1	.	13	10
10,000	4	2	.	6	2.75	2.00	.	.	.	.	.	.	.	.	.	.	.	4
87,750	28	.	9	37	3.35	.	0.75	.	.	.	.	.	.	.	.	.	.	27
07,500	41	.	3	44	2.50	.	.	.	.	.	.	.	.	.	.	.	.	29
36,200	20	.	2	22	2.25	.	.	.	.	.	.	.	.	.	.	.	.	13
26,500	20	.	5	25	3.25	.	0.80	.	.	.	.	.	.	.	.	.	.	10
15,000	6	1	.	7	3.00	1.50	.	.	.	.	.	.	.	.	.	.	.	.
12,930	7	.	1	8	2.25	.	.	.	.	.	.	.	.	.	.	.	.	8
6,500	3	.	1	4	1.25	.	.	.	.	.	.	.	.	.	.	.	.	2
21,575	10	.	3	13	3.25	.	0.85	.	.	.	.	.	.	.	.	.	.	2
40,000	27	.	6	33	3.50	.	0.75	.	.	.	.	.	.	.	.	.	.	7
5,4..	5	.	.	5	3.50	.	.	.	.	.	.	.	.	.	.	.	.	10
21,74.	9	.	.	9	3.50	.	.	.	.	.	.	.	.	.	.	.	.	5
13,43.	9	1	1	11	2.30	1.50	.	.	.	.	.	.	.	.	.	.	.	5
33,39.	463	47	70	591	2.68	1.31	0.82	.	.	.	.	.	.	.	1	.	13	297

Il a été reconnu qu'on ne peut défalquer, dans ce volume, comme on se le proposait, la valeur des élaborations cumulées, subies souvent par les matières premières ou par les produits fabriqués, attendu qu'il se fait sans cesse, des départements de la France orientale dans ceux de la France occidentale, ou *vice versâ*, des versements dont les éléments numériques échappent à toute appréciation. Ainsi le coton et la laine, filés dans une région, sont exportés dans une autre pour servir à la fabrication des tissus, sans qu'on puisse dire quelles sommes doivent être retranchées, pour leur valeur, de l'industrie des départements qui les ont seulement mis en œuvre, ni quelles autres sommes doivent être réservées aux départements dont les établissements ont préparé le travail. Ce sera uniquement sur la masse entière des produits fabriqués dans toute la France, qu'on pourra tenter les opérations très-complexes de cette défalcation.

TABLE ALPHABÉTIQUE

DES MATIÈRES.

A

B

C

Q

R

S

T

Tableaux récapitulatifs, par départements de la région du Midi oriental. 210
— par départements et par arrondissements. 212
— par nature de produits industriels. 224
Teinturerie. Impressions de tissus de coton. Tableau récapitulatif de la région du Midi oriental. 256
Le même pour la France orientale. 320
Thibet et cachemire. Impressions de châles. Tableau récapitulatif de la région du Midi oriental. 272
Thiers. Statistique de l'Industrie de cet arrondissement. 140
Tissus végétaux en masse. Récapitulation de ces produits pour la France orientale. Chanvre et lin. Coton. Tissus mélangés. 328
Tissus mélangés. Laine et coton. Tissage. Couvertures. Tableau récapitulatif de la région du Midi oriental. 272
Laine et soie. Tissage. Lacets. 272
Bourre de soie. Filature. 272
Coton et chanvre. Tapis. 272
Poils de chèvre. Draps. 272

Soie et coton. Châles. Peluches. 274
Coton. Lin. Toiles. Peluches. 274
Coton. Laine. Teinturerie. 274
Toiles de chanvre. Tableau récapitulatif de la région du Midi oriental. 258
— de chanvre et de lin. 258
Les mêmes pour la France orientale. 320
Toulon. Statistique de l'Industrie de cet arrondissement. 44
Tournon. Statistique de l'Industrie de cet arrondissement. 168
Tréfilerie. Clous. Chaînes. Tableau récapitulatif de la région du Midi oriental. 232
Le même pour la France orientale. 304
Trévoux. Statistique de l'industrie de cet arrondissement. 14
Tuileries. Briques. Poteries. Tableau récapitulatif de la région du Midi oriental. 228
Le même pour la France orientale. 300
Tulle de coton. Tableau récapitulatif de la France orientale. 318

U

Uzès. Statistique de l'Industrie de cet arrondissement. 78

V

Valence. Statistique de l'Industrie de cet arrondissement. 172
Var. Statistique de l'Industrie de ce département. . 42
Récapitulation par arrondissements. 46
—————— par nature de produits. 48
Vaucluse. Statistique de l'Industrie de ce département. 192
Récapitulation par arrondissements. 204
—————— par nature de produits. 206
Verrerie. Bouteilles. Cristaux. Vitres. Glaces. Polissage. Tableau récapitulatif de la région du Midi

oriental. 230
Le même pour la France orientale. 300
Vienne. Statistique de l'Industrie de cet arrondissement. 22
Villefranche. Statistique de l'Industrie de cet arrondissement. 134
Villefranche. Statistique de l'Industrie de cet arrondissement. 186
Vins mousseux. (*Fabrique de*) Tableau récapitulatif de la France orientale. 314

Y

Yssengeaux. Statistique de l'Industrie de cet arrondissement. 156

www.ingramcontent.com/pod-product-compliance
Lightning Source LLC
Chambersburg PA
CBHW052106230326
41599CB00054B/4035